普通高等教育"九五"国家级重点教材

高等学校法学教材

国际私法新论

主　编　韩德培

撰稿人（按撰写章节先后为序）

黄　进　朱克鹏　肖永平　郑自文

刘卫翔　郭玉军　王国华　宋　航

刘仁山　谢石松　韩　健

武汉大学出版社

图书在版编目(CIP)数据

国际私法新论/韩德培主编 .—武汉：武汉大学出版社，2003.7
（2019.7重印）
普通高等教育"九五"国家级重点教材
高等学校法学教材
ISBN 978-7-307-03394-8

Ⅰ.国… Ⅱ.韩… Ⅲ.国际私法—法的理论 Ⅳ.D997

中国版本图书馆 CIP 数据核字（2001）第 083081 号

责任编辑：张 琼　　责任校对：王 建　　版式设计：支 笛

出版发行：**武汉大学出版社**　（430072　武昌　珞珈山）
　　　　（电子邮箱：cbs22@ whu.edu.cn　网址：www.wdp.com.cn）
印刷：湖北睿智印务有限公司
开本：720×1000　1/16　印张：37.5　字数：710 千字
版次：2003 年 7 月第 1 版　　2019 年 7 月第 16 次印刷
ISBN 978-7-307-03394-8/D · 466　　定价：49.00 元

说　　明

　　根据国家教委《关于"九五"期间普通高等教育教材建设与改革的意见》和《普通高等教育"九五"国家级重点教材立项、管理办法》的要求，我们重新编写了这本《国际私法新论》；将它这样命名，表明它是与我过去主编的统编教材《国际私法》有区别的另一部新的教材。

　　本书以邓小平同志建设有中国特色社会主义理论为指导，以适应扩大对外开放进行现代化建设的需要为宗旨，以中国国际私法法制和晚近世界上国际私法的发展趋势为依据，面向现代化，面向世界，面向未来，力求准确地阐述国际私法中的基本概念、基本理论和基本法则，并特别注意到国际私法这一学科内容和体系的科学性、系统性和新颖性。

　　本书由韩德培任主编，负责全书的统稿、定稿。在统稿、定稿过程中，肖永平协助主编做了不少工作。国际私法研究生刘仁山、邓朝晖、杜涛、何其生、肖凯以及喻术红协助校对了部分初稿。本书各章的执笔人，都曾在武汉大学法学院获得法学博士学位，对国际私法进行过系统的研究。本书各章执笔人的分工如下：

　　黄　进：第一章、第十九章

　　朱克鹏：第二章

　　肖永平：第三至九章、第二十至二十三章

　　郑自文：第九章、第十章第二节

　　刘卫翔：第十章第一节、第十一至十二章、第十七章

　　郭玉军：第十三至十四章

　　王国华：第十五章

　　宋　航：第十六章

　　刘仁山：第十八章、第二十四章

　　谢石松：第二十五至二十九章

　　韩　健：第三十至三十四章

　　本书的主编虽未参加执笔，但在统稿、定稿过程中，却十分认真地进行了

审阅和修改工作。如果书中有不妥甚至错误的地方，应由主编负责。本书的编辑出版，承武汉大学出版社给予大力支持，让我们在此谨表谢忱。

韩德培

一九九七年八月

目　　录

第一编　总　　论

第二编　冲　突　法

第三编　统一实体法

第四编　国际民事诉讼法

第五编 国际商事仲裁法

第一编

总论

GUOJISIFA XINLUN

第 一 章
国际私法的概念

国际私法作为一个法律部门或分支，是人类社会发展到一定阶段的产物，是随着国际民商事交往日益频繁而发展起来的。

第一节　国际私法的调整对象

一、涉外民商事法律关系是国际私法的调整对象

任何法律部门都有自己的调整对象，而法律的调整对象就是法律所调整的社会关系。一般认为，国际私法的调整对象就是含有涉外因素的民商事法律关系（civil and commercial legal relations involving foreign elements），或称涉外民商事法律关系，或称国际民商事法律关系，或称跨国民商事法律关系，或称国际私法关系，也有人称之为含有国际因素的民商事法律关系。

那么，何为涉外民商事法律关系呢？我们知道，法律关系是根据法律规定而结成的各种权利和义务关系。法律关系由三要素组成，这三要素为主体、客体和内容（权利与义务）。而涉外民商事法律关系就是指其主体、客体和内容这三要素至少有一个或一个以上的因素与国外有联系的民商事法律关系。在主体为涉外因素时，作为民商事法律关系的主体一方或双方当事人是外国自然人或法人（有时也可能是外国国家、国际组织或无国籍人）。在客体为涉外因素时，作为民商事法律关系的标的物位于国外。在内容为涉外因素时，产生、变更或消灭民商事权利与义务关系的法律事实发生在国外。比如说，一个中国人同一个美国人在美国缔结一个合同，对中国来说，在这一合同关系中有两个涉外因素，即有一个外国人以及缔结合同的事实发生在国外。在实际生活中，涉外民商事法律关系往往不只有一个因素与国外有联系，而可能有两个或两个以上的因素与国外发生联系。

应该指出的是，国际私法上讲的涉外民商事法律关系是广义上的民商事法律关系。我们知道，民事法律关系是指平等主体相互之间的财产关系和人身关系，包括物权关系、知识产权关系、债权关系、婚姻家庭关系和继承关系等。而在有些国家，公司法关系、票据法关系、海商法关系、保险法关系和破产法

关系等属商事法律关系，不属于一般民事法律关系。但国际私法所指的涉外民商事法律关系，既包括涉外物权关系、涉外债权关系、涉外知识产权关系、涉外婚姻家庭关系和涉外继承关系，也包括涉外公司法关系、涉外票据法关系、涉外海商法关系、涉外保险法关系和涉外破产法关系等①。有的国家的国际私法立法和学者将涉外劳动关系也视为国际私法关系。

总之，涉外民商事法律关系是一种国际的或跨国的民商事法律关系，也就是说是一种超越一国范围的民商事法律关系。它的涉外性，使得它同纯国内民商事法律关系区别开来。它的私法性，又使得它同其他具有涉外性的法律关系，如国际公法所调整的国家与国家之间的关系区别开来。

二、国际私法调整涉外民商事法律关系的方法

国际私法不同于其他法律部门不仅在于调整的社会关系为涉外民商事法律关系，而且在于它调整这种关系的方法有独特之处。国际私法调整涉外民商事法律关系的方法有两种：一种是间接调整方法，另一种是直接调整方法。

所谓间接调整方法，就是在有关的国内法或国际条约中规定某类涉外民商事法律关系受何种法律调整或支配，而不直接规定如何调整涉外民商事法律关系当事人之间的实体权利与义务关系的一种方法。例如，1939 年《泰国国际私法》第 16 条规定：“动产及不动产，依物之所在地法。”这一规定只指明，涉及动产及不动产物权时，由动产及不动产所在地法来确定当事人的权利和义务，并没有直接规定当事人的权利和义务。这种指明某种涉外民商事法律关系应适用何种法律的规范被称为“冲突规范”（conflict rules）。国际私法的间接调整方法就是通过借助冲突规范来实现的。冲突规范是国际私法的特有规范，因而间接调整方法是国际私法调整涉外民商事法律关系的特有方法。

所谓直接调整方法，就是用直接规定当事人的权利与义务的“实体规范”（substantive rules）来调整涉外民商事法律关系当事人之间的权利与义务关系的一种方法。国内法、国际条约和国际惯例中均存在这种直接调整涉外民商事法律关系的规范。例如，1980 年《联合国国际货物买卖合同公约》就是直接规定国际货物买卖合同当事人的权利与义务关系，就是采用国际私法上所讲的直接调整方法。

间接调整方法和直接调整方法都是国际私法调整涉外民商事法律关系所必需的手段，两者相辅相成，互为补充。这是因为一方面，由于涉外民商事法律关系含有涉外因素，同两个或更多的国家有联系，而各国法律制度千差万别，实难统一，不可能对一切社会关系都用实体规范直接加以调整，而需要冲突规

---

① 韩德培主编：《国际私法（修订本）》，武汉大学出版社 1989 年版，第 3 页。

范来缓和矛盾，调和冲突，从而间接调整涉外民商事法律关系。另一方面，由于冲突规范不直接规定涉外民商事法律关系当事人的权利与义务，同实体规范比较起来缺乏法律应具有的预见性和明确性。随着国际民商事交往的发展，仅用冲突规范间接调整涉外民商事法律关系是难以满足实际需要的。于是，直接调整涉外民商事法律关系的实体规范应运而生。上述可见，国际私法这两种调整涉外民商事法律关系的方法同时并存，是由国际民商事交往的实际情况所决定的。而且，这种并存现象不会是短暂的。

第二节　国际私法的范围

国际私法的范围问题，就是国际私法包括哪些规范，包括什么内容的问题。在这个问题上，国内外历来都存在着争论，学者们对此有各种不同的观点，各国在立法和司法实践中对此亦有不同的主张。

一、在国际私法范围上的不同主张

首先，英美普通法系国家的学者大多主张国际私法就是冲突法。他们认为，国际私法只解决三个问题：第一个问题是法院在什么情况下对一个涉外案件有管辖权；第二个问题是一国法院在确定自己对某一涉外案件有管辖权后，应决定适用哪一个国家的法律来确定当事人的权利与义务；第三个问题是在什么条件下承认和执行外国法院的判决。因此，他们认为，国际私法的范围是由如下三种规范组成的，即对涉外案件的管辖权规范、冲突规范（也就是法律适用规范或法律选择规范）以及承认和执行外国法院判决的规范。大陆法系国家的学者也有持这种观点的。

其次，法国的国际私法学者多数认为国际私法包括这样几项规范，即国籍规范（这是因为法国以当事人的本国法作为属人法，以国籍作为属人法的连结点。应该注意的是，法国的国际私法学者讲国籍问题不仅仅是从解决国籍冲突的角度去讲的，而是一般地讨论国籍问题）、外国人的法律地位规范、法律适用规范以及有关涉外民商事案件的管辖权规范等。受法国法影响的其他国家的学者也有支持这种观点的，如日本国际私法学者北敏胁一所著的《国际私法》也持这种观点。

复次，德国和日本的多数学者以及受德国法影响的其他国家的学者认为，国际私法的全部任务或主要目的是解决在涉外民商事法律关系中适用何种法律的问题，换言之，国际私法只解决法律冲突问题，国际私法仅包括调整涉外民商事法律关系的冲突规范或法律适用规范。

再次，东欧各国国际私法学者对国际私法的范围，虽有种种不同的看法，但在理论和实践中，比较普遍的观点是主张把关于外国人的民事法律地位规范、冲突规范、国际统一实体规范和国际民事诉讼程序与国际商事仲裁规范都包括在国际私法范围之内。另外，还有更进一步的一种观点，即中国国际私法专家姚壮和任继圣教授在其合著的《国际私法基础》中所持的主张。他们认为，国际私法除了包括外国人的民事法律地位规范、冲突规范、国际统一实体规范和国际民事诉讼程序与仲裁程序规范外，还包括国内法中专门用于调整涉外民事法律关系的规范（简称专用实体规范）①。

从上述的不同主张中我们可以看出：第一，冲突规范，或者称为法律适用规范，或者称为法律选择规范，在无论哪一种观点中，都被视为国际私法的规范，因此，我们可以说，冲突规范是国际私法最基本的规范。第二，大多数学者，包括一些把国际私法和冲突法两个概念完全等同起来的学者，都认为应该把冲突规范以外的但与调整涉外民商事法律关系和解决民商事法律冲突有关的一些规范纳入国际私法范围。因此，我们认为，在国际私法的范围问题上，不宜采取过于绝对化的观点。

目前，中国国际私法学界在国际私法的范围问题上的基本分歧点即为是否应把国际统一实体规范以及国内法中的专用实体规范列入国际私法的范围。

对于这一问题，本书持肯定态度。要正确地认识这个问题，必须从法律发展的观点出发。为了解决涉外民商事法律关系中法律适用上的冲突现象，历史上最早采取的办法是用冲突规范来进行准据法的选择。但是，由于这种冲突规范并不直接规定当事人的权利义务关系，因而这种办法只是一种间接调整涉外民商事法律关系的方法，运用起来有时不免缺乏明确性、预见性和针对性，而且会带来不少复杂的法律问题。随着国际民商事关系日趋发达，为了便利于国际民商事交往，在19世纪末20世纪初，国际社会便开始制定直接调整某些国际民商事关系的统一实体规范的工作。这种统一实体规范在某些方面以及一定程度上起到了避免和消除民商事法律冲突的作用。因此，它们也是在解决民商事法律冲突的基础上发展起来的，是与冲突规范并行的调整涉外民商事法律关系的法律规范。冲突规范用间接的方式调整涉外民商事法律关系，统一实体规范用直接的方式调整涉外民商事法律关系。而且，把这两种方式放在同一个法律部门来考虑，有助于更好地解决用哪一种方式调整某种涉外民商事法律关系的问题。在某些领域，如在国际贸易领域，采取可以避免和消除法律冲突问题的统一实体规范来调整涉外民商事法律关系，意味着有关国家能够更密切地合作以及有更多共同的利益，因而它也是一种更高级的调整方式。但在有些领

---

① 参见姚壮、任继圣：《国际私法基础》，中国社会科学出版社1981年版，第3~8页。

域，如对继承、婚姻和家庭等方面的问题，通过采取冲突规范加以调整更具有现实意义，因为各国在这些方面的历史和文化传统的差异，使各国很难达成一致并制定有关条约，至少在目前尚无广泛采用统一实体规范进行调整的可能性。国内法中的直接调整当事人民商事权利与义务关系的专用实体规范是民商事法律规范，虽然其中一部分并不能直接适用于涉外案件，而需要冲突规范指定适用之或当事人选择适用之，但由于它们直接确定了当事人的权利与义务，在调整涉外民商事法律关系和解决涉外民商事法律冲突方面发挥着重要作用，不能把它们绝对排除在国际私法范围之外。

对于国际私法的范围，韩德培教授曾有一段精彩、形象的论述。他说："国际私法就如同一架飞机一样，其内涵是飞机的机身，其外延是飞机的两翼。具体在国际私法上，这内涵包括冲突法，也包括统一实体法，甚至还包括国家直接适用于涉外民商事关系的法律。而两翼之一则是国籍及外国人法律地位问题，这是处理涉外民事关系的前提；另一翼则是在发生纠纷时，解决纠纷的国际民事诉讼及仲裁程序，这包括管辖权、司法协助、外国判决和仲裁裁决的承认与执行。"① 这段话可以说形象和科学地勾画出了国际私法的范围。

二、国际私法的规范

本书主张，国际私法主要包括外国人的民事法律地位规范、冲突规范、国际统一实体规范和国际民事诉讼程序与国绞商事仲裁规范。下面，分别简述之。

（一）外国人的民事法律地位规范

这种规范是确定外国的自然人、法人甚至外国国家和国际组织在内国民事领域的权利与义务的规范。这种规范既可以规定在国内法中，也可以规定在国际条约之中。就规定在国内法中而言，它们既可规定在一国宪法、民法、商法等法律中，也可用单行的外国人法律地位法的形式加以规定。就规定在国际条约中而言，它们既可规定在双边国际条约之中，也可规定在多边国际条约之中。由于这种规范规定外国人在内国有权从事某种民事活动，享有某种民事权利，取得某种民事地位，或者限制外国人在内国从事某种民事活动，不得享有某种民事权利，取得某种民事地位，故这种规范为直接规范和实体规范。

外国人的民事法律地位规范之所以成为国际私法的规范，是因为这种规范实际上是国际私法产生的一个前提。在国际交往中，只有承认外国人在内国取得了民事主体的资格，能够享有民事权利且其权利能得到保护，并能够承担相

---

① 转引自刘卫翔等著：《中国国际私法立法理论与实践》，武汉大学出版社 1995 年版，第 40 页。

应的民事义务，国际民事交往才能顺利进行，国际私法的其他规范才能得到适用。由于这种规范的出现比国际私法的其他任何规范都早，如在罗马法中的"万民法"中就已出现，故有的学者认为这种规范是国际私法中最古老的规范。

（二）冲突规范

冲突规范，又称为法律适用规范、法律选择规范，有时，在一些国际法律文件中，冲突规范被称为国际私法规范（rules of private international law）①。这种规范是指明某种涉外民商事法律关系应适用何种法律的规范。例如，《中华人民共和国民法通则》第 147 条规定："中华人民共和国公民和外国人结婚适用婚姻缔结地法。"这一规定并未指明结婚有什么条件和要求，而只指出婚姻的条件和要求应当由婚姻缔结地的法律来确定。从这一规定不难看出，冲突规范是一种间接规范。冲突规范是国际私法特有的规范，是国际私法的重要组成部分。国际私法学就是从研究冲突规范开始的。

（三）国际统一实体规范

国际统一实体规范，更确切地说为国际统一实体私法规范。这种规范就是国际条约和国际惯例中具体规定涉外民商事法律关系当事人的实体权利与义务的规范。从整体上讲，国际统一实体规范的出现晚于冲突规范。这是由于各国在尖锐的利害矛盾面前，很难达成一致的协议，制定出统一适用的实体法规范。最早的国际统一实体规范出现在 19 世纪末，如 1883 年《保护工业产权巴黎公约》，1886 年《保护文学艺术作品伯尔尼公约》，1891 年《商标国际注册马德里协定》等。在今天，随着国际民商事交往的日益频繁，调整国际民商事法律关系的国际条约和国际惯例也在逐渐增多。可以肯定地说，作为一种直接规范和实体规范，国际统一实体规范在国际商事领域发挥的作用越来越重要，并明显地表现出它和冲突规范相比所具有的优越性。

（四）国际民事诉讼程序与国际商事仲裁规范

国际民事诉讼程序与国际商事仲裁规范，从性质上说是一种程序规范，而不是调整涉外民商事法律关系当事人的权利义务关系的冲突规范。因此，有人说它们不是国际私法的规范。但是，这些规范与冲突规范及其他国际私法的规范有密切的联系，是调整涉外民商事法律关系以及解决涉外民商事争议不可缺少的法律规范。而且，鉴于这种规范在国内法和国际法上尚未形成为一个独立的法律部门，因此，对这种规范仍应在国际私法中加以研究。

国际民事诉讼程序规范是指司法机关在审理涉外民商事案件时专门适用的程序规范。一国法院在审理涉外民商事案件时，当然要适用内国法中关于审理

---

① 例如，《联合国国际货物买卖合同公约》第 1 条。

一般民商事案件的诉讼程序，但是，由于涉外民商事案件的特殊性，仅仅适用这些诉讼程序是不够的，因而还要适用一些专门用于审理涉外民商事案件的特别程序规范，其中包括关于涉外民商事案件的管辖权规范、司法协助规范、外国判决的承认与执行规范等。

国际商事仲裁规范是指对于发生在国际贸易、国际运输、国际投资、国际金融、国际保险以及其他各种国际商事交易中的争议进行仲裁解决的规范。这种规范涉及仲裁范围、仲裁协议、仲裁员和仲裁机构、仲裁程序、仲裁裁决、仲裁费用、仲裁裁决的撤销、仲裁裁决的承认与执行等方面的内容。

显然，国际民事诉讼程序规范和国际商事仲裁规范有所不同，但是，国际民商事争议或案件的处理，一般总是通过这两种程序进行的。因此，就解决国际民商事争议而言，它们都是解决国际民商事争议需要采用的主要方法和手段。

总之，国际私法集外国人的民事法律地位规范、冲突规范、国际统一实体规范、国际民事诉讼程序与国际商事仲裁规范于一体，集直接规范和间接规范于一体，集实体规范、法律适用规范和程序规范于一体，是最早的跨越传统的国内法和国际法界限的法律部门和法律学科。

第三节　国际私法的性质

谈到国际私法的性质，实质上就是解决国际私法是国内法还是国际法，或者是介于两者之间的特殊法律部门的问题。

一、学说

对于国际私法到底是国内法还是国际法问题，不论在历史上还是在今天，国内外学者都有不同的观点。根据其对国际私法性质的不同看法，国际私法学者分为三大学派，即"世界主义学派"或"国际法学派"、"民族主义学派"或"国内法学派"和"二元论"或"综合论"。

（一）"世界主义学派"或"国际法学派"

这一学派认为国际私法是国际法。其代表人物有：德国的萨维尼（Savigny）、冯·巴尔（von Bar）、弗兰根斯坦（Frankenstein），法国的魏斯（Weiss）、毕叶（Pillet），意大利的孟西尼（Mancini）等。他们主张国际私法具有国际法性质的主要理由有：（1）国际私法产生于国际社会。德国19世纪的著名法学家萨维尼在他于1849年出版的名著《现代罗马法体系》（System des Heutigen Romischen Rechts）第8卷中认为，国际私法的科学基础在于各国之间的相互依赖的情况，所以才有国际法律社会存在，才会相互适用别国的法律。（2）国际私法所调整的关系在本质上与国际公法所调整的关系没有什么不同。魏斯在其所著的《国际私法手册》一书中指出，国际私法与国际公法的最终目的都在于调整国家之间的关系。还有学者认为，在国际民商事交往中，每一个人，每一个商行都有其祖国作后盾，因此，民商法领域的任何争执和冲突，甚至关于离婚的家庭纠纷，归根结底都会变成国家之间的冲突。（3）国际私法的作用在于划分国家主权扩及的范围。例如，德国的冯·巴尔认为，国际私法是划分主权扩及范围的法的部门。这种观点往往同认为国际私法就是冲突法的观点有关。在持这种观点的人来看，冲突法就是限定某一国法律适用的范围，也就是限定国家主权所扩及的范围。因此，国际私法虽然调整的是涉外民商事法律关系，但从根本上讲它是规范各国主权关系的。（4）国际条约和国际惯例已成为国际私法的主要渊源。他们认为，国际私法的目的在于建立一套世界性的通用规则。为了创造使不同民法体系共处的有利条件，应当建立一套世界各国都适用的规则。事实上，各国通过国际条约不仅制定了不少的统一冲突法规范和统一程序法规范，而且还制定了不少的统一实体法规范。国际条约和国际惯例已日益成为国际私法的重要渊源。

上述可见，以往主张国际私法是国际法的学者所讲的国际法，主要是指国家与国家之间的法律，即国际公法，因而他们实际上是把国际私法当作调整国家与国家之间的关系的法律，没有把国际公法同国际私法严格区别开来。

（二）"民族主义学派"或"国内法学派"

这一学派主张国际私法为国内法。其主要代表人物有：法国的巴丹（Bartin）、尼波埃（Niboyet）、巴迪福（Batiffol）；德国的康恩（Kahn）、努斯鲍姆（Nussbaum）、沃尔夫（Wolff）；英国的戴赛（Dicey）、戚希尔（Cheshire）、诺斯（North）、莫里斯（Morris）、施米托夫（Schmitthoff）；美国的比尔（Beale）、库克（Cook）、艾伦茨威格（Ehrenzweig）、里斯（Reese）；前苏联的隆茨等。其主要理由如下：（1）从调整对象和主体来看，国际法（指国际公法）是以各主权国家之间的政治、军事、经济、外交关系为调整对象的，而国际私法则是以不同国家之间的自然人、法人之间的民商事法律关系为调整对象的。尽管有时主权国家也可以作为民商事主体出现于涉外民商事法律关系中，但在这种情况下，其法律地位也只能按一般民商事主体对待，其所承担的责任，也只具有民商事法律责任的性质，而不是国际法上的所谓国家责任。尽管有时它也可能要承担国家责任，但这是因为它不履行民商事责任所造成的。（2）从法律渊源来看，尽管国际私法的渊源一部分为国际条约，但国际私法的主要渊源为国内法。持这种看法的学者认为，由于国际私法涉及国际因素，有关国家常常通过国际协议的方式来制定各种统一的冲突规范，划分国家间的司法管辖权，约定彼此相互进行司法协助，甚至制定一些统一实体法规范。但是，这类性质的国际私法规范为数不多，而且它们只在极少数国家间生效，至今并不存在什么得到较多国家（更不用说所有国家）接受的统一国际私法规范。同时，在许多已有的国际私法条约中，还规定了公共秩序条款，允许缔约国在其认为遵行条约所规定的统一冲突规范会与自己的公共秩序（或公共政策）发生冲突时，可以不适用条约的规定，这就更降低了这些条约作为约束缔约国的行为规则的法律意义。最后，在国际条约（更不用说国际惯例）中，许多关于国际贸易方面的统一实体法规范，都是任意性规范，只有当事人在合同中选择适用后才对当事人有约束力，而且，当事人在合同中选择适用统一实体法规范时，还可以减损与改变有关的规定。统一国际私法中的强行性规范也很少。因此，国际统一规范的出现，仍不足以改变国际私法是国内法的基本性质。(3) 从法律规范的制定和适用范围来看，国际法是国家之间协议的产物，具有普遍的约束力，而国际私法主要是由一个国家的立法机关制定的，不具有普遍的约束力。即令有一些冲突原则，可能为许多国家共同采用，但这并不意味着它们本身具有约束国家的行为规则的性质。如"不动产物权依物之所在地法"、"人的身份能力依属人法"、"行为方式依行为地法"以及"程序问题依法院地法"等原则或规则，虽为许多国家所采用，但它们都是通过国内法加以规定的，其内容与适用范围也很不相同。(4) 从争议的解决方法来看，国际公法上的争议，一般都是通过国家之间的谈判、斡旋、国际调查、国际仲裁以及国际法院来解决。而国际私法上的争议属于民商事法律争议，其案件大都由有关国家的法院和仲裁机构来解决。国内法院在解决这类争议时，程序问题一般均适用本国的程序法，实体问题在当事人无协议选择的情况下，也只能根据法院地国的冲突法规则去选择适当的法律解决。

基于上述理由，这些学者认为，从现实情况出发，不存在统一的或公认的国际私法，只存在中国国际私法、英国国际私法、美国国际私法或法国国际私法等。从他们的观点来看，他们所讲的国际法也仅仅是指国际公法，似乎除了国际公法就不存在其他具有国际性的法律了。

(三)"二元论"或"综合论"

"二元论"或"综合论"的主要代表人物有德国的齐特尔曼（Zitelmann）和前捷克斯洛伐克的贝斯里斯基（R. Bystricky）等。"二元论"者认为，国际私法调整的社会关系既涉及到国内又涉及到国际；国际私法本身既涉及一国国内的利益又涉及到他国的利益；国际私法的渊源既有国内法又有国际条约和国际惯例。因此，他们认为，不能简单地说国际私法是国际法或是国内法，可以说国际私法既有国际法性质又有国内法性质。齐特尔曼主张，应该把国际私法分为"国际的"国际私法与"国内的"国际私法，国际私法是这两部分的综合。

二、国际私法的国际性

第二次世界大战后，传统的国际法即国际公法的概念，无论是其内涵还是外延，都已不能容纳已有巨大发展的国际法律本身。国际法律的这种发展主要表现在国际上出现了大量的调整国际商事关系、传统的一般国际民事关系以及国际民事诉讼关系和国际商事仲裁关系的法律。在国际社会中，我们还可以看到一些直接规定法人或自然人权利和义务的法规，其中既有国际公约的规定，如关于惩治国际犯罪的公约；也有双边条约的规定，如不少领事条约直接对缔约国的国民或法人赋予在对方国家的权利。而且，许多国际组织还制定了自己的行政法规，成立了保障其施行的行政法庭。由此可见，国际法律本身的发展已经突破了传统国际公法作为调整国家之间关系的行为规则的范围。作为以国际法律为研究对象的国际法学应该敏感地反映这种事实，从宏观的角度对新的国际法律现象加以归纳和概括。当某种新的法律现象出现，而又不能用原有的类别加以归类时，那么就必须构成新的类别。只有这样，国际法学才能紧跟事物前进的步伐。鉴于国际法律的发展，我们认为，广义的国际法已不是传统的国际公法，而是反映国家意志的协调，调整一切国际关系（不仅限于国家之间的政治、军事、外交关系）的具有法律约束力的行为规范的总和。国际法调整的社会关系是超越国界的一切国际社会关系，国家与国家之间的关系只是其中一部分。广义的国际法乃是一个体系，而不只是一个部门法。在国际法体系内大致包括以下法律部门：国际公法、国际私法、国际经济法、国际刑法、国际行政法等。我们知道，国际法和国内法的划分主要是以它们适用的范围和调整的社会关系为标准的。而国际私法调整的社会关系为涉外民商事法律关系，或国际民商事法律关系，或跨国民商事法律关系，或国际私法关系，它的适用范围涉及两个或两个以上的国家，跨越了国界，就是从渊源上讲，国际的国际私法也已大量存在。因此，从这个意义上讲，国际私法也就属于我们所说的国际法，即广义的国际法，它是国际法体系的一个独立部门或分支。当然，它和主要调整国家、国际组织相互之间的政治、经济、军事、外交关系的国际公法是有区别的①。在这里，国际私法仍和国际公法、国际经济法等一样，都是整个国际法体系中独立的二级学科。

---

① 参见黄进：《宏观国际法学论》，载《法学评论》，1984 年第 2 期。

第四节 国际私法的名称

一、国际私法的名称

国际私法可以说是从名称开始就有争议的法律部门和法律学科。到目前为止，不同的国家和地区及其学者，对国际私法仍有不同的称谓。过去或现在较为普遍使用的名称有：

（一）法则区别说（Theory of Statutes）

这一名称从13、14世纪开始由以巴托鲁斯（Bartolus）为代表的意大利后期注释学者（Post-glossarist）使用，后被法国和荷兰学者接受和继承，并一直延续使用到17、18世纪。

（二）私国际法（Private International Law）

这一名称是曾任美国最高法院法官和哈佛大学教授的斯托雷（Joseph Story）于1834年在其名著《冲突法评论》（Commentaries on the Conflict of Laws）中首先提出来的。他在书中写道："关于法律冲突问题，也可以很适当地称之为'私国际法'"。但是，他并没有使用这个名称来给他这本书命名。1843年，法国学者福利克斯（Foelix）在其著作《私国际法或冲突法论》（Traité de Droit International Privé ou du Conflict des Lois）中开始正式采用这一名称，其法文为droit international privé。但福利克斯与斯托雷的立意大不相同，因为他是一个把国际私法视为国际法的人。后来，私国际法这个名称也传到了其他国家，为其他国家所采用，如其意大利文为diritto internazional privato，西班牙文为deracho international privato，其葡萄牙文为direito internacional privado。现在，这个名称在法国和其他拉丁语系的国家很流行。在英美普通法系国家，也有些学者采用它。

（三）国际私法（International Private Law）

1841年，德国学者谢夫纳（Schaeffner）在其著作《国际私法的发展》（Entwicklungen des Internationalen Privatrechts）中首先使用"国际私法"这一名称，即德文internationalen privatrechts。它直译为英文应该是international private law。这一名称在中国、德国、日本、俄国以及其他东欧国家得到普遍采用。

（四）冲突法（Conflicts Law）、法律冲突法（the Law of the Conflict of Laws）或法律冲突（the Conflict of Laws）

荷兰学者罗登伯格（Rodenburg）于1653年首先使用"De Conflictu Legum"（"法律冲突"）来称呼国际私法。以后，另一荷兰著名国际私法学者胡伯（Huber）也于 1684 年使用过这一名称。有趣的是，该名称由大陆法系学者发明，现在却广泛流传于英美普通法系国家。

除上述名称外，旧中国将国际私法法规称之为"法律适用条例"，德国称之为"民法施行法"，日本称之为"法例"，另外，还有"外国法的适用"、"涉外私法"、"国际民法"、"国际民商法"、"国际民事诉讼法"等等名称。

国际私法的名称之所以五花八门，是因为各国立法者和学者对国际私法的对象和范围存在着不同的见解。这些不同的名称，或是强调它所调整的法律关系仍属民商事法律关系性质，只不过这种民商事法律关系已超出一国的范围，或是强调它所要解决的是本国及外国的民商法律适用的问题。国际私法究竟应用什么名称表示，尚无定论。我们认为，"国际私法"这一名称相对来说是比较合适的，这是因为：（1）国际私法虽然不是调整国家与国家之间关系的法律，但国际私法调整的涉外民商事法律关系超越一国范围，是一种跨国法律关系，具有国际性，完全可以冠以"国际"二字。（2）虽然一些社会主义国家的法学者否定"公法"和"私法"的划分，但是，比较法是国际私法之母，要研究国际私法，不得不对各国的民商事法律进行比较研究，因而也不得不考虑西方法学关于公法和私法的划分，而西方法学把民商事法律归入私法一类，也不是没有根据的。因此，将调整涉外民商事法律关系的国际私法称之为"私法"也未尝不可。（3）在中国，用"国际私法"这一名称来称呼这一法律部门或法律学科已约定俗成。（4）许多国家，如波兰、瑞士、土耳其、奥地利等，都使用国际私法这一名称来给关于国际私法的立法命名。

二、国际私法与国际私法学

国际私法这一名称在不同的情形下使用时通常有两种不同的含义：有时是指一个法律部门，有时是指一个法律学科。前者就是国际私法本身，后者就是国际私法学。

国际私法和国际私法学是两个不同的概念，它们既有区别又有联系。其区别在于：第一，国际私法是一个法律部门，是一类法律规范的总称；而国际私法学是一门法律学科，是一门法学的名称。第二，国际私法调整的对象是涉外民商事法律关系；而国际私法学的研究对象是国际私法规范本身。第三，国际私法是具有法律约束力的行为规范；而国际私法学本身是没有法律约束力的理论和学说。

但同时应该看到，国际私法和国际私法学有着不可分割的联系。其联系表现在：第一，国际私法学既然以国际私法为研究对象，它就不能脱离国际私法，而必须以国际私法为依据。第二，国际私法学虽然必须以国际私法为依据，但国际私法学的研究，反过来又可为国际私法的制定和适用服务，并促进国际私法的发展。在国际私法历史上，国际私法早期本来就是"学说法"①，在其发展过程中，许多学者的理论观点对国际私法规范的形成和发展，产生了很大的影响。第三，国际私法和国际私法学都是由一定的社会经济条件决定的，同时又是为特定社会服务的。第四，在一些国家，权威国际私法学者的学说在一定程度上还是国际私法的渊源。

国际私法学对国际私法的研究，不应是对其规范加以简单的注释和说明，而应是科学地、全面地、系统地、深入地、概括地、分门别类地对其规范加以研究，使之升华为理论，从而指导人们的学习、研究和实践。

第五节 国际私法的定义

各国学者对国际私法下过种种不同的定义，归纳起来有这样几种类型：

其一，根据国际私法所调整的法律关系的性质来下定义。例如，德国国际私法学者努斯鲍姆是这样下的定义，他在其《国际私法原理》一书中指出："国际私法，或冲突法，从广义上讲，是处理涉外关系的私法的一部分。"

其二，从解决涉外民商事法律关系中的民商事法律冲突的角度来下定义。例如，美国的斯托雷认为，国际私法是"关于产生于不同国家的法律在实际运用于现代商业交往中所发生的冲突的法学"。法国学者巴丹认为，国际私法是调整各主权国家都要把自己的法律用于因特定情况而产生的冲突的法律。法国国际私法学者魏斯（Weiss）认为："国际私法是确定发生于两个主权者之间涉及其私法或公民私人利益之间的冲突的规则之总称"。中国国际私法学者陈力新教授给国际私法下的定义也是这样的，他说："所谓国际私法，是在调整一些涉及外国法适用的涉外民事关系中，用来解决和避免法律冲突的规范的总和。"从这种角度给国际私法下定义的学者一般都认为国际私法仅仅是冲突法。

其三，从法律适用的角度来下定义。例如，中国著名法学家李浩培教授给国际私法下的定义是这样的：国际私法是"指在世界各国民法和商法互相歧异的情况下，对含有涉外因素的民法关系，解决应当适用哪国法律的法律。"②

---

① 参见葛茨维勒：《国际私法的历史发展》（法文），载《海牙国际法学院演讲集》，1929 年第 3 册，第 294 页。作者将国际私法的发展分为两个阶段：第一阶段是从 13 世纪上半期至 18 世纪末叶，他把这个阶段称为"法理学的和科学的国际私法"，即"学说法"阶段；第二阶段是 19 世纪整个世纪，他把 19 世纪说成是"私法的伟大编纂时代"，他把这个阶段的国际私法称为"法律上的国际私法"，即"法律法"阶段。

② 《中国大百科全书（法学卷）》，中国大百科全书出版社 1984 年版，第 228 页。

再如，德国国际私法学者沃尔夫（M. Wolff）认为，国际私法是决定几种同时有效的法律制度中的哪一种可以适用于一组特定的事实的法律①。

其四，通过列举国际私法的内容或范围或规范来给国际私法下定义。例如，戚希尔和诺斯在其所著的《国际私法》一书中就指出，英国法所理解的国际私法是在处理含有涉外因素的案件时判定：第一，法院在什么条件下对案件有管辖权；第二，不同种类的案件应适用哪一国法律来确定当事人的权利与义务关系；第三，在什么条件下可以承认外国的判决，以及在什么条件下外国判决赋予的权利可以在英国执行②。

其五，综合性定义。例如，我国国际私法专家李双元教授在其所著的《国际私法（冲突法篇）》一书中给国际私法下了一个综合性定义："国际私法是以涉外民事关系为调整对象，以解决法律冲突为中心任务，以冲突规范为最基本的规范，同时包括规定外国人民事法律地位的规范、避免或消灭法律冲突的统一实体规范、以及国际民事诉讼与仲裁程序规范在内的一个独立的法律部门。"③ 我国台湾国际私法学者刘甲一在他撰写的《国际私法》一书中指出："国际私法定义谓其系统规范涉外关系而分配有关国家之制法及管辖权限并制约其行使之法律也。"

上述定义，各有千秋，均反映了国际私法某一方面的特性，但它们比较传统。国际私法是一个不断发展的法律部门，研究国际私法的法律学科也在不断发展之中，因此，国际私法的定义也应该随着国际私法本身的发展而发展。本书对国际私法作如下定义：国际私法是以直接规范和间接规范相结合来调整平等主体之间的涉外民商事法律关系并解决涉外民商事法律冲突的法律部门。我们之所以使用这个定义，是因为定义无非是揭示概念所反映的事物的本质属性，而根据事物的本质属性就可以把这一类事物与其他事物区别开来。给国际私法下定义就应该揭示国际私法的本质属性。而国际私法作为一个独立法律部门和其他法律部门区别开来的客观基础就是国际私法调整的社会关系是涉外民商事法律关系，而且在调整涉外民商事法律关系中解决涉外民商事法律冲突，并同时使用直接规范和间接规范来实现这一点。本书所使用的这个定义试图揭示国际私法这一概念的本质属性。

---

① 参见沃尔夫著，李浩培、汤宗舜译：《国际私法》，法律出版社 1988 年版，第 22 页。

② 参见戚希尔和诺斯：《国际私法》，1987 年英文版，第 3 页。

③ 李双元：《国际私法（冲突法篇）》，武汉大学出版社 1987 年版，第 33 页。

第六节　国际私法的体系

国际私法的体系有两层意思：一为国际私法立法体系；一为国际私法理论体系或国际私法学说体系。两者既有联系，又有区别。一般来说，在一个法制统一的国家内部，国际私法立法体系在一定时期内有一个，而国际私法理论体系则可能五花八门。尽管国际私法立法体系和国际私法理论体系是互相影响的，但某种国际私法立法体系的存在即使代表或反映某种国际私法理论体系，并不能因此否定其他国际私法理论体系的存在及其合理性。由于各国的政治、经济、法制、历史和文化的不同，各国国际私法的立法体系和理论体系也互不相同。

一、国际私法的立法体系

国际私法的立法体系是指制定成文国际私法法典或单行法规所采用的体系。从现存的国际私法法典或单行法规来看，国际私法立法体系大致分为如下几类：

（一）按本国民法体系仅对法律适用问题作出规定。1898 年《日本法例》、1939 年《泰国国际私法》、1966 年《波兰国际私法》和 1978 年《奥地利联邦国际私法法规》等采用这种体系。当然，由于各国的民法体系并不完全相同，其国际私法的体系也不相同。比如，1939 年《泰国国际私法》所采用的体系为：

　　第一部　一般规定
　　第二部　人的身份及能力
　　第三部　债权
　　第四部　物权
　　第五部　亲属法
　　第六部　继承

而 1978 年《奥地利联邦国际私法法规》则采用了如下体系：

　　第一章　总则
　　第二章　属人法
　　第三章　亲属法
　　第四章　继承法
　　第五章　物权法
　　第六章　无形财产权
　　第七章　债法

（二）将冲突规范和国际民事诉讼法规范分为两大部分，合并规定在国际私法法典或单行法规中。1979 年匈牙利关于国际私法的第 13 号法令、1982 年《土耳其国际私法和国际诉讼程序法》和 1982 年《南斯拉夫法律冲突法》等采取这种体系。

1982 年《土耳其国际私法和国际诉讼程序法》所采用的体系明确分为三大部分，即：

第一章　国际私法（含总则和冲突规范两节）

第二章　国际诉讼程序（含土耳其法院的国际管辖权和外国法院判决与仲裁裁决的承认与执行两节）

第三章　最后条款

（三）将冲突规范、外国人的法律地位规范和国际民事诉讼规范合并规定在国际私法法典或单行法规中。1964 年《捷克斯洛伐克国际私法及国际民事诉讼法》采用的体系如下：

序论

第一部　冲突规则和关于外国人法律地位的规则

一、冲突规则

二、外国人地位

三、适用外国法规则

第二部　国际民事诉讼法

一、捷克斯洛伐克法院管辖权

二、关于诉讼程序的规定

三、外国判决的承认及执行

（四）瑞士模式。1989 年《瑞士联邦国际私法法规》是当代国际私法立法的典范，其体系兼采大陆法系和普通法系的内容，将两者融为一体，极具特色。该法规分为 13 章，共有 200 条，第一章为总则性的共同规定，第二章至第十二章为分则，第十三章为最后条款。其体系安排如下：

第一章　总则

第二章　自然人

第三章　婚姻

第四章　亲子关系

第五章　监护和其他保护措施

第六章　继承法

第七章　物权

第八章　知识产权

第九章　债法

第十章 公司

第十一章 破产与和解协议

第十二章 国际仲裁

第十三章 最后条款

该法规第一章《总则》首先规定了该法的适用范围，然后就管辖权、应适用的法律、该法所使用的最重要的连结因素（住所、主事务所所在地、国籍）、外国判决的承认与执行作出了一般性的共同规定。分则除关于破产和清偿协议的第十一章及关于仲裁的第十二章之外，其余各章基本上是依照《瑞士民法典》和《债务法典》来划分所调整的事项的范围，大体上说，每一章都是就各该事项先规定直接国际管辖权规则，再规定法律适用规则，最后是关于外国判决的承认和执行的规则，但关于债法的第九章先就合同、不当得利和侵权行为的直接国际管辖权和法律适用问题作出规定，然后就诸如债权的让与、时效及消灭等债法上的一般问题作出与法律适用有关的共同规定，最后是关于承认与执行外国判决的规定。第十三章"最后条款"包括关于现行法律的废除和修改的规定、过渡条款以及关于公民复决和施行的规定。该法规在结构方面所作的上述安排，会使总则部分的规定和分则部分的规定偶有重复之处，但这种结构体现了管辖权与法律适用之间的有机联系，与受理国际性民商事案件的瑞士司法或行政机关的工作方法是相一致的，其最大优点是便于查阅和使用。

（五）美国《第二次冲突法重述》的体系。英、美等普通法国家一般没有成文的国际私法法典或专门的国际私法法规。由于普通法系国家的学者大多视国际私法或冲突法由管辖权、法律适用和外国判决的承认与执行等三大部分组成，故美国法学会主持制定的具有示范法、准立法和司法实践总结性质的《第二次冲突法重述》在体系方面也受到上述理论的影响。该重述的体系是这样的：

第一章 序则

第二章 住所

第三章 司法管辖权

第四章 行使司法管辖权的限制

第五章 判决

第六章 程序

第七章 过错行为

第八章 合同

第九章 财产

第十章 信托

第十一章 身份

第十二章　代理和合伙

第十三章　商业公司

（六）《中华人民共和国国际私法示范法》的体系。中国国际私法研究会于 1993 年开始起草《中华人民共和国国际私法示范法》（以下简称《示范法》）。在起草《示范法》的过程中，起草小组成员对《示范法》的体系曾有不同的主张。一种主张认为，《示范法》应分为总则、法律适用、国际民事诉讼程序和附则四章，主体为法律适用和国际民事诉讼两大部分；另一种主张认为，《示范法》应分为总则、管辖权、法律适用、司法协助和附则五章，主体为管辖权、法律适用和司法协助三大部分。通过讨论，起草小组最后采用了后一种主张。《示范法》所采用的体系在各国国际私法立法史上尚无先例，可以说颇具特色，自成一体。

二、国际私法的理论体系

国际私法的理论体系，是指国际私法学者基于其对国际私法的认识所建立的学说体系。国际私法有其自身的体系，但由于学者们对国际私法的认识各不相同，因而国际私法理论体系多种多样。在开放、多元化的现代社会里，多种多样的国际私法理论体系的存在，反映了学者们从不同的立场和角度对国际私法的真理的追求。对国际私法的真理的追求是一个渐进的过程，各种流派和主张应该不争一时长短，但求共存共荣。事实上，统一各种国际私法理论体系既不可能也无必要。

国际私法的理论体系主要有如下几类：

第一，依本国民商法体系或比较民商法体系建立国际私法理论体系。这种理论体系仅讨论涉外民商事关系的法律适用问题，俗称"小国际私法"体系。

第二，将国际私法分为外国人的民事法律地位、冲突规范和国际民事诉讼及国际商事仲裁三大部分，并在此基础上建立国际私法理论体系，俗称"中国际私法"体系。

第三，将国际私法分为外国人的民事法律地位、冲突规范、国际统一实体规范和国际民事诉讼及国际商事仲裁四大部分，并在此基础上建立国际私法理论体系，俗称为"大国际私法"体系。有的学者还主张在"大国际私法"体系中将一国制定的专门用来调整涉外民商事关系的实体法规范，即所谓"国内专用实体规范"列入其中。

第四，将管辖权、法律适用和外国判决的承认及执行视为国际私法或冲突法的核心内容，并围绕这三大主要问题来建立国际私法理论体系，通常称为英美普通法体系。

第五，在依顺序讨论国籍、外国人的地位、法律冲突、国际管辖权和外国法院判决的承认与执行问题的基础上建立国际私法理论体系，通常称为法国体系。

第六，本书采用"大国际私法"体系，具体内容如下：

第一篇 总论

第一章 国际私法的概念

第二章 国际私法的渊源

第三章 国际私法的历史

第四章 国际私法关系的主体

第二篇 冲突法

第五章 法律冲突

第六章 冲突规范

第七章 准据法的确定

第八章 冲突法的一般问题

第九章 民事身份和能力的法律冲突法

第十章 法律行为和代理的法律冲突法

第十一章 物权的法律冲突法

第十二章 债权的法律冲突法

第十三章 婚姻家庭的法律冲突法

第十四章 继承的法律冲突法

第十五章 海事的法律冲突法

第十六章 票据的法律冲突法

第十七章 破产的法律冲突法

第十八章 知识产权的法律冲突法

第十九章 区际冲突法

第三篇 统一实体法

第二十章 国际货物买卖的统一实体法

第二十一章 国际货物运输的统一实体法

第二十二章 国际货物运输保险的统一实体法

第二十三章 国际贸易支付的统一实体法

第二十四章 保护知识产权的统一实体法

第四篇 国际民事诉讼法

第二十五章 国际民事诉讼法概述

第二十六章 国际民事案件的管辖权

第二十七章 国际民事诉讼中的送达、取证、期间和保全

第二十八章 国际民事诉讼中法院判决的承认与执行

第 二 章
国际私法的渊源

　　法律的渊源，亦称法源，一般是指法律规范的创制及其表现形式。国际私法的渊源即指国际私法规范的存在及其表现形式。相对于其他法律部门而言，国际私法的渊源具有两个显著的特点：一是由于国际私法调整的涉外民事关系的复杂性与特殊性，决定了国际私法渊源的双重性，即既具有国内法渊源，如国内立法、司法判例等；又具有国际法渊源，如国际条约、国际惯例等。二是由于各国立法者对国际私法的内容和范围认识不同，具体到一国立法中的哪些法律、国际条约中的哪些条约是国际私法的渊源，不同国家存在着较大差异。

第一节　国　内　立　法

一、国内立法是国际私法的主要渊源

　　在国际私法的发展史上，国内立法可以说是国际私法最为古老的渊源之一。早在1756年的《巴伐利亚法典》中，就有成文的国际私法规范。此外，法国（1804年）、奥地利（1811年）、荷兰（1829年）、罗马尼亚（1865年）、意大利（1865年）、葡萄牙（1867年）、西班牙（1888年）等国的民法典，也都或多或少地规定了一些国际私法规范，而影响最大的当属1804年《法国民法典》。

　　19世纪末、20世纪初，国际私法的国内立法开始向系统、全面的单行法方向发展。1896年《德国民法施行法》可称为世界上第一部成文的国际私法单行法规。1898年日本颁布了以调整涉外民事关系的冲突规范为主要内容的《法例》。受德国影响，旧中国北洋政府于1918年颁布了单行的《法律适用条例》。

　　到20世纪，尤其是第二次世界大战后，各国国际私法立法有了长足的发展，国际私法的国内立法出现了空前繁荣的局面。一方面，越来越多的国家在民法典或其他专门法中规定了国际私法规范，如巴西、智利、阿根廷、墨西哥、秘鲁、加蓬、塞内加尔、英国、意大利、希腊等国；另一方面，各国国际

私法立法逐步向法典化方向发展。如泰国（1939 年）、捷克斯洛伐克（1948 年）、阿尔巴尼亚（1964 年）、波兰（1966 年）、民主德国（1975 年）、奥地利（1979 年）、匈牙利（1979 年）、南斯拉夫（1982 年）、土耳其（1982 年）、联邦德国（1986 年）、瑞士（1989 年）等国，相继颁布了单行的国际私法法规，其中 1988 年 11 月 12 日颁布并于 1989 年 1 月 1 日施行的《瑞士联邦国际私法法规》，堪称当代国际私法立法的代表作。该法共 13 章，凡 200 条，内容涉及自然人、婚姻、亲子关系、监护、继承、物权、知识产权、债权、公司、破产与和解协议、国际仲裁等，是迄今为止世界上最为详尽、完备的一部国际私法典。

二、各国国际私法立法的主要模式

国际私法主要包括冲突规范和国际统一实体法规范，同时还涉及外国人民事法律地位规范和国际民事诉讼与仲裁程序规范。后两种规范主要散见在宪法、外国人法、民事诉讼法、仲裁法等相关法律中，我们在此所论及的国际私法立法模式主要是针对冲突规范而言的。

（一）分散立法式

这种立法模式是将冲突规范分散规定在民法典和其他单行法规的有关章节中，1804 年《法国民法典》就是这一立法模式的典型代表。受其影响，奥地利、荷兰、希腊、意大利、葡萄牙、西班牙等国也采取了这一立法模式。此外，在同时期采用这一立法模式的还有巴西、智利、阿根廷、墨西哥等国。

（二）专章专篇式

到了 19 世纪中叶，国际私法立法出现了在民法典或其他法典中以专篇或专章形式较为系统地规定冲突规范的立法模式。这种立法模式较之分散立法模式显然是一个进步，它可以相对集中地、比较系统地规定冲突规范。一些国家（如希腊、意大利、葡萄牙等）在修订民法典时，纷纷放弃分散立法模式而转向专章专篇的立法模式，还有一些国家则在民事立法时直接采用了这种立法模式，至今仍有许多国家采取这种模式。

（三）单行立法式

19 世纪末、20 世纪初，以 1896 年《德国民法施行法》的颁布为标志，国际私法立法进入了法典化阶段，许多国家开始采用专门法典或单行法规的形式系统规定冲突规范，这种立法形式可以称为单行立法模式或法典化模式。这一立法模式的诞生，不仅标志着国际私法立法模式的飞跃，而且标志着国际私法立法逐步成熟。以国际私法立法模式的进步为契机，到第二次世界大战后，在世界范围内掀起了国际私法立法的新高潮，并逐步形成了 20 世纪国际私法立法法典化的基本走向和发展趋势。前捷克斯洛伐克、波兰、阿尔巴尼亚、前民主德国、奥地利、匈牙利、前南斯拉夫、土耳其、前联邦德国、瑞士等,在这一阶段先后颁布了单行的国际私法法规,还有一些国家正在着手制定国际私法法典。

三、当代国际私法国内立法的主要特点及发展趋势

当代国际私法的国内立法,无论在形式上还是在内容上都有所突破,呈现出一些新的特点和发展趋势。主要表现在:

（一）在立法模式上呈现出向法典化方向发展的趋势

采用单行法的立法模式制定冲突规范的优越性是显而易见的,它可以系统、完整、清楚地规定冲突规范,既便于法官和当事人知悉法律,又便于他们执行和适用法律,同时亦可增强各冲突规范之间的统一与协调,越来越多的国家倾向于采用这一立法模式。法国是采用分散立法模式的典型国家,在第二次世界大战后便致力于制定新的国际私法典,并由法国民法典修改委员会起草了"法国国际私法草案",该草案历经数次修改,虽未获通过,却说明法国有制定国际私法法典的意图。其他一些国家,如奥地利、瑞士、匈牙利等国本来都是在民法典中分散制定冲突规范的国家,后来则先后改变了立场,制定了单行的国际私法法规。而原来采用专篇专章式和单行法模式的国家,则加快了修改、完善冲突法立法的步伐,使其冲突法立法的内容更趋完备,结构更趋合理。如波兰于1966年制定了新的《国际私法》以取代1926年《关于国际私法关系的法令》。

从近年新颁布的一些单行法来看,在形式上已有总则、分则之分,法典结构日趋合理。总则主要规定冲突法调整对象的性质和范围、法律适用的基本原则、冲突法的一般问题（如反致、法律规避、外国法内容的查明、公共秩序保留等）、区际冲突、时际冲突、与国际统一冲突法的关系等内容。分则一般规定各类具体涉外民事法律关系的法律适用规则、制度,如债权的法律适用、物权的法律适用、侵权行为的法律适用等。有的国际私法典还涉及到外国人民事法律地位、涉外民事案件的管辖权、外国判决的承认与执行以及国际仲裁等内容,从形式上更接近于一部法典。如瑞士等国的国际私法立法即属此种情况。

（二）国际私法的调整对象不断扩大,适用范围愈加广泛

传统国际私法的调整范围多局限于债权、物权、婚姻、家庭、继承等领域。现代各国的国际私法的内容已扩展到知识产权、涉外劳动关系、代理关系、产品责任、交通事故、环境污染等,国际私法的适用范围已明显扩大。最为典型的一个例子就是关于知识产权的法律适用问题。长期以来,人们一直认为知识产权具有严格的地域性,根本就不涉及到承认外国知识产权的域外效力问题,所以各国国际私法在过去均未涉及;而1978年《奥地利联邦国际私法

法规》、1979 年《匈牙利国际私法》及 1989 年《瑞士联邦国际私法法规》却对知识产权的法律适用问题均有所规定。《瑞士联邦国际私法法规》还对国际破产与国际仲裁分别作了专章规定。此外，现代国际私法越来越注重国际商事领域的法律适用问题，如国际投资、国际技术转让、国际工程承包及劳务输出、国际票据、信托、保险等，都涉及到国际私法的调整。这是国际间经济合作与交往日益扩大，国家对涉外民商事关系加强干预的必然结果。

（三）弹性连结因素在立法中被广泛采用，冲突规范的灵活性得以加强

首先是在新的国际私法立法中大量采用双边冲突规范和选择性冲突规范，以增强法律适用的灵活性和保证涉外民商事关系的稳定性。其次是最密切联系原则在各国最新国际私法立法中得到广泛采用，甚至被视为选择法律的普遍指导原则。例如，《奥地利联邦国际私法法规》第 1 条开宗明义地规定："与外国有连结的事实，在私法上，应依与该事实有最强联系的法律裁判。本联邦法规所包括的适用法律的具体规则，应认为体现了这一原则"。其他国家，如瑞士、美国、英国、土耳其、前南斯拉夫、希腊、法国、德国等，也在不同程度上采用了最密切联系原则。这一原则的广泛采用无疑大大增加了法律适用的灵活性。再次是补充性连结因素的采用也有助于法律选择的灵活性。这种冲突规范针对特定的涉外民事关系，提供了较多的连结因素，如果依一个连结因素所适用的法律不能获得某种结果或在前一连结因素不存在时，则依另一个连结因素而适用另一个法律。

（四）政策定向和结果选择的方法在法律选择中受到重视

这主要表现在三个方面：（1）体现在对消费者的保护，一些国家的国际私法立法倾向于适用消费者习惯居所地法；（2）体现在对劳动者的保护，在雇佣关系中原则上适用劳动履行地法律；（3）体现在对弱者的保护，主要是指对儿童的保护，在亲子关系、监护、收养等关系中适用对儿童最为有利的法律。瑞士、奥地利、匈牙利等国的国际私法均有体现这一立法特点的规定。

第二节　司法判例

一、司法判例是国际私法的重要渊源

所谓判例，系指法院对具体案件的判决具有法律约束力，可以成为以后审理同类案件的依据。在英美法系国家，判例是其法律的主要渊源。在大陆法系国家，虽然传统上并不认为判例是其法律的渊源，但随着两大法系的逐渐渗透和融合，判例在大陆法系国家的司法实践中越来越重要，法院的判决被法官和律师援引支持自己的主张是十分常见的事。在国际私法的理论与实践中，人们

对法院判例是否为本国国际私法的渊源大致有两种看法。

第一，在英美普通法系国家，权威的法院判例不仅是国际私法的渊源，而且是主要渊源。在这些国家，虽然在个别成文法中也有一些零星的国际私法规范，但大量的、主要的国际私法规范则来自法院的司法判例。由于这些国际私法规范（主要是冲突规范）散见在长期的、浩如烟海的法院判例中，内容零散，且常相互抵触，给国际私法的适用带来困难。一些著名的国际私法学者或民间机构便开始了系统的汇编和整理工作，取得了一些重要成果，作为这些国家处理涉外民事案件的权威依据。例如，英国学者戴赛（Dicey）于 1896 年编著的《冲突法》，系统全面地归纳整理出英国判例中所适用的冲突规范，并逐条加以阐释。后由莫里斯（Morris）等人相继修订，到 1993 年该书已出至第12 版。美国法学会作为一个非官方的学术机构承担了美国冲突法的编纂工作。1934 年由比尔（Beale）任报告员出版了美国《第一次冲突法重述》，1971 年又以里斯为报告员出版了美国《第二次冲突法重述》。加拿大、澳大利亚等国国际私法的主要渊源也是判例，但对法院判例的编纂远没有英美成功。

第二，在大陆法系国家，国际私法的主要渊源是成文法，不少国家在民法典或相关单行法中规定国际私法规范，有的国家颁布了国际私法典。但判例在这些国家的法院审理涉外民事案件时，也起着不可忽视的作用，构成国际私法的辅助渊源。法、德、日等国都很重视判例的作用，在处理具体案件缺少成文的冲突规范时，法院可以援引最高法院的判例作为判决依据。事实上，许多成文的国际私法规则就是从判例直接发展起来的。有的法国学者甚至认为，法国国际私法就是以《法国民法典》第 3 条为基础，并采用法院判例建立起来的。例如，著名的"李查蒂案"（Lizardi case）、"福尔果案"（Forgo case）等在确立一些重要的国际私法规则方面均起了十分重要的作用。日本在司法实践中也允许法院在特定条件下依据判例作出裁决。日本学者十分重视对国际私法案例的研究，编辑出版了专门的涉外民事案例汇编。在日本学者出版的国际私法著作中也将判例列为"其他法源"。

二、我国对司法判例的立场和态度

在我国现行法律体制下，判例不是法律的渊源，它只对具体案件具有一定的指导作用，不能作为法院处理案件的法律依据。但是，这并不是说，法院判例对我国法院审理涉外民事案件就没有任何意义。由于涉外民事关系的特殊性和复杂性，仅依我国现有成文立法来处理涉外民事案件是远远不够的。尽管我国国际私法成文立法在近年有了较快发展，但仍然不能满足我国涉外民事经济关系飞速发展的需要，亟待通过司法判例来弥补。而在涉及适用外国法的场合，如该外国法以司法判例为主的法律渊源，承认其判例的渊源作用并直接援引有关判例势所必然。此外，我国国际私法的原则、规则与制度，也需要通过司法判例来发展。因此，我国在目前的情况下，承认司法判例在我国国际私法中的渊源地位，对指导法院的审判，发展我国对外经济民事关系，维护中外双方当事人的合法权益，推动我国国际私法的立法进程均有重要意义。

在我国的司法实践中，司法判例主要通过三种方式来发挥作用：

第一，最高人民法院总结我国涉外民事审判的实践经验，对有关涉外民事关系的立法或司法审判中出现的具体问题所作出的"解答"、"批复"等指示性司法解释，对法院和其他有关机关、个人具有拘束力。这类司法解释虽然不直接表现在具体判例中，却是在总结大量司法判例的基础上，根据我国立法的精神所作出的，也有不少规则直接来源于司法判例，因此，这类司法解释是司法判例的高级表现形式。

第二，最高人民法院针对地方各级人民法院的个案请求所作出的各种"答复"、"批复"等，虽不具有普遍意义，但由于这类批复反映了我国最高审判机关对个案审判中具体问题的看法、意见，对下级人民法院审理同类案件无疑具有指导和借鉴作用。

第三，最高人民法院定期在最高人民法院公报中公布的一些典型案例，其中不乏国际私法方面的案例。这些案例的公布表明最高法院对其审判处理结果的认可态度，对地方各级人民法院虽无法律约束力，却对法院审判有重要的指导作用和很大的影响力，在一般情况下，地方各级人民法院在审理相同或类似涉外民事案件时，均会遵循这些案例所体现的原则和规则，按照这些判例作出判决。此外，最高人民法院有关业务部门编辑出版了一些案例资料，供各级法院审理案件时参考，这类案例同样对地方各级法院的司法审判有一定的指导作用。

三、关于学说或法理能否作为国际私法的渊源问题

对于这一问题，国际私法学界还存在不同看法。从理论上讲，学说只不过是学者们基于立法和实践对法律的概念、规则和制度所作的阐释或提出的观点、理论、主张等，不具有法律规范的作用，一般不应作为法律的渊源，但可以作为法官确定法律规则的辅助性资料。在西方国家的司法实践中，法官和律师经常援引权威学者的观点、理论或学说作为论证依据。

尽管学说或一般法理不是国际私法的渊源，但权威学者的学说在国际私法的发展中所起的作用则是不容忽视的。从某种意义上说，国际私法就是从学说发展起来的，18世纪以前的国际私法，可称作"学说法"。在这一阶段，国际私法仅表现为一种学说或学理状态，只是到了18世纪下半叶以后，国际私法才进入"制定法"阶段。即使在现代，由于国际私法仍是一个正在发展的法

律部门，许多规则尚未定型、成熟，正处于形成和发展阶段，权威学者的学说对国际私法立法和涉外民事审判当然具有十分重要的借鉴和参考价值。正是基于这一原因，一些国家和地区的立法把一般法理或国际私法原理列为国际私法的渊源，以弥补成文立法之不足。如《泰国国际私法》第 3 条规定："本法及其他泰国法所未规定的法律冲突，依国际私法的一般原理"。在英美法系国家，法官在判决中援引权威学者的学说作为判决依据更是司空见惯的事。有的法官甚至通过援引权威学者的学说，并运用法官的自由裁量权，推翻成文法或判例中的国际私法规则，而创立、论证新的国际私法规则。

第三节　国 际 条 约

一、国际条约是国际私法的主要渊源

国际条约是由两个或两个以上国际法主体缔结的调整其相互间权利义务关系的协议。作为国际私法渊源的国际条约，是指那些含有国际私法规范的条约，其中既包括统一冲突法条约和统一实体法条约，又包括国际民事诉讼程序条约和国际商事仲裁条约；既包括专门规定国际私法规范的条约，又包括部分内容涉及国际私法规范的条约；既包括双边条约，又包括多边条约。根据"约定必须遵守"的原则，国际私法条约原则上只对缔约国有约束力，但是，一些重要的多边条约对非缔约国也会产生一定的影响。关于国际条约的适用，一般来说，在缔约国国内法的规定与条约规定相抵触的场合，往往优先适用条约的规定。此外，在一国国内法对某一涉外民事关系缺乏相应的规定时，国际条约亦可直接适用。在不少国家的国际私法立法中，均明确规定了国际条约的优先适用，如土耳其、阿根廷、秘鲁、前南斯拉夫、波兰、前捷克斯洛伐克、德国、匈牙利等。

冲突规范是解决各国法律冲突的手段，但各国冲突规范本身如果存在着冲突，不仅会增加涉外民事关系的复杂性和不稳定性，同时也导致了"挑选法院"（forum shopping）现象的发生，降低了冲突法的作用。为此，一些学者提出了统一各国国际私法的问题。1845 年，美国学者斯托雷在其著作中第一次表达了统一各国国际私法的愿望，而最先将这一愿望付诸实践的则是意大利政治家、法学家孟西尼。在孟西尼的倡导和影响下，意大利政府曾先后两次试图发起制定多边条约的国际会议，但均未成功。受其影响，秘鲁政府于 1878 年发起召开利马会议，并签订了一个内容十分广泛的冲突法条约，但仅有秘鲁一国批准，条约没能生效。1889 年，由乌拉圭、阿根廷两国发起，美洲国家在乌拉圭首都蒙得维的亚召开会议，第一次通过了关于国际民法、国际商法和国际诉讼法等9个条约。这些条约的诞生，标志着国际私法统一化的开端①。此后，荷兰政府于1893年发起召开了第一次海牙国际私法会议，自此，国际私法统一化运动在欧洲大陆拉开了序幕，并取得了丰硕的成果，海牙国际私法会议也逐渐演化成目前世界上最主要的统一国际私法的政府间国际组织。

鉴于冲突规范对涉外民事关系只起到间接调整作用，最终确定当事人的权利义务关系仍需借助各国实体法。为此，许多国际私法学者长期致力于寻求另外一种解决法律冲突的途径，即通过有关国家签订国际条约的形式，制定一些统一的实体法规范，用以直接确定缔约国当事人之间的权利义务关系，从根本上避免因各国民商法歧异所造成的法律冲突。这种方法对消除各国民商法歧异所产生的法律障碍是行之有效的，但由于各国利益的冲突，制定这种统一实体法规范的难度很大。调整国际民事关系和经济贸易关系的国际公约，有如1883年的《保护工业产权巴黎公约》、1886年的《保护文学艺术作品伯尔尼公约》、1891年的《关于商标国际注册马德里协定》、1980年的《联合国国际货物买卖合同公约》等。这些实体法条约，和冲突法条约、程序法条约一起构成了国际私法的国际条约渊源。

二、从事国际私法统一工作的国际组织

在国际私法统一化运动中起核心作用的是有关的国际组织。按照不同的标准，我们可以将这些国际组织分为不同的类别，如普遍性的国际组织与区域性的国际组织，政府间的国际组织与非政府间的国际组织，常设性的国际组织与临时性的国际组织，一般性的国际组织与专业性的国际组织等。这些国际组织为国际私法的统一作出了重要贡献，所取得的主要成果就是在国际私法范围内缔结了大量的多边条约，它们不但能在一定范围内使各国国际私法得以统一，而且为各国实体法的统一奠定了基础。

（一）联合国及其前身国际联盟

第二次世界大战以前，国际联盟制定了一系列公约，内容涉及自然人及其能力、票据法和国际商事仲裁等，其中有关统一票据法的两个日内瓦公约与关于仲裁的两个日内瓦公约取得了很大成功，不少国家批准了这几个公约。第二次世界大战以后，联合国及其专门机构在国际私法的统一化进程中居于重要地位，取得了举世瞩目的成就。联合国国际贸易法委员会一直致力于国际贸易法的统一工作，先后在国际货物买卖、国际货物运输、国际票据和国际商事仲裁领域制定了一批十分重要的国际公约和示范法，如1980年《联合国国际货物买卖合同公约》、1978年《联合国海上货物运输公约》、1985年《国际商事仲

---

① 卢峻主编：《国际私法公约集》，上海社会科学院出版社1986年版，第5页。

裁示范法》等。联合国其他一些专门机构分别在不同领域也就国际私法的统一做了不少工作。由于联合国是一个常设性的政府间国际组织，其成员包括了世界上绝大多数国家，具有广泛的代表性，公约一旦通过，便会产生很大影响。但由于各国政治经济利益的冲突与法律背景及法律传统的差异，这种统一比区域性国际组织所进行的国际私法统一工作更为复杂和困难。

（二）海牙国际私法会议

海牙国际私法会议是目前国际上最主要的统一国际私法（主要是冲突法）的常设的政府间国际组织。自 1893 年第一届海牙国际私法会议召开到 1951 年第七届海牙国际私法会议通过《海牙国际私法会议章程》为止，海牙国际私法会议从性质上说还不能称之为国际组织，实际上是一种临时性的国际会议。《海牙国际私法会议章程》的通过，标志着它已演变成一个常设的政府间国际组织。我国已于 1987 年 7 月 3 日正式加入海牙国际私法会议，从而成为该组织的会员国，并派代表参加了在 1988 年 10 月 3 日至 20 日召开的第十六届海牙国际私法会议。海牙国际私法会议的成员国已从 1951 年的 17 国发展到 1994 年的 41 国，并且已由少数欧洲大陆法系国家参加的会议发展到现在由来自五大洲不同法系的国家组成的国际组织。百余年来，海牙国际私法会议已举行了 18 届例会和两次特别会议，通过了 30 多部关于国际经济贸易、婚姻、家庭、继承、扶养、国际民事诉讼程序等方面的国际公约。由于海牙国际私法会议的公约起草组的成员多由各国政府代表和国际私法专家组成，在公约通过前还征求各国政府的意见，因此，公约比较集中地反映了各国国际私法的立法和司法实践，代表着当代国际私法的发展趋势。

（三）美洲国家组织

美洲国家组织成立于 1938 年，根据该组织宪章的规定，"发展与编纂国际公法与国际私法"是该组织的任务之一。为了加强国际私法的编纂，美洲国家会议于 1971 年决定召开国际私法特别会议，并分别于 1975 年、1979 年、1984 年、1989 年、1994 年召开了 5 届国际私法特别会议，先后通过了关于国际私法的一般原则、国际商事仲裁、票据、司法协助、收养、法人权利能力与行为能力、国际合同的法律适用等方面的 30 多个公约，成就卓著。

（四）国际统一私法协会

国际统一私法协会成立于 1926 年，是由意大利政府发起成立的一个旨在统一和协调不同国家或不同国家集团之间私法规则的国际组织。该组织自成立以来，一直致力于私法领域实体法的统一工作，主持起草了大批公约草案，内容涉及国际货物买卖、国际货物运输、国际商事仲裁、代理、民事责任等许多方面。其中，该组织主持起草的关于国际货物买卖统一法的两个公约——《国际货物买卖统一法公约》与《国际货物买卖合同形式统一法公约》在

1964 年的海牙外交会议上获得通过。这两个公约为后来的《联合国国际货物买卖合同公约》的制定与通过奠定了坚实的基础。我国于 1985 年 7 月 23 日正式接受该协会的章程，并从 1986 年 1 月 1 日正式成为该组织的成员国。

（五）欧洲共同体与欧洲理事会

欧洲共同体是由欧洲煤钢共同体、欧洲经济共同体和欧洲原子能共同体组成的，在私法的国际统一方面，起主要作用的是欧洲经济共同体。根据关于建立欧洲经济共同体的《罗马公约》的规定，各成员国有义务采取措施调整本国法律制度，以满足共同市场的需要。为此目的，欧共体通过制定"规定"（regulations）、"指令"（directives）和签订国际条约的形式进行共同体内部法律的协调与统一工作。例如，欧洲经济共同体于 1968 年 9 月 27 日签订的《关于民商事案件管辖权及判决执行的公约》、1980 年 6 月 19 日在罗马签订的《关于合同义务法律适用的公约》等，都是欧共体关于国际私法的统一所取得的重要成果。

欧洲理事会也是一个重要的区域性国际组织，尽管私法的统一不是该组织的一项主要任务，但在私法统一进程中也取得了一定成就。尤其是在 1963 年，该组织设立"法律协作委员会"，目的在于对欧洲理事会现在和将来的法律计划，尤其是国际公法、国际私法及各国私法领域的公约草案、示范法律和统一法律的起草进行协调和监督。欧洲理事会成立后，先后签署了大量的国际公约，关于私法方面的公约主要涉及专利、国际商事仲裁、民事责任、儿童收养、公司设立、外国法证明等内容。

除上述几个政府间国际组织外，一些民间国际组织对于私法的国际统一也作出了重大贡献，如国际商会、国际法协会等，对于国际商事习惯法的统一与编纂可谓成绩斐然。著名的《1990 年国际贸易术语解释通则》、《跟单信用证统一惯例》、《约克—安特卫普规则》、《海牙规则》等，都是这些民间国际组织的杰作。

三、作为国际私法渊源的国际条约

作为国际私法渊源的国际条约数量很多，既有多边条约，也有双边条约；既有综合性的条约，也有专门性的条约；既有普遍性的条约，也有区域性的条约。根据条约的内容大致可分为四类：

（一）关于外国人民事法律地位的国际条约

这类公约主要有：联合国及其专门机构制定的 1950 年《关于宣告失踪者的公约》、1951 年《关于难民地位的公约》、1957 年《已婚妇女国籍公约》、1961 年《减少无国籍状态公约》等；海牙国际私法会议主持制定的 1956 年《承认外国公司、社团和财团法律人格的公约》，欧共体主持制定的 1968 年

《关于相互承认公司和法人团体的公约》等。

（二）关于冲突法的国际条约

关于冲突法的国际条约主要有：海牙国际私法会议主持制定的 30 多个国际条约；联合国及其前身国际联盟制定的冲突法公约，如 1985 年《国际货物买卖合同法律适用公约》、1930 年《解决汇票与本票法律冲突公约》、1931 年《解决支票法律冲突公约》等。此外，欧共体、美洲国家组织等也主持制定了一些冲突法条约，如 1980 年《关于合同义务法律适用的公约》、1979 年《美洲国家间关于国际私法通则的公约》、1979 年《美洲国家间关于支票法律冲突的公约》、1994 年《美洲国家间关于国际合同法律适用的公约》等。

（三）关于实体法的国际条约

关于实体法的国际公约主要调整的是国际经济贸易关系，内容涉及国际货物买卖、国际货物运输、国际投资保护、知识产权的国际保护等。最为主要的公约有：1980 年《联合国国际货物买卖合同公约》、1924 年《统一提单的若干法律规则的国际公约》（海牙规则）、1968 年《关于修改海牙规则的议定书》（维斯比规则）及 1978 年《联合国海上货物运输公约》（汉堡规则）；1929 年《统一国际航空运输某些规则的公约》、1980 年《联合国国际货物多式联运公约》；1883 年《保护工业产权巴黎公约》、1886 年《保护文学艺术作品伯尔尼公约》、1891 年《商标国际注册马德里协定》、1952 年《世界版权公约》等。

（四）关于国际民事诉讼与国际商事仲裁的国际条约

关于国际民事诉讼的重要公约有：1940 年《关于国际民事诉讼程序法的条约》；1954 年《民事诉讼程序公约》；1968 年《关于民商事案件管辖权及判决执行的公约》；1965 年《关于向国外送达民事或商事司法文书和司法外文书公约》；1970 年《关于从国外获取民事或商事证据公约》等。这类公约除由海牙国际私法会议主持制定以外，大多数是由一些区域性国际组织，如欧共体、美洲国家组织等主持制定的。此外，在不同国家间还存在着大量的双边司法协助协定。

关于国际商事仲裁的条约主要有：1923 年《仲裁条款议定书》；1927 年《关于执行外国仲裁裁决的公约》；1958 年《关于承认和执行外国仲裁裁决的公约》；1961 年《关于国际商事仲裁的欧洲公约》；1965 年《关于解决国家与他国国民间投资争端的公约》；1975 年《美洲国家间关于国际商事仲裁的公约》等。

四、我国缔结或加入的有关国际私法的条约

进入 20 世纪 80 年代以来，我国缔结或加入的有关国际私法的条约逐年增多。在外国人民事法律地位方面，缔结或参加的公约有：1925 年《本国工人与外国工人关于事故赔偿的同等待遇公约》；1951 年《关于难民地位的公约》及 1967 年《关于难民地位的议定书》；1979 年《关于消除对妇女一切形式歧视的公约》等。在冲突法方面，我国尚未加入专门的冲突法公约，但在参加的有关国际条约中涉及到冲突法条款，如 1969 年《国际油污损害民事责任公约》。在实体法方面，我国参加的国际条约较多，主要集中在国际货物买卖、国际货物运输、知识产权的国际保护等方面，如 1980 年《联合国国际货物买卖合同公约》；1966 年《国际船舶载重线条约》；1972 年《国际海上避碰规则公约》；1974 年《联合国班轮公会行动守则公约》；1929 年《关于统一国际航空运输某些规则的公约》及 1955 年《关于修订统一国际航空运输某些规则的公约的议定书》；1883 年《保护工业产权巴黎公约》；1886 年《保护文学艺术作品伯尔尼公约》；1891 年《商标国际注册马德里协定》；1952 年《世界版权公约》；1967 年《成立世界知识产权组织公约》等。此外，我国还同许多国家签订了双边投资保护协定、贸易协定等，其中也包含了大量的调整涉外民事关系的实体法规范。在程序法方面，1986 年我国加入了 1958 年《承认和执行外国仲裁裁决公约》，1991 年加入了《关于向国外送达民事或商事司法文书和司法外文书公约》，1992 年加入了《解决国家与他国国民间投资争端公约》，1997 年加入了《关于从国外获取民事或商事证据公约》。从 1987 年起，我国又加快了与有关国家谈判签订司法协助协定的步伐。到 1996 年底，已同法国、波兰、蒙古、比利时、罗马尼亚、意大利、西班牙、俄罗斯、土耳其、古巴、泰国等 20 多个国家签订了司法协助协定。

第四节　国际惯例

在国际私法的理论与实践中，一般认为，国际惯例也是国际私法的渊源之一。我国《民法通则》第 142 条第 3 款规定："中华人民共和国法律和中华人民共和国缔结或者参加的国际条约没有规定的，可以适用国际惯例。"由此可见，国际惯例也是我国国际私法的渊源之一。

一、国际惯例的概念

我国学者一般认为，国际惯例是在国际交往中逐渐形成的不成文的法律规范，它只有经过国家认可才有约束力。在国际私法范围内，这种惯例具有两种表现形式：一种是不需要当事人选择而必须遵守的惯例，即强制性惯例；另一种则是只有经过当事人的选择，才对其有约束力的惯例，即任意性惯例。国际私法中的国际惯例大多数是这种任意性惯例①。

在日常生活中，"国际惯例"常与"国际习惯"互换使用，但在国际法学领域，对这两个名词应作明确的区分。根据《国际法院规约》第 38 条第 1 款的规定，国际习惯是"作为通例之证明而经接受为法律者"。这就是说，一项规则要成为国际习惯必须具备两个条件：一是在长期实践中重复类似行为而形成普遍的习惯做法；二是这种做法被国家和当事人认可而具有法律效力。为此，西方学者将国际习惯的构成归结为两个因素，即实践和法律确念②。而国际惯例则不仅包括具有法律约束力的习惯，而且包括尚不具法律约束力的"通例"。也有学者将国际惯例作狭义理解，仅指各国长期普遍实践所形成的尚不被各国认可而不具有法律约束力的"通例"或"常例"，以示与国际习惯的区别。实际上，在国际私法领域，这种被各国及当事人认可具有法律约束力的国际习惯是不多见的，如在冲突法领域，长期以来虽然也形成了不少的习惯做法，如"合同的法律适用，依当事人意思自治原则"，"不动产物权适用不动产所在地法"，"当事人权利能力适用当事人属人法"等。但这些规则尚不具有普遍的法律约束力，不能称之为国际习惯。在实体法和程序法中，这类习惯也很少见，大量的是不具有强制性和普遍法律约束力的"常例"或"通例"，特别是在国际经济贸易领域更是如此。这些"常例"或"通例"只有经当事人选用，才对特定的当事人产生法律约束力。因此，人们通常所说的国际私法惯例指的就是这种广义上的国际惯例。

国际私法惯例表现为经贸领域中的商事惯例，这些商事惯例在国际上被长期反复使用，具有确定的内容，可用以确定交易当事人的权利义务关系，构成当事人交易行为的准则。为了便于使用，商人及一些商人组织逐渐把这些惯例规则化，通过编纂制定为明确的系统规则。目前，在国际贸易领域，最著名的国际贸易惯例主要有：《国际贸易术语解释通则》、《华沙—牛津规则》、《约克—安特卫普规则》、《商业单据托收统一规则》、《托收统一规则》、《跟单信用证统一惯例》等。

二、国际惯例作为我国国际私法的渊源问题

根据我国《民法通则》的规定，在处理涉外民事经济案件时，如果我国法律和我国缔结或参加的国际条约均未作规定，人民法院和涉外仲裁机构可以

① 参见韩德培主编：《国际私法（修订本）》，武汉大学出版社 1989 年版，第 27~28 页。

② 詹宁斯、瓦茨修订，王铁崖等译：《奥本海国际法》，第 1 卷第 1 分册，中国大百科全书出版社 1995 年版，第 16 页。

适用国际惯例处理涉外民事、经济案件。在我国司法和涉外仲裁实践中，人民法院和涉外仲裁机构也的确适用国际惯例对某些案件作出了公平合理的判决或裁决，维护了中外当事人的合法权益。因此，我国学者普遍认为国际惯例是我国国际私法的渊源之一，但对于我国立法中所规定的可以适用的国际惯例，究竟是指冲突法上的国际惯例，还是指实体法上的国际惯例，学者们尚有不同看法。一种观点认为，国际私法中的国际惯例除了国家及其财产豁免原则以外，主要是一些统一实体法规范的国际惯例，在管辖权与法律适用方面，对于什么案件可以行使管辖权和应适用什么法律，并没有直接肯定的国际惯例。因此，我国《民法通则》第 142 条第 3 款和《涉外经济合同法》第 5 条第 3 款规定的可以适用的"国际惯例"主要指的是实体法方面的惯例。另一种观点则认为，在冲突法上虽然还没有经过国际民间团体整理成文的惯例，但各国在解决涉外民事纠纷的长期实践中也形成了一些共同的习惯做法。如"人的身份与能力依当事人属人法"，"不动产物权依不动产所在地法"，"法律行为方式依行为地法（场所支配行为）"，"合同的法律适用依当事人意思自治原则"等。这些普遍性的冲突法原则已被各国所接受，可以视为国际惯例①。基于这种认识，这些学者把我国立法中所指的"国际惯例"理解为既包含冲突法上的惯例，又包括实体法上的惯例。但也有学者基于《民法通则》第 142 条规定在第八章"涉外民事关系的法律适用"中，因此认为它所规定的"国际惯例"应指"法律适用"上的国际惯例，而《涉外经济合同法》第 5 条第 3 款的规定，依据最高人民法院《关于适用〈中华人民共和国涉外经济合同法〉若干问题的解答》，它所称的"国际惯例"则仅指实体法方面的惯例。

实际上，如果从广义的国际惯例来理解我国立法所称的"国际惯例"的含义，无论是在冲突法、实体法还是程序法上，都存在一些普遍性的惯例规则，如场所支配行为、国际贸易术语解释通则、诉讼程序适用法院地法等，这些惯例经国家认可即具有法律约束力。无论是将《民法通则》中所规定的"国际惯例"理解为仅指法律适用上的惯例，还是将《涉外经济合同法》中所规定的"国际惯例"理解为仅指实体法方面的惯例，均是不妥当的。作为我国国际私法渊源的国际惯例，在这两部立法中均应理解为既包括实体法上的惯例，又包括冲突法上的惯例②。

---

① 参见余先予主编：《冲突法》，法律出版社 1989 年版，第 26 页。
② 参见王常营主编：《中国国际私法理论与实践》，人民法院出版社 1993 年版，第 35 页。

第 三 章
国际私法的历史

同其他法律部门一样，国际私法的产生和发展有一个历史过程。国际私法的成文规范到 20 世纪以后才大量出现，但在此之前，国际社会出现过许多不同的理论和学说。学习这些主要理论的内容，揭示它们与特定社会条件的联系，掌握它们的本质和流传情况，有助于我们理解国际私法的基本理论和基本制度。因此，本章将国际私法的历史主要分为国际私法的萌芽（13 世纪以前）、法则区别说时代（13~18 世纪）、近代国际私法（19 世纪）和当代国际私法等四个阶段进行阐述，最后还专门介绍中国国际私法的历史发展情况。

第一节　国际私法的萌芽

一、罗马法时代

从古代到 13 世纪，欧洲大陆的一些国家间已有不少的对外交往，如希腊、罗马等国家均有外侨居住。不过，古代文明国家普遍否认外国人能成为法律关系的主体，仅具有奴隶的身份。古希腊各城邦的法律，对于外国人的婚姻、财产遭到损害时，都不给予保护，甚至在外国人遭到海盗劫掠时，也不保护。古罗马建国初期也同古希腊一样，只承认罗马公民是权利主体，外国人被认为是敌人，他们因被俘虏而沦为奴隶，不受法律的保护。但是，随着罗马的扩张和同其他民族交往的增加，它一方面要注意到其他法的存在，另一方面提出了如何处理罗马人和异邦人的关系问题①。因为当罗马征服其邻邦的时候，它并没有把那里的人同罗马人同等对待。因此，在罗马法中逐渐产生了一种专门调整罗马市民与非罗马市民间，以及非罗马市民相互间的民事关系的"万民法"（ius gentium）。这种新的法律制度的显著特征是：由法官根据当事人的血统确

---

① 朱塞佩·格罗索著，黄风译：《罗马法史》，中国政法大学出版社 1994 年版，第 229~233 页。

定每个法律的适用范围①。这常被人们视为国际私法的萌芽。不过，由于万民法并没有形成一个完整的体系，它也不是法律适用规则，外邦人所属城邦的法律还应得到罗马法学家的承认。所以，当时并没有产生国际私法。

二、种族法时代

公元 476 年，西罗马帝国灭亡后，欧洲大陆各民族迁徙频繁。这便产生了种族法，即拉丁民族遵守罗马法，日耳曼民族遵守日耳曼法，法兰克民族遵守法兰克法。也就是说，法律只支配本民族，不以领土来划分法域。一个民族易地迁居，但仍保留原有的法律习惯，各种法律制度一如既往。这一时期大约自西罗马帝国灭亡后经历了 400 余年，后世学者称之为"种族法时代"（period of racial laws）或"属人法时代"（period of personal laws）。由于每一民族的人，无论居住何地，永远受其民族固有法律和习惯支配，故可称为"极端属人法时代"。这种种族法或极端属人法与现代国际私法上的属人法截然不同，它不是在法律冲突的情况下选择当事人的属人法，而是各种族的人之间发生法律行为时各受本族法的支配。尽管种族法不是国际私法的雏形，但其中的某些规则在形式上与后世的冲突规范相类似，对国际私法的产生也有一定的影响。

三、属地法时代

自 10 世纪后，封建制的生产方式在西欧建立，形成割剧局面，建立了许多封建王国。此时，领土观念逐渐加强，上至王公，下至庶民，概依他占有土地的多少决定其社会地位的高低。在一国居住的任何民族都必须服从当地的法律和习惯。于是，属人法主义逐渐被属地法主义所替代。这种极端的属地法时代，也可称为"领土法时代"，它是封建社会生产力和生产关系发展变化的必然要求②。

这种属地法严格地限制了外国人的法律地位，一人从此领地移居彼领地，既可能丧失财产和自由，也无法结婚、成立遗嘱或为其他民事行为。这就阻碍了各国人民的往来，影响了通商贸易的发展。为了各国之间的互通有无和人员往来的方便，人们渐渐认识到有必要限制法则的严格属地性。国际私法正是在限制法则的属地性的斗争中产生的。

---

① 巴迪福、拉加德著，陈洪武等译：《国际私法总论》，中国对外翻译出版公司 1989 年版，第 10~11 页。

② 戚希尔和诺斯：《国际私法》，1987 年英文第 11 版，第 16~17 页。

第二节 法则区别说时代

法则区别说在 14 世纪意大利北部的出现，标志着一个新的法学理论的诞生。这种理论在 16 世纪传入法国，后来又在荷兰得到新的发展。这个时期的这些理论都是建立在法则区别说基础之上的，故称法则区别说时代。下面分别介绍。

一、意大利的法则区别说

（一）历史条件

1. 经济贸易关系的发展

意大利半岛的地理位置得天独厚。从 11 世纪起，它成为东西方交通要道，从法国到东方的波斯、中国都必须经由该地。这种有利的地理条件，促进了资本主义经济的发展，带来了商业和手工业的繁荣，从而形成了许多大城市，如威尼斯、热那亚、米兰、波伦那、佛洛伦萨等，这是法则区别说产生的经济基础。

2. 城市共和国的出现

随着商业和手工业的发展，这些城市中的市民阶层逐渐扩大，他们日益要求改变自己的无权状态，摆脱封建领主的统治，因而同封建领主进行了长期的斗争，包括武装斗争，最后争取了自治权。他们可以组织自己的政权机关——大议会，选举自己的行政长官，并有权进行审判、铸币、征税、颁布法令等。后来，有的城市还取得宣战和缔结和约的权力，这就形成了独立的城市共和国，即所谓城邦，它为法则区别说的产生提供了政治条件。

3. 后期注释法学派的兴起

在西罗马帝国灭亡之后，对罗马法的研究也一度衰微。但随着城邦的建立，由于法则的制定和研究的需要，对罗马法的研究又兴盛起来。在 12 世纪初，法学家伊纳利古（Irnerius，1055~1130 年）率先在波伦亚（Bologna）大学建立了一个法学院，从事罗马法的研究工作。由于这些人的研究方法是对罗马法进行注释，即把他们的注解写在查士丁尼《民法大全》的页边空白处和行距之间，所以称为"注释法学派"。但早期的注释法学派把罗马法看做是超时间和超国家的永恒的东西，天真地认为几个世纪以前制定的罗马法经过注释以后便能用来解决新形势下出现的问题，这显然是不可能的。所以，从 14 世纪起，注释法学派进入"后期注释法学派"阶段，该派学者不只是研究罗马法本身，而是把它和现实生活结合起来，探讨现实生活中的新问题，提出新的理论。这为法则区别说的产生提供了理论上的准备。

4. 不同城邦间法则的冲突

在 13 世纪的意大利北部，各个城市共和国有两种法律在起作用：一是作为普通法的罗马法，它在各城市国家都起作用；二是各城市共和国自己的特别法，即"法则"（Statuta）。这样，各城市共和国在处理涉外民事案件时，如果本城市国家的"法则"有规定，则依本城市"法则"解决；如果本城市的"法则"没有规定，则依罗马法之规定解决。而当罗马法的规定与各城市"法则"的规定有矛盾的时候，就按"特别法优于普通法"的原则，依特别法解决，即依各城市国家的法律解决。但是，当各城市共和国的法律规定不一致时，应适用何法，罗马法并未谈到。倘若根据原来的属地法主义解决这个问题，对各城邦之间的商业贸易显然十分不利，这就迫切需要解决这种法则之间的冲突问题。这便是法则区别说产生的时代背景。

（二）代表人物和主要观点

意大利法则区别说的代表人物是巴托鲁斯（1314~1357 年），其理论是后期注释法学派研究成果的总结。他在前人研究的基础上，主张从法则本身的性质入手，把所有的"法则"分为"物的法则"（statuta realia）、"人的法则"（statuta personalia）和"混合法则"（statuta mixta）。"物的法则"是属地的，其适用只能而且必须及于制定者领土之内的物；"人的法则"是属人的，它不但应适用于制定者管辖领土内的属民，而且在它的属民到了别的主权者管辖领土内时，也应适用；"混合法则"是涉及行为的法则，适用于在法则制定者领土内订立的契约，是既涉及人又涉及物的。他在此基础上提出了许多重要的冲突法规则，诸如：

1. 关于权利能力和行为能力问题，依属人法。
2. 按照当时情况，能产生效力的契约，则依契约地法。
3. 关于法律行为的方式，依行为地法。
4. 关于行为的限制，依法院地法，但已指定履行地者，依履行地法。
5. 关于继承的冲突，可分为两种情况：（1）无遗嘱的继承依物之所在地法；（2）关于遗嘱执行的方式，依行为地法。
6. 关于物权，依物之所在地法。
7. 关于诉讼程序，依诉讼地法。

与巴托鲁斯同时代而稍后于他的另一意大利学者巴尔多（Baldus，1327~1400 年），曾对巴托鲁斯的学说作了进一步的发展，最重要的是他主张取得权利和为法律行为的能力，应当受当事人的住所地法支配，而不应适用他的出生地法（lex originis），因为在贸易发达的社会里，它对于确定一个人的能力，是一个更为实际的标准。此外，对于继承问题，他反对巴托鲁斯的主张，而趋向于认为所有关于继承的法则都是物的，并且他还主张应该重视死者的意图。

（三）影响和评价

法则区别说作为国际私法学说的最早形态像一颗新星出现在意大利北部城邦的上空，其意义是十分重大的：

第一，这个学说纠正了绝对属地主义的弊端，抓住了法律的域内域外效力这个法律冲突的根本点，首次站在双边的立场上来研究法律的适用问题，使国际私法后来能真正具有国际性。

第二，这个学说在当时有利于对外贸易的发展，符合当时历史发展的需要，促进了处于萌芽状态的资本主义因素的成长，具有进步意义。

第三，它所创立的一些基本冲突规范，对后来国际私法的形成和发展产生了重大的影响，有的规则至今仍为世界各国采纳。所以，不少西方学者把巴托鲁斯称为"国际私法之父"①。

但是，从根本上讲，一切法律关系都是人与人的关系，在现实生活中并无纯粹关于物和纯粹关于人的法则。因此，巴托鲁斯完全借助于法则的语法结构来划分"人法"与"物法"，是十分牵强的。例如，"长子继承不动产"和"不动产归长子继承"表达的含义是一样的，但在法则区别说学者看来，前者是人法，具有域外效力；而后者是物法，没有域外效力，这显然是不科学的。

二、法国的法则区别说

（一）历史条件

16 世纪，法国处于封建时期，国王在形式上统治全国，但他的实权不大，各地的实权都操纵于地方封建领主之手，每个封建领主在自己的领地内握有一切权力，这样，法国内部各地的法律极不统一。到了 16 世纪以后，法国资本主义工商业已有相当的发展，特别是南部地中海沿岸各港口与西班牙、意大利及亚、非两洲一些国家有着频繁的商业交往。但法国内部各省仍处于封建割据状态，法律仍然没有统一。在南部成文法地区，罗马法仍然有效，而自己的习惯法也在适用；北部则主要为习惯法地区，但当时的习惯又有一般习惯法（渊源于法国的法律传统而经官方文件记录的）和各省的地方习惯之分。因而不但成文法与习惯法会发生冲突，而且一般习惯与地方习惯之间以及各地方习惯之间也会发生冲突，适用起来很不方便。这对于新兴的商人阶级要求建立比较统一的市场是极为不利的。而在这时，意大利的人文主义思想也开始传入法国。在这样的历史条件下，国际私法的研究中心从意大利转到了法国②。

（二）代表人物和主要观点

---

① 参见戚希尔和诺斯：《国际私法》，1987 年英文第 11 版，第 18 页。
② 参见卡兰斯基：《国际私法的发展趋势》，1971 年英文版，第 64~69 页。

法国的法则区别说的突出代表是杜摩兰和达让特莱。他们分别生活在法国的南方和北方，分别代表着新兴资产阶级的利益和封建主的利益，理论观点因而是截然不同的。

杜摩兰（Charles Dumoulin，1500～1566 年）是巴黎的律师、教授。他也主张把法则分为人法、物法和行为法三类，但他认为只有在不依据双方当事人的自主意思而直接取决于法律的强制性时，才有必要作这种划分。他也承认"物法"从物，不论对内外人，凡涉及境内之物的应依物之所在地法；而"人法"从人，其效力只及于境内境外自己的属民。不过，他极力主张扩大"人法"的适用范围，缩小"物法"的适用范围。特别重要的是，杜摩兰在《巴黎习惯法评述》（Commentaire sur la Coutume de Paris）一书中，提出了"意思自治"原则（autonomie de la volonté；autonomy of will），他认为，在契约关系中，应该适用当事人自主选择的那一习惯法，即令当事人于契约中未作明示的选择，法院应推定其默示的意思，以确定应当适用的法律，即根据整个案情的各种迹象来判断双方当事人意之所在。

与杜摩兰同时代的学者达让特莱（D'Argentré，1519～1590 年）是法国北部布列塔尼省的贵族，著有《布列塔尼习惯法释义》（Commentaire sur la Coutume de Bretagne）和《布列塔尼的历史》（Histoire de Bretagne）两书，他站在杜摩兰的对立面，反对契约当事人实行"意思自治"，而极力推崇属地原则。他的主要观点是：

1. 一切习惯法原则上都是属地的，仅在立法者的境内有效，由于主权是属地的，主权只及于它的境内，所以法律也只及于它的境内，在其境外无效。根据这个原则，他提出物权问题依物之所在地法，不动产的继承依不动产所在地法。

2. 在适用属地原则的条件下也有例外，关于纯属人的身份能力的法律，如规定成年年龄的法则，规定亲权的法则等，可例外地适用属人法。

3. 除了人法和物法之外，还有一种"混合法则"，即同一法则兼及于人和物两个方面。他认为"混合法则"也适用属地法。

（三）影响和评价

杜摩兰的学说代表了新兴商人阶级的利益，在客观上有利于促进贸易的发展和统一市场的形成。因为，按照意思自治原则，双方当事人可以自由选择一个习惯法作为契约的准据法，从而摆脱本地习惯法的束缚，冲破属地原则的禁锢。这样一来，先进的法国商业中心巴黎的习惯法，就可适用于法国全境，有利于实现法国法律的统一。这显然促进了当时法国资本主义的发展。杜摩兰的"意思自治"原则，已发展成为国际上普遍接受的确定契约准据法的首要原则。

达让特莱的思想反映了当时封建势力的要求，他极力推崇具有封建割据性质的地方自治，主张一切法律附着于制定者的领土，由于主权只能而且必须在境内行使，法律也只能而且必须在境内行使。这在法律适用问题上几乎又回到了过去的绝对属地主义立场上，显然阻碍了国际私法的发展。

三、荷兰的法则区别说

（一）历史条件

1. 资产阶级革命的胜利

荷兰原名尼德兰，16 世纪以前是西班牙的殖民地。后来，资本主义开始萌芽，但西班牙的统治严重地阻碍了资本主义的发展，尼德兰人民因而和西班牙统治者的矛盾日益尖锐。16 世纪后期荷兰爆发了资产阶级革命，17 世纪初取得了胜利，从而建立了世界上第一个资产阶级共和国。但是，革命很不彻底，在荷兰内部，当时仍有 17 个省区，每个省区都有相当大的独立权，有自己的习惯法体系，各省习惯管辖着自己领域内的一切人和物，因而法律的冲突现象普遍存在。

2. 资本主义经济的发展

资本主义制度的确立，极大地解放了生产力，资本主义经济便迅速发展起来，其纺织工业、造船业已负盛名，航海业也十分发达，其商船走遍世界各地，有"海上马车夫"之称。但在当时的荷兰周围，还有一些封建国家，因此，它面临着捍卫自己的独立，防止周围封建国家干涉以保证资本主义顺利发展的任务。

3. 国家主权观念的建立

在此时期，法国的博丹（Bodin，1540～1596 年）发表了《论共和》（De Republique，1577 年）和被誉为"国际公法之父"的荷兰学者格老秀斯（Grotius，1583～1645 年）发表了《战争与和平法》（De jure belli ac pacis，1625 年），他们提出了"国家主权"这个现代国际公法上的基本概念。这就给荷兰的法则区别学家们一种理论启示。他们看到：国家之间立法权力的划分并不使国家承担在具体案件中适用外国法的责任，在国际关系中，立法权力的划分并不必然导致相互适用对方的法律制度。因此，他们就开始探讨适用外国法理由的问题。这样，研究国际私法的中心就由法国转到了荷兰。

（二）代表人物和主要观点

荷兰学派的主要代表有巴根多斯（Burgundus，1586～1649 年）、保罗·伏特（Paul Voet，1619～1677 年）、约翰·伏特（John Voet，1647～1714 年）和优利克·胡伯（Ulicus Huber，1636～1694 年）等人。其中巴根多斯对达让特莱的学说推崇备至，他主张在解决法律冲突时，主要应依属地原则，他还从新的主权观念出发，认为在每一独立主权的国家，是必然有排除任何适用外国法的权利的，但是出于商业的需要，只要与本国主权与利益不相悖，出于一种礼让，也可以承认外国法的域外效力。约翰·伏特也认为主权概念本身就意味着排除外国法的适用，至于事实上有时适用外国法，那只是例外情况。

真正全面奠定国际礼让说的是胡伯，他曾任大学教授，著有《论罗马法与现行法》一书。在该书的第二编即论"法律冲突"（de conflictu legum）中，胡伯提出了他的著名三原则：

1. 任何主权者的法律必须在其境内行使并且约束其臣民，但在境外则无效；

2. 凡居住在其境内的人，包括常住的与临时的，都可视为主权者的臣民；

3. 每一国家的法律已在其本国的领域内实施，根据礼让，行使主权权力者也应让它在自己境内保持其效力，只要这样做不致损害自己的主权权力及臣民的利益。

其实这三条原则，前两条讲的是属地原则，它是根据主权者管辖权的划分建立起来的国际公法上的原则；第三条讲的是适用外国法的根据和条件，它才是国际私法原则。所以，人们常把荷兰的法则区别说称为"国际礼让说"（Comitas Gentium）。

（三）影响和评价

胡伯继承和发展了达让特莱的学说，他们虽然都主张属地原则，但有着实质的不同。胡伯的学说代表了新兴的资产阶级的利益，有一定的进步意义；而达让特莱的学说则主张闭关自守，代表的是封建领主的权益，不利于资本主义经济的发展。

国际礼让说把国家主权思想引入法则区别说中，把适用外国法的问题放在国家关系和国家利益的基础上来考察，这是适用外国法理论的进步。它对国际私法的发展产生了深远的影响，有的学者甚至认为它奠定了现代国际私法学的基础。后来，美国学者斯托雷继承了荷兰的礼让说，而英国学者戴赛则接受了他们的主权观念而抛弃了"礼让"说，并发展成为保护既得权的思想。

但是，我们还要看到这种学说自身包含的不可解脱的矛盾性。那就是它一方面要求保护自己的主权；另一方面又主张根据国际商业的要求，借国际礼让这一原则，使在自己管辖权下能有效行使的权利，在别的管辖权下也能得到承认。

意、法、荷法则区别说对同时期各国国际私法的立法产生了重大影响。在欧洲，1756 年的《巴伐利亚法典》、1794 年的《普鲁士法典》、1804 年的《法国民法典》和 1811 年的《奥地利民法典》均受到了法则区别说的强大影响。特别是《法国民法典》不仅在法国为整个 19 世纪的法院实践奠定了基础，在国际上也产生了深远的影响。其第 3 条规定如下：

"有关警察与公共治安的法律，对于居住于法国境内的居民均有强行力。

不动产，即使属于外国人所有，仍适用法国法律。

关于个人身份与法律上能力的法律，适用于全体法国人，即使其居住于国外时亦同。"

这条规定概括了自巴托鲁斯以来法则区别说的研究成果，在国际私法的发展史上有着划时代的重大意义，主要表现在：

第一，国际私法作用领域的扩大。在《法国民法典》颁布以前，国际私法只侧重于一国内各城市国家间或各地区间的法律冲突的研究和解决，具有"区际私法"的性质；但自《法国民法典》颁布以后，法国各地方的法律得到了统一，尚待解决的只是内外国的法律冲突问题，于是国际私法才真正取得了"国际"的意义。

第二，本国法主义的诞生。在过去，各城市国家或各地区间都有不同的法律。法则区别说所讲的属人法实际上是住所地法。自《法国民法典》颁布以后，属人法的含义在法律中得到了明确的规定：不管是居住在国外的法国人，还是居住在法国的外国人，其身份能力一律适用本国法，崭新的本国法主义就诞生了。

第三，成文国际私法规范的确立。过去的国际私法渊源主要是习惯法，尽管 1756 年的《巴伐利亚法典》已有了成文的国际私法，但影响甚微。而《法国民法典》规定了成文的国际私法规范后，欧美各国民法典纷纷仿效，标志着国际私法由学说法进入到制定法阶段，同时也宣告国际私法从此告别了法则区别说时代而进入了新的历史发展时期。

第三节 近代国际私法

19 世纪中期，主要的资本主义国家业已完成了第一次工业革命，世界的经济面貌发生了极大的变化。资本主义从商品输出转向资本输出，新老殖民主义争夺市场、瓜分世界的斗争日趋激烈，世界的人员、经济往来更为频繁。在世界性的经济、人员来往中，不同国家、不同法系的法律冲突问题也十分突出。这样，19 世纪是国际私法理论急剧发展的时期，出现了百家争鸣、蓬勃发展的局面，并逐步形成了几个颇具特色的学派。

一、德国学派

（一）历史条件

19 世纪以前，德国学者多受"法则区别说"的影响，将法规分为人法、物法和混合法。到了 1848 年，德国爆发了资产阶级革命，这次革命虽然失败了，但此后德国的工业有了较快的发展，德国的资产阶级经济实力也增强了，对外经济、人员的交流也日益加强，这就推动了国际私法的发展。当时德国出现了许多著名的国际私法学者，主要有薛福纳、萨维尼和冯·巴尔等人。

（二）代表人物和主要观点

萨维尼（1779~1861年）是德国柏林大学教授，著名的国际私法学家，也是国际私法的革新家。他创立的"法律关系本座说"（Sitz des Rechtsverhält-nisses），是1849年在《现代罗马法体系》（System des Heutigen Romischen Rechts）一书中提出来的。他从一种普遍主义的观点出发，认为应适用的法律，只应是各该涉外民事关系依其本身性质有"本座"所在地的法律。他不去讨论法律的域内域外效力问题，而主张平等地看待内外国法律，这样就能达到以下的目的，即不管案件在什么地方提起，均能适用同一个法律，得到一致的判决。他建立这一理论的根据是，他认为应该承认存在着一个"相互交往的国家的国际法律共同体"，并且存在着普遍适用的各种冲突规则。这是因为法律关系依其性质总是与一定地域的法律相联系的。他把涉外关系分为"人"、"物"、"债"、"行为"、"程序"等几大类，并且认为，住所是人的归属之处，所以人的身份能力应以住所为本座，物是可感知到的，并且必然占据一定的空间，故物之所在地应为物权法律关系的本座；而债为无体物，并且不占有空间，因而常常需要借助某种可见的外观来表现其形态，故应借助形态而定其本座，而这种外观形态有两个，一个是债的发生地，一个是债的履行地，但履行地更适合于表现债权的外观形态，故应以履行地为其本座，因为它是实现债权的场所；行为方式则不论财产行为或身份行为，均应以行为地为本座；程序问题应以法院地为本座等等。

（三）影响和评价

萨维尼的学说，反映了后起的德国资产阶级想与其他国家资产阶级共同参与国际自由贸易，分沾国际经济利益的要求。但他的学说，开创了一条解决法律冲突、进行法律选择的新路子，在西方，有的学者甚至把萨维尼的理论喻为国际私法中的"哥白尼革命"（Copernican Revolution）①。其贡献主要表现在以下三个方面：（1）它在法则区别说统治国际私法理论达数百年之后，在国际私法的方法论上实现了根本的变革；（2）在荷兰国际礼让说之后，它又在新的基础上回复到国际私法的普遍主义；（3）它大大地推动了欧洲国际私法成文立法的发展。

不过，他说国际社会存在着一种"国际法律共同体"，仍只是一种幻想；而他所说的法律关系的"本座"，把复杂的法律关系过于简单化，也没有明确

---

① 参见康恩-弗劳德：《国际私法的一般问题》，1976年英文版，第98页。

指出解决法律冲突问题的正确途径。

萨维尼的学说统治德国四五十年之久，对其他国家的理论也有重要意义。后来的"法律关系重心说"，"最密切联系说"都受到了"法律关系本座说"的影响。

二、意大利学派

（一）历史条件

意大利自 12 世纪起逐步分成许多独立的城市共和国以后，随着资本主义的发展，统一意大利的思潮日益高涨。16 世纪的文艺复兴运动就是争取民族独立统一的资产阶级革命运动，同时，随着商业贸易的发展，出现了大批流向海外的移民，这就需要保护这些移民的利益。在这样的政治经济形势下，孟西尼的学说产生了。

（二）代表人物和主要观点

孟西尼（1817~1888 年）是意大利 19 世纪中叶的一位政治家兼法学家，他于 1851 年在都灵大学发表了题为《国籍乃国际法的基础》的著名演说，极力主张每个人都适用他本民族的法律。他的学说可归纳为三个主要原则：

1. 民族主义（即国籍）的原则。他认为，每个人在自己国内有不可剥夺的个人自由权，而每个人都与他所属的民族紧密联系着，他无论到哪国，这种权利都应保留。同一民族的人民，无论到哪里，都只服从其本国的法律，都应按自己国家的法律生活。因此，法院在审理有关人的身份能力、亲属关系、继承关系的涉外案件时，都应适用当事人本国法，只有这样，才是尊重民族和国家的主权。

2. 意思自治原则，即自由原则。按这一原则，关于合同，均应按照当事人的自由意思适用法律。

3. 公共秩序原则。他认为如果适用外国法（即当事人本国法），或按照当事人意思选择的法律违反本国的公共秩序时，就不予适用，而适用法院地法。

（三）影响和评价

意大利本来是国际私法的发源地，后来由于欧洲其他国家特别是法国和荷兰国际私法的发展，意大利的法则区别说逐渐衰落。由于孟西尼的学说反映了意大利资产阶级统一国家和维护民族主权的愿望，以及保护居住于外国的本国移民的思想，他的学说在 19 世纪的意大利占了统治地位。与此同时，他的学说对欧洲其他国家的国际私法也产生了较大的影响，1865 年《意大利民法典》、1889 年《西班牙民法典》、1896 年《德国民法施行法》以及 1898 年《日本法例》都采用了孟西尼的国籍原则，许多公约也采用了这个原则。

三、英国学派

（一）历史条件

英国是个老牌的资本主义国家，曾在世界上侵占了很多殖民地。但到 19 世纪后期，资本主义向帝国主义转变。英国一方面面临着后起的帝国主义国家（如德国）与之竞争的威胁，另一方面又受殖民地人民革命的打击，它就要竭力维护其海外的既得利益，英国的国际私法就是在这种历史条件下逐步发展起来的。

（二）代表人物和主要观点

曼斯菲尔德勋爵（Lord Mansfield）是英国国际私法早期发展的奠基人，他在 1775 年审理霍尔曼诉约翰逊（Holman v. Johnson）一案时曾提出："每一诉讼都必须依英国法进行审理，但就英国法来说，在某种特别情况下，如考虑在外国依法签订的契约时，则应适用诉因发生地国家的法律。"从这段话可以看出，曼斯菲尔德不仅完全追随荷兰学派属地主义路线，而且由于他主张适用诉因发生地的法律，实际上这已是一种既得权观点。

但对英国国际私法作出最大贡献，并以自己的学说标志着国际私法的一个里程碑的是牛津大学的法学教授戴赛（1835～1922 年）。他在 1896 年出版的《冲突法》一书中，虽以法律的严格属地性为出发点，但又主张，为了保障合法法律关系的稳定性，对于依外国法有效设定的权利，应该坚决加以维护。他认为，凡依他国法律有效取得的任何权利，一般都应为英国法院所承认与执行，而非有效取得的权利，英国法院则不应承认与执行（他的第一原则）；但如承认与执行这种依外国法合法取得的权利与英国成文法的规定、英国的公共政策和道德原则，以及国家主权相抵触，则可作为例外，而不予承认与执行（他的第二原则）；但是，为了判定某种既得权利的性质，他认为应该依据产生此种权利的该外国的法律（他的第五原则）；最后，他还坚持"意思自治"原则，认为当事人协议选择的法律具有决定他们之间的法律关系的效力（他的第六原则）。这就是有名的"既得权说"（Doctrine of Vested Rights）。

这种理论的核心认为，法官只负有适用内国法的任务，他既不能直接承认或适用外国法，也不能直接执行外国的判决，因此，在上述情况下，法官所作的既不是适用外国法，也不是承认外国法在自己国家的效力，只不过是保护诉讼人根据外国法或外国判决已取得的权利。所以，域外效力不是赋予外国法，而是给予它所创设的权利的。

（三）影响和评价

戴赛的这一学说，显然是为了调和适用外国法和国家主权之间的矛盾而设想出来的，但不幸的是，他自己陷入了更大的矛盾。许多学者曾一针见血地指出，如果依戴赛所说的一国政府既然负有通过它的法院承认并执行外国法律创设的权利的义务，实际上也就负有适用外国法的义务。英国学者戚希尔原来拥护既得权说，但他后来放弃了这种观点，并转而对它进行了批判，他曾说这种学说是为了调和主权原则与适用外国法之间的矛盾，其结果是把国内法理解得过于狭窄。就连戴赛所著《冲突法》一书，在1949年第6版中，修订者已对该原则加以修改，而1967年第8版已将它完全删去。

但是，也必须看到，在国际私法理论的发展史上，既得权说产生过很大影响，戴赛的学说曾得到许多国家法学家的拥护。美国的比尔主持编订的《第一次冲突法重述》（1934年），就把这个观点作为该《重述》的理论基础。他认为："当法律产生一个权利时，这个权利本身就成了一个事实，除非它被自己的法律所改变，它应该在许多地方得到承认。"① 就是在现在，保护既得权，维护国际民商事法律关系的稳定，仍然是国际私法的重要目的和任务。所以，戴赛的《冲突法》自问世以来，一直为英国国际私法学界奉为经典，至1993年，该书已出版第12版。

四、美国学派

（一）历史条件

美国原为英国的殖民地，1776年美国脱离英国而独立。自此之后，特别是自1865年南北战争结束后，资本主义工商业迅速发展，各州居民间的交往日益频繁。自19世纪以来，欧洲大陆各国人民怀着美好的愿望纷纷投奔新大陆。因而，在美国审判实践中就遇到许多法律冲突问题需要解决，其中不仅有美国各州之间的法律冲突，也有美国和其他国家的法律冲突。在这种条件下，美国国际私法迅速发展起来。

（二）代表人物和主要观点

早在1828年，利夫摩尔（Livemore）曾发表了《论不同州和国家成文法的抵触所产生的问题》，肯特（Kent）曾于1826～1830年间发表了《美国法评论》，二者均讨论了冲突法问题，但影响不大。真正在国际私法理论方面取得杰出成就的是斯托雷，他曾任美国哈佛大学教授，北美合众国高等法院法官。1834年，他发表了《冲突法评论》（Commentaries on the Conflict of Laws）一书，继承了荷兰学派的国际礼让说，并且把属地主义路线作了进一步发展。根据胡伯的三原则，他在自己的学说中也提出了三项类似的原则，那就是：

1. 每个国家在它自己的领土内享有一种专属的主权和管辖权，因而每一国家的法律直接对位于其领域的财产，所有居住其上的居民，所有在它那里缔

---

① 参见比尔：《冲突法专论》第3卷，1935年英文版，第1969页。

结的契约与所为的行为，具有约束力与效力。

2. 每一国家的法律都不能直接对在其境外的财产发生效力或约束力，也不能约束不在其境内的居民，一个国家的法律能自由地去约束不在其境内的人或事物，那是与所有国家的主权不相容的。

3. 从以上两项原则，得出第三个原则，即一个国家的法律能在另一个国家发生效力，完全取决于另一国家法律上的明示或默示的同意。

他的第一项原则综合了胡伯的第一、二项原则，而他的第二项原则不过是以另一种方式重述了胡伯的第一项原则的最后一句话。他的第三项原则则明确地把"国际礼让"表述为一种国内法上的规定，从而完全否认国际礼让是习惯国际法加给国家的一种义务。

（三）影响和评价

斯托雷的学说虽然缺少理论的创造性，但是，其实质内容的进步性在于：他主张，从发展国家间的贸易交往的需要出发，只要外国法与内国主权不相抵触，就应该推定这个外国法已被法院国所默示接受，亦即只要在内国法不特别禁止适用外国法的场合，根据国际礼让，法院便可以适用外国法。这是斯托雷在法律适用理论上的开明之处。斯托雷还抛弃了法则区别说把法律分为人法、物法、混合法的传统作法，通过对大量案例的分析，总结出各种不同的涉外民事法律关系，如人的能力、结婚、离婚、监护、法定继承、遗嘱、动产、不动产、合同、管辖权、外国判决的效力等。根据每类法律关系的性质，来确定法律适用的原则，这无疑是个历史的进步。从方法论上看，斯托雷把他的学说建立在分析美国各州州际冲突的丰富的判例基础之上，形成了独特的判例分析法，这对以后的国际私法理论产生了很大影响。萨维尼曾对斯托雷的《冲突法评论》作了很高的评价；法国的弗克斯也承认从斯托雷的著作中受益不浅；戴赛在完成既得权学说时也采用了他的方法。所以，斯托雷被誉为美国国际私法的奠基人，其著作仍为英美冲突法著作的经典之一。

第四节　当代国际私法

自 20 世纪以来，世界进入了帝国主义和无产阶级革命的时代，在国际私法领域出现了许多新情况和新问题。首先是因为在政治上，随着十月革命的胜利，在世界上陆续出现了一些新型的无产阶级掌握政权的社会主义国家，首先是前苏联，而后是东欧一些国家，还有亚洲的中国、朝鲜等。在十月革命的影响下，特别是第二次世界大战后，亚洲、非洲、拉丁美洲的民族解放运动也蓬勃发展起来，许多原来的殖民地附属国经过长期斗争，摆脱了帝国主义的统治，获得了独立。在无产阶级革命和民族解放运动的打击下，帝国主义日趋没落，殖民主义体系逐步瓦解，新产生的一系列社会主义国家和民族独立国家获得了国际民事交往的主体资格，它们迫于对外民事交往的需要，努力建立自己的国际私法体系，打破了资产阶级统治和独霸国际私法的局面。

其次，在经济上，由于各国闭关自守的状况进一步被打破，国际经济和民事交往迅猛发展，特别是自 20 世纪 50 年代以来，以原子能、电子计算机和空间技术的发展和利用为标志的新技术革命大大地扩大了涉外民事法律关系的范围，也使涉外民事法律关系在数量上激增。这样，各国间法律冲突现象相当普遍。

再次，在思想文化和法律上，一方面由于各个社会主义国家的出现，使马克思主义的基本原理进入到了国际私法领域，从 1925 年到 1959 年，前苏联先后出版了哥赫巴尔格、彼德切尔斯基、克雷洛夫、拉也维奇、隆茨等学者的国际私法教本，第一次把马克思主义的基本理论输入到国际私法的理论研究之中。到了 20 世纪 50 年代以后，马克思主义与传统国际私法理论的融合在所有社会主义国家是一个普遍趋势。另一方面，由于各资本主义国家早就形成了具有不同法律特征的欧洲大陆法系和英美普通法系，国际私法由此分为两大流派。因此，当代国际私法理论呈现出百家争鸣、学说林立的繁荣气象。

一、英美国家

当代英美国际私法学说认为，国际私法主要研究涉外案件的管辖权问题，再从法院诉讼程序出发研究法律选择问题与外国法院判决的承认与执行问题，它们都极力扩大本国法院的管辖和本国法的适用范围。

在英国，既得权说已被英国学者完全抛弃。莫里斯（1910～1984 年）在 1949 年至 1974 年多次主持修订戴赛的《冲突法》，将戴赛的理论加以发展，使之适应新形势的需要。1971 年，莫里斯出版了自己的专著《法律冲突法》，提出了公平需要的理论，即英国法院适用外国法，是为了在当事人之间维持公平，借以保护双方利益，而并非对外国表示礼让，或保护当事人的既得权利。莫里斯在合同和侵权领域提出的"自体法"理论（Proper Law Doctrine）也很有影响。因此，莫里斯是当代英国冲突法的权威学者。比莫里斯略早的另一位英国学者戚希尔（1886～1979 年）原为既得权说的崇拜者，后来放弃了这种观点，并转而对它进行批判。他认为，一国的国内法不仅包括实体法，也包括冲突法，法官完全可以根据本国冲突法去适用外国法。戚希尔的名著《国际私法》（该书自 1970 年第 8 版起与诺斯合著）在 1999 年出了第 13 版，是当代英国冲突法的权威著作。

在美国，由于它是一个联邦制国家，各州有独立的管辖权和法律。随着现代经济的发展和交通工具的发达，在美国产生的法律冲突可以说比世界上任何一个国家都多，这样，面对纷繁复杂的有关法律冲突的判例实践，美国学者不得不进行研究、分析，提出新的理论来指导法院实践。同时，由于第二次世界大战以后在美国出现的实用主义的哲学思潮的影响，自 20 世纪 60 年代以来，美国兴起了一场"国际私法革命"，许多学者对传统的国际私法理论和方法进行了猛烈的抨击，提出了各种不同的理论主张，真正形成了"学派林立"的局面。下面简单介绍几种有代表性的理论。

（一）库克的"本地法说"（Local Law Theory）

库克（1878～1943 年）于 1942 年出版了《冲突法的逻辑与法律基础》一书，提出并系统论证了"本地法说"。他认为，法院在审理涉外民事案件时总要适用自己的国内法。只是如果该案件中有根据外国法产生的权利，可以把这种权利转化为国内法产生的权利予以承认，即把该外国法"并入"国内法中去。根据这个原则，法院不是使外国法产生的权利具有法律效力，而是使根据本国法产生的权利具有法律效力。这种理论与"国际礼让说"及"既得权说"不同，它主张既不适用外国法，也不承认根据外国法产生的权利，一切按自己的法律，这实际上是对外国法律采取一概否认的态度。由于他过分夸大了法律的属地性，把国家主权原则与在一定条件下适用外国法截然对立起来，因此，人们认为他所鼓吹的不过是一种无益的滥调，是对萨维尼理论的反动。

但从理论上看，库克却有两个方面的贡献：一是彻底批判了"既得权说"；二是在研究方法上，他主张不要从哲学家或法理学家的逻辑推理中去获取应适用的冲突原则，而应通过考察，总结法院在处理法律冲突时实际上是怎样做的，来得出应适用的规则。他认为某一法律选择之所以正确，并不在于它符合某种"固有的原则"，而在于它代表了过去的司法态度（judicial attitude），因而也就可以预示将来应该怎么做。

（二）卡弗斯的"优先选择原则"（Principle of Preference Theory）

卡弗斯（Cavers）于 1933 年在《哈佛大学法学评论》上发表一篇题为《法律选择过程批判》的文章，指责传统的冲突法制度只作"管辖权选择"，而不问所选法律的具体内容是否符合案件的实际情况与公正合理的解决，因而是很难选择到更好的法律的。他主张改变这种只作"管辖权选择"的传统制度，而代之以"规则选择"或"结果选择"的方法。他为法律适用的结果提供了两条应遵循的标准：一是要对当事人公正，二是要符合一定的社会目的。为符合这两条标准，法院在决定是适用本国法还是外国法之前，要考虑三个方面：首先是要审查诉讼事件和当事人之间的法律关系；其次要仔细比较适用不同法律可能导致的结果；最后是衡量这种结果对当事人是否公正以及是否符合社会的公共政策。1965 年，卡弗斯出版了《法律选择程序》（The Choice-of-Law Process）一书，提出了七项解决法律冲突案件的"优先选择原则"，完善了他倡导的"公正论"。卡弗斯的这一理论首次提出直接对实体法进行选择的大胆设想，为许多人所接受，但也因其抽象模糊而遭到批评。

（三）柯里的"政府利益分析说"（Governmental Interests Analysis）

1963 年，柯里（Brainerd Currie，1912～1965 年）教授将以往的一些论文汇编成一本《冲突法论文集》出版，在这些论文中提出了"政府利益分析说"。他认为，解决法律冲突的最好方法，就是对"政府利益"进行分析。他直截了当地把不同国家的法律冲突说成是不同国家的利益的冲突，他同时还用"虚假冲突"和"真实冲突"来区分两种不同类型的法律冲突，还发现在现实生活中，绝大多数的冲突法案件都是以"虚假冲突"的形式出现，即在冲突的双方中只有一方有政府利益。所以，在审理涉外案件时，如果只有一个国家有合法利益，就应适用这个国家的法律；如果两个国家有合法利益，而其中一国为法院地国时，则无论如何应适用法院地法，即使外国的利益大于法院地国的利益；如果两个外国有合法利益，而法院地国家为无利益的第三国时，则可以适用法院地法，也可以适用法院依自由裁量认为应适用的法律。十分明显，柯里是赞成尽可能适用法院地法的。而且依这种理论，法院在大多数情况下，也总会认为自己的国家对在案件中适用自己的法律有"合法利益"，这就等于否定冲突法有存在的必要了，动摇了经过几百年发展的国际私法体系，因此，他的学说虽然在美国很有影响，却受到了许多学者的反对。英国学者莫里斯曾指出：柯里"试图丢开法律选择规范的做法，就像要抛掉一块石头却砸到了自己的脚上一样。"①

（四）莱弗拉尔的"法律选择五点考虑"（Five-Choice-influencing Considerations）

1966 年，莱弗拉尔（Leflar）在《纽约大学法律评论》第 51 卷上发表一篇文章，提出了法律选择的五点考虑：（1）是结果的可预见性；（2）是州际和国际秩序的维持；（3）是司法任务的简单化；（4）是法院地政府利益的优先；（5）是适用较好的法律规范。

莱弗拉尔的"五点考虑"在美国法律选择实践中的影响是比较大的，因为他不是忙于分析各种各样的冲突情况去建立一种理论体系，而是试图找出一些常出现并实实在在对选择法律起作用的因素，以便为法官在法律选择过程中提供指导。由于莱弗拉尔的第五点考虑是其理论的关键因素，所以人们常将他的理论概括为"较好法律的方法"（Better Law Approach）。但因没有一个普遍性的标准来判断法律的好坏，所以该理论也遭到了许多学者的批评。

（五）艾伦茨威格的"法院地法说"（Doctrine of Lex Fori）

---

① 莫里斯：《法律冲突法》，1980 年英文版，第 516 页。

艾伦茨威格（1906~1974 年）通过对冲突法学说史的研究，在分析和考察以往判例的基础上得出结论：国际私法所赖以建立和发展的基础是优先适用法院地法，而外国法的适用只是一个例外。他认为，法律冲突的解决是法院地实体法的解释问题，即可根据对法院地法的解释结果决定应该适用什么法律。为了防止"挑选法院"（forum shopping），他又提出了"方便法院"（forum conveniens）和"适当法院"（proper forum）的理论。他还认为，按照他提出的这种国际的和州际的适当法院的司法管辖原则就可以防止人们所担心的法院地法的错误适用。艾伦茨威格的理论是本位主义的体现，目的在于扩大法院地法的适用，带有一定的不确定性和不完整性。

（六）里斯的"最密切联系说"（Doctrine of the Most Significant Relationship）

现在，对美国冲突法的理论和实践最有影响，也最有价值的成果是 1971 年以里斯为报告员出版的《第二次冲突法重述》，它是对美国各种学说的一种折中，一方面力图去反映它们，另一方面又不能完全同意它们，同时在许多矛盾着的学说中，它又不可能完全综合它们，因此，里斯虽然采取了一种折中的态度，但仍以一种新的面目出现。

里斯以一种比较客观的态度写道：第二次《重述》"是从一种没有利益要保护的中立法院的角度来写的，它只是寻求适用最恰当的法律"。在这种所谓中立法院的基础上，里斯根据"重力中心地"、"联系聚集地"等观念，提出了一个"最密切联系"（the most significant relationship）的概念，主张法院适用"最密切联系"地的法律，并把这种思想贯穿到了《第二次冲突法重述》之中。

里斯的这种思想从一定意义上讲是美国冲突法学界的共同产物，它从一个较为折中的角度反映了现代美国的冲突法思想，避免了《第一次冲突法重述》那种机械的公式化的法律选择模式。

除此之外，美国还有许多著名学者提出了各种各样的学说。如冯·迈伦和特劳特曼（von Mehren and Donald Trautman）的"功用分析说"（Functional Analysis）；巴克斯特（Baxter）的"比较损害方法"（Comparative-impairment Approach）；麦克多格尔（Mc Dougal）的"综合利益分析"（Comprehensive Interest Analysis）等等。

美国当代冲突法理论可以说是五花八门，但它们对待以往冲突法学说的态度基本上是一致的，都主张采取一种较为灵活的方式进行法律选择，同时加强了适用法院地法的趋势。

二、欧洲大陆国家

20 世纪以后，欧洲大陆国家出现了国际私法中的"比较法学派"

（Comparative Private International Law School），它对各国的冲突规范进行比较研究，以寻求统一各国冲突规范的途径。主要代表人物是德国学者拉贝尔（Rabel），他在第二次世界大战中居住美国时写了《冲突法——比较研究》一书，共四卷，堪称国际私法中比较法学派的巨著。该派学者还包括沃尔夫、克格尔（Kegel）、温格勒尔（Wengler）等。他们认为，各国国际私法的不同状态阻碍了国际贸易的发展和人民间的友好往来，因此，他们希望改变这种状况，使各国国际私法逐步趋于一致，统一起来。为了达到这一目的，他们采取了比较法的手段来研究国际私法，主张把各国的国际私法汇集起来，探求异同，比较得失，而后签订国际条约达到统一，以利于各国之间的交往。这是当代欧洲大陆国家国际私法学说发展的一个趋向。

20 世纪 60 年代以后，如火如荼的美国冲突法"革命"也引起了部分欧洲学者的关注。德国学者克格尔（Kegel）1964 年在海牙国际法学院作了题为《冲突法的危机》的报告，对美国冲突法的各家学说作了较为全面的评述。意大利学者维塔（Vitta）在 1982 年发表了《美国"冲突法革命"对欧洲的影响》，对美国冲突法学说进行了深入剖析。比利时学者汉诺蒂奥（B. Hano-tiau）于 1979 年出版了《美国国际私法：从第一次冲突法重述到第二次冲突法重述》，荷兰学者鲍尔（T. M. Boer）也出版了《排除适用侵权行为地法——美国州际侵权行为法与方法论冲突》。但总的来说，大多数欧洲学者对美国当代冲突法中的激进学说持冷静观望的态度，他们大多主张对传统冲突法进行改良，而反对彻底抛弃冲突规范与传统冲突法理论。

在革新传统的国际私法方面，欧洲学者提出了一些颇有影响的理论，主要有：

（一）巴迪福的"协调论"

巴迪福（1905~1990 年）是当代法国国际私法的代表人物，他于 1956 年出版了《国际私法之哲学》一书，提出了冲突法的使命在于尊重各国实体法体系的独立性，其任务是充当不同法律制度的"协调人"。巴迪福反对从各种先验原则出发的演绎方法，主张以系统地考察各种法律为基础，采用经验的、实证的和对比的方法，进行国际协调。其最有影响的代表著作是他和拉加德（Lagarde）合著的《国际私法》（Droit International Privé）两卷本，1983 年已出至第 7 版。

（二）克格尔的"利益论"

克格尔在比较大陆国家和英美国家法律的异同和研究了美国冲突法学说史的基础上，于 60 年代提出了"利益论"的学说，主张不仅研究国家的利益，同时还要研究国际的利益，并将两者结合起来加以考虑分析，从而确定法律的适用。因此，他在国际私法领域创立了"利益法学"（interesse jurisprudenz），并主张以此来改造德国的国际私法，在国际上产生了较大的影响。

（三）弗朗西斯卡基斯的"直接适用的法律"

弗朗西斯卡基斯（Francescakis）是希腊著名的国际私法学家。他于 1958 年发表了《反致理论与国际私法的体系冲突》一文，首次提出了"直接适用的法律"（Loi d'application immédiate）的概念，并在以后的著作中阐述了他的法律直接适用的理论。他认为，随着国家职能的改变及其在经济生活中作用的增加，国家对经济的干预与日俱增。为了使法律在国际经济和民商事交往中更好地维护国家利益和社会经济利益，国家制定了一系列具有强制力的法律规范，用以调整某些特殊的法律关系。这些具有强制力的法律规范在调整涉外民事关系中，可以撇开传统冲突规范的援引，而直接适用于涉外民事法律关系。这种能被直接适用的法律规范，就是"直接适用的法律"①。法律直接适用说的问世，给欧洲国际私法理论注入了一股清新的空气，尤其是在方法论上，它引导人们对现代国际法律生活中的一些基本问题进行深思，引起了许多学者对法律直接适用现象的研究，如克格尔称之为"专属规范"（Exclusivnormen），德诺瓦（De Nova）提出了"必须适用的法"（loi d'application nécessaire）这一术语，努斯鲍姆认为"空间受调节的规范"（Spatial Conditional Rules）这一概念最为恰当，卡弗斯选择了"立法定位法"（Legislatively Localized Laws）的叫法，莫里斯则叫做"特殊法律选择条款"（Particular Choice of Law Clauses）。由此可见，该理论还是一种尚待继续研究的学说。

当代欧洲国际私法的另一个引人注意的现象是，许多国家制定了单行的国际私法法规，这些法规的形式日趋法典化，内容不断扩大。如法国在第二次世界大战以后便致力于制定新的国际私法典，1952 年修订民法典时，由法国民法典修改委员会起草了"法国国际私法草案"；奥地利在 1978 年通过了《奥地利联邦国际私法法规》；前联邦德国在 1986 年也通过了新的国际私法法规；而最具代表性的是 1988 年公布、1989 年生效的《瑞士联邦国际私法法规》，长达 13 篇 200 条。这些都是当代欧洲国际私法理论的立法成果。

三、苏东国家

在十月革命以前，俄国的国际私法就有了相当的发展，在国际私法的研究中，最享盛名的是伊万诺夫、马雷舍夫、马尔腾斯、卡赞斯基等人。

伊万诺夫第一次把"国际私法"这一术语引进到俄罗斯的法学著作当中，

---

① 参见韩德培：《国际私法的晚近发展趋势》，载《中国国际法年刊》，1988 年，第 14~16 页；徐冬根：《论法律直接适用理论及其对当代国际私法的影响》，载《中国国际法年刊》，1994 年，第 68~84 页。

1865 年，他在喀山出版了《国际私法管辖原理》一书。这是俄罗斯第一部专门阐述国际私法的著作。伊万诺夫写道："……毫无疑问，在一定的情况下，一个国家的立法权在自己的领土范围内，可能甚至必须承认外国法律的效力，这是各民族互相交往的利益所要求的。"但是，与萨维尼的观点不同，按照他的意见，在不同法律相互冲突的情况下，法律适用问题由国家的立法权解决，而不是由审判权解决。

马雷舍夫的功劳是研究所谓的"省际冲突"。因为在沙皇俄国境内，实施着各种不同的法律制度，"省际冲突"是沙皇俄国必须解决的紧迫问题。

马尔腾斯在其《开化民族的现代国际法教程》第 2 卷中，系统地研究了国际私法问题。他认为：主权国家必须受到国际交往过程中制定的一些国际私法基本原则的制约，而国际私法是规定对国际流转领域中利害关系人的某种法律关系适用"本国法律，还是外国法律"的法律规范的总和。

卡赞斯基的观点与众不同，他认为国际私法的内容广泛。他不仅像马尔腾斯那样，把冲突规范包括到国际私法之中，而且把实体法规范也包括到国际私法之中。卡赞斯基提到国际私法有两个任务：第一，建立全世界的民事流转的法律制度，并且保证每一个人都有一定的权利；第二，规定"对于人们之间的某一种关系应当适用哪国的法律"。

十月革命胜利后，苏联建立了以马列主义理论为指导的社会主义的国际私法学，它对反对帝国主义，维护苏维埃在国际交往中的权益起到了积极作用。许多人写了国际私法著作，如彼德切尔斯、克雷洛夫、柯列茨基、隆茨等，特别是第二次世界大战以后，苏联对国际私法的研究进一步发展，国际私法著作的数量和题材显著扩大。最主要的代表人物是隆茨教授，他于 1949 年编写的《国际私法》教科书和他与别人合著的《国际私法教程》（三卷本，1959～1966 年发行第 1 版，1973～1976 年第 2 版）对苏联及各社会主义国家有广泛的影响。

在其他东欧国家，也出现了许多享有盛名的国际私法学者，如罗马尼亚著名国际私法学者庇斯库、纳斯特，他们出版了对外贸易法及有关外国法适用的专著；南斯拉夫国际私法学者柴拉果也维奇、艾斯诺、瑟果撰写了国际私法的教本，果尔德斯坦因出版了关于国际贸易法律问题的专著；捷克斯洛伐克的学者卡兰斯基发表了《国际私法发展趋向》的专著，毕斯崔斯基出版了关于对外贸易法律的专著；德意志民主共和国的代表人物是维曼，他著有关于国际私法理论问题、家庭继承冲突问题和国际经济法方面的许多著作；匈牙利学者萨瑟出版了有关冲突法方面的专著；保加利亚的库梯科夫著有《国际私法教本》。

以上这些学者的著作，不仅在理论上阐述了社会主义国家关于国际私法的基本原理、基本原则，而且还解决了西方资产阶级国际私法学所不能解决的众多理论问题；更为重要的是，它标志着苏东国家的国际私法已经摆脱了大陆法系的影响，自成体系，人们常把他们的理论概括为对外政策学派（Foreign Policy School），即认为国际私法应以和平共处和国际合作政策为基础，一个国家国际私法规则的内容是基于该国对外政策的任务的，解决国际私法问题，必须从和平共处与和平合作出发，国际私法的作用正是为这种合作服务的。

在立法方面，苏东国家的成果十分明显，自 20 世纪 60 年代以来，苏联、捷克斯洛伐克、波兰、阿尔巴尼亚、德意志民主共和国、匈牙利、南斯拉夫、罗马尼亚均先后制定了成文的国际私法法规，对冲突法作了系统的规定。值得一提的是，随着苏联解体和东欧剧变，这些法规正在发生着变化。

四、亚非拉发展中国家

第二次世界大战后，亚非拉等发展中国家为了维护自己的政治、经济独立，发展与世界各国的经济贸易往来，进行了积极的活动，在联合国第六、七届特别会议，联合国贸易和发展会议，国际贸易法委员会，1981 年坎昆会议，1982 年新德里会议以及其他活动中，为制定新的国际私法原则，建立国际经济新秩序作出了贡献。与此同时，各国在利用国际私法规范维护自己的政治统治利益的同时，积极地发展了自己的国际私法学。

近些年来，发展中国家关于国际私法的著作已有不少，如印度的拉马·若出版了《印度的法律冲突》，菲律宾的留道格写了一本关于菲律宾国内区际法律冲突的专著，巴西的瓦拉多出版了《国际私法》专著，智利的卡多尼、秘鲁的帕萨拉、玻利维亚的多果都发表了国际私法教本或专著。从这些可以看出，发展中国家的国际私法正在蓬勃发展。

在立法方面，发展中国家的国内立法发展迅速。泰国、土耳其、埃及、叙利亚、伊拉克、利比亚、阿尔及利亚、科威特、约旦、阿拉伯也门共和国、马达加斯加、加蓬、布隆迪、多哥、阿拉伯联合酋长国、秘鲁等国家，均制定有集中的冲突法立法规范。

第五节　中国国际私法的历史发展

一、中国国际私法的立法史

（一）古代中国国际私法立法的遗迹

早在公元六七世纪，唐朝法律（永徽律）便有了历史上最早的冲突规范："诸化外人同类自相犯者，各依本俗法；异类相犯者，以法律论。"其疏议称："化外人，谓蕃夷之国别立君长者，各有风俗、制法不同，须问本国之制，依其俗法断之。异类相犯者，如高丽之与百济相犯之类，皆以国家法律论定刑名。"由于当时的法律是刑民不分，这条规定当然适用于涉外民事案件，至少应适用于涉外侵权案件。

但沿袭到宋代以后，直到明朝时期，绝对属地主义的法律思想得到了发展，唐律中的上述规定遂改易为："凡化外犯罪者，并依法律拟断"。其理由是："言此等人，原虽非我族类，归附即是王民……并依常例拟断。示王者无外也。"清朝基本上沿用旧制，直到清末，国际私法仍没有发展。

上述历史表明：（1）冲突法的产生与发展，都是依赖于一定的社会经济生活条件。唐朝是我国封建社会的鼎盛时期，对外比较开放，来华贸易和求学的外国人甚多，因而产生了大量的涉外民事法律关系。因此，与现代国际私法的精神颇为类似的冲突规范便应运而生了。唐朝以后，由于封建统治者长期奉行闭关自守政策，自给自足的自然经济占了主导地位，中外人民长期隔绝，冲突法也就失去了进一步发展的客观基础。（2）与闭关自守的政策相适应的绝对属地主义的法律观念是冲突法发展的最大障碍。在我国封建社会，统治阶级认为"普天之下，莫非王土；率土之滨，莫非王臣"，还谈什么适用外国法呢？

（二）近代中国国际私法的畸形发展

1840～1842 年鸦片战争以后，许多帝国主义国家在中国取得了领事裁判权，在一些不平等条约中，虽有类似法律适用的规定，但均在于排除中国法律的适用。例如，1858 年英法联军攻陷大沽后签订的《天津条约》便明确规定："凡同国籍的外国人之间的案件，不论刑民，均由所属国领事依其本国法审判；凡中国人与外国人的案件，如被告为外国人，不论刑民，均由被告所属国领事依其本国法审判。"这时，中国主权丧失殆尽，就涉外案件而言，已无法律冲突可言，自然就没有调整法律冲突的国际私法①。

但在长期的反帝反封建斗争中，中国人民始终要求废除领事裁判权，保障中国主权的完整。在时代剧变的情势下，为顺应地主阶级改革派和洋务派、资产阶级改良派和革命派的需要，西方冲突法学说同西方民商法学说一并被引进了中国，这些思想与学说对法律的绝对属地主义观念形成了挑战。正是在这样的历史背景下，北洋政府于 1918 年颁布了《法律适用条例》，该条例分为总则、关于人之法律、关于亲族之法律、关于继承之法律、关于财产之法律、关于法律行为方式之法律和附则，共 7 章 27 条。尽管它是北洋政府在日本人主持下抄袭德、日的国际私法立法而出笼的，但与同时期资本主义国家的国际私法单行法相比，它是条文最丰富、内容最详尽的立法之一，也是我国历史上第

① 参见阮毅成：《中国国际私法制度的建立》，载马汉宝主编：《国际私法论文选辑》，五南图书出版公司，1984 年版，第 1～6 页。

一次系统的国际私法立法。它脱离了当时中国的国情和经济基础，套用西方资本主义国家的立法原则，结果仅仅是形同虚设，不可能得到真正的执行。总而言之，完整的主权是国际私法赖以生存与发展的政治基础，旧中国国际私法立法深深地打上了半殖民地的烙印。

（三）新中国国际私法立法概况

新中国成立以后，我国废除了帝国主义强加给我们的所有不平等条约，取消了外国人在华的一切特权，为独立自主地进行对外交往，乃至建立完善的冲突法制度创造了良好的政治条件。然而，由于美国实行禁运和封锁，并相继发动朝鲜战争，这就阻碍了我国同西方国家发展关系。我国虽然先后与许多国家建立了外交关系，但基本上处于一种封闭或半封闭状态。涉外民事关系虽偶有发生，但在当时的历史条件下，凡在中国发生的法律关系或诉讼基本上按中国法处理。因此，我国立法机关对国际私法立法没有加以重视，除 1959 年中苏领事条约中有一条冲突规范外，直到 1979 年，在我国缔结或参加的国际条约中再也找不到其他的类似规定。关于国际私法的国内立法则完全是一片空白。

1978 年以后，我国实行了对外开放政策，涉外民事关系迅速发展，这在客观上推动了我国国际私法的立法。就国内立法而言，在规定外国人民事法律地位方面，首先是 1982 年宪法第 18 条关于允许外国法人和个人来华投资的规定，第 32 条关于保护在华外国人合法权益的规定。此外还有 1979 年颁布的《中外合资经营企业法》（1990 年已修订）第 1、2 条；1983 年《中外合资经营企业法实施条例》第 2 条；1982 年《对外合作开采海洋石油资源条例》第 1、3 条；1984 年《专利法》第 18、19 条；1982 年《商标法》第 9、10 条等。

在法律适用规范方面，在《民法通则》颁布之前，只有 1983 年民政部发布的《中国公民同外国人办理婚姻登记的几项办法》中关于此种结婚必须遵守我国婚姻法的规定；1983 年颁布的《中外合资经营企业法实施条例》第 15 条；1985 年颁布的《继承法》第 36 条等。1986 年《民法通则》的颁布，才使我国的国际私法立法初具轮廓。此外，1992 年颁布的《海商法》、1993 年颁布的《公司法》、1995 年颁布的《票据法》和《民用航空法》中均有冲突规范的专门规定。除此之外，最高人民法院于 1988 年发布的《关于贯彻执行〈中华人民共和国民法通则〉若干问题的意见（试行）》，初步丰富了我国的法律适用制度。

在国际民事诉讼程序方面，最主要的立法是 1982 年通过的《中华人民共和国民事诉讼法（试行）》第五编有关"涉外民事诉讼程序的特别规定"。1991 年颁布的《中华人民共和国民事诉讼法》又在其第四编对涉外民事程序作了特别规定。此外，最高人民法院根据海事案件大量增加的实际需要，于 1986 年发布了《关于涉外海事诉讼管辖的具体规定》和《关于诉讼前扣押船舶的具体规定》，而后一项规定已为最高人民法院于 1994 年发布的《关于海事法院诉讼前扣押船舶的规定》所代替。

在国际商事仲裁制度方面，我国早在 1956 年和 1959 年，便分别由中国国际贸易促进委员会下设的对外贸易仲裁委员会和海事仲裁委员会制定了各自的仲裁程序暂行规则。改革开放以后，这两个仲裁委员会又多次修订了《中国国际经济贸易仲裁委员会仲裁规则》和《中国海事仲裁委员会仲裁规则》，以使我国的国际商事仲裁制度与国际社会的普遍实践更趋一致。1994 年，我国通过了《中华人民共和国仲裁法》，其第七章为"关于涉外仲裁的特别规定"，该法自 1995 年 9 月 1 日起实施。

近几年，我国在国际私法领域内的国际立法方面也做了许多工作，取得了很大的进展。1986 年 10 月，我国向海牙国际私法会议提交了加入申请，1987 年 7 月 3 日，我国正式成为海牙国际私法会议的成员国。我国还先后加入了《承认和执行外国仲裁裁决公约》、《关于向国外送达民事或商事司法文书和非司法文书公约》、《关于从国外调取民事或商事证据的公约》等国际公约。如前所述，1987 年以来，我国还分别同法国、波兰、蒙古、比利时、罗马尼亚、意大利、俄罗斯等国签订了近 30 项司法协助协定。这对我国国际私法立法的现代化和国际化具有重要的意义。

二、中国国际私法学说的发展

(一) 旧中国国际私法学说

中国的国际私法学说的发展比欧美要晚得多。尽管对唐律中的冲突规范曾有过一些解释，但远非理论研究。根据现有史料，直到清末光绪年间我国才出现国际私法书籍。清光绪三十一年（1905 年），郭斌编著的《国际私法》是目前发现的我国最早的国际私法著作。以后，傅疆在 1907 年出版了《国际公私法》专著，熊元翰等在 1911 年编写了一本《国际私法》。这些著作主要介绍一些西方国家的国际私法学说，没有形成独立的见解和体系。

民国时代（1911~1949 年），我国国际私法的理论研究工作有了较大的发展，特别是 1918 年《法律适用条例》的颁布，大大推动了我国国际私法的理论研究工作，当时各大学法律院系纷纷开设国际私法课。到国外学习国际私法的人也大大增多了，并产生了一大批介绍国际私法学的著作，其中较著名的有陈顾远编著的《国际私法总论》 （1930 年）、周敦礼著的《国际私法新论》（1931 年）、于能模著的《国际私法大纲》（1931 年）、阮毅成著的《国际私法》（1933 年）、唐纪翔著的《中国国际私法论》（1934 年订正本）、翟楚编著的《国际私法纲要》（1935 年）、卢峻著的《国际私法之理论与实践》（1937 年）、郭宏观的《中国国际私法沿革概要》以及王毓英的《国际私法》等等。

上述著作，有的受英、美的影响，有的受法、德、日的影响，有的只是阐述了 1918 年的《法律适用条例》，缺乏真正独创的、符合国情的国际私法学说，有的甚至带有某些帝国主义和半封建、半殖民地色彩。但从国际私法的理论上来说，作者们对国际私法还是有一定研究的，有不少材料可供参考。对我国国际私法学的历史发展来说，这是一个必不可少的过程。这些学者在当时历史条件的限制下，为中国国际私法学的发展作出了自己的贡献。

（二）新中国的国际私法学

新中国的国际私法学经历了一个漫长而曲折的历程。新中国成立后，人民政府废除了国民党的《六法全书》，完全以计划经济体制下的苏联法律和法学为模式，建立起社会主义的法律体系和法律科学。1951 年，中国人民大学外交系设置了国际法教研室，先后请了三位苏联专家给教师和研究生讲授国际私法。我国学者也陆续翻译出版了几本苏联学者的国际私法著作，如隆茨的《国际私法》、柯列茨基的《英美国际私法的理论与实践概论》、《国际私法论文集》等，但他（它）们都特别强调社会制度和意识形态的对立对国际私法的影响，不免存在简单化的倾向。

到 1957 年，因极左路线的干扰日益严重，法律虚无主义泛滥成灾，整个法学界都受到极大的冲击，加上以后又长期走上闭关自守的道路，国际私法作为调整涉外民商事关系而且要涉及外国法适用问题的法律部门，几乎被完全取缔。尽管在 60 年代还先后有倪征噢教授翻译的英国托马斯的《国际私法》和由他撰写的《国际私法中的司法管辖问题》于 1963 年、1964 年出版，但到"文化大革命"时，国际私法的理论研究已完全中断，在全国仅剩的少数法律课程中，国际私法的教学也被取消了。

直到党的十一届三中全会决定实行改革开放政策以后，国际私法才受到了党和国家的高度重视。这时，对外开放中发生的种种国际私法问题迫切需要研究解决，中国国际私法学因而重新获得了发展的契机。经过十几年的努力，我国国际私法立法取得了长足的进步，国际私法理论研究也步入了一个初步繁荣的阶段。

据不完全统计，20 多年来，我国学者在国内外主要报刊上发表国际私法方面的论文 1 600 余篇，涉及的问题已遍及国际私法的大部分领域。中华人民共和国建国以来，中国学者自己编写出版的国际私法教材和专著，已有 70 余种。其中应特别提到的有：除《中国大百科全书·法学卷》中有关国际私法方面的词条外，最早由姚壮、任继圣教授编写的《国际私法基础》和由韩德培教授主编的新中国第一本全国高校统编国际私法教材《国际私法》（已印刷多次，1989 年修订一次）。此后又有钱骅教授主编的《国际私法》，董立坤教授撰写的《国际私法论》，李双元教授撰写的《国际私法（冲突法篇）》，唐表民教授撰写的《比较国际私法》，刘慧珊教授等撰写、费宗祎教授统稿的《国际私法讲义》，余先予教授主编的《国际私法学》和《冲突法》，深圳市中级法院前院长、武汉大学兼职教授王常营同志主编的《中国国际私法理论与实践》，刘振江教授等主编的《国际私法教程》，张仲伯教授主编的《国际私法》，黄进教授撰写的《区际冲突法研究》，韩德培教授主编的《中国冲突法研究》，肖永平教授著的《中国冲突法立法问题研究》、《肖永平论冲突法》，刘卫翔博士等合著的《中国国际私法立法理论与实践》等。有关国际私法领域中专题研究的著作，有深圳市中级法院前庭长袁成第同志撰写的《涉外法律适用原理》、黄进教授撰写的《国家及其财产豁免问题研究》、周海荣博士撰写的《国际侵权行为法》、李双元教授与谢石松博士合著的《国际民事诉讼法概论》、韩健博士撰写的《现代国际商事仲裁法的理论与实践》、徐宏博士撰写的《国际民事司法协助》等。介绍外国国际私法的著作，有张翔宇律师撰写的《现代美国国际私法学说研究》、韩德培教授与韩健博士合著的《美国国际私法（冲突法）导论》等。此外，近年来西方有些学者开始潜心研究中国国际私法，并出版了有关专著，如德国学者苏兰柏（Rembert Süβ）著的《中国国际私法原理》，瑞士学者胜雅律（Harro von Senger）和中国学者徐国建博士合著的《中华人民共和国国际私法与国际民事诉讼法》。

在国际私法参考资料方面，继法律出版社在20世纪80年代初就出版了由任继圣、钱骅、章尚锦选编的高等学校教学参考书《国际私法资料选编》后，又先后有卢峻主编的《国际私法公约集》、刘慧珊和卢松主编的《外国国际私法法规选编》、余先予编的《国际私法学参考资料》、司法部司法协助司编译的《国际司法协助条约集》和《国际司法协助法规选》出版。1991年由韩德培和李双元主编的《国际私法教学参考资料选编》（上、下）可说是目前国内收集资料最丰富的国际私法参考资料集，它在前面讲到的几种参考资料集的基础上，更将最近几十年欧洲、南美洲及中东地区许多国家的新国际私法法规和若干国际私法方面的新的重要公约译成中文，公开发表。

国际私法著作的翻译工作近年来也取得了很大进展。德国学者沃尔夫的《国际私法》，法国学者巴迪福和拉加德的《国际私法总论》，英国学者莫里斯的《法律冲突法》，前苏联学者波古斯拉夫斯基的《国际私法》，日本学者北胁敏一的《国际私法》，以及挪威学者布雷柯斯的《国际海事法律选择》，均已先后被我国学者译成中文出版。这些都对推动和促进我国比较国际私法的研究做出了积极的贡献。

为了推动国际私法学的研究，全国性的国际私法学术交流活动也于1980年开始。是年，当时的教育部高教司与司法部教育司联合成立了法学教材编辑部，在第一批组织编写的法学统编教材中，便有国际私法。为了保证这本教材高质量地完成，国内有关高校的著名国际私法教师几乎都被邀请参加了编写大纲的讨论，进行了第一次系统而深入的学术交流活动。嗣后，在武汉大学国际法研究所的倡议下，积极筹组"中国国际私法研究会"。1985 年 8 月，由武汉大学国际法研究所发起并以贵州大学法律系为依托在贵阳主持召开了首届全国国际私法学术讨论会，成立了"中国国际私法研究会筹备组"。1987 年 10 月，在国家教委和司法部的支持下，全国国际私法教学研讨会在武汉大学召开，会上正式成立了中国国际私法研究会。从此以后，中国国际私法研究会先后在西安、广州、武汉、济南、珠海、深圳、宁波、北京、大连等地召开了多次年会和专题讨论会。这些会议都是围绕我国国际私法的建立以及实行对外开放所面临的一些重要国际私法问题的解决而举行的。研讨的问题涉及：（1）国际私法的范围；（2）国际私法与国际经济法的关系；（3）国际私法的晚近发展趋势；（4）国际与区际司法协助；（5）区际法律冲突及其解决；（6）涉外合同和涉外侵权的法律适用；（7）内地与港澳地区的司法协助；（8）涉外海事案件的管辖权；（9）海峡两岸的民事法律适用；（10）国际商事仲裁的理论与实践；（11）我国仲裁法的起草和制定；（12）市场经济条件下国际私法的完善和发展；（13）中国国际私法典的起草；（14）海事国际私法等问题。通过对上述问题的讨论，提高了我国国际私法的学术水平，大大促进了我国国际私法学界的学术交流和理论工作者与实际部门的沟通。尽管有些问题还存在着较大分歧，形成了不同的学术观点和流派，但通过讨论，对不少问题也逐步达成了共识。我国学者在每次年会上提交的论文，中国国际私法研究会基本上都编辑出版了论文集，这为不同学术观点和主张的发表提供了保障。

　　改革开放以来，中国国际私法学界、中国国际私法研究会还与国外一些著名的研究机构以及美国、德国、日本、瑞士、荷兰、英国以及香港、台湾地区的一些著名的国际私法学家、著名的国际私法研究机构保持稳定的学术联系和形式多样的学术交流活动。国内多所法学院系，还先后向美国、日本、瑞士、德国、英国、法国、比利时派遣出一批批的硕士、博士研究生进修或作学术访问，或进行联合培养。

第 四 章
国际私法关系的主体

所谓国际私法关系的主体，是指能够在国际民商事关系中享有权利和承担义务的法律人格者，包括自然人、法人、国家和国际组织。

第一节 自 然 人

各国关于自然人作为国际私法关系的主体，一般区分本国人和外国人而作不同的规定。一般说来，本国的自然人只要具有行为能力，就可以成为国际私法关系的主体，一般不加限制，或只在某些特殊问题上有所限制。而外国自然人只有在内国具有相应的民事法律地位时，才能成为国际私法关系的主体，尽管当代各国普遍给予外国人以国民待遇或最惠国待遇，但同时又给予一定的限制。因此，确定自然人的国籍和住所就显得非常重要。

一、自然人的国籍

（一）国籍的概念

关于国籍（nationality）的概念，各国有不同的定义。概括起来，主要有三种学派：

1. 英美学派认为，国籍是人民对国家的忠诚（allegiance）关系，个人一旦具有某国国籍，则负有对某国永尽忠诚的义务。

2. 德国学派认为，国籍是人民对国家的绝对服从（obedience）关系。

3. 法国学派则把国籍看做是个人与国家的一种契约（contract）关系，国家与个人双方都负有各自的权利与义务，并可像契约一样，随时解除这种关系①。

上述三种定义都比较笼统而不够全面，从国际私法的角度看，李浩培教授

---

① 参见董立坤：《国际私法论》，法律出版社1988年版，第114~115页。

关于国籍的概念更明白确切，他说："国籍是指一个人作为特定国家的成员而隶属于这个国家的一种法律上的身份。"① 这种概念得到了我国学者的普遍赞同。

(二) 国籍的冲突及其解决

赋予某人以国籍，完全是一个国家主权范围内的事情，皆由各国国籍法加以规定。而各国在决定给某人以国籍时，主要取决于一国的历史传统、经济、人口政策和国防的需要，取得或丧失国籍的原则也就因国而异。因此，往往会出现一个人同时具有两个或两个以上的国籍或没有国籍的情况。在国际私法中，把一个人同时具有两个或两个以上国籍的情况，称为国籍的积极冲突；把一个人没有国籍的情况叫做国籍的消极冲突。国籍的冲突，完全是因为各国对国籍的取得、丧失和恢复所采取的制度不同。

取得国籍的原因，大致可分为生来取得和传来取得。对于生来国籍或原始国籍 (nationality by birth, nationalité de l'origine) 的取得，有的国家采取血统主义 (jus sanguinis)，即由父母的国籍来确定子女的生来国籍；有的国家采取出生地主义 (jus soli)，即人出生在哪个国家，就具有哪个国家的国籍，而不问其父母的国籍；也有的国家兼采两者，即所谓"混合制"。在采取血统主义的国家中，还有双系血统主义和单系血统主义之分。在采取出生地主义的国家中，其"出生地"的确认标准也有差异。例如，依据英国法，凡出生在英国商船上的人，不论该船是否在外国领海或港口，均认为是英国公民；而美国却认为在美国领海或港口内的外国商船上出生的人取得美国国籍。在采取"混合制"的国家当中，有的以血统主义为主，出生地主义为辅；有的以出生地主义为主，血统主义为辅；有的平衡地兼采血统主义和出生地主义。必须指出，当前世界上纯粹采用血统主义或出生地主义的国家都很少，根据李浩培教授对 99 个国家国籍法的研究，其中只有 5 个国家采用纯血统主义，即奥地利、埃塞俄比亚、列支敦士登、苏丹、斯里兰卡，而纯粹采用出生地主义的国家还没有②。绝大部分国家采取"混合制"。对于派生国籍 (nationalité secondaire) 的取得，既有国内法上的原因，如归化、婚姻、收养等，又有国际法上的原因，如因领土割让和国家合并等领土变更而造成的，即在领土割让和国家合并

---

① 参见李浩培：《国籍问题的比较研究》，商务印书馆 1979 年版，第 5 页。
② 参见李浩培：《国籍问题的比较研究》，商务印书馆 1979 年版，第 49~50 页。

时，割让地的居民和被合并国的国民，原则上可取得新领有国的国籍①。各国对上述原因的出现能否取得其国籍，作了不同的规定。

　　丧失国籍的原因，也可分为自愿与非自愿两种类型。自愿丧失国籍包括：（1）申请出籍，即要求退出某一国籍；（2）选择某一国籍，即有双重国籍者按照有关法律，在一定期限内放弃一个国籍。非自愿丧失国籍指当事人由于发生婚姻、收养、入籍等法律事实，自动丧失了原来的国籍。有些国家的法律还有剥夺国籍的规定。各国对上述原因的出现能否丧失某一国籍，也作了不同规定②。

　　因各种原因丧失国籍的人，在一定条件下，还可以重新取得原来的国籍，这叫做国籍的恢复。大部分国家的国籍法都有恢复国籍的规定，如我国《国籍法》第13条规定："曾有过中国国籍的外国人，具有正当理由，可以申请恢复中国国籍；被批准恢复中国国籍的，不得再保留外国国籍。"

　　正是由于国籍的确定原则上属于国内法问题，而各国国籍法的规定存在着很大差异，因而出现了国籍冲突（conflict of nationalities）。例如，因出生而取得国籍的，有的国家采取血统主义，有的国家采取出生地主义。如在后者领土上出生而属于前一类国家国民的子女，在具有父母国籍的同时，也具有出生地国籍，因而成为双重国籍者。在前者领土上出生而属于后一类国家国民的子女，则没有任何国籍而成为无国籍者。至于因婚姻和其他影响身份的行为而造成的国籍变更，有的国家承认，有的国家不承认。如果后一类国家的妇女与前

---

①　取得国籍的原因可作如下图示：

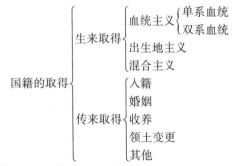

②　丧失国籍的原因可作如下图示：

一类国家的国民结婚，她既不失去原有国籍而又取得丈夫的国籍，从而成为双重国籍者。反之，如果前一类国家的妇女与后一类国家的国民结婚，她既丧失原有国籍，又得不到丈夫的国籍，从而成为无国籍者。有些自愿取得外国国籍而又不丧失原有国籍的，也会成为双重国籍者。因受国家制裁而被剥夺国籍的便成为无国籍者。

国籍的冲突往往造成许多不便和困难。双重国籍者要为一个以上的国家尽国民义务，这显然是一种负担。但当涉及对他进行外交保护时，究竟由哪个国家来行使，则往往在有关国家之间或在同第三国的关系上争论不休。另一方面，无国籍者无论在所在国受到怎样不合理的待遇，往往得不到任何国家的外交保护，而所在国如要将他驱逐出境，则经常没有国家收容，很不好办①。为此，学者们早就提出将"单一国籍原则"作为国籍立法之基本，即一个人只有一个国籍，反对任何双重国籍现象。为了实现这一原则，各国立法已或多或少予以特别考虑。但要想规定全世界共同的统一规则是不可能的，至少是极为困难的。当然，解决国籍冲突，在国际公法和国际私法上有着不同目的：国际公法的目的在于消除多重国籍和无国籍现象；国际私法的目的仅在于确定应适用的当事人的本国法，即在当事人具有双重或多重国籍时，究竟应依哪一个国籍确定其属人法；在当事人无国籍时，应如何确定其属人法。至于如何避免或消除实际存在的多重国籍或无国籍现象，则是国际公法所要研究解决的问题。

对于国籍冲突的解决，一般分为国籍积极冲突的解决和国籍消极冲突的解决。

1. 关于国籍积极冲突的解决，各国一般区分不同情况，采取如下方法解决：

（1）当事人所具有的两个以上的国籍中有一个是内国国籍。在这种情况下，国际上通行的做法是内国国籍优先，即认为该人是内国人，而以内国法作为他的本国法。这种方法被不少国家的国内法和一些国际公约所采用。

（2）当事人所具有的两个以上的国籍都是外国国籍。在这种情况下，又有几种不同的解决方法：

第一，以取得在先的国籍优先。其理由是，当事人对取得在先的国籍已取得了既得权，而既得权在国际间应当受到尊重。但这种主张势必导致一个人要永久服从惟一的一个属人法，如果一个人同时取得两个以上国籍，其间并无先后之分，这种主张就无法适用。

第二，以取得在后的国籍优先。其理由是，当事人享有变更国籍的自由，

---

① 参见日本国际法学会编：《国际法辞典》，世界知识出版社 1985 年版，第 560~561 页。

他既已放弃了以前的国籍，自然不能再以该国法律作为他的属人法，而应根据取得在后的国籍决定其属人法。但按这种主张，势必要承认个人可以随时变更属人法；如一个人同时取得两个以上国籍，这种主张也解决不了问题。

第三，以当事人惯常居所或住所所在地国的国籍优先。其理由是，具有两个以上国籍的人，同他的惯常居所或住所所在地国关系较为密切，所以应当以该国国籍为准。但如果具有两个以上国籍的人的惯常居所或住所是在其他非国籍所属国境内，这个主张就解决不了问题。

第四，以与当事人有最密切关系的国家的法律为其本国法，或者说依他的"实际国籍"（nationalité effective）决定其属人法。所谓"实际国籍"或"关系最密切国"的国籍，应综合各方面的因素考虑确定。如当事人在哪一国出生，在哪一国设定惯常居所或住所，在哪一国行使政治权利，在哪一国从事业务活动，以及其内心倾向于哪一国等等，都应加以考虑。因为只有综合这些条件，才能判定是否"关系最密切"。这种方法为许多学者所倡导，也为许多国家的立法和司法实践所采纳①。我国最高人民法院于 1988 年发布的《关于贯彻执行〈中华人民共和国民法通则〉若干问题的意见（试行）》第 182 条就规定："有双重或多重国籍的外国人，以其有住所或者与其有最密切联系的国家的法律为其本国法。"

2. 关于国籍消极冲突的解决。国籍的消极冲突，可分为三种情况：生来便无国籍，原来有国籍后来因身份变更或政治上的原因而变得无国籍，以及属于何国国籍无法查明。对于国籍的消极冲突，各国一般主张以当事人住所地国家的法律为其本国法。如当事人无住所或住所不能确定的，则以其居所地法为其本国法。如居所亦不能确定，有的国家规定适用法院地法，如 1982 年《南斯拉夫法律冲突法》第 12 条第 3 款的规定即是；有的国家则要求当事人归化法院地国国籍，这实际上也是要求适用法院地法，如《捷克斯洛伐克国际私法及国际民事诉讼法》第 33 条第 3 款的规定即是。我国最高人民法院在上述《意见》中规定："无国籍人的民事行为能力，一般适用其居住国法律；如未定居，适用其住所地国法。"

二、自然人的住所

（一）住所的概念

住所的概念因不同时代、不同国家而有所不同。古代罗马法以设家神祭坛的处所为住所。在农业社会，人们以家庭生产、生活活动的中心和财产的集中

---

① 参见李浩培：《国籍问题的比较研究》，商务印书馆 1979 年版，第 23～25、29～31 页。

地为住所。随着经济的发展，人们活动范围的扩大，一个人的财产可能分散在各地，住宅和营业所也常有多处。因此，各国以不同的观点，对住所下了不同的定义。有的以生活的根据地和中心为住所，如法国、日本等；有的以经常居住地为住所，如德国等；有的除居住一定处所外，须有久住的意思才算住所，如瑞士等。英国为了有利于殖民，强调主观因素，一个英国人可以长期在外国居住而住所仍可留在英国①。究其实质，住所就是一个人的经常居住地，是个人与主要居住处之间形成的法律关系，借以表明一个人的民事身份，以及其权利与义务应受管辖的法律。一般认为，居住者的长住意图和久住事实是决定住所的两个重要因素。

住所可分为如下几类：（1）原始住所（domicile of origin），即自然人出生时取得的住所。世界各国公认以父和母之住所为原始住所。（2）选择住所（domicile of choice），即自然人出生后依久住意思和居住事实而选择取得的住所。（3）法定住所（statutory domicile），即自然人依法律规定而取得的住所。在英国法上，它又称为从属住所（domicile of dependency）②。

英美两国内部法律不统一，一直以住所地法为属人法，故对住所的研究比较细致详尽。英国的判例对住所确立了以下几个具体规则：（1）任何人都有一个住所；（2）一个人不得同时有一个以上的住所；（3）一个人既有的住所被推定持续到证明其新的住所已经取得为止；（4）英国冲突法中的住所意味着英国法意义的住所③。美国关于住所的制度与英国略有不同：（1）美国不承认原始住所因选择住所的放弃而自动恢复；（2）美国也强调取得住所的意思条件，但不太注重永久居住的意思④。

要理解住所的概念，必须把它与居所（residence）和惯常居所（habitual residence）区别开来。住所与居所的区别在于：住所是久住之处，而居所只是暂住或客居之地。就法律而言，设定居所的条件比住所宽得多，不要求居民有久住的意思，只要有居住的事实即可。

惯常居所很早就是海牙国际私法会议喜欢用的术语，它出现在许多海牙公约中。目前，惯常居所被越来越多地使用着。有人认为它的含义与住所差不多，只要去掉住所概念中的人为因素，去掉现在对住所中意向因素的强调即可。英国法院曾把它定义为："持续一定时间的经常的实际居住"⑤。

---

① 参见《中国大百科全书（法学卷）》，第816页。
② 参见戴赛和莫里斯：《冲突法》，1980年英文版，第108页。
③ 参见莫里斯：《法律冲突法》，1984年英文版，第15~18页。
④ 参见美国《第二次冲突法重述》，第11~23条。
⑤ 参见莫里斯：《法律冲突法》，1984年英文版，第35页。

（二）住所的冲突及其解决

由于住所是由居住者的长住意图和久住事实两个要素构成的，居住者的意图变了，住所也随之改变。目前，各国法律几乎都允许人们有改变与选择住所的自由，因此，人们改变住所的事情是经常发生的。尽管大多数国家确立了"人必须有一个住所，人只能有一个住所"的原则，但在实践中，这个原则并不是总能得到遵守。况且，有的国家承认一个人可能有两个以上的住所。由于各国关于住所的法律规定不同，或有人既丧失了原有住所，又未取得新住所，成为无住所之人；或有人同时取得两个以上的住所。无住所者，称为住所的消极冲突；有多个住所者，就是住所的积极冲突。

1. 关于住所积极冲突的解决，有以下几种主张：

（1）以个人的意思选择住所。该说主张，一个人有多个住所时，应由当事人选定其中一个住所地的法律为其属人法或属人法的代用法。但有人认为，听任当事人选择住所，并不是解决住所积极冲突的好办法。因此，世界上真正采用这种作法的国家几乎没有。

（2）如果一个人有两个以上的住所，其中一个住所在法院地国，法院地法就优先适用，即以法院所在地的住所为准。但反对该说的人认为，法院在哪里，就以哪里的住所为准，就使当事人的属人法难以稳定。

（3）根据法律关系的性质和该法律关系所应适用的法律确定一个住所。例如，关于遗产继承的法律关系，应适用财产所在地法或本国法的规定来解决。但是，如果该法律关系应适用住所地法，该如何解决住所的积极冲突呢？

（4）根据住所冲突的具体情形选择住所。该说认为，住所冲突的情形不相同，对不同情形的住所冲突以一个相同的模式去解决很不合适，故应根据住所冲突的具体情形选择一个合适的住所。该说主张：

第一，内国住所与外国住所发生冲突的，选择适用内国法为住所地法。

第二，外国住所与外国住所发生冲突的，根据住所取得的时间，或以先取得的住所为住所，或以最后取得的住所为住所。如果一个人同时取得两个住所，或以与当事人关系最密切的住所为住所，或以当事人现在居所地的住所为住所。当事人无居所的，则以父或母的最后住所为住所。

2. 关于住所消极冲突的解决，各国普遍采用的方法是以居所代替住所。对于现在无住所的人，有的主张以其最后的住所为住所，或以其出生时的住所为住所，如果没有最后住所或出生住所，就以居所为住所。但对于一个到处流浪的人，要确定他的居所也是困难的。因此，有人主张，对于无住所、居所的人，以他的现在所在地法为住所地法。

第二节　法　　人

法人（legal person）是指按照法定程序设立，有一定的组织机构和独立的财产，并能以自己的名义享有民事权利和承担民事义务的社会组织。一个组织或实体在什么情况下可以成为法人，具有法律人格，各国法律对此的规定很不一致，因而也会发生法律冲突。国际上常用法人的属人法决定法人是否存在，是否具有一般的权利能力以及法人机关的组织、法人与成员的关系、成员的权利和义务、法人的解散和后果等问题。而法人的国籍和住所是确定法人属人法的前提，因而有必要讨论法人的国籍和住所的确定问题。

一、法人的国籍

法人的国籍是区别内国法人和外国法人的标准，是判断外国法人属于哪一个国家的依据。虽然有些学者认为法人无国籍，或法人不具有严格意义上的国籍，但法人国籍的存在已得到许多国家的立法与司法实践的肯定。对于如何确定一个法人的国籍，国际上无一致的作法，各国及其学者提出了下列不同主张：

1. 成员国籍主义，也称资本控制主义。这种主张认为，法人成员的国籍就是法人的国籍，因为法人成员的国籍和这个法人为其服务的那个国家通常是一致的。不过，这种主张实行起来有一些难处：（1）弄清法人的资本真正为何国人控制并非易事；（2）控制法人资本的股东经常变动，股东的国籍也随之变化；（3）在股东国籍相异时，究竟依人数定其国籍还是依出资额多少定其国籍，还成问题；（4）法人如果是发行无记名股票的股份有限公司，其国籍就更难确定了。

2. 设立地主义，或称登记地主义。这种主张认为，法人的国籍应依其设立地而定，凡在内国设立的法人即为内国法人，凡在外国设立的法人即为外国法人。这是英美法学及判例的主张，其理由为，一个组织之所以成为法人，全靠一国依法对该组织章程的批准或给予登记；换句话说，是国家依法批准或给予登记的行为创造了法人，法人因而应具有登记地（或批准地）国的国籍。赞成这种主张的人认为它有许多优点：（1）登记地或成立地确定不移，很容易辨识；（2）不经法人登记地国的同意，该法人不能变更自己的国籍；（3）遇有法人的行为严重违反法律或社会公共利益，登记地国易于通过撤销登记而解散该法人。但也有人认为，采用这种主张，在有些场合看不出法人实际为何国人控制；另外，当事人有时到限制较宽的国家去成立法人，以达到规避法律的目的。

3. 住所地主义。这种主张认为，法人的住所是法人的经营管理或经济活动中心，法人的国籍因而应依其住所所在地而定。但究竟应以何处为法人的住所，学者的见解和各国的实践尚不一致。反对住所地主义的人认为，由于法人可以随意选定住所，就难以防止它们随意改变其国籍以规避法律。

4. 准据法主义。此说认为，法人都是依一定国家法律的规定并基于该国明示或默示认许而成立的，故法人的国籍应依法人设立时所依据的法律确定之。这种学说为一般英美学者及少数大陆学者所主张，它虽然比较简便，但易被当事人利用，即当事人可以选择对于法人设立限制较少的国家设立一个法人，而将其住所设于外国，借以达到逃避纳税等目的。同时，外国投资者依内国法律所成立的法人，实际上往往为外国股东所控制，如果不加区别地一概承认为内国法人，往往对内国不利。

5. 实际控制主义。此说主张法人实际上由哪国控制，即应具有哪国国籍。在实际生活中，一些法人有时虽依敌国法律成立，但并不足以判定其为敌国法人；反之，有些法人的股份虽为内国人所掌握，也不足以证明它就完全为内国利益服务。因此，持这种主张的人认为应透过表面现象，看法人实际上为哪一国所控制即为哪国法人。不过，这种主张一般在战争时期定性敌国法人有重要意义。第二次世界大战期间，这种主张为美国、瑞士、法国、瑞典、英国等国家广泛采用。但是，它并不是完全取代上述几种作法，而是准据法主义和住所地主义的补充。

6. 复合标准说。第二次世界大战后，随着法人在国际经济交往中的作用日益加强，也出现了一种把法人设立地和法人住所并用的主张，即综合法人的住所和设立地决定其国籍。例如，我国《中外合资经营企业法实施条例》第2条就规定，依照中外合资经营企业法批准并在中国境内设立的合资企业是中国法人。日本一般采取准据法主义，但要取得日本内国法人的资格，除依日本法成立外，尚须在日本设有住所，凡不符合这两个条件的，均被视为外国法人。1970年，国际法院在审理巴塞罗那公司案时，也指出：对于公司的外交保护权，只能赋予该公司依据其法律成立并在其领土内有注册的事务所的国家。

总之，到底如何确定法人的国籍，国际上尚无统一的标准，各国在实践中总是根据自己的利益和要求确定标准，并随情势的变化而变化。因此，法人的国籍不能以一成不变的形式主义标准来确定，否则很难圆满解决问题。从实践看，采用登记地主义和住所地主义的国家较多。但为了解决某些具体问题和适应某些合理需要，在登记地主义、住所地主义之外，还可兼采其他学说，如实际控制主义。所以，采取复合标准是比较灵活、比较实用的方法。

我国在解放初期，为了肃清帝国主义在华特权，曾采用实际控制主义，以法人资本实际控制在何国人手中的情况来确定法人的国籍。例如，上海永安公司，在成立时登记为美商，太平洋战争爆发后，为逃避日本帝国主义的迫害，改为华商，抗日战争胜利后，又恢复为美商。但该公司实际上是我国人投资的，且一直为我国人所经营掌握。因此，解放后，我国政府将该公司定为我国私营企业，而没有当作外国法人对待①。

目前，我国对于外国法人国籍的确定，采取注册登记主义。最高人民法院《关于贯彻执行〈中华人民共和国民法通则〉若干问题的意见（试行）》第184条规定："外国法人以其注册登记地国家的法律为其本国法。"因此，对于已取得外国国籍的法人，我国一般都承认其已取得的国籍，而不问该外国适用何种确定法人国籍的标准。另一方面，我国对于内国法人国籍的确定，则采取设立地主义和准据法的复合标准。我国《民法通则》第41条第2款规定："在中华人民共和国领域内设立的中外合资经营企业、中外合作经营企业和外资企业，具备法人条件的依法经工商行政管理机关核准登记，取得中国法人资格。"因此，我国的上述立法和司法解释是比较切合实际的。

二、法人的住所

欧洲大陆的许多国家，如法、德、意、瑞士等国，都主张依法人的住所地来决定法人的国籍。因此，对法人住所的确定，也有重要意义。只是何处为法人的住所，又有不同主张：

1. 管理中心所在地说，或称主事务所所在地说。这种主张认为，法人的管理中心是法人的首脑机构，它决定该法人活动的大政方针并监督其施行，就应该以法人的主事务所所在地为法人的住所地。许多国家的立法采取这种主张。如《日本民法》第50条规定："法人以其主事务所所在地为住所。"法国、德国民法认为，法人的住所，就商业法人而言在其商业事务管理中心地；而就非商业法人而言，应是它履行其职能活动所在地。不过，采取此说确定法人的住所，本在内国从事经营活动的法人，如规避内国法律的适用，只要将管理中心或主事务所设在国外，即可轻易达到目的。

2. 营业中心所在地说，即以法人实际从事营业活动的所在地为法人的住所地。其理由是，一个法人运用自己的资本进行营业活动的地方，是该法人实现其经营目的的地方，与该法人的生存有着重要的关系；另外，法人的营业中心地相对来说比较稳定，不可能因当事人意欲规避法律而任意变更。埃及、叙利亚等国便认为法人住所应在其营业中心地。但是，此说也有不便之处，如从事保险、运输或银行业的法人，其营业范围往往跨越数国，因而没有营业中心

---

① 参见韩德培主编：《国际私法（修订本）》，武汉大学出版社1989年版，第102页。

地；又如，从事港建等行业的法人的营业中心地也常随地而转移。因此，对于此等法人，以营业中心地决定其住所显然有困难①。

3. 法人住所依其章程之规定说。由于法人的登记，一般应在其章程中指明住所，因此，法人的住所，应依章程的规定，而在章程无规定时，则以主事务所所在地为法人的住所。这种方法比较方便、明确。但在实际生活中，不少法人虽然在章程中规定了住所。但其管理中心地或营业中心地也可能不在这些地方。如1966年法国最高法院受理有关某一银行国籍问题的案件，该银行的章程规定住所在土耳其而营业中心却在英国②。

我国目前采取第一种主张，《民法通则》第39条规定："法人以它的主要办事机构所在地为住所。"但我们认为，同法人的国籍问题一样，法人的住所地应按照实际情况，并参照国际上几种不同的作法，灵活地作出决定。

三、外国法人的认可

（一）外国法人的认可的概念

外国法人的认可是内国根据本国的法律对外国法人的资格进行审查，承认并允许其在内国从事涉外民事活动的过程。一般说来，对外国法人的认可包含两方面的内容：一是外国法人依有关外国法律是否已有效成立的问题；二是依外国法已有效成立的外国法人，内国法律是否也承认它作为法人而在内国存在与活动。对于前一个问题，它涉及外国法人是否存在的事实，当然依外国法人的属人法来决定，如果依外国法人的属人法未能有效成立的法人，内国也不可能认可，当然不允许其在内国从事经营活动。对于第二个问题，它涉及内国的法律及权益问题，即内国是否在法律上承认其法人资格并允许其活动的问题，这显然要依据内国的外国人法进行审查，如外国法人能否在内国活动，其活动的范围和权利的限制，以及对外国法人的监督等 。因此，一个外国法人要进入内国进行经营活动，必须同时符合其属人法和内国的外国人法所规定的条件。

（二）外国法人的认可方式

外国法人的认可主要有两种方式：

1. 国际立法认可方式

即有关国家通过制定国际条约保证相互认可对方国家的法人。如1956年6月1日订于海牙的《承认外国公司、社团和财团法律人格的公约》和1968

---

① 参见余先予主编：《冲突法》，法律出版社1989年版，第138页。
② 参见曾陈明汝：《国际私法原理》第1辑，1975年台湾版，第124页。

年 2 月 29 日订于布鲁塞尔的《关于相互承认公司和法人团体的公约》就是属于这种方式。前一公约第 1 条明确规定："凡公司、社团和财团按照缔约国法律在其国内履行登记或公告手续并设有法定所在地而取得法律人格的，其他缔约国当然应予承认，只要其法律人格不仅包含进行诉讼的能力，而且至少还包含拥有财产、订立合同以及进行其他法律行为的能力。""公司、社团或财团的法律人格，如果按照其据以成立的法律规定无需经过登记或公告手续而已取得的，则当然应在前款相同的条件下予以承认。"

2. 国内立法认可方式

即内国在其法律中规定认可外国法人的条件，然后根据这种条件对具体的外国法人进行审查和认可。国内立法认可又有三种程序：

(1) 特别认可程序，即内国对外国法人通过特别登记或批准程序加以认可。这种程序有利于控制外国法人在内国的活动；但其不足之处在于逐个认可，程序繁琐，不便于国际经济贸易活动的进行。

(2) 概括认可程序，即内国对属于某一外国之特定的法人概括地加以认可。例如，法国曾于 1957 年 5 月 30 日制定一项法律，承认凡经比利时政府许可而成立的法人，均可在法国行使权利；对其他各国法人，只要在有互惠关系的国家成立的法人，也应予以承认。

(3) 一般认可程序，即内国对于外国特定种类的法人，不问其属于何国，一般都加以认可。依此种程序，凡依外国法已有效成立的营利性的商务方面的法人，均予以承认，既不需要特别认可，也不需要互惠存在。《日本民法典》第 36 条规定，凡属外国商业公司，日本都是认可的。

事实上，各国往往并不是采取单一的认可方式。许多国家常常既参加国际公约对缔约国的法人进行认可，同时制定国内法规定认可外国法人的方式和条件。

我国关于外国法人认可的规定，目前主要体现在 1980 年 10 月国务院颁布的《关于管理外国企业常驻代表机构的暂行规定》第 2 条中，它规定："外国企业确有需要在中国设立常驻代表机构的，必须提出申请，经过批准，办理登记手续。未经批准登记的，不得开展常驻业务活动。"这一规定表明，在对外国法人常驻代表机构认可的问题上，我国采取了特别认可程序。对来中国从事投资活动的外国法人，因合同都要经过政府机关批准才生效，审批的过程也包括了对外国法人资格的审查，故可理解为特别认可程序。但对来中国进行货物买卖的外国法人，没有政府审查批准程序，可理解为采取一般认可程序。

第三节 国 家

一、国家作为国际私法关系主体的特殊性

在国际社会，国家同自然人、法人一样，可以依据民事法律，与自然人、法人、其他国家和国际组织结成民商事法律关系，取得民事权利和承担民事义务。在这种关系中，国家不是以主权者的身份出现，只在有限的范围内作为民事法律关系的主体，才成为国际私法关系的主体。当国家作为国际私法关系的主体时，其特殊性主要表现在：

1. 国家需要遵守民事法律关系的平等性原则，以民事主体身份出现，自我限制其主权者的地位。

2. 国家参加国际民商事活动必须以国家本身的名义并由其授权的机关或负责人进行。

3. 国家作为国际私法关系主体时，以国库财产作为后盾，以国库财产承担因此产生的民事法律责任，并负无限责任。

4. 国家享有豁免权，国家虽作为民事主体参与国际民商事法律关系，但它毕竟是主权者，国家及其财产享有司法豁免权。

二、国家豁免问题

（一）国家豁免问题的提出

国家在参与国际民商事法律关系时，同样会与其他主体发生纠纷，因而会提出一个国家能否在外国法院被诉的问题。具体说来，国家豁免可能在下列情况下提出来：

1. 国家在外国直接被诉。

2. 国家不是某一涉外诉讼的主体，但是该诉讼涉及到国家，国家因而主张豁免以维护自己的权利。

3. 国家主动提起诉讼，或在其被诉时明示或默示放弃其管辖豁免，但是在判决作出前或作出后，如果国家财产有可能被诉讼保全或强制执行时，国家提出诉讼程序豁免或执行豁免。

4. 国家提起诉讼，如遇对方当事人提起反诉的范围超出了原诉，国家可能会对该反诉主张豁免权。

（二）国家豁免权的内容

国家豁免（state immunity）包括司法管辖豁免（immunity from jurisdiction）

和执行豁免（immunity from execution）两种。司法管辖豁免就是不得将国家作为被告，不得将国家的财产作为诉讼标的在外国法院起诉。由于司法管辖豁免主要涉及国家的法律人格，因此，西方有些学者称之为属人理由的豁免（immunity ratione personae）。执行豁免是指对国家所有的财产不能在另一国法院采取诉讼保全措施和强制执行措施。这是因为即使国家通过明示或默示的方式放弃司法管辖豁免，并不意味着同时放弃诉讼程序豁免和执行豁免。所以，未经国家的同意，不得对国家财产采取诉讼保全和执行措施。由于执行豁免主要涉及到国家的财产，因此，有些西方学者将执行豁免称之为属物理由的豁免（immunity ratione materiae）。

（三）国家豁免的根据

国家豁免的根据是国家主权原则。自 1234 年罗马教皇格列高里九世颁布"平等者之间无管辖权"的教谕以来，国家主权原则已得到了世界各国的普遍赞同。主权是国家具有的独立自主地处理自己的对内和对外事务的最高权力。因此，主权具有两方面的特性，即在国内是最高的，对外国是独立和平等的。国家主权在本国领土内享有最高权力这一特性派生出属地管辖权，而国家主权在国际关系中的平等和独立性派生出国家豁免。由此可见，国家豁免权是国家固有的权利，它来源于国家主权原则。

（四）国家豁免的理论

关于国家豁免的问题，各国学说和实践存在着较大的分歧①。传统的理论有绝对豁免理论和限制豁免理论；第二次世界大战以后，国际法学界出现了废除豁免理论和平等豁免理论。前两种理论在一些国家的实践中得到贯彻和支持，而后两种理论尚限于理论上的探讨。

1. 绝对豁免理论（The Doctrine of Absolute Immunity）。绝对豁免理论是一种最古老的国家豁免理论。这种理论认为，一个国家，不论其行为的性质如何，在他国享有绝对的豁免，除非该国放弃其豁免权；享有国家豁免的主体包括国家元首、国家本身、中央政府及各部、其他国家机构、国有公司或企业等；国家不仅在直接被诉的情况下享受豁免，而且在涉及国家的间接诉讼中也享受豁免；另外，它主张在国家未自愿接受管辖的情况下，通过外交途径解决有关国家的民事争议。绝对豁免论得到了许多著名国际法学家如奥本海、海德（Hyde）、戴赛、菲兹莫利斯（Fitzmaurice）、哈克沃斯（Hackworth）等的支持，并在国际法院判决的"比利时国会号案"（The Parlement Belge）、"佩萨

---

① 参见黄进：《国家及其财产豁免问题研究》，中国政法大学出版社 1987 年版，第 48~129 页。

罗号案"（S. S. Pesaro）中也获得了支持。绝对豁免说在 19 世纪曾经得到了几乎所有西方国家的支持，只是自 20 世纪 30 年代以来，西方国家渐渐地放弃了这种理论。但一些发展中国家都支持绝对豁免说。不过，绝对豁免说在提法上欠科学；而且，把国家本身同国有公司或企业在豁免问题上混合起来也是不当的；此外，强调通过外交途径解决涉及国家的民事争议，也不利于涉外民事纠纷的及时解决。

2. 限制豁免论（The Doctrine of Relative or Restrictive Immunity），又称"职能豁免说"。它产生于 19 世纪末，主张把国家的活动分为主权行为和非主权行为。主权行为享有豁免权，而非主权行为不享有豁免权。有些国家通过了专门法律在承认国家享有豁免权的前提下，同时详细地列举了国家不享有豁免权的情形。如 1976 年《美国主权豁免法》、1978 年《英国国家豁免法》即是如此。而区分国家行为性质的标准主要有三种：目的标准、行为性质标准和混合标准。现在，赞成国家行为性质标准的占多数，在识别国家行为性质上，他们主张适用法院地法。

因此，限制豁免论实质上是通过对"商业行为"的自由解释为限制外国国家的主权提供了借口。例如，1978 年英国《国家豁免法》第 2 条至第 11 条规定，下列行为属商业性质而不享有豁免权：（1）涉及在联合王国履行的商业行为与契约的诉讼；（2）涉及雇用契约的诉讼；（3）涉及人身伤害与财产损害的诉讼；（4）涉及位于联合王国的动产以及因继承、赠与、无主物占有等方式而取得的在联合王国的动产与不动产的诉讼；（5）涉及在联合王国的登记或受保护的专利、商标设计、植物品种培养者权利或著作权的诉讼；（6）涉及在联合王国使用某商品或店名的权利的诉讼；（7）涉及国家为其成员的法人团体、非法人团体或合伙的成员资格的诉讼；（8）涉及国家通过书面协议，把有关争议提交英国仲裁的诉讼；（9）涉及用于商业目的船舶的诉讼；（10）涉及增值税、关税、农业税与为商业目的而占有房屋的房地产税的诉讼。由此可见，限制豁免论与国家主权原则是不相容的，它把国家行为划分为主权行为和非主权行为也是不科学的。

3. 废除豁免论（The Doctrine of Abolishing Immunity）。这种学说产生于 20 世纪 40 年代末 50 年代初。英国国际法学家劳特派特是该理论的创始人。瑞士的拉里夫、荷兰的鲍切兹（Bouchez）也赞同这一理论。废除豁免论主张从根本上废除国家豁免原则，并确认国家不享有豁免是一般原则，在某种情况下所出现的豁免是例外。它不仅反对绝对豁免论，而且也与限制豁免论所主张的国家享有豁免是一般原则，不享有豁免是例外的观点相反。在立法技术上，它主张采用否定列举式。这种观点目前还停留在少数学者的学说阶段，在实践中还没有哪个国家采用。

4. 平等豁免论（The Doctrine of Equal Immunity）。这个理论是由德国学者弗里兹·恩德林（Fritz Enderlein）首先提出的。他认为，国家豁免是平等原则派生出来的权利，同时，又是国家主权的一个实质组成部分；由于国家主权不是绝对的，国家豁免也同样不是绝对的，国家主权在其他国家主权面前就受到了限制。因此，国家不享有绝对豁免，而只享有平等豁免。平等豁免论将国家的司法管辖豁免称为"关于组织的豁免"，而把执行豁免称为"关于资产的豁免"。关于组织的豁免，它把国家的组织分为两类：一类是要求国家豁免的组织，指靠国家预算维持并实现政治、行政或社会和文化职能的国家机构或组织；另一类是当然已放弃豁免的组织，指具有独立经济责任的国营公司或企业。平等豁免说可以说是在绝对豁免说和废除豁免说之间的一种折中措施，这个理论有一定道理，但还有待于进一步发展、完善。这种理论的提出主要是针对社会主义国家公有制占主体地位的情况而产生的。但随着 1989 年 10 月 1 日原民主德国与联邦德国的统一，全德实行资本主义制度，平等豁免理论正经受着考验。

（五）我国对国家豁免问题的立场

我国一向坚持国家及其财产享有豁免权的国际法基本原则。1991 年 4 月 1 日颁布的《中华人民共和国民事诉讼法》对享有司法豁免权的外国人、外国组织和国际组织在民事诉讼中的豁免权作了原则性的规定。而 1986 年颁布的《中华人民共和国外交特权与豁免条例》只对外交豁免问题作了规定，但对国家豁免问题并未作出回答。因此，我们今后应加强这方面的立法。

我国法院尚未审理过涉及外国国家及其财产豁免的案件。但自新中国成立以来，中国曾被动地在其他一些国家或地区被诉，例如"贝克曼诉中华人民共和国案"、"湖广铁路债券案"等。在这些案件中，我国表明了自己的立场，归纳起来，主要有以下几点：

1. 坚持国家及其财产豁免是国际法上的一项原则，反对限制豁免论和废除豁免论。

2. 坚持国家本身或者说以国家名义从事的一切活动享有豁免，除非国家自愿放弃豁免，也就是说坚持绝对豁免说。

3. 在对外贸易及司法实践中，我国已开始把国家本身的活动和国有公司或企业的活动区别开来，认为国有公司或企业是具有独立法律人格的经济实体，不应享受豁免，因而，中国坚持的绝对豁免论与原来意义上的绝对豁免论不同。

4. 赞成通过协议来消除各国在国家豁免问题上的分歧。根据我国 1980 年参加的 1969 年《国际油污损害民事责任公约》第 11 条的规定，我国实际上已经放弃了油污损害发生地的缔约国法院的管辖豁免。

5. 如果外国国家无视我国主权，对我国或我国财产强行行使司法管辖权，我国保留对该国进行报复的权利。

6. 我国在外国法院出庭主张豁免权的抗辩不得视为接受外国法院管辖。

第四节 国 际 组 织

一、国际组织作为国际私法关系主体的特殊性

国际组织是国际政治、经济、文化交往发展到一定阶段的产物。国际关系发展到一定的阶段，主权国家或者地区之间为了共同的政治、经济、军事、文化或其他利益，通过缔结国际条约规定它们共同享有的权利和承担的义务，并以这些国际条约或公约为基础结成国际组织，已是国际社会的一种普遍做法。从 19 世纪初国际组织开始出现到现在，影响较大的各类国际组织已达 4 000 多个，其中政府间的国际组织有 500 多个。国际组织在今天的国际社会中已经发挥了重要作用。

国际组织作为国际关系中的一个实体必然要和国家、其他国际组织、法人、自然人发生经济、民事关系，这就必然产生国际组织的法律地位问题。国际组织是一种特殊的涉外民事法律关系的主体，其特殊性表现在：

1. 国际组织以自身名义参加涉外民事法律关系。它虽然由各个成员国（团）组成，但它与各个成员国（团）又独立开来，国际组织具有独立的法律人格，以其自身的财产对外承担民事责任，成员国（团）对其债务并不负连带责任。1946 年《联合国特权及豁免公约》和 1947 年《联合国专门机构特权及豁免公约》等确定了联合国及其专门机构的法律人格，规定它们有"缔结契约"、"取得并处置动产和不动产"、"从事法律诉讼"的法律行为能力。

2. 国际组织所从事的民事活动是执行职务及实现其宗旨所必要的。这种职能是通过成员国（团）缔结的成立该国际组织的条约（协议）和该组织章程体现出来的。国际组织只有在其国际条约（协议）和该组织章程范围内活动才具有民事权利能力与行为能力。超过了这个范围，便无权利能力和行为能力。

3. 政府间的国际组织在参与国际民商事法律关系时享有一定的特权和豁免。

二、政府间国际组织的特权和豁免

国际组织本身不享有主权，所以它并不是自始便享有豁免权。国际组织的豁免权最初来源于外交特权和豁免。早期的一些国际组织大都是直接适用有关外交特权与豁免的法则。联合国成立以后，制定了一系列以联合国为中心的有

关国际组织的法律地位、特权和豁免的公约，才确立了政府间国际组织的豁免权。1946 年制定了《联合国特权及豁免公约》。1947 年联合国与美国签订了关于联合国会所的协定。1954 年联合国教科文组织同法国之间制定的协定也对有关国际组织的特权与豁免问题作了规定。联合国国际法委员会起草并于1975 年在维也纳外交会议上通过的《维也纳关于国家在其对普遍性国际组织关系上的代表权公约》，对国际组织的特权与豁免作了比较全面的规定，只是该公约尚未生效。可以预见，一旦这个公约生效，有关国际组织的法律地位、特权与豁免问题将更明确了。

国际组织的特权与豁免来自成员国的授权，那么，成员国为什么要授予这种特权和豁免权呢？主要有两种观点：一种是职能说。这种观点认为，国际组织之所以享有特权和豁免，是成员国为了使国际组织更好地履行其作为国际组织的职能，完成有关公约及其组织章程规定的宗旨和任务，而授予其享有主权国家才能享有的特权和豁免权。另一种是代表说，认为成员国之所以授予国际组织以特权和豁免权，是因为国际组织在一定程度上或某些方面代表着成员国的愿望和利益。这两种观点都有一定的道理。但现在更多的是支持职能说。《联合国宪章》第 105 条和其他国际组织的章程及有关的公约中关于国际组织的特权与豁免的规定都订明国际组织享有特权与豁免是执行其职务和实现其宗旨所需要。国际法委员会在制定《维也纳外交关系公约》的过程中也认为，"国际组织的豁免权只能建立在职能的基础上"。有些学者认为仅仅用职能说不能概括国际组织享有特权和豁免的根据，还必须适当结合代表说，只有职能说和代表说的结合才能较圆满地解释国际组织享有特权和豁免权的依据问题。

国际组织在涉外民事法律关系中享有特权和豁免的主要有：国际组织的会所、公文档案不受侵犯；国际组织的财产和资产免受搜查、征用、侵夺和其他任何形式的干涉等。

三、国际组织权利能力与行为能力的法律冲突及解决

国际组织的权利能力与行为能力一般限于实现宗旨的范围内。但实现一个国际组织的宗旨的活动各种各样，特别是一些综合性的国际组织为实现宗旨几乎要进行除军事以外的一切活动，因此，国际组织所涉及的涉外民事关系可以说非常广泛。国际组织作为涉外民事法律关系的主体也会存在权利能力与行为能力的法律冲突。它主要表现在如下方面：

第一，国际组织在非成员国的活动，因各国对某一国际组织所授予的权利能力与行为能力不同而产生法律冲突。这是因为国际组织的章程及组成某一国际组织的国际公约只能约束其成员国，非成员国无义务授予该国际组织以任何权利能力与行为能力；它们甚至完全可以认为该国际组织无行为能力，而禁止

其在本国活动。因此，不同的非缔约国授予该国际组织的权利能力与行为能力会大相径庭，这就发生了法律冲突。

第二，国际组织成员国内部对该国际组织授予的权利能力与行为能力也不一致。由于建立某一国际组织的国际公约或国际组织章程，要求成员国授予该国际组织的权利能力与行为能力是最低水平的，而各成员国完全可以授予该国际组织较高的权利能力与行为能力，从而在成员国内部形成了差异，因此，成员国之间也会产生法律冲突。

那么究竟如何解决国际组织的权利能力与行为能力的法律冲突呢？

自然人、法人的权利能力与行为能力依其属人法，国家是主权者，其权利能力主要依其自身的法律，在涉讼时也得参照法院地国法。而国际组织既无国籍（因而无本国法），也非主权者（因而无自身立法），那么国际组织的权利能力与行为能力的准据法该如何确定呢？

我们认为，国际组织的权利能力与行为能力应适用其行为地法。这里的一个大前提是国际组织在进行国际民事交往时必须首先符合自己的组织章程。否则，其行为无效。国际组织是一个独立的法律人格者，它在自己的宗旨与章程范围内进行国际民事活动时，能否成功地达到预期的目的，关键在于行为地国是否允许该国际组织从事此类国际民事活动。如果根据行为地国法，这个国际组织有此权利能力与行为能力，它便可实现自己的目的，正常地建立国际民事法律关系；如果行为地法认为该国际组织无此行为能力，那么，它根本不会让该国际组织在该国进行国际民事交往，也无法建立正常的国际民事法律关系。因此，在决定国际组织权利能力与行为能力的问题上，行为地法是至关重要的，可以作为准据法。关于国际组织的权利能力与行为能力的冲突规范，目前各国冲突法中很少规定。但 1984 年《秘鲁民法典》第 2072 条规定："在秘鲁的外国国家和其他外国公法实体以及依对秘鲁有拘束力的国际条约建立的国际公法实体，依秘鲁法取得权利和承担义务。"这条冲突规范应该理解为同时对国际组织的权利能力与行为能力的法律适用作了规定①。

第五节 外国人民事法律地位的几种制度

外国人的民事法律地位，是指外国自然人和法人能在内国享有民事权利和承担民事义务的法律状况。给予外国人什么样的民事法律地位是由各个主权国家自行决定的，但各国必须考虑其承担的国际义务和当时的国际关系及有关的

---

① 参见余先予主编：《国（区）际民商事法律适用法》，人民日报出版社 1995 年版，第 158~162 页。

国际惯例。从 19 世纪初到现在，在各国的实践中逐步形成了以下几种关于外国人民事法律地位的制度。

一、国民待遇

所谓国民待遇（National Treatment），是指内国给予外国人的待遇和给予本国人的待遇相同，即在同样的条件下外国人和内国人所享有的权利和承担的义务相同。

国民待遇很早就有一些国家开始实行，但最先见诸法典的是《法国民法典》，它是资产阶级革命的产物。国民待遇产生后，经历过三种形式：（1）无条件国民待遇。即不附带任何条件把内国法律赋予内国人的各种权利同样给予在本国境内的外国人。这主要是在资产阶级革命初期实行，例如法国大革命初期就实行过无条件的国民待遇，但后来许多国家都先后放弃。（2）互惠国民待遇，又称有条件的国民待遇。即内国给予外国人以国民待遇是以该外国也给内国人以国民待遇为条件的。如《法国民法典》第 11 条规定："外国人，如其本国和法国订有条约允许法国人在其国内享有某些民事权利者，在法国亦得有同样的民事权利。"（3）特定国民待遇。即一国在立法中规定在某种或某几种权利上给予外国人国民待遇。这种方式通常用于有利于本国经济、技术和文化发展的民事权利方面，如发明和专利的申请，也可以不要求互惠。如 1978年《中华人民共和国发明奖励条例》第 12 条规定，外国人可以同中国公民一样向国家科委申请发明，经审查批准后按该条例给予奖励。

从当前各国的有关立法和实践来看，国民待遇表现出如下特点：

1. 当今的国民待遇是一种互惠的待遇，但并非一定以条约和法律上的规定为条件。为了防止本国公民在外国受到歧视，各国多采取对等原则加以限制。

2. 国民待遇仅就一般原则而言，并非在具体的民事权利享有上外国人与内国人完全一样。事实上，任何采取国民待遇的国家，都要对外国人的权利作些限制，如日本和美国的许多州就规定外国人不得享有土地的所有权。

3. 国民待遇的范围常在条约中作出限制。从当前的国际实践来看，各国一般通过双边或多边条约把国民待遇限制在船舶遇难施救、商标注册、申请发明专利权、版权以及民事诉讼权利方面；而在沿海贸易、领水渔业、内水航运、公用事业、自由职业等方面，一般不给予外国人国民待遇。

我国国内立法如《中华人民共和国发明奖励条例》、《中华人民共和国民事诉讼法》都规定了给予外国人以国民待遇，同时我国同外国缔结的国际公约中也规定了国民待遇原则，如《中华人民共和国和美利坚合众国贸易关系协定》第 6 条第 2 款规定："缔约双方同意在互惠基础上，一方的法人和自然人可根据对方的法律和规章申请商标注册，并获得这些商标在对方领土内的专用权。"

二、最惠国待遇

最惠国待遇（Most Favoured-nation Treatment）是指授予国给予受惠国的待遇不低于授予国已经给予或将来给予任何第三国的待遇。1978 年 7 月联合国国际法委员会起草的《关于最惠国条款的条文草案》第 5 条规定："最惠国待遇是指施惠国给予受惠国或与之有确定关系的人或事的待遇不低于施惠国给予第三国或与之有同于上述关系的人或事的待遇。"最惠国待遇一般都是通过签订双边或多边国际条约规定的。在条约中设立一项规定，"依据这项规定，一国向另一国承担义务，在约定的关系范围内给予最惠国待遇"。这就是所谓"最惠国待遇条款"。

同国民待遇相比，最惠国待遇有如下特点：

1. 两者的规定方式不同。最惠国待遇必须以双边或多边条约的规定为基础，而国民待遇既可以在国内立法中加以规定，也可以在国际条约中规定。

2. 两者的待遇标准不同。最惠国待遇以给惠国给予任何第三国的待遇为标准；而国民待遇以本国国民的待遇为标准。

3. 两者的目的不同。最惠国待遇是为了使处于一国境内的不同外国人处于平等地位；而国民待遇则是使外国人在某些领域与本国人的民事法律地位相等。

4. 两者的适用范围不同。国民待遇一般适用于概括性的一般问题；而最惠国待遇常适用于经济贸易的某些事项，如关税、航行、旅客、行李和货物的过境，铁路、公路的使用等。

在国际实践中，往往在规定最惠国待遇的同时，也规定了最惠国待遇的例外条款，即指出哪些情况不属于最惠国待遇的范围。这些例外事项主要有：（1）一国给予邻国的特权与优惠；（2）边境贸易和运输方面的特权与优惠；（3）有特殊的历史、政治、经济关系的国家形成的特定地区的特权与优惠；（4）经济集团内部各成员国互相给予对方的特权与优惠。

我国在对外经济贸易的实践中，也通过条约给予了许多国家以最惠国待遇。早在 1955 年 8 月 22 日订立的《中国和埃及政府贸易协定》中便开始采用了互惠平等的最惠国待遇制度。该协定规定："双方同意在发给输出、输入许可证方面和征收关税方面相互给予最惠国待遇。"1979 年 7 月 7 日签订的《中美贸易关系协定》第 2 条也规定："为了使两国贸易关系建立在非歧视性基础上，缔约双方对来自或输出至对方的产品应相互给予最惠国待遇，即对上述产品相互给予来自或输出至任何其他国家或地区的同类产品在下列方面所给予的各种利益、优惠、特权或豁免：（1）对进口、转口和过境货物所适用的关税和各种费用以及征收此类关税和费用的规章、手续和程序；（2）有关进口货物和出口货物的报关、过境、仓储和转运的规章、手续和程序；（3）对进出口货物或劳务所征收的直接或间接的国内税以及其他国内费用；（4）有关涉及进口货物在国内销售、购买、运输、分配和使用等方面的一切法律、规章和要求；（5）发放进出口许可证的行政手续。"

三、优惠待遇

优惠待遇（Preferential Treatment）是指一国为了某种目的给予外国及其自然人和法人以特定的优惠的一种待遇。

优惠待遇和国民待遇不同：（1）优惠待遇是在条约或国内立法中所规定的几个有限领域给予外国和外国人的优惠，而国民待遇则是在国内立法或国际条约中概括性地给予外国人以本国人同等的待遇。（2）待遇的水平不同。优惠待遇给予外国人的待遇水平既可以高于本国人所享有的待遇，也可能低于本国人所享有的待遇，而国民待遇只能与本国人的待遇标准相同。

优惠待遇与最惠国待遇的区别是：前者是通过内国立法或国际条约直接给予外国人的，外国人可以直接享有，而后者必须借助于国家间订立的最惠国待遇条款才能享受最惠国待遇。

一个国家给予另一个国家或外国人以优惠待遇，主要通过两种方式进行：

一是通过国内立法加以规定。如我国1980年《广东省经济特区条例》设有"优惠办法"专章，规定了特区的土地使用、进口税、所得税、企业利润和职工工资等的汇出、购买我国机器设备和原材料等的价格及出入境手续等几个方面给予客商以优惠待遇。1986年《中华人民共和国外资企业法》第17条规定："外资企业依照国家有关税收的规定纳税，并可以享受减税、免税的优惠待遇。外资企业将缴纳所得税后的利润在中国境内再投资的，可以依照国家规定申请退还再投资部分已缴纳的部分所得税税款。"

二是通过国际条约加以规定。如《中国和尼泊尔关于两国关系中的若干有关事项的换文》第6条规定："双方同意各按本国规定的优惠税率对彼此出入口商品征收关税。"

四、普遍优惠待遇

普遍优惠待遇（Treatment of Generalized System of Preference）是指发达国家单方面给予发展中国家以免征关税或减征关税的优惠待遇。

普遍优惠待遇是发展中国家为建立国际经济新秩序而斗争的结果。在国际经济交往中，由于发达国家和发展中国家经济实力过分悬殊，通过国民待遇原则和最惠国待遇原则所赋予形式上的平等并不能给发展中国家带来多大收益，相反往往会使发展中国家背上沉重的包袱。如在关税上，一个发达国家和发展中国家互相承担给予对方以最惠国待遇。发达国家利用该条款大量向发展中国家倾销商品，而发展中国家却产不出什么商品向发达国家出口，相反却不得不负沉重的减免税义务。这样，形式上虽平等，但发展中国家却吃了很大的亏。发展中国家为了发展民族经济，维护国民利益，在建立国际经济新秩序的斗争中，向工业发达国家提出了实行普遍优惠待遇制度的要求。1968 年联合国贸发会议通过决议，认为发展中国家在向发达国家出口制成品或半制成品时，发达国家应给予它们以免征关税或减征关税的优惠待遇。1970 年联合国第二十五届大会接受了联合国贸发会议的建议，通过了关于建立普遍优惠制的提案。1974 年 12 月联合国大会在《各国经济权利和义务宪章》第 19 条中又规定，为了加速发展中国家的经济增长，弥合发达国家与发展中国家之间的经济差距，发达国家在国际经济合作可行的领域内，应给予发展中国家普遍优惠的、非互惠的和不歧视的待遇。

由此可见，普遍优惠待遇具有如下三个特点：

1. 普遍的，即所有发达国家对所有发展中国家出口制成品和半制成品给予普遍的优惠待遇。

2. 非歧视的，即应使所有发展中国家都无歧视、无例外地享受到普惠制待遇。

3. 非互惠的，即由发达国家单方面给予发展中国家以特别的关税减让，而不要求对等。

自 1970 年联合国通过上述决议以来，已有 16 个单位（英美等国家和欧洲经济共同体）先后宣布了普惠制方案。希望获得普惠制的发展中国家，由各国自行掌握标准宣布，即享有普惠制的大前提是该国自己宣布本国为发展中国家。同时，发达国家在实施普惠制时也指定适用于哪些发展中国家。目前，已有 22 个国家给予中国普遍优惠待遇，它们是 12 个欧盟成员国、5 个欧洲自由贸易联盟国家①和波兰、加拿大、澳大利亚、新西兰、日本。

五、不歧视待遇

不歧视待遇（Non-discriminate Treatment）是指有关国家约定互相不把对其他国家或仅对个别国家所加的限制加在对方身上，从而使自己不处于比其他国家更差的地位。不歧视待遇是歧视待遇的对称。歧视待遇又叫差别待遇，是指一国把某些特别的限制性规定专门用于特定外国的自然人和法人。适用歧视性待遇的结果会使得某个或某些外国的自然人或法人处于比其他外国的自然人

---

① 这 5 个国家是奥地利、瑞士、芬兰、挪威、瑞典。

或法人更不利的地位，因而常常会遭到该外国的报复。为防止歧视待遇的发生，各国常常通过相互签订条约来承担保证不给予对方国家的自然人或法人以歧视待遇的义务。如《中华人民共和国和瑞典国贸易协定》第 7 条规定："缔约双方政府不得采取任何措施或带有歧视性质的行为，以致导向限制任何一方国家船只对第三国船只进行正常竞争的自由权。"不歧视待遇可以和国民待遇、最惠国待遇一起，规定在一个国际条约中。不歧视待遇和最惠国待遇的目的都是为了使处于一国领域内的不同外国人享有平等的法律地位，但前者是从消极的方面入手，后者是从积极的方面入手。

第二编

冲突法

GUOJISIFA XINLUN

第 五 章
法 律 冲 突

第一节 法律冲突的含义和产生

一、法律冲突的含义

学习国际私法，离不开讲法律冲突（confilict of laws），因为国际私法本身就是在解决国际民商事法律冲突的基础上产生和发展起来的。但从广义上讲，法律冲突是一种普遍存在的现象，它应是法理学研究的一个问题。即便是国际私法学者，对法律冲突的理解也很不相同。例如：

英美学者认为，法律冲突只是在法官头脑中的一个矛盾的反映，这个矛盾就是法官应该选择哪一个国家的法律，简而言之，法律冲突就是法律选择上的矛盾。

德国学者温格勒尔认为，法律冲突包括当事人法律义务的矛盾、法律义务或法律规范的不一致或不平等以及各国实体法之间存在空缺等。

我们认为，如果从普遍的意义上讲，法律冲突是指两个或两个以上的不同法律同时调整一个相同的法律关系而在这些法律之间产生矛盾的社会现象。一般来说，只要各法律对同一问题作了不同的规定，而当某种事实又将这些不同的法律规定联系在一起时，法律冲突便会发生。

二、法律冲突的产生原因

从法理学上分析，法律冲突既可能发生在法律的各个领域或各个部门，也可能发生在法律的不同层次和结构中。因为：（1）在主权平等的国际社会，各国立法权彼此独立，不同社会制度的国家制定的法律在本质上必然不同，内容上的差异和相互之间的冲突在所难免。（2）法律除受阶级本质的约束以外，还要受到一国经济、文化、历史、宗教、习惯等其他社会因素的影响，因此，相同社会制度的国家的法律之间也会存在差异。（3）在一个国家内部，其立法权也往往由多个部门行使，因此，不同部门制定的法律也会发生冲突。例如，根据我国现行宪法和法律的规定，全国人大、全国人大常委会，国务院，省、县级权力机关，较大的市的权力机关，民族自治地方、经济特区、特别行政区以及这些地方的政府，国务院各部委，都有在一定范围内制定法律及规范性文件的权力。(4) 法律总是以一定时期的社会关系，加上立法者对社会关系发展变化的有限预测为依据而制定的，因此，随着社会关系的变化，在一定地区施行的法律也会随之变化。这样，新法与旧法之间也会存在差异，产生冲突。

第二节　法律冲突的种类

法律冲突的表现形式是多种多样的，依不同的标准，可将它作如下的分类。

一、公法冲突和私法冲突

依法律冲突的发生领域为标准，它可分为公法冲突和私法冲突。尽管在国际上，或在一个国家内各法域之间，大量存在着的是私法冲突。但在刑法、行政法、经济法、诉讼法、税法、财政法等公法领域，法律冲突也会产生。比如，在刑法领域，我国刑法规定，凡在中华人民共和国船舶或者飞机内犯罪的，也适用本法，假设某一中国船舶在日本港口停泊期间，在该船舶上发生了一起犯罪案件，按中国刑法的上述规定，中国刑法应适用于该犯罪，但由于该案发生在日本领土内，日本法律显然也会主张日本刑法适用于该犯罪。这样，中国刑法和日本刑法就产生了冲突。

二、积极冲突和消极冲突

依法律冲突的内容来分，它可分为积极冲突和消极冲突。对于同一社会关系，如果有关法律的规定不同，而竞相调整这一社会关系，就是积极的法律冲突。反之，对于同一社会关系，有关法律的规定相同，而竞相调整这一社会关系；或有关法律的规定不同，但都不调整这一社会关系，即为消极的法律冲突。

三、空间上的法律冲突、时际法律冲突和人际法律冲突

依法律冲突的性质为标准，它可分为空间上的法律冲突、时际法律冲突和人际法律冲突。

1. 空间上的法律冲突 (interspatial conflict of laws)，就是不同地区之间的法律冲突，它包括国际法律冲突和区际法律冲突。所谓国际法律冲突 (international conflict of laws)，就是不同国家之间的法律冲突；而区际法律冲突

(interregional conflict of laws) 是一个国家内部不同法域之间的法律冲突。

2. 时际法律冲突 (intertemporal conflict of laws) 是指可能影响同一社会关系的新法与旧法，前法与后法之间的冲突。

3. 人际法律冲突 (interpersonal conflict of laws) 是指适用于不同种族、民族、宗教、部落以及不同阶级的人的法律之间的冲突。

四、立法冲突、司法冲突和守法冲突

依法律冲突的发生阶段为标准，它可分为立法冲突、司法冲突和守法冲突。

1. 立法冲突是指立法者立法权限的相互冲撞和侵越，以及不同的立法文件在解决同一问题时内容上的差异并由此导致效力上的抵触。

2. 司法冲突是指不同法院对同一案件行使司法管辖权的冲突和法院在解决具体纠纷时选择所适用的法律的矛盾。

3. 守法冲突是指法律关系的当事人因立法冲突而导致其法律义务的不一致、不平等甚至相互矛盾，这样，当事人不知道应遵守哪一种法律。

五、平面的法律冲突和垂直的法律冲突

依法律冲突的效力来看，它可分为平面的法律冲突和垂直的法律冲突。平面的法律冲突是指发生冲突的法律处于同一层次、同一水平线上，甚至处于同等地位。如国际法律冲突、区际法律冲突、普通法与衡平法之间的冲突。垂直的法律冲突是指发生冲突的法律处于不同层次，它们之间的关系是上下关系或纵向关系，如中央立法与地方立法之间的冲突，宪法与普通法律之间的冲突等。

第三节　法律冲突的解决办法

不同种类的法律冲突，其解决办法也是不相同的。人们对法律冲突作不同的区分，其目的就是要探讨解决这些法律冲突的有效办法。

一、公法冲突和私法冲突的解决

由于公法主要涉及国家的公共利益，各国从属地主义立场出发，原则上并不承认外国公法在内国的域外效力。因此，即使一个主权国家有权自行制定直接调整某些公法关系的法律，哪怕这种法律调整的社会关系超越本国范围，涉及到他国自然人或法人，它们显然只是一种虚拟的域外效力。所以，解决公法冲突的法律适用规范一般只是单边的，即它们只限于内国公法的适用范围，而

不限定外国公法的适用范围，换言之，公法冲突一般依内国法解决。

但在私法领域，各国相互承认外国私法在内国的域外效力，这就使私法冲突成为一种实在的冲突，即外国法律的域外效力与内国法律的域内效力之间的冲突或外国法律的域内效力与内国法律的域外效力之间的冲突。在解决这种私法冲突时，不仅会涉及内国法的适用，还会涉及外国法的适用，因而要借助多种形式的冲突规范予以解决。

二、空间上的法律冲突、时际法律冲突和人际法律冲突的解决

对于空间上的法律冲突，不论是国际法律冲突，还是区际法律冲突，人们常根据法律关系的不同性质和种类，利用不同的冲突规范予以解决，这就是国际私法所要研究的法律适用问题，它将在以下章节中详细论述。

对于时际法律冲突，各国普遍运用"新法优于旧法"和"法律不溯及既往"的原则。因为任何国家一方面需要变革，另一方面需要法律的安全，不变革就不能进步；但是，如果变革达到这样极端的程度，以至于按照旧法是合法有效的行为，如果按照新法被认为是非法无效，甚至须受到刑罚制裁，那么任何人的合法权利将不能得到保障，任何人在行为时的合理期望都将成为泡影，这样的国家将是无秩序和不稳定的国家，从而根本谈不上进步。解决时际法律冲突的上述规则正是为了使这两种需要保持平衡。

对于人际法律冲突的解决，尚没有形成统一的做法。前苏联学者隆茨面对6世纪后日耳曼"种族法"的纷纭错杂，写道："在这种情况下，如何解决争端（当事人为不同种族的代表）中的冲突问题，则就所有资料的情况来看，是不十分确定的。想来是采用被告的习惯法，缔结契约的能力是依据各该当事人的习惯法决定的；继承是依被继承人的习惯法；由侵权行为发生的争执适用加害人的习惯法；婚姻之缔结依丈夫的习惯法。"[1] 而在18世纪的印度，"在各最高法院中，根据1781年《印度政府条例》，印度教徒和伊斯兰教徒属人法之适用，仅局限于土地的继承和承受、租赁、商品以及当事人间的各种契约和交易事务；但当事人分属两种不同社会时，应适用被告的法律和惯例"。[2] 由此可见，解决人际法律冲突的规则颇似解决空间上的法律冲突的规则。但这类规则以规定婚姻、家庭及其他有关人的身份、能力方面居多。我国《内蒙古自治区执行中华人民共和国婚姻法的补充规定》第3条规定："结婚年龄，男不得早于20周岁，女不得早于18周岁。汉族男女同蒙古族和其他少数民族男女结婚的，汉族一方年龄按《中华人民共和国婚姻法》规定执行。"因此，

---

① 参见隆茨著，顾世荣译：《国际私法》，人民出版社1951年版，第54~55页。
② 参见《大不列颠百科全书》第6卷，第15版，第1115~1120页。

它是适用当事人各自的习惯法或特别法。

三、立法冲突、司法冲突和守法冲突的解决

对于立法冲突的解决，一是可以统一立法权，即由一个机构统一行使立法权，如果说在一个国家内部尚有可能的话，在主权分立的国际社会则不可能。二是实现实体法的统一，就是不同立法机关制定相同的法律，在国际社会，各国可通过国际条约和国际惯例来解决立法冲突。

对于司法冲突的解决，一是不同国家和地区加强管辖权的协调，采用相同的行使管辖权的规则。二是利用相同的法律适用规则，使在不同国家诉讼的案件适用相同的法律。

守法冲突是建立在立法冲突和司法冲突不可能消除的基础上，也就是说，立法冲突是守法冲突的前提条件。对于守法冲突的解决，尚没有统一的办法。不过，对于一部分私法关系，可利用当事人意思自治原则来解决。

四、垂直的法律冲突和平面的法律冲突的解决

对于垂直的法律冲突的解决，办法很简单，就是上位法优于下位法，即适用处于高层次的法律。对于平面的法律冲突，则要根据不同的种类适用不同的规则，如国际法律冲突、区际法律冲突、时际法律冲突、人际法律冲突均有各自的解决办法。

第四节　国际民事法律冲突

国际私法上所讲的法律冲突，就是国际民事法律冲突，即对同一民事关系因所涉各国民事法律规定不同而发生的法律适用上的冲突。匈牙利国际私法学者萨瑟曾指出，法律冲突一词必须在比喻意义上加以理解，它仅仅是明喻，指明受法律支配的事实或法律关系与几种法律制度相联系，并且必须决定哪一种法律制度中的规则适用于实际案件。可见，国际私法中的法律冲突就是法律适用上的冲突。本节主要分析国际民事法律冲突的产生原因和解决办法。

一、国际民事法律冲突的产生原因

国际民事法律冲突的产生是由下列原因共同作用的结果：

一是各国民事法律制度互不相同。这里的民事法律制度包括商事法律制度。由于世界各国的阶级性质、社会制度、经济发展状况以及历史文化传统的不同，其法律制度千差万别。在民事法律制度方面，这种差别尤为突出。例如，关于结婚年龄，各国规定就很不相同，从12岁到22岁不等。

正是由于这种差别，对同一国际民事关系，往往因适用不同国家的法律而产生不同的结果，这样便提出应适用何国法律来确定当事人的权利和义务问题。由此可见，各国民事法律制度不同是民事法律冲突产生的前提条件。

二是各国之间存在着正常的民事交往，结成大量的国际民事关系。尽管各国民事法律制度互不一样，但如果各国处于同一国际平面上的静止状态，没有往来或很少往来，民事法律冲突也无从产生。可以说，各国之间正常的民事交往是民事法律冲突产生的客观基础。

三是各国承认外国人在内国的民事法律地位。国际私法的产生与发展是与外国人在内国的民事法律地位的变迁和提高密切相关的。许多学者认为，赋予外国人民事法律地位是国际民事交往得以正常进行的重要条件。在实际生活中，凡在内国法不允许外国人享有某项民事权利时，也就不会出现外国人作为主体的民事法律关系，当然不会产生民事法律冲突。另一方面，如果外国人在内国居于凌驾内国人之上的特权地位，也无民事法律冲突可言。例如，在旧中国，一部分帝国主义国家在中国取得了片面的领事裁判权，这些国家的公民在中国处于特权地位，如在中国发生民事纠纷，由他们的领事裁判并适用他们本国的法律，当然不会发生民事法律冲突。

四是各国在一定条件下承认外国民事法律在内国的域外效力。任何法律都有一定的效力范围，有的只有域内效力，有的既有域内效力，又有域外效力。所谓法律的域内效力，是指一国制定的法律在其领域内具有效力。而法律的域外效力，是指一国法律不仅适用于本国境内的一切人，而且适用于居住在国外的本国人，任何国家在制定法律时都可以依照自己的主权确定自己的法律具有某种域外效力，但这些域外效力只是一种虚拟的或自设的域外效力，只有当别的国家根据主权原则和平等互利原则承认其域外效力时，这种虚拟的域外效力才变成现实的域外效力。一般来说，各国只在一定条件下承认外国民商法的域外效力。如一国承认某人根据外国法律而取得对物的所有权，承认根据外国法律而确定的婚姻、继承关系等。正是因为各国的相互承认，才产生了民事法律冲突。

二、国际民事法律冲突的解决办法

各国只适用本国法，根本不考虑适用外国法的问题，这是封建社会各国的普遍作法，现代各国基本上抛弃了这一作法。

（一）冲突法解决方法

这种方法就是通过制定国内或国际的冲突规范来确定各种不同性质的涉外民事法律关系应适用何国法律，从而解决民事法律冲突。民事法律冲突实质上是民事法律适用上的冲突，而冲突规范恰恰是指定某种涉外民事法律关系应适用何种法律的规范。因此，它是解决民事法律冲突的有效方法。

但是，冲突规范只指定有关涉外民事法律关系应适用何种法律，而没有明确地直接规定当事人的权利与义务，因而它对涉外民事法律关系只起间接调整的作用。另外，它只作立法管辖权选择，而不问该管辖权国家有无调整该涉外民事法律关系的法律和具体内容如何，因而缺乏针对性。所以有人称之为"间接调整方法"。

依立法渊源的不同，它可分为：

1. 国内冲突法解决方法——各国通过制定自己的冲突法解决与本国有关的民事法律冲突。

2. 国际统一冲突法解决方法——有关国家通过双边或多边国际条约的形式制定统一的冲突法来解决国际民事法律冲突。

如果有关国家的冲突法本身存在着冲突，就会大大增加解决涉外民事争议的复杂性，也会导致当事人挑选法院（forum shopping）——即当事人选择于己有利的法院起诉，从而使对方蒙受不利。通过第二种方法，不仅可以避免上述问题，还可以为各国实体法的统一奠定基础。

（二）实体法调整方法

这种方法是指有关国家间通过双边或多边国际条约的方式，制定统一的实体法，以直接规定涉外民事关系当事人的权利义务关系，从而避免或消除法律冲突。由于适用统一实体法规范即避免了在国际民事交往中可能发生的法律冲突，有的学者称其为"避免法律冲突的规范"，而冲突规范则是"解决法律冲突的规范"。从这个角度来讲，用统一实体法规范调整涉外民事关系较之适用冲突规范确实前进了一步。但是，这并不意味着统一实体法规范可以完全取代冲突规范的作用，因为采用直接调整方法在国际私法关系上，也有其自身的局限性：

首先，这种方法的适用领域比较有限。如在继承、婚姻等带有人身性质的法律制度方面，因不同民族和不同国家的历史传统与风俗习惯均不相同，且已渗透到每一法律条文，在这些领域，尽管人们作了许多努力，但至今尚未制定出统一实体法。因此，在涉外婚姻和继承领域，仍然得依靠冲突规范这种古老而又特有的间接调整方法。

统一实体法适用的领域比较有限，还表现在一个实体法公约常只适用于某种法律关系的某些方面，因而在其他方面，仍得采用冲突规范的间接调整方法。如1980年《联合国国际货物买卖合同公约》就仅适用于合同的成立和因合同而产生的买卖双方的权利和义务；1883年《保护工业产权巴黎公约》也仅规定了工业产权国际保护的四项基本原则和制度，其他许多问题的解决，仍得适用有关的冲突规范来指引应适用的法律。

其次，即使在已经制定并适用统一实体法规范的那部分涉外民事领域，冲突规范的间接调整方法仍将起作用。统一实体法主要见之于国际条约，但国际条约原则上只对条约的缔结国和参加国有约束力，如果涉外民事关系有一方当事人不是该条约缔结国或参加国的法人或自然人，那么条约中的统一实体法就不一定能用来调整该涉外民事关系当事人的权利和义务了。更何况有些统一实体法公约并不排除当事人另行选择法律的权利①。而且，国际经济贸易方面的国际惯例多是任意性的，需要当事人选择后才得以适用，故不能取代冲突规范在调整涉外民事法律关系方面的重要作用。

以上两点清楚地告诉我们，冲突规范的间接调整方法在解决涉外民事法律冲突方面仍将起重要的作用。只不过自从出现统一实体法以后，除了传统的间接调整方法外，在解决涉外民事法律冲突方面，国际私法又多了一种直接调整方法。

需要指出的是，对于某一涉外民事关系而言，用冲突规范进行间接调整和适用统一实体法直接调整，二者只能择一用之，不得兼而并用。另外，对于统一实体法的直接调整方法是否可归入国际私法的范围，在国际上也颇有争论。西方许多国际私法学者囿于传统国际私法的观点，认为统一实体法既然起着避免和消除法律冲突的作用，就不必归入国际私法的范围。但我们认为，上述观点只是从一种狭隘的立场来探讨法律冲突的解决问题。如果从广义的角度来看，以现代国际私法的发展要求来看，统一实体法是在涉外民事生活中大量出现的法律冲突面前产生的解决冲突的又一途径。所以，现代国际私法可以包括这两个方面的内容。

---

① 参看最高人民法院于 1987 年转发的对外经济贸易部《关于执行〈联合国国际货物买卖合同公约〉注意的几个问题》，载《最高人民法院公报》1988 年第 1 期。

第 六 章
冲 突 规 范

第一节　冲突规范的概念、结构和类型

一、冲突规范的概念

冲突规范（conflict rules）是由国内法或国际条约规定的，指明某一涉外民商事法律关系应适用何种法律的规范。因此，它又叫法律适用规范（rules of application of law）或法律选择规范（choice of law rules）。在过去，它曾是国际私法惟一的一种规范形式，因此，有些学者的著作和国家的立法甚至国际公约称冲突规范为国际私法规范（rules of private international law）。

冲突规范是一种特殊的法律规范，同一般的法律规范相比，它具有以下几个特点：

1. 冲突规范不同于一般的实体法规范，它是法律适用规范。冲突规范仅指明某种涉外民商事法律关系应适用何种法律，以期公平合理地处理这种关系，从而促进国际经济、文化和技术交流，因而它并不直接规定当事人的权利与义务。

2. 冲突规范不同于一般的诉讼法规范，它是法律选择规范。尽管冲突规范并不直接规定当事人的权利和义务，而是在相冲突的法律中指定其一来调整涉外民商事法律关系，但它终究不同于以诉讼关系为调整对象的诉讼法规范，它主要是指导当事人或一国法院如何选择和适用法律。

3. 冲突规范是一种间接规范，因而缺乏一般法律规范所具有的明确性和预见性。冲突规范虽然不同于实体法规范，但它仍然是调整涉外民商事法律关系的一种手段，只不过它需要与其所指引的某国实体规范相结合，才能最终确定当事人的权利与义务。因此，它只能起间接的调整作用，因而是一种间接规范。它只起"援用"某一实体法的作用，不能直接构成当事人作为或不作为的准则，当事人也很难据之预见到法律关系的后果。所以，冲突规范缺乏实体规范那样的预见性和明确性。

4. 冲突规范的结构不同于一般的法律规范。关于法律规范的逻辑结构，在我国当前的法学理论中占主导地位的看法有两种，一种是传统的"三要素说"，即法律规范是由假定、处理和制裁三部分组成；另一种是新兴的"两要素说"，即法律规范由行为模式和法律后果两部分组成。法律规范作为一种具有特殊功能的行为规范，其效力在法律规范结构上所要求的不只是一般的规范性，而是一种确定、概括和有效的规范性。其中，确定性主要是指法律规范在其适用的时间、场合、对象、范围等有关方面是明确肯定的；概括性即所谓法律规范所针对的是抽象的某种人或某类事，而非具体的某个人或某件事，它因而是可以反复适用的；有效性则专指法律规范是以明确相当的法律后果的形式，来保证自己的规范作用得以实现。基于法律规范的上述要求，"二要素说"以"法律后果"取代"三要素说"中片面的"制裁"，这是一个实质性的进步；同时，"二要素说"用"行为模式"或"权利和义务的规定"替换"三要素说"中的"处理"，在概念术语的表达和运用上也更为直接和准确。另一方面，"二要素说"否定"规范适用的条件"（即假定，称规范适用的条件更直接、更准确）作为法律规范结构的逻辑要素之一，其理由难以成立。因为，对于任何法律规范来说，"规范适用的条件"具有相对独立、普遍存在的意义，没有这一条件，没有确定性的限制，一个法律规范就会处于一种绝对的、无条件的状态，其结果只会使法律规范失去规范性，并走到自己的反面，成为一种任意性的东西。因此，一个有效的法律规范应该包括三个既紧密联系又相对独立的部分，即规范适用的条件、概括的行为模式和法律后果。其中，行为模式主要有命令、禁止和授权三种，法律后果则包括对合法行为的肯定和对违法行为的制裁两个方面。

冲突规范作为法律规范的一种，理应包括上述三个部分，但事实上，无论是国内立法还是国际条约中的冲突规范，一般都没有明确规定法律后果，并没有将规范适用的条件和行为模式明确分开，而是将两者有机地结合在一起，形成了一种独特的结构。即由范围和系属两部分组成。

二、冲突规范的结构

上面提到，冲突规范是由范围和系属两部分组成的。

1. 范围，又称为连结对象（object of connection）、起作用的事实（operative facts）、问题的分类（classification of issues）等，是指冲突规范所要调整的民商事法律关系或所要解决的法律问题，通过冲突规范的"范围"可以判断该规范用于解决哪一类民商事法律关系。这一部分既可以是法律关系，也可以是法律事实，还可以是法律问题。

2. 系属，是规定冲突规范中"范围"所应适用的法律。它指令法院在处理某一具体涉外民商事法律问题时应如何适用法律，或允许当事人或法院在冲突规范规定的范围内选择应适用的法律。其语词结构常表现为"……适用……法律"或"……依……法律"。例如，在"侵权行为的损害赔偿，适用侵权行为地法律"这条冲突规范中，"侵权行为的损害赔偿"是范围，"适用侵权行为地法律"是系属。

三、冲突规范的类型

根据冲突规范中系属的不同规定，冲突规范可以分为四种基本类型：单边冲突规范、双边冲突规范、重叠适用的冲突规范和选择适用的冲突规范。

（一）单边冲突规范（unilateral conflict rules）

单边冲突规范是用来直接规定适用某国法律的规范。它既可以明确指出适用内国法，如 1983 年颁布的《中华人民共和国中外合资经营企业法实施条例》第 15 条规定，"合营企业合同的订立、效力、解释、执行及其争议的解决，均应适用中国的法律"；也可以明确规定适用外国法，如 1969 年《苏俄婚姻家庭及监护法典》第 162 条第 4 款规定，外国人在苏联境外按照有关国家的法律结婚，在苏联承认有效；还可以明确适用某一特定国家的法律。如过去《苏联和比利时、卢森堡经济同盟临时贸易专约》第 13 条规定，关于苏联驻比利时商务代表处订立或担保的贸易合同的一切争议，如在该合同内没有关于司法管辖或仲裁的专门条款，应受比利时法院的司法管辖，并依比利时法解决。

单边冲突规范只规定了一个明确的连结点，即它指向适用内国法时就不能适用外国法，或者在指向适用外国法时就不能再指向适用内国法。因此，它常常含有附属条件的指定。这种规范适用起来比较直截了当，但它有一个明显的缺陷，即给法院在适用法律上留下空缺。因此，现代各国的国际私法立法已越来越少地启用单边冲突规范。但它仍有存在的价值，是冲突规范中一种不可缺少的形式。

（二）双边冲突规范（bilateral conflict rules，all-sided conflict rules）

所谓双边冲突规范，是指其系属并不直接规定适用内国法或外国法，而只规定一个可推定的系属，再根据此系属，结合实际情况去寻找应适用某一个国家的法律的冲突规范。例如，"合同方式依合同缔结地法"就是一条双边冲突规范，其中的"依合同缔结地法"就是一个需要推定的系属。如果合同在内国缔结，就适用内国法；反之，如果该合同在外国缔结，就适用外国法。可见，双边冲突规范所指定的准据法既可能是内国法，也可能是外国法，在法律适用上，它体现了对内外国法律的平等对待。因此，它是现代各国国际私法立法中最常用的一种规范。

双边冲突规范与单边冲突规范既有联系又有区别。双边冲突规范一般解决一个普遍性的问题，因而具有普遍适用性并比较完备；而单边冲突规范一般只规定某一特殊问题应适用什么法律作准据法，因而常留下立法缺口需要司法机关补充。从内容上讲，任何一个双边冲突规范都可以分解为两个对立的单边冲突规范。如"合同方式依合同缔结地法"就可以分解为"在内国缔结的合同，依内国法"和"在外国缔结的合同，依该外国法"两个单边冲突规范。反之，一个单边冲突规范，经过有关机关的解释，也可以扩展为双边冲突规范。

（三）重叠适用的冲突规范（double rules for regulating the conflict of laws）

重叠适用的冲突规范，就是其系属中有两个或两个以上的连结点，它们所指引的准据法同时适用于某一涉外民事法律关系的冲突规范。例如，1902 年订立于海牙的《关于离婚与别居的法律冲突和管辖权冲突公约》第 2 条规定："离婚之请求，非依夫妇之本国法及法院地法均有离婚之原因者，不得为之。"这表明，离婚问题必须同时适用夫妇之本国法和法院地法，只有两者均认为有离婚原因时，才准许当事人离婚。在许多情况下，重叠适用的冲突规范规定的两个应重叠适用的准据法，有一个是法院地法，其所以如此，无非是立法者试图维护法院地的公共秩序不致被破坏。

（四）选择适用的冲突规范（choice rules for regulating the conflict of laws）

所谓选择适用的冲突规范，就是其系属中有两个或两上以上的连结点，但只选择其中之一所指引的准据法来调整有关的涉外民事法律关系的冲突规范。

根据选择的方式，选择适用的冲突规范又可以分为两种：

1. 无条件的选择适用的冲突规范。在这种规范中，人们可以任意或无条件地选择系属中的若干连结点中的一个来调整某一涉外民事法律关系。例如，1978 年《奥地利联邦国际私法法规》第 16 条第 2 款规定："在国外举行的婚姻，其方式依结婚各方的属人法；但已符合婚姻举行地法关于方式的规定者亦属有效。"这条冲突规范表明，在奥地利法看来，当事人在奥地利以外举行的婚姻，无论根据其属人法还是婚姻举行地法规定的方式均为有效。也就是说，当事人的属人法和婚姻举行地法在确定婚姻方式上具有同等价值，没有轻重之分，也没有什么条件限制。

2. 有条件的选择适用的冲突规范。它是指系属中有两个或两个以上的连结点，但只允许依顺序或有条件地选择其中之一来调整某一涉外民事法律关系的冲突规范。例如，我国《民法通则》第 145 条规定："涉外合同的当事人可以选择处理合同争议所适用的法律；涉外合同的当事人没有选择的，适用与合同有最密切联系的国家的法律。"这就是一条有条件的选择适用的冲突规范，它要求法院在处理涉外合同纠纷时，首先应适用当事人选择的那个法律作为合同的准据法；只有在没有选择时，才能适用与合同有最密切联系的国家的法律。

在现代各国国际私法立法当中，上述四类冲突规范常常交替出现，这显然涉及到立法技术问题，但它远远不只是一个立法技术问题。可以这样认为：如果国家认为对某些涉外民事法律关系特别需要依自己的实体法处理，就常采用单边冲突规范；如果国家要对某些涉外民事法律关系从严掌握，可采用重叠适用的冲突规范，而且常要求重叠适用法院地法；如果国家认为某些涉外法律关系可以从宽掌握，便可采用双边冲突规范或选择适用的冲突规范①。因此，冲突规范并不是一种抽象的公式，它与一国的政治、经济生活密切相关，具体采用哪一种冲突规范来解决某一涉外民事法律关系的法律适用问题，常常取决于该国的实体政策。目前，双边冲突规范，特别是选择适用的冲突规范在各国国际私法立法中所占的比重明显增加，这大概由于它们能够适应当今世界频繁而复杂的国际经济、民事交往的实际需要，在法律适用方面提供了较大的灵活性，从而有利于保障涉外民事法律关系的稳定使然。

第二节 连 结 点

一、连结点的法律意义

在冲突规范的系属中，有一个很重要的部分，被称为连结点（point of contact）或连结因素（connecting factor），也有人称之为连结根据（connecting ground），它是冲突规范借以确定涉外民事法律关系应当适用什么法律的根据。例如，我国《民法通则》第 144 条规定，"不动产的所有权，适用不动产所在地法律。"这条冲突规范就是以"不动产所在地"作为适用法律的根据的。一般说来，由于客观情况复杂多样，任何一个博学多闻的立法者都不可能全面考虑法律关系要素的构成情况而为它们分别提供一个法律适用方案，他只能从原则上规定用什么地方的法律来调整这一或那一法律关系最为合适。因此，他必须从法律关系的构成要素中选择其中之一作为选择准据法的媒介，这些被指定为媒介的要素，就是连结点。例如，关于侵权行为，可供考虑的要素有加害者和受害者的国籍、住所，加害行为地，损害发生地，等等，作为完善的立法，就要选择一个关系最密切的要素作为媒介。当某一要素被选为媒介时，它就是连结点。

在冲突规范中，连结点的意义表现在两个方面：从形式上看，连结点是一种把冲突规范中"范围"所指的法律关系与一定地域的法律联系起来的纽带或媒介。因此，每一条冲突规范必须至少有一个连结点，没有这个连结点，便

---

① 参见韩德培主编：《国际私法（修订本）》，武汉大学出版社 1989 年版，第 53 页。

不能把一定的法律关系和应适用的法律连结起来。冲突规范之所以是一种间接规范，就是因为它并不直接规定当事人的权利义务，而只是通过连结点去指引某一国家的法律来确定当事人的权利义务。从实质上看，这种纽带或媒介又反映了该法律关系与一定地域的法律之间存在着内在的实质的联系或隶属关系，它表明某种法律关系应受一定国家法律的约束，应受一定主权者的立法管辖，如果违反这种约束或管辖，该法律关系就不能成立。因此，对不同法律关系连结点的选择不是任意的，更不是虚构的，而必须在客观上确实能体现这种内在的联系。英国学者戚希尔和诺斯曾指出，所谓"连结点"或"连结因素"，就是指那些能在法院需要处理的事实情况和某一特定法域之间建立起"自然联系"（natural connexion）的明显事实。

二、连结点的分类

根据不同的标准，连结点可作不同的分类：

第一，连结点可分为客观连结点和主观连结点。客观连结点主要有国籍、住所、居所、物之所在地、法院地等，这种连结点是一种客观实在的标志。主观连结点主要包括当事人之间的合意和最密切联系地，只不过当事人之间的合意由当事人商定，而最密切联系地由法官决定，它们主要作为确定适用于合同关系的准据法的根据。

第二，连结点还可分为静态连结点（constant point of contact）和动态连结点（variable point of contact）。静态连结点就是固定不变的连结点，它主要指不动产所在地以及涉及过去的行为或事件的连结点，如婚姻举行地、合同缔结地、法人登记地、侵权行为发生地等。由于静态连结点是不变的，故便于据此确定涉外民事法律关系应适用的法律。动态连结点就是可变的连结点，如国籍、住所、居所、所在地、法人的管理中心地等。动态连结点的存在一方面加强了冲突规范的灵活性，另一方面也为当事人规避法律提供了可能。

由于一些连结点属动态连结点，有关的人、行为或事件可能与几个不同的时间相联系，于是提出了到底依什么时候的连结点作为根据来确定准据法的问题，也就是连结点的时间限定问题。一般来讲，各国立法中的冲突规范和国际条约中的冲突规范，如有必要，都对连结点的时间限定加以规定。例如，我国《民法通则》第 149 条规定："遗产的法定继承，动产适用被继承人死亡时住所地法律"，这就把连结点限定在"死亡时"了。在冲突规范中，如立法者对连结点加以时间限定，表明立法者不允许当事人因连结点的改变而要求改变已设定的权利义务关系。但是，在有的冲突规范中，连结点本有时间限定问题，但立法者对之未加以明确规定，这就要求在适用它们时对连结点的时间限定进行推定。

第三，连结点也可分为单纯的事实和法律概念。单纯的事实主要包括物之所在地和法院地。物之所在地即物的现实所在场所（但也存在如何决定运输中的标的物的所在地等问题）；法院地是指提出涉外诉讼案件的地点。这些连结点通常事实上能够确定。另一类不是单纯的事实，而是法律概念，如国籍、住所、法律行为所在地，等等。正因为这些连结点是法律上的概念，有人称之为连结概念（德文：Anknùpfungsbegriff）①。

此外，欧美有些学者还将连结点分为"开放性"（open-ended）连结点和"硬性"（black-letter）连结点，以对传统冲突规范进行软化处理。

三、连结点的选择

所谓连结点的选择，就是在一个法律关系诸多构成要素当中，选择一个最能反映"范围"中所要解决的问题的本质，并以与之有最重要联系的要素作为连结点，以指引准据法的选择，从而公平合理地解决涉外民事纠纷。因此，冲突法所要回答的问题就是一个人、一件事、一个行为究竟与哪一个地方的法律有较重要的联系。对于一个法官来说，他可能可以像卡弗斯（Cavers）所主张的那样，直接对有关国家的实体法规则进行选择，从而达到对当事人公正的判决结果。但对于立法者来说，不管他们多么博学多闻，都不可能熟悉所有国家民商法的内容和具体规定；况且，冲突规范作为一种法律规范，必须具备一定的抽象性和概括性，才能被反复适用。因此，立法者必须根据法律关系的组合情况，运用抽象的方法，利用连结点来指引准据法，而不可能首先考虑被选择法律的具体规则是否符合案件的需要。即使是法官直接选择有关国家的实体法，他也是根据具体法律关系的构成要素的指引，在相关国家的实体法之间进行比较，进行选择。因此，连结点的选择，乃是国际私法立法的中心任务。

前面讲过，连结点的选择从来就不是任意的，而是有其客观根据的。各国国际私法立法的实践表明：

（一）一个新的连结点的形成与发展有其客观依据，它与一国政治、经济，特别是国际经济活动的发展密切相联。这可用"当事人意思自治"的产生加以论证。16 世纪以前，合同关系同其他法律关系一样，都不允许当事人自由选择准据法；但以后，由于商业发展的迫切需要，终于产生了这个新的连结点。多数学者认为，这个连结点是 15 世纪法国学者杜摩兰首先创立的。其实，这是资产阶级契约自由的必然反映。众所周知，资产阶级在自由资本主义阶段，曾极力标榜契约自由，根据这个原则，无论合同的订立还是合同的内

---

① 参见上海社会科学院法学研究所编译：《国际私法》，知识出版社 1982 年版，第120 页。

容，都由当事人自主决定，任何人不得干涉、变更。《法国民法典》第1134条特别强调："依法成立的契约，在缔结契约的当事人间有相当于法律的效力。"那么，选择适用于合同的准据法作为合同的一个内容，当事人当然有自主决定的权利。由于"意思自治"原则有利于当事人预见法律行为的后果和维持法律关系的稳定，即使发生争议，也能迅速得到解决，而在商业领域，这是当事人特别期望的。因此，随着资本主义的发展，特别是国际经济贸易的扩展，这个连结点已为多数国家承认和接受。许多国家的法律已明确承认当事人选择法律的效力，许多国际私法大师，如德国的萨维尼、意大利的孟西尼、美国的斯托雷，都在他们的著作中阐述了"意思自治"原则，并把这一原则奉为选择合同准据法的首要原则。"意思自治"原则的产生和发展表明，它作为反对法律适用上的封建属地主义和法律不统一的手段被提出来以后，直到后来发展成为国际私法中合同制度的一项基本原则，都说明它是资本主义商品经济发展的必然产物，是"契约自由"原则的具体体现，是资本主义自由竞争的需要在法律上的反映①。

当前，由于各国对国际经济贸易的依赖性日益增加，更要求涉外民事法律关系的稳定性，加上涉外民事法律关系日趋复杂，因而对于同一性质的法律关系，已不像过去那样，只用一个连结点，而是允许选择适用许多不同的连结点。在早期的国际私法法规中，冲突规范一般极为概括，往往只给某一类法律关系规定一个连结点，整个法典因而十分简单。这就降低了冲突规范的准确性。例如，不法行为之债，早期的法典都不对各种不法行为作具体的分析，而笼统地规定一般的法律适用规则——不法行为之债适用不法行为地法。实践证明，这种立法技术并不能保证法院在所有情况下都选择出最适合于案件的准据法，现代学说已倾向于废除这种作法，而主张对各种性质不同的不法行为进行区分，根据它们的不同情况，选择不同的连结点去指引不同地方的法律作准据法，并让"不法行为地"这个过去普遍适用的惟一连结点只起一般的作用。

（二）一国对某一法律关系的连结点的选择不是一成不变的，而是随着客观情况的变化而变化的。这可以属人法的连结点为例加以证明。在1804年《法国民法典》率先采用国籍作属人法的连结点之前，欧洲国家自法则区别产生时起，一直采用住所作属人法的连结点。究其原因，当时欧洲国家还处于封建割剧状态，内部法律很不统一，只有根据一个人的住所地法来确定其身份、能力方面的问题才最合适。到了18世纪，以法、意、德为主的许多欧洲国家的内部政治形势不但发生了根本改变，而且还成了大量向外移民的国家，

---

① 参见韩德培主编：《国际私法（修订本）》，武汉大学出版社1989年版，第147~148页。

这就需要从法律上继续控制和保护这些移民，于是，适用当事人的本国法有了可能且成为必要，这些国家就相继改用国籍作属人法的连结点了。但是，随着资本主义经济在全球的扩张，资产阶级追逐利润的活动遍及全世界，在这种客观形势下，如果有一种法律，不管一个人出现在哪里和从事什么法律行为，始终要对他进行支配，显然不利于商业交往。于是，又出现了对本国法主义的批判。第二次世界大战以后，欧洲又出现了一种恢复住所作为属人法连结点的趋势。这种趋势在 1955 年《解决本国法和住所地法冲突公约》中得到肯定的评价，该公约第 1 条规定："当事人住所地国规定适用本国法，而其本国法规定适用住所地法时，各缔约国都应适用住所地法的规定。"事实上，现在许多国家立法及国际立法不但放弃了本国法，而且进一步以惯常居所地法代替住所地法。一些学者指出，住所与惯常居所的一个重要区别在于后者更易于依外部现象客观地加以认定，而前者却部分地需要对当事人的心理状态进行分析，因此，用惯常居所作属人法的连结点更有利于商业行为的便利。当然，由于属人法的连结点受到各国具体政治、经济情况的制约，目前，试图在属人法的连结点上取得一致作法，还远非易事。

（三）一国立法机关对某一法律关系究竟选择哪一要素作为连结点，通常要考虑下列因素：

1. 冲突规范的"范围"所要解决的法律问题的性质与分类；

2. 冲突规范所选择的连结点必须是"范围"中法律关系的构成要素之一；

3. 区分不同连结点的含义和作用，并要看有关连结点是否与特定的法律关系具有较本质的联系，对特定的问题具有相对重要性；

4. 有关的连结点必须是各国立法机关经常作为自己行使立法管辖权的根据；

5. 有关的连结点必须便于认定，便于适用，并与特定的地域相联系；

6. 有关连结点的选择必须符合内国处理涉外民事法律关系的政策。

四、连结点的发展方向

（一）由僵硬向灵活方向发展

由于传统的冲突规范极为概括，往往只给某一类法律关系规定一个连结点，如"侵权行为之债适用侵权行为地法"。第二次世界大战以后，法律关系变得越来越复杂多样，在侵权领域，除一般的侵权行为外，还有产品责任、交通事故、环境污染、国际诈欺、诽谤、不正当竞争，等等，从而使侵权这一法律关系复杂化、多样化。在这种形势下，如果仍然给侵权行为之债规定一个硬性（hard）的连结点，既不科学，也不实用，使人感到传统冲突规范的僵化与呆板。因此，国际上出现了对传统冲突规范进行"软化处理"　（softening process）的潮流。而使连结点由僵硬向灵活方向发展则是"软化处理"的一个主要手段。康恩—弗劳德甚至称之为"当代国际私法发展的一个主要特征"①。

最能体现这种发展方向的是美国《第二次冲突法重述》（1971 年）对《第一次冲突法重述》（1934 年）的取代。对连结点进行软化处理的思想萌芽，起源于欧洲，并从最需要灵活性的合同法领域开始。早在 17 世纪，由于杜摩兰倡导"意思自治"原则，他不仅允许当事人明示选择合同准据法，还允许默示选择合同准据法的作法。由于在当事人没有作出明示法律选择时，很难在当事人的默示意思与法官认为当事人本应有的意思之间划出一道明确的界限，换句话说，"假如当事人想到了法律选择问题，他会选择哪一个法律"与"作为一个正常的他应当选择哪个法律"常常混淆在一起，因而可由法官任意进行解释，所谓推定的当事人意思，不过是法官自己的意思。随着"意思自治"原则的演进和扩大，具体案件的裁判者确定法律适用的权力，不可避免地越来越大了。

从 17 世纪开始直到 19 世纪进入高潮的第一阶段的连结点的灵活化，是国际私法对不断发展的国际经济、贸易的必然反映。原来的"合同由合同订立地法支配"观念，对国际贸易多集中于某些固定的市场并受该市场习惯约束的情况，是完全合适的。但当合同通过邮件、电报、电话等方式订立时，合同订立地与合同的联系就带有偶然性，甚至合同订立地有时根本无法确定，合同订立地这个连结点就过时了。在当事人不得不在数个国家履行时，合同履行地这个连结点的命运亦是如此。这个时候，"意思自治"原则便应运而生了，并得到了充分的发展。

"最密切联系"是另一个灵活性连结点。适用与法律关系有最密切联系的国家的法律，本是连结点的自然要求，其理论渊源可追溯到萨维尼的"法律关系本座说"，即每一法律关系都应由依其性质而隶属的法律支配，并认为本座之所在，亦即联系之所在。此后，深受萨维尼影响，并对英国"合同自体法"理论有着深刻影响的韦斯特莱克（Westlake），曾明确主张用与行为和法律制度间有最密切和最真实的联系取代硬性的连结点。随后，美国学者里斯明确提出了"最密切联系"原则，并把它作为美国《第二次冲突法重述》的理论基础。由于这种方法在指导法律适用上的灵活性、准确性，很快为世界各国所接受，也写进了一系列国际私法方面的国际公约，风行全球。

采用灵活连结点的作法，虽然起始于合同领域，现在却远远超出了这个范围。比如，由于国际间高度发达的交通技术和通讯手段，使得侵权行为地和侵害结果发生地往往不在同一个国家，而且，侵权行为地有时纯粹出于偶然，因

---

① 参见康恩—弗劳德：《国际私法的一般问题》，1976 年英文版，第 260 页。

而，对所有侵权都适用侵权行为地法，已不符合当代现实。于是，美国的一些法院，便抛弃传统的硬性连结点，主张适用与侵权有最密切联系的法律；英国学者更比照合同自体法的理论，提出了"侵权行为自体法"（proper law of the torts）的主张，即在决定侵权的法律适用方面，不再完全求助于侵权行为地这样的封闭连结点，而是由法院根据案件的具体情况，选择适用与案件有最密切联系的法律①。目前，以最密切联系作为连结点，在合同、侵权以外的其他领域也是存在的。我国现有立法和司法解释也多处直接规定最密切联系为连结点②。

不过，对连结点的灵活化亦是有限度的。因为传统的连结点是通过几百年的实践发展起来的，其中包含着许多合理的东西，不能也不应该简单地否定它；需要否定的只是其中不合理的东西，合理的东西仍要保留。也就是说，我们分析最密切联系仍然要以传统连结点，如当事人国籍、住所、惯常居所、行为地、标的物所在地等等作为基础，只不过分析的范围更广，更具综合性罢了。

（二）由简单向复杂方向发展

这一方面表现在连结点数量的增多，另一方面表现在复数连结点类型的增加。从法则区别说起，法律行为方式的有效问题，都是依"场所支配行为"原则解决的，即法律行为的方式依行为地法有效则到处有效；法律行为的方式依行为地法无效则到处无效。然而，受目前国际上简式主义的影响，各国不再固守上述原则，而是增加连结点以维持法律行为的有效，这体现在结婚的形式要件、合同形式的有效性、遗嘱方式的有效性等各个方面。此外，在侵权领域、婚姻家庭领域，各国都纷纷增加了连结点的数量。因这种方法简便易行，其影响范围相当广泛，例子举不胜举，随手可得。

前面讲过，冲突规范主要有四种类型，单边冲突规范是单一的固定的连续点自不必说，就是后来发展起来的双边冲突规范，其连结点也大都是单一的，只有选择性冲突规范和重叠性冲突规范的连结点是复数的。目前，国际上又出现了新的冲突规范，其连结点的运用又出现了新的形式，如结合性连结点的运用、互补性连结点的运用。所谓结合性连结点的运用，是由于某些法律关系本身的复杂性，不能由单一的连结点所指引的法律来调整，而应将两个以上连结点所指定的法律结合起来适用，才能达到合理调整的效果。代表这种新的连结点的组合形式的法条，在1973年海牙国际私法会议所签订的《产品责任法律

---

① 参见莫里斯：《法律冲突法》，1984年英文版，第304~305页。

② 参见肖永平：《中国冲突法立法问题研究》，武汉大学出版社1996年版，第150~154页。

适用公约》中可以找到。该公约第 4 条规定："适用的法律应为侵害地国家的国内法，如果该国同时又是：（1）直接遭受损害的人的惯常居所地；或（2）被请求承担责任人的主营业地；或（3）直接遭受损害的人取得产品的地方。"第 5 条接着规定："尽管有第 4 条的规定，适用的法律仍应为直接遭受损害的人的惯常居所地国家的国内法，如果该国同时又是：（1）被请求承担责任的人的主营业地；（2）直接遭受损害的人取得产品的地方。"从这两条规定可以看出，对于产品责任损害赔偿的法律适用来说，侵害地国家和直接遭受损害的人的惯常居所地国家可以作为两个基本的连结点，但前者必须与直接遭受损害人的惯常居所，或被请求承担责任人的主营业地，或直接遭受损害的人取得产品地这三个连结点中的一个结合，后者必须与被请求承担责任人的主营业地，或直接遭受损害的人取得产品地这二个连结点中的一个结合，才能决定应该适用的法律。所谓互补性连结点的运用，是由于对某一法律关系只确定一个连结点往往无法满足法律关系发展的需要，于是，人们对同一类法律关系确定几个连结点，依次适用各连结点所指定的法律，各连结点相互补充，共同调整好某一类法律关系。这种性质的冲突规范二战后日见增多。如 1979 年颁布的《匈牙利国际私法》第 39 条规定，夫妻身份和财产关系，包括夫妻使用的名字、扶养和夫妻财产制，适用起诉时夫妻共同的属人法；如果夫妻在起诉时的属人法不同，适用其最后的共同属人法；若没有最后的共同属人法，则适用夫妻最后的共同住所地法；如果夫妻没有共同住所，适用法院地法或其他机构地法。

（三）连结点含义的多样化趋势

战后，某些资本主义国家对诸如住所、侵权行为地等连结点因使用的场合不同，为达到不同目的、执行不同功能而赋予不同的含义。在美国，早在编纂《第一次冲突法重述》时已有人反对对住所不论用于何种目的而下一概括定义。在英国，住所可作为指引离婚管辖、动产继承、遗嘱效力的准据法的连结点。设定选择住所必须具备居住事实及久住意思两个条件。但现在美国法院在决定离婚管辖时，对设定选择住所所要求的住所含义就没有像处理继承那样严格。这是因为不同政治单位之间或不同法域之间人口迁移迅速增加，不能在离婚管辖问题上对设定住所规定得太严格，而在继承问题上则不然。对侵权行为地也发生同样问题，不论在大陆法系国家还是普通法系国家，侵权行为地传统上是确定管辖权及法律选择的连结点，但在适用于法律适用时其含义要广泛一些。在不同场合，根据不同功能，确定其不同含义，这样做是妥当的，也是必要的①。我国最高人民法院《关于贯彻执行〈中华人民共和国民法通则〉若干问题的意见（试行）》曾指出："侵权行为地的法律包括侵权行为实施地法

---

① 参见康恩—弗劳德：《国际私法的一般问题》，1976 年英文版，第 257~260 页。

律和侵权结果发生地法律。如果两者不一致时，人民法院可以选择适用。"

第三节 系属公式

一、系属公式的含义

所谓系属公式（formula of attribution），就是把一些解决法律冲突的规则固定化，使它成为国际上公认的或为大多数国家所采用的处理原则，以便解决同类性质的法律关系的法律适用问题。由于单边冲突规范对应适用什么法律已作了明确规定，并不需要凭借某种公式加以表述。因此，系属公式是通过双边冲突规范发展起来的。但系属公式本身并不是冲突规范，仅是冲突规范的系属部分，只有与冲突规范的范围部分结合起来，才构成完整的冲突规范。

二、几种常见的系属公式

常见的系属公式有属人法、物之所在地法、行为地法、当事人合意选择的法律、法院地法、旗国法、最密切联系地法，等等。

1. 属人法（lex personalis），是以法律关系当事人的国籍、住所或习惯居所作为连结点的系属公式。属人法一般用来解决人的身份、能力及亲属、继承关系等方面的民事法律冲突。目前，国际上对属人法有两种不同的理解，即本国法（lex patriae）和住所地法（lex domicilii），从而形成了属人法方面的两大派别。

此外，还有一种所谓"法人属人法"（personal law of a legal person）的概念，它一般是指法人的国籍国法，常用来解决法人的成立、解散及权利能力和行为能力等方面的问题。

2. 物之所在地法（lex rei sitae; lex situs），是民事法律关系的客体物所在国家的法律，它常用来解决有关物权，特别是不动产物权的法律冲突问题。

3. 行为地法（lex loci actus），是指法律行为发生地所属法域的法律，它起源于"场所支配行为"（locus regit actum）这一法律古谚。由于法律行为的多样性，行为地法又派生出下列一些系属公式：（1）合同缔结地法（lex loci contractus），一般用来解决合同的成立、合同内容的合法性、合同的方式等方面的法律冲突问题；（2）合同履行地法（lex loci solutionis），一般用来解决合同内容，特别是合同履行方面的法律冲突问题；（3）婚姻举行地法（lex loci celebrationis），一般用以解决涉外婚姻关系尤其是婚姻方式方面的法律冲突问题；（4）侵权行为地法（lex loci delicti），一般用来解决涉外侵权行为之债的法律冲突问题。在适用上述系属公式时，如当事人在隔地为法律行为或侵权行为的实施地和损害结果发生地不一致时，还需要解决何为行为地的问题。

4. 当事人合意选择的法律（lex voluntatis），是指双方当事人自行选择的那个法域的法律。采用这一系属公式时，表明法律承认当事人有选择法律的自主权，故又叫做"意思自治"（autonomy of will；l'autonomie de la volonté）原则。它主要用来解决涉外合同的法律适用问题。

5. 法院地法（lex fori），是审理涉外民商事案件的法院所在地国家的法律。它常用来解决涉外民事诉讼程序方面的法律冲突。

6. 旗国法（law of the flag），就是旗帜所属国家的法律，它常用来解决船舶、航空器在运输过程中发生纠纷时的法律冲突问题。

7. 最密切联系地法（law of the place of the most significant relationship），是与涉外民事法律关系有最密切联系的国家的法律。它的起源可以追溯到萨维尼的"法律关系本座说"，但其真正确立和发展则是近几十年内的事情。目前，它既是一个法律选择的指导原则，又作为一个系属公式大量出现于冲突规范之中，适用于许多不同性质的涉外民事法律关系，尤其适用于涉外合同关系。

第 七 章
准据法的确定

第一节 准据法的概念和特点

一、准据法的概念

准据法（applicable law, lex causae），是国际私法中的一个特有概念，它是指经冲突规范指引用来确定国际民事关系的当事人的权利义务关系的具体实体法规范。

二、准据法的特点

从准据法的上述概念可以看出，准据法具有如下特点：

（一）准据法必须是能够确定当事人的权利义务关系的实体法。一国法律一般分为程序法、冲突法和实体法，但只有实体法才有可能成为准据法，因为冲突规范之所以要援用准据法，是因为它能够具体确定当事人的权利和义务。因此，在接受反致、转致的情况下，内国冲突规范所援用的外国冲突法，就不是准据法。不管是国内实体法，还是国际统一实体法都可以成为准据法。大家知道，国际统一实体法包括国际条约和国际惯例，就国际条约而言，如果不是经冲突规范援用而直接适用于缔约国及其自然人和法人的，它就不是准据法。但在下列情况下，国际条约也会成为准据法：（1）非条约缔约国的公民或法人选择某一国际条约作为调整他们权利义务关系的准据法；（2）如果冲突规范援用某一缔约国的国内实体法为准据法，而该国国内实体法无相应的规定或与其参加的国际条约相抵触，可以将缔约国参加的某一条约视同国内法作为准据法来适用。对此，1980 年《联合国国际货物买卖合同公约》第 1 条第 1 款规定："如果国际私法规则导致适用某一缔约国的法律，也可以适用该公约。"就国际惯例而言，目前主要是任意性惯例，只有在当事人按照"意思自治"原则选择它们作准据法时，它们才对当事人有约束力。因此，国际惯例在下列情况下也可能成为准据法：（1）当事人选择国际惯例作为准据法；（2）有些国家的冲突法规定，依冲突规范的指引应适用内国法时，如果内国法律或参加的国际条约无此规定，也可以适用国际惯例，如我国《民法通则》第 142 条第 3 款规定："中华人民共和国法律和中华人民共和国缔结或参加的国际条约没有规定的，可以适用国际惯例。"

（二）准据法必须是经冲突规范所指定的实体法。准据法的本质特征是它必须经冲突规范指引，那些直接适用于涉外民事关系的法律，不论是统一实体法，还是国内法中的专用实体规范，都不能称为准据法。在现代国际私法中，直接适用的法律和冲突规范是两种相互独立、相互排斥又相互依存的调整国际民事关系的方法和手段，它们代表两种不同的价值观念和法律制度，但共同服务于国际合作事业，致力于公平处理涉外民事纠纷，促进国际经济、文化和科学技术的交流活动。自 20 世纪 50 年代以来，随着国家职能的改变和在经济生活中作用的增强，国家对经济生活的干预也扩展到国际民事法律关系之中，它希望某些意志能毫无例外地在涉外关系中得到体现。直接适用的法律由此产生和发展起来，这些法律是指那些在调整国际民事关系时，为了维护国家的政治、经济和社会制度而必须遵守的法律，它可以撇开冲突规范的援引，直接适用于国际民事关系。因此，它不能称为准据法。此外，各国民、商法未经冲突规范指引也不能称为准据法。

（三）准据法不是冲突规范逻辑结构的组成部分，它必须结合具体的案情事实才能确定。冲突规范的目的和根本任务就是要援引某一实体法作为确定当事人权利义务的准据法，如果准据法在冲突规范的结构中已经存在的话，其任务不就完成了吗？事实上，任何一件涉外民事案件都有各自的准据法，准据法的确定必须结合案件的具体情况，把准据法作为冲突规范结构的一部分完全是由于把"系属"和"准据法"混同起来的缘故。例如，在"不动产的所有权，适用不动产所在地法律"这条冲突规范中，"适用不动产所在地法律"是系属，为了确定某一不动产所有权的准据法，法院必须将系属中的"不动产所在地"与该案情中的具体情况结合起来考察，如果不动产所在地在中国境内，中国法中的有关规定就是该不动产所有权的准据法。如果不动产所在地在外国，该外国法中的有关规定就是该不动产所有权的准据法。

（四）准据法不是笼统的法律制度或法律体系，而是一项项具体的"法"，即具体的实体法规范或法律文件。在根据冲突规范的连结点寻找应适用的准据法的过程中，如果仅仅是找到了应适用某一国家的实体法或某一统一实体法，问题仍然没有解决，因为法院在处理具体案件时，不可能依诸如"中国法"、"美国法"、"联合国国际货物买卖合同公约"等来确定当事人的权利和义务关系，而必须按照具体的法律规范或法律条文。因此，准据法只能是具体的法律规范（rule of law）①。事实上，国际私法中的许多制度就是因为准据法乃指一国实体法中的具体规定而设立的。例如，公共秩序保留制度指向的是一国实体法中的具体规定，而非该国的法律体系。外国法内容的查明也是要查明该外国法中的具体规定，无具体规定或无法查明时，大多数国家以内国法中的具体规定作为准据法。法律规避问题中被规避的法律也是指依冲突规范指引本应适用的具体法规。

第二节　准据法的选择方法

现代国际私法越来越重视探讨准据法的选择方法。冲突规范的目的是就不同的法律关系应该适用的准据法，在内外国法律间作出选择。法律选择方法是立法机关在制定冲突规范和司法机关在适用冲突规范时的方法。这些方法因不同的法律适用理论而不同，因不同国家的司法实践而不同。常见的法律选择方法有：

1. 依法律的性质决定法律的选择。这种方法起源于意大利的法则区别说，从此以后，根据法律规则的性质决定其域内或域外的适用，一直为国际私法的理论和实践所承认。直到现在，在处理涉外民事法律关系时，首先考虑它所涉及的内国法和外国法究竟属于强行法或任意法，是属地法还是属人法，然后决定选择哪一国的法律，是一个很有价值、很重要的方法。

2. 依法律关系的性质决定法律的选择。这是萨维尼的法律关系本座说所采用的方法，即从分析法律关系的性质入手，去寻找适用于该法律关系的准据法。这种方法首先摆脱了法则区别说的方法论的束缚，开创了法律选择领域内的"哥白尼革命"②。这种方法对以后的国际私法理论和立法有很大影响，直到现在，各国制定的冲突规范，也都是依这种方法制定的。

3. 依最密切联系原则决定法律的选择。这种方法就是确定与某涉外民事法律关系有最密切联系的地方的法律作为准据法。这种方法可以说是法律关系本座说的继承和发展。事实上，萨维尼提出的每一法律关系的"本座"并不是毫无根据的，它与某一法律关系常有着必然的联系，只不过萨维尼将这种联系固定为"本座"。而最密切联系原则是通过对案件进行综合分析，找出与该法律关系有最密切联系的地方的法律。两者在方法论上是相似的。

①　参见萨瑟：《西方国家、社会主义国家和发展中国家的冲突法》，1974 年英文版，第 38 页、第 45 页。

②　参见康恩—弗劳德：《国际私法的一般问题》，1976 年英文版，第 98 页。

4. 依政府利益分析决定法律的选择。这一方法是美国学者柯里最先提出来的，其显著特点是透过法律冲突的表象，去分析其背后的利益冲突，然后根据利益冲突的情况来决定法律的适用。用政府利益分析来选择法律，其实质就是把传统冲突规范中表示空间场所意义的连结点，改变为用政府利益之有无、大小作法律选择的标准。

5. 依规则选择方法决定法律的选择。这种方法是美国学者卡弗斯提出来的，也称为结果选择方法（result-selecting rules）。卡弗斯认为传统的法律选择方法是一种管辖权选择方法（jurisdiction-selecting rules），即只指定一个管辖权，然后再由法官依据这一指定去援用应适用的实体法，这会导致不公正的结果和"虚假冲突"的发生。因此，他主张依规则选择方法直接就有关国家的实体法规则进行比较，选择那种更适合案件公正解决的实体法作为准据法。值得指出的是，任何国家的法官总是为一定利益服务的，总会站在自己的立场上去衡量什么是公正，什么是"更好的"法律，不可能有超阶级的"公正"，也不会有某种衡量"更好法律"的普遍标准。

6. 依分割方法决定法律的选择。分割方法（dépeÇage）是指在一个涉外民事案件中，对不同的法律问题加以分割，并分别依其特性确定准据法。例如，对同一涉外婚姻，往往把婚姻形式要件和实质要件加以区分，前者依婚姻举行地法，后者依当事人属人法。这种方法自法则区别说以来一直得到国际私法理论和实践的肯定，并随着涉外民事法律关系的日益复杂化而越来越受到重视。

7. 依当事人的意思自治决定法律的选择。这种方法就是允许当事人选择他们之间的法律关系所适用的法律。它产生于合同领域并已成为选择合同准据法的首要原则，现已扩展到侵权、婚姻家庭、继承等众多领域，成为整个国际私法领域内一个很重要的法律选择方法。

8. 依有利于判决在国外的承认和执行决定法律的选择。任何一项法院判决如不能执行便不能实现其效力，而一国法院对涉外民商事案件的判决常常需要到国外去承认和执行。因此，在选择法律时，依是否有利于判决在国外得到承认与执行作出判断，也是一个十分重要的方法。这种方法对国际私法所追求的判决结果的一致和维护涉外民事法律关系的稳定性均有好处。

9. 依比较损害方法（comparative-impairment approach）决定法律的选择。这种方法是美国学者巴克斯特在1963年发表的《法律选择与联邦制度》一文中首先提出来的。他认为，每一个地方的法律都存在着两种不同的政策或目的，即内部目的和外部目的。内部目的是解决每个州内私人利益冲突的基础，外部目的则是不同州私人利益发生冲突时所产生的政策。在真实冲突的情况下，就是两个州的外部目的发生冲突，这时只能服从其中一个州的外部目的。确定的标准是：内部目的在一般范围内受到较小损害的那个州，其外部目的应服从另一个州的外部目的，换言之，在具体案件中应当比较两个有关州的内部目的，看哪一个受到更大的损害。如果内部目的受到了较大的损害，它的外部目的应得到实现，即适用它的法律。这种方法与政府利益分析方法相似，只是换了一个角度而已。实际上，利益和损害正是一个问题的两个方面，哪个州遭受的损害大些，其切身利益也就大些。

10. 依肯塔基方法决定法律的选择。这种方法是 20 世纪中叶在美国形成的，它不是理论工作者分析研究的结果，而是在肯塔基州法院法官的努力下，由判例形成发展起来的，故称"肯塔基方法"。该方法的最基本特点是采用所谓"足够或充分联系"的原则，对案件与两个州是否有联系这一情况进行比较分析。只要肯塔基州与某个案件具有足够的或充分的联系，肯塔基法院就应该适用法院地法——肯塔基州法。这种方法与最密切联系原则不同，它在适用法律的时候，并不要求法院对案情进行全面分析，找出最密切联系因素，而仅主张法院地与案件有足够的或充分的联系。可见，肯塔基方法的实质是追求适用法院地法。

11. 依功能分析方法（functional analysis approach）决定法律的选择。这种方法是美国学者冯·迈伦、特劳特曼和温特劳布（Weintraub）提出来的。他们主张把特定的规则和法律制度作为一个整体，通过考察其政策和目的的合理适用来解决问题。他们首先确定相关的法域，然后考虑该法域的内部规则所体现的政策和国际交易中某些特别重要的政策。当一个法域具有最终的有效控制以及所有相关法域都同意其中之一具有主导性利益时，就适用具有主导性利益的法域的规则，从而解决法律的真实冲突。这种方法实质上属于政府利益分析方法，只不过它认为法律并非一成不变，而是不断变化发展的，因而反对把注意力仅集中于其他州的现行法上，而要引导法院去考虑法律中的趋势，才能取得更合理的结果①。

上述种种法律选择方法，都是在选择一定的涉外民商事法律关系的准据法时可供利用的，有的可适用于国际私法的所有领域，有的只在特定领域适用；有的得到了世界各国的普遍采用，有的仅在美国等少数国家采用。可以肯定地说，随着国际民商事法律关系日趋复杂和多样化，任何一种法律选择方法均不能解决国际私法所有领域的法律适用问题。因此，无论是立法者在制定冲突规范时，还是法院在处理涉外民商事法律关系的实践中，都不得不综合考虑多种法律选择方法。

---

① 参见韩德培、韩健：《美国国际私法（冲突法）导论》，法律出版社 1994 年版，第 129~132 页。

第三节　实质问题与程序问题

一、实质问题与程序问题的划分

各国冲突法在考虑法律适用问题时，都首先将所涉问题分为实质问题（substance）和程序问题（procedure）。如果一个问题被识别为程序法问题，就适用法院地法；如果被识别为实体法问题，就可以适用外国法。为什么程序法问题必须适用法院地法呢？学者提出了下列理由：

第一，法院的活动必须按照国家规定的诉讼程序法来进行，这是现代法制国家的普遍要求。如果对于有涉外因素的案件和纯粹国内案件适用不同的程序规则，显然是行不通的①。因此，程序问题必须适用法院地法。

第二，程序问题适用法院地法也是实际的需要。当涉外民事诉讼开始时，案件的准据法往往尚未确定，所以在程序问题上只能适用法院地法，不可能适用准据法。等到准据法确定之后，诉讼已经进行到相当的阶段，只能按照原来的程序继续进行。任何国家的法院都不允许在诉讼的中途改变程序规则，造成混乱，使案件不能得到顺利解决。

第三，程序问题适用法院地法是正义的要求。尽管正义时常要求适用外国法，借以保护根据外国法已经取得的某些权利或者其他应该受到保护的法律地位，但它并不要求完全按照外国法院的保护方式来给予保护。相反，不论诉讼标的适用外国法还是适用法院地法，一国法院都遵循它自己的一般程序规则，倒是正义的一个要件。如果程序问题不适用法院地法，不仅对法院来说是不方便的，而且由于对本案诉讼当事人和对其他诉讼当事人采取不平等的对待，也将造成不公正的结果。

但是，如何区分实质问题和程序问题并非易事，因为：

第一，确定什么是实质问题，什么是程序问题，由法院依其自身的标准决定。但各国并没有识别程序问题和实质问题的统一标准，有些问题究竟是程序问题还是实质问题，也不容易区分，特别是不同法系的国家，对同一个问题常常有不同的识别。

第二，一些英美法系国家常常把某些问题识别为程序法问题，借以排除外国法的适用。尽管各国可以借助公共秩序保留制度排除外国法的适用，但援用这种制度容易招致对方国家的不满，还可能影响两国之间的关系。把问题识别为程序法问题，从而排除外国法的适用，一般不会引起对方国家的反感，容易

---

① 莫里斯：《法律冲突法》，1984 年英文版，第 453 页。

达到目的，这是排除外国法适用的一个巧妙方法。

因此，不同国家、不同学者对实质问题和程序问题的划分标准提出了不同看法。一些大陆法系学者提出，当事人之间的关系应有别于当事人同法院之间的关系，即当事人之间的关系，特别是他们相互间的义务，属于实体法，而法院对于当事人和第三人（证人等）的权利、义务则是程序法的一部分①。美国学者库克对如何划分实质问题和程序问题提出如下实际标准："一国法院能在何种程度上适用外国法律体系的规则才不致于过分妨碍它自身或使其感到不便？"② 因此，程序问题由法院地法支配的主要目的，在于排除法院在审理涉外案件时须适用它不熟悉的程序规则而造成的不便。所以，实质问题和程序问题可以因不同的目的而作不同的划分，只要不给法院造成不便，就不一定是为了冲突法的目的将这些规则识别为程序规则。

我们认为，在国际私法上区分程序问题和实质问题的目的，是要界定什么问题由法院依本地法判决方为正当。一般说来，那些会在实质上影响案件结果的所有争议都可归为实质性的，而关于诉讼的日常例行规则，即案件中对其结果影响甚小的方面，如送达诉讼文件、辩护的充分性、当事人的诉讼能力、诉讼形式等有关的例行问题，显然可归类为程序问题③。当然，要对许多具体问题作出明确的区分并非易事，如对时效、证据、推定、损害赔偿等问题，不同国家有不同的作法，下面分别述之。

二、时效问题

世界各国民法对时效的规定差别很大，时效期限从 6 个月到 30 年不等，不同的国家对时效又有不同的概念和分类。国际私法中的时效是指诉讼时效，它类似于大陆法系国家所规定的消灭时效。在以前，大陆法系国家把时效识别为实体法问题，在涉外民事案件中适用准据法，而英美法系国家把诉讼时效识别为程序法问题，一律适用法院地法，而不管准据法把这个问题识别为程序法还是实体法。

后来，英美法系国家的立法和司法实践发生了改变。1980 年，英国法律委员会建议英国法院在涉外民事案件中适用外国的时效法，而不适用英国的时效法。1984 年，英国议会通过了外国时效法。该法规定：英国的冲突法规则把所有的外国时效一律识别为实体法问题，而不管外国法把它识别为实体法问

---

① 沃尔夫著，李浩培等译：《国际私法》，法律出版社 1988 年版，第 338 页。

② 库克：《冲突法的逻辑与法律基础》，1942 年英文版，第 166 页。

③ 韩德培、韩健：《美国国际私法（冲突法）导论》，法律出版社 1994 年版，第 237 ~238 页。

题、还是程序法问题。如果英国的冲突法规则规定要适用一个外国的国内法时，包括适用该外国国内法关于时效的规定，并排除适用英国国内法关于时效的规定。在美国，许多州为了适用外州或外国的时效法，都通过了"借用"法规（"borrowing" statute）。所谓"借用"法规，就是把外州或外国的诉讼时效法规识别为实体法问题，在涉外民事案件中予以适用。美国统一州法委员会于1982年提出了《统一冲突法——时效法》供各州采用。该法把时效视为实体法问题，其第2条和第4条规定：如果要求是根据另一个州的实体法提出来的，则时效亦应适用该州的法律，除非适用另一个州的时效没有给原告提供公平的诉讼机会，或者在辩护方面加给被告不公平的负担，则适用本州的时效法①。不过，美国最高法院对诉讼时效的识别没有一致的态度，它有时把时效识别为实体法问题，有时又识别为程序法问题②。

三、证据问题

大多数关于证据的规则是内部的指导法院查明事实真象的规则，它们无疑是程序性的。这些规则包括证人的资格，证人的讯问，可以提出作为证据的文件，这些文件证明什么等等规则。但举证责任问题究竟是程序问题还是实质问题，则存在着较大分歧。大陆法系国家一般把举证责任规定在民法典中，在涉外民事案件中，把举证责任视为实体法问题。1973年《关于产品责任法律适用公约》第8条第8款和1980年欧洲共同体《关于契约义务法律适用公约》第14条第1款都把举证责任包括在适用法律的范围之内。英国和加拿大等普通法系国家则把举证责任视为程序法问题，在涉外民事案件中适用法院地法。不过，英国学者莫里斯认为，也有很多理由把这个问题视为实体法问题，因为案件的结果可能取决于举证责任何在。美国原来也把举证责任视为程序法问题，在涉外民事诉讼中适用法院地法，而不管准据法把它视为程序法问题，还是实体法问题。但是，纽约州上诉法院在1929年判决的菲茨帕特里克诉国际铁路公司案中认为，举证责任是实体法问题。后来，美国学者里斯把举证责任分为两种：一种是影响案件的结局者，另一种是只与审判的进行有关者。前者是实体法问题，适用案件的准据法；后者是程序法问题，适用法院地法。美国《第二次冲突法重述》的规定就是反映了里斯的上述观点。该重述第133条规定，当事人的哪一方负有举证责任，由法院地法决定；除非准据法关于举证责任的规则影响案件的决定，而不是调整审判的进行，则适用准据法。总而言

---

① 马丁：《冲突法案例与资料》，1990年英文第3版，第150~151页。

② 韩德培、韩健：《美国国际私法（冲突法）导论》，法律出版社1994年版，第242~244页。

之，英美法系国家的司法实践表明，举证责任问题并不都是程序法问题。如果证据是矛盾的，当事人双方都不能说服陪审团，这时候，举证责任落在哪一方，对案件的结局就起决定性的作用。这时，举证责任常被识别为实体法问题。

四、推定问题

推定（presumptions）分为事实的推定和法律的推定两类。事实的推定（presumptions of fact），是指根据一些已知的事实而进行的推断。例如，夫妻关系存续期间所生的子女，在提出证据证明丈夫不是子女的生父之前，可以推定他是该子女的生父。事实的推定可以提出反证予以推翻。法律的推定（presumptions of law）是指根据法律的规定而进行的推断，它又分为可反驳的法律推定（rebuttable presumptions of law）和不可反驳的法律推定（irrebuttable presumptions of law）。

大陆法系国家把推定视为实体法问题，《法国民法典》第 1349 条规定："推定为法律或法官从已知的事实推论未知的事实所得出的结果。"1980 年欧洲共同体《关于契约义务法律适用公约》第 14 条第 1 款也视法律的推定为实体法问题，把它包括在准据法的适用范围之内。

英美法系国家一般把事实的推定视为程序法问题，在涉外民事诉讼中，适用法院地法。至于法律的推定到底是实体法问题，还是程序法问题，学者们有不同的观点。英国学者莫尔斯（Morse）认为，法律推定，不论是可反驳的法律推定，还是不可反驳的法律推定，都是实体法问题，因为法律的推定影响案件的结果。英国学者莫里斯和加拿大学者麦克洛德（Mcleod）则认为，不可反驳的法律推定是实体法问题；可反驳的法律推定，有些是实体法问题，有些是程序法问题。麦克洛德主张从诉讼发展的不同阶段，根据推定所起的作用，来决定它是实体法问题，还是程序法问题。他认为，在诉讼的开始阶段，这种推定是法院用来决定案件的法律性质，或者解释连结点，或者确立管辖权的，应被视为程序法问题。在诉讼已进入另一阶段，即确定准据法之后，这时候所使用的可反驳的法律推定，应视为实体法问题，因为它与当事人的实体权利具有更密切的联系①。美国《第二次冲突法重述》也反映了这种区分，其第 134 条规定：法院将根据法院地法决定当事人的哪一方有进一步的举证责任，除非准据法关于进一步举证责任的规则影响案件的决定，而不是调整审判的进行，则适用准据法。

总之，对推定进行区分，分别归入程序法或实体法是恰当的。如果推定仅

---

① 麦克洛德：《冲突法》，1983 年英文版，第 218 页。

仅关系到证明事实的方式，则是程序性的；如果推定将在实质上影响案件的后果，诸如在过失案中对"适当注意"的推定，则应视作"实质性的"，并应适用某一适当的外国法作准据法。

五、赔偿问题

一些大陆法系国家认为，赔偿是与当事人的权利与义务直接有关的问题，因此是实体法问题，在涉外民事诉讼中应适用案件的准据法。

英国法院过去把赔偿问题视为程序法问题，在涉外民事诉讼中适用法院地法。后来，英国学者戚希尔在 1952 年出版的《国际私法》著作中，把赔偿分为两个问题：一个是哪一类损失可以得到赔偿，即赔偿的项目问题；另一个是赔偿的计算问题，例如是一次付清，还是分期偿付等。他认为，前者是实体法问题，后者是程序法问题。戚希尔的这种区分为后来的英国法院和加拿大法院所支持。

美国《第二次冲突法重述》倾向于把赔偿问题识别为实体法问题。其第207 条规定，对违约赔偿的计算由契约的准据法决定。据美国法学家解释，违约赔偿的计算是指：是恢复原状，还是赔偿金钱；原告除收回发送给被告的货物以外，是否还可以得到赔偿；赔偿金是否要增付从违约日期到判决日期之间的利息；如要增付利息，应按什么利率计息，等等。

对于诉讼时效、举证责任、推定和赔偿问题的识别，我国法律除对诉讼时效规定在《民法通则》中，可以推定我国法律将诉讼时效识别为实体法问题以外，其他问题均没有明文规定。外国的有关实践可供我国立法和司法工作借鉴。

第四节　时际冲突和区际冲突的解决

在确定准据法的过程中，还可能会遇到一些特殊的问题，主要是时际法律冲突和区际法律冲突的解决。

一、发生时际法律冲突时准据法的确定

在一般情况下，适用什么时候的法律是不难解决的。从各国实践看，凡是要求确认一个过去发生的法律关系，一般只适用法律关系成立时有效的法律。也就是说，对权利的取得，一般应采用"既得权保护"和"法不溯及既往"原则。据此，许多冲突规范在立法上就明确规定了应适用何时的法律，或规定准据法只能是内国或外国现行有效的实体法或普通法系国家的判例法。如我国《民法通则》第 149 条关于"遗产的法定继承，动产适用被继承人死亡时住所

地法律”的规定，就明确指出了依该规定援用的准据法即住所地法律，不管它如何变更，应以被继承人“死亡时”的住所地法为准。

但是，在实践中，有些冲突规范并没有明确指出适用何时的法律。因而需要解决适用何时的法律作为准据法的问题，即时际法律冲突问题仍然可以在以下几种情况下提出：

一是法院地国的冲突规范在涉外民事法律关系确立后发生了变更，这时究竟应适用什么时候的冲突规范去指定准据法；

二是法院地国的冲突规范未变，但当事人的国籍、住所或物之所在地等连结点发生了改变，因而需要确定是适用原来的连结点所指引的法律，还是适用新的连结点所指引的法律；

三是法院地国的冲突规范未变，但其指定的准据法发生了改变，这时也会提出究竟适用某一涉外民事法律关系成立时的旧法，还是适用改变了的新法的问题。

对于上述三种情况下提出的时际法律冲突应如何解决，就目前各国国际私法理论与实践来看，主要是分别不同情况，按如下几种规则来处理：

1. 在法院地国的冲突规范发生变更的情况下，解决的办法一般是依修改过的国际私法典的规定。因此，在国家改变冲突规则时，应在有关立法中明确规定新冲突规则是否具有溯及力以及溯及的范围和条件。如1964年日本《关于遗嘱方式准据法》附则规定：“本法也适用于施行本法之前所立的遗嘱，但遗嘱人在本法施行之前死亡的，其遗嘱仍依从前的规定。”我国《涉外经济合同法》第41条规定：“本法施行之日前成立的合同，经当事人协商同意，可适用本法。”

2. 在连结点发生变更时，立法与实践并未形成一致的解决办法，各国一般根据不同涉外民事法律关系的性质，从有利于案件的公正合理解决出发，分别采取可变原则和不可变原则两种作法处理。所谓可变原则，指某些涉外民事法律关系有时可以适用当事人变更后的国籍国法或住所地法作为准据法。如《日本法例》中对于婚姻效力、父母子女关系、扶养义务、动产物权等，都允许采用变更后的连结点，以保护人身关系和交易安全；在英国，允许改变的连结点有动产所在地、船旗、法人的经营或管理中心、个人国籍、住所或居所。所谓不变原则，指准据法不因连结点的变更而改变。如《日本法例》中对于离婚、婚姻的财产效力、亲子关系的确定、收养、继承等，均采取不许变更的态度，以防止当事人故意改变连结点，以达到改变准据法的目的。而在英国，不允许变更的连结点则包括不动产所在地、婚姻举行地、遗嘱作成地、侵权行为地和法人住所地等。

总而言之，在连结点发生改变的情况下，是否采用新连结点指引准据法，应综合各方面的情况，从问题的公正合理解决出发确定应采取的方法，它一方面不应使涉外民事法律关系的稳定性受到损害，导致当事人借改变连结点达到规避法律的目的；另一方面也不可给法律关系的继续进行造成不利或不合理的影响，从而给双方当事人带来不便。因此，根据法律关系的不同性质决定是否采用新连结点所指引的法律是比较恰当的。

3. 对于冲突规范所指定的准据法发生变更时如何确定准据法的问题，应分两种情况，区别对待：（1）在因立法程序修改、废除或颁布新法而产生新旧法规定不同的场合，一般应依准据法国的法律来确定，而新法对它是否具有溯及力以及溯及的范围和条件，通常会作出明确规定。如我国最高人民法院《关于贯彻执行〈中华人民共和国民法通则〉若干问题的意见（试行）》第200条对法律溯及力作了规定。（2）在涉外合同当事人依"意思自治"原则选择的准据法发生变更的场合，是否应适用新法，在国际私法理论上是久有争论的。一种观点认为，应该适用涉外合同关系成立时的旧法，理由是当事人协议选择的准据法，是他们根据该涉外合同关系成立时的情况决定的，它一旦订入合同，就成了合同中的一项具体条件，不能随准据法的变更而改变，如依新法就等于改变了当事人之间的权利义务关系。另一种观点认为，应该以新法代替旧法，理由是当事人既然选定某国法为准据法，就表明他们已把他们之间的法律关系交给这个国家的整个法律制度支配，包括其法律的发展变化在内。我国学者一般认为，为了便于妥善解决因准据法变更而发生的时际法律冲突，最好在新法颁布时就该法是否具有溯及力及溯及范围和条件作出明确规定；如无此种规定，则应适用法律关系成立时有效的法律或合同当事人的约定；如果要适用新法，除非涉及国家的重大利益和法律的基本原则，最好通过当事人协商解决。

我国《涉外经济合同法》从有利于涉外经济合同的稳定和尊重当事人的意思出发，在第40条规定："在中华人民共和国境内履行，经国家批准成立的中外合资经营企业合同、中外合作经营企业合同、中外合作勘探开发自然资源合同，在法律有新的规定时，可以仍然按照合同的规定执行。"同时在第41条规定："本法施行之日前成立的合同，经当事人协商同意，可以适用本法。"我国的这种规定是比较宽松的。

二、发生区际法律冲突时准据法的确定

当一国冲突规范指定适用外国法时，被指定的国家可能是单一法律制度国家，也可能是多法域国家。根据法国著名国际私法学家巴迪福的观点，当一个国家在其境内允许并有不同的法律制度时，同一法律关系的解决办法就会因为人的住所的不同或所属群体的不同而不同，于是就出现了区际（州际）法律

冲突或人际法律冲突现象。在国际私法上，对区际法律冲突问题即当一国冲突规范指定适用某一多法域国家的法律时究竟应以该国何地区的法律为准据法的问题，国际上有两种不同的解决方法：

1. 由法院直接依据所适用的冲突规范中的连结点，如住所、居所、行为地或物之所在地等，径自适用该具体地点的法律为准据法。如日本《法例》第27条第3款规定："当事人本国内各地法律不同时，依其所属地方法律。"多数国家采取了这种直接指定的作法。

2. 按被指定为准据法国的"区际私法"，即该国用以调整其国内各法域之间法律冲突的法律中的有关规定加以确定。许多国家在立法中明确规定采用这种间接指定的作法。如1966年《波兰国际私法》第5条规定："应适用的外国法有数个法律体系时，应适用何种法律体系由该外国法确定。"但有时有些多法域国家并没有统一的区际冲突法，在这种情况下应如何进行补救？对此，有的国家规定以当事人住所地或习惯居所地法来补救，如1967年《葡萄牙民法典》第27条的规定即是；有的规定适用该国首都所在地法。不过，晚近的国际私法立法更多的是将上述间接指定和直接指定方法加以结合运用。例如，1979年《奥地利联邦国际私法法规》第5条第3款规定："如外国法由几部分法域组成，则适用该外国法则所指定的那一法域的法律。如无此种规则，则适用与之有最强联系的那一法域的法律。"

在我国，对于依我国冲突规范指定适用多法域国家的法律时应适用该国哪一地区法律的问题，立法上未作明确规定。不过，最高人民法院《关于贯彻执行〈中华人民共和国民法通则〉若干问题的意见（试行）》第192条规定："依法应当适用的外国法律，如果该外国不同地区实施不同的法律的，依据该外国法律关于调整国内法律冲突的规定，确定应适用的法律。该国法律未作规定的，直接适用与该民事关系有最密切联系的地区的法律。"这表明，我国司法实践中采用了上述国际上通行的将两种方法结合使用的作法。

第 八 章
冲突法的一般问题

第一节 识 别

一、识别的概念

识别是在适用冲突规范时，依据一定的法律观念，对有关的事实构成作出"定性"或"分类"，将其归入一定的法律范畴，或对有关的冲突规范所使用的法律名词进行解释，从而确定应援用哪一冲突规范的认识过程。西方学者常用 qualification, classification, characterisation 等不同的名称来表示。从本质上讲，识别作为一个法律认识过程，包含两个方面，一方面是对涉外民事案件所涉及的事实或问题进行分类或定性，纳入特定的法律范畴。因为在适用冲突规范时，首先必须明确案件所涉及的有关事实或问题属于什么法律范畴。例如，是合同问题还是侵权问题，是结婚能力问题还是结婚形式问题，是实质问题还是程序问题，等等。只有明确了这一点，才能根据有关的冲突规范去选择法律。另一方面是对冲突规范本身进行识别，即对冲突规范在"范围"上所使用的名词术语进行解释。

从一般意义上讲，识别是人类思维活动的一个普遍现象。人们常常需要凭借一定的思想观点或分类标准，对眼前的现象或事实加以鉴别和分类，把它们归入一定的范畴，以便更好地理解它们。在处理纯国内案件时，识别也是一个很重要的过程。比如现在发生了一起死亡事件，法院首先要区分这个死亡的性质。如果把这个死亡识别为刑法方面的问题，就要提起刑事诉讼；如果把这个死亡识别为自然死亡，那就只提出一些民事方面的问题。正如英国学者格雷夫森（Graverson）所指出的那样，即使在处理纯国内案件时，法官也首先需要找出发生的事实与有关的法律规则之间的本质联系，从而确定它是不是一个法律问题，是一个什么性质的法律问题，最适合于适用哪一类法律规范①。因此，通过识别，判定事实的性质和应援用的法律，在处理纯国内案件中也是一

---

① 参见格雷夫森：《冲突法·国际私法》，1974 年英文版，第 43 页。

个十分重要的认识过程。只不过在纯国内案件中，法官只依自己国家的法律观念或法律概念进行识别，并不发生识别冲突，因而不需要专门研究识别的依据问题。但对国际私法案件来说，法院首先必须对事实性质作出识别，才能决定适用哪一类（或哪一条）冲突规范，而各国的法律在识别上往往发生分歧。因此，识别问题是国际私法中的一个基本问题，法院在处理涉外民商事案件时，首先碰到的便是这个问题。

二、识别冲突及其产生的原因

识别冲突指由于法院地国与有关外国法律对同一事实构成作出不同的分类，或对冲突规范的范围中同一法律概念赋予不同的内涵，采用不同国家的法律观念进行识别就会导致适用不同的冲突规范和不同的准据法的结果。从法院地国的角度来看，识别冲突就是依内国法识别和依有关外国法识别之间的冲突。

识别冲突问题，最初由德国学者康恩和法国学者巴丹相继于 1891 年和 1897 年提出来的。后来，劳任森（Lorenzen）和贝克特（Beckett）又分别于 1903 年和 1934 年将之介绍到美国法学界和英国法学界。从此，识别问题在世界各国的国际私法中逐步成为一个基本问题。关于识别冲突产生的原因，学者们有不同的解释。康恩和巴丹认为，即使两国有相同的冲突规范，如果其冲突规范中的法律概念并不相同，也会对同一事实的法律性质作出不同分类，从而导致适用不同的冲突规范。康恩把这种情况叫做"隐存的法律冲突"（latente gesetzes Kollisionen）。巴丹称之为"识别冲突"。戴赛和莫里斯则直接称为"冲突规则之间的冲突"（conflict between conflict rules），并且认为，即使世界各国都适用统一的冲突规则，只要它们的法律观点或法律概念不同，在包括同一事实构成的案件中，它们对事实的法律性质仍会有不同的认识，因而还会导致冲突的发生。

我们认为，产生识别冲突的原因有如下几种：

1. 不同国家对同一事实赋予不同的法律性质，因而可能援引不同的冲突规范。例如，关于未达一定年龄的青年结婚需要父母的同意问题，法国法把这种事实识别为婚姻能力问题，英国法则视之为婚姻形式问题。适用前一识别，应援用当事人的属人法来判定其有无结婚能力，而适用后一识别，则应适用婚姻举行地法。

2. 不同国家往往把具有相同内容的法律问题分配到不同的法律部门中去。比如说，对于时效问题，一些国家认为它是实体法上的一项制度，而另一些国家则认为它只是程序法上的一个问题，作这两种不同的识别，就会导致适用不同的准据法。如认为时效是实体法问题，就应依有关法律关系的准据法解决；

如果把它作为程序问题，由于程序问题一律适用法院地法，那么，关于时效问题就要依法院地法作为它的准据法了。

3. 不同国家对同一问题规定的冲突规范具有不同的含义。尽管各国都是用一定的法律名词或术语来规定冲突规范的范围，但由于各国社会制度以及文化历史传统的差异，不同国家对同一问题规定的冲突规范所使用的法律名词或概念并不一定相同。有时即使表面上相同，各自对冲突规范含义的理解也不完全一致。例如，各国法律都主张"不动产依不动产所在地法"，但各国对什么是不动产，什么是动产有不同理解，如法国把蜂房看做动产，荷兰则视之为不动产。正因为如此，各国法院在处理涉外案件时，有必要对冲突规范进行解释，看它适用于多大的范围，在哪些场合中适用。

4. 不同国家有时有不同的法律概念或独特的法律概念。例如，对于财产的分类，一般分为动产（movable property）和不动产（immovable property），英、美普通法则分为 personal property 和 real property，我国在国际私法上也使用动产和不动产的概念。又如，许多国家都有占有时效制度，而我国只有诉讼时效制度。在一个涉外案件中，有关国家的法律如果出现这种差异，也需要先进行识别，然后才能确定应适用的准据法。

从各国的司法实践来看，常需要解决识别冲突的问题有：时效问题和举证责任问题是程序法问题还是实体法问题；配偶一方对已死配偶的财产请求权是夫妻财产法上的问题还是继承法上的问题；违背婚约是合同不履行还是侵权行为；妻子的扶养请求权应适用夫妻财产法的规定还是夫妻身份法的规定；无人继承的动产，财产所在地的国家是以最后法定继承人的资格继承还是依物权法上的先占原则取得动产所有权；禁止配偶间互为赠与的规定是婚姻的一般效力，还是夫妻财产法或合同法上的问题。对于这些问题，法院必须首先依据一定的标准解决识别冲突，才能正确地适用冲突规范。

三、解决识别冲突的方法

识别冲突究竟应如何解决，是国际私法上讨论了一百余年的问题。各国学者对这个问题的解决主张不一，归纳起来有如下几种：

（一）法院地法说。此说主张以法院地国家的实体法作为识别的标准，为康恩和巴丹所首倡，并得到许多国际私法学者的支持，如德国学者齐特尔曼（Zitelmann）、努斯鲍姆，法国学者尼波埃、巴迪福等等。其理由主要是：首先，冲突规范是国内法，其使用的名词或概念因而只能依照其所属国家的法律，亦即由法院地法进行解释；其次，由于法院熟悉自己国家的法律概念，依法院地法识别简单明确，不需要外国专家的证明。另外，识别是适用冲突规范的先决条件，在没有解决识别冲突之前，外国法还没有获得适用，因此，除法院地法以外，不可能有其他法律作为识别的依据。但反对此说的人认为，如果只依法院地法进行识别，有时会导致按其性质本应适用外国法而得不到适用；反之，本不应适用外国法却得到适用的结果。而且，在法院地法中如果没有关于被识别对象的法律制度时，更会出现麻烦。即使国内的冲突规范所使用的名词术语与国内民商法的术语相同，但由于作为国际私法调整对象的事实本身具有广泛的世界性，其内容与涵义往往更为广泛。因此，也不宜只依法院地国的实体法进行识别。为了克服上述弊端，有人提出以法院地国的国际私法进行识别，并称之为"新法院地法说"①。这一主张有一定的合理性并得到很多学者的拥护，如英国学者戚希尔和诺斯就认为，对于含有涉外因素的事实情况的识别与纯国内案件应有所不同，因为后者只是对纯国内法的解释问题，而前者是解释国际私法的问题，英国的法官当然不应局限于英国国内法的概念或范畴，否则，在国内法无对应概念的情况下，法官便会束手无策。

（二）准据法学。此说为法国德帕涅（Despagnet）和德国沃尔夫所主张。他们认为，用来解决争议问题的准据法，同时就是对争议问题的性质进行识别的依据。如果不这样进行识别，尽管内国冲突规范指定应适用外国法，结果也等于没有适用。沃尔夫曾十分明确地指出："每一条法律规则都依其所属的法律体系来识别。"但追随这一学说的学者并不多。因为识别问题旨在正确适用冲突规范以指引准据法，而该说主张以准据法进行识别，就意味着先要确定准据法，这难免使自己陷入逻辑上的恶性循环，难以自圆其说。

（三）分析法学与比较法说（The Theory of Analytical Jurisprudence and Comparative Law）。这一学说为德国学者拉贝尔和英国学者贝克特及戚希尔所提倡。他们认为，冲突规范中所使用的概念与实体法中所使用的概念并不是必然同一的。由于冲突规范是使法官能就涉及不同国家法律问题的准据法作出决定的规则，识别过程就必须按照分析法学的原则和在比较法研究基础上形成的一般法律原则来进行。这种主张很吸引人，但到目前为止，根据比较法研究，各国普遍适用的一般法律原则并不多。而且，要真正消除各国法律认识上的分歧，只有彻底改变各国法律本身才能办到，这自然是不可能的。更何况这个学说会大大增加法院的负担，使法院感到十分为难。因此，在实践中采用分析法学和比较法说进行识别的例子并不多见。

（四）个案识别说。原苏联学者隆茨和德国学者克格尔（Kegel）持此主张。他们主张对识别问题不应该采取统一的解决办法。他们认为，识别问题没有什么统一的规则，它归根到底就是一个冲突规范的解释问题。在适用冲突规

① 参见康恩－弗劳德：《国际私法的一般问题》，1976 年英文版，第 227~231 页。

范时，由于涉及到的是内外国的法律的适用问题，对于识别就应该根据冲突规范的目的，考虑是依法院地法还是依准据法才比较合适。这种理论遭到匈牙利学者萨瑟的反对，他认为，这种理论是一种相对主义、不可知论，使识别标准成为一种游移不定的东西，不利于识别冲突的解决。

（五）折中说。加拿大学者福尔肯布里奇（Falconbridge）试图在法院地法说和准据法说之间寻求一种折中的办法。他主张法院在最后选择准据法之前应当进行一种临时的或初步的识别；对任何有可能得到适用的法律的规定，法院应该从上下文的联系上考虑那些规定，从它们的一致结论中决定应当适用的冲突规范和准据法。英国法院在 1945 年审理科恩（Re Cohn）案时就采用了这种方法。依英国冲突规范，动产继承实质性问题适用死者死亡时住所地法，程序问题适用法院地法。在该案中，母女俩同时死亡，需要推定谁先死，这个问题要么是程序性的，要么是实质性的，处理该案的恩沃特法官首先依 1925 年《英国财产法条例》第 184 条识别，认为推定死亡制度是实质性的而不是程序性的，接着他又根据《德国民法典》第 20 条识别（因母女均为德国公民），认为也是实质性的而不是程序性，最后确定应当依英国冲突规范指引，适用德国法来解决。

福尔肯布里奇的折中说不同于法院地法说和准据法说，因为它对案件的识别不是采用单一的标准；它也不同于分析法学和比较法说。因为它不主张采用所谓各国统一的法律概念、法律观点来识别；它也不同于个案识别说，因为它对同一案件可能涉及的各个方面综合考察了有关国家的法律对有关问题识别。这种理论表面上很有道理，但它只有在有关国家的法律对同一事实识别一致的情况下，也就是没有识别冲突的情况下才有效。如果依有关国家法律识别不能获得一致，仍不能解决问题。

（六）功能定性说（Funktionelle Qualifikation）。这一学说是由德国学者诺伊豪斯（Neuhaus）在 1962 年提出来的。他认为上述几种识别方法都是从"法律结构上的定性"着眼，如能用"功能定性"取代"结构定性"，许多识别问题就可解决。所谓"功能定性"，就是"按各个制度在法律生活中的功能来定性"。例如，对于后死配偶的财产请求权，在国际私法上常用法律结构的定性方式，将之视为"夫妻财产法上的请求权"或"继承法上的请求权"，但它显然是忽视了后死配偶财产请求权的目的。因为不论是哪种请求权，其目的都相同，无非是要使后死的配偶得到应有的财产，使之生活不致发生困难。依诺伊豪斯之见，既然两种请求权具有同样目的、同样的功能，不如将"财产法上的请求权"的行使限制在配偶双方生存时的财产关系上，而在一方死亡时，即应适用"继承法上的请求权"，也就是适用死亡配偶（被继承人）死亡时的本国法①。

（七）两级识别说。英国学者戚希尔曾于 1938 年提出识别问题可以通过一级识别（primary characterisation）和二级识别（secondary characterisation）来解决。一级识别的任务是"把问题归入到适当的法律范畴"或按照法律分类对事实加以归类；二级识别是"给准据法定界或决定其适用范围"。两者的区别在于：一级识别发生在准据法选出之前，必须依法院地法识别；二级识别发生在准据法选出之后，要依准据法进行识别。但有一些学者对该理论持批判或反对态度，他们认为，将识别分为"一级识别"和"二级识别"是不确切的、人为的，且容易导致概念上的混乱；而且，几乎没有哪一个国家的法院采用过这种理论处理涉外民事案件②。

我们认为，识别问题主要是在开始适用冲突规范时产生的，识别的目的主要在于弄清有关事实的法律范畴的归属和解释有关冲突规范范围的含义，以便恰当地适用冲突规范，选择合适的准据法。法官一旦确定对某一涉外民事案件按某一冲突规范选择准据法，就不再有识别问题了，只须按冲突规范指引的实体法来确定当事人的权利和义务。因此，所谓的"二级识别"是不存在的，它实质上是对外国法的解释和运用问题。

综观上述各种理论，它们都有一些缺陷与不足。法院地法说、准据法说以及两级识别说的缺陷在于它们都试图用一种方式或一种固定的模式来解决形形色色的识别问题。萨瑟称它们为教条主义式的解决方法，是一种僵化的方式。而个案识别说有相当的灵活性，但其弹性太大，使识别方法成为游移不定的标准。其实，解决识别冲突的正确方法恰恰在这两个极端之间。因为识别过程是适用冲突规范选择准据法的必经步骤，对于究竟依什么法律识别不能一概而论。一国法院在处理涉外民事案件时，应从有利于促进国际民事交往，保护民事关系的稳定，维护当事人的合法权益，便利案件处理的目的出发，来确定识别标准。一般说来，各国法院普遍依法院地法对与案件有关的事实或问题进行识别，但又不能把依法院地法作为一种僵硬不变的模式，例如在下列情况下，应适当考虑用与案件有密切联系的有关法律制度来识别：（1）如果应依法院地法识别，而法院地法中又没有关于该法律关系的概念，就应按照与该法律关系有关的外国法确定它的概念；（2）如果有关冲突规范是由条约规定的，就应依该条约作为识别的依据；（3）特殊的或专门的涉外民事法律关系，如动

① 参见马汉宝主编：《国际私法论文选辑（上）》，五南图书出版公司 1984 年版，第 381~383 页。

② 事实上，在戚希尔原著以后的修订版中，已将这一部分完全改写，取消了这种二级识别说了。

产或不动产的识别，应根据财产所在地国家的法律规定来确定。

第二节　反　　致

一、反致的概念

反致（renvoi）有广义与狭义之分。广义的反致包括狭义的反致（remission）、转致（transmission）、间接反致（indirect remission）和外国法院说（foreign court theory）①。

（一）狭义的反致，是指对于某一涉外民事案件，法院按照自己的冲突规范本应适用外国法，而该外国法中的冲突规范却指定应适用法院地法，法院结果适用了法院地国的实体法。这种反致在法文中又叫做"一级反致"（renvoi au premier degré）。

例如，假设一个住所在意大利的英国公民未留遗嘱死亡，死后留有动产在英格兰。按照英国冲突法规则，动产继承依被继承人的住所地法（意大利法），但意大利的冲突规范规定动产继承依被继承人的本国法（英国法）。对这笔动产的继承问题，如果英国法院最终以其本国法来处理，即构成反致。

（二）转致，是指对于某一涉外民事案件，甲国法院按照自己的冲突规范本应适用乙国法，而乙的冲突规范指定适用丙国法，甲国法院因此适用了丙国实体法。转致在法文中又称为"二级反致"（renvoi au second degré）。

英国法院在 1887 年判决的特鲁福特（Truffort）案就是一个著名的转致案例。特鲁福特是一瑞士公民，在法国有住所，在英国有动产，他有一独生子。特鲁福特死在法国，留下一项遗嘱，将在英国的全部财产交给其教子。其独生子在英国法院起诉，要求继承这笔遗产。英国冲突法规定，动产继承适用被继承人住所地法，因而指向法国法，而法国冲突规范规定动产继承依被继承人本国法，因而指向瑞士法。最后，英国法院按瑞士实体法的规定（被继承人的子女应继承 90% 的遗产）判决此案，使特鲁福特的独生子的要求得以满足。

（三）间接反致，是指对于某一涉外民事案件，甲国法院依自己的冲突规

---

① 关于"反致"问题，我国学者韩德培教授曾于 1948 年发表过一长篇论文，题为《国际私法上的反致问题》，首次在我国对这一问题作了详尽的介绍和论述。将近半个世纪以来，不少国家对国际私法中的这个问题，在立法、司法和学说方面都已发生不同的变化和发展，但作者在本文中所作的论述和所持的观点，就是在现在，仍是可供参考的。该文原载《国立武汉大学学报（社会科学季刊）》，1948 年第九卷第一号，现转载于《韩德培文选》，武汉大学出版社 1996 年版，第 10~34 页。

范应适用乙国法，依乙国的冲突规范又应适用丙国法，而依丙国的冲突规范却应适用甲国法，甲国法院因此适用自己的实体法作为准据法。

例如，一个阿根廷公民在英国有住所，死在英国，在日本留有不动产，现因此项不动产继承在日本法院涉讼。依日本《法例》第 25 条"继承依被继承人本国法"的规定，本应适用阿根廷法，但依阿根廷的冲突规范应适用被继承人的最后住所地法即英国法，而依英国的冲突规范却应适用不动产所在地法即日本法。如果日本法院接受这种间接反致而适用自己的实体法，即构成间接反致。

（四）外国法院说，是英国冲突法中的一项独特制度，它是指英国法官在处理特定范围的涉外民事案件时，如果依英国的冲突规范应适用某一外国法，英国法官应"设身处地"地将自己视为在外国审判，再依该外国对反致所抱的态度，决定最后所应适用的法律。因此，如果英国冲突规范所指向的那个外国承认反致，就会出现所谓"双重反致"；如果英国冲突规范所指向的那个外国法不承认反致，就只会出现"单一反致"的结果；如果英国冲突规范所指向的那个外国法还承认转致，其适用结果还可能出现转致，从而适用第三国的内国法。所以，用"双重反致"来概括英国的反致理论是不恰当的，最恰当的名称莫过于"外国法院说"①。

国际私法中的反致概念出现于 19 世纪末。但反致在 1652 年和 1663 年的鲁昂（法国港市）议会的某些决定中已有萌芽，其规定曾为法国学者佛罗兰德论及，因此，他成为第一个论述反致学说的学者。19 世纪，第一批运用反致的判决是英国法院分别在 1841 年，1847 年和 1877 年对科利尔诉利伐兹案（Collier v. Rivaz），佛来尔诉佛来尔案（Frere v. Frere）和拉克罗克斯货物案（The Goods of Lacroix）以及德国法院在 1861 年中的一个案件中作出的。但这些判决没有使用反致这种表述，也没有理论上的讨论，因而没有引起法学界的注意。直到 1878 年，法国最高法院的"福尔果案"，才引起法学界的广泛注意和深入探讨②。

福尔果是 1801 年出生在巴伐利亚的非婚生子，5 岁时随其母去法国，并在那里定居到 1869 年死亡。他在法国留下一笔动产，但未立遗嘱。福尔果的母亲和妻子都已死亡，又没有子女。其母亲的旁系血亲要求继承。依巴伐利亚法律，他们是可以作继承人的。法国法院根据自己的冲突规范，本应适用巴伐利亚法律。但根据巴伐利亚的冲突法却应适用死者"事实上的住所地法"，因

---

① 详见肖永平：《评英国冲突法中的"外国法院说"》，载《比较法研究》，1991 年第 2 期，第 73~78 页。

② 参见沃尔夫：《国际私法》，1945 年英文版，第 190~191 页。

而反致于法国法。据此，法国法院接受这种反致，认为这笔财产依法国民法为无人继承财产，应收归国库①。很显然，法国法院采用反致的目的是为了扩大内国法的适用，并因适用内国法而获得经济利益。

二、反致的产生条件

反致问题的产生，是基于以下三个互相关联的原因和条件：

1. 审理案件的法院认为，它的冲突规范指向的某个外国法，既包括该国实体法，又包括该国冲突法。如果法院地国把本国冲突规范所援引的外国法仅理解为该国实体法，依该实体法就可确定双方当事人的权利义务，反致问题就不会发生。因此，认为本国冲突规范所指引的外国法是该外国的全部法律制度，是反致产生的主观条件。

2. 相关国家的冲突法规则不一致，彼此也存在冲突，也就是说，不同国家就同一涉外民事法律关系或法律问题制定的冲突规范的连结点不同，或在连结点表面相同的情况下，各自对连结点有不同的解释。如果仅仅是法院认为外国法也包括冲突法，但相关国家的冲突规范相同，也不会产生反致。因此，相关国家冲突法的冲突是反致产生的法律条件。

3. 致送关系没有中断，这是反致产生的客观条件。即使相关国家都认为本国冲突规范指定的外国法包括对方国家的冲突法，如致送关系中断，反致也无从产生。例如，对于不动产的法定继承，甲国规定适用不动产所在地法，乙国规定适用被继承人的本国法，且都认为本国冲突法指定的对方法律包括冲突法。假如一个乙国公民死于甲国并在甲国遗下不动产，如在甲国提起继承诉讼，并不发生指定乙国法的情况；反之，如在乙国提起诉讼，也不发生指定甲国法的现象，反致问题也就不会发生。

由此可见，反致问题的产生，必须同时具备上述三个条件，缺少其中任何一个，都不会产生反致问题。

三、反致问题在理论上的分歧

对于反致问题，理论上存在着许多见解，但基本上可分为赞成与反对两种对立的观点。赞成的理由主要有：

1. 采用反致可在一定程度上达到判决一致，即对同一涉外案件，不论在哪个国家起诉，因适用的法律相同，可得到相同的判决。而实现判决的一致，是国际私法的目的之一，它能避免当事人挑选法院，并增强判决的执行力。

2. 采用反致无损于本国主权，并可扩大内国法的适用。因为除转致以外，

---

① 参见韩德培主编：《国际私法（修订本）》，武汉大学出版社1989年版，第68页。

反致和间接反致的直接后果就是导致内国法的适用，这一方面可以实现内国实体法所体现的政策，另一方面可减轻内国法院的司法负担，因为内国法总是法官最熟悉的，采用反致，可免除调查和证明外国实体法的任务。

3. 采用反致可保证外国法律的完整性。对于涉外法律关系，依一国冲突规范指引应适用外国法时，此等外国法，当然是该外国法的一切法律。因为一国的冲突规范与其实体规范，是连为一体不可分割的。

4. 采用反致可作为国际礼让之表示。此说认为国际私法就是分配各国立法管辖权。对某涉外法律关系，依内国冲突规范应适用外国法时，如该外国法就该法律关系不想适用本国实体法，即等于该外国放弃本国法之管辖，依国家主权应相互尊重之原则，法院地法院就不应违背该外国的本意，而适用本国法。

5. 采用反致有时可得到更合理的判决结果。因为反致的采用增加了法律选择的灵活性，法院可以在几个相关的法律之间进行选择，有利于达到更合理的判决结果。

但反对派也提出了许多反对理由，他们除了对赞成者提出的理由一一给予反驳以外，还提出：

1. 采用反致会导致恶性循环。如果所有国家都接受反致，就会出现相互指定、循环不已的"乒乓球游戏"，使准据法得不到确定，使法律适用的预见性和稳定性得不到保证。

2. 采用反致有损内国主权。如安吉洛蒂（Anzilotti）就认为，承认反致就是将法律冲突的解决诿之于外国冲突法，等于是在处理涉外民事案件时放弃了本国的立法权。

3. 采用反致于实际不便。一国法官的任务就是适用内国法，最多据本国冲突规范适用外国实体法。而承认反致，则一国法官必须适用外国的冲突法，而且还要研究该国有关识别和公共秩序的制度，实际上会造成诸多不便。

4. 采用反致有否定内国冲突规范妥当性之嫌。一国国际私法的规定，是考虑到调整涉外民事关系的法律应尽量达到普遍公正。内国冲突规范所指引的准据法是内国立法者斟酌再三，择其适宜者而采用的。如果承认反致，则是否认内国冲突规范的妥当性。

5. 采用反致有背法律的稳定性。一般说来，法律的适用应力求稳定，一则维护法律的尊严，二则确保当事人的利益。对内国法的适用固应如此，对外国法的适用亦然。所以一国就涉外民事法律关系，一旦选择了某项法律，就应坚定地予以适用而少变动。反致的采用与这一要求背道而驰。

上述赞成与反对的理由都并不十分令人信服，有的说法未免言过其实，近于夸张，甚至有些牵强。我们认为，传统国际私法的一个主要目的是追求判决结果的一致，这是自萨维尼以后的法学家们梦寐以求的理想。但各国冲突规则常发生歧异，有的国家也不承认反致，这就需要一个调和的办法，折冲其间，以求对于同一案件，无论由哪一个国家的法院受理，都将适用同一实体规范，而得到同一判决结果。承认反致，便是一个比较好的调和方法。当然，利用反致促使判决一致并非在任何情况下都能做到，它受到一定条件的制约。但既然反致具有这方面的功能，我们为何弃而不用呢？再说，尚有一部分国家不承认反致，在承认反致的国家中，彼此承认的程度又不相同，反对论者所指责的"不可解脱的循环"实际上极少发生。即使发生了，我们也可以采取适当的方法予以解决，那就是，在这种情况下，内国法院可以适用自己的实体规范或它认为适当的某一外国的实体规范。

现代国际私法更注重追求案件公正合理的解决，因此普遍追求法律选择的灵活性。采用反致就能增加法律选择的灵活性，因为当一国法院依其冲突规范应适用外国法时，若考虑该外国的冲突规范就至少有三种选择的可能，这就是依该外国的冲突规范适用其本国的实体法或法院地法或指向第三国法。这样便扩大了法律选择的范围，有利于比较出哪一国法律与案件有最密切的联系，为保证国际民事争议的合理解决创造了条件。反之，如果机械地依本国冲突规范去选择适用外国实体法，除了有时会出现所适用的法律与案件联系不大的情形以外，还可能造成武断地适用该外国在同样场合下也不愿或不能适用其本国法的状况，这显然有背于外国立法者的原意，对当事人也是不公平的。

总之，采用反致不仅能够满足国际私法的传统要求，也符合现代国际私法的价值观念。它是一种十分有用的制度，有其存在的价值和巨大的生命力。这从一百多年来世界各国的立法和司法实践中得到了有力的证明。

四、各国立法和司法实践对反致的不同态度

正是由于理论上的分歧，各国立法和司法实践对反致的态度不一，即使在抱肯定态度的国家中，也彼此存在差异。有的既接受反致，又接受转致；有的只接受反致，不接受转致。有的只在有限的民事关系上采用反致，有的根本不采用反致。下面介绍一些主要国家的实践。

（一）法国

法国自 1878 年福尔果案以后便接受了反致。到 1910 年法国最高法院在一个判例中明确指出：如依外国冲突法的规定反致于法国法，不仅不会使法国的冲突规则受到损害，相反，如果这样做有利于争议的解决，那就应该就在法国所成立的法律关系，适用法国的内国法。以后，法国的实践还倾向于接受转致。这种主张在 1967 年《补充民法典关于国际私法内容的草案》中得到了肯定，但也表明草案起草者认为反致和转致应在有限的问题上适用。该草案第

2284 条规定：适用外国法的时候应考虑其冲突规范，它或者导致法国内国法的适用，或者导致其冲突规范接受这种指定的第三国内国法的适用。但是，在合同、夫妻财产制及行为方式方面，不应考虑外国的冲突规范。同样，当立遗嘱人选定了本国法，在一定条件下，也不考虑其冲突规范。

（二）日本

日本只允许在用当事人国籍作连结点的那些民事关系上接受反致，即只限于当事人本国法与日本法之间发生反致。《日本法例》第 29 条规定："应依当事人本国法时，如依其本国法应适用日本法，则依日本法。"因此，如日本冲突法指引住所地法，行为地法或所在地法时，即使此等被指定的准据法实际上也是当事人的本国法，也不适用反致。不过，如果当事人无国籍，若以住所地法或居所地法代替本国法，仍有适用反致的余地。

（三）德国

在立法上首先承认反致的 1896 年《德国民法施行法》第 27 条规定，关于行为能力、婚姻、夫妻财产制、离婚及继承，依德国国际私法原应适用某一外国法，如依该外国法却应适用德国法时，即依德国法决定。但这条规定究竟是一广泛原则的例示规定，还是具有限制性质的列举规定，在德国学者中间本有争论。不过，依据德国最高法院的判例，该条的规定却被解释为广泛原则的宣示，即凡德国法院适用外国法时，该外国法应包括国际私法规则在内。这一点被前联邦德国的立法所采纳，1986 年《联邦德国国际私法》第 4 条第 1 款就规定："若适用某外国法，应适用该国的冲突法，除非适用此冲突法违反适用该外国法的意图。如果该外国法反致德国法，适用德国实体法。"但在合同之债上，前联邦德国不采用反致（第 34 条第 1 款）。

（四）英国

英国通过科利尔诉利伐兹案接受了反致，后通过特鲁弗特案采用了转致①。

但英国只在有限的问题上接受反致和转致。在这些问题中，最常见的是关于遗嘱的形式及实质要件以及无遗嘱继承的情况。此外，在子女因后为婚姻准正的问题上，在婚姻的形式及能力问题上，也都适用反致制度。在合同关系中，英国冲突法根本不接受反致，因为在当事人明示或默示地选择准据法时，其意图显然是直接指向所选国家的实体法，而不包括它的冲突法；即令当事人无明示或默示选择的法律，英国法院认为法律规定适用的缔结地法，或履行地法，或其他有最密切联系的法律，也只是指它们的冲突法以外的实体法。此

---

① 参见戴赛和莫里斯：《冲突法》，1980 年英文版，第 67~68 页。

外，在侵权、保险、动产买卖、财产的生前赠与、抵押、票据、企业、合伙、外国公司的解散等领域，英国均不采用反致制度。前面讲过，在反致问题上，英国有一个为其他国家都不采用的独特制度，这就是外国法院说，由于它仅为英国采用，故又称为"英国反致原则"。它也不是适用于所有领域，只适用于：（1）遗赠的有效性问题；（2）关于位于国外不动产的所有权问题；（3）关于位于国外动产的所有权问题；（4）有关婚姻形式与实质的有效性问题①。

（五）美国

美国在1934年由比尔主持编定的《第一次冲突法重述》便主张在原则上拒绝反致，只在两个问题上作例外处理：（1）所有关于土地的权益是受土地所在地法支配，但这应包括土地所在地国（州）的冲突法；（2）所有关于离婚判决的效力，都由当事人住所地法决定，这也包括住所地的冲突法在内。1971年由里斯主持编定的《第二次冲突法重述》仍明确规定只应在某些有限的情况下接受反致，但其适用范围已放宽许多。该重述第8条规定："除第2、3款的规定外，在本州的法律选择规则指明应适用另一州的法律时，法院适用该另一州的本地法。如特定法律选择规则的目的在于使法院就案件事实得出的结果与另一州法院审理该案时得出的结果相一致，则法院可适用另一州的法律选择规则，但须考虑实际可行性。如法院地州与特定问题或当事人无实质联系，而各利害关系州的法院会一致选择某个适用于该问题的本地法规则时，法院通常将适用该规则。"由此可见，《第二次冲突法重述》虽规定除例外情况，所有冲突规则所指定的外国法，只包括其内国法，但例外情况已大大超出《第一次冲突法重述》所规定的范围。

（六）原苏联和东欧国家

尽管原苏联立法对反致和转致问题没有作出总的规定，只对个别种类的法律关系有些相应的指示，但苏东国家的多数学者主张接受反致制度。其理由是：接受反致不仅是大多数国家的普遍实践，还可以减少外国法的适用，使案件的处理趋于简单化。1966年《波兰国际私法》第4条、1979年《匈牙利国际私法》第4条、1982年《南斯拉夫法律冲突法》第6条均规定接受反致。

（七）不采取反致的国家

在立法上明确拒绝反致的，主要有意大利、希腊、伊拉克、秘鲁、叙利亚、荷兰、埃及、巴西、伊朗、摩洛哥等国家。例如，1942年《意大利民法典》第30条规定："依上述各条之规定应适用外国法时，径行适用该外国自己的规定，而不考虑该法任何反致的规定。"

---

①　参见戚希尔和诺斯：《国际私法》，1979年英文版，第75~76页。

（八）中国

我国在《民法通则》起草的过程中，就有人试图规定接受反致和转致，但有些学者以反致不符合冲突法的宗旨为由反对采用反致。结果，《民法通则》对反致问题没有作出明文规定，即使后来最高人民法院发布的《关于贯彻执行〈中华人民共和国民法通则〉若干问题的意见（试行）》也未明确规定。尽管最高人民法院在《关于适用〈涉外经济合同法〉若干问题的解答》中规定："当事人协议选择的或者人民法院按照最密切联系原则确定的处理合同争议所适用的法律，是指现行的实体法，而不包括冲突规范和程序法"，但这只表明我国在决定涉外合同的法律适用方面不采用反致，并不表明我国对反致的一般态度。

第三节 先 决 问 题

一、先决问题的概念

先决问题（preliminary question），又称附带问题（incidental problem），是指一国法院在处理国际私法的某一项争讼问题时，如果必须以解决另外一个问题为先决条件，便可以把该争讼问题称为"本问题"或"主要问题"（principal question），而把需要首先解决的另一问题称为"先决问题"或"附带问题"。例如，一住所在希腊的希腊公民未留遗嘱而死亡，留下动产在英国，其"妻"主张继承此项动产。本来，无论依英国的有关冲突规则（动产继承依死者住所地法）还是希腊的冲突规则（动产继承依死者的本国法），都应适用希腊的继承法，其财产的一部分归属死者的"妻子"。但现在需要首先确定的是，她是不是死者的妻子，因为他们是在英国按民事方式而不是按希腊法所要求的宗教方式结的婚，因而需要确定他们之间是否存在合法的夫妻关系。如依法院地法的冲突规则（婚姻方式依婚姻举行地法）所指定的准据法（英国法），他们的婚姻是有效的，她可以取得这部分遗产；如依"主要问题"准据法所属国（希腊）的冲突规则（婚姻方式依当事人的本国法）指定的准据法（希腊法），他们的婚姻是无效的，她就无权取得这部分遗产。这个关于"妻子"与死者之间是否存在合法的夫妻关系的问题，便叫做"先决问题"。先决问题的解决直接影响着主要问题的审理结果①。

---

① 参见日本国际法学会编：《国际法辞典》，世界知识出版社1985年中译本，第280页。

二、先决问题的构成要件

并不是所有需要先行解决的问题都是先决问题，一般认为，构成国际私法上的先决问题，必须具备以下三个条件：

1. 主要问题依法院地国的冲突规范必须以外国法作为准据法，如在上述案例中，主要问题（动产的继承）依英国冲突规范应适用希腊法。

2. 需要先行解决的问题具有相对独立性，可以作为一个单独的争议向法院提起诉讼，并且有自己的冲突规范可供援用。如上述案例中的结婚形式问题，便可构成一个单独的诉讼请求。

3. 在确定先决问题的准据法时，法院地国的冲突规范和实体规范与主要问题准据法所属国的冲突规范和实体规范均不相同，从而会导致不同的判决结果。如果两国的法律相同，就没有讨论先决问题的必要，因为不管适用法院地国的冲突规范，还是适用主要问题准据法所属国的冲突规范，其结果都是一样的。因此，第三个条件是实质要件。当然，另外两个条件也是缺一不可，否则就没有必要单独考虑其准据法的选择问题。

三、先决问题准据法的确定

先决问题是在 20 世纪 30 年代以后，才被作为国际私法上的一个重要问题加以研究的。在此之前，各国一般是利用分割方法依法院地国的冲突规范来确定其应适用的法律。其后经梅尔希奥（Melchior）、温格勒尔的"发现"及罗伯逊（Robertson）将此问题介绍到英美法国家，学者们就先决问题准据法的确定形成了两种对立的意见。

一派以梅尔希奥、温格勒尔、罗伯逊、沃尔夫和安顿等为代表，主张依主要问题所属国冲突规则来选择先决问题的准据法。其理由是：（1）这种选择方法能避免把两个本有相互联系的问题（主要问题和先决问题）人为地割裂开来，以便求得与主要问题协调一致的判决结果；（2）准据法国之法律（包括对先决问题的冲突规则）与本案最有关联性，而法院地之司法秩序与该先决问题并无直接联系；（3）在有关国家对主要问题的冲突规则规定相同时，采用这种选择方法后，即使对先决问题的冲突规则规定不同，也能取得一致的判决结果，从而避免因诉讼地不同而判决结果不一致的情况发生。在司法实践中，英国、加拿大、澳大利亚和美国对先决问题大多采用这种方法。

另一派以拉沛（Raape）、努斯鲍姆、科麦克（Cormack）等为代表，主张依法院地国的冲突规则来解决先决问题的准据法。其理由是：（1）先决问题既是一个独立的问题，就应该与解决主要问题的准据法一样，概由法院地国冲突规则决定，才能在法院地因始终适用同一冲突规则而获得一致判决；（2）

先决问题所包含的婚姻、离婚及其他身份问题对法院地来说甚至比主要问题更具意义，与法院地关系更为密切。1979 年美洲国家国际私法特别会议通过的《关于国际私法一般规则的公约》第 8 条就采用了这种方法。事实上，由于构成一个先决问题必须具备上述三个条件，需要独立解决先决问题的准据法的情况非常罕见，根据莫里斯对英国、美国法院判例的统计，"在英国、英联邦和美国的判例中，涉及附带问题的判决甚至无约束力的法官意见都极为罕见。"①目前，随着整个国际私法理论现实主义倾向的发展，任何一派都避免根据片面的立场来进行划一的解决，而是谋求个别案件的解决，即看某一先决问题究竟是同法院地法还是同主要问题准据法关系更为密切，换言之，就是看该先决问题的重心偏向哪一方，以此来决定是适用法院地国还是主要问题准据法所属国的冲突规范。正如莫里斯所说，先决问题不可能用一个机械的办法去解决，每一个案件可以根据它所涉及的特定因素来处理。

第四节 法 律 规 避

一、法律规避的概念

法律规避（evasion of law），又称僭窃法律（fraude a la loi）或欺诈设立连结点（fraudulent creation of points of contact），它是指涉外民事法律关系的当事人为利用某一冲突规范，故意制造某种连结点，以避开本应适用的法律，从而使对自己有利的法律得以适用的一种逃法或脱法行为。由于确定涉外民事案件的准据法，有赖于各种客观存在的连结点，而有些连结点是能够随当事人的意思而变更的，如国籍、住所、所在地，等等。如果当事人为了某种特定目的，滥用设立和变更连结点的自由，显然不利于法律秩序的稳定，也不利于内国法律所体现的政策的贯彻实施。例如，1878 年法国最高法院对鲍富莱蒙（Bauffremont）一案的判决便是关于法律规避的典型案例。该案原告鲍富莱蒙王子的妃子，原为比利时人，因与鲍富莱蒙结婚而取得法国国籍，后欲离婚与一罗马尼亚人结婚，但当时法国的法律不准离婚（1884 年以前），她便只身移居德国并归化为德国人，随即在德国获得离婚判决，然后在柏林与罗马尼亚的比贝斯哥（Bibesco）王子结婚。鲍富莱蒙遂申请法院宣告其妻加入德国国籍及离婚、再婚均属无效。法国最高法院认为，依照法国法，离婚虽然应适用当事人的本国法，但鲍富莱蒙妃子取得德国国籍的动机，显然是为了逃避法国法律禁止离婚的规定，因而构成了法律规避，判决她在德国的离婚和再婚均属无效。

---

① 参见莫里斯：《法律冲突法》，1984 年英文版，第 489~491 页。

二、法律规避的构成要件

从上述概念和鲍富莱蒙案可以看出，构成法律规避，必须具备下列要件：

1. 从行为主体上看，法律规避是当事人自己的行为造成的。这与反致不同，因为反致是因为各国冲突法的规定不同造成的，与当事人的主观愿望无关，当事人也没有责任。

2. 从主观上讲，法律规避是当事人有目的、有意识造成的，也就是说，当事人主观上有逃避某种法律的动机。

3. 从规避的对象上讲，被规避的法律必须是依冲突规范本应适用的强制性或禁止性的法律。至于被规避的法律是内国法还是外国法，有时也决定是否构成法律规避行为。因为有的国家只承认规避内国法为法律规避，而有的国家则把规避外国法也视为法律规避。

4. 从行为方式上看，当事人是通过人为地制造或改变一个或几个连结点来达到规避法律的目的，如改变国籍、住所、行为地、物之所在地等等。这种行为，虽然实质上是非法的，但表面上看来是合法的。

5. 从客观结果上看，当事人的规避行为已经完成，如果按照当事人的愿望行事，就要适用对当事人有利的法律。

三、法律规避的性质

法律规避的性质是指它是一个独立的问题还是公共秩序保留问题的一部分。对此问题有两种不同的主张。一派学者如克格尔、罗默尔、拉沛、努斯鲍姆、尼波埃、巴迪福等，都认为法律规避是一个独立的问题，不应与公共秩序保留问题混为一谈。在他们看来，两者虽然在结果上常常都是对外国法不予适用，但其性质并不相同。因公共秩序保留而不适用外国法，是着眼于外国法的内容和适用结果；因法律规避而不适用外国法，却着眼于当事人的虚假行为。另一派学者，如梅尔希奥、巴丹、贝尔特拉姆及萨瑟等，却认为法律规避也属于公共秩序保留问题，是后者的一部分。他们认为，在不适用外国法而适用内国法时，两者都是为了维护内国法的权威，法律规避可以视为公共秩序保留问题的一个附带条件①。

我们认为，法律规避应是一个独立的问题。因为：（1）起因不同。法律规避是当事人故意改变连结点的行为造成的；公共秩序保留则是由于冲突规范所指引的外国法的内容与冲突规范所属国的公共秩序相抵触而引起的。（2）

---

① 参见韩德培主编：《国际私法（修订本）》，武汉大学出版社 1989 年版，第 85页。

保护的对象不同。法律规避既可以保护本国法，也可以保护外国法，且多为禁止性的法律规范；而公共秩序保留保护的只是内国法，且是内国法中的基本原则，基本精神，并不一定是禁止性的法律规范。（3）行为的性质不同。进行法律规避是一种私人行为；而适用公共秩序保留则是一种国家机关的行为。（4）后果不同。由于否定法律规避行为不适用外国法时，不仅当事人企图适用某一外国法的目的不能达到，他还可能要负担法律责任；而由于公共秩序保留不适用冲突规范所援用的外国法，当事人不承担任何法律责任。（5）地位和立法上的表现不同。公共秩序保留得到了世界各国的赞同，各国冲突法无一例外地规定了公共秩序保留制度；而法律规避被认为是一种学说，除少数国家外，绝大部分国家的立法还未明文作出规定。

四、法律规避的效力

在国内民法上，法律规避行为自然是非法的，并应受到制裁。但国际私法上的法律规避行为，既涉及被规避的法律，又涉及到行为人故意改变连结点的行为和因此而成立的法律关系；被规避的法律有时是内国法，有时是外国法。因此，有关法律规避的效力问题，各国在立法、理论和司法实践方面存在着较大分歧，大致可归纳为三种情况：

（一）肯定规避外国法的效力

尽管早先的学说认为，国际私法上的法律规避并不是一种无效行为，如德国的瓦希特尔（Wäechter）、法国的魏斯（Weiss）认为，既然双边冲突规则承认可以适用内国法，也可以适用外国法，那么，内国人为使依内国实体法不能成立的法律行为或法律关系得以成立，前往某一允许为此种法律行为或设立此种关系的国家，设立一个连结点，使它得以成立，这并未逾越冲突规范所容许的范围，因而不能将其视为违法行为。一些英美法系的学者也认为，既然冲突规范给予当事人选择法律的可能，则当事人为了达到自己的某种目的而选择某一国家的法律时，即不应归咎于当事人；如果要防止冲突规范被人利用，就应该由立法者在冲突规范中有所规定。但这种观点受到了越来越多的批评，一个共同的意见是，如果承认法律规避的效力，必然造成法律关系的不稳定，影响整个社会的安定。因此，有些学者提出了相对无效的主张，即规避法院地法无效，规避外国法律有效。法国法院在 1922 年审理佛莱（Ferrai）案时就采取了这一立场。该案当事人佛莱（Ferrai）夫妇为意大利人，为了规避意大利法律中只许别居、不许离婚的限制性规定，两人商定由妻子归化为法国人，并向法国法院提出离婚请求。当时的法国已在法律中取消了限制离婚的规定。法国最高法院在审理该案时不仅没有否定女方规避意大利法律的行为，而且依法国冲突规范适用当事人本国法，作出了准予离婚的判决。不过，不少法国学者对此提出异议，认为规避外国法也应予以承认，或者说不能完全不承认为法律规避。因为规避毕竟是规避，是一种不道德的行为；而且，在规避外国法的同时，也规避了内国的冲突规范，因为依内国冲突规范该外国法可能就是本应适用的法律。

（二）仅仅否定规避内国法的效力

绝大多数国家的立法都明确否定当事人规避内国法律的效力，而对规避外国法律的效力不作规定。如《南斯拉夫冲突法》第5条规定："如适用依本法或其他联邦法可以适用的外国法，是为了规避南斯拉夫法的适用，则该外国法不得适用。"《加蓬民法典》第31条也规定："任何人不得利用规避加蓬法而使某个外国法得以适用。"

（三）所有的法律规避行为均为无效

欧洲大陆学者大多认为，法律规避是一种欺骗行为，因而在发生法律规避的情况下，就应排除当事人所希望援用的法律的适用，而适用本应适用的法律。所谓"欺诈使一切归于无效"（Fraus Omnia Corrumpit）便是其理论根据。法国学者巴丹和巴迪福认为，规避法律的行为损害了冲突规范及其指定的准据法的威信，本质上是一种欺诈行为，只要不存在其他相反的解释，就不应承认其效力。在立法上，也有一些国家作了明文规定，例如，《阿根廷民法典》第1207条规定："在国外缔结的规避阿根廷法律的契约是毫无意义的，虽然这个契约依缔结地法是有效的。"该法第1208条接着规定："在阿根廷缔结的规避外国法的契约是无效的。"又如1979年匈牙利关于国际私法的第13号法令第8条规定："当事人矫揉造作地或欺诈地造成涉外因素时，有关的外国法不得适用。"

我国立法对法律规避问题也未作明文规定，但最高人民法院《关于贯彻执行〈中华人民共和国民法通则〉若干问题的意见（试行）》第194条规定："当事人规避我国强制性或者禁止性法律规范的行为，不发生适用外国法律的效力。"但对于规避外国强行法的行为是否有效，这里也没有规定。依我国多数学者的意见，由于国际私法所调整的法律关系不仅涉及本国和某外国两个国家，甚至常常涉及三个或四个国家的法律，当事人既可适用外国法来规避本国法，也可适用第二国法来规避第三国法，而第二国法和第三国对法院来说都是外国法。因此，国际私法上的法律规避应包括一切法律规避在内，既包括规避本国法，也包括规避外国法。至于法律规避的行为是否有效，应视不同情况而定，首先，规避本国法一律无效。其次，对规避外国法要具体分析、区别对待，如果当事人规避外国法中某些正当的、合理的规定，应该认为规避行为无效；反之，如果规避外国法中反常的规定，则应认定该规避行为有效。

第五节 外国法内容的查明

一、外国法内容的查明的含义

外国法内容的查明（proof of foreign law）是指一国法院在审理涉外民商事案件时，如果依本国的冲突规范应适用某一外国实体法，如何证明该外国法关于这一特定问题的规定的问题。由于世界各国的法律千差万别、纷繁复杂，任何法官都不可能通晓世界各国的法律。因此，当一国法院在审理涉外民商事案件时，如依本国冲突规范的指引应适用外国法，就必须通过一定的方式和途径来查明外国法的内容。但是，英美等国家的诉讼法把"法律"和"事实"截然分开，按照它们的观点，法官只知道法律，至于事实，应由当事人举证证明。这样，就引起了一系列问题：经法院地国的冲突规范所指引的外国法是"法律"还是"事实"？外国法由谁提出和证明？外国法的内容不能查明时如何处理？外国法的错误适用能否成为上诉的理由？等等。这些都是查明外国法时经常碰到的问题。

二、外国法的性质

各国的认识并不一致，主要有三种主张：

（一）事实说。英美等普通法系国家多奉行此说。它们认为，依本国冲突规范而适用的外国法相对于内国而言，只是一个单纯的事实，而非法律。英国、美国、法国和意大利的司法实践均采取这种观点。不过，他们的观点目前有所改变。例如，在英国，根据《1981年最高法院法》规定，过去由陪审团决定外国法这一"事实"问题，现在由法官单独决定。因此，英国学者莫里斯说："外国法虽是一个事实问题，但它是'一个特殊类型的事实问题'。"①但是，外国法本来就是法律，并不因为人们把它说成是事实而改变其性质；内国法院适用外国法是根据本国的冲突规范的指引，说到底，它是适用内国法的结果，承认外国法是法律也丝毫不会损害本国主权。

（二）法律说。这是意大利、法国等国家的学者所主张的理论。该说认为，内国法院适用外国法，是根据法律关系的本座而适用的；由于内外国法律是完全平等的，因此，本国法官适用外国法同适用内国法一样，没有什么区别。这种理论也有其不可克服的弊端，即外国法是法律而非事实，这是对的，但本国法官适用外国法与适用内国法是有根本区别的，否认这种区别同样会陷

---

① 参见莫里斯：《法律冲突法》，1984年英文版，第38页。

入形而上学的泥坑①。

（三）折中说。该说主要是为了调和事实说与法律说的矛盾，它主张外国法既非单纯的事实，亦非绝对的法律，而是依本国冲突规范的指定应适用的外国法律。从本国法观点而言，它适用的是外国法，从外国法观点来看，它是依据法院地国法而被援用的，因此，它既有别于本国法，又有别于外国法，是一种特殊的法律事实。所以，证明外国法也必须采取有别于确定事实的程序，又不同于确定法律的程序。德国、日本和东欧国家采取这种做法。

在我国，民事诉讼采取"以事实为根据，以法律为准绳"的原则，人民法院在审理涉外民事案件时，要作出切合实际、合理的判决，维护当事人的正当权益，促进我国对外开放事业的发展，不管是"事实"还是"法律"，都必须查清，因此，把外国法看成是"法律"还是"事实"的争论，在我国没有实际意义。

三、外国法的查明方法

由于各国对外国法的性质的认识存在着上述分歧，外国法的查明方法也大致分为三类：

（一）当事人举证证明。英、美等普通法系国家和部分拉丁美洲国家采用这种作法。它们把外国法看做"事实"，用确定事实的程序来确定外国法的内容，即关于外国法中有无相关规定和其内容如何，须由当事人举证证明，法官无依职权查明的义务。证明的方法可以是当事人提出的刊载有关法律内容的权威文件（如官方公报、法院判决书中所引证的条款等），也可请专家证明。如果双方当事人对所应适用的外国法有一致理解，双方可向法院提出一项协议声明，法官就据此确定该外国法的内容，不必再用其他方式证明，即使当事人对外国法的共同理解是错误的。如果双方当事人对该外国法的内容有争议，由法院断定哪一方的主张是正确的。

（二）法官依职权查明，无须当事人举证。一些欧洲大陆国家，如奥地利、意大利、荷兰以及一些东欧国家，还有拉丁美洲的乌拉圭等国，都认为冲突规范所指引的外国法也是法律，依"法官知法"（jura novit curia）原则，法官应当负责查明外国法的内容。例如，1978 年《奥地利联邦国际私法法规》第 4 条第 1 款规定："外国法应由法官依职权查明。可以允许的辅助方法有：有关的人的参加，联邦司法部提供的资料以及专家的意见。"

（三）法官依职权查明，但当事人亦负有协助的义务。采取这种作法的国

---

① 参见董立坤：《国际私法论》，法律出版社 1988 年版，第 97～98 页。

家有德国、瑞士、土耳其、秘鲁等。它们主张对外国法内容的查明，既不同于查明内国法律的程序，又不同于查明"事实"的程序，原则上应由法官负责调查，当事人也应负协助义务。这种作法更重视法官调查，对当事人提供的证据既可以确认，也可以拒绝或加以限制。例如，《德国民事诉讼法典》第 25 条规定，当事人对于法官不知之法律，虽有举证之责，但法院对不知之法律，依其职权，亦得从事调查。1989 年《瑞士联邦国际私法法规》第 16 条规定："外国法的内容由法院依职权查明。为此可以要求当事人予以合作。有关财产的事项，可令当事人负举证责任。"

我国立法虽然没有明文规定外国法查明的方法，但最高人民法院《关于适用〈涉外经济合同法〉若干问题的解答》第 2 条第 11 款规定："在应适用的法律为外国法律时，人民法院如果不能确定其内容的，可以通过下列途径查明：（1）由当事人提供；（2）由我驻该国的使、领馆提供；（3）由该国驻华使、领馆提供；（4）由中外法律专家提供。"以后，最高人民法院《关于贯彻执行〈中华人民共和国民法通则〉若干问题的意见（试行）》第 193 条又增加了一个途径：由与中国订立司法协助协定的缔约对方的中央机关提供。1988 年 2 月 8 日生效的《中华人民共和国和法兰西共和国关于民事、商事司法协助的协定》第 28 条也规定："有关缔约一方的法律、法规、习惯法和司法实践的证明，可以由本国的外交或领事代表机关或者其他有资格的机关或个人以出具证明书的方式提交给缔约另一方法院。"我国的上述作法是切实可行的。

四、外国法无法查明时的解决方法

如果采用一切可能的办法仍不能查明外国法的内容，或者内国法律制度中不存在与外国法律概念相对应的概念，应当怎么办？各国立法和司法实践有下列解决方法：

（一）直接适用内国法。这是大多数国家采取的办法。例如，1978 年《奥地利联邦国际私法法规》第 4 条第 2 款规定："如经充分努力，在适当时期内外国法仍不能查明，应适用奥地利法。"《波兰国际私法》第 7 条规定："无法认定外国法的内容或外国法的系属时，适用波兰法。"《塞内加尔家庭法》第 850 条第 4 款也规定："外国法因无法证明或当事人拒绝证明而欠缺时，适用塞内加尔法。"

（二）类推适用内国法。如英国法院，在当事人提不出关于外国法内容的证据，或法院认为该项证据不充分时，就推定该外国法与英国法内容相同，从而适用英国法。美国法院也采取类似方法，当事人不能证明外国法时，推定外国法与美国法相同，但这种推定仅限于普通法系国家的法律，诸如英国、加拿大、澳大利亚等国家的法律。不过，就连英国学者莫里斯也批评这种作法无非是一种矫揉造作（artificial）而已①，倒不如直接说适用英国法。

（三）驳回当事人的诉讼请求或抗辩②。德国和美国在实践中采取这种作法，《德国民事诉讼法典》第293条规定，德国法院依职权确定外国法的内容，但也有权要求当事人双方提供有关外国法的证据，如果负责提供有关外国法证据的一方提供不出证据，法院则以证据不足驳回其诉讼请求或抗辩。在美国的司法实践中，如前所述，在外国法为普通法系国家的法律且不能被当事人证明时，法院推定外国法与美国法相同并适用美国法。但是，在外国法为非普通法系国家的法律且不能被当事人证明时，法院就会认为其诉讼请求或抗辩无根据而予以驳回或不加采纳。德国著名国际私法学者齐特尔曼极力主张采取这种作法③。采取这种作法的主要理由是：适用某一外国法是内国冲突规范的指定，这意味着不允许适用其他法律来代替；此外，若外国法的内容无从知悉，如同当事人不能证明其请求原因、事实或其抗辩事实的情形一样，法院得认为当事人的诉讼请求或被告的抗辩无根据，而予以驳回。

（四）适用同本应适用的外国法相近似或类似的法律，德国曾有案例采取这种作法。在该案例中，一个厄瓜多尔人依其父亲的遗嘱被剥夺了他对其父亲遗产的保留份的权利，为此而发生争议。当时，第一次世界大战刚刚结束，无法得到《厄瓜多尔民法典》。但是，法院知道，《厄瓜多尔民法典》是以《智利民法典》为蓝本的，认为适用同《厄瓜多尔民法典》相似的《智利民法典》比适用法院地法（即德国法）似乎更接近于正确的解决方法④。日本也有判例采取这种作法。东京家庭裁判所昭和38年6月13日关于养子关系认可申请一案判决要点指出：被指定的外国法内容不明时，应依据日本《法例》关于准据法指定的精神探求其内容。首先应从该外国的整个法律秩序中推断其内容，如尚不明，则从其以前施行的法令或政治上或民族上相近的国家的法律秩序中推定其法律的内容⑤。从立法上明确规定外国法无法查明时适用与其相近似的法律的尚不多见。1978年《瑞士联邦国际私法草案》第15条第3款曾规定："外国法内容无法查明的，法官可以考虑适用最相近的法律。没有最相近的法律，则适用瑞士法律。"这表明瑞士曾试图在立法上采用这种作法，但

---

① 参见莫里斯：《法律冲突法》，1984年英文版，第41页。

② 参见黄进：《论国际私法中外国法的查明》，载《河北法学》，1990年第6期，第11~12页。

③ 参见齐特尔曼：《国际私法》，1897年德文版，第281页。

④ 参见沃尔夫著，李浩培等译：《国际私法》，法律出版社1988年版，第323~324页。

⑤ 参见北胁敏一著，姚梅镇译：《国际私法》，法律出版社1989年版，第63~64页。

1988 年正式通过的《瑞士联邦国际私法法规》第 16 条删去了法官可以考虑适用最相近的法律的规定。

（五）适用一般法理。这种主张认为，外国法无法查明或欠缺规定时，应依据法理进行裁判。日本的学说和判例大多持此主张。日本大阪法院于昭和 41 年 1 月 13 日关于亲子关系不存在的判决确认：母之夫的本国法不明，依法理裁判①。

总之，各国的司法实践关于外国法无法查明时的解决方法是多种多样的，但上升到立法上的规定则只有适用内国法和驳回诉讼请求两种。我国最高人民法院在《关于适用〈涉外经济合同法〉若干问题的解答》中规定"可以参照我国相应的法律处理"，但在以后的《关于贯彻执行〈民法通则〉若干问题的意见》中改为："适用中华人民共和国法律"。

五、外国法错误适用的救济

外国法的错误适用可因两种情况发生：一是依冲突规范本应适用某一外国的法律，却适用了另一外国或内国的法律，或者本应适用内国法，却适用了外国法而发生的错误，这叫做"适用冲突规范的错误"；二是虽依冲突规范适用了某一外国法，但对该外国法的内容作了错误解释，并据此作出了错误的判决。

（一）适用冲突规范的错误

这类错误虽然也属于外国法的错误适用，但从本质上讲，它直接违反了内国的冲突规范，具有错误适用内国法的性质。因此，在实践中，各国都认为与错误适用内国其他法律规范的性质相同，允许当事人依法上诉，以纠正这种错误。

（二）适用外国法的错误

对于这类错误，是否允许当事人上诉加以纠正，在国际私法的理论与实践中，有两种不同的主张：

1. 不允许当事人上诉。这些国家把对外国法的认定看做是一种事实的认定，而其最高法院只是作为法律审（revisio in jure）法院，即它必须接受下级法院关于事实的认定，而其工作只限于审查从事实得出法律上的结论。因此，对适用外国法的错误不允许上诉到最高法院。另外，还有一些国家即使把外国法看做是法律，但它们认为：其最高法院之所以设立，是为了保证本国法律解释的正确性与一致性，至于外国法律的解释是否正确与一致，应由外国最高法院解决。而且，内国最高法院如果干涉外国法的解释，事实上也有所不便。况

---

① 参见北胁敏一著，姚梅镇译：《国际私法》，法律出版社 1989 年版，第 63~64 页。

且，如果内国最高法院所作的解释与外国最高法院不相一致，或对外国法律作了错误的解释，也会影响自己的声誉。因此，它们对外国法的错误适用问题，也不接受当事人的上诉。采取这种制度的国家有法国、德国、瑞士、西班牙、希腊、比利时、荷兰等。

2. 允许当事人上诉。允许当事人以适用外国法的错误为由提起上诉的国家，大致有两种类型：第一种是奥地利、葡萄牙、芬兰、意大利、波兰、美洲国家及前苏联、东欧等国家，它们认为，对外国法内容的确定与解释有误，就是对规定适用外国法的内国冲突规范的错误；当外国法作为处理涉外民事法律关系的准据法时，它同内国法并无差异，两者应同等看待；此外，在外国法的查明方面，进行上诉审的上级法院更容易查明外国法，从法律的安定性出发，应允许上级法院或最高法院对下级法院关于他国法律在解释上有无错误作最后决定。因此，它们允许当事人上诉。例如，1928 年《布斯塔曼特法典》第412 条就规定："在有上诉或其他类似制度的各缔约国内，得以违反另一缔约国的法律或对之作错误解释或不当适用为理由提起上诉，与对其本国法有同样情况者相同，并以同样的条件为依据。"第二种是以英、美为代表的普通法系国家，它们虽将外国法视为"事实"，但在诉讼程序上实行上诉审制度，法律赋予上诉审法院对下级法院关于事实的认定和法律的适用问题进行审查的职能。所以，对外国法的错误适用，是可以提起上诉的。英国最高法院即上议院就曾在一些案件中纠正了适用外国法的错误。

在我国，对民事案件实行两审终审制，无法律审和事实审的区别。因此，无论什么错误，当事人不服都可以提起上诉。如果是明显的错误，或造成了严重的不合理后果，还可以通过审判监督程序予以纠正。这样做，有利于维护正当的国际民事法律关系。

第六节　公共秩序保留

一、公共秩序保留的概念

公共秩序保留（reservation of public order），在英美法中称公共政策（public policy），法语中称公共秩序（ordre public），而德语中称保留条款（Vorbehaltsklausel）。它是指一国法院依其冲突规范本应适用外国法时，因其适用会与法院地国的重大利益、基本政策、道德的基本观念或法律的基本原则相抵触而排除其适用的一种保留制度。

"公共秩序"或"公共政策"本是国内法上的概念，但普通法和罗马法有着不同的含义。在普通法中，它是指法院不能执行一个其履行会与社会、法律、道德的基本原则相抵触或与社会重大利益相违背的契约；而在罗马法中，它还指那些不能被当事人通过约定而加以排除的具有直接适用效力的法律。因此，国际私法中所讲的公共秩序就具有这两方面的含义，这种保留制度既具有排除外国法适用的否定或防范作用，又具有直接适用内国法中强制性规范的肯定作用。它一般适用于下列三种情况：

1. 按内国冲突规范原应适用的外国法，如果予以适用将与内国关于道德、社会、经济、文化或意识形态的基本准则相抵触，或者与内国的公平、正义观念或根本的法律制度相抵触，公共秩序对法律适用起着一种安全阀的作用，其作用是消极的，即不适用原应适用的外国法。例如，按照伊斯兰法，一个男子可以有 4 个妻子。假设一个穆斯林已有配偶一个，拟在甲国再行结婚。按甲国的冲突规则，婚姻的实质要件适用当事人本国法，但甲国法院将以适用该穆斯林的本国法会损害甲国的公共秩序为理由，不适用该法，从而不准其结婚。但是，如果该穆斯林男子已在其本国与 4 个女子结婚，都生有子女，而该子女在甲国诉争其父的遗产时，甲国法院将适用该穆斯林本国关于婚生子女的继承权的法律。因为这并不损害甲国的公共秩序。

2. 一国民法中的一部分法律规则，由于其属于公共秩序法的范畴，在该国有绝对效力，从而不适用与之相抵触的外国法。这里，公共秩序保留肯定内国法的绝对效力，其作用是积极的。例如，前联邦德国民法中关于订约时一方有胁迫或欺诈的情事时，他方可以撤销所订的契约，该国法院认为这是有关该国公共秩序的规定。所以，在这个问题上将绝对地适用自己的法律，而不管合同准据法是否承认这一撤销原因。

3. 按照内国冲突规则应适用的外国法，如果予以适用，将违反国际法的强行规则、内国所负担的条约义务或国际社会一般承认的正义要求时，也可根据适用该外国法将违反国际公共秩序为由，而不予适用。例如，按照 1966 年《消除一切形式种族歧视的国际公约》，种族歧视的法律应认为是违反国际法强行规则的法律，从而在外国不能得到适用。

国际私法中"公共秩序"的概念早在 13、14 世纪的意大利"法则区别说"中已有萌芽。按照巴托鲁斯的主张，在各城市国家之间，一城市国家对另一城市国家的所谓"令人厌恶的法则"（statuta odiosa）——如对子女歧视的继承法则，即可不予承认。降至 17 世纪，主张国际礼让说的荷兰学者胡伯，认为一国出于礼让虽然承认外国法在内国也具有效力，但有一个条件，不得有损于内国主权者和公民的权益。首先以法律形式将公共秩序规定下来的是 1804 年《法国民法典》，该法典第 6 条规定："个人不得以特别约定违反有关公共秩序和善良风俗的法律。"这一规定本来是在国内案件中适用于契约的，但在后来法国的审判实践中，公共秩序被用于涉外案件，即援用的外国法如违反法国的公共秩序，则不予适用。后来，1856 年《意大利民法典》则明确规定了对外国法律可援用公共秩序予以排除，该法典这样规定："不论前面条文作如何规定，凡外国的法律、法规或判决，以及个人的处分与契约，在任何情况下，均不得与王国关于私人所有权或行为的法律相背离，均不得与任何被认为公共秩序或良好道德的法律相背离"。从此以后，许多国家的立法都把公共秩序作为一项基本制度规定下来，各国学者无不肯定公共秩序是国际私法上的一项重要制度。

二、公共秩序保留的实质与作用

国际私法中的公共秩序，不过是各国统治阶级所需要的政治、经济和法律制度的基本原则，以及统治阶级对内对外基本政策与有利于统治阶级的社会秩序的总概括。因此，它不仅是一个法律概念，还是一个政治概念。公共秩序保留的实质就是国家在通过冲突规范调整涉外民商事法律关系的过程中用以维护统治阶级利益的重要工具。

如前所述，公共秩序保留有两个方面的作用：一是消极的否定作用，即当本国法院依冲突规范指定应适用外国法，而其适用结果与本国的公共秩序相抵触，便可排除该外国法的适用。二是积极的肯定作用，即内国法的某些规定，由于涉及国家或社会的重大利益、道德与法律的基本原则，因而是必须直接适用的，这就根本不考虑有关的冲突规范如何规定，从而排除了外国法的适用。

对于公共秩序保留的历史作用，则要具体分析，关键看它被哪个阶级所利用。当它被革命阶级利用时，就起进步作用；当它被反动阶级利用时，就起反动作用。例如，美国南北战争时期，北部一些州的法院曾利用公共秩序保留排除南部奴隶制各州的法律的适用，在此情况下，其作用是进步的；而在前苏联十月革命胜利后，一些西方资本主义国家援用公共秩序保留条款否定前苏联国有化法令的域外效力，其作用就是反动的。

三、公共秩序保留的理论

公共秩序保留作为一项制度得到了各国理论和实践的普遍肯定，但对于什么是公共秩序，各国学者提出了不同的看法。关于公共秩序的理论也正是围绕这一问题展开的。

（一）萨维尼的理论。德国学者萨维尼是"法律关系本座说"的创立者。他主张把内外国法律的适用建立在"法律关系的本座"之上。因此，某一涉外民事法律关系的"本座"如在外国，就应该适用该外国法。但同时，萨维尼认为外国法的适用在一定条件下是可以排除的。他把任何国家的强行法分为两类：一类是纯粹为了保护个人利益的，如那些根据年龄或性别而限制当事人的行为能力的规定便是；另一类是不仅为了保护个人利益，而且也是根据道德上的理由或者政治上、警察上、国民经济上的公共幸福而规定的。前一类法律虽不能因个人的约定而排除其适用，但在根据冲突规范须适用外国法时，它就应让位于外国法。而后一类法律则在制定该法律的国家内绝对适用，排除外国法适用的可能性。可见，萨维尼把后一类强行法视为公共秩序法。不过，萨维尼主张公共秩序只是国际私法基本原则的一种例外。

（二）孟西尼的理论。意大利学者孟西尼认为国际私法有三个基本原则，即国籍原则、公共秩序原则和意思自治原则。这样，孟西尼把公共秩序提到了基本原则的高度，这便是它同萨维尼理论的不同之处。他也将国家的法律分为两类：一类是为个人利益而制定的，应以国籍为标准确定适用于其所属的所有公民，不管他们出现在哪个国家；另一类是为保护公共秩序而制定的，必须依属地原则适用于其所属国家领域内的一切人，包括内国人和外国人，而属于这类法律范畴的事项根本不适用外国法。孟西尼及其学派列举下列法律为公共秩序法律：宪法、财政法、行政法、刑法、警察和安全法、物权法、强制执行法、道德法、秩序法等。

（三）布鲁歇的理论[①]。瑞士学者布鲁歇从萨维尼把强行法分两部分的观点出发，提出了国内公共秩序法和国际公共秩序法的概念。他认为，国内公共秩序法是在法院地的内国法适用时才应予以适用，而国际公共秩序法则绝对要求在国际私法领域内适用。例如，一国关于婚龄的规定具有强行性，应该无条件地适用于其所属公民，但它只是国内公共秩序法，在涉外婚姻关系中，它就不一定适用了，而取决于内国冲突规范如何指引。另一方面，在婚姻领域，关于禁止重婚，禁止一夫多妻和禁止直系亲属间结婚的规定，则为国际公共秩序法，具有绝对强行效力，能排除外国法的适用。

（四）斯托雷的理论[②]。斯托雷是美国国际私法的奠基人，他从"国际礼让"的观点出发，认为一国法律要在另一国产生无论怎样的权利和义务，都完全取决于另一国的态度。因此，一旦外国法的适用"给自己国家和公民的权益带来损害"，或"使主权与平等受到破坏与威胁"，公共秩序保留就负起解除"礼让"所产生的负作用的任务；主权者在任何时候都可以援用公共秩序排除外国法的适用，无论什么人都不能反对它这样做，因为这是从国家主权派生出来的权利。很显然，斯托雷并没有指出适用公共秩序保留应有的限度。

（五）库恩（Kuhn）的理论[③]。美国学者库恩则试图解决斯托雷遗留下来

---

① 参见沃尔夫：《国际私法》，1945 年英文版，第 168～169 页。

② 斯托雷：《冲突法评论》，1841 年英文版，第 25 节。

③ 比尔：《冲突法专论》，1935 年英文版，第 1 卷，第 772 页。

的问题，他认为，公共秩序保留发生在下列四种场合：（1）外国法的适用违背文明国家的道德；（2）外国法的适用违反法院地的禁止性规定；（3）外国法的适用违反法院地的重要政策；（4）外国法中的禁止性规定未获得法院地的确认。

（六）戴赛的理论①。英国法学家戴赛在反对"礼让"说的基础上提出了"既得权"理论。他认为一国法官在根据本国冲突规范去承认并保护依外国法取得的权利时，并不是承认外国法的域外效力，而是承认依外国法取得的权利。因此，在"公共政策"这个概念之外，他还提出了一个"法律政策"（legal policy）的概念。他认为，对于英国来说，只有三种依外国法取得的权利不在保护之列：一是与英国成文法相抵触的权利；二是与英国法律政策（legal policy）相抵触的权利；三是与英国主权利益相抵触的权利。他还说："英国不承认基于他国法律而获得的权利，如果这种承认是与英国的法律政策或英国所支持的道德原则或英国的政治制度不相容的。"那么，什么东西才构成法律政策呢？这似乎与许多国家关于公共秩序的立法中所称的"法律的基本原则"有所不同，而与一国的司法政策很相似，因而也是一种极富伸缩性的说法。

（七）戚希尔的理论②。另一位英国学者戚希尔认为，如果不给公共政策以合理的解释，就会在很大程度上取消了国际私法的原则，他因此提出了"特殊政策"（distinctive policy）的概念，并认为，只有英国的"特殊政策"才是必须优先于外国法的。对于什么才构成与英国的"特殊政策"相抵触的情况，他也列举了几种情况：（1）与英国基本的公平正义观念不相容；（2）与英国的道德观念相抵触；（3）损害了英联邦及其友好国家的利益；（4）某一外国法侵犯了英国关于人的行动自由的观念。

以上表明，欧洲大陆学者主要从法律分类的角度来确定什么是公共秩序，而英美法系国家的学者习惯于从在什么场合下适用公共秩序出发来探讨公共秩序的内涵。到底何为违反公共秩序？归纳起来，不外乎两种主张③。

1. 主观说。该说认为，法院国依自己的冲突规范本应适用某一外国法，如该外国法本身的规定与法院国的公共秩序相抵触，即可排除该外国法的适用，而不问具体案件适用该外国法的结果如何。主观说强调外国法本身的可恶性（repugnancy）、有害性（perniciousness）或邪恶性（viciousness），而不注重法院地国的公共秩序是否因适用该外国法而受到损害。

---

① 参见戴赛：《冲突法》，1932年英文版，第10~40页。

② 参见戚希尔和诺斯：《国际私法》，1979年英文版，第147~152页。

③ 参见赵晋枚：《国际私法上外国法适用限制之实际标准》，载马汉宝主编：《国际私法论文选辑（上）》，1984年台湾版，第332~334页。

2. 客观说。此说不重视外国法本身是否不妥,而注重个案是否违反法院地国的公共秩序,细分起来,它又有两种:

(1) 联系说。该说认为,外国法是否应排除适用,除了该外国法违背公共秩序的概念外,还须看个案与法院地国的联系如何。如果个案与法院地国有实质的联系 (substantial contact),则应排除该外国法的适用;如果个案与法院地国无实质联系,则不应排除该外国法的适用。

(2) 结果说。此说认为,在援用公共秩序保留时,应区分外国法内容违反法院地国的公共秩序,还是外国法适用的结果违反法院地国的公共秩序。如果仅是内容上的违反,并不一定妨碍该外国法的适用,只有外国法的适用结果危及法院地国的公共秩序时,才可以援用公共秩序保留排除该外国法的适用。

主观说尽管运用方便,但因外国法本身的内容违反法院地国的公共秩序的情况很少见,各国法院很少采用。客观说,尤其是其中的结果说,重视个案的实际情况,区分外国法的内容还是外国法的适用结果违反法院地国的公共秩序,既能维护法院地国的公共秩序,又有利于个案的公正合理解决,故为各国实践所普遍采用。

总而言之,公共秩序是一个笼统的、含糊的概念,各国在什么情况下运用公共秩序保留制度,是随着时间、国际国内形势、所涉及的问题以及其他条件的不同而变化着的。因此,不同时代,不同国家的学者,甚至同一国家的不同学者对这个问题不可能有统一的认识,我们没有必要也不可能要求政治制度、社会结构和历史文化传统等方面都不相同的各个国家对公共秩序有一个共同的统一理解。正如英国学者韦斯特莱克所说:"给公共秩序保留规定范围的企图从未取得成功……只能由每一个国家的法律,不论是通过立法机关还是通过法院,去决定它的哪一些政策是紧迫到必须援引它。"① 这就是说,哪一种外国法的适用违反了内国的公共秩序,只能由内国的立法机关、法院或适用国际私法的其他机关去决定。因此,公共秩序的实际含义将随着国家制度的不同,时代的不同而产生深刻的差异。但并不是说一国对公共秩序的解释不受任何限制,至少国际法和国际社会公认的准则是任何国家都不能任意践踏和逾越的。另外,它只是"对国家和社会整体来说明显地具有根本意义的那些事情"②,这便是这个不确定概念中的确定内涵。

四、公共秩序保留的立法

各国国际私法中虽然都规定了公共秩序保留条款,但措辞却是千差万别

---

① 参见韦斯特莱克:《国际私法》,1925 年英文版,第 51 页。
② 参见格雷夫森:《冲突法》,1971 年英文版,第 165 页。

的，如"公共秩序和善良风俗"、"社会、政治制度和法律原则"、"法律秩序根本原则"、"国家和法律秩序的基础"、"社会公共利益"、"法律的基本原则"、"宪法规定的社会组织的基本原则"、"国际公共政策或善良风俗"、"公共政策"、"法律政策"，等等。这反映了各国对公共秩序的理解基本上一致或相通，但有的理解含义较广泛，有的理解含义较狭窄，一般说来，早期的单行立法，如日本、泰国，规定的公共秩序含义似较狭窄。

（一）公共秩序保留条款的立法方式

由于公共秩序具有肯定和否定两方面的作用，各国规定公共秩序保留的立法方式可分为三种：

1. 间接限制的立法方式。这种规定方式只指出内国某些法律具有绝对强行性，或者是必须直接适用的，从而当然排除了外国法适用的可能性。例如，1804 年《法国民法典》第 3 条第 1 款规定："有关警察与公共治安的法律，对于居住在法国境内的居民均有强行力。"在采取这种立法方式时，有关的规定往往以单边冲突规范的形式出现。而且，每一规定是否在国际私法上具有强行的直接适用的效力，常有待有权解释才能确定。例如，《德国民法典》第 123 条规定："凡因诈欺或胁迫而为的意思表示应为无效。"它没有明确规定是否适用于涉外民事关系，而是经有权解释后才被认为也是国际私法上有关公共秩序的规定。因此，除上述规定外，很少国家采取这种立法方式，就连法国在 1967 年提出的有关国际私法法规的草案也不采用这种方式，其第 2283 条规定："任何与国际关系中公认的公共秩序不相容的外国法，都不得在法国适用。"这便是下面的直接限制的立法方式了。

2. 直接限制的立法方式。这种规定方式是在国际私法中明文指出，外国法的适用不得违背内国公共秩序，如有违背，即不得适用。例如，1896 年《德国民法施行法》第 30 条规定："外国法的适用，如违背善良风俗或德国法的目的时，则不予适用。"这种立法方式并未指明何种外国法的适用违背内国的公共秩序，而完全由法官自由裁量，在实践中的伸缩性较大，因而有利于法院或法官根据案件的实际情况作出适当的裁决。因此，绝大部分国家采取了这种方式。如日本、泰国、希腊、埃及、波兰、土耳其、前南斯拉夫、奥地利、匈牙利，等等。

3. 合并限制的立法方式。就是在同一法典中兼采直接限制与间接限制两种方式。例如，1978 年《意大利民法典》第 28 条一方面规定："刑法、警察法和公共安全法，对在意大利领土上的一切人均有强行力。"第 31 条又规定："……在任何情况下，外国的法律和法规，一个组织或法人的章程和规定，以及私人间的规定和协议，如果违反公共秩序或善良风俗，在意大利领土上无效。"《西班牙民法典》第 8 条、第 11 条，《刚果民法典》第 14 条、第 15 条，都是合并限制的立法方式。

（二）公共秩序保留条款的立法内容

在采取直接限制的立法方式的国家当中，根据确定违反公共秩序的标准的不同，有的国家以外国法的内容为标准；另一些国家则以外国法适用的结果为标准。采取第一种标准的国家有日本、波兰、加蓬、约旦、土耳其等；采取第二种标准的国家有德国、泰国、希腊、埃及、奥地利、匈牙利等。

除根据的标准不同外，有的国家仅仅规定了外国法的排除；而另外一些国家不仅规定了外国法的排除，还规定了外国法排除适用后的解决方案。采取前一种立法的国家有：日本、波兰、加蓬、约旦、阿拉伯也门共和国、也门人民民主共和国、阿拉伯联合酋长国、泰国、希腊、埃及、前苏联、前南斯拉夫、前联邦德国等。采取后一种立法的国家有：塞内加尔、前民主德国、奥地利、匈牙利、土耳其、秘鲁、阿根廷等。

（三）我国立法中的公共秩序保留条款

我国对公共秩序保留一向持肯定态度。早在1950年，中央人民政府法制委员会在《关于国人与外侨、外侨与外侨婚姻问题的意见》中就指出，对于中国人与外侨，外侨与外侨在中国结婚或离婚问题，我国婚姻登记机关应不仅适用我国的婚姻法，而且应在适当限度内照顾到当事人本国婚姻法，以免当事人结婚或离婚被其本国认为无效。但适用当事人本国婚姻法以无损于我国的公共秩序即无损于我国的公共利益，也不违背我国目前的基本政策为限度。我国1954年宪法也曾提到"公共利益"这个概念。特别重要的是，我国1982年《民事诉讼法（试行）》第204条也规定："中华人民共和国人民法院对外国法院委托执行的已经确定的判决、裁决，应当根据中华人民共和国缔结或参加的国际条约，或者按照互惠原则进行审查，认为不违反中华人民共和国法律的基本准则或者我国国家、社会利益的，裁定承认其效力，并且依照本法规定的程序执行。否则，应当退回外国法院。"1991年通过的《民事诉讼法》第268条也作了类似规定。不过，这只是在承认和执行外国法院判决和裁决问题中的具体应用。而1986年颁布的《民法通则》第一次在国际私法中全面规定了公共秩序保留制度。该法第150条规定："依照本章规定适用外国法律或者国际惯例的，不得违背中华人民共和国的社会公共利益。"这一规定表明：（1）我国采取了直接限制的立法方式，适用起来比较灵活。（2）对于确定违反公共秩序的实际标准，我国采取了"结果说"，这有利于适当限制公共秩序的运用。因为，有的时候，如果仅仅依外国法的规定不符合我国道德的基本观念或法律的基本原则就排除其适用，往往不利于保护弱方当事人的合法权益，相反，如果适用该外国法，不但可以保护当事人的合法权益，事实上也无损于我国的"公共利益"或"公序良俗"。（3）我国的公共秩序保留条款不仅指向外国法律，还指向国际惯例，这是我国所特有的。

五、公共秩序保留的司法运作

公共秩序保留制度的最大特征是它的不确定性，其实施带有极大的灵活性和伸缩性。这虽然有利于法官根据本国利益的需要，随机应变地决定是否适用冲突规范所指引的外国法。只要法官感到适用某一外国法对本国不利，他就可以以公共秩序保留为法律根据，拒绝适用它，以防止适用外国法给本国利益造成损害。但是，随着国际经济交往的日益发展，公共秩序保留不能漫无边际地滥用，只应作为一种在相当严重的情况下，例外地排除外国法的适用的手段和措施。因此，在运用公共秩序保留时，应注意以下问题：

（一）必须把国内民法上的公共秩序和国际私法上的公共秩序加以区别

国际私法上的公共秩序保留虽然也是从国内法立场规定的事项，两者的基本精神是一致的，归根到底都是维护统治阶级利益的。但它与国内民法上的公共秩序有所不同。许多在处理纯国内民法关系时作为强行法的事项，在处理涉外民事关系时就不一定也是强制性的。例如，就本国公民来说，法律关于婚龄的规定，都是强制性的，必须无条件地适用于所属一切公民，但在涉外婚姻中，如本国公民在国外与他国公民结婚，或外国人与外国人在外国结婚而让他们的婚姻在内国发生效力，这一规定就不一定必须排除婚姻举行地法或当事人住所地法有关婚龄的规定的效力，因为这一强行性规定只属于国内民法的公共秩序。因此，在实践中，应注意将国内民法上的公共秩序与国际私法上的公共秩序加以区别。如将两者完全等同起来，就可能妨碍许多合理的涉外民事法律关系的成立，可能否定许多依外国法已经成立的涉外民事关系，从而妨碍国际民事交往的发展。

（二）援用公共秩序保留不应与他国主权行为相抵触，并且不应与外国公法的排除混为一谈

过去一些西方国家的法院，常常援用公共秩序保留来拒绝承认其他主权国家的国有化法令的域外效力，这是不尊重他国主权的行为。因为国家主权是国家所固有的在其境内的最高权和在国际关系上的独立权，任何国家在其领土范围内的主权行为只要不违背国际法，他国就无权干涉，并应予以尊重。如果援用本国的公共秩序拒绝承认外国国家的国有化法令，显然违背了国家主权原则，是滥用公共秩序保留的一种表现。

当冲突规范指定适用的是一个未被承认的国家或政府的法律时，是否可借公共秩序来排除其适用的问题，有两种不同主张。一种观念认为，国际私法的目的在于求得涉外民商事法律关系的合理解决，而不是调整国家间的关系，而国家或政府的承认只具有宣告的性质，即一个国家的存在并不以他国的承认为

条件。因此，不应该以该外国国家或政府未被承认作为援用公共秩序保留的根据。另一种观点认为，在解决涉外民商事法律关系时，不应把外交方面的问题与立法及司法管辖权截然分开，而应使两方面保持一致的立场。因此，在这种情况下，可以借公共秩序来排除其法律的适用。我们认为，对这个问题的正确解决，也应从国家主权原则出发，既然国家的存在不以他国的承认为前提，如果单纯从政治的角度去考虑法律适用问题，并不一定有利于国家间民事交往的发展。因此，不能仅仅因外国国家或政府未被承认就援用公共秩序保留制度。

另外，与国家主权有关的问题是，外国刑法、行政法、财政法等公法不为内国法院所适用，几乎是各国一致的立场，其根据是公法本身没有域外效力。戚希尔指出，一个国家在其管辖范围内实施它的刑法，这是主权的表现，但这种刑法管辖权不能在别国主权范围内实施。行政法、财政法等也都如此。其次，国际私法的目的是执行私法的而不是公法的权利要求，而刑法、行政法和财政法等正是执行国家的公法权利①。可见，排除外国公法的适用，完全基于国家主权原则，建立在公法具有严格域内性的基础上，它是一个普遍确定了的原则，与公共秩序保留问题有根本区别，不可混为一谈②。

（三）对于条约中的统一冲突规范，是否可以援用公共秩序保留来限制其效力

这是一个颇有争议的问题。在过去的实践中，对于国际条约中的冲突规范，除非条约成员国在缔结或参加该条约时作出了保留，一般不能在条约生效后又援用公共秩序保留来限制其效力。然而，在第二次世界大战以后，出现了一种新趋势，几乎所有的国际私法公约订立了公共秩序保留条款，允许缔约国在认为根据条约中的规定适用某外国法会与自己的公共秩序相抵触时，可以援用这种保留条款来排除公约中的规定。这种趋势的出现，是为了在保障各缔约国国内强行法效力的条件下，推动各国较快达到协议，在较为广泛的范围内签订各项有关的法律适用公约。因此，只要条约中订有公共秩序保留条款，缔约国就可援用它限制其效力。

但对于早先签订的没有包含公共秩序保留条款的国际私法条约，是否可援用公共秩序限制其效力，目前仍存在争议。但越来越多的人认为，这种公约也

---

① 参见戚希尔和诺斯：《国际私法》，1979年英文版，第131~137页。
② 值得注意的是，根据国际私法晚近的发展趋势，并非所有的外国公法都不能适用。当法院审理一涉外民商事案件时，如果依冲突规范的指引须适用某一外国法，这种外国法应包括所有依该外国法适用于该案件的法律规定，不得仅以该外国法律规定被认为具有公法性质而排除其适用。参阅1988年公布的《瑞士联邦国际私法法规》第13条；韩德培：《国际私法的晚近发展趋势》，原载《中国国际法年刊（1988年）》，现转载于《韩德培文选》，武汉大学出版社1996年版，第88~89页；第92~93页。

暗含公共秩序保留制度。这种观点特别为劳特派特（Lauterpacht）在 1958 年国际法院判决的荷兰诉瑞典一案时所主张。该案事实是：一个生活在瑞典而国籍为丹麦、住所却在荷兰的未成年人波尔（Boll），依据 1902 年《关于未成年人监护的海牙公约》的规定，应由荷兰对他宣告监护，但瑞典的有关行政机关命令对他采取保护性教养（protective upbring）措施，荷兰因此向国际法院对瑞典提出控告，认为它违反了 1902 年的上述公约。瑞典答辩称，它这样做并未违反公约，理由是：（1）这是它的行政机关发布的命令，而行政机关不属于该公约的适用范围；（2）该公约并不限制瑞典对外国被监护人施加影响，因为上述措施是瑞典公共秩序所要求的。荷兰则认为：（1）公共秩序不能超越条约的规定；（2）即使公共秩序可以超越条约规定，在本案中，也不符合公共秩序运用的条件，因为不但案件与瑞典无重大联系，也无事实证明可以不适用一般冲突规则。国际法院最后以 12 票对 4 票判决瑞典并无违反条约情事。不过，多数法官并不都直接把这个问题看做是公共秩序，而认为条约只能适用于"私法规则的冲突，而瑞典法所规定的措施，是供行政管理机关适用的，这种行政管理机关只能依它自己国家的法律行事"。但大法官劳特派特却认为这完全是一个国际私法中的公共秩序保留问题，他解释道："在国际私法中，公共秩序保留或公共政策，作为一种在特殊情况下排除外国法适用的根据，是一般、甚至普遍承认的。尽管承认的方式不同，强调的程度不同，有时在它适用的问题上，也会有些实质性的差别，……但是整个来看，其结果在绝大多数国家都是一样的，以至可以说它是国际私法方面的一个公认的普遍原则。因此，把它理解为《国际法院规约》第 38 条所指的一般法律原则，就不是不恰当的。"① 所以，他认为，一个国际公约在无明白的相反规定的情况下，应认为它本身并不排除公共秩序的运用。

（四）在排除本应适用的外国法后，可否一律代之以法院地法

在外国法被排除适用以后，内国法官应如何处理法律适用问题？各国学者的主张及作法颇不一致。

过去的理论倾向于用法院地法的相应规定取代被排除的外国法，这种做法符合某些国家通过公共秩序保留限制外国法的适用、扩大本国法适用范围的要求。因此，现在仍有许多国家的立法与实践采取这种做法。但也有一些学者认为，如果采取这种作法，会助长滥用公共秩序的错误倾向，与内国冲突法的原意不相符合，因为既然内国冲突规范指定有关的涉外民事法律关系应以有关的外国法作准据法，就表明该涉外民事法律关系与该外国有更密切的联系，适用该外国法更为合理。因此，他们主张对这个问题，应根据案件的具体情况妥善

----

① 参见康恩–弗劳德：《国际私法的一般问题》，1974 年英文版，第 49~50 页。

处理，而不能一概代之以内国法，必要时可考虑适用与该外国法有较密切联系的另一外国法。

此外，也有学者主张在外国法被排除后，法院可拒绝审判，其理由是，冲突法既已规定应适用外国法，便表明它不允许用其他法律代替。因此，在该外国法被排除后，可视同外国法的内容不能证明，作拒绝审判是恰当的。

总而言之，由于公共秩序本身的灵活性，究竟在什么情况下才能运用，立法中不可能也不必要作出明确的硬性规定，它依赖于法官的自由裁量。但从我国的实际情况出发，在下列情况下可援用公共秩序保留排除外国法的适用：

（1）如果适用外国法违反我国宪法的基本精神，违背四项基本原则，有损于国家统一和民族团结，就应排除；

（2）如果适用外国法有损于我国主权和安全，就应排除；

（3）如果适用外国法违反有关部门法的基本准则，就应排除；

（4）如果适用外国法违背我国缔结或参加的国际条约所承担的义务，或违反国际法上公认的公平正义原则，应予排除；

（5）如果某一外国法院对同我国有关的案件，无理拒绝承认我国法的效力，则根据对等原则，我国也可以公共秩序保留排除该外国法的适用，以作为报复措施。

第 九 章
民事身份和能力的法律冲突法

第一节　自然人权利能力的法律适用

一、自然人权利能力的法律冲突

(一)　自然人权利能力的概念

权利能力就是指享有民事权利和承担民事义务的能力或资格。但是，外国人在内国享有民事权利和承担民事义务的范围是相当广泛的。除了民法上所说的权利能力以外，还有许多由特别法规定的权利能力。如关于享有所有权的范围，关于就业的范围和限制，关于营业及经济活动的许可和限制，这些都是关于外国人享受权利的范围。因此，有些国际私法学者认为，外国人的权利能力是指外国人的民事法律地位；他们认为外国人的权利能力问题，关系内国的公共安全与政策，自应以内国法为依据，不能以当事人的本国法为依据。若以本国法为依据，则不仅侵犯内国之主权，且有妨碍内国公共安全之嫌。这种议论有一定道理，但与许多国家所规定的权利能力依属人法的这一原则相矛盾。我们认为，这种矛盾的产生是由于人们对权利能力的理解不同。事实上，权利能力的含义很广，它包括一般权利能力（allgemeine Rechtsfähigkeit）和特别权利能力（besondere Rechtsfähigkeit）。一般权利能力即民法学上所讲的享受权利和承担义务的能力或资格。现代各国的法律都认为人的一般权利能力始于出生，终于死亡。这种权利能力是最基本的民事权利能力，它不因超越国界而被剥夺，应受当事人属人法的支配和保护。特别权利能力是外国人在一般权利能力以外，在内国所享有的民事权利能力或资格。这些权利与所在国的政治、经济、公共秩序等重大利益密切相关，在什么限度内和在什么条件下允许外国人享有这些权利，完全是一个国家主权范围内的事情，决不可能让外国人的本国法支配。各国大都以特别法规定外国人在这些方面的权利范围。例如，有的国家不允许外国人享有土地、船舶、飞机、矿山等的所有权；各国大都限定外国人的就业范围和从事经济活动的范围。对于这些特别权利能力，外国人依内国法才能享有，不发生适用外国法的问题。本节讨论的就是一般的权利能力的法律冲突及其解决问题。

(二) 自然人权利能力的法律冲突

自然人的权利能力始于出生，终于死亡，各国立法均作了如此规定。但是，各国民法对出生和死亡的概念有不同的理解和不同的法律规定，使得这个领域的法律冲突仍然存在。具体说来，这种法律冲突表现在以下两个方面：

1. 在权利能力开始方面，各国民法对"出生"的理解与规定有很大差异。概括起来有以下几种主张：(1) 阵痛说，即在婴儿出生前，在其母亲分娩发生阵痛时取得权利能力；(2) 露头说，即婴儿从母体露头时起具有权利能力；(3) 独立呼吸说，即婴儿脱离母体后，开始独立呼吸时获得权利能力；(4) 出生完成说，权利能力产生于婴儿脱离母体完成出生过程之时；(5) 存活说，这种主张不仅要求婴儿完成出生过程，而且要求出生后必须成活才能取得权利能力。《法国民法典》就采用了成活说的主张。而《西班牙民法典》在此基础上又进一步规定，婴儿必须存活 24 小时以上才能取得权利能力。我国对出生时间未作立法上的明确规定，一般以医学上公认的出生标准为准，即应符合两项要件：第一，须全部与母体分离，能独立存在；第二，须在与母体分离之际保有生命。是否构成出生，以及出生的时间直接决定了民事权利能力的取得和享有。由于各国法律对于自然人权利能力开始的时间标准规定不同，法律冲突不可避免地产生了，这在继承关系上表现得尤为明显。例如，一个主张胎儿具有民事权利能力的甲国的公民，在不主张胎儿具有民事权利能力的乙国拥有财产，该公民死亡时其子尚在母体中，那么，这个胎儿是否有继承该公民遗产的权利能力即存在法律冲突。

2. 在民事权利能力终止方面，各国均以自然人的死亡为权利能力的终期，但何时为死亡以及对于生理死亡的标志和宣告死亡的具体规定，各国立法及司法实践有较大分歧。

(1) 生理死亡。生理死亡又称自然死亡或绝对死亡，是指自然人的生命最终结束的客观事实。自然死亡的原因多种多样，如患病死亡，因自然灾害死亡，遇意外事故死亡，被杀害或被处决死亡，等等。无论哪种情况，只要其生命终结，其民事权利能力就归于终止。

关于公民自然死亡的时间界限，各国采用的标准不尽相同。有些国家主张以人的呼吸停止作为死亡的时间；有些国家主张以脉搏消失、心脏停止跳动作为死亡时间；有些国家则主张以脑电波停止作为死亡标志。

公民自然死亡后，涉及到婚姻关系终止、遗产继承开始、债务清偿等一系列问题，尤其是相互有继承关系的若干人在同一事件中死亡，且无法确定其死亡时间，而需推定其死亡的先后时间，这对其继承人取得遗产关系颇大。因此，不少国家规定了"推定存活"(presumption of life) 制度。关于该种制度，各国又有不同的立法体例。例如。《法国民法典》第 720~722 条规定："互有继承权的数人，如在同一事故中死亡，何人死亡在先无法辨明时，死亡在后的推定，根据事实情况确定，如无此种情况，根据年龄或性别确定，如同时死亡的人不足 15 岁时，年龄最长的人为后死之人；如均在 60 岁以上时，年龄最小的人推定为后死之人；如同时死亡的数人，年龄均在 45 岁以上、60 岁以下年龄相等或相差不超过 1 岁时，男性应被推定为后死之人；如同时死亡之数人为同一性别时，死亡在后的推定，应使继承能按照自然的顺序开始，即年龄较幼者被推定为比年龄较长者死亡在后。"可是，《德国民法典》第 20 条则规定："数人因共同危难而死亡者推定同时死亡。"我国最高人民法院在《关于贯彻执行〈中华人民共和国继承法〉若干问题的意见》中指出，凡相互有继承权的数人于同一事件中死亡而不能确定其死亡先后时间的，首先可推定无继承人的先死；而在均有继承者之间，可推定长辈先死；如辈份相同，推定同时死亡，不发生继承关系，于此时，他们的财产即由他们各自的继承人继承。由此可见，因推定存活制度的规定不同，也会使自然人的权利能力产生冲突。

（2）宣告失踪（declaration of absence）和宣告死亡（declaration of death）。宣告失踪是指法院依法认定离开自己的住所没有任何消息满法定期间的公民失踪的法律制度。宣告死亡又称推定死亡，是指公民下落不明，超过法律规定的时间，经利害关系人申请，由司法机构依照法定程序和方式宣告该公民死亡的一种法律推定制度。宣告死亡可以引起与生理死亡同样的法律后果。但与生理死亡相比较，各国的法律冲突在这方面表现得更为明显。这主要体现在以下几个方面：

一是有的国家同时存在宣告失踪与宣告死亡制度，如中国；有些国家则只有宣告失踪而无宣告死亡，如法国和日本；而前民主德国只存在死亡宣告，不存在失踪宣告。

二是失踪宣告或死亡宣告的时间各异。法国规定，自然人离开其住所下落不明满 4 年即可宣告失踪，日本规定必须满 7 年；前苏联规定满 1 年可宣告失踪，满 3 年可宣告死亡；前民主德国规定宣告死亡必须满 5 年。我国《民法通则》规定，当事人生死下落不明满 2 年可宣告失踪，满 4 年可宣告死亡。因意外事故下落不明，从事故发生之日起满 2 年即可宣告死亡。

三是失踪宣告或死亡宣告发生效力的日期不同。有的主张从宣告之日或宣告确定之日发生效力；有的主张从最后消息日发生效力；有的主张依宣告所认定的死亡之日起发生效力；还有的主张以法律规定的从失踪期间届满之日起便发生效力。根据我国民事诉讼法的规定，当事人生死下落不明届满法律规定的期限后，由其利害关系人向失踪人住所地基层人民法院提出请求。人民法院受理案件后，发出寻找失踪人的公告。宣告死亡的公告期为一年，宣告失踪的公告期为 3 个月。但对因意外事故下落不明的，经有关机关证明该公民不可能生存者宣告死亡的公告期也只有 3 个月。在我国，公民下落不明满两年可申请宣告失踪，过 4 年才能申请宣告死亡，因意外事故下落不明满两年则可宣告死亡。但由于申请宣告死亡必须经过一年的公告期，因此，在我国宣告死亡从下落不明之日起一般须经过 5 年才能发生效力；意外事故下落不明的也须经过两年零三个月才能发生效力。

四是宣告失踪与宣告死亡的实际法律后果不同。有的国家，如前苏联，在宣告失踪情况下，法院为失踪人的财产设立监护，只有在宣告死亡时才转移财产所有权；而另一些国家，在宣告失踪情况下，失踪人的财产由其继承人假占有，一旦宣告死亡，才完全按继承处理。我国《民法通则》第 21 条规定："失踪人的财产由他的配偶、父母、成年子女或者关系密切的其他亲属、朋友代管。代管有争议的或没有以上规定的人或以上规定的人无能力代管的，由人民法院指定的人代管。失踪人所欠税款、债务和应付的其他费用，由代管人从失踪人的财产中支付。"如果失踪人被宣告死亡，则与他有关的法律关系即行解除，失踪人的财产按继承处理。我国《民法通则》第 24 条、第 25 条规定，被宣告死亡的人重新出现，经其本人或利害关系人的申请，人民法院应当撤销对他的死亡宣告。有行为能力人在被宣告死亡期间实施的民事法律行为有效。被撤销死亡宣告的人有权请求返还财产。依照继承法取得他的财产的公民或组织，应当返还原物；原物不存在的，给予适当补偿。关于宣告死亡人的婚姻效力，如果被宣告死亡人的妻子已经再婚，那么如何对待其第二次婚姻的效力？各国规定不同。《德国民法典》规定，失踪人必须承认其过去的婚姻因其妻第二次结婚而解除。西班牙、葡萄牙、意大利的法律则倾向于保护前一婚姻。瑞士则规定，如果失踪人的配偶在第二次结婚前请求法院判决解除其以前的婚姻，则这个婚姻即已确定解除。如果未经法院明确解除，则失踪人重新出现时，失踪人与其前配偶的婚姻关系可以恢复。我国《民法通则》未对被宣告死亡者重新出现时其以前的婚姻效力问题作出规定。我们认为，如果当事人被宣告死亡，则其婚姻即自行解除。如果其配偶与他人再婚，则这种婚姻关系应受法律保护，失踪人与其配偶以前的婚姻不可回复。

失踪与死亡宣告制度的不同可以引起法律冲突。例如，中国公民定居日本，如果下落不明届满 5 年，那么根据中国法律他可以被宣告死亡；而根据日本法律他还不够宣告死亡的时间期限。因此，也就产生了自然人的权利能力的法律冲突以及由此而引起的法律适用问题。

二、自然人权利能力的法律适用

解决自然人权利能力的法律冲突，其实就是寻找解决自然人权利能力法律冲突的准据法。根据各国的立法和司法实践，大致有三种做法：

（一）适用有关法律关系准据法所属国的法律

这种做法是将权利能力附属于特定的涉外民事法律关系，即特定的涉外民事法律关系应适用的准据法，同时又是该法律关系各方当事人权利能力的准据法。例如，物权关系的准据法为物之所在地法，则该物权关系中各方当事人权利能力的确定亦按物之所在地法。这种做法忽视了权利能力问题的相对独立性。所以，采用的国家极少。

（二）适用法院地法

这种做法的理由是：自然人的权力能力涉及到法院地国的公共利益，关系到法院地国法律的基本原则。所以，认定自然人的权利能力应按照法院地法。采用法院地法作为解决自然人权利能力法律冲突的准据法的国家也很少。

（三）适用当事人的属人法

大多数国家采用此种做法。所以，在国际私法上，对于自然人权利能力的法律冲突，采用当事人属人法已成为一项公认的原则。但是，各国对属人法的理解并不完全一致。目前世界上对此存有三种态度，一是大陆法系国家主张属人法是指国籍国法，或称本国法；二是英美法系国家认为属人法系指住所地法；另外还有一些国家主张，对在内国的外国人以住所地法作为其属人法，对在外国的内国人，则以其本国法作为属人法。

我们认为，这些主张都有一定道理，但不宜绝对化。既然人的权利能力同人本身关系最密切，故适用属人法作为人的权利能力的准据法是最合理的。但因传统的两种属人法原则都有不可克服的弊端，因此对属人法内容作某种补充和改革是完全必要的。如果适用法院地法或法律关系准据法对案件的处理更为公平合理，也不应排除法院地法或有关法律关系准据法所属国法律。只有这样，才有利于自然人权利能力的稳定和国际民事交往的发展。

三、涉外失踪和死亡宣告的管辖权与法律适用

前面讲过，各国关于失踪宣告和死亡宣告的法律制度有很大差异，而失踪宣告和死亡宣告对当事人的权利能力有很大影响。因此，必须解决失踪宣告和死亡宣告本身的管辖权问题和法律适用问题。

（一）失踪或死亡宣告的管辖权

对于涉外失踪或死亡宣告案件应由何国法院管辖的问题。有三种不同的主张：一是认为应由当事人国籍国管辖。这是因为个人的权利能力的开始与终止，只能由他的国籍国法律来决定。但人们也指出，如果该人已远离祖国，并在外国设立了住所还发生了许多法律关系，而该外国竟无权宣告，就会使在那里的许多法律关系处于不确定状态。二是主张应由他的住所地国宣告。因为这

是失踪人的住所地国的公共秩序和利益所需要的。不过，如果此时其人实际上仍生存于其国籍国或第三国，也会给这些国家带来诸多不便。因此，第三种主张是，失踪或死亡宣告的管辖权，原则上还是属于失踪者本国法院，但在一定条件下和一定范围内，也可由其住所地国或居所地国管辖。

许多国家的法律采取第三种观点。例如，1964 年《捷克斯洛伐克国际私法和国际民事诉讼法》第 43 条便规定，捷克斯洛伐克公民的死亡宣告为捷克斯洛伐克法院的专属管辖权，但对长期居住在捷克斯洛伐克境内并且适用法律的后果及于捷克斯洛伐克境内财产的外国人，捷克斯洛伐克法院也可行使管辖权。《日本法例》第 6 条、1939 年《德国关于失踪、死亡宣告及确定死亡时间法》第 12 条、1946 年《希腊民法典》第 6 条等，均作了类似规定。

第二次世界大战中，因战乱和种族歧视及政治迫害，曾造成大批人失踪。为在法律上妥善处理这些人的死亡宣告问题，在联合国参与下，1950 年通过了一个《关于失踪人死亡宣告的公约》。该公约认为，凡失踪人的最后住所或居住地、本国、财产所在地、死亡地，以及一定的亲属申请人的住所或居所地，都可以行使这些人的死亡宣告管辖权。而且一俟宣告，则有关死亡及死亡日期等，各缔约国均应承认。

（二）失踪或死亡宣告的法律适用

对于涉外失踪或死亡宣告的法律适用，各国立法和实践原则上均适用失踪人属人法，但视失踪人国籍、住所、财产情况有以下不同主张：

1. 适用失踪人的本国法。理由是自然人的权利能力依其本国法，已是国际私法上公认的原则，失踪或死亡宣告自应遵从这一原则。如 1979 年《奥地利联邦国际私法法规》第 14 条规定："死亡宣告及死亡证明程序的要件、效力和撤销，依失踪人最后为人所知的属人法。"但反对意见认为，如该人已远离国籍国而在其他国家生活多年，并在该外国发生许多法律关系，该外国无权宣告就会使在那里的许多法律关系处于不确定状态。

2. 有些国家主张适用失踪人住所地法。如《秘鲁民法典》第 2069 条规定，失踪宣告，依失踪人最后住所地法，失踪宣告对失踪财产的后果亦依该法。1950 年联合国《关于失踪者死亡宣告的公约》也肯定了这一做法。

3. 原则上适用失踪人本国法，但内国法院对失踪或死亡宣告有管辖权时适用法院地法。如 1966 年《波兰国际私法》第 11 条规定，宣告失踪人为死亡依其本国法，死亡宣告亦同。但由波兰法院宣告时依波兰法。

4. 原则上适用失踪人本国法，但涉及在内国的不动产时例外。如 1939 年《泰国国际私法》第 11 条规定："对外国人的失踪宣告及宣告的效力，除在泰国的不动产外，依外国人本国法。"

5. 原则上适用失踪人本国法，但失踪外国人在内国有财产及应依内国法的法律关系，适用内国法。如 1898 年《日本法例》第 6 条规定："外国人生死不明时，只对其在日本有财产及应依日本法的法律关系，法院得依日本法为失踪宣告。"

我们认为，任何国家不可能无缘无故地对一个外国人"宣告死亡"或"宣告失踪"，凡是由内国法院宣告外国人死亡或失踪，必是因为该外国人的死亡或失踪对内国有关系；或者因为该外国人的生存或死亡影响着发生在内国的法律关系，或者因为该外国人的财产在内国。而宣告死亡或宣告失踪的目的，归根到底是要使"宣告"发生法律效力。因此，只有法律关系发生在内国，并有财产在内国，内国法院行使管辖权才有实际意义，在此情况下，该宣告当然适用宣告国（法院地国）的法律。总之，对于涉外失踪宣告或死亡宣告案件，管辖权问题与法律适用问题紧密联系在一起，失踪人若是内国人，各国一般主张由内国法院管辖，并适用内国法律对其作死亡或失踪宣告；失踪人若是外国人或无国籍人，各国一般规定，该外国人在内国有住所或惯常居所，或者在内国有财产，内国法院才予以管辖，并适用内国法作失踪或死亡宣告。可见，从实务上看，各国法院在对外国人作死亡宣告或失踪宣告时，一般都适用内国法。例如，《德国民法施行法》原以被宣告死亡人的属人法作为准据法（第 9 条），但该项规定为 1939 年 7 月 4 日的《关于失踪、死亡宣告及确定死亡时间的法律》所废除，并由该法第 12 条重新作了规定：（1）根据失踪人留下的音讯确定的最后生存时间为德国人时，由德国依本法规定为死亡宣告。（2）根据第（1）款所规定的时间，失踪人为外国人时，只对其依德国法之法律关系及其在德国的财产，由德国依本法为死亡宣告。（3）根据第（1）款所规定的时间，失踪人为外国人或无国籍人，只要其配偶在德国有住所，并且是德国公民，或者属于德国民族的难民或被驱逐的人，由德国根据其配偶请求，依本法为死亡宣告。失踪人之妻同失踪人结婚时为德国公民并现在德国有住所的亦同。（4）曾经是德国公民的失踪人未能取得他国国籍而又丧失了德国国籍的，只要德国法院的死亡宣告有利于其正当利益，在德国依本法为死亡宣告。从上述规定可以看出，只要涉及到德国公民的利益，并由德国法院作死亡宣告的，都适用德国法。

第二节　自然人行为能力的法律适用

一、自然人行为能力的法律冲突

（一）自然人行为能力的概念

自然人的民事行为能力，是指法律确认公民通过自己的行为从事民事活动，参加民事法律关系，取得民事权利和承担民事义务的能力。民事行为能力有广义和狭义之分，广义的民事行为能力，不仅包括民事主体实施合法的民事行为，取得民事权利和承担民事义务的能力，还包括民事主体因实施违法行为而承担相应民事责任的能力。狭义的民事行为能力，仅指民事主体以其合法行为取得民事权利和承担民事义务的能力。大多数国家的立法都采用广义的概念。自然人的权利能力始于出生，终于死亡，而行为能力的取得则必须符合一定的条件，不是每一个具有权利能力的人都具有行为能力，但要取得行为能力则首先必须取得权利能力。根据各国的立法，取得行为能力的条件有两个：一是自然人必须达到法定年龄；二是自然人必须心智健全，能够承担自己行为的法律后果。这两个条件必须同时具备，缺一不可。根据这两个条件具备的完全程度，自然人的民事行为能力可分为完全行为能力人、限制行为能力人和无行为能力人。

（二）自然人行为能力的法律冲突

由于各国民法对成年年龄，构成限制民事行为能力的条件以及禁治产制度的规定不同，在涉外民事交往中，有关行为能力的法律冲突问题便随之产生。

1. 关于法定的成年年龄的规定不同

成年年龄是划分完全行为能力人、限制行为能力人和无行为能力人的重要标志。各国民法中均有成年年龄的规定，所谓"成年"，是指达到一定年龄的人即具有行为能力或完全行为能力，能够通过自己的行为取得民事权利和承担民事义务。不满一定年龄的未成年人完全无行为能力，他们享有民事权利和承担民事义务，要由他们的父母或其他法定代理人代理。满一定年龄的未成年人为限制行为能力人，他们只可以进行满足日常生活需要的民事活动。由此可见，成年年龄的确定至关重要。

但是，各国对于成年年龄的规定差异却很大，例如，日本、瑞士规定为20岁，中国规定为18岁，意大利为22岁，奥地利为24岁，丹麦、西班牙、智利为25岁；并且近年来一些国家规定的成年年龄有降低趋势，例如法国原定21岁为成年，现在改为18岁。各国对成年年龄的规定不同，导致了某个人在甲国是完全行为能力人，而在乙国则成为限制行为能力人。这种法律冲突的解决直接关系到自然人是否具有民事主体地位。

2. 关于禁治产制度的规定不同

禁治产（interdiction）制度是各国为了保护虽达到成年年龄，但由于先天或后天原因而造成其能力低下的人的利益而禁止其经营自己的财产的制度。自然人被宣告为禁治产人后，法院为其设置法定代理人（监护人）或保护人，其法律地位与未成年人一样。

禁治产制度的差异主要表现在宣告禁治产的原因和法律效力两个方面。

精神失常不能处理自己的事务是宣告禁治产最主要的原因，这是各国民法规定的共同点。除此以外，各国还规定了宣告禁治产的其他条件。（1）《德国民法典》第6条规定了具备下列条件的成年人，可宣告为禁治产者：一是因精神病或心神耗弱或低能（feeble mindedness）而不能管理自己财产的人；二是因其挥霍无度致使他自己或他的家庭生活发生困难的人；三是因酗酒成性或吸毒成癖而不能管理自己事务，或因此而使他自己或他的家庭生活发生困难，或危及他人安全的人。（2）《苏俄民法典》规定对因精神病和痴呆症而不能辨认或不能控制自己行为的公民应宣告为无行为能力人并设置监护；对滥用酒精饮料或麻醉品的公民，应宣告为限制行为能力人。（3）英国只承认因心神失常（mental disordered）而作出禁治产宣告，对以其他原因为由宣告的禁治产概不承认。除非根据国际私法他必须适用外国法作准据法。（4）法国、日本法律对禁治产与准禁治产进行了区分。规定：心神处于完全丧失状况的人（如精神病人及白痴等）为禁治产人，即相当于完全无行为能力人，而心神耗弱者（mental infirmity）包括精神上的障碍、低能者、老迈人，甚至聋、哑、盲人为准禁治产人，即相当于限制行为能力人。（5）我国《民法通则》规定："精神病人的利害关系人，可以向人民法院申请宣告精神病人为无行为能力人或者限制民事行为能力人。""被人民法院宣告为无民事行为能力人或者限制民事行为能力人的，根据他健康恢复的情况，经本人或利害关系人申请，人民法院可以宣告他为限制民事行为能力人或完全民事行为能力人"（第19条）。可见，我国民法只规定了宣告精神病人为无民事行为能力人或者限制民事行为能力人。但我国未明确采用"禁治产（包括准禁治产）宣告"这一概念。

关于禁治产宣告的效力主要有两种立场。多数国家主张被宣告禁治产者，其法律行为无效。即使宣告其为禁治产人的原因已消失（如精神病患者病愈），只要其本人或与其有利害关系的人未申请法律撤销其禁治产宣告，则其法律行为始终无效。如《德国民法典》便是这种主张。另一种主张是，被宣告禁治产或准禁治产者的法律行为只是可撤销行为，并不当然无效。因此，宣告禁治产原因消失后，即便法院未取消对他的禁治产宣告，只要其本人或与其有利害关系的人不要求撤销其法律行为，这种行为就应该认为有效。

二、自然人行为能力的法律适用

远自中世纪意大利的法则区别说开始，属人法就成为解决行为能力的准据法。这在欧洲大陆早已成为国际私法中一条公认的法则。不过，在现代国家出现以前，这种属人法是指住所地法。直到1804年《法国民法典》首先确定依国籍来决定属人法这一原则以后，便开始了本国法和住所地法的分歧。主张以本国法作为行为能力的准据法的理由有：（1）各国法律皆采取成年制度决定人的行为能力，而决定人的成年年龄与人身发育状况有很大关系，人的发育状况又是各国的人种、气候、风土等自然环境决定的，所以，以本国法作为决定人的行为能力的准据法，最为合理；（2）当事人与国籍的关系最密切，且不易变更，故以本国法作为行为能力的准据法，较为妥善；（3）双重国籍和无国籍问题虽有时发生，但不如复数住所或无住所问题那么多，况且，关于住所和居所的观念，各国并不一致，且不确定；（4）适用当事人的本国法，是尊重当事人所属国的主权。目前，大部分大陆法系国家以本国法规定自然人的行为能力。例如，波兰、前民主德国、前捷克斯洛伐克、日本、奥地利等国家。主张以住所地法作为行为能力的准据法的理由有：（1）不问当事人的国籍如何，以住所地法作为行为能力的准据法，比较合乎内外国人平等原则。（2）住所是由个人的自由意思而设立的，表明他愿意遵守住所地的法律。（3）住所是个人永久居住所在地，亦是个人利益的中心基地，故以住所地法决定人的行为能力比较合理。（4）一国法院在处理涉外案件时，如当事人具有多重国籍或无国籍，多以住所地法为属人法。因此，以住所地法决定人的行为能力比较方便。（5）在复合法域国家内，欲适用当事人的本国法，常不可能，故以住所地法决定人的行为能力，较为妥善。（6）在外国人移入居住众多的国家，以住所地法作为行为能力的准据法，较能保证内国的利益。目前，英美法系国家和丹麦、挪威、冰岛以及拉丁美洲的一部分国家，仍以住所地法作为自然人行为能力的准据法。

以属人法作为人的行为能力的准据法，对于保护欠缺行为能力的人来说，是很适合的。但严格贯彻属人法原则，对内国交易的安全有时不利，因为在一国境内与外国人进行交易时，很难了解对方依其属人法是否有行为能力，从而决定其行为是否有效。因此，为了保护内国交易的安全，不少国家对属人法的适用都有一定的限制。这种限制始于1794年的《普鲁士法典》。该法典规定，当事人如依其属人法（当时指住所地法）或依缔约地法有行为能力，便应被认为有行为能力。在这里，适用于民事行为能力的法律，不仅有属人法，还有缔约地法，因此，适用于行为能力的准据法的范围扩大了。1861年，法国最高法院在李查蒂一案中也确认了这一原则。在该案中，一个叫李查蒂的墨西哥人，22岁，在法国签署了8万法郎的期票，向巴黎一位商人购买珠宝。等到要求他付款时，他拒绝了。理由是，他订立合同时，依其属人法即墨西哥法他没有成年（依墨西哥法，25岁为成年）。法国最高法院认为，法国人并无知悉所有外国之不同法律以及有关成年的规定的必要……只要法国人无轻率或不谨慎，且以善意与之交易者，其所缔结的契约，应属有效。这实际上就是主张：依法国法，李查蒂已经成年（当时法国民法规定21岁成年）；法国卖方在缔结合同时，并无轻率或不谨慎，且是善意的，应该予以保护①。在这个案例中，属人法原则受到了行为地法的限制。到了 1896 年，《德国民法施行法》第 7 条第 3 款明确规定："外国人依其本国法为无能力或限制能力的人，而依德国法为有能力者，就其在德国所为之法律行为视为有能力。"德国法中的这一规定，很快为其他国家的立法所采用，日本、瑞士、葡萄牙、希腊、泰国、意大利等国家的法律中都有类似规定。20 世纪 60 年代以后，一些国家新制定的国际私法法规，也都有这种限制性规定。如《波兰国际私法》第 10 条，《匈牙利国际私法》第 15 条等。这一精神还体现在一些国际公约中，如 1930 年《解决汇票和本票的某些法律冲突公约》，1931 年《解决支票的某些法律冲突公约》，它们除采取本国法原则以外，又规定依本国法为无行为能力的人，而依其签署地国法律为有行为能力者，视为有行为能力。以上国内立法和国际公约都规定行为地法在一定条件下可以成为行为能力的准据法。

不过，上述行为地法对属人法的限制一般不适用于亲属法、继承法以及处理外国不动产的法律行为。如《德国民法施行法》第 7 条在作了上述限制后又规定："但关于亲属法与继承法上之法律行为及其在外国不动产之法律行为，不在此限。"1939 年《泰国国际私法》第 10 条也规定："人的能力依其本国法。外国人在泰国的法律行为，虽依本国法无能力或限制能力，但依泰国法有能力的，即视为有能力。这条规定不适用于亲属法及继承法的法律行为。对于不动产的法律行为的能力，依不动产所在地法。"1979 年《匈牙利国际私法》更明确地规定，此种对于人的能力适用属人法所作的限制，只适用于"财产法上的交易"，也就是说，在财产交易以外的有关行为能力问题仍适用当事人属人法。在英美法中，自然人的行为能力依属人法原则在适用上所受到的限制就更多，美国有些学者认为，根据美国法院的不少判例，缔结契约的能力除关于不动产应依物之所在地法外，应依契约缔结地法。不但缔结商业性契约的能力如此，就连当事人缔结婚姻的能力也是如此。

总之，关于自然人行为能力的准据法，国际上的通行作法是：原则上依当事人属人法，但有两个例外或限制，一是处理不动产的行为能力适用物之所在地法；二是有关商务活动的当事人的行为能力可以适用行为地法，即只要其属人法或行为地法认为自然人有行为能力，则应认为有行为能力。

我国立法对自然人民事行为能力的法律适用也作了规定。《民法通则》第143 条规定："中华人民共和国公民定居国外的，他的民事行为能力可以适用定居国法律。"最高人民法院《关于贯彻执行〈中华人民共和国民法通则〉若干问题的意见（试行）》又作了进一步的补充，其规定为：（1）定居国外的

---

①　参见韩德培主编：《国际私法（修订本）》，武汉大学出版社 1989 年版，第 117 页。

我国公民的民事行为能力，如其行为是在我国境内所为，适用我国法律；在定居国所为，可以适用定居国法律；（2）外国人在我国领域内进行民事活动，如依其本国法律为无民事行为能力，而依我国法律为有民事行为能力，应当认定有民事行为能力；（3）无国籍人的民事行为能力，一般适用其定居国法律，如未定居，适用其住所地国法律。

三、禁治产宣告的管辖权与法律适用

如前所述，各国禁治产宣告制度存在较大分歧，而禁治产宣告直接影响到自然人的行为能力，因此，必须解决禁治产宣告本身的管辖权问题和法律适用问题。

（一）禁治产宣告的管辖权

对于禁治产宣告的管辖权，主要有两种主张：其一，只能由被宣告禁治产者的本国法院管辖；其二，也可以由被宣告禁治产者的居住地国家的法院管辖。事实上，为了被宣告禁治产者个人利益和社会交易的安全，多数国家的实践倾向于第二种主张，即原则上由本国法院管辖，但为了兼顾住所地或行为地交易的安全，也允许居住地国法院管辖。1905 年订于海牙的《关于禁治产及类似保护处分公约》就规定：（1）宣布某人为禁治产者的管辖权属于他的国籍国并且不管他的住所或居所，其宣告禁治产的条件，概依他的本国法决定；（2）但其人所在地国家，为保护其人身和财产，在依其本国法已具备宣告条件时，可以采取一些必要的临时措施，并及时通知其本国的有关方面，一俟其本国采取充分措施如宣告为禁治产后，这种临时措施即行终止；（3）只有在其本国表示不愿予闻或于 6 个月内不作答复时，居住国才可以作正式的禁治产宣告。

（二）禁治产宣告的法律适用

关于禁治产宣告的准据法，各国立法例有以下几种不同作法：

1. 法院地法。1896 年《德国民法施行法》第 8 条，1975 年《民主德国法律适用条例》第 7 条均采用法院地法，作为禁治产宣告的准据法。

2. 被宣告人的属人法。例如，《奥地利联邦国际私法法规》第 15 条规定："无行为能力宣告的要件、效力及终止，依被监护人的属人法。"

3. 被宣告人的本国法。如《波兰国际私法》第 23 条第 1 款规定："监护，依被监护人本国法。"《日本法例》第 23 条也有类似规定。

4. 被宣告人本国法及法院地法。根据这个制度，须当事人本国法及法院地法都认为具有宣告禁治产的原因，才能宣告禁治产。如《日本法例》第 4 条规定："禁治产原因依禁治产人本国法……但日本法不承认其原因的不在此限。"《泰国国际私法》第 12 条也规定："……外国人由泰国法院设定监护或

保佐时，其原因依外国人本国法。但泰国法律不承认其为原因时，不得设定监护或保佐。"

我们认为，禁治产宣告同死亡宣告一样，一般都属于本国的公法行为，凡对本国人宣告禁治产，一般都由本国法院依本国法为之；对外国人宣告禁治产，一般因该外国人同内国有法律上的关系或对内国人的利益有重大影响，否则，内国法院不会无故地对外国人为禁治产宣告。在这种情况下，为了维护内国人的利益，各国一般排除外国法的适用或要求重叠适用内国法，因此，关于禁治产宣告的准据法，各国实际上都依内国法（即法院地法）。

第三节　法人权利能力和行为能力的法律适用

一、法人权利能力和行为能力的法律冲突

法人的权利能力，是指法人作为民事权利主体，享受民事权利和承担民事义务的资格。法人的权利能力从法人成立时产生，到法人终止时消灭。尽管法人和自然人一样具有民事权利能力，但是法人的民事权利能力不同于自然人的民事权利能力。自然人的权利能力是普遍的、共同的，即凡是自然人都享有相同的权利能力。而法人作为社会组织体，是按照其所担负的社会职能成立的，其活动范围各不相同，因此，法人的民事权利能力是特殊的民事权利能力。

与自然人的权利能力相比，法人的权利能力与其行为能力的关系有如下特点：首先，两者在时间上是一致的。法人的民事行为能力始于法人成立，终于法人消灭，在法人存续期间始终存在。其次，法人的民事行为能力和其民事权利能力在范围上是一致的。法人能够以自己的行为取得权利和承担义务的范围，不能超出它们的民事权利能力所限定的范围。再次，法人的民事行为能力是以其不同于单个自然人意思的团体意思为前提的。法人的团体意思是一种意思的综合，因而法人实现民事行为能力的方式也不同于公民实现自己民事行为能力的方式。法人的民事行为能力是通过法人的机关来实现的。因此，法人的权利能力的法律冲突及其解决同其行为能力的法律冲突及其解决是完全一样的，本节把它们放在一起论述。

对于法人的权利能力，各国民事立法的规定是不尽相同的。例如，有的国家如法、意等承认合伙是法人，而有的国家如英、德、瑞士等国则不允许把单纯的合伙作为法人实体看待；有的国家如德国商法认为登记是公司的成立要

件，而有的国家如日本商法则认为登记仅为对抗第三人的要件；有的国家笼统规定，除专属自然人的权利义务外，法人的权利能力与自然完全人相同（如瑞士、土耳其）；也有的国家如日本民法规定，法人依其规定的活动目的享有民事权利能力，等等。因此，在国际私法实践中，法人的权利能力也常常发生法律冲突。

二、法人权利能力和行为能力的法律适用

解决法人权利能力和行为能力的法律冲突问题，国际上通行的作法是依法人属人法的规定，也就是依法人的国籍或住所所属国的法律的规定。但是，如前所述，各国对法人的国籍或住所的确定有很大分歧。一般说来，外国法人只有在内国法所许可的范围内，才享有权利能力、行为能力和从事民商事活动。超出范围，即使依法人本国法可以享有的，在内国还是不能享有。也就是说，外国法人在内国活动，其在内国的权利能力、行为能力的范围，实际上必须重叠适用其本国法和内国法，受到其本国法和内国法的双重限制和制约。这同样也是国际上的通行作法。

因此，一个外国法人在内国被承认为法人后，虽具有法人的一般权利能力，并不意味着可以自由地在内国享有任何权利或进行任何活动。外国法人在内国享有什么权利和进行什么活动，即它在内国的特别权利能力的范围，除应受它的属人法支配外，还必须同时受内国法支配。除条约另有规定外，每个国家都有权自由规定外国法人在内国享有权利和进行活动的范围。例如，有些国家规定外国法人不得在内国享有土地所有权，不管依其属人法它是否能享有这种所有权。还有些国家严格限制甚至禁止外国法人在内国经营公用事业、金融、保险等企业。一个国家如何规定外国人在内国的权利能力，主要取决于该国政权的性质、对外政策以及它与外国法人所属国的关系。一般说来，外国法人被承认后，可以在其章程的范围内，享有内国同类法人所享有的权利，但不能享有较内国同类法人更多的权利。特别是外国法人如要在内国从事营业活动，内国完全可以根据自己的政策，分别按照各类法人的不同情况，加以限制甚至禁止。

在我国，最高人民法院印发的《关于贯彻执行〈中华人民共和国民法通则〉若干问题的意见（试行）》中有如下意见："外国法人以其注册登记地国家的法律为其本国法，法人的民事行为能力依其本国法确定。外国法人在我国领域内进行的民事活动，必须符合我国的法律规定。"我国有些法律还直接规定了外国法人可以享有的具体权利。例如，根据《中华人民共和国中外合资经营企业法》第1条，外国公司、企业和其他经济组织，按照平等互利的原则，经中国政府批准，有在中华人民共和国境内同中国的公司、企业或其他经

济组织共同举办合营企业的民事权利。《中华人民共和国对外合作开采海洋石油资源条例》第1条也规定，外国企业有参与合作开采中华人民共和国海洋石油资源的民事权利。在这些具体权利的范围内，外国法人在我国有权利能力和行为能力。

第 十 章
法律行为和代理的法律冲突法

第一节 法 律 行 为

一、法律行为概说

法律行为，即民事法律行为，是指民事主体以设立、变更或终止民事权利义务为目的，以意思表示为要素的一种法律事实。它是个人创设法律关系的最主要的方式。

法律行为的成立及生效通常具备实质和形式两方面的要件，所谓实质要件主要包括当事人、标的和意思表示三方面，具体说来，则指当事人须有相应的行为能力；须意思表示真实；标的须合法；标的须可能和确定。所谓形式要件，则指法律行为须符合一定的方式，如书面形式、口头形式等。有时，甚至还要求符合特定的形式，如登记、公证等。

在国际私法上，法律行为是产生各种国际私法关系的一个基本要素，也是引起国际私法关系变动的最典型的法律事实。而事实上，国际私法上其他具体事项的法律适用，也莫不是法律行为法律适用的具体化和延伸。可以说，法律行为的法律适用是国际私法上冲突法部分的基本问题，或者说是一般原则性的问题。因此，法律行为的法律冲突法也就成为国际私法中一个不可或缺的重要组成部分。

二、法律行为的法律冲突

尽管各国法律均规定，法律行为的有效成立须具备一定的条件，但是，在具体条件的规定上，各国立法却存在着差异。

1. 关于当事人的行为能力，各国法律的差别主要体现在对公民具有民事行为能力的年龄规定不同，以及对某些行为能力的主体范围的限定不同。

2. 关于意思表示，因着重点不同，各国立法存在着意思主义、表示主义以及折中主义的区别。意思主义偏重于意思，表示主义重在表示，而折中主义则对于意思与表示不一致的不同场合，或采意思主义，或采表示主义，如日本民法。

关于意思表示的效力，也存在发信主义（投邮生效）与到达主义（到达生效）的区别。前者为英美法系所采用，后者为大陆法系多数国家及《联合国国际货物买卖合同公约》所采用。我国理论和实务也坚持到达主义。

另外，关于意思表示错误的后果，各国立法也不尽一致。如日本民法规定为无效，德国民法规定为可撤销。

3. 关于标的，各国均规定应为合法、可能和确定，单是合法一项，即不违反法律强行性规定和公序良俗，就因各国法律的规定不同会产生法律冲突问题。

4. 关于法律行为的方式，一般存在着口头形式与书面形式之分，在书面形式中，有一般书面形式和特殊书面形式之别。但在具体规定上，各国又有不同。如我国《涉外经济合同法》规定合同只能采用书面形式，但《联合国国际货物买卖合同公约》规定可以使用口头形式。

关于不遵守法定方式的民事行为的效力，各国法律一般认定其无效。但有的国家规定其对于任何人均为无效，有的则规定仅对某些特定人无效。

三、法律行为的法律适用

（一）法律行为实质要件的法律适用

法律行为依据内容的不同分为债权行为和物权行为；依据效果种类的不同分为财产行为与身份行为。因此，对于法律行为实质要件准据法的确定难以依据一条单一的冲突规则，通常是依国际私法关系的不同性质和种类，以及调整各类关系的规范的不同特点分别确定。如合同受当事人自主选择的法律支配，物受物之所在地法支配等。这是由各类法律关系的本质决定的。所以，法律行为实质要件准据法的确定可以说没有什么统一的规则可言。如果有的话，那便是适用各类法律关系自身的准据法。

（二）法律行为形式要件的法律适用

关于法律行为形式要件（方式）的法律适用，各国立法及学说主要采取以下几种方法：

1. 根据"场所支配行为"原则，适用行为地法。"场所支配行为"原则是法则区别说时期创立的一项古老原则，至今已为各国学说和立法所承认和采纳。但各国对其性质有不同看法。有的学者认为它是"各国普遍承认的习惯法"或"不存在争执的原则"，是国际习惯法和具有强制性质的规范，因而必须绝对适用，即法律行为只适用行为地法，如阿根廷、智利、古巴、哥伦比亚、洪都拉斯等中南美洲国家及荷兰、西班牙等国。另一种主张则认为它是任意性规范，允许选择适用其他法律。从当今的国际私法立法实践来看，绝对采用行为地法主义者有日渐减少的趋势，各国倾向于认为"场所支配行为"原则是任意性规范，可以选择适用。

法律行为方式之所以要适用行为地法，理由大致如下：（1）以法则区别为由，认为法律关系可分为属人、属物、属行为三种，各受其所属的法律支配。属人的法律关系依属人法，属物的法律关系依物之所在地法，属行为的法律关系则依行为地法。（2）以主权为由，认为法律为一国行使主权之具体表现，故在行为地所为之法律行为不可不服从该地之主权，法律行为方式亦不得不依行为地法确定。（3）以意思服从为由，认为当事人在行为地为法律行为，即说明当事人有服从行为地法的意思，故法律行为方式应依行为地法。（4）以国际习惯为由，认为法律行为方式依行为地法已成为国际默认的原则，故凡依行为地法所为的法律行为，各国无不承认其效力。（5）以证明便利为由，认为法律行为方式既是为了确定当事人的意思表示，为日后证明当事人的意思表示方便起见，法律行为方式应依行为地法。（6）以便利为由，认为当今国际社会内外国人来往频繁，彼国人在此国或此国人在彼国为法律行为的情形日益增多，为求便利计，各国对法律行为方式应依行为地法为准据法。

在当今通讯和交通日益发达的情况下，有时一个法律行为的行为地可能会涉及多个地方，会给行为地法的确定造成困难。这时应综合考虑各种连结因素，选择与该行为联系最密切的地方的法律。

2. 选择适用法律行为本身的准据法和行为地法。有些国家并不局限于"场所支配行为"原则，而是兼顾到法律行为本身的法律适用。这些国家在具体作法上有所不同：（1）有的国家以法律关系本身的准据法为主，以行为地法为辅。德国、奥地利、匈牙利、挪威、日本、波兰、瑞典和瑞士等国均采取这种作法。如 1979 年《奥地利联邦国际私法法规》第 8 条规定："法律行为的方式，应依支配该法律行为本身的同一法律；但符合该法律行为发生地国对方式的要求亦可。" 1966 年《波兰国际私法》第 12 条规定："法律行为的方式，依支配法律行为实质的法律，但如遵守行为地国家法律所规定的方式，亦为有效。"（2）有的国家则以行为地法为主，而以法律行为本身的准据法为辅。如 1982 年《土耳其国际私法和国际诉讼程序法》第 6 条规定："法律行为的方式适用行为完成地的法律，也可以适用调整行为效力的法律。"

3. 依尽量使之有效的原则，选择适用多种规范。20 世纪 30 年代以来，受国际上简式主义思想、意思自治原则的影响，基于尽量使法律行为有效成立的基本政策，普遍放弃了对法律行为方式的严格要求。表现在法律行为方式的法律适用上，则是对冲突规范进行软化处理或规定复数连结点以增加可选性的立法趋势。如选择实质要件的准据法、行为地法、属人法、法院地法和法律关系成立地法等。1946 年《希腊民法典》第 11 条规定："法律行为的方式如果符合决定行为内容的法律，或者符合行为地法，或者符合主体当事人的本国法，就认为有效。"1942 年《意大利民法典》第 26 条还规定了更多的选择。

不过，国际上对于不动产的登记和处分、票据行为的方式等通常只适用行为地法。这是由这些法律行为的特殊性所决定的，并为各国立法所认同。

我国《民法通则》对于法律行为方式的法律适用没有作出规定，但从第 144 条的规定可见，对于有关不动产的法律行为的方式，适用不动产所在地法。另外，从《涉外经济合同法》和我国参加《联合国国际货物买卖合同公约》时的保留可以看出，对于涉外合同的形式，应适用中国法规定的书面形式。

第二节　代　　理

一、代理的概念

代理制度是现代各国民商法中一项重要的法律制度。但是，由于社会经济条件和法律传统的差异，不同法系甚至同一法系的不同国家对代理有着不同的理解和规定。按照大陆法的传统观点，代理是指代理人以被代理人（也称本人或委托人）的名义，在代理权限内向第三人为或受领意思表示，其效力直接及于被代理人的一种民商事法律行为和制度。我国《民法通则》第 63 条也规定："代理人在代理权限内，以被代理人的名义实施民事法律行为。被代理人对代理人的代理行为，承担民事责任。"与此相异，按照普通法的观点，代理则是一个包括了所有为了他人利益而行为的情况的非常宽泛的概念。在英国，当代理人根据委托人的授权与第三人订立合同或处分财产，而影响到委托人与第三人之间的法律关系时，该代理人与委托人之间发生的法律关系被称为代理。显然，在两大法系对代理概念的理解和认识不同的情况下，试图对代理下一个普遍适用的完整定义，绝非易事。不过，由于各国法律和理论对代理的本质特征尚有大体一致的认识，我们据此仍可对代理作一个基本的解释，即代理是指发生在本人、代理人和第三人之间的民商事法律关系，代理人依代理权与第三人进行民商事活动，其权利义务直接由本人承担。

在国际私法上，代理因具有涉外或国际因素而被称为涉外代理或国际代理。这种代理，或者代理人与本人、代理人与第三人具有不同的国籍或住所在不同的国家；或者代理人以本人的身份与第三人成立涉外民事法律关系；或者代理人根据本人的委托，代表本人在另一国家或地区实施代理行为，它与国内代理有着明显的区别。这种代理的成立，往往既要符合本人所属国家的法律规定，否则本人不能委托、授权或委托、授权无效，又要符合代理权行使地国家的法律规定，否则代理权不能依法行使。

二、代理的法律冲突

由于各国民法和国际私法很少有关于国际代理的规定，而各国有关国内代理的实体法规定又不尽一致。因此，在国际代理实践中，客观上存在着法律冲突。各国关于代理制度的差异，集中表现在以下几个方面：

第一，关于代理制度的理论基础，大陆法系与普通法系有着很大的分歧。大陆法系的代理制度以将委任与代理权严格区别开来的区别论为基础。所谓委任指本人与代理人之间的合同，它调整本人与代理人之间的内部关系；代理权则指代理人代表本人与第三人签订合同的权力，它调整本人和代理人同第三人之间的外部关系。区别论主张通过委任合同对代理人代理权的限制，原则上对签订合同的第三人没有拘束力。与此相反，普通法系代理的理论基础则是本人与代理人等同的等同论，它主张"通过他人所作的行为即为本人的行为"，它集中体现了"代理是委任的后果"和代理与委任契约密不可分的思想。

第二，关于代理的立法体例，大陆法系国家一般将代理作为民法或商法的调整对象，在民法典或商法典中加以规定。但它们关于代理的立法体例也不一致。法国和泰国民法典将委任与代理混合在一起加以规定，没有建立独立的代理法律制度；瑞士债务法将委任与代理分开，把委任列入债的总编部分，代理列入债的发生部分；德国、日本民法典亦将委任与代理分别开来，将代理列入总则编，委任规定于债编，德、日商法典还设有商事代理的专门规定。在普通法系国家，代理法自成一体，除存在大量的有关代理的判例规则外，还有单行法规，如在英国就有《贷款代理法》、《王室代理人法》、《不动产代理人法》、《代理商法》等。

第三，关于代理的分类及代理法的调整范围。首先，由于大陆法十分强调代理人须以本人的名义实施代理行为，所以，在大陆法看来，只有以本人名义实施的代理行为（包括显名代理和隐名代理两种情况），即直接代理才属于代理的范畴，而间接代理，即代理人虽然在事实上受本人委托并为本人计算，但在向第三人为意思表示时既不披露本人姓名或名称，也不表明自己是代理人，而以自己的名义活动的情况，并不符合代理人须以本人名义行事这一法律特征，因此它虽有代理之名却无其实，并不属于严格意义上的代理，而是一种行纪关系，不属代理法的调整范围。普通法则没有直接代理与间接代理的划分。事实上，由于普通法根据代理关系的分开程度和代理行为的后果归属情况而将代理区分为公开本人的代理（包括显名和隐名代理）和不公开本人的代理。因此，普通法上的代理所涉及的范围比大陆法更为宽泛，除直接代理外，间接代理、居间、行纪、信托等均可纳入代理的范畴。其次，由于大陆法根据代理权的产生依据不同而将代理划分为法定代理和意定代理，所以大陆法上的代理既包括法定代理也包括意定代理。而普通法上的代理主要是指契约性代理即委托代理。至于大陆法所指的旨在保证未成年人或禁治产人能通过代理人顺利参与民事活动的法定代理，由于普通法中的家庭法律制度和信托制度在很大程度上代替了其功能，所以，普通法对其规定甚少。尽管普通法有时也有法定代理的称谓，但它主要是指普通法上的紧急处分代理权和夫妻间的代理等情况。

第四，关于代理制度的具体内容，即在代理关系的产生和终止、代理关系当事人之间的相互关系等方面，各国的规定也存在着较大的区别。例如，对代理权产生的原因，大陆法系国家多规定代理权一般通过两种途径获得，一种基于本人意思表示的委托授权，另一种是基于法律的直接规定，普通法系国家则认为代理权的产生原因可以是实际授权（包括明示授权、默示授权、附带授权、习惯授权）、表见授权、职业或惯常授权、必要的授权或追认授权等多种方式。对本人单方面撤回代理权的问题，许多欧洲国家为保护商业代理人的利益而都在法律上规定，本人必须在相当长的时间以前通知代理人，而且代理人有权在代理合同终止时就其为本人建立起来的商业信誉要求本人予以公平补偿；普通法系国家则多没有这种强制性的规定。对无权代理人对第三人的责任问题，普通法系国家采用的是默示授权担保原则，要求代理人须向第三人承担严格的损害赔偿责任，法国和瑞士基于无权代理人不是民事行为的当事人只赋予第三人请求损害赔偿的权利，而德国和日本则规定第三人对于无权代理人的行为有选择权：他既可以要求无权代理人赔偿损失，也可以要求其实际履行合同。

三、代理的法律适用

在国际代理实践中，代理的法律冲突常常涉及代理关系的成立及效力、当事人的权利义务、代理权的变更及终止、代理人逾越或滥用代理权的后果等各个方面，而且不同类型的代理关系，不论其成立的条件抑或应采取的方式，都可以采取不同的方法确定准据法以解决法律适用问题。因此，从代理关系本身的特点看，其法律适用问题极为复杂。又由于国际私法的代理多为委托代理，而代理又是一种由本人、代理人、第三人之间形成的三边关系，因此，在冲突法领域就必须确定：（1）本人与代理人之间的内部关系；（2）第三人与本人和（或）代理人之间的外部关系；以及（3）就代理权的设立和行使而言，前两种关系是在什么地方交叉的，即代理人的代理权之效力，究竟应以何国法律为准据法的问题。

（一）代理内部关系的法律适用

国际代理中本人与代理人之间的内部关系，并不产生特殊的法律适用问题。各国学者一致认为，既然本人与代理人之间的内部关系通常是建立在委任合同的基础上，因此适用于合同关系的冲突法规则在这里同样也应适用。这种法律主要适用于确定诸如代理关系的成立、代理人取得佣金或报酬的权利和金额、代理关系的终止、无权代理时代理人对本人应负的责任，以及至少就本人与代理人之间而言代理人的代理权限等事项。

由于作为合同领域一项基本法律原则的当事人意思自治原则得到了各国代理法的普遍承认，各国法院均主要是根据当事人合意选择的法律来确定支配本人与代理人关系的准据法。如英国、美国、德国、瑞士等多数国家的冲突法立法和实践及由海牙国际私法会议于 1978 年 3 月 14 日制定的《代理法律适用公约》(第 5 条) 均确认了这种原则。

但是，在当事人未选择代理合同准据法时，代理内部关系应适用何种法律作准据法，因侧重点不同，各国立法和理论有所不同。

1. 英国

涉及本人与代理人之间的关系，英国的冲突规则并不十分确定。戴赛和莫里斯指出，代理合同应受其合同自体法的支配，这种自体法通常是代理关系成立地国家的法律。但当本人与代理人居住在不同国家时，如何确定代理关系成立地并不十分容易。有许多判例主张此时应主要适用本人从事经营活动的国家的法律，也有一些判例主张适用代理人打算从事代理活动的国家的法律，还有一些判例主张，如果案件的所有情况表明当事人的意图是适用别的法律来支配合同，或合同与别的法律有更密切的联系，则应适用该别的法律①。戚希尔和诺斯则主张，根据案件的具体情况，适用于内部关系的法律可以是本人营业地法，也可以是代理人行为地法②。

2. 美国

对于当事人未选择法律时如何确定代理合同准据法的问题，美国判例法采用了各种可能的法律选择规则。有的判例采用代理关系成立地法，有的判例采用代理人意在为代理行为地的法律，有的判例采用当事人间关系的重心地法，还有的判例径直适用法院地法。《美国第二次冲突法重述》则赞成适用与当事人和交易有最重要联系的地方的法律。该重述第 291 条规定："本人与代理人间的权利义务，就特定问题而言，根据第 6 条所述原则，依与当事人及交易有最重要联系的州的本地法确定。"这种方法在具体适用时，其实类似于重心地法。

3. 德国

---

① 戴赛和莫里斯：《冲突法》，1993 年英文版，第 1453~1454 页。
② 戚希尔和诺斯：《国际私法》，1974 年英文版，第 242 页。

在当事人没有明示或默示选择应适用的法律时，本人和代理人之间的合同，适用"当事人的假设意图"所指定的法律，这一法律就是合同的重心地法。依德国多数学者的观点和判例，该重心地在绝大多数情况下即被视为是代理人的营业地，但在特殊情况下也可能导致适用别的法律。德国最高法院曾在1977年审理的一起商业经纪人案中指出，当代理人仅在其营业地活动时，重心地通常就是代理人的营业地，但本案中经纪人的营业地在确定重心地时只是一种考虑因素，而不是主要因素。

4. 其他国家

其他国家在当事人没有选择应适用的法律时确定准据法的方法也不一致。不过，从总体上看，适用得较多的仍是与交易或行为有最密切联系的法律。这个法律的具体体现可能是本人营业所所在地法，也可能是代理人营业所所在地法，还可能是代理人为代理行为地法。例如，根据澳大利亚国际私法的规定，适用于代理内部关系的法律主要应是代理关系成立地法，但在某些情况下，如果有充足的理由适用代理人打算履行其代理义务的地方的法律，或者如果代理人意欲在几个国家为代理行为而适用代理人的惯常居所地法，也是应予允许的。

5.《代理法律适用公约》的规定

在当事人没有选择法律的情况下，海牙《代理法律适用公约》采用有限的"连结点组合"方法，特别是采用那些既与代理人有关，又与本人有联系的连结点来确定准据法，以补充意思自治原则。根据公约第6条的规定，在当事人没有根据公约第5条选择法律时，应适用代理关系成立时代理人的营业地法，若没有这种营业地，则改为适用其惯常居所地法（第1款）。但是，如果代理人的主要活动地国又是本人的营业地或惯常居所地，则应以该国法律作为适用的法律（第2款）。而且，如果本人或代理人有一个以上的营业地时，则上述所指的营业地应以与代理关系有最密切联系的营业地为准（第3款）。应该说，海牙公约的这条规定，比上述国家的规定和判例更为具体，也更为全面。这种将代理人或本人的惯常居所地法与营业所所在地法结合规定的做法，对于实现法律适用结果确定性与合理性的统一是有积极意义的。

（二）代理外部关系的法律适用

同内部关系一样，本人和（或）代理人与缔约的第三人之间的外部关系也很少产生特殊的法律适用问题。因为按英国法和大陆法国家（法国除外）多数学者的见解和占主导地位的实践，外部关系主要是当事人之间的主要合同关系，应属合同法调整范围。因此，从原则上讲，它也适用确定合同准据法的原则，即外部关系完全由附属于缔约第三人与本人或代理人之间订立的合同的法律支配。

（三）代理权的法律适用

代理权的法律冲突问题是最为复杂的一个部分，也是代理法律适用问题中的特殊之处。之所以如此，是因为代理人的代理权是内部关系和外部关系的交叉点：一方面，除非本人已向代理人授权，本人原则上不受约束，这就把代理权与内部关系联系在一起；另一方面，代理权显然是用来针对第三人的，因此，代理权也是与外部关系相联系的连结点。

一般而言，关于代理权的设立、行使及其效力的准据法的适用范围，通常包托代理人是否有代理权或表见代理权、代理权的范围限制、代理权可否撤销、它是否已被撤销等事项。至于具体情形如何，必须依所适用的法律确定。

由于代理权所适用的法律支配着代理人是否有权拘束本人的问题，而这又直接涉及各方当事人的利益，因此，从保护不同当事人的利益出发，各国的立法和司法实践有不同的法律适用规则：

1. 适用本人住所地法或内部关系的准据法

这是解决代理权法律冲突问题最古老的方法，其着眼点显然在于保护本人的权利，因为本人对本人的住所地法最了解，且必然最符合其利益，还可以避免适用本人所不熟悉的其他法律所可能带来的危险。这一方法在 19 世纪末期为各国普遍采用。在德国，由于其实体法严格区分委任与代理，因此，其冲突法也较早地将适用于内部关系的法律同适用于代理权效力的法律区别开来。一些德国学者，如克格尔注意到了代理类似于能力的产生。他们认为，既然代理的作用在于扩张和补充个人的法律行为能力，而行为能力既然适用当事人的属人法，代理关系自然也应适用本人的属人法，尤其是其惯常居所地法。另外，对于经过注册的代理权，一些学者也建议适用本人的住所地法。

2. 适用主要合同的准据法

主要合同即由代理人与第三人缔结的合同。一般而言，主要合同的准据法，或为代理人与第三人合意选择的法律，或合同订立地法，或合同履行地法，都是第三人能事先预料到的。因此，这一法律被认为是着眼于保护第三人的利益，应由其决定代理是否有权拘束本人。在国际私法的理论和实践中，英国法对代理权的行使及其效力适用调整外部关系的法律，即适用主要合同的准据法①。美洲国家于 1889 年 2 月 12 日订立的《蒙得维的亚国际民法公约》第 36 条和 1940 年 3 月 19 日订立的同名公约第 41 条均以代理权为主要合同的附随问题为依据，采用了这种原则。

3. 适用代理人行为地法

在确定代理权准据法的所有连结因素中，行为地与代理的实质联系最多，

---

① 戴赛和莫里斯：《冲突法》，1980 年英文版，第 916 页。

而且较易为第三人所了解和接受，有利于保护第三人的利益，对本人来说，亦不失公平。因此，在国际私法实践中，除关于行为地法的确切含义及其适用条件尚有保留外，适用代理人行为地法被认为是调整代理权的行使及其效力的最主要的法律适用方法。例如，《奥地利联邦国际私法法规》第49条规定："一、双方同意的代理的要件与效力，就委托人和代理人与第三人的关系而言，依该委托人与第三人明显可见的方式所指定的法律；二、如适用的法律未予指定，则依代理人按委托人、第三人明显可见的意旨而在其中行事的国家的法律，如果代理人受委托为几种行为，则依代理人在通常情况下按委托人为第三人明显可见的意旨而在其中行事的国家的法律；三、如果第二款规定仍不能作出法律的选择，依代理人在其中为代理行为的国家的法律。"根据美国《第二次冲突法重述》第292条第2款的规定，在美国，如果被代理人曾授权代理人在某地为代理行为，或导致第三人有理由相信代理人有此授权，则一般也适用代理人为代理行为地法来判定被代理人是否应对代理行为负责。除此之外，澳大利亚、日本、挪威、瑞典等国都采用代理人行为地法作为代理权的行使及其效力问题的准据法。一些国际条约也采用了这一法律适用原则。如1951年《荷、比、卢国际私法统一法》第22条规定："根据授权书代表某个人的权限，就第三人而言，按代理人行为地国家的法律规定。行为地法决定代理人在什么范围内，以自己的名义为他人的计算，得产生代理人和与之发生代理行为的第三人之间的法律关系。"1975年《美洲国家间关于代理人国外行使代理权法律制度的公约》第2条规定："授予在国外行使代理权应遵从的方式与仪式应依授与代理权的所在地法律，但本人（授权人）亦得选择依照代理权的行使地国家法律的规定。无论如何，如代理权的行使地国家认为不履行一定的仪式即不发生效力时，则应受该法律支配。"该公约第4、5、8、9条更明确规定，授予代理权的公告要件、效力及其行使、认证及所使用的文字，均应依其行使地国家的法律。

4. 适用代理人营业地法

在确定代理权的行使及其效力的准据法问题上，瑞士的做法颇具特色，瑞士联邦法院早先也是赞成适用代理人行为地法，但自60年代初开始，有些判例便对行为地法冲突规则的范围加以限制，即将其仅适用于确定代理人权限的范围，而对本人是否曾授权给代理人的问题，则适用本人住所地法。至70年代以来，瑞士的态度又有所变化。根据《瑞士联邦国际私法法规》第126条第2款的规定，代理人的行为在何种条件下对本人和订约第三人发生拘束力，由代理人营业地国家的法律支配，或者如果没有这种营业地或这种营业地是第三人无法认清的，由代理人在一定期间进行大量活动所在国家的法律支配。这表明，在瑞士，代理人代理行为的效力问题首先适用代理人营业地国法，只有在代理人没有自己的营业机构，或第三人与代理人订立合同时无法知道代理人的营业机构设在何国，才适用代理人主要活动地国法，即代理人行为地国法。

5. 混合法

由于上述每一种方法都过于偏重对一方当事人的保护，而忽视他方利益，因此，为了协调各方当事人的利益，1978 年海牙《代理法律适用公约》明确规定，被代理人与第三人间的关系，应以适用代理人作出代理行为时营业所所在地法律为原则，在特定条件下兼采代理人行为地国家法律。依该公约规定，代理人行为地法在下列四种情况下适用：（1）本人在该国境内设有营业所，或虽无营业所但设有惯常居所，而且代理人以本人名义进行活动；或（2）第三人在该国境内设有营业机构，或虽无营业所但设有惯常居所；或（3）代理人在交易所或拍卖行进行活动；或（4）代理人无营业所。另外，按照该公约第 15 条规定，这种混合制度也适用于代理人与第三人间因代理人行使其代理权、超越代理权或无权代理所产生的关系，这与实践中各国有的主张适用无权代理人行为地法，有的赞成适用主要合同地法，有的倾向于适用代理人属人法或主营业所所在地法的绝对化做法是不同的。这种以多种连结点为基础所确定的准据法，能兼顾各方面的利益，增强法律适用的灵活性和可预见性，因此，它代表着今后的发展方向。

最后需要指出的是，在代理的法律适用，尤其是在有关代理权效力的法律适用中，还存在着一些特殊问题和特殊类型的代理所产生的问题，常常需要单独加以考虑。例如，在涉及与司法程序有关的代理（如诉讼代理）时，一般只适用法院地法；在涉及船长的行为能否约束船主和在某些情况下约束货主时，通常由船旗国法决定，而不适用行为地法；而有关法定代理的法律冲突问题，如法定代理是基于监护关系而产生，在国际私法上通常是由有关家庭法、夫妻财产法或继承法中的冲突规则来调整。

第 十 一 章
物权的法律冲突法

物权（right in rem）是指由法律确认的主体对物的直接管领并排除他人干涉的权利。罗马法称之为对世权。物权的基本特征在于：其权利主体是特定的人，而义务主体是不特定的；其内容是排除他人干涉的对物的直接支配权；其客体是物而不能是行为；物权具有追及效力，无论物权的标的位于何处，权利人都可以追及该物而主张权利。

根据物权法定主义原则，物权的种类是由法律具体规定的，但在不同的历史时期和不同的国家法律中，物权种类是不一样的。罗马法将物权分为所有权与定限物权两大类，而定限物权又分为役权、永佃权、地上权、质权、抵押权。后来，1804 年《法国民法典》除规定了所有权外，还规定了役权和担保物权。《德国民法典》正式从立法上创立物权的概念，在其物权篇中，除规定了所有权之外，还规定地上权、役权、先买权、土地负担、抵押权、土地债务、定期金债务、动产质权和权利质权。一般而言，物权可分为所有权、地上权、地役权、抵押权、质权、留置权、典权、永佃权等。其中，所有权属自物权，永佃权、地役权等属他物权。另外，物权还有用益物权和担保物权之分，前者如地上权、永佃权等，后者如抵押权、留置权等。我国现行民事立法没有使用"物权"一词，但关于属与物权的财产权利的规定是存在的。根据我国现行民事立法的规定，我国物权可分为两类：一是财产所有权；二是与财产所有权有关的财产权。

涉外物权关系因涉及不同的法律制度，而需要确立其准据法。国际上关于涉外物权关系法律适用的普遍原则是适用物之所在地法原则。

第一节　物之所在地法原则

一、物之所在地法原则的产生和发展

物之所在地法（lex loci rei sitae, lex rei sitae），即物权关系客体物所在地的法律。目前，在涉外物权关系中，物之所在地法是最普遍适用的法律。

物之所在地法原则的产生可追溯到 13、14 世纪的意大利。当时，"法则区

别说"的集大成者巴托鲁斯（Bartolus）针对意大利北部城市之间物权的法律冲突问题，提出不动产物权应适用物之所在地法。但他认为，动产物权应依当事人属人法。

随着资本主义经济关系的日益发展和巩固，国际民事交往更加频繁和复杂，不动产物权依物之所在地法得到资本主义国家的广泛支持和肯定。许多学者主张，不动产物权的法律适用问题，不管有关案件在哪个国家的法院审理，都应依物之所在地法来解决。在立法上，1804 年《法国民法典》第 3 条第 2 条款规定："不动产，即使属于外国人所有，仍适用法国法律。"1881 年《奥地利民法典》和 1865 年《意大利民法典》同样确定了不动产物权依物之所在地法的规则。英国和美国在审判实践中也采纳了这一作法。

《中华人民共和国民法通则》第 144 条明确规定："不动产所有权，适用不动产所在地的法律。"《最高人民法院关于贯彻执行〈中华人民共和国民法通则〉若干问题的意见（试行）》第 186 条更加具体、明确地指出："土地、附着于土地的建筑物及其他定着物、建筑物的固定附属设备为不动产。不动产的所有权、买卖、租赁、抵押、使用等民事关系，均应适用不动产所在地法律。"

至于动产物权的法律适用，目前，国际上一般主张同样适用物之所在地法，但取得这样的共识却经历了一个漫长的发展过程。前面讲过，巴托鲁斯主张物之所在地法只适用于不动产物权，而动产物权依属人法决定。在意大利"法则区别说"的影响下，欧洲各国发展和流行这样的规则，即"动产随人"（mobilia personam sequuntur）或"动产附骨"（mobilia ossibus inhaerent）或"动产无场所"（personalty has no locality），也就是说，动产物权适用所有人或占有人的住所所在地法来解决。近代的一些法典曾采用了这一规则，如 1794 年《普鲁士法典》、1865 年《意大利民法典》和 1888 年《西班牙民法典》。美国学者斯托雷（Story）曾说："动产的转移，如果依照所有人的住所地法是有效的，那么不论该财产在什么地方，都是有效的。"[①] 这句话被视为"一般规则"。当时，动产物权之所以依住所地法，是因为那时涉外民事关系相对来说还比较简单，动产的种类不是很多，其经济价值与不动产相比也较小，不具有不动产那样的重要性，而且它们一般存放于所有者的住所地。

然而，19 世纪随着资本主义经济和国际商品流转的进一步发展，涉外民事关系越来越复杂，流动资本增加，动产数目增大，资本的国际活动范围日趋扩展，动产所有者的住所地与动产所在地经常不一致，一个动产所有者的动产可能遍及数国，并涉及数国的经济活动，而动产所在地国也不愿意适用所有人

[①] 斯托雷：《冲突法评论》，1885 年英文第 8 版，第 384 节。

的属人法来解决位于自己境内的动产物权问题。这样,"动产随人"这一古老规则已不能适应实际需要,它遭到许多学者的反对和批判。德国法学家萨维尼就是其中之一,他倡导动产物权的设定和转移适用物之所在地法,传统的规则至多只能适用于动产的继承和夫妻财产制①。

从19世纪末开始,许多国家逐渐在立法和司法实践中抛弃了"动产随人"原则,转而主张不分动产和不动产,物权关系一律适用物之所在地法。例如,日本1898年颁布的《法例》第10条规定:关于动产及不动产的物权及其他应登记之权利,依其标的物所在地法。"1939年《泰国国际私法》第16条规定:"动产及不动产,依物之所在地法。"1982年《土耳其国际私法和国际诉讼程序法》第23条规定:"动产和不动产的所有权以及其他物权适用物之所在地法律。"所以,自20世纪以来,物之所在地法也成为解决有关动产物权法律冲突的基本原则。

二、物权关系适用物之所在地法的理论根据

物权关系为什么要适应物之所在地法?学者们提出过种种学说,主要有:

1. 主权说。这是法国学者梅兰(Merlin)提出来的。他认为,任何国家都有自己的主权,而主权是不可分割的;物权关系依物之所在地法是主权在法律适用方面的体现,因为任何国家都不愿意外国法适用于本国境内的物;如果在物权关系上适用外国法,主权将丧失其不可分割的性质。

2. 法律关系本座说。德国法学家萨维尼(Savigny)从他的法律关系本座说出发,认为物权关系之所以依物之所在地法,是因为物权关系的"本座"在标的物所在地,任何人要取得、占有、使用或处分某物,就必须委身于该物之所在地,并自愿受制于该地区所实施的法律。因此,也有人称之为"自愿受制说"。

3. 利益需要说。德国学者冯·巴尔和法国学者毕叶持这种主张。他们认为,法律是为了集体利益而制定的,物权关系适用物之所在地法是"集体利益"和"全人类利益"的需要。如果包括动产和不动产在内的物权不受物之所在地法的支配,则物权的取得和占有都将陷入不确定的状态,全人类的利益将因此受到损害。

4. 方便说和控制说。戴赛和莫里斯认为,有关不动产的所有权适用不动产所在地法是基于便利和适宜这样明显的理由。任何其他规则都没有如此有效,因为对土地的最后救济只能采取所在地法允许的方式。他们还指出,土地所在地的国家对于土地享有绝对的控制权,它自己可以对土地赋予有效的权

---

① 参见沃尔夫著、李浩培等译:《国际私法》,法律出版社1988年版,第721页。

利；自己的法院也享有对该土地的管辖权。因此，不动产物权应适用不动产所在地法。戴赛和莫里斯还归纳说，对财产法的许多问题适用所在地法的理由，一是所在地是第三人可以合理地寻求确定所有权的客观而易于确定的连结因素；二是所在地国对财产能进行控制，与所在地法冲突的判决通常不能生效。

我们认为，物权关系依物之所在地法，是物权关系本身的性质所决定的。首先，从表面上看，物权关系是人对物的关系，但究其实质，物权关系同其他民事关系一样，是人与人之间的社会关系，各国统治者从维护本国利益出发，总是希望以自己的法律来调整与支配同位于本国境内的物有关的物权关系。其次，物权关系也是一种人对物的直接利用的权利关系，权利人为了最圆满地实现这种权利，谋取经济上的利益，只有适用标的物所在地的法律最为适当。再次，物权关系的标的只是物，故标的物在物权关系中居于十分重要的地位。而物权就是人对标的物的权利；标的物只有置于其所在地的法律控制下，物权才能得到最有效的保障。最后，对处于某一国家的物去适用其他国家的法律，在技术上有许多困难，会使物权关系变得更为复杂，影响国际物权关系的稳定。因此，在物权关系的法律适用上，物之所在地法原则得到了普遍的支持和肯定。

三、物之所在地的确定

既然物之所在地法是物权关系最普遍适用的法律，物之所在地的确定就显得非常重要。

物作为物权的客体，是存在于人身之外、为人力所能支配而且能够满足人的某种需要的物体。物之所在地的确定，相对来说，不动产容易，动产难；有体物容易，无体物难。就有体物而言，物之所在地应为有体物在物理上的处所。

不动产是不能移动或移动就会损害其经济价值的物。其处所是固定的，其所在地的确定自然十分容易。而动产是可以移动的物，其处所常常带有短暂性和偶然性，不易确定，对于那些处于运动状态的动产来说尤其如此，故过去有"动产无场所"之说。动产的这种特性给其所在地的确定带来了困难。在实践中，对动产所在地的确定，一般采取如下两种办法：一是在冲突规范中对动产所在地加以时间上的限定。例如，1948 年《埃及民法典》第 18 条规定："占有、所有以及其他物权，不动产适用不动产所在地法，动产适用导致取得或丧失占有、所有或其他物权发生时该动产所在地法。"1982 年《土耳其国际私法和国际诉讼程序法》第 23 条第 3 款规定："动产场所的变化和尚未取得的物权，适用财产的最后所在地法律。"二是在冲突规范中，对一些特殊的动产物权关系的法律适用作例外规定，即不以物之所在地这一连结点为法律适用的根据，而以其他的连结点代替。如《土耳其国际私法和国际诉讼程序法》第23条第2款规定：运输中财产的物权适用财产送达地法律。"

物之所在地的确定是一个非常重要的问题，财产的转让、继承、外国政府的征收和国有化、遗产管理等许多问题都与其有关。在国际私法上，物的所在地的确定应参照法院地法，因为所有标志连结因素的概念一般均应依该法律解释。但外国法并非总是不相关的，有时法院地法会要求适用外国法。例如，英国法认为，公司的股份位于持有人和公司可以有效处置它的地方，但在外国公司的情况下，有效转让的地点只能依该公司成立国法确定。

四、物之所在地法的适用范围

（一）物之所在地法适用于动产与不动产的区分

从通常意义上讲，动产和不动产的区别在于物能否从一个地方移到另一个地方且不损害其经济价值，能移动之物为动产，不能移动之物为不动产。不过，在现实中，尽管各国法律对物属于动产或不动产一般都有明文规定，但往往并非只作上述这种简单的划分，而且不尽相同。例如，1811年《奥地利民法典》规定：池塘里的鱼和森林中的野兽为不动产。德国民法将临时房屋如展览用房屋视为动产。英国法视土地权利证书为不动产。在我国，1988年《最高人民法院关于贯彻执行〈中华人民共和国民法通则〉若干问题的意见（试行）》第186条规定："土地、附着于土地的建筑物及其他定着物、建筑物的固定附属设备为不动产。"这意味着其他物均为动产。由于各国在动产和不动产的区分上不完全一致，在国际民事交往中，当要决定某物为动产还是不动产时，国际上一般都主张依物之所在地法来进行识别。如1978年《奥地利联邦国际私法法规》第31条第2款规定："物的法律识别……依物之所在地国家的法律。"

（二）物权客体的范围由物之所在地法决定

笼统地讲，作为物权客体的物在范围上是十分广泛的，凡是存在于人身之外、能为人力所支配和控制并能够满足人们的某种需要的物，都能够成为物权的客体。但各国在这方面的规定并不完全相同。譬如，对于作为物权客体的物是否限于有体物，各国法律就有不同的规定。普通法系国家法律和法国民法明确规定物为有体物和无体物，这样，物权的客体既包括有体物，也包括无体物。而在德国民法和日本民法中，明确规定物为有体物，排除了无体物的概念，但在物权中规定权利可以作为物权的客体。此外，在哪些物可以分别作为自然人、法人或国家物权的客体方面，各国的规定也不尽相同。但无论如何，物权客体的范围只能由物之所在地法决定。

（三）物权的种类和内容由物之所在地法决定

物权的种类是由法律具体规定的。但是，在不同的历史时期和不同国家的法律中，物权的种类是不一样的。例如，1804 年《法国民法典》规定了所有权、役权和担保权三大类。1900 年《德国民法典》规定的物权包括所有权、地上权、役权、先买权、土地负担、抵押权、土地债务、定期金债务、动产质权和权利质权等 10 类。对于物权的种类和内容，各国一般都主张依物之所在地法确定。如 1987 年《瑞士联邦国际私法法规》第 100 条第 2 款规定："动产物权的内容与行使，适用动产所在地国家的法律。"

（四）物权的取得、转移、变更和消灭的方式及条件，一般由物之所在地法决定

物权的取得、转移、变更和消灭是基于一定的法律行为或法律事实的发生，各国法律对其方式及条件都有自己的规定。这些问题在实践中一般根据物之所在地法决定。例如，1978 年《奥地利联邦国际私法法规》第 31 条第 1 款规定："对有形物物权的取得与丧失，包括占有在内，依此种取得或丧失所依据的事实完成时物之所在地国家的法律。"

对于物权变动的方式及条件，也有主张区别因法律行为而变动和因事实行为而变动而分别确定准据法。在因法律行为而发生物权变动时，物权法律行为的成立和效力，一般应依物之所在地法。如 1946 年《希腊民法典》第 12 条规定："物权的法律行为的方式适用物之所在地法。"但对当事人行使物权的行为能力，大陆法系各国一般主张适用当事人属人法，《德国民法施行法》出于对本国贸易的保护，也主张兼采行为地法。英美普通法系国家则主张：物权的法律行为方式，例如登记或进行处分的法律行为方式（如土地抵押设定方式、房屋让渡方式、财产租赁方式等），概依行为地法。但也有人主张区分物权行为和债权行为分别确定准据法。在因法律行为以外的事实或事实行为（例如无主物的占有、遗失物的拾得、埋藏物的发现等）而发生物权变动时，一般都主张只适用物之所在地法。

（五）物权的保护方法由物之所在地法决定

在民法上，物权的保护方法主要有物权人请求停止侵害、排除妨碍、恢复原状、返还原物、消除危险、确认其所有权或其他物权存在、损害赔偿等。物权人是否有上述请求权以及如何行使均应依物之所在地法决定。

我国《民法通则》只规定："不动产的所有权，适用不动产所在地的法律"（第 144 条）。但 1988 年最高人民法院《关于贯彻执行〈中华人民共和国民法通则〉若干问题的意见（试行）》第 186 条却指出："不动产的所有权、买卖、租赁、使用等民事关系，均应适用不动产所在地法律。"该《意见》还规定，动产的租赁关系应适用出租人营业所所在地法。

五、物之所在地法适用的例外

虽然物之所在地法在物权关系的法律上运用得非常广泛，但由于某些物的特殊性或处于某种特殊状态之中，使某些物权关系适用物之所在地法成为不可能或不合理，因而在各国实践中，这一原则并不是解决一切物权关系的惟一原则。归结起来，物之所在地法适用的例外主要有如下几个方面。

（一）运送中的物品的物权关系的法律适用

运送中的物品处于经常变换所在地的状态之中，难以确定到底以哪一所在地法来调整有关物权关系。即使能够确定，把偶然与物品发生联系的国家的法律作为支配该物品命运的准据法，也未必合理。而且，运送中的物品有时处于公海或公空，这些地方不受任何国家的法律管辖，并不存在有关的法律制度。因此，运送中物品的物权关系不便适用物之所在地法。在实践中，运送中的物品的物权关系的法律适用问题主要有如下解决办法：（1）适用送达地法。如1989年《瑞士联邦国际私法法规》第101条规定："对运送中的货物的物权的取得与丧失，由目的地国家的法律支配"。土耳其和南斯拉夫的国际私法也作了类似规定。（2）适用发送地法。如1964年捷克斯洛伐克《国际私法及国际民事诉讼法》第6条规定："依照契约运送的货物，其权利之得失，依该标的物发运地法。"（3）适用所有人本国法。如1939年《泰国国际私法》第16条第2款规定："把动产运出国外时，依起运时其所有人本国法"。在理论上，还有学者主张适用交易时物品实际所在地法或转让契约的准据法。

不过，运送中的物品并不是绝对不适用物之所在地法的。在有些情况下，如运送中物品的所有人的债权人申请扣押了运送中的物品，导致运送暂时停止，或运送中的物品因其他原因长期滞留于某地，该物品的买卖和抵押也可适用该物品的现实所在地法。

（二）船舶、飞行器等运输工具之物权关系的法律适用

由于船舶、飞行器等运输工具处于运动之中，难以确定其所在地，加上它们有时处于公海或公空，而这些地方无有关法律存在，因此，有关船舶、飞行器等运输工具的物权关系适用物之所在地法是不恰当的。国际上，一般主张有关船舶、飞行器等运输工具的物权关系适用登记注册地法或者旗国法或标志国法，如1978年《奥地利联邦国际私法法规》第33条第1款规定，水上或空中运输工具的物权依注册国的法律，但铁路车辆依在营业中使用该车辆的铁路企业有其主营业所的国家的法律。

（三）外国法人终止或解散时有关物权关系的法律适用

外国法人在自行终止或被其所属国解散时，其财产的清理和清理后的归属问题不应适用物之所在地法，而应依其属人法解决。不过，外国法人在内国境

内因违反内国的法律而被内国撤销时，该外国法人的财产的处理就不一定适用其属人法了。

（四）遗产继承的法律适用

遗产继承的法律适用分为两类：一类为单一制，即不将遗产区分为动产和不动产，遗产继承适用同一法律。在实行单一制的国家中，有的根本不考虑遗产继承适用物之所在地法，而主张适用被继承人的属人法。如《布斯塔曼特法典》第 144 条规定："法定继承和遗嘱继承，包括继承顺序、继承权利的数量和处分的内在效力，不论遗产的性质及其所在地，均受权利所由产生的人的属人法支配"。另一类为区别制，即将遗产区分为动产和不动产，分别适用不同的法律。一般来说，实行区别制的国家主张，动产遗产的继承适用被继承人死亡时的属人法，不动产遗产的继承适用不动产所在地法。例如，1972 年《加蓬民法典》第 53 条明确规定："继承关系，（1）不动产，依不动产所在地法；（2）动产，依死者最后住所地法。"由上述可见，在遗产继承方面，物之所在地法并不是处处适用的。

第二节　不动产物权

一、不动产物权的含义

不动产（immovable）即不可移动的财产，通常指土地、房屋及其他建筑物等不能移动或移动将损失其经济价值的物。但各国对于不动产与物产的划分并不完全一致。如法国民法规定的不动产范围较广，凡非改变其原质及形体不能移动之物，都是不动产。同时，就为土地及建筑物等不动产的收益和利用所设置的物，如种子、农业用具、耕用家畜、池塘中的鱼类、巢中的蜜蜂、房屋内的设置、树上的果实以及不动产的收益权统统也是不动产。在德国、日本民法中，不动产的范围要狭窄一些，仅把"土地及固定在土地上的物"称为不动产。英国在 1925 年财产法颁布以前，不动产的范围较广，包括土地，按普通法和不动产一起转移继承的动产、英国贵族的称号、某些享有不动产权利的股份公司的股票等；1925 年财产法颁布后，则将财产分为土地和动产（chattels）。美国关于动产与不动产的划分与英国基本相同，但有些州把展览用的建筑物也视为动产。

二、不动产物权的法律适用

对于涉外的不动产物权，国际上普遍承认和接受的是适用物之所在地法，这也成为国际私法上争执最少的规则。

由于不动产物权的标的物是土地及其定着物，它们都依附于一定的地点而不可移动，物之所在地对其具有最大程度的控制，因而物之所在地法常常希望适用于它管辖下的不动产。而且，适用物之所在地法，对当事人来说是比较便利的，也有利于保证结果的确定性和一致性。在这个领域，几乎没有什么例外情况。

关于物之所在地法对不动产物权的效力范围，包括如下几方面：

1. 动产与不动产的划分；

2. 不动产所有权客体的范围；

3. 不动产所有权取得之方式及转移、变更和消灭的条件；

4. 不动产所有权的内容；

5. 不动产所有权的保护方法。

不动产所在地法还适用于以下事项：

1. 占有或转让不动产的能力。除非当事人依据所在地法有占有不动产的能力，他将不能具有所有权。同样，当事人通过买卖、抵押或遗赠转让不动产的能力，也由不动产所在地法决定。英国法院的非洲银行有限公司诉柯恩（Bank of Africa Ltd. v. Cohen）案和加拿大法院的兰德利诉莱卡贝尔（Landry v. Lackapelle）案①都是支持这一规则的典型案例。

2. 处置的形式。不动产转让的形式有效性由所在地法决定。这通常指，转让应遵守所在地的内国法对不含外国因素的纯国内交易所规定的形式要求。但并非在所有情况下都应遵守当地的形式。一切依赖于所在地法自身的规定。

3. 转让的实质有效性。不动产转让的实质有效性也由所在地法决定。换句话说，不动产所在地法决定所允许的土地上利益的性质和范围，支配不动产的占有、所有和继承。

4. 时效和期间。不动产或土地的所有人或占有人是否通过一定的期间而获得所有权的问题，由所在地法决定。

第三节　动　产　物　权

一、有体动产物权的法律适用

（一）住所地法

传统上，一般认为"动产无场所"，"动产随人"，动产物权因而一般适用当事人住所地法。但是，在现代商业中，动产随人不是完全正确的。现代学者

---

① 戚希尔和诺斯：《国际私法》，1992年英文版，第787~788页。

和大多数法官都认为，"动产随人"的格言在今天只意味着动产继承受死亡人属人法支配。现在普遍认为，允许任一当事人在动产转让纠纷案件中援引其住所所在地法，不但在商业上是不现实的，而且违反自然正义和当事人的正常期望。同时，还有可能损害无辜的第三人。另外，适用当事人住所地法还存在哪一方当事人的住所是决定性的问题。而且，如果一方当事人的住所是决定性因素，准据法还会随着哪一方当事人提起诉讼而变化①。

（二）所在地法

一些学者提出，动产物权也应适用物之所在地法。这一理论具有明显的优点。当请求人有不同的住所或在不同国家交易时，所在地法有明显优势可以作为一个单一和排他的法制，从而作为相冲突的请求的独立裁决者。而且，其控制权可以满足相关人的期望，因为当事人自然地认为交易受标的物当前所在地法支配是顺理成章的事。

不过，在有些情况下，适用所在地法显得有些武断。例如，存储于意大利那不勒斯仓库的商品被其所有人——伦敦进口商，通过一个在英国生效的合同卖给另一伦敦人，这里就没有什么明显的理由要对商品的所有权适用意大利的法律。然而，所在地法也受到较好的政策理由的支持。瑞士学者拉里夫教授指出，两个决定性的因素是："第一，所在地国对动产具有有效的权力；第二，所在地法的排他性适用本身就可以满足国际交易中的安全需要。"②

（三）行为地法

关于行为地法，只有极少数的案例采用。例如在英国，罗默尔（Romer）法官在奥尔柯克诉史密斯（Alcock v. Smith）案中指出："一般地……转让人和受让人的权利受转让发生地法支配……"但适用行为地法并没有太多的根据，仅仅是交易在一个特定地方完成的事实并不构成承认当地法控制的足够理由。

（四）支配转让行为的自体法

最后一个支配动产转让问题的是与交易有真实联系的国家的法律，也即支配转让的自体法，类似于支配合同的自体法。在许多情况下，该法的确定并不困难，但有时会产生比较复杂的问题。如居所和住所都在英国的人，将位于那不勒斯的商品卖给居所和住所都在荷兰的另一人，没有更多的事实，便很难确定该案的准据法。

看来，在上述四种法律中，选择应在所在地法和转让的自体法之间。然而，不能说每一法律排他性地支配产生于特定转让的所有问题。其选择基本上

---

① 戚希尔和诺斯：《国际私法》，1992年英文版，第795页。

② 拉里夫：《冲突法中动产的转让》，1955年英文版，第115页。

依赖于有关问题是合同性质的还是所有权性质的。对于合同性质的问题，多适用该合同的准据法，而对所有权性质的问题，则以适用所在地法为主。

总而言之，现在的理论是倾向于所在地法规则，即特定动产的转让效果排他性地受其转让时所在地国法支配。对动产采用所在地法，最重要的原因是基于商业上的便利。英国学者戴赛和戚希尔等均支持这种主张。沃尔夫指出："物之所在地是物权的自然中心。"所以，由物之所在地法决定相关问题是恰当的。日本、泰国、土耳其、奥地利等国的国际私法立法以及《布斯塔曼特法典》都明确规定了动产所在地法的适用。

二、无体动产物权的法律适用

无体动产（intangible movable）是与有体动产相对应的概念，它指不以实体形态存在的财产。这类动产由于不以实物形态存在，其所在地难以确定，因而其法律适用问题采用了与有体动产物权不同的规则。

按照英国学者的理解，无体动产可以分为以下几方面：（1）诉权；（2）由一些文书所代表的、不仅可以交割而且在现代社会还可以作为独立物流通的权利。前者如产生于借贷或正常商事活动的债，后者如流通票据和股票（股份）。这里只谈谈股份的法律适用。

股份（shares）首先与其发行公司的所在地相联系，因为一般的规则是它只能通过在股东登记簿上以受让人的名义代替出让人的名义而有效转让。该登记簿通常保存于公司的主营业地，尽管也可能存在为记录交易而在其他国家设置的登记分部。国际私法的规则是，股份视为位于股东与公司之间能有效处置股票的所在国。换句话说，只能通过登记才可转让的股份位于该登记簿被保存的国家。如果一个公司在多个国家保存登记簿，转让可在任一处予以登记，则任何特定股票位于何处的问题依赖于按照正常商业程序转让被登记的所在国。

股票的转让的效力可以分为两个方面，一是对公司的效力，一是对转让当事人以及对股票提出请求的人的效力。因此，关于股票的法律适用就可分为以下两个方面：

1. 关于股票的转让对公司的效力，由股票所在地法决定。这主要是因为该事项与公司的联系较为密切，所以应较多地考虑公司所在地法的规定，在通常情况下也就是股票登记簿保存地，即股票所在地法律的规定。作为公司，其各方面事务自然受所在地法的影响较大，而所在地的社会公共利益也自然会提出这样的要求。例如，一个成立于纽约的公司股票的发行，应遵守纽约州法的规定。另一方面，如果该公司的某一股份在伦敦被转让，则应由纽约法来决定该转让是否使受让人经登记而成为股东。受让人对公司的权利完全取决于该法。

2. 关于股票对转让关系当事人及第三人的效力，则由转让交易的自体法决定，实际上在所有情况下就是证券交付地法①。还举上面的例子来说，受让人是否通过交易而有权持有股票的问题受英国法支配。如果英国法决定支持受让人，则他是否能够要求登记作为股东就是一个纽约法决定的事项。

股份的转让是一个独立的交易关系，双方当事人或者相关的第三人的权利义务是由该交易关系派生出来的。很大程度上讲，受让人能否通过交易获得该股份与公司的关系不大，也与公司所在地法关系不大。真正对其具有决定意义的，乃是该项交易关系的准据法。因而，对于转让对相关当事人的效力问题，应该适用交易关系的准据法。对于第三人的效力，也是基于同样的道理，而适用交易关系的准据法。因为进一步讲，第三人不可能依据其他法律对有关予以转让的股份提出请求。一般情况下，交易关系的准据法也已经对转让条件、转让对当事人及第三人的效力、转让的撤回等作出了规定。这也为上述问题适用交易关系准据法奠定了基础。戴赛和莫里斯指出，"自愿转让权利的出让人和受让人对另一人（债务人）的相互义务，受适用于出让人和受让人之间的合同的法律支配。""支配有关转让的权利的法律决定其可转让性、受让人与债务人的关系、转让可以援引以对抗债务人的条件以及债务人的义务是否被解除的任何问题。"②

第四节　国有化问题

国有化（nationalizaion），通常是指主权国家或政府依据本国法律，将某些原属私人（包括外国自然人和法人）所有的财产和权利收归国有，由国家或它的机构加以控制和使用并予以一定补偿的一种法律措施。与"国有化"概念相似但又有区别的还有三个概念，即"征用"（requisition）、"没收"（confiscation）和"征收"（expropriation）。"征用"通常是指政府在紧急情况下为了公共利益而在一定期限内对私人财产予以征收使用，并给予一定补偿的一种措施。"没收"是指政府将私人财产永远收为公有、不给予任何补偿的一种措施。"征收"是指政府为了公家需要依法将私人的财物或企业收归公有，政府将给予补偿，也可能不给予补偿。在这里要研究的是含有涉外因素的国有化，它主要涉及两个方面的问题。

---

① 戚希尔和诺斯：《国际私法》，1992 年英文版，第 824 页。
② 戴赛和莫里斯：《冲突法》，1993 年英文版，第 979 页。

一、国有化法令对本国人在外国的财产的效力

国有化法令对本国人在外国的财产的效力，也即国有化法令的域外效力。实践中，产生国有化法令域外效力问题的通常有两种情况：

1. 一国实行国有化后，该国的某个公司将国有化的财产通过贸易转移到国外，该财产的原所有人主张对财产的权利，这时该外国法院就面临着是否承认外国国有化法令的域外效力的问题。对于这种情况，为了维护本国的经济利益，资本主义国家往往采取实用主义的态度，承认外国国有化法令的域外效力。在 1956 年的海尔伯特威格公司（Re Helbert Wagg & Co. Ltd.）案中，英国法院指出："英国和大多数国家的法律的基本原理是，一般来说，应承认每一文明国家有权对位于该国的动产立法——其他国家应承认这一立法能够有效地变更动产的所有权……"戴赛等人也指出，英国法院应尊重其他国家的独立主权以及法律的效力。

2. 一国的国有化法令对被国有化的本国企业位于国外的财产是否有效。对于这种情况，资本主义国家的国际私法理论和实践往往否认别国国有化法令的域外效力。戴赛和莫里斯指出，在国际公法上，一国的管辖权延伸于其国民及其财产，不管他们位于何处，但外国政府干预其国民位于国外的财产的权力在英国从来没有被承认过。在前述的案件中，法官阿普琼（Upjohn）指出，现代的趋势是否认立法对于位于国外的财产的效力的。达夫林（Davlin）法官在一个案件中也指出："简单的规则是位于英国的财产服从英国法而不是其他。"他特别指出，不承认外国立法的域外效力的一般原则不限于征收和惩罚性立法，不管外国立法是否达到完全否定所有权或者它是否给予补偿，该原则同样适用①。

总的来看，否定外国国有化法令的域外效力的理由大致如下：（1）外国国有化法令或措施是惩罚性的，其效力不及于国外；（2）违反公共政策；（3）以物权适用物之所在地法来否定国有化法令的域外效力；（4）以有关外国未被承认为由，拒绝承认其国有化措施的域外效力。

二、国有化法令对外国人在本国的财产的效力和补偿

关于国有化法令或措施对外国人在本国境内的财产的效力，原来各国依习惯国际法上禁止征收外国人财产的规则，拒绝承认。但近些年来，由于主权原则受到广泛尊重，同时由于国际社会的合作不断增强，各国一般倾向承认外国国有化法令对位于其境内的外国人的财产的效力。事实上，因为相关财产就处

---

① 戴赛和莫里斯：《冲突法》，1993 年英文版，第 990~994 页。

于该国的实际控制之下，其效力实际上已经产生。在前述的海尔伯特威格公司案中，阿普琼法官指出，法院不追究外国政府在其境内的行为的合法性的原则，不限于涉及外国国民的情况。美国最高法院在古巴国民银行诉沙巴蒂诺（Banco Nacional de Cuba v. Sabbatino）案中也指出，在缺乏条约或其他协议的情况下，法院不追究外国政府在其境内占有财产的效力，即使宣称该行为违反习惯国际法①。但是，各国在承认该效力的同时，通常还要求所在国给予一定的补偿。

关于对境内外国人的财产被国有化后是否给予补偿的问题，各国的做法有所不同，归结起来大致有三种：（1）不予补偿；（2）给予"充分、有效、及时"的补偿；（3）给予"适当、合理"的补偿。对外国人的财产实行国有化而不给予补偿，在一定程度上讲不符合正义的要求；而要求给予"充分、有效、及时"的补偿也是不符合公认的国际法原则。国际法的历史发展表明，传统的"充分、有效、及时"的补偿标准正逐渐由新的标准所代替，即"适当、合理"的补偿标准。这一新的原则不仅规定在众多的双边条约中，而且也被一系列国际文件，如联合国大会通过的《关于自然资源永久主权的决定》和《各国经济权利和义务宪章》，以及国际实践所确认，从而逐渐成为各国普遍接受一项国际法原则。

三、我国关于国有化问题的立场和实践

中华人民共和国成立之初，我国对一些帝国主义国家在华财产采取了区别对待的方法，即对控制我国国计民生的、带有垄断性的主要工商业采取没收，对一般外国人的财产则采取征用等方式，将其财产权收归国有。改革开放以后，我国加强了对外联系和经济交往，并在宪法和有关法律中明确规定，允许外国自然人、法人在我国投资设厂，或与我国企业合资兴办企业。我国对外国投资者的财产一般不征收、不征用，更不会进行大规模的国有化；即使在将来非常特殊的情况下，确有必要没收、征用或国有化时，亦会给予外国投资者合理的、不低于原财产价值的补偿。

我国政府的上述立场不但在我国的国内立法，而且在我国签订的双边投资保护协定中都有规定。如1986年的《中华人民共和国外资企业法》和1990年第七届全国人民代表大会《关于修改中外合资经营企业法的决定》都强调，国家对外资企业和合营企业不实行国有化和征收，在特殊情况下，根据社会公共利益的需要，对外资企业和合营企业可以依照法律程序征收，并给予相应的补偿。另外，我国同美国、加拿大、罗马尼亚、德国、法国、意大利等国签订

---

① 戴赛和莫里斯：《冲突法》，1993年英文版，第997页。

的双边投资保护协定中通常约定了以下内容：（1）只有根据公共利益的需要，按照法律程序，并且是非歧视性的才可以对外国投资者的财产实行征收和其他相同效果的措施。（2）征收所给于的补偿，其价值与采取征收或其他相同效果措施之时的被征收财产的实际价值相等。（3）对投资的保护和补偿发生争议，可由双方协商解决。在一定时间内未获结果的，可提交仲裁，仲裁应根据双方所签协定和一般国际法原则进行。（4）如缔约国一方根据其对在缔约另一方领土内的某项投资所作的保证向投资者支付款项，缔约另一方应承认缔约一方对投资者的权利和义务的代位求偿权，但代位求偿权只能在经过国内司法救济和仲裁仍不能解决以后才能行使。

第五节　信　　托

一、信托的概念与特征

（一）信托的概念

信托（trusts）通常指委托人将财产权转移于受托人，受托人依信托文件所定，为受益人或特定目的而管理或处分信托财产的法律关系。它是一种转移与管理财产的制度，起源于英美衡平法，后为大陆法系的日、韩等国所继受。

关于信托的起源，一般认为是中世纪英国的"用益设计"（uses）。不过关于"用益设计"是来自于罗马法上的"遗产信托"（fidei commissum）还是源于日尔曼法上的"受托人制度"（salmen），目前还没有定论。早期的"用益设计"只是为消极地规避英国法律对财产转移与处分所加的限制与负担，但并不为普通法法院所承认。其具体做法是甲将自己的财产转给乙，由乙为丙的利益管理、处分该财产。按当时的普通法，乙即成为法律上的所有权人，但依约定要为丙的利益而持有财产权。用益设计直到 15 世纪才被衡平法法院承认，并赋予其衡平法上的效力予以执行。由于用益设计的合法化损害了国王与诸侯的利益，于是亨利八世于 1535 年颁布用益法，来对抗并最终取消用益设计。为规避该法的适用，17 世纪以后，英国人民又创造出"双层用益"的制度，即甲将土地转让给乙，规定乙为丙的用益、丙为丁的用益而占有土地。这样使第一层用益适用"用益法"，第二层用益不适用该法并经衡平法法院确认而具有效力，所以由于该案本身的疏漏以及衡平法法院的再度介入，其消除用益设计的企图遂告破产。

由于双层用益的出现，衡平法遂称第二层为"trust"即信托，以示区别。后来又将所有不适用用益法的用益设计统称为信托。1925 年，英国颁布了

《财产法》，废除了用益法。从此所有信托都可以采用用益法颁行前设立用益设计的方法予以设立，实际上使用益设计与信托的区别取消而完全统一于信托的概念之中。现代信托制度由此得以确立。

（二）信托的法律特征

1. 所有权与利益相分离。信托一旦设立，委托人转移给受托人的财产就成为信托财产。信托财产所有权的性质极为特殊，表现为所有权与利益相分离。一方面，受托人享有财产所有权，他可以像真正的所有人一样管理和处分该财产，并与第三人交易。但另一方面，他又不能为自己的利益使用信托财产。信托制度所有权与利益相分离的特性使其区别于行纪和代理。

2. 信托财产的独立性。信托的有效设立，使信托财产从委托人、受托人以及受益人的自有财产中分离出来，而成为一项独立运作的财产，仅服从于信托目的。"信托一旦设立，信托财产即自行封闭与外界隔绝"。信托财产的独立性使其区别于遗产管理。

3. 有限责任。信托的有限责任源于信托财产的独立性。在信托事务的处理过程中，只要受托人没有违反信托和已尽了职守，即使未能取得信托利益或造成了信托财产的损失，受托人也不以自己的财产负个人责任。在处理信托事务致第三人损害时，对于委托人和受托人来说，充其量不过是以全部信托财产赔偿，绝不产生以其自有财产负无限个人责任的法律后果。

4. 信托管理的连续性。信托管理的连续性主要体现在以下几个方面：（1）信托不因受托人的欠缺而影响其成立。衡平法上的格言称："法院不会因欠缺受托人而宣告信托无效。"（2）已成立的信托不因受托人的更迭而影响其存续。（3）公益信托不仅具有上述两方面的连续性，而且还因"类似原则"具有特殊的连续性，即当公益信托所定的公益目的不能实现或无意义时，只要委托人在信托文件中有将全部财产用于公益事业的一般性意思，则公益信托并不中止，法院将信托财产运用于初始信托"尽可能类似"的其他一些公益目的之上，从而使公益信托继续存在下去。

二、两大法系信托制度的区别

尽管信托制度在英美法系形成后，也被大陆法系国家所采用，但两大法系在信托制度的不少方面还存在着差异：

1. 信托定义的区别。英美法的定义，采用"目的导向"或"结果导向"模式，侧重于描述信托的法律效果，从而赋予法官较大的裁量权，赋予信托更大的弹性功能。而大陆法系的定义则是"要件导向"思维模式，侧重于规定信托的成立要件。这样就大大限制了信托的种类和功能。因此，英美法系的消极信托（受托人不负担积极行为义务）、宣言信托（委托人无须转移信托财产）在大陆法上是否构成信托都存在疑问，而拟制信托（法院拟制当事人间成立信托以达到衡平目的）更是不被承认。

2. 信托财产权的构成不同。英美法上信托财产权的构成为"二元所有权"，受托人享有"法律上的所有权"（名义所有权），受益人享有"衡平法上的所有权"（实质所有权）。信托财产权在英美法是所有权的分支。而大陆法承袭了罗马法的"一元所有权"观念，尽管所有权的一项或几项权能可以从中分离出来，但所有权的"弹性力"还是保证了所有权的完整性和单一性，所有权本身不可分割。但大陆法系国家将受益人的权利视为受益权，使之债权化，从而呈现出"物权——债权"模式。

3. 信托制度内容的不同。这主要体现在：（1）委托人地位的区别。英美法的信托一旦有效设立，委托人便与信托关系相脱离，除非其在信托文件中对某些权利提出保留，原则上对信托财产和受托人不享有任何权利。而大陆法的日、韩等国却使委托人于信托设立后居于信托关系人之地位，享有诸多方面的权利[①]。（2）信托管理人的设计不同。在英美法，除公益信托外，并无通过他人保障受益人的特殊设计。而日、韩信托法则特别设计信托管理人制度，以加重特殊情况下对受益人的保护，即在受益人不特定或尚不存在或其他为保护受益人的权利认为必要时，法院可因利害关系人的请求或依职权选任信托管理人；信托管理人应为受益人利益，以自己的名义从事与信托有关的诉讼或诉讼外的行为。（3）受托人责任不同。在英美法上，严格奉行受托人的有限责任原则，只要不是故意，不管何种情况，均只以信托财产为限承担责任。但日、韩信托法则有"补偿本金与补足利益条款"，作为上述原则的例外，即在受托人承受运用方法不特定的金钱信托时，可与委托人约定由受托人保证本金不受损失并保证最低收益率。若保证落空，即使受托人善尽职守，也得补偿本金或补足最低收益。

4. 信托的生效要件不同。英美法的信托制度早于契约的形成，因此生前信托行为不属契约，受托人的欠缺不影响信托的有效成立。而日、韩等国信托法在继受之时，已形成完备的契约法制，为与已有法制相协调，一律视生前信托行为为契约。另一方面英美法承认宣言信托，因委托人与受托人实际上为同一人，故无需转移信托财产。日、韩等国不承认宣言信托，故所有信托都必须有转移信托财产之行为。

此外，在当事人的意思表示、委托人占有瑕疵的处理方面，两大法系的作法也有不同。这就导致在涉外信托关系中，出现法律冲突而需确定准据法。

---

① 参见《日本信托法》第16、23、27、29、40、41、43、47、49等条文。

三、涉外信托关系的法律适用

对于涉外信托关系的法律适用，在早期由于信托主要是关于土地方面的，因而物之所在地法规则占有支配地位。英国和加拿大的法院在 20 世纪上半期之前往往并不考虑更多的连结点和可供选择的法律，而是满足于单纯适用物之所在地法或委托人的住所地法。但在第二次世界大战之后，这种情况发生了很大变化。变化的主要标志是信托关系适用法律的灵活化，尤其是信托贸易关系也采用了当事人意思自治原则和最密切联系方法，这在契约法律适用方面被称为"自体法"理论，即信托关系通常适用当事人选择的法律，如无此项选择时，则适用与信托有最密切、最真实联系的法律。发生这种变化的主要原因，一是信托制度已不再局限于土地等不动产，而开始转向包括动产甚至是无体动产在内，也就是说信托财产的范围在扩大。二是信托制度走出英美法系国家，被不少大陆法系国家所接受，从而使涉外信托关系的法律适用更多地与各国的国际私法理论和实践相结合，在连结点上则趋向多元化。

四、关于信托的准据法及其承认的公约

信托的法律适用问题较早就引起了海牙国际私法会议的注意。1985 年 7 月 1 日，海牙国际私法会议通过了《关于信托的准据法及其承认的公约》（以下简称《信托公约》）。到目前为止，共有 8 个成员国签署，并已对澳大利亚、加拿大、意大利和英国四个国家生效。制定公约的主要动因并不是那些熟悉信托法的国家关于信托的国际私法不太令人满意，而是由于在不熟悉信托制度的国家可能会产生关于信托的效力和受托人的权力问题。《信托公约》作为国际社会统一信托法律适用问题的努力，一定程度上代表了当今信托法律适用的主要趋势和发展方向。公约共分五章 32 条，第一章规定公约的适用范围，第二章规定信托的准据法，第三章规定对信托的承认，第四章为一般条款，第五章是最后条款。其主要内容是：

（一）公约的适用范围

公约的目的是建立信托准据法的普遍规则，并处理有关信托承认中的最重要的问题。因此，公约确定适用于信托的法律并支配其承认事项。

关于公约是否只适用于普通法上信托制度的问题，公约的规定是否定的。它不仅适用于普通法中的信托制度，而且也适用于符合公约第 2 条规定标准的其他法系的类似制度，如日本、埃及、波兰、卢森堡和委内瑞拉等国家存在的类似普通法系信托的法律制度。在起草该公约时，国际清算银行的代表强烈反对公约适用于"商事信托"，认为普通法系非常不严格的商事信托会危及大陆法系国家对当事人或第三人的保护。但公约中没有明确规定不适用于商事信

托，因为商事信托的概念难以界定，公约采取了一些其他措施将商事信托排除在其适用范围之外。

由于信托概念在不同的国家存在一定的区别，而且公约是"开放性"的而非"互惠性"的，导致适用信托效力及其承认的法律可能不是缔约国法，因此公约第2条对信托的定义作了描述。根据公约第2条的规定，"为本公约的目的'信托'指一个人，即委托人——在生者之间或因死亡——为受益人的利益或特定目的把财产置于受托人控制之下时，所产生的法律关系。"

"信托具有如下法律特征：

（1）财产构成独立的资金，且不是受托人财产的一部分；

（2）信托财产的所有权是以受托人的名义，或者以为受托人利益的其他人的名义；

（3）受托人就其所负责的方面，有权力和责任按照信托条款或法律规定的特别义务，管理、使用或处置财产。

受托人对某些权利的保留，以及受托人有权自己作为受益人的事实，并不必然与信托的存在相矛盾。"

公约同时又强调，它只适用于自愿设立的且有书面文书证明的信托，但公约也允许成员国将公约的适用范围延伸于法定信托。公约不适用于以下事项：（1）有关遗嘱或者将财产转移至受托人的其他行为的效力的先决问题。所以，受托人是否具有有效的所有权而为受益人的利益占有财产，受适用于财产转移的一般规则的支配。如果设立信托的文件依其准据法为有效，但所在地法却不允许受托人占有该财产，则信托也会无效。这一定程度上降低了信托的确定性。（2）公约第二章确定的法律没有对有关信托或信托种类作出规定。

（二）信托的准据法

1．准据法的确定

公约关于信托的准据法的规定主要是当事人意思自治原则。但这里与一般合同法律适用的意思自治原则有所不同。公约指出，"信托受委托人（settlor）选择的法律支配"。选择应是明示的，或者隐含在订立或书面信托的文件的条款中，并且如果必要，是按照案件情况解释的。但是，如果所选择的法律没有就有关的信托或该种信托作出规定，也即有关国家对某些信托不承认当事人的意思自治，则选择无效，而应适用第7条的规定，即适用最密切联系的法律。

公约第7条规定，在没有选择准据法时，信托受与其有最密切联系的法律支配。在确定信托与其有最密切联系的法律时，应主要考虑以下方面：

——委托人指定的信托管理地；

——信托财产的所在地；

——受托人的居所地或营业地；

——信托的目的以及实现信托目的的地方。

不过，这里规定的几个因素并非是排他性的。在实践中，法院还可以考虑其他因素，如住所等。对于相关因素的重要性，只能在个别案件中根据具体情况来衡量①。

关于确定最密切联系的时间，根据公约下文关于准据法变更的规定，应为信托成立时。

公约还指出：（1）信托贸易的准据法指一国的现行法律规范，即实体法，而不包括其冲突法。（2）信托的可以分割的方面，特别是管理事项，可以受信托的准据法之外的其他法律支配。（3）适用于信托效力的法律，也决定该法或支配信托的可分割的某方面的法律是否可以由其他法律来代替。也就是说，准据法的变更仍由支配信托效力的法律来决定。

2. 准据法的适用范围

公约第 8 条明确规定，信托的准据法支配信托的有效性、成立和效力以及信托的管理。所以，尽管公约规定可分割的部分可以受不同的法律支配，但其出发点是所有这些问题都应受相同的法律支配。因而，即使信托财产包括动产和不动产，也应适用与信托相同的法律②。

第 8 条进而也规定了一些特别受准据法支配的事项，即：

（1）受托人的任命、指定或更换，作为受托人行为的能力以及受托人事务的授权代理；

（2）受托人自己之间的权利义务；

（3）受托人全部或部分代表履行义务或行使权力的权利；

（4）受托人管理或处置信托财产、在信托财产上设置担保利益或获得新财产的权力；

（5）受托人投资的权力；

（6）信托延续以及累积信托收入的权力的限制；

（7）受托人与受益人的关系，包括受托人对受益人的个人责任；

（8）信托的变更或终止；

（9）信托财产的分配；

（10）受托人说明其管理的义务。

这里公约的规定也不是绝对的，有关的其他事项同样也可以受信托的准据法支配。

（三）信托的承认

---

① 戚希尔和诺斯：《国际私法》，1992 年英文版，第 886 页。

② 莫里斯：《法律冲突法》，1984 年英文版，第 425 页。

公约第三章是关于信托承认的规定，尤其是对大陆法系国家来讲，信托的承认具有更大的实践上的重要性。事实上，信托的承认也是公约的重要目的之一。

公约第 11 条规定，按照公约确定的冲突法规则而成立的信托应被承认。接着，公约又规定了承认的含义和效果。这其实主要是为不熟悉信托的国家而设。

"这样的承认最低应意味着信托构成独立的资金，受托人可以受托人的能力起诉和被诉，而且可以以这种能力在公证人和任何代表官方能力的人面前出现或行为。

"至于信托要求或提供的准据法，这样的承认特别意味着——

（1）受托人的个人债权人对信托财产无返还追偿权；

（2）信托财产不因受托人清算或破产而构成其财产的一部分；

（3）信托财产不构成其婚姻财产或配偶的财产，也不因受托人死亡而构成其遗产的一部分；

（4）在违反信托的情况下，如果受托人将信托财产与其自己的财产混合或者已转让信托财产，信托财产仍可以返还。财产的任何第三方持有人的权利和义务仍受法院地冲突法规则确定的法律支配。"

这些条款的规定主要还集中于受托人，而较少涉及受益人。特别是受益人追索信托财产的权利还受到限制，尤其是在相关财产位于没有信托法律概念的国家的情况下。

信托贸易的承认受到强制规则和公共政策的限制。此时法院应尝试用其他方法承认信托的目的。另外对信托承认的进一步限制是第 13 条。该条规定："一国不必承认这样的信托，即其重要因素除准据法的选择、管理地和受托人的惯常居所外，都与没有信托机构或者没有相关类型的信托的国家有更密切的联系。"

（四）信托准据法及其承认的限制

公约规定了强制规则和公共政策，作为对信托准据法和信托承认的共同限制。这里一并予以介绍。

1. 强制原则

公约第 16 条采纳了普遍接受的国际私法规则，即尽管有法律选择和承认规则的存在，法院地强制规则仍应适用。它把强制规则描述为"即使在国际情势下也必须适用的法院地法的规定"。第 16 条进而允许法院适用其他有足够联系的国家的强制规则。

公约并不妨碍法院地冲突规则所指定的法律条款的适用，以使这些条款不被自愿的行为所减损。这在一定程度上又拓宽了强制规则的范围。公约对强制

规则的规定比较有特色的是，它不仅指法院地的强制规则，同时也包括了其他
国家，即法院地冲突规则确定的准据法所属国的强制规则。公约第 15 条还特
别列举了一些这类规则：

（1）未成年人和无行为能力当事人的保护；

（2）婚姻的个人和所有权效果；

（3）遗嘱和无遗嘱继承权，特别是配偶和亲属的不可取消的份额；

（4）财产所有权的转移和财产上的担保利益；

（5）在清算时对债权人的保护；

（6）在其他方面对善意第三人的保护。

2. 公共政策

公约第 18 条一般性地规定，允许法院在公约条款的适用明显地违反公共
政策时，可以不予考虑。这既是对法律适用问题而言，也同样适用于信托的承
认。

第十二章
债权的法律冲突法

债是特定人与特定人之间得请求为特定履行的法律关系。人们通常以债权来表示债。我国没有单独就债权立法，但教科书习惯于将合同、侵权、不当得利和无因管理这四种产生债的原因，统一作为民法债权加以研究。本章分别叙述上述几种债的法律适用问题。

第一节　合同的法律适用

一、涉外合同及其准据法概述

（一）涉外合同的含义

合同是当事人设立、变更或消灭某种民事权利义务关系的协议。合同是民法上产生债的主要原因，是民事流转的最普遍手段。国际私法所研究的是涉外合同（或国际合同），是国际私法上债的重要根据，在国际民事流转中占有重要地位。

所谓涉外合同，是指含有涉外因素的合同。关于合同的涉外性，以前有些国家的法律规定较严，如戚希尔和诺斯认为，按照英国 1977 年《不公平合同条款法》第 26 条的规定，两个国籍相同的人，即使在外国缔结了一个纯粹是由他们双方在国内履行的合同，也不是涉外合同。不过，现在的趋势有所放宽，如 1980 年欧共体《合同义务法律适用公约》第 3 条规定，甚至在除选择外国法的条款外，合同中所有其他因素都只与一国相联系的情况下，都成为公约的适用对象，也即为涉外或国际合同。我国最高人民法院发布的《关于贯彻执行〈中华人民共和国民法通则〉若干问题的意见（试行）》第 178 条规定："凡民事关系的一方或者双方当事人是外国人、无国籍人、外国法人的；民事关系的标的物在外国领域内的；产生、变更或者消灭民事权利义务关系的法律事实发生在外国的，均为涉外民事关系。"

涉外合同由于含有涉外因素，因此在合同的诸方面需要考虑外国法律的适用。由于各国合同法存在着重大差别，如关于要约的生效、合同的无效或可撤销、合同的对价等方面，大陆法系和英美法系就有根本的区别。因此，对同一国际性合同，就会产生法律的冲突，需要确定其准据法。

（二） 确定合同准据法的历史沿革

从历史上看，合同准据法的确定大致经历了以下三个发展阶段：

1. 以缔约地法为主的单纯依空间连结因素确定合同准据法的阶段。这一阶段采用的主要连结点是缔约地、履行地等。由于适用缔约地法具有确定性和可预见性的优点，符合国际私法产生之初社会发展和国际贸易的实际需要，因此，自法则区别说产生到 16 世纪意思自治说提出，这一理论一直在合同法律适用上占统治地位，并持续到 19 世纪上半叶才开始退出历史舞台。

2. 以意思自治为主，强调依当事人主观意向确定合同准据法的阶段。自16 世纪杜摩兰提出意思自治学说后，并没有在合同法律适用领域占据主要地位，没有能代替原来的做法。不过，由于意思自治说符合资产阶级经济膨胀的需要，自 1865 年《意大利民法典》首次在立法中明确规定后，它便成为各国确定合同准据法的最为普遍的原则，并被其他国家的立法所采用。

3. 以意思自治为主而以最密切联系原则为辅的合同自体法阶段。20 世纪后，意思自治原则虽然为各国解决涉外合同法律适用的主要原则，但最密切联系说、特征性履行说和利益分析说等理论已占有十分重要的地位。意思自治与最密切联系原则的结合，构成合同自体法理论，而特征性履行、利益分析则为确定最密切联系提供了方法论的基础。

（三） 关于合同法律适用的理论分歧

20 世纪 50 年代就有学者指出：“确定合同效力的法律，是冲突法领域最复杂的问题，不仅不同法域的规则不同，就是同一法院在这一问题上也常常运用不同的理论。”[1] 戚希尔和诺斯也指出，确定合同的准据法比几乎所有其他领域都复杂，因为 （1） 合同的连结因素较多，如合同缔结地、履行地、当事人的住所、国籍或营业地、标的物所在地等。在国际私法大多数领域，确定准据法的连结因素都很清楚，但在合同领域很难择定一个。 （2） 合同是计划交易，当事人可能已就法律适用作出安排。 （3） 在实际生活中合同问题大量出现，这就引出这些问题是否都受同一法律支配的问题。而且还有不同类型的合同，这些合同是否也受同一法律支配呢[2]？ 数十年来，不同国家采用了许多不同的方法。归纳起来看，主要有如下几种对立的理论：

---

[1] 古德里奇：《冲突法手册》，1927 年英文版，第 228 页。

[2] 戚希尔和诺斯：《国际私法》，1992 年英文版，第 457 页。

1. "分割论"与"单一论"①

"分割论"与"单一论"的对立主要体现在两方面：（1）对于同一合同来说，"单一论"主张对整个合同适用同一法律，"分割论"主张不同的方面适用不同的法律；（2）对于不同性质的合同，"单一论"主张不分类型，统一确定其准据法，而"分割论"主张适用不同的法律。

（1）就第一个方面来说，"分割论"的主张可以追溯到意大利的法则区别说时代。巴托鲁斯就主张对合同的不同方面适用不同的法律，如合同的方式及实质有效性，适用缔约地法；当事人的能力适用住所地法。后来许多国家的理论和实践都沿用了这种分割方法。如美国最高法院法官在1875年的斯卡德诉芝加哥联合国民银行案（Scudder v. Union National Bank of Chicago）中说："有关合同的订立、解释和效力问题，受缔约地法支配；有关合同的履行，受履行地法支配。"② 这种分割方法在比尔（Beale）的影响下，写进了1934年《美国第一次冲突法重述》，继而被1971年的《美国第二次冲突法重述》沿用。英国学者戚希尔和诺斯主张对特殊问题采用特殊规则，"自体法通常是恰当的，但法院在考虑特定问题时得超越自体法"，不但合同当事人可以对合同的不同方面，选择不同的准据法，即使没有这样的选择，实际情况的特殊性也往往需要对不同的问题适用不同的法律。例如，当事人的能力问题、合同的形式问题，就不一定要适用同一法律——合同自体法。同时，对于特殊合同也应适用特殊的规则。这也可以说是分割论的主张。

1928年《布斯塔曼特法典》关于一般契约的规定，是典型的分割方法。其第四编第二章"一般契约"中不厌其烦地规定了能力、同意的瑕疵、形式、无效、撤销、解释等诸多合同问题的法律适用。

合同法律适用的单一论认为，一项合同无论从经济还是从法律观点看，都应是一个整体，因而其履行、解释等都只应由一种法律支配。从当事人的主观愿望来讲，他们也不可能期望将一合同分割为若干方面，分别受制于不同的法律。虽有学者提出，为保护当事人的期望，应适用各自居所地法，因为每一个当事人都希望适用自己的法律。但当事人的期望应是针对整个合同而言的，并非仅仅对其自己的义务。因此，适用于合同的准据法只能有一个。在普通法上，人们都承认，合同自体法决定其实质和形式有效性、解释、效力和解除等

---

① "分割"一词，在法语中是用"dépeÇage"来表示，在英文国际私法著作中，也常用此词。在美国有时也用"pick and choosing"（意指挑选）来表示。参看莫里斯：《法律冲突法》，1984年英文第3版，第528页。

② 兰多：《国际比较法百科全书·国际私法·合同》，第8页。

问题①。

1980 年欧共体《合同义务法律适用公约》和 1986 年海牙国际私法会议通过的《国际货物买卖合同法律适用公约》都可以认为是采取单一论的主张，尤其是后者将合同准据法的适用范围规定为合同的解释、当事人的权利和义务及合同的履行、风险转移的时间、违背合同的后果、债的消灭和诉讼时效、合同无效的后果等。

（2）对于第二个问题，即所有合同均适用同一种法律，还是分别不同类型和性质的合同，各自确定其准据法，学者们也有不同的主张。有的学者认为，随着国家对经济生活干预的加强，过去那种只适用一种冲突规范的情况受到了极大的冲击。但有的学者认为，不管什么合同，都是当事人之间的一种协议，包含着当事人的共同意志，因此应适用同样的法律选择规则。

总的来说，分割论与单一论都有其存在的客观依据。分割论反映了合同关系的各个方面和诸要素间往往相对独立又特点各异的复杂情况，对合同的不同方面或不同类型的合同加以科学划分并适用不同的法律，有利于合同纠纷的妥善解决。当然，分割也必须有适当的限度，即只应对于明显易于且可能区分的方面或合同加以分割，对于一些内在联系紧密且不易或不宜分开的问题便不宜硬性分割。单一论则力求克服分割论可能带来的缺陷，使合同处于一种比较稳定的法律状态，它符合现代国际经济生活所要求的快速和简捷。但单一论往往忽视合同关系的复杂性，难以满足当事人的正当期望，维护当事人的合法权益。因此，分割论和单一论就应该互相取长补短，配合运用，才能最终达到妥善解决合同法律适用的目的。单一论常常是辅以分割论的作法。事实上，晚近问世的与合同法律适用有关的国内立法和国际公约，无论采取哪种主张，都往往规定一些例外情况。但这些例外规定并不意味着已不存在一种能够解决合同大多数方面或大多数合同的争议的法律。恰恰相反，这些国内立法和国际条约都坚持把当事人选择的法律或与合同有密切联系的法律作为解决一般合同争议的主要依据。

2. 主观论与客观论

在合同法律适用方法的发展过程中，主观论和客观论两种理论也应运而生，并存在较大的分歧。前者认为，在合同中当事人既然有权按照自己的意志和协议创设某种权利义务，他们当然有权选择适用于他们之间的合同的法律。后者则认为，合同的有效成立及效力是与一定的场所相联系的，因而合同应适用何国法律不能根据当事人自己的选择，而应根据合同与一国或哪几种因素有最密切联系的客观标志来确定。相比之下，客观论的渊源较早，后被主观论取

---

① 戴赛和莫里斯：《冲突法》，1993 年英文版，第 1190 页。

而代之。但是近来，客观论经修正后卷土重来，人们又倾向于在主观论的基础上，吸收客观论的合理成分，将二者加以结合来确定合同的准据法。

二、合同准据法的确定方法

（一）当事人意思自治

1. 当事人意思自治原则的产生与发展

国际私法上的当事人意思自治原则，是指合同当事人可以通过协商一致的意思表示自由选择支配合同准据法的一项法律选择原则。它是一项古老的原则。在 14 世纪意大利波伦亚大学教授萨利塞（Salicet）的著作中已出现过这种观念。到 15 世纪，巴黎大学教授罗朱斯、库尔蒂乌斯（Rochus Curtius）明确指出，合同之所以适用行为地法，是因为"当事人默示同意适用该法"。这就为当事人选择法律的观念，即现代的自治法观念开辟了道路①。但这种思想没有引起人们更多的注意。

意思自治原则受到广泛关注是在杜摩兰再次提起之后。他在 1525 年对加内（Ganey）夫妇的夫妻财产制问题的咨询中，赞成对全部财产适用结婚时的共同住所地即巴黎的习惯法。其理由是，夫妻财产制应视为一种默示合同，可以认为，夫妻双方已将该合同置于其婚姻住所地法的支配下。他还指出，如果说行为地法是出于当事人的意愿，那么他们也可以要求适用另外一种法律②。曼恩（F. A. Mann）博士指出，通过尊重当事人的意图，不论法院在何处，都可以实现确定性、可预见性和结果的一致性③。这种理论适应了时代的需要，为许多国家的理论和实践所接受。

在理论上最先接受意思自治原则的是荷兰法学家胡伯。他在 1689 年曾指出，合同形式和内容都应适用缔约地法，但当事人另有表示的除外。随后，德国法学家萨维尼、意大利法学家孟西尼、美国法学家斯托雷也都接受了这一学说。

在普通法国家第一个采用意思自治原则的判例产生于英国。1760 年，曼斯菲尔德勋爵在罗宾逊诉布兰德（Robinson v. Bland）案中指出，作为一种例外，当事人可以选择缔约地以外的法律。到 1865 年英国法院通过利比利亚半岛—东方海运公司诉香德（P. & O. Steam Navigation Co. v. Shand）案和劳埃德诉吉伯特（Lloyd v. Guibert）案，最终放弃缔约地法而确立了意思自治原则

① 巴迪福和拉加德著：《国际私法总论》，中国对外翻译出版公司 1989 年版，第 305 页。

② 《国际法与比较法季刊》，1978 年，第 661 页。

③ 《国际法与比较法季刊》，1978 年，第 661 页。

在合同法律适用领域的支配地位。美国于 1825 年由马歇尔（Marshall）法官在韦曼诉索沙德（Wayman v. Southard）案中引入意思自治原则，并得到斯托雷的肯定。1953 年最高法院法官杰克逊（Jackson）更是毫不犹豫地接受了意思自治原则。在欧洲大陆，如法国、德国、比利时、荷兰、瑞士等国家的法院，都承认了这一原则。①

1865 年《意大利民法典》最早在立法上明确接受意思自治原则，并将其提高到合同准据法首要原则的高度。该法第 25 条规定：“……在任何情况下，如当事人另有意思表示，从当事人的选择。”此后，日本、泰国、埃及、西班牙、葡萄牙、希腊、匈牙利、阿根廷、土耳其、秘鲁、波兰、阿拉伯也门共和国、德国、瑞士、前捷克斯洛伐克、前南斯拉夫、以色列、印度等国以及大部分西班牙语和葡萄牙语国家也都在立法上确立了意思自治原则的地位。美国 1971 年《第二次冲突法重述》也接受了该原则。

此外，海牙国际私法会议通过的 1955 年《国际有体动产买卖法律适用公约》、1978 年《代理法律适用公约》、1986 年《国际货物买卖合同法律适用公约》和欧共体 1980 年《合同债务法律适用公约》等国际公约也采用了意思自治原则。1929 年国际法院在塞尔维亚和巴西案（Serbian and Brazilian Cases）中承认了当事人自治原则，在沙特阿拉伯诉阿拉伯石油公司案中也承认当事人可以选择支配其合同的法律。国际法研究院 1991 年在巴塞尔召开的第 65 届全体会议通过的《关于私人之间的国际契约中当事人意思自治的协议》称，适用于国际契约的法律是当事人选择的法律，除非当事人有相反的约定，这种选择不包括法律选择规则。当事人可以事后变更准据法，但不得影响第三人的权利。

意思自治原则之所以能被广泛接受，除了由于它具有确定性、一致性、可预见性及易于解决争议的优点外，还有更为深刻的原因：（1）资本主义自由经济的发展为意思自治原则的产生提供了社会基础。随着自由资本主义的发展和国际经济贸易交往的扩大，传统的硬性冲突规范及其僵化的选择方法越来越难以适应日益复杂的国际合同关系，为了排除自由经济发展中的对外贸易上的法律障碍，也就很自然地要求赋予当事人选择法律的权利。（2）当时盛行的平等、自由思想为意思自治原则的产生奠定了思想基础。意思自治原则是亚当斯密、孟德斯鸠和卢梭等人的个人自由思想在合同法上的具体体现。（3）私法上的契约自由和私法自治原则必然要求法律适用领域有与之配套的制度，这就使意思自治原则应运而生。契约自由原则为意思自治原则的确立奠定了理论上和立法上的基础。

---

① 努斯鲍姆：《国际私法原理》，1943 年英文版，第 156～157 页。

2. 意思自治原则的具体运用

（1）支配当事人选择法律的效力的法律

现在普遍接受的是，当事人的法律选择为独立的协议。主合同的效力并不必然影响法律选择条款的效力。所以，应将当事人是否作出有效的和有约束力的选择问题与是否缔结了有效合同的问题区别开来，当事人是否作出了有效的法律选择就成为一个独立的问题。对其本身的准据法，国际上有以下几种主张：

第一，适用法院地法。德国法院的判决和意大利大多数学者持此观点。从法院的角度看，这种方法简便易行；但从当事人的角度看，由于在缔结合同时法院地通常是不可预见的，因此协议的效力也不可预见。而且有时还会导致挑选法院的现象发生。

第二，适用当事人选择的法律。1955 年的《国际有体动产买卖法律适用公约》即采此主张。其优点是将所有有关效力的问题集中于一种法律，比较简单。而且该法一般为双方在谈判初期就知悉。但有学者指出，这种主张在逻辑上站不住脚，因为它是先以该选择有效为基础的，有时可能会导致困难或不可实行①。不过，虽有如此批评，新近的立法仍多采此主张。

第三，适用当事人没有作出法律选择时将会适用的法律。一些国家适用了当事人居所地法。

第四，由法院裁量。这对法院来说，使问题变得较为简单，但却使结果难以预见，于当事人不利。

（2）当事人选择法律的时间

关于当事人选择法律的时间，一般认为既可以在订立合同当时选择，也可以在订立合同之后选择。新近的国际公约和国内立法都表明，多数国家反对对当事人选择法律的时间加以限制，而允许当事人在合同订立后选择法律，甚至以新选择的法律代替原来所作的选择。这是因为：首先，即使当事人未作选择，他们之间的合同关系仍然受支配该合同的法律支配，因此，并不一定要在订立合同前确立支配其权利义务的法律；其次，允许当事人事后选择或事后更改以前所作的选择，是当事人的自由，更符合意思自治原则的本意；再次，允许事后选择和更改既可给当事人一定的补救机会，又可增加当事人对法院的信赖，有利于纠纷的解决。不过，从国内到国际立法的情况看，当事人在合同订立后选择或变更选择的权利也受到一定限制，即不得使合同归于无效或使第三人的合法利益遭受损害。

（3）当事人选择法律的方式

---

① 兰多：《国际比较法百科全书·国际私法·合同》，第 45 页。

当事人选择法律的方式，即明示或默示选择的问题。以合同中的法律选择条款或在合同之外的专门法律选择协议表达选法意图，因其透明度强，具有稳定性和可预见性，而为各国普遍肯定。但对于默示选择，各国理论和实践却无定论。其态度大致可分三种：

第一，土耳其、尼日利亚、秘鲁、中国等少数国家只承认明示选择，不承认任何形式的默示选择。

第二，荷兰、美国 1971 年《第二次冲突法重述》有限度地承认默示选择。

第三，承认默示选择，允许法官在审理时推定当事人的意图。多数国家和国际公约持此种态度，如法、英、德、奥、瑞士、1978 年海牙《代理法律适用公约》和 1986 年《国际货物买卖合同法律适用公约》等。默示选择之所以得到承认，其根本的原因在于这些国家的法律传统。它们本来就重视法官在司法过程中的作用，尊重当事人在合同关系中的广泛的自由，而且，早期意思自治学说的支持者就把其理论建立在当事人意图的基础上，如斯托雷在其 1834 年的《冲突法评论》中指出："这一理论的基础是，在一国缔结合同的每个人都被理解为将自己置于该地法之下，并默示同意其合同上的诉讼。"在维塔食品公司案（Vita Food Products Inc. v. Unus Shipping Co. Ltd.）中，英国法院就指出："英国冲突法上的基本原则是，确定适用什么法律的一般标准是当事人的意图"[1]。

(4) 当事人选择法律的范围

当事人根据意思自治原则所选择的法律应是实体法，而不包括该国的冲突法，这是目前多数国家的立法和国际公约所一致认可的。如 1980 年欧共体关于合同债务法律适用的罗马公约第 15 条就规定："凡适用依本公约确定的任何国家的法律，意即适用该国现行的法律规则而非适用其国际私法规则。"这是因为允许当事人自行选择某一国法律，就在于使当事人能预见到合同的法律后果，使当事人的合法权益得到其所期待的法律保护。如果将冲突规则包括在内，则可能导致不确定。

关于当事人选择法律的空间范围，即当事人能否选择与合同没有客观联系的法律，长期以来就是一个有争议的问题。欧洲大陆的学者多主张，为了避免当事人通过选择规避法律，只能选择与合同有客观联系的法律。一些国家的法律也从连结点的空间范围上对当事人的法律选择作出限制，如波兰国际私法和美国统一商法典。但以英国为代表的大多数国家不要求选择与合同有客观的联系。目前，日本、泰国、奥地利、丹麦、比利时、德国、瑞士等国的立法都没有这种限制。1978 年的《代理法律适用公约》以及 1980 年《罗马公约》、

---

[1]　戴赛和莫里斯：《冲突法》，1993 年英文版，第 1213 页。

1986 年《海牙公约》也都没有禁止当事人选择与合同无客观联系的国家的法律。

此外，关于当事人选择的法律是适用于整个合同关系，还是适用于合同的一部分的问题，现在国际上倾向于允许当事人选择适用于整个合同关系的法律，或者适用于合同某些部分的法律。

（二）最密切联系原则与特征性履行方法

1. 最密切联系（或称最强联系、最重要联系、最真实联系、重力中心等）原则是当代冲突法中的一个很重要的理论。其思想渊源可以追溯到萨维尼的"法律关系本座说"。萨维尼认为，每一种法律关系，根据其自身的特性，都与某一法律制度相联系，而其联系的所在，即是该法律关系的本座（sitz，seat）；要在某一法律关系上达到适用法律的一致性，就必须适用以"本座"为标志而确定的法律制度。萨氏所使用的"本座"一词，在含义上相当接近于当代冲突法中的"最密切联系地"一词。但是，萨氏认为每一法律关系有且只有一个"本座"，人们因此可以而且必须建立起一整套机械的法律选择规范体系，而最密切联系学说恰恰反对建立机械的法律选择规范体系，强调的是一切争议由法院依据具体情况，或在立法者提供某些标志的指导下作出判断。因此，最密切联系原则不是对"法律关系本座说"的简单承袭，而是对它的扬弃。早在 1880 年，深受萨维尼影响的英国学者韦斯特莱克在其所著的《国际私法论》一书中就提出了"最真实联系"（the most real connection）的概念。在 20 世纪 40 年代和 50 年代，美国法院作出的判例已有不少涉及这一概念，特别是在 1954 年的"奥汀诉奥汀"案（Auten v. Auten）中，法官富德（Fuld）明确采用了"重力中心地"（Centre of Gravity）和"联系聚集地"（grouping of contacts）的法律选择方法，只不过他没有指出如何确定"最密切联系地"，从而使法院在决定准据法时缺乏一定的依据。富德在 1963 年的"巴布科克诉杰克逊"案（Babcock v. Jackson）中进一步发展了他的上述思想，明确指出，准据法应当是在解决某个特定问题时具有最大利益的那个州的法律。这表明，不是根据一个连结点机械地来决定某个诉讼案件中应适用的准据法，而是所有与某个特定问题有关的连结因素都应在决定该问题的准据法时被考虑。里斯正是在研究和评论上述案例以后，创立了"最密切联系"原则，并以此为指导，编纂了美国《第二次冲突法重述》。最密切联系原则不仅在美国获得重视和适用，而且对其他国家也产生了很大的影响，例如 1978 年《奥地利联邦国际私法法规》、1982 年《土耳其国际私法和国际诉讼程序法》以及 1988 年《瑞士联邦国际私法法规》，都程度不同地吸收和体现了这一原则。

在合同的法律适用方面，最密切联系原则是指合同应适用的法律，是合同在经济意义或其他社会意义上集中定位于某一国家的法律。因此，它注重的是法律关系与地域的联系。这种学说仍然采用连结因素作为媒介来确定合同的准据法。不过，起决定作用的不再是固定的连结点，而是弹性的联系概念。一个合同之所以适用某国法，不是因为该国是合同的缔结地或履行地，而是因为该法与合同存在密切的联系。这样就提高了法律适用的灵活性，有利国际交往和公正合理地对待当事人的利益。但由于其适用需要法官对国家、社会、当事人的利益及其他客观标志进行综合考察，因而给了法官较大的自由裁量权，易于导致主观随意性，减损法律适用结果的确定性和可预见性，并影响案件的公正性。为解决这一问题，自20世纪60年代开始，许多国家尤其是大陆法系国家采用了最密切联系原则具体化的方法，其突出表现是以特征性履行方法来具体贯彻最密切联系原则。奥地利、丹麦、德国、前南斯拉夫、比利时、瑞士和中国的立法及1980年罗马公约，都采用了这种做法，即将最密切联系原则与特征性履行方法相结合，以最密切联系原则为合同法律适用的原则，而以合同的特征性履行作为确定最密切联系的客观依据。

2. 特征性履行（characteristic performance）方法，是在国际合同的当事人未选择适用于合同的法律时，根据合同的特殊性质确定合同法律适用的一种理论和方法。其实质在于通过考察合同的功能，尤其是合同企图实现的具体的社会目的，确定各种合同所具有的特殊功能，即它的特征性履行，并最终适用与特征性履行人联系最密切的法律。该理论的一个主要目的是为避免分割合同，使所适用的法律是支配合同所有主要问题的一个单一法律。而且，由于它克服了传统冲突规则事先确定连结因素可能产生的偶然性，同时又避免以一个总的系属公式适用于所有合同所产生的不确定性和不可预见性，因此被认为是为各种不同类型的合同建立了冲突规范的基础。

但是，特征性履行方法也遭到了一些学者的批评。他们认为，特征性履行方法是相当武断的。其范围太窄，不能覆盖许多类型的合同；它降低了付款方法律的重要性，而付款虽不是特征性履行，却常常构成重力中心和合同的社会经济功能；而且因为特征性履行并不总是容易确定，也会出现结果的不确定性。所以，特征性履行方法仍然只能是确定合同准据法的辅助方法。

从各国立法上看，对特征性履行方法的规定主要有两种方式：（1）把合同划分为多种，规定在当事人未选择法律时，依特征性履行指定各自应适用的法律，如1982年《南斯拉夫冲突法》；（2）首先规定最密切联系原则，并以特征性履行来作为判定最密切联系的依据，如1989年《瑞士联邦国际私法法规》、1980年罗马公约。

从实践中看，最密切联系原则和特征性履行方法常常是结合运用的，前者作为基本的原则，后者则为前者的确定找出依据，使其具体化。这二者的结合，是在第二次世界大战后国际经贸关系日趋复杂的情况下，在国际私法方面所作的变革。

最密切联系原则的适用有时是独立于意思自治原则，作为合同法律适用的基本方法，有时则是作为意思自治原则的补充。这二者的结合，形成了所谓合同自体法。

（三）合同自体法

合同自体法（the Proper Law of the Contract）的名称是英国学者首先提出来的。关于其具体内容，学者们的看法并不一致。韦斯特莱克指出，合同自体法是支配合同内在有效性和效力的法律，是与合同有真实联系的法律。戴赛和莫里斯的著作称，合同自体法是当事人明示选择的法律，当事人没有明示选择时，根据合同的条款、性质和案件的情况推断当事人会意图适用什么法律，如果当事人意图不明确，不能通过情况推断的，合同受与其有最密切、最真实联系的法律支配①。

合同自体法理论完成了合同法律适用问题上主观论与客观论的协调和结合，平息了主观论与客观论的纷争。它既肯定了意思自治原则，适应了各国经济社会发展的需要，又补充了意思自治原则的不足，对当事人没有选择的情况作出规定。同时，它还把最密切联系原则吸收进来，在另一个层次上保证了法律适用方法的灵活性，有利于维护当事人和有关国家的利益。

自体法理论因为著名学者的倡导而对英国的司法实践产生不小的影响。其他不少国家也采用了这一理论。《美国第二次冲突法重述》基本上采用了这种方法。1951 年《比荷卢国际私法条约》、1980 年欧共体《合同债务法律适用公约》、1986 年海牙《国际货物买卖合同法律适用公约》等都采用了当事人选择加最密切联系原则的方法。我国《涉外经济合同法》和《民法通则》的规定也大致如此。

（四）强制规则和公共秩序

1. 强制规则（mandatory rules），也有人称之为"直接适用的法律"②（directly applicable rules）或"警察法"③（lois de police），是指当事人不能通过协议减损的规则。它具有直接适用的效力，不管当事人是否选择它，或者是否选择了其他法律，都应予以适用。这类规范的作用随着国家对经济生活干预的增强而不断增强，它们除了来自法院地国的法律外，也来自与案件有重大利益和联系的其他国家的法律。晚近的立法和国际公约基本上都承认强制规则的优

---

① 戴赛和莫里斯：《冲突法》，1993 年英文版，第 1189 页。

② 韩德培：《国际私法的晚近发展趋势》，载《中国国际法年刊》1988 年。

③ 托马斯·G·盖德：《警察法理论》，载《美国比较法杂志》1991 年，第 661~697 页。

越地位和优先适用性。

强制规则大致可以分为两种：一是一项立法中的强制性规定，一是专门的强制性立法。目前，这两个方面的发展都颇引人注目。前者如合同法中有关雇佣合同、消费者合同的强制性规定，后者如不少国家采取的经济立法，包括反限制性商业惯例法、价格立法、反倾销法、外汇管制法等。

1980 年欧共体《合同债务法律适用公约》对强制规则的规定很有代表性，它基本规定如下：（1）支配雇佣合同和消费者合同的法律；（2）所有相关因素均与其相联系的国家（惟一联系国）的法律；（3）法院地法；（4）与案件情况具有密切联系的国家（密切联系国）的法律；（5）不动产所在地法。这些方面根据其性质可分为两类：一是国内法意义上的强制规则，此类规则在其法律体制中不能通过合同规避；一是冲突法意义上的强制规则，它不能通过法律选择予以规避，也就是国际强制规则。对于第一类规则，只要它们不被合同减损就足够了；对于第二类规则，不仅不允许通过国内合同规避，它在冲突法意义上也是强制性的，即不管合同可适用的法律如何，它们都必须予以适用。

2. 公共秩序（public order）是国际私法上的一个重要概念，也称为"公共政策"（public policy）或"公共秩序保留"。国际上一般承认，合同准据法的适用如果违反法院地的公共秩序，则应排除其适用。目前各国的立法基本上都不考虑外国公共秩序的保护。公共秩序保留原则在法国、比利时适用的场合较多，但在普通法国家、德国以及斯堪的纳维亚国家一般不轻易适用。

（五）合同的特殊方面及特殊合同的法律适用

前面讲到，合同的法律适用可以采取单一论的主张，但也要看到一些特殊性，这不仅表现在合同有些特殊方面，还有些特殊类型的合同，其法律适用也是需要特别考虑的。随着国家对经济生活干预的加强，一些国家立法加重了对特殊合同关系中经济社会地位处于弱势的当事人的保护。而且，这种保护措施也延伸到任何这类合同的平等当事人之间。这些合同包括雇佣合同、消费者合同、保险合同等。

1. 合同的特殊方面

这一问题与合同准据法的适用范围密切相关。关于合同准据法的适用范围，各国立法和国际条约一般认为，合同准据法可以适用于合同的成立、效力、履行、解释、变更、中止、解除及诉讼时效等许多方面。但是，关于当事人的能力和合同的形式问题，各国学者和立法也都承认具有特殊性，需要考虑当事人属人法、行为地法等。不过，总的趋势是尽可能对这些问题也适用合同的准据法，尤其是对于合同的形式来说，更是如此。

2. 特殊合同的法律适用

（1）雇佣合同的法律适用。雇佣合同是雇主与雇员签订的合同，其中，雇员一方通常是合同的弱方，因此，在法律适用问题上应该考虑到他被雇主操纵的可能。对于雇佣合同当事人的意思自治问题，需要做出限制。如 1980 年欧共体罗马公约规定，在雇佣合同中，当事人的选择不得剥夺法律的强制性规则对受雇人所提供的法律保护。并且，在当事人没有选择法律时，应适用履行合同时受雇人惯常履行其工作地国家的法律。如果他并不惯常在一个国家工作，则适用他受雇的营业所所在地国法。瑞士法律也规定，劳动合同由劳动者惯常完成其工作地国家的法律支配。德国及其他欧洲共同体国家也基本上采纳了罗马公约的规定。

（2）消费者合同的法律适用。这种合同的特殊规定是为保护消费者利益的需要。保护消费者利益是当今国际社会的潮流，这一潮流也影响到了消费者合同的法律适用。如德国国际私法规定，此类合同当事人选择法律的结果，不得剥夺消费者习惯居所地国法律强制规则所赋予的保护。没有法律选择时，受消费者习惯居所国法支配。1986 年的海牙公约也将提供私人消费的合同排除在适用范围之外。而瑞士更将当事人的选择排除在外，主要适用消费者习惯居所地国法。

（3）保险合同的法律适用。保险合同从一定意义上讲是提供服务的合同，因而也可以认为是一种消费者合同。为保护投保人的利益，通常也应适用投保人或被保险人习惯居所地国法。

（4）有关不动产的合同。关于土地及其附着物、建筑等不动产的合同，几乎任何国家都接受这样的规则：即有关不动产的合同受不动产所在地法支配。这主要是因为不动产所在地法与不动产本身的联系更为密切，一般具有较大的利益。不动产的处置甚至与所在地的国计民生有重大关系。不过，1980 年的罗马公约在这方面的规定比较宽松，它允许当事人选择适用于处置和使用土地的合同的法律。在没有选择时，推定合同与土地所在地有密切联系。瑞士国际私法规定，有关不动产或其使用的合同，由不动产所在地的法律支配，但也允许当事人选择法律。

三、我国关于合同法律适用的理论与实践

我国学者对合同的法律适用问题基本上都主张以意思自治原则为主、以最密切联系原则为补充。这种主张也为我国的立法和司法实践所接受。立法上最主要的规定是《民法通则》和《涉外经济合同法》，此外，《中外合资经营企业法》、《技术引进合同管理条例》、《中国银行对外商投资企业贷款办法》、《海商法》中也有涉外合同法律适用的规定。最高人民法院《关于贯彻执行〈中华人民共和国民法通则〉若干问题的意见（试行）》（下称《意见》）和《关于适用〈涉外经济合同法〉若干问题的解答》（下称《解答》）进一步明

确了涉外合同法律适用的具体问题。下面从几个方面予以说明：

（一）涉外合同的含义

根据《涉外经济合同法》及其《解答》，"涉外经济合同"是仅指一方当事人为中国的企业或其他经济组织与另一方当事人为外国的企业、其他经济组织或个人之间的经济合同，或者外国的企业、其他经济组织或者个人之间在我国境内订立或履行的经济合同。这就是说，涉外经济合同必须与中国有一定的联系。如果是外国当事人之间在外国订立的经济合同，就我国来讲，就不是涉外经济合同。但根据我国最高人民法院《关于贯彻执行〈中华人民共和国民法通则〉若干问题的意见（试行）》，"涉外民事关系"是指"一方或者双方当事人是外国人、无国籍人、外国法人的；民事关系的标的物在外国领域内的；产生、变更或者消灭民事权利义务关系的法律事实发生在外国的"民事关系。因此，只要是含有上述涉外因素之一的合同，就我国来讲，就是涉外合同；这就比"涉外经济合同"的含义广得多了。因此，上述外国当事人之间在外国订立的合同，就我国来讲，也应认为是涉外合同。

（二）合同法律适用的首要原则

我国《民法通则》第145条规定："涉外合同的当事人可以选择处理合同争议所适用的法律，法律另有规定的除外。涉外合同当事人没有选择的，适用与合同有最密切联系的国家的法律。"《涉外经济合同法》第5条、《海商法》第269条也作了类似的规定。这说明，我国关于合同法律适用的首要原则是当事人意思自治，这与世界上大多数国家的做法是一致的。

1. 当事人选择法律的时间和范围。关于当事人应于何时选择法律的问题，《解答》采取了相当宽松和灵活的规定，指出当事人在订立合同时，或者在发生争议后，甚至在人民法院受理案件后开庭审理前，都可以作出选择。

当事人所选择的法律，可以是中国法，也可以是外国的法律。而且，这些法律应为现行的实体法。不包括冲突法规范和程序法，这样排除了反致在当事人意思自治选择准据法时的适用。从我国法律的规定看，并没有要求所选择的法律与合同或当事人有空间上的联系。

2. 当事人选择法律的方式。对于法律选择的方式，《解答》明确规定必须是明示的，从而排除了默示选择的方式。

3. 准据法的适用范围。《涉外经济合同法》第5条规定，涉外合同当事人可以选择处理合同争议所适用的法律。那么什么是合同争议呢？《解答》指出，对"合同争议"应作广义的理解，凡是双方当事人对合同是否成立、合同成立的时间、合同内容的解释、合同的履行、违约的责任以及合同的变更、中止、转让、解除、终止等发生的争议，均应包括在内。据此可以认为，当事人协议选择的法律，除不适用于合同的形式和当事人的缔约能力外，其适用范围包括其他所有方面。

关于合同的形式，不少国家法律均认可符合合同缔结地法和当事人选择的法律规定的形式。不过我国《涉外经济合同法》第 7 条的规定却与此不同，该条规定："当事人就合同条款以书面形式达成协议并签字，即为合同成立。通过信件、电报、电传达成协议，一方当事人要求签订确认书的，签订确认书时，方为合同成立。中华人民共和国法律、行政法规规定应当由国家批准的合同，获得批准时，方为合同成立。"这就是说，我国当事人或者外国当事人在我国境内签订的并在我国履行的合同，其形式应适用中国法，即应采取书面形式。但是，这种规定是不完善的，比如双方均为中国公民或法人，在外国签订并在外国履行的合同，或者双方均为外国人，在外国签订并在外国履行的合同，其争议如果由中国法院受理，对合同形式问题适用什么法律呢？

1980 年《联合国国际货物买卖合同公约》允许合同用非书面形式订立，但我国在参加该公约时对此作出了保留。因此，即使符合该公约适用范围的合同，其形式仍然要适用中国法的规定，即采取书面形式。

（三）最密切联系原则

在当事人对合同的准据法没有明示的选择时，我国不采取推定当事人意图的办法，而是采用最密切联系原则来确定合同的准据法。《民法通则》第 145 条第 2 款、《涉外经济合同法》第 5 条第 1 款和《海商法》第 269 条均对此予以肯定。最密切联系原则主要是作为意思自治原则的补充来适用的。根据《解答》，按照最密切联系原则确定的准据法也是指现行实体法，而不包括冲突法和程序法。同时，《解答》还以特征性履行方法确定了下列合同通常应适用的法律。

1. 国际货物买卖合同，适用合同订立时卖方营业所所在地的法律。如果合同是在买方营业所所在地谈判并订立的，或者合同主要是依买方确定的条件并应买方发出招标订立的，或者合同明确规定卖方须在买方营业所所在地履行交货义务的，则适用合同订立时买方营业所所在地的法律。

2. 银行贷款或者担保合同，适用贷款银行或者担保银行所在地的法律。

3. 保险合同，适用保险人营业所所在地的法律。

4. 加工承揽合同，适用加工承揽人营业所所在地的法律。

5. 技术转让合同，适用受让人营业所所在地的法律。

6. 工程承包合同，适用工程所在地的法律。

7. 科技咨询或者设计合同适用委托人营业所所在地的法律。

8. 劳务合同，适用劳务实施地的法律。

9. 成套设备供应合同，适用设备安装运转地法律。

10. 代理合同，适用代理人营业所所在地的法律。

11. 关于不动产租赁、买卖或者抵押的合同，适用不动产所在地的法律。

12. 动产租赁合同，适用出租人营业所所在地的法律。

13. 仓储保管合同，适用仓储保管人营业所所在地的法律。

《解答》还规定，合同明显地与另一国或者地区的法律有密切的关系时，人民法院应以另一国家或者地区的法律作为处理合同争议的依据。

（四）强制规则和公共秩序

虽然当事人意思自治原则和最密切联系原则已为我国法律所承认，但并不是没有限制的。这种限制主要表现在强制规则和公共秩序两方面。

《涉外经济合同法》第 5 条第 2 款和《中外合资经营企业法实施条例》第 15 条通过强制规则对前述方法的适用进行限制。前者规定，在中华人民共和国境内履行的中外合资经营企业合同、中外合作经营企业合同、中外合作勘探开发自然资源合同，适用中华人民共和国法律。后者规定，合营企业合同设立、效力、解释、执行及其争议的解决，均应适用中国的法律。这样的规定，主要是维护我国主权和利益的需要。

《解答》还指出，在应适用的法律为外国法时，如其适用违反我国法律的基本原则和我国的社会公共利益的，不予适用，而适用中国法。

此外，上述几部法律还规定了国际条约优先原则和国际惯例补缺问题。前者是不管法律有没有规定，它都应优先适用；后者则是在法律没有规定时，才可以适用。

第二节 侵权行为的法律适用

一、侵权行为与侵权行为立法

（一）侵权行为概述

侵权行为之债是指不法侵害他人人身或财产权利，并造成损失而承担民事责任所构成的债。但关于侵权行为的定义却是法学家们颇感棘手的问题。迄今为止，这个问题仍然困扰着那些希望为它定出完美定义的人们。在实践中，大陆法学家的侵权行为定义是由法典或法律规定的。学者们通常根据法律的规定总结出来，主要是以概括式的方式进行定义。英美法系由于其不成文法的传统，对侵权行为的定义由学者们从审判实践中归纳出来。我国《民法通则》基本上沿用了大陆法系的传统，规定"公民、法人由于过错侵害国家的、集体的财产，侵害他人财产、人身的，应当承担民事责任。"

侵权行为的概念是与侵权行为的构成密切相关的。不过，关于侵权行为的构成，学者们的见解多有不同。有的学者认为，一般情况下，侵权行为有四个构成要求：（1）损害事实的客观存在；（2）侵权行为的违法性；（3）违法行为和损害事实之间的因果关系；（4）行为人的过错。有的学者认为，侵权行为的构成要件有：（1）自己之行为；（2）权利或利益之侵害；（3）损害之发生；（4）有因果关系；（5）行为之不法；（6）意思能力；（7）故意过失。英美法系一些学者认为，侵权行为有如下五要素：（1）引起损害的人对受到损害的人负有某种义务；（2）与此义务相对应，因对方行为影响而受害的一方享有某种权利；（3）该义务被违反或该权利被侵犯；（4）某行为或不行为是损害结果的近因；（5）损害结果发生。法国学者认为侵权行为应具备三个要件：（1）过错；（2）损害；（3）过错行为与损害结果之间有因果关系。日本法律则规定，侵权行为的成立要件是：（1）须有归责性意思状态；（2）须有违法行为和损害之事实；（3）须有因果之侵害；（4）加害人须有行为能力。

我们认为，从侵权行为的本质和发展情况（无过错责任的出现）进行分析，它应具有以下三方面的构成要件：（1）行为人实施了不法行为（作为或不作为）；（2）行为给他人造成了侵害；（3）行为与损害之间有因果关系。只要具备以上三种要件，就构成了侵权行为。

侵权行为使行为人和相对人之间构成债权和债务关系，行为人应承担民事责任。但是，侵权行为的损害赔偿责任，还有一定的抗辩事由，即被请求承担民事责任人，在承认加害事实的前提下，据此主张对方当事人的诉讼请求不成立或者不完全成立的相反事实。现代民法上的抗辩事由一般分为两种，即正当理由和外来原因。其中，正当理由着眼于对加害行为本身的合法性或合理性的抗辩。常见的有依法执行职务、正当防卫、紧急避险、自助行为、受害人同意等。外来原因则是从因果关系的角度进行抗辩。常见的有不可抗力、意外事件、受害人的过错和第三人的行为等。如果抗辩事由能够成立，则行为人可以免除责任。

（二）侵权行为立法

由于各国在历史传统、风俗习惯、伦理观念、道德规范等方面的差别，它们关于侵权行为的立法方式也各有特色。

大陆法系一般采取概括式方式。如法国仅用5条条文对侵权行为作了规定，其民法典第1382条规定："任何行为使他人受损时，因自己的过失而致损害发生的人，对该他人负赔偿的责任。"第1383条规定："任何人不仅对因其行为所引起的损失，而且对因其过失或疏忽所造成的损害，负赔偿的责任。"这样，法国民法典以抽象的条文对侵权行为进行了概括，至于具体侵权行为案件的处理则由法院自由裁量。其他国家如德、日等基本也有比较简单的规定。在立法体例上，通常将它作为债的一个组成部分，与合同并列。

英美法系没有统一的侵权行为法，只对个别侵权行为进行了规定，如故意侵犯、过失行为、产品责任、妨害、毁誉、有过错致死、经济侵权和其他侵权（含侵犯秘密、行政侵权、迫害、滥用法律程序等）。

我国法律规定的侵权行为一般包括对财产的侵害、对公民人身和人格的侵害、对知识产权的侵害几个方面。同时，《民法通则》规定了一些特殊侵权行为，如职务侵权、产品责任、环境污染等。

二、侵权行为的法律冲突

各国关于侵权行为的法律冲突主要体现在以下几方面：

（一）侵权行为的外延不同

由于各国历史、经济、文化等各方面的差异，导致侵权行为法涉及的领域有所不同，因而侵权行为的外延也有所不同。在法制尚不发达的国家，法律所保护的权利不够广泛，侵权行为发生的领域也就小。在一些发达国家被认为是侵权行为而在其他国家则可能不是侵权行为。例如，对家庭关系的干扰、侵犯秘密、毁誉、滥用法律程序等是法制发达国家所规定的侵权行为，但在法制尚不完善的国家则很少见。

（二）侵权行为的构成要件不同

侵权行为法是法律各部门中相当活跃的领域，围绕这一领域，学者们提出了各种各样的学说。各国法律关于侵权行为的构成的规定各有特色，差异颇大。例如，法国法的规定是：过错、损害以及二者之间的因果关系。德国法的规定是：违法性、侵犯权利和错意。而英美法系的侵权行为法则没有一般构成要件的规定，而只是对个别侵权行为规定其构成。

（三）侵权行为的相对人不同

一般情况下，不存在对未出生的人的侵权行为。但《日本民法典》第721条规定："胎儿，就损害赔偿请求权，视为已出生。"美国在1946年前也不承认这一点，但自同年的邦布雷斯特诉科茨案（Bombrest v. Kotz）起，只要是已怀孕的胎儿，就可以获得损害赔偿。1967年后，美国法律更是把当事人的范围扩大到侵权行为发生后才怀孕的胎儿。另外，一些国家还主张把损害赔偿请求权的范围扩大到死者的情妇（夫）、雇主、未婚妻（夫）。

（四）损害赔偿的数额及计算方法、赔偿的原则、标准和限额不同

关于损害赔偿的数额，一般说来，发达国家要高于发展中国家。这是由各国的经济条件决定的。在美国，对于交通事故或产品责任等侵权，损害赔偿常常达到数百上千万美元，但在发展中国家，赔偿数额远没有这样高。

关于赔偿的原则和标准，基本上有两种：一是英美法系国家的做法，它们在侵权行为的赔偿方面有两个原则：（1）充分补充受害人的损失；（2）对有严重过失的侵权人予以严厉的惩罚。二是一些国家采取全部补偿原则，即损失

多少，赔偿多少。我国的实践是三原则，即全面赔偿、考虑当事人经济状况和衡平原则。关于赔偿标准，英美法系采用可预见性标准，但不少大陆法系国家不承认这种标准。

关于赔偿限额，各国法律的差别主要体现在有无限额和限额高低两方面，且集中在对人身和人格权的侵害上。

三、侵权行为的法律适用

（一）一般侵权行为的法律适用

在传统国际私法上，解决侵权行为的法律适用通常有以下几种方法：

1. 适用侵权行为地法

侵权行为地法自 13 世纪的法则区别说以来，一直为欧洲各国普遍采用。随后又传至其他国家。正如巴迪福所说："侵权行为地法，乃国际私法上最早确立的原则之一。"① 侵权行为适用行为地法，可以说是"场所支配行为"这一古老原则的具体化，但各国学者对它的解释并不相同：

（1）法则区别说的倡导者和追随者认为，侵权行为之债的产生是侵权行为这一法律事实引起的，只有侵权行为地与侵权行为有某种自然的联系。因此，侵权行为的赔偿应适用侵权行为地法。

（2）巴迪福等学者认为，侵权行为之所以适用行为地法，首先是因为这种债的发生是基于法律的权威，而非债务人的意思。其次，对行为人施加责任，是为维护人们的权利平衡，而恰好是在行为地的侵权打破了这种平衡。再者，适用行为地法也是当地公共秩序的要求，并且易于查明事实和确定法律上的责任。

（3）有些学者认为，侵权行为适用侵权行为地法是为保护行为地国的主权和公共利益。德国学者冯·巴尔认为，不适用侵权行为地法，就是对行为地国主权的侵犯。法国学者尼波耶也坚持，只有侵权行为地的国家主权才对发生于其境内的行为享有利益。

（4）英美一些学者采用既得权说，认为侵权行为地法给当事人的损害赔偿请求权类似一种财产权，原告不管在何州起诉，都携带该法所授予的权利，诉讼地法院只不过是被请求支持或协助取得这一权利。

（5）还有学者采用债务说。如霍姆斯（Holmes）1904 年在斯莱特诉墨西哥全国铁路公司案（Slater v. Mexican National R. R. Co.）中指出："该行为能产生一种债务的惟一来源是行为发生地的法律，因而该法律能决定债务的存在。"事实上，这种看法与既得权说同出一源，在理论基础上基本相同。

---

① 巴迪福著、曾陈明汝译：《国际私法各论》，正中书局 1979 年版，第 255 页。

侵权行为适用行为地法虽然被不少国家所遵循，但在当代人员交往频繁、交通发达，侵权行为可能发生在一国，而其结果却可能在另一国产生，此时，如何确定行为地的问题，各国的规定也不同：

（1）主张以加害行为地为侵权行为地。如《奥地利联邦国际私法法规》第48条第1款采纳了这一主张。

（2）主张以损害发生地为侵权行为地。如1971年美国《第二次冲突法重述》第377条及1972年《加蓬民法典》第41条即这样规定。

（3）主张侵权行为地既包括行为地也包括损害发生地，甚至还可以包括其他相关的地方。如1964年《捷克斯洛伐克国际私法和国际民事诉讼法》第15条、1982年《南斯拉夫冲突法》第41条均如此规定。

2. 选择适用侵权行为地法和当事人共同属人法

单纯采用侵权行为地法，可能会因为侵权行为地的偶然性而不太合理。特别是当事人具有同一国籍或在同一国有住所时，更是如此。因此，一些国家采用了选择适用侵权行为地法和当事人共同本国法或共同住所地法的方法。如《波兰国际私法》及前民主德国法律适用条例的规定。

3. 重叠适用侵权行为地法和法院地法

这种做法在目前国际上较为普遍。如依《日本法例》的规定，侵权行为之债适用原因事实发生地法，但发生在日本国外的侵权行为，如果依日本法不认为是侵权行为，则不适用前款的规定。该法还进一步规定，在外国发生的行为，尽管依照日本法的规定为不法，但被害人也无权请求为日本法律所承认的损害赔偿和其他处分。英国法院在实践中也坚持重叠适用侵权行为地法和法院地法，即采取"双重可诉原则"，但它是以法院地法为主，只参考行为地法。在菲利普斯诉艾尔一案（Phillips v. Eyre）的审理中，威尔斯（Willes）法官指出："作为一般规则，要在英国提起据称发生在国外的诉讼，必须符合两个条件：第一，侵权行为必须具有这样的性质，即该行为如果发生在英国，也是可以起诉的；第二，根据行为发生地法，该行为一定是不正当的行为。"而且对于该类诉讼，英国法院常常适用法院地法判定侵权行为人的责任。德国、埃及、约旦、阿拉伯联合酋长国和泰国也采用了类似的规定。

其实，早在1941年，德国学者韦希特尔（Wächter）就发表了《国际私法的各种法律冲突问题》一文，并指出，侵权行为诉讼地国是根据自己的法律而不是外国的法律来做判决。如果诉讼需要法院的帮助和保护，作为一条原则，它只给予它认为是公正的保护和帮助，从而放弃了侵权行为地法而支持法院地法。1849年，萨维尼在《现代罗马法体系》第8卷中更是认为，法院地法适用于涉外侵权行为的一切场合。但是，适用法院地法不仅会导致各国对涉外侵权行为案件管辖权的争夺，而且会使应适用的法律更不确定，何况法院地法也不利于对侵权行为法律性质的正确认定。因此，法院地法不可能是侵权行为的适当准据法，几乎没有什么国家加以采用。在实践中，主要是把它与其他法律结合起来，共同作为涉外侵权行为的准据法。

4. 选择适用侵权行为地法、法院地法和当事人共同属人法

由于涉外侵权行为的当事人可能来自同一个国家或者具有共同住所，这时也应适当考虑当事人本国法或住所地法的规定。所以，有的国家采用选择适用侵权行为地法、法院地法和当事人属人法的做法。如 1986 年《联邦德国国际私法》第 38 条、《匈牙利国际私法》第 32、34 条等。

20 世纪中期以来，随着社会的进步和法律文化的不断发展，侵权行为的法律适用也出现了新的发展。这一发展以 50 年代美国冲突法革命为标志，起始于侵权行为领域，并波及到其他法律领域。就侵权行为的法律适用来说，出现了如下新发展：

1. 侵权行为自体法与最密切联系原则的产生。侵权行为自体法的概念首先由莫里斯于 1951 年在《哈佛法律评论》上的《论侵权行为自体法》一文中提出。他指出，用一种单一而机械的公式适用于一切侵权行为以及侵权的所有方面，似乎是不可能的。因此，需要一种富有弹性的方法才可以适当地解决这一问题。从商业角度讲，英国法院采取合同自体法的学说，已取得了比较方便和理想的结果。而从社会角度来看，采用自体法理论用以解决被告是否对侵权行为承担责任的问题，也是方便和理想的。莫里斯认为，尽管在大多数情况下仍有适用侵权行为地法的必要，但应该有一种足够广泛而且足够灵活的冲突规范，以便能够顾及种种例外情况，这就是侵权行为自体法。不过，侵权行为自体法的含义是不同于合同自体法的。在这里，不存在当事人对准据法的选择，而是对侵权行为地法、法院地法以及当事人属人法加以综合考虑。这种方法是对传统国际私法上侵权行为法律适用的改进，它顾及到侵权行为地法之外的法律的可适用性，但又不是呆板地重叠适用。严格说来，这种侵权行为自体法理论也可说是最密切联系原则的延伸。

最密切联系原则的概念首次由英国学者在合同领域提出之后，在国际私法界产生了深远的影响。虽然它是在合同法律适用领域产生的，但它的适用目前已不限于合同，在侵权法上，同样被广泛适用。1954 年的奥汀诉奥汀案（Auten v. Auten）成为美国适用最密切联系原则的里程碑，而 1971 年美国《第二次冲突法重述》第 145 条的规定则正式标志着美国法学界、司法界对最密切联系原则的承认。

2. 当事人意思自治。私法自治的观念本来是流行于民事主体的平等交易领域，但最后有些国家的立法也将其引入到侵权法领域。如《瑞士联邦国际私法法规》第 132 条规定："当事人可以在侵害事件发生后任何时候约定适用

法院地法。"

3. 对受害人有利的法律。如 1979 年匈牙利关于国际私法的第 13 号法令第 32 条第 2 款规定:"如果损害发生地法对受害人更有利,以该法作为准据法。"美国法院在德克尔诉福克斯河拖拉机公司案(Decker v. Fox River Tractor Co.)的判决中适用较好的规则,事实上也就是能使原告从被告那里获得赔偿的规则,可以说是保护受害人政策的贯彻。

此外,美国还有些学者提出了政府利益分析、功能分析和比较损害等方法,并在实践中得到了不同程度的适用①。

（二）特殊侵权行为的法律适用

鉴于侵权行为的复杂性,在规定侵权行为的一般法律适用原则的同时,还必须专门讨论特殊侵权行为的法律适用。

1. 涉外公路交通事故

早在 1964 年,海牙国际私法会议就提出要制定一部专门适用于侵权行为法律适用的公约,并成立了特别委员会。特别委员会认为,侵权行为的范围十分广泛,一揽子解决存在困难,因此决定按各种侵权行为的轻重缓急分别制定公约。首先被考虑的是交通事故,因为这个问题在西方非常突出。

经过几年准备,1968 年 10 月第 11 届海牙国际私法会议通过了《关于交通事故法律适用的公约》。公约于 1971 年 5 月开始签字,1975 年 6 月生效。目前有 12 个成员国、3 个非成员国已批准生效。

公约对准据法的规定主要是第 3 条。根据其规定,交通事故的准据法是事故发生地国法。但也有例外:(1)如果仅有一辆车涉及事故,且它又是在非事故发生地国登记的,则可适用登记地国法。如果有二辆或二辆以上的车涉及事故,则只有在所有车辆均在同一国内登记才能适用登记地国法。如果有一人或数人与事故有关而在事故发生时在车辆之外并可能负有责任,则要求所有这些人均在车辆登记地国有惯常居所,才能适用登记地国法。(2)如果车辆没有登记或在几个国家登记,则以车辆的经常停放地法取代登记地法。同时,公约还规定,不管适用的法律是什么,在确定责任时,应考虑事故发生时当地有效的交通规则和安全规则。

交通事故的准据法支配以下事项:(1)责任的根据和范围;(2)免除责任以及任何限制责任和划分责任的理由;(3)侵害或损害的存在及其种类;(4)损害赔偿的方式及范围;(5)请求权的转让和继承;(6)遭受损害和能直接请求损害赔偿的人;(7)本人对其代理人的行为或雇主对其雇员的行为

---

① 韩德培、韩健:《美国国际私法（冲突法）导论》,法律出版社 1995 年版,第 120~129 页。

所负的责任；（8）消灭时效和除斥期间的开始、中止和中断。

2. 涉外产品责任

对于产品责任的法律适用，各国立法都颇为重视，这是国际贸易不断发展的必然结果。当前，绝大多数国家明显地将产品责任视为一种侵权责任。而在司法实践中，法院也大多只依有关侵权行为法律适用的规则来确定涉外产品责任案件的准据法。

在涉外产品责任的法律适用方面，不少国家主张采用灵活多样的规则和方法来确定准据法；在法律选择过程中，更加重视对有关政策、各方利益及处理结果的分析和考虑，力求在任何情况下都能做到公平。从各国的实践和理论看，"最密切联系"、"最有利于原告"和"排除被告不可预见的法律的适用"的观念已赢得了广泛赞同。

海牙国际私法会议在通过《关于交通事故法律适用的公约》后，又在1972年第12届会议上通过了《产品责任法律适用的公约》。该公约于1977年10月1日起生效。目前有11个成员国、1个非成员国批准生效。

（1）公约的适用范围：公约确定制造商和其他由公约规定的人因产品造成损害，包括因对产品的错误说明和对其质量、特性或使用方法未提供适当说明而造成损害责任所适用的法律。但在产品的所有权或使用权从被请求承担责任的一方转移到遭受损害一方的情况下，本公约不适用于他们之间的责任。产品，包括天然产品和工业产品，无论是未加工的或加工过的，是动产还是不动产。

（2）适用的法律：第一，适用的法律应为侵害地国家的法律，如果该国同时又是：直接受害人惯常居所地国或被请求承担责任人的主营业地或直接受害人取得产品的地方。第二，尽管有上述规定，应适用的法律仍应为直接受害人的惯常居所地国家的法律，如果该国同时又是被请求承担责任的人的主营业地和直接受害人取得产品的地方。第三，如以上两种法律都不适用，除非原告基于侵害地国国内法提出请求，应适用被请求承担责任人主营业地国国内法。

（3）准据法的适用范围：公约适用于责任的依据和范围；免除、限制和划分责任的依据；损害的种类；赔偿的方式、范围；损害赔偿的转让、继承；有权要求损害赔偿的人；本人对代理人或雇主对雇员行为的责任；举证责任以及时效等。

3. 国际空中侵权行为

关于国际空中侵权行为应适用什么法律，各国的国内立法比较少；有关这方面的判例也不多。不过，美国有些有关的判例，虽然大都是解决州际法律冲突的。例如，1961年在基尔伯格诉东北航空公司（Kilberg v. Northeast Airlines, Inc.）一案中，原告是死亡者的遗产管理人，死亡者生前曾乘坐被告公司的一架飞机从纽约飞往马萨诸塞州，因该飞机在马萨诸塞州坠毁焚烧，以致死亡。原告向纽约州法院起诉，要求赔偿损失。依马萨诸塞州的法律，赔偿金额不得少于两千美元，不得高于一万五千美元；但依纽约州的法律却没有这种限制。法院认为错误致死的索赔权应适用伤害地法，即马萨诸塞州法，但又通过把损失问题识别为"程序性"的，允许法院适用自己的法律，从而规避了对最高赔偿额的限制①。不过，后来仍有判例适用伤害地法。还有些判例采取"最密切联系"原则或"政府利益分析"的解决方法②。

关于向外空发射实体而造成的损害，国际上订立了《空间实体造成损失的国际责任的公约》，详细规定了外层空间的侵权责任问题。公约关于归责原则的规定分为两方面：对一部分——空间实体对地球表面及飞行中的飞机造成的损害——实行绝对责任，主要是考虑到发射空间实体是一种高度危险的活动，此类损害的受害人往往没有能力证明致害人的过失；对另一部分——一国的空间实体给另一国的空间实体造成的损害——实行过失责任，这主要是因为，(1) 作为发射者的受害者有能力证明侵害人技术上或管理上的过失；(2) 实行过失责任使发射国地位平等。不过，当受害人本人有重大过失等情况下，如果侵害人的活动又符合法律规定，可免除其绝对责任。

4. 国际经济侵权

国际经济侵权随着国际经济的渗透日益成为一种重要的国际侵权行为。它主要发生在国际经济领域，如不正当竞争、限制竞争、侵犯知识产权等。国际经济侵权比普通侵权行为更多地涉及公法，也就更可能适用法院地法。

(1) 不正当竞争

《保护工业产权巴黎公约》第 10 条规定："凡在工商业活动中违反诚实经营的竞争行为即构成不正当竞争。"并特别禁止下列情况：第一，采用任何手段对竞争对方的企业、商品或工商业活动造成混乱的一切行为；第二，在经营商业中利用谎言损害竞争对手的企业、商品或工商业活动的信誉的；第三，在经营商业中使用会使公众对商品的性质、制造方法、特点、运用目的或数量发生混乱的表示或说法。

关于不正当竞争的法律适用，《奥地利联邦国际私法法规》第 48 条第 2 款规定：因不正当竞争而发生的损害与其他求偿权，依受此竞争影响的市场所在国家的法律。《瑞士联邦国际私法法规》第 136 条规定："对不正当竞争的

---

① 韩德培、韩健：《美国国际私法（冲突法）导论》，武汉大学出版社 1994 年版，第 159 页。

② 博格丹：《冲突法中的航空器事故》，载《海牙国际法学院演讲集》，1988 年第 1 卷，第 105~127 页。

求偿应由影响发生地国家的法律支配；如果行为只影响到某一特定的竞争者的商业利益，那么准据法应该是受害者的营业地国法；本法规第133条第3款的规定（即适用原法律关系的准据法）应优先适用。"德国法院在1961年的婴儿喂食瓶案中开始采用竞争利益发生冲突的地方的法律。德国学者如温格勒尔等都主张适用利益冲突地法或受影响的市场所在地法，基本上也就是竞争地法。美国法院采用的是当事人营业地法。总的来看，在不正当竞争的法律适用问题上，各国采取的做法基本上是竞争行为地法和当事人营业地法。而在多数场合，这两者可能是同一的。

（2）限制竞争

限制竞争法的目的在于保护合法的竞争，它与不正当竞争法在方法上是不同的。后者是通过制止不正当竞争或滥用竞争，来达到保护合法竞争和正常的市场秩序的目的。由于各国经济扩张的需要，限制竞争也成为国际上广受关注的问题。但由于这一问题与本国经济利益的关系十分密切，所以各国往往只愿意交由内国的实体法而不愿让冲突法发挥什么作用。不过，新的瑞士国际私法则对这一问题作出了规定。该法第137条指出，此类求偿适用受害者受影响的市场所在国法，并以瑞士法来对赔偿额作出限定。

1980年12月，第35届联大通过了《管制限制性商业惯例的一套多边协议的公平原则和规则》，其主要内容是：

第一，适用范围。规则适用的限制性商业惯例是指通过滥用或谋取滥用市场力量的支配地位，限制进入市场或以其他方式不适当地限制竞争，对国际贸易特别是对发展中国家的国际贸易及其经济发展造成或可能造成不利影响，或通过企业之间的正式或非正式、书面或非书面竞争协议或安排造成同样的影响。

第二，管制原则。规则规定，企业在市场上从事竞争或有竞争可能的活动时，不应组织国际卡特尔采取固定进出口货物价格、分配市场安排、联合抵制交易等做法；也不允许由一个企业或几个企业一起使用诸如低于成本的价格，规定进口国转售的出口货物价格，拒绝按惯用的商业条件进行交易，以合并、接管、合资经营等做法限制别的企业进入市场或以其他方式不适当地限制竞争。

规则还规定，应适当地管制跨国公司中母子公司之间的限制商业惯例，并给予发展中国家一定优惠待遇。

四、我国关于侵权行为法律适用的实践

我国《民法通则》第146条对侵权行为的准据法作出了基本的规定："侵权行为的损害赔偿，适用侵权行为地法律。当事人双方国籍相同的或者在同一国家有住所的，也可以适用当事人本国法律或住所地法律。中华人民共和国法律不认为在中华人民共和国领域外发生的行为是侵权行为的，不作为侵权行为处理。"这里之所以适用侵权行为地法，主要是考虑到侵权行为具有一定的属地性，侵权行为的赔偿也与行为地联系密切。

由于我国把侵权行为地法作为一项基本原则确定下来，关于侵权行为地的认定就显得至关重要。但我国立法没有对侵权行为地的认定作出明确规定，只是最高人民法院在《关于贯彻执行〈中华人民共和国民法通则〉若干问题的意见（试行）》中解释说："侵权行为地的法律包括侵权行为实施地的法律和侵权结果发生地的法律。如果两者不一致时，人民法院可以选择适用。"

我国1983年颁布的《海洋环境保护法》规定，凡在我国内海、领海以及我国管辖的其他一切海域内发生的损害海洋环境及资源，破坏生态平衡的侵权行为都要按该法处理。在我国领域以外排放有害物质、倾倒废物、造成我国管辖的海域损害的，也应按该法处理。

第三节　不当得利和无因管理的法律适用

因不当得利（unjust enrichment）和无因管理（negotiorum gestio, voluntary agency）而发生的债，又称准合同之债（quasi-contractual obligation），它包括那些既不是由于合同也不是由于侵权行为产生的具有债的特征的法律关系。

一、不当得利的法律适用

凡无法律上或合同上的依据使自己获得利益而使他人受到损害的情况，称为不当得利。如对已经清偿的债务再为给付，或基于原合同关系而为给付，后来合同被宣告无效或撤销，以及在合同双方当事人之间一方因不可抗力无法履行而在此之前已领受了对方的给付等。各国对不当得利法律适用的观点主要有如下几种：

1. 适用原因事实发生地法。持这一观点的国家认为，不当得利涉及不当得利发生地国的公共秩序、社会道德风尚和法律观念，因而应适用原因事实发生地法。如《日本法例》规定："因无因管理、不当得利或不法行为而产生的债权成立及效力，依其原因事实发生地法。"《匈牙利国际私法法令》第35条规定："不当得利及其法律上的后果，适用利益发生地法。"《秘鲁民法典》第2098条规定："因法律的实施、无因管理、不当得利和不当交付某物所生之债，依原因事实发生地法或应发生地的法律。"

2. 适用支配原法律义务或关系的法律。许多不当得利行为源于一定的法律关系，此时，应考虑原法律关系的准据法的适用。如《奥地利联邦国际私法法规》第 46 条规定，如果不当得利是在履行法律义务的过程中发生的，应适用支配原法律义务或关系的法律。前南斯拉夫法律冲突法第 27 条也规定，不当得利适用产生或预料会产生或假设会产生该项得利的法律关系的准据法。

3. 适用当事人本国法。1965 年《波兰国际私法》第 31 条规定，在当事人有同一国籍且在该国有住所时，应适用他们的共同国法。《布斯塔曼特法典》第 221 条规定："不当得利依各当事人的共同属人法，如无共同属人法，则依给付地的法律。

4. 选择适用多种法律。《瑞士国际私法》第 218 条规定："因不当得利提出的请求，由支配不当得利所由发生的实际的或假定的那种法律关系的法律支配。在没有这种关系时，这种请求由不当得利发生地国家的法律支配。当事人可协商决定适用法院地法。"

二、无因管理的法律适用

无因管理是指未受委托，又无义务，而为他人管理财产或事务，因而支出劳务或费用，可要求他人返还的债权债务关系。无因管理法律关系的内容，一般来说是管理人应完成管理的事务并继续到本人接受为止，在管理中负普遍注意的义务，否则应对其故意或过失而致本人的损失承担责任，管理结束时应将因管理事务所得的一切权益转给本人并向本人做出清算。在无因管理之债中，管理人为债权人，本人为债务人。

关于无因管理所生之债的法律适用，国际上主要有以下主张：

1. 适用事务管理地法。采用这一冲突规则的国家认为，无因管理是一种债权债务关系，但不能适用当事人意思自治原则及当事人的属人法，而作为值得提倡的为他人谋利益的行为，应适用事务管理地法。日本和秘鲁法均采取了这样的规定。《布斯塔曼特法典》第 220 条也规定："对他人事务的管理，依实行管理地的法律调整。"

2. 适用当事人共同本国法。如《波兰国际私法》规定，无因管理之债，除适用原因事实地法外，还可以适用当事人共同本国法。

3. 适用支配原法律义务或关系的法律。例如奥地利国际私法规定，无因管理依此种管理行为完成地的法律。但是如与另一法律义务或关系有密切联系，则适用支配该义务关系的国家的法律。

4. 适用本人的住所地法。这主要是认为无因管理制度是为保护本人的利益而设立的，因此应以本人的住所地法作为无因管理之债的准据法。

第 十 三 章
婚姻家庭的法律冲突法

第一节 结婚的法律适用

结婚是男女双方根据法律规定的程序和条件结成夫妻的法律行为。结婚只有符合法律规定的实质要件和形式要件，才能有效成立。

一、结婚实质要件的法律适用

结婚的实质要件包括婚姻当事人必须具备的条件和必须排除的条件。前者一般指双方当事人必须达到法定婚龄，双方当事人自愿结婚等。后者一般指双方当事人不在禁止结婚的血亲之内，没有不能结婚的疾病和生理缺陷，不存在婚姻关系等。

关于结婚实质要件的准据法主要有以下几种：

（一）婚姻举行地法

结婚的实质要件依婚姻举行地法，也就是说，如果结婚符合婚姻举行地法有关结婚实质要件的规定，该婚姻在任何地方都是有效成立的婚姻；如果结婚不符合婚姻举行地法的规定，该婚姻就是无效的婚姻。坚持这一原则的理由有：结婚也是一种契约关系或法律行为，根据"场所支配行为"的原则，其成立的实质要件也应该适用婚姻举行地的法律；应该将当事人依婚姻举行地法结成的婚姻视为一种既得权，根据"既得权保护说"，这种婚姻也应该得到其他国家的承认和保护；婚姻的有效成立与否关系到举行地国家的善良风俗和公共秩序，所以必须适用举行地法。另一个重要理由是结婚的实质要件适用婚姻举行地法简便易行。

适用婚姻举行地法是一条古老但目前仍流行的原则。采用此原则的国家有美国的许多州和大多数拉丁美洲国家，如阿根廷、巴拉圭、危地马拉、秘鲁、哥斯达黎加和墨西哥等。

（二）当事人的属人法

由于结婚与当事人的身份地位（如是否成年、是否神智健全、是否已婚等）有密切关系，许多国家对有关结婚实质要件的问题适用当事人的属人法。

在采用当事人属人法的国家中，又分为本国法和住所地法两种。如果双方当事人属人法相同，适用当事人属人法自然简便容易。如果双方当事人的属人法不同，主要有以下几种做法：

1. 适用夫的本国法。目前此种做法已落伍于时代，为许多国家所放弃。

2. 分别适用双方当事人各自的属人法。即只要结婚分别符合双方当事人各自属人法规定的实质要件，该婚姻就是有效婚姻。例如，《日本法例》第13条第1款规定，婚姻成立的实质要件适用夫妻双方各自的本国法。波兰、奥地利和秘鲁等国也采用此种规定。

3. 重叠适用双方当事人的属人法。即婚姻只有在同时满足双方当事人的属人法所要求的实质要件时，才被认为是有效的婚姻。1979年《匈牙利国际私法》第37条第1款就是如此规定的。

（三）混合制

婚姻的成立涉及到婚姻举行地法和当事人双方的属人法。所谓混合制是指婚姻成立的实质要件，或以婚姻举行地法为主，但在一定条件下适用当事人的属人法，或以当事人的属人法为主，但在一定条件下适用婚姻举行地法。

前者可以《瑞士联邦国际私法法规》为例，该法第44条规定，"在瑞士举行结婚的实质要件由瑞士法律支配"。如果外国人之间结婚不符合瑞士法律规定的要件，"但满足当事人一方本国法规定的要件"时，仍可以举行结婚。第45条规定在外国有效缔结的婚姻，在瑞士也承认其是有效的。但"当事人任何一方为瑞士人或双方在瑞士有住所，其在国外缔结的婚姻予以承认，但在国外结婚显然有意规避瑞士法律规定的无效原因的"，则不予承认。

后者可以《匈牙利国际私法》为例。该法第37、38条以适用当事人的属人法为主，但同时规定如果外国人"依匈牙利法缔结婚姻有不可逾越的障碍时，则不能在匈牙利结婚"，也即外国人如若在匈牙利结婚就必须符合婚姻举行地法（匈牙利法）的某些要件的规定。

混合制考虑了在不同情况下适用不同的准据法，避免了单纯适用婚姻举行地法或当事人属人法的不足。由于其比较灵活和切实可行，已为越来越多的国家所接受。

二、结婚形式要件的法律适用

结婚的实质要件是婚姻成立的基本条件，但婚姻的成立还需要一定的形式。目前有关缔结婚姻的方式主要有民事登记方式和宗教方式。根据民事登记方式，缔结婚姻的双方必须到法律指定的机关办理登记手续，取得一定的证件后，婚姻才有效成立。世界上的许多国家包括我国在内都采取民事登记方式。宗教方式要求缔结婚姻的双方根据自己信仰的宗教的规定，举行一定的宗教仪式后，婚姻才成立。目前，除极少数国家外，大部分国家已不再将依宗教方式结婚视为婚姻成立的必要条件。在许多国家中，当事人在进行民事登记的同时也举行宗教婚礼，在举行宗教婚礼时，也办理民事登记。

对于结婚形式要件的法律适用，根据"场所支配行为"的原则，世界上许多国家长期以来都适用婚姻举行地法，即只要结婚的方式符合婚姻举行地法的要求，就为有效的婚姻。单纯适用婚姻举行地法，有时会出现"跛脚婚姻"（limping marriage）。为了避免发生这种情况，有些国家除了规定结婚的形式要件适用婚姻举行地法外，还规定本国公民在国外结婚也必须遵守本国法规定的方式，或者规定，在内国结婚的外国人，如果遵守了他们的本国法对婚姻方式的要求，亦为有效。这种立法是以婚姻举行地法为主，同时兼采当事人属人法。例如《日本法例》第13条第2款规定，关于婚姻的方式，原则上适用婚姻举行地法，第3款又进一步规定，符合当事人一方的本国法规定的方式，亦为有效。但如果婚姻在日本举行，当事人一方为日本人时，则不在此限。即此种情况下适用婚姻举行地法也是一方当事人本国法的日本法。据此规定，外国人之间在日本举行的结婚或外国人和日本人之间在国外举行的结婚，如果符合当事人一方的本国法，也是有效的。这种立法明显地表现出广泛地承认婚姻效力的倾向。

三、领事婚姻

领事婚姻是指在驻在国不反对的情况下，一国驻国外的领事或外交代表为本国侨民依照本国法律规定的方式，办理结婚手续，而成立婚姻的制度。领事婚姻问题的实质是，驻在国是否承认外国人之间在其内国依当事人本国法举行的结婚。关于这一问题，各国的做法不完全相同。有些国家是明确承认领事婚姻的，而有的国家在领事婚姻问题上则要求实行对等原则。如果驻在国同意派遣国领事为其侨民办理结婚手续，则领事婚姻在驻在国和派遣国及第三国都是有效婚姻。如果驻在国不承认领事婚姻，则派遣国使馆所办理的领事婚姻在派遣国本国有效，在驻在国无效，在结婚的形式要件适用婚姻缔结地法的第三国，其婚姻也是无效的。

四、我国关于涉外结婚的法律规定

我国处理涉外结婚的法律规定主要有1983年8月17日发布的《中国公民同外国人办理婚姻登记的几项规定》、1983年11月28日发布的《关于驻外使领馆处理华侨婚姻问题的若干规定》、1983年12月9日《关于办理婚姻登记中几个涉外问题处理意见的批复》和1986年4月12日通过的《民法通则》。

我国处理涉外结婚的法律规定涉及以下几种情况：中国人和外国人在中国

境内结婚；外国人之间在中国境内结婚；中国人和外国人在中国境外结婚；中国人之间在中国境外结婚；外国人之间在境外结婚，要求在我国承认其效力。

根据《民法通则》第 147 条的规定，中华人民共和国公民和外国人结婚适用婚姻缔结地法。因此，我国公民和外国人在中国境内结婚，适用中国法，我国公民和外国人在中国境外结婚适用婚姻举行地国家的法律。该规定没有区别结婚的实质要件和形式要件，可以理解为既适用于实质要件也适用于形式要件。

根据民政部《关于办理婚姻登记中几个涉外问题处理意见的批复》的规定，对于男女双方都是来华工作的外国人，或是一方为来华工作的外国人，另一方为临时来华的外国人，要求在中国办理结婚登记的，只要他们具备《中国公民同外国人办理婚姻登记几项规定》所要求的证件，符合我国婚姻法的规定，可予以办理结婚登记。但为了保证我国婚姻登记的有效性，使我国的婚姻登记在当事人本国或第三国有效，可以让婚姻当事人提供其本国法律准许在国外办理结婚登记的规定。外国当事人可以按宗教仪式结婚，但如要使其婚姻在我国具有法律效力，就必须按我国法律规定到婚姻登记机关进行登记。在条约或互惠的基础上，我国也承认具有相同国籍的外国人双方在其本国驻华使领馆成立的婚姻为有效。

关于外国人之间在我国境外结婚的要件应适用何种法律，《民法通则》无明确规定，但依第 147 条的规定，既然中国人和外国人在境外结婚适用婚姻缔结地法，推定外国人之间在境外结婚也适用婚姻缔结地法，应该是没有问题的。对双方均是中国公民在国外结婚应适用的法律，《民法通则》也无规定，但可参照外交部、最高人民法院、民政部、司法部、国务院侨务办公室《关于驻外使领馆处理华侨婚姻问题的若干规定》，即"严格按照我国婚姻法的基本精神，并照顾到他们居住在国外的实际情况，加以妥善处理"。

第二节　离婚的法律适用

一、离婚案件的管辖权

对离婚案件行使管辖权的原则有两个，一是以当事人的住所、居所为依据，二是以当事人的国籍为依据。英国和美国是以住所或居所确定管辖权的国家，而一些欧洲大陆国家则主要以当事人的国籍确定管辖权。目前，也有兼采住所标准和国籍标准的。

根据英国 1973 年《住所与婚姻诉讼法》第 5 条第 2 款的规定，只有当婚姻当事人在诉讼开始时，在英国有住所，或到诉讼开始日止，在英国有习惯居所达一年之久时，英国法院才有管辖权。此处的婚姻当事人，既可以是原告也可以是被告，即可以是妻子也可以是丈夫，配偶双方是处于平等地位的，改变了过去利于丈夫（1895～1938 年）或利于妻子（1949～1974 年）的立法。另外，该条第 5 款还规定，在因同一婚姻而发生的离婚、别居或无效婚姻案件结案之前，原告补充诉讼请求或提出不同的解决办法，或者被告提出反诉，英国法院对此有管辖权，只要英国法院对原来的诉讼有管辖权且诉讼尚未结束，而不管该条对管辖权的规定如何。假设丈夫在法国有住所或习惯居所，妻子在提起别居诉讼时，在英国有住所并且在英国设有习惯居所达一年，后来妻子放弃了在英国的住所和习惯居所，此后，丈夫提出了婚姻无效的反诉。在这种情况下，只要妻子尚未撤回起诉，英国法院就有管辖权。而此后妻子又提出撤回别居申请，提出离婚。在此种情况下，只要丈夫的反诉未撤回，英国法院对此诉讼请求就有管辖权。即使丈夫和妻子在英国均无住所或习惯居所，也是这样。

在美国，大多数法院在离婚案件中适用法院的实体法，因此，在离婚案件中，主要的问题是确定离婚案件管辖权。适用法院地法意味着主张行使管辖权与婚姻当事人及其婚姻关系有密切关系。传统上，住所地州的法院被认为是与离婚有密切关系的法院。在美国，作为行使离婚管辖权基础的住所的概念也在发生变化，从婚姻住所地到无过错一方的住所，到配偶任何一方的住所。最近，许多州颁布法律，授权法院管辖军事人员的离婚案件，前提是军事人员在该州连续驻扎一定时期，通常为一年。《美国第二次冲突法重述》采用了这种观点，即可以依据住所以外的密切连结因素，如当事人长时间居住在某一州，该州便可行使离婚管辖权。如果婚姻双方当事人都参加的离婚诉讼，住所对管辖权来说是无关紧要的，但对缺席判决离婚却很重要。

拉美国家虽然也依住所确定离婚案件的管辖权，但与英美不同，它们不是以配偶任何一方的住所为连结点，而是以夫妻的婚姻住所为连结点。1928 年的《布斯塔曼特法典》和 1940 年的《蒙特维的亚公约》都规定依婚姻住所地确定离婚管辖权。许多拉美国家的国内法也有类似的规定。

一些欧洲大陆国家原则上以当事人的国籍确定离婚案件的管辖权。过去，有的国家甚至认为对本国公民的离婚案件有专属管辖权，如前苏联和匈牙利。现在则很少有国家持这种观点。而且，以国籍作为确定管辖权惟一依据的国家已不多见。目前，许多国家在以婚姻当事人的国籍确定离婚案件管辖权的同时，还规定也可以依据当事人的住所或习惯居所行使离婚管辖权。

这种立法在国际公约中也有反映。如 1970 年《关于承认离婚与司法别居的海牙公约》规定下列国家的法院可以对离婚诉讼行使管辖权：（1）被告在该国有习惯居所；（2）原告在该国有习惯居所，且该居所于诉讼提起前已持续一年以上，或配偶双方的最后习惯居所所在国；（3）配偶双方为该国国民，或原告为该国国民，且有习惯居所在该国，或他（她）的习惯居所于该国已持续一年以上且于诉讼开始时至少已有部分时间进入了第二个年头；（4）原告是该国国民，且他（她）于诉讼提起时正在该国而配偶双方的最后习惯居所国于诉讼提起时的法律不允许离婚。符合上述条件的缔约国法院作出的判决应该得到其他缔约国的承认。

二、离婚的法律适用

（一）法院地法

英国和美国等国家在离婚的法律适用问题上采用法院地法的做法。英美法院一旦确定对离婚案件有管辖权，一般就只适用法院地法。由于英美法院主要是依婚姻当事人的住所或习惯居所作为行使管辖权的依据，所以法院地法通常就是婚姻当事人的住所地法或习惯居所地法。适用法院地法的主要理论依据是，离婚涉及一国的公共秩序和善良风俗，所以法院应该适用自己的法律。适用法院地法可能促使当事人寻找对自己有利的法院去起诉，从而产生挑选法院的现象。

（二）属人法

主张离婚适用属人法的根据主要是，离婚是消灭既存婚姻关系的一种法律行为，与人的身份有密切关系，所以应当适用当事人的属人法；离婚应与婚姻成立的准据法一致，既然婚姻的成立适用属人法，离婚也应适用属人法。过去离婚适用当事人的属人法多是适用丈夫的本国法，这种做法已不符合男女平等时代的要求。后来也有主张适用当事人共同本国法或共同住所地法的，但如果当事人国籍或住所不同，就会给法院适用法律带来困难。

（三）属人法和法院地法相结合

大多数欧洲大陆国家、日本和泰国等都采用本国法和法院地法相结合的做法。如《波兰国际私法》第18条规定，离婚依请求离婚时夫妇所服从的本国法；如无共同本国法则依共同住所地法；住所不在同一国家时，依波兰法。《瑞士联邦国际私法法规》第61条规定以适用法院地法（瑞士法）为主，但也规定了当配偶双方有共同外国国籍而只有一方在瑞士有住所时，适用当事人的共同本国法。按《日本法例》（1989年修改）第16条的规定，如果当事人有共同本国法，适用当事人共同本国法，如无共同本国法而有共同习惯居所时，适用共同习惯居所地法，如果既无共同本国法也无共同习惯居所地法时，适用与夫妇有最密切关系地的法律。但是，如果离婚当事人一方为在日本有习惯居所的日本人时，则适用日本法。

值得注意的是，许多新立法中出现了有利于离婚的趋势。如1964年《捷克斯洛伐克国际私法》第 22 条第 2 款规定，如果依夫妻共同本国法不准离婚，或离婚条件非常严格时，只要夫妻一方长期居住在捷克斯洛伐克境内，就应适用捷克斯洛伐克法。1978 年《奥地利联邦国际私法法规》第 20 条和《瑞士联邦国际私法法规》第 61 条第 3 款的规定都反映了有利于离婚的倾向。

三、我国有关涉外离婚的法律规定

（一）离婚的管辖权

《中华人民共和国民事诉讼法》第 22 条、第 23 条第 1 款规定，我国法院在受理涉外离婚案件时，采取原告就被告的原则，只要被告在我国有住所或居所，我国法院就有管辖权。同时，对于被告不在我国境内居住的离婚案件，如原告在我国境内有住所或居所，则原告住所地或居所地法院也有管辖权。

另外，根据最高人民法院《关于适用〈中华人民共和国民事诉讼法〉若干问题的意见》规定，我国法院在以下几种情况下也具有管辖权：（1）在国内结婚并定居国外的华侨，如定居国法院以离婚诉讼须由婚姻缔结地法院管辖为由不予受理，当事人向人民法院提出离婚诉讼的，由婚姻缔结地或一方在国内的最后住所地人民法院管辖。（2）在国外结婚并定居国外的华侨，如定居国法院以离婚诉讼须由国籍所属国法院管辖为由不予受理时，当事人向人民法院提出诉讼的，由一方原住所地或在国内的最后住所地人民法院管辖。（3）中国公民一方居住国外，一方居住在国内，不论哪一方向人民法院提起离婚诉讼，国内一方住所地人民法院都有管辖权。如国外一方在居住国法院起诉，国内一方向人民法院起诉的，受诉人民法院有管辖权。（4）中国公民双方在国外但未定居，一方向人民法院起诉离婚的，应由原告或者被告原住所地人民法院管辖。

（二）离婚的法律适用

《民法通则》第 147 条规定，离婚适用受理案件的法院所在地的法律。根据该条的规定，如果我国法院为受理案件的法院，我国法院就只适用中国法。

第三节 夫妻关系的法律适用

夫妻关系是合法有效的婚姻所产生的特定男女之间的一种法律关系。包括夫妻人身关系和夫妻财产关系。

一、夫妻人身关系的法律适用

夫妻人身关系（又称婚姻的一般效力）包括姓氏权、同居义务、忠贞及扶助义务、住所决定权、从事职业和社会活动的权利、夫妻之间的代理权等方面的内容。对于这些问题，由于各国政治、经济、社会风俗、历史传统和宗教信仰的不同，常有不同的法律规定。为了解决法律适用上的冲突，大致有以下几种主张：

（一）当事人的属人法

一些欧洲国家适用当事人的本国法，而中南美洲一些国家，如乌拉圭、秘鲁和巴西等，适用当事人的住所地法。在早期立法中，适用当事人的本国法以适用夫的本国法比较多见。目前，关于夫妻人身关系，适用夫妻双方共同属人法的趋势有所增加。例如，《日本法例》第14条原来规定婚姻的效力适用夫的本国法。1989年修改后，第14条为，关于婚姻的效力，如果夫妻双方具有相同的本国法，依该法；无共同本国法时，如夫妻具有共同惯常居所地法，则依共同惯常居所地法；既无共同本国法也无共同惯常居所地法时，适用与夫妻有最密切关系的地方的法律。

（二）法院地法和行为地法

由于夫妻人身关系有时关系到法院地或行为地的公共秩序和善良风俗，因此也有主张夫妻人身关系的某些方面应该适用法院地法或行为地法。例如，在英国，夫妻人身关系一般适用夫妻的住所地法，但关于丈夫是否可以对妻子施加强力，以及一方对他方的扶养义务如何等问题，则适用法院地法。国际公约中也有类似的做法。例如1905年《关于婚姻效力的海牙公约》第1条规定，"关于夫妻身份上的权利义务，依其本国法定之"，但"前项权利义务的行使非依行为地法所认可的方式，不得为之"。1928年《布斯塔曼特法典》第43、45条规定，关于夫妻间保护和服从的义务，以及夫如变更居所，妻有无义务随夫等问题，应适用夫妻双方的属人法，在两者不同时，则适用夫的属人法。但关于夫妻共同生活彼此忠贞和互相帮助的义务，均依属地法原则解决。

二、夫妻财产关系的法律适用

夫妻财产关系又称夫妻财产制，是指具有合法婚姻关系的男女双方对家庭财产的权利义务。主要包括婚姻对双方当事人的婚前财产发生什么效力，婚姻存续期间所获财产的归属，以及夫妻对财产的管理、处分和债务承担等方面的制度。在解决夫妻财产关系的法律冲突时，主要有以下两个原则：

（一）意思自治原则

由于一些国家的立法和判例将婚姻关系看做是一种特殊的契约关系，因此在夫妻财产关系的法律适用问题上，它们也主张适用意思自治原则。采用这种原则的国家有美国、英国、法国、德国、日本、瑞士和奥地利等国。例如《奥地利联邦国际私法法规》第19条规定，夫妻财产，依当事人明示选择的法律，无此种协议选择的法律时，依结婚时支配婚姻的人身效力的法律。日本《法例》（1989年修改）第15条第1款规定了夫妻财产关系准用第14条关于婚姻效力的准据法，但如果夫妻以署名的书面协议选择法律时，则夫妻财产关系适用该法。当事人可以选择的法律是，夫妻一方国籍所属国的法律，夫妻一方的惯常居所地法，关于不动产的夫妻财产关系，不动产所在地法。日本法对当事人的选择范围作了明确的指定。另外，按奥地利和日本的法律，如果夫妻双方对夫妻财产关系无明示协议，就适用支配婚姻人身效力的或婚姻效力的准据法。而在英国和美国，如当事人对财产关系无协议，法官也无法推定财产关系的准据法时，法院将适用物权的冲突法原则，动产适用当事人住所地法，不动产适用不动产所在地法。

1978 年《关于婚姻财产制的海牙公约》也采用了意思自治原则。

（二）属人法原则

一些国家在夫妻财产关系上排除适用意思自治原则，直接规定夫妻财产关系应适用何种法律。采用属人法原则的国家主要有希腊、泰国、约旦和波兰等国。例如，《波兰国际私法》第 17 条规定：（1）夫妇之间的人身关系及财产关系，依夫妇双方的本国法。夫妇财产契约的缔结、修改或解除、亦依夫妇双方的本国法。（2）夫妇依契约而产生的财产关系，依缔结契约时夫妇所服从的本国法。（3）夫妇双方无共同本国法时，依波兰法。

第四节 亲子关系的法律适用

亲子关系（父母子女关系）指父母和子女之间的一种法律关系，包括人身关系和财产关系两个方面。

父母子女关系分为亲生父母子女关系（包括父母与婚生子女关系和父母和非婚生子女关系）和养父母子女关系。

一、婚生子女

婚生子女是指有效婚姻关系中怀孕所生育的子女。非婚生子女是指非婚姻关系（有的国家也包括无效婚姻关系）所生育的子女。

历史上，法律对婚生子女和非婚生子女常加以区别。随着时代的发展，许多国家的立法正在努力缩小婚生子女与非婚生子女的区别。但是，法律上对非婚生子女的歧视和不平等待遇仍不同程度地存在。婚生地位的有无常影响子女的姓名、住所、国籍、抚养和继承等问题。

关于子女是否为婚生的准据法，主要有以下几种主张：

（一）父母属人法

在主张适用父母属人法的国家中可分为：

1. 生母之夫的本国法。《德国民法施行法》第 18 条、《泰国国际私法》

第 29 条、《意大利民法典》第 20 条都有类似的规定。这种立法多为早期的一些冲突法规所采用。此处的母之夫的本国法实际上是指子女生父的本国法。因为母之夫不一定就是子女的生父，生硬地适用母之夫的本国法未免有些牵强。

2. 生父的住所地法。英国有些学者和判例主张适用父的住所地法来决定子女是否为婚生的子女。丹麦也采用生父住所地法作准据法。

3. 父母的共同属人法。《奥地利联邦国际私法法规》第 21 条规定，子女婚生的要件及因此而发生的争议，依该子女出生时配偶双方的属人法，如子女出生前婚姻已经解除，依解除时配偶双方的属人法。配偶属人法不同时，依其中更有利于子女为婚生的法律。

4. 分别适用父母各自的属人法。《美国第一次冲突法重述》采用此说，即由父的住所地法决定父与子女的婚生关系，由母的住所地法决定母与子女的婚生关系。

5. 适用父母一方的本国法。《日本法例》（1989 年修改）第 17 条规定，根据子女出生时夫妇一方的本国法，子女为婚生子女时，即视为婚生子女。生父于子女出生前死亡时，生父死亡时的本国法为前面所指的本国法。

（二）子女属人法

晚近一些国际私法立法，从保护子女利益出发，相继采用子女的属人法为准据法。例如《波兰国际私法》第 19 条、《南斯拉夫国际私法》第 41 条等。

采用子女属人法作准据法的目的是要保护子女的利益，但以子女的属人法为准据法并不一定总是对确认子女的婚生地位有利。实际上，冲突法对子女的保护是受限制的。因为即使适用了子女的属人法也不能完全保证该法律的实体规定对子女有利。

（三）支配婚姻效力的法律

《土耳其国际私法和国际诉讼程序法》第 15 条规定，子女婚生适用子女出生时调整其父母婚姻效力的法律。阿根廷、塞内加尔等国也都规定子女是否婚生由支配父母婚姻效力的法律决定。英国的判例也曾采用这种做法。并且认为，如果根据支配婚姻效力的法律父母的婚姻为无效婚姻，那么这种婚姻中出生的子女为非婚生子女。

适用支配婚姻效力的法律并不意味着如果婚姻无效，子女就一定为非婚生子女。子女是否婚生依支配婚姻效力的冲突规则所指向的实体法决定，如果该法以有效婚姻作为婚生的前提条件，才发生类似英国判例的结果。

（四）适用对子女婚生更为有利的法律

由于适用子女属人法也不见得对子女就是有利的，故近来更有明确规定适用对子女更为有利的法律的。如《奥地利联邦国际私法法规》第 21 条就规定适用配偶双方的属人法，如果属人法不同，应依其中更有利于子女为婚生的法律。《匈牙利国际私法》第 46 条、《秘鲁民法典》第 2803 条也有类似的规定。

二、非婚生子女的准正

（一）准正的方式

非婚生子女是由非婚姻关系（有些国家也包括无效婚姻关系）受胎而出生的子女。非婚生子女在法律上的地位因不同时期、不同国家而有所不同。但是各国法律对非婚生子女颇多歧视，近代各国为改变非婚生子女的不幸境遇作了许多努力。准正的方式主要有以下几种：

1. 父母事后婚姻。即如果非婚生子女的父母事后结婚，非婚生子女可取得婚生子女的地位。在有些国家，事后婚姻是使非婚生子女准正的惟一的方式。另有些国家规定，仅有父母的事后结婚并不能使非婚生子女准正，还要求父母有某些认领行为，如在登记官面前明确或正式地承认该子女为其后代。如果父母的事后结婚为无效婚姻，子女的准正就可能会受到影响。

2. 认领。一些国家的法律规定，父对非婚生子女的认领可以使子女获得婚生子女的资格。但在有些国家，被认领的非婚生子女并不能完全取得婚生的地位。认领只赋予被认领的非婚生子女以有限的权利。

3. 国家行为。这种准正方式主要是通过确认亲子关系的诉讼，由法院作出判决。这种准正方式可以使子女在父母一方死亡，父母不能事后结婚，或父不愿认领的情况下，由国家行为（法院判决）宣布准正。

（二）准正的准据法

有些国家并没有分别规定各种准正方式的准据法，只是笼统地规定了准正适用的法律，如土耳其、希腊。有些国家专门规定了事后结婚、认领及国家行为准正所适用的法律。

1. 事后婚姻准正的准据法

（1）住所地法。父母事后结婚时的住所地法决定该事后结婚而获得的准正。英国和美国即是如此。

（2）本国法。由事后结婚或认领时的父的本国法决定准正。

（3）父母属人法。如《奥地利联邦国际私法法规》第 22 条的规定。

（4）子女属人法。目前几个规定适用子女属人法的立法多是在某些问题上，如准正是否应取得子女或其监护人同意方面适用子女属人法。

（5）适用支配婚姻效力的法律。如 1986 年《联邦德国国际私法》第 21 条的规定。

2. 认领的准据法

认领的准据法分为形式要件的准据法和实质要件的准据法。认领的形式在各国还是有些差别的。但一般只要认领符合认领行为发生地的要求也就足够了。

认领的实质要件的准据法有以下几种：

（1）父母属人法。认领子女的父母的住所地或本国法常被用来决定有关认领的问题。如《泰国国际私法》第31条及美国一些州的规定。

（2）子女属人法。《波兰国际私法》第19条规定，子女的认领依认领时子女所属国法。另外，秘鲁和匈牙利等国也有相似的规定。

（3）适用父或母或子女的属人法。如《瑞士联邦国际私法法规》第72条规定，在瑞士对子女的认领，可以依子女的习惯居所地法、本国法、父或母一方的住所地法或本国法作出。这种选择性立法的目的在于有利于认领的成立。

3. 国家行为准正的准据法

在法规中专门规定国家行为准正的准据法不是很多，一般主要是依据父母住所地法或本国法，或是依据准正国家的法律。

三、亲子间权利义务关系的法律适用

父母子女间的权利义务关系包括两个方面：一是人身方面的权利和义务，二是财产方面的权利和义务。

（一）父母属人法。如《意大利民法典》第20条规定，父母子女间的法律关系，依父的本国法，如无父时，依母的本国法。但1995年意大利《国际私法制度改革法》第36条规定："父母子女间的人身和财产关系，包括亲权在内，适用子女的本国法。"

（二）子女属人法。现在一些国家的立法与实践主张子女的属人法应得到适用。理由是现代法律应为子女的幸福和利益考虑。如前捷克斯洛伐克、波兰、匈牙利、瑞士和日本等国。特别是捷克和匈牙利的立法表现出明显的保护子女利益的意图。日本《法例》（1989年修改）第21条规定，亲子间的法律关系，如果子女的本国法与父的本国法或母的本国法或如果父母一方死亡时与另一方的本国法相同，依子女的本国法。其他情况下依子女的惯常居所地法。

第五节　收养的法律适用

收养是通过法律程序创设父母子女关系的一种制度。收养人与被收养人之间并无血缘关系。父母子女关系的成立是因收养这一法律行为所致。收养使收养人与被收养人之间产生了一种拟制的血亲关系。

一、收养案件的管辖权

关于收养的管辖权一般是以住所或国籍为依据。根据 1975 年《英国收养法》的规定，只要收养申请人在英国有住所，被收养人或其亲生父母或监护人在收养申请提出时出现（presence）在英国，英国高级或地方法院就有管辖权，但如果收养时被收养人不在英国，就只有高级法院有权颁布收养令。美国法院的收养管辖权也是建立在住所的基础上，一般是被收养人住所地州或收养人住所地州有收养管辖权。大陆法系国家是以国籍或住所为行使管辖权的依据，如《瑞士联邦国际私法法规》第 75 条规定，如果收养人或收养人夫妻双方住所地在瑞士，瑞士法院对宣告收养有管辖权。如果收养人或收养人夫妻双方在瑞士没有住所，其中一方为瑞士人，并且如果他们在外国住所地不可能进行收养或被不合理地要求依当地收养程序收养时，瑞士原始所属地法院主管机关对宣告收养有管辖权。但在新近一些立法中，习惯居所这一连结点也受到了重视。如联邦德国 1986 年 7 月 25 日发布的《对免除诉讼费用法的修订文本》第 436 条规定，如果收养人、收养夫妻一方、被收养人是德国人，或在德国有习惯居所，德国法院有管辖权。

二、收养的法律适用

关于收养的法律适用，有的国家只笼统地规定收养应适用的法律，如瑞士和波兰等，有的则区分收养成立、收养效力和收养解除或终止等几个方面，分别规定每一个方面应适用的法律，如日本、南斯拉夫、奥地利、匈牙利、意大利和罗马尼亚等。但在作这种区分的国家中有的仅对收养的成立和效力的法律适用问题作了区分，如土耳其，有的国家如日本则仅区分收养和收养的终止，并规定两者适用相同的准据法。

（一）收养成立的法律适用

收养成立的法律适用包括收养形式要件的法律适用和实质要件的法律适用。对收养成立的形式要件，如是否须经当事人申请，是否需经公证或登记，大都主张适用收养成立地法。关于收养的实质要件的准据法的立法与实践有以下几种：

1. 适用法院地法。这可以以英美为例。在英国，收养成立要件的法律选择并不重要，英国法院首先关心的是管辖权的问题。如果英国法院对涉外收养有管辖权，一般就只适用英国国内法来决定这一收养。美国 1971 年《第二次冲突法重述》认为，法院应该适用本地法决定是否准许收养。同英国一样，一旦管辖权确立了，就无须再做准据法选择。瑞士 1987 年国际私法第 77 条第 1 款也规定，在瑞士宣告收养的条件，由瑞士法律支配。当然它又进一步规定了在某些情况下也应该考虑有关国家的法律规定。

2. 适用收养人属人法。收养的成立对收养人的权利义务影响较大，因此有些国家采用收养人的属人法作准据法。另外，这种立法还有一个主要的考虑是，养亲和养子女的生活中心一般是养亲的本国，收养符合养亲本国法规定的法定条件是必要的。采用此种做法的主要有：意大利、波兰、捷克斯洛伐克、奥地利、日本和原联邦德国等。日本《法例》原本采用收养人和被收养人各自本国法主义的，但基于上述考虑以及根据欧洲一些国家的立法动向，在1989 年修改时改而采用了收养人本国法主义。另外采用这种做法的国家通常在一些特定问题上如收养是否需经养子女、养子女的法定代理人或有关国家机关同意时采用被收养人的本国法。

3. 分别适用收养人和被收养人各自的属人法。这种立法的理由是认为收养不仅影响收养人的权利与义务，而且也影响被收养人的权利与义务。另外，这种立法还考虑了收养在国外的承认问题。采用这种立法的国家主要有希腊、土耳其、秘鲁、塞内加尔等。

4. 重叠适用收养人和被收养人属人法。采用这种做法的主要有匈牙利和南斯拉夫。法国的一些判例也有采用该做法的。

5. 被收养人的属人法。原苏联采用被收养人的属人法为收养准据法。法国和比利时的少数判例也曾以被收养人属人法为准据法。但完全以被收养人属人法为准据法的国家并不多见，如前所述很多国家只是在某些要件上适用被收养人属人法。

（二）收养效力的法律适用

收养的效力涉及收养对养子女与养父母的法律效力和收养对子女与生父母的法律效力。关于收养的法律适用，主要有以下几种做法：

1. 适用收养人的属人法。例如原日本《法例》第 19 条第 2 款规定收养的效力依收养人的本国法。而新《法例》第 20 条没有明确规定收养效力的法律适用，但一般认为该条第 1 款的规定既适用于成立问题也适用于效力问题。另外，希腊、奥地利、匈牙利和罗马尼亚也有类似的规定。不过奥地利、匈牙利和罗马尼亚的规定更为详细。1978 年奥地利国际私法第 26 条第 2 款在规定了适用收养人属人法后，更进一步规定如为配偶共同收养时，应适用支配婚姻人身法律效力的法律，如一方配偶死亡，应适用另一方的法律；1979 年匈牙利国际私法第 44 条则进一步规定了如果养父母收养时和终止收养时属人法不同，应适用收养夫妻最后的共同属人法，如没有共同属人法则适用收养时或收养终止时的共同住所地法。如果也没有共同住所时，适用法院地法或其他机构地法；1992 年罗马尼亚国际私法第 30 条除进一步规定夫妻共同收养适用支配婚姻效力的法律外，还对夫妻一方收养另一方子女的准据法也做了规定，即同样适用支配婚姻效力的法律。

2. 分别适用收养人和被收养人属人法。1928 年《布斯塔曼特法典》第 74 条区分不同的关系规定，收养的效力，就收养人的遗产而言，依收养人的属人法调整，但关于姓氏，被收养人对其原来家庭所保留的权利义务，以及收养人对其遗产的关系，依被收养人的属人法调整。

3. 收养人和被收养人共同本国法或共同住所地法。1982 年南斯拉夫国际冲突法第 45 条第 1、2 款规定，收养的效力依收养人和被收养人实行收养时的本国法，如收养人和被收养人国籍不同，应适用他们的共同住所地法。

4. 被收养人本国法。1982 年南斯拉夫国际冲突法第 45 条第 4 款，如果收养人既无共同本国法也无共同住所地法并且双方均非南斯拉夫公民时，则依被收养人的本国法。

（三）收养终止的法律适用

关于收养终止的法律适用主要有两种做法：一是采用与收养成立相同的准据法，如奥地利、南斯拉夫和意大利等；一是采用与收养效力相同的准据法，如匈牙利和罗马尼亚等。

三、中国有关涉外收养法律适用的规定

1991 年，我国颁布了《中华人民共和国收养法》。该法第 20 条规定："外国人依照本法规定可以在中华人民共和国收养子女。"根据该规定，外国人在中国收养子女应受中国法律支配。此后，1993 年国务院颁布的《外国人在华收养子女实施办法》第 3 条进一步规定，外国人在华收养子女应符合收养法的规定，并不得违背收养人经常居住地国的法律。这表明，对于外国人在华收养子女，我国要求重叠适用中国收养法和收养人经常居住地国的法律。1998 年 11 月 4 日由全国人大常务委员会通过、1999 年 4 月 1 日开始施行的《收养法》（修正案）第 21 条规定：外国人依照本法可以在中华人民共和国收养子女。外国人在中华人民共和国收养子女，收养人应当提供经其所在国有权机构出具的有关收养人的年龄、婚姻、职业、财产、健康、有无受过刑事处罚等状况的证明材料，该证明材料应当经其所在国外交机关或者外交机构授权的机构认证，并经中华人民共和国驻该国使领馆认证。该收养人必须与送养人订立书面协议，亲自向省级人民政府民政部门登记。收养关系当事人各方或者一方要求办理收养公正的，应当到国务院司法行政部门认定的具有办理涉外公证资格的公证机构办理收养公证。与其他国家有关收养的立法相比，我国现行的规定是不完全的。一是对该条冲突规范的适用主体作了特定的限制，即只适用于外国人在华收养子女，而对于其他几种涉外收养情况的法律适用未能作出规定，如中国人在境外收养子女或外国人在境外收养子女等。二是由于上述规定并未

区分收养的成立、效力和终止，而从字面来看，该规定似乎只是旨在规定收养成立的要件，因此，在今后的立法中有必要详细加以规定。

第六节　监护的法律适用

监护是对未成年人或禁治产人，在无父母或父母不能行使亲权的情况下，为保护其人身和财产利益而设置的一种法律制度。

一、监护案件的管辖权

对于监护案件，各国一般以住所地、居所地或国籍为依据行使管辖权。例如英国法院可在下面三种情况下行使管辖权：（1）未成年人在英国，即使他的住所在国外并且在英国也无财产。（2）未成年人是英国国民即使他不在英国。（3）未成年人在英国有惯常居所，即使他是外国国民并且不在英国，也不妨碍英国法院为其指定监护人的权力。

二、监护的法律适用

监护制度是为保护受监护人的利益而设置的，以此目的出发，各国立法大都以被监护人的属人法作为有关监护问题的准据法。但也有适用法院地法的。

1. 被监护人的属人法。《意大利民法典》第21条规定了监护和其他无行为能力人的制度，适用无行为能力人的本国法。日本、泰国、土耳其等国不仅规定了监护应适用被监护人的属人法，而且对在内国有住所或居所的外国人或无国籍人，或在内国有财产的外国人的监护问题作了规定。如日本《法例》第24条第2款规定，在日本有住所或居所的外国人，依其本国法有监护原因而无人行使监护的，或在日本宣告禁治产的，其监护依日本法。这种立法考虑到在内国的外国人的人身或财产也可能需要设立监护的情况，体现了监护制度保护被监护人利益的宗旨。

2. 适用法院地法。这可以英国为例，英国在监护问题上仍是首先从管辖权入手，只要英国法院对某一涉及监护的案件有管辖权，它便只适用英国法。此外，英国法中有一条重要原则经常被适用于决定有关监护人问题，即首先考虑子女利益的原则。

三、我国对涉外监护法律适用的规定

最高人民法院发布的《关于贯彻执行〈中华人民共和国民法通则〉若干问题的意见》第190条规定，监护的设立、变更和终止适用被监护人的本国法律，但被监护人在我国境内有住所的，适用我国的法律。可见，我国法院在司法实践中，以被监护人本国法作为处理涉外监护问题的一般原则，只是在特殊情况下适用被监护人住所地法。

第七节　扶养的法律适用

扶养是指根据身份关系，在一定的亲属间，有经济能力的对于无力生活的应给予扶助以维持其生活的一种法律制度。它具有以下法律特征：（1）扶养只在法律规定的一定的亲属间成立，是一种法律上的义务。法律规定以外的亲属或其他人之间则不具有法律上的扶养义务。（2）扶养关系只发生于一方有接受扶养的必要，而另一方有扶养能力的一定亲属之间。

一、扶养的法律适用

扶养可分为配偶之间的扶养、亲子之间的扶养和其他亲属之间的扶养。对于扶养关系的法律适用，有的国家分别对三种扶养关系作了规定，如 1979 年《匈牙利国际私法》第 39 条。有的国家只笼统地规定了扶养关系适用何种法律，如 1982 年《土耳其国际私法和国际诉讼程序法》第 21 条。有的国家只对一种或两种扶养关系作了规定。如 1964 年《捷克斯洛伐克国际私法》只对亲子间的扶养关系规定了应该适用的法律。

瑞士和日本是 1973 年海牙有关扶养义务法律适用公约的成员国。瑞士国际私法对扶养义务的准据法未作具体规定而是指出有关扶养义务的问题直接适用或类推适用海牙公约。日本为了与公约的规定相适应，于 1986 年颁布了《关于扶养义务准据法的法律》。有关扶养义务准据法的问题适用该法的规定。该法的规定与公约的内容是一致的。

对于扶养关系的法律适用，有些国家认为扶养义务是扶养制度的基础，从而主张适用扶养义务人的属人法，如《土耳其国际私法和国际诉讼程序法》第 21 条。有些国家则从扶养制度是为扶养权利人的利益而设置的这一角度出发，认为应该适用扶养权利人的属人法，如原《联邦德国民法施行法》第 18 条、《匈牙利国际私法》第 45 条和第 47 条等。

适用扶养权利人的属人法是晚近立法的趋势，一些原本采用扶养义务人属人法的国家在新法中已转而采用扶养权利人的属人法。而属人法的连结点多采用扶养权利人的惯常居所地。此外，对有关扶养准据法的规定也比以前更为详细，并比较明显地体现了对弱方当事人的保护。例如，1973 年《关于扶养义务法律适用的海牙公约》首先规定扶养义务由扶养权利人惯常居所地法决定，如果根据该法，扶养权利人不能从扶养义务人处获得扶养时，则依扶养权利人和扶养义务人的共同本国法，如果无共同本国法或依共同本国法也不能从扶养义务人处获得扶养时，依受理机关的国内法。这种立法方式考虑到了适用扶养权利人的属人法并不一定能实现保护扶养权利人利益的目的，因为有时也许正是扶养人的属人法或扶养财产所在地法为扶养权利人提供了更多的受保护的机会。

二、我国有关涉外扶养法律适用的规定

我国《民法通则》参考有关国家的立法和实践，对有关扶养义务的准据法问题规定适用最密切联系原则，即扶养适用与被扶养人有最密切联系国家的法律（第 148 条）。以最密切联系取代传统的硬性连结点，使选择法律的灵活性大大增强了。关于该条的规定有两点需要说明：第一，按最高人民法院的司法解释，此处的扶养包括父母对子女的抚养关系、夫妻之间的扶养关系和子女对父母的赡养关系。第二，按最高人民法院《关于贯彻执行〈中华人民共和国民法通则〉若干问题的意见（试行）》第 189 条的规定，扶养人和被扶养人的国籍、住所以及供养被扶养人的财产所在地均可视为与被扶养人有最密切的联系。

第 十 四 章
继承的法律冲突法

第一节 法定继承的法律适用

世界各国在继承问题上的立法与实践是不尽相同的。在继承人的范围、继承人的顺序、代位继承、应继承份额、继承权的丧失和继承权的放弃等方面，存在着一些差异。有些方面的差异甚至是相当大的。例如，关于继承人的范围，我国《继承法》规定法定继承人包括被继承人的配偶、子女、父母、兄弟姐妹、祖父母、外祖父母。此外还包括对公婆或岳父母尽了主要赡养义务的丧偶儿媳和丧偶女婿。《法国民法典》规定，法定继承人的范围是被继承人的子女及其直系血亲卑亲属、直系血亲尊亲属、兄弟姐妹或其后裔和六亲等以内的旁系亲属。配偶只有在死者未留下有继承权的血亲，或仅有兄弟姐妹以外的旁系亲属时，才能成为法定继承人。英国的法定继承人范围除了配偶、直系卑亲属、父母、兄弟姐妹、祖父母、外祖父母外，还包括叔伯姑舅姨。

此外，大陆法系和英美法系国家在遗产继承上也有不同之处，在大陆法系国家，遗产由继承人直接继承。在英美法系国家，全部遗产首先归属于人格代表者（personal representative，包括遗嘱执行人和遗产管理人），在管理清算遗产后，只有余下的积极财产才能分配移转给继承人。而且在采用遗产管理制度的国家，在国际私法上，遗产管理依管理地法。

一、法定继承的法律适用

在解决继承的法律适用问题上，主要存在着两种制度，即区别制和同一制。

（一）区别制和同一制

区别制也称分割制，是指在涉外继承中，将遗产区分为动产和不动产，对动产和不动产分别适用不同的冲突规范所指向的实体法，即动产适用被继承人的属人法，不动产适用物之所在地法。在法则区别说的影响下，区别制不仅在19世纪成为占主导地位的原则，即使到现在仍为英美以及若干大陆法国家所采用。采用区别制的国家主要有英国、美国、法国、比利时、卢森堡、保加利亚、智利、加蓬、泰国、玻利维亚等。我国也是采用区别制的国家。

同一制也称单一制，指不管遗产是动产还是不动产，继承关系作为一个整体适用同一冲突规范所指向的实体法，即被继承人的属人法（本国法或住所地法）。同一制以罗马法中的总括继承为理论依据，在 19 世纪后期逐渐取得优势。采用同一制的国家目前已为数不少。其中，采用被继承人本国法的国家有，意大利、日本、奥地利、德国、西班牙、葡萄牙、荷兰、希腊、瑞典、埃及、伊朗、伊拉克、叙利亚、古巴、委内瑞拉、墨西哥、巴拿马和土耳其等国；采用被继承人住所地法的国家有，挪威、丹麦、冰岛、巴西、哥伦比亚、阿根廷、秘鲁、尼加拉瓜、危地马拉、哥斯达黎加等国。一些国际条约也接受和采纳了继承关系适用被继承人属人法这一冲突规范。例如 1928 年《布斯塔曼特法典》和 1988 年《关于死者遗产继承的准据法公约》。

（二）区别制和同一制的利弊

区别制和同一制的利弊不能简单地一概而论，它们各有利弊。继承制度具有财产法和身份法的双重性质。强调继承的财产法性质的国家采用的是区别制，强调继承的身份法性质的国家采用的是同一制。

根据法则区别说，因为动产多是随人所至，所以动产继承被归入"人法"范畴，适用死者的属人法，而不动产价值大，通常与所在地国利益相关，所以不动产继承被归入"物法"范畴，适用物之所在地法。区别制迎合了当时封建社会统治者的需要，为许多国家所采用。而现在，由于不动产与所在国关系密切，维护财产所在地国的公共利益是采用区别制的一个重要考虑。并且，适用不动产所在地法既有利于案件的审理，又有利于判决的执行，所以仍为许多国家所坚持。

但采用区别制也有一个缺陷，就是在实际运用上，如果遗产分布在两个或两个以上的国家，遗产继承就要受两个或两个以上国家的法律支配，因此使继承关系复杂化，在法律适用上可能会碰到诸多麻烦和困难。而采用同一制可以避免上述缺陷，因为按同一制，不论遗产分布在几个国家，也不论遗产是动产还是不动产，遗产继承都将只受被继承人属人法支配。因此，法律适用简单方便，这是同一制的明显优点。但同一制也有一个缺陷，即如果死者属人法与财产所在地法不同时，会发生一定的困难，特别是财产所在地的国际私法采用区别制时，根据属人法作出的判决一般在不动产所在地国无法得到承认与执行。

同一制和区别制的根本分歧在于不动产继承的法律适用问题。为了协调两者间的对立，有些国家在继承问题上，接受反致。如按《日本法例》，继承依被继承人的本国法，根据同法第 32 条规定，在继承问题上无疑是接受反致的。从日本的学说和判例来看，如果被继承人本国的国际私法指定适用日本法，不管日本法是被继承人住所地法还是不动产所在地法，一般主张接受反致。但也有学者认为，接受反致将破坏继承同一制的原则，只能在不违背继承同一制原则的限度内接受反致。例如，如果被继承人的本国国际私法对继承问题也采用同一制，并指定适用被继承人的最后住所地法（日本法）时，可以接受反致。如果被继承人的本法不接受同一制，即不应接受部分反致，因为如果接受部分反致会使继承上的同一制变为实际上的区别制。通过反致制度可以使财产所在地法得到考虑。另外，公共秩序保留制度也可以使所在地法得到考虑。这样可以在一定程度上调解同一制和区别制的矛盾。另一方面，采区别制有时难以解决继承问题时，也存在着为了在遗产债权人间维持平衡或为了调整继承人间的不平衡，而统一解决的意向。

另外，《瑞士联邦国际私法法规》在限定范围内允许被继承人选择继承的准据法（第 87 条第 2 款、第 90 条第 2 款）。在继承中在一定范围内允许当事人意思自治的立法方法应该引起注意。

1988 年第 16 次海牙国际私法会议通过的《关于死者遗产继承的准据法公约》对继承问题采取同一制。继承的准据法原则上分为三个类型，它同时承认被继承人选择准据法，即如果被继承人具有其死亡时惯常居所地国的国籍则依该国法律（第 3 条第 1 款），如果到被继承人死亡时为止，被继承人有居住 5 年以上的惯常居所时，依该惯常居所地法（第 3 条第 2 款）。在其他情况下，依被继承人死亡时的本国法（第 3 条第 3 款）。但在第二种情况下，如果被继承人死亡时的本国与被继承人有更密切的联系，依其本国法。在第三种情况下，如果被继承人死亡时与其他国家有更密切的联系，依该国法律。但是，如果被继承人对准据法已作了选择且这种选择有效时，上述原则不予适用。准据法的选择范围为选择时或死亡时被继承人的本国法或惯常居所地法。

二、我国关于继承准据法的规定

我国在解放后的司法实践中，基本上一直采用区别制。1985 年《继承法》第 36 条规定：中国公民继承在中华人民共和国境外的遗产或者继承在中国境内的外国人的遗产，以及外国人继承在中国境内的遗产或者继承中国公民在中华人民共和国境外的遗产，动产适用被继承人住所地法律，不动产适用不动产所在地法律。按最高人民法院的解释，被继承人住所地法系指被继承人生前最后住所地法。1986 年《民法通则》第 149 条规定："遗产的法定继承，动产适用被继承人死亡时的住所地法律，不动产适用不动产所在地法律。"

三、继承准据法的适用范围

继承准据法一般支配以下几个方面的问题：

（一）继承的开始

继承开始的原因、时间和场所以及有关继承财产的费用由继承的准据法支配。在任何国家，继承都是因为被继承人死亡而开始，这一般不会产生什么问题。但被继承人被宣告死亡时，继承是从法院宣告判决之日还是从法院判决中确定的失踪人死亡之日起开始？我国最高人民法院1985年《关于贯彻执行〈中华人民共和国继承法〉若干问题的意见》曾规定以法院判决中确定的被继承人死亡日期为继承开始的时间，但1988年最高人民法院《关于贯彻执行〈中华人民共和国民法通则〉若干问题的意见（试行）》规定继承从判决宣告之日起开始。此外，仅宣告失踪是否是继承开始的原因？在有些国家，宣告失踪只发生财产转归财产管理人管理的效力，并不发生遗产继承的效力。有些国家的法律则规定宣告失踪即具有宣告死亡的效力，宣告失踪也是继承开始的原因。但是，日本《法例》第6条规定，外国人在日本法院被宣告失踪时，就其在日本的财产，继承是否开始以及继承开始的时间依日本法决定，与其本国法无关。因为这种情况下的失踪宣告的目的是确定位于内国的法律关系。因此，即使按继承准据法不承认失踪宣告为继承开始的原因，继承也开始。

（二）继承人

继承人的范围，继承人的顺序，代位继承，被继承人是否能通过遗嘱指定继承人，是否承认继承契约，如果承认，继承契约的有效要件及效力如何，继承能力与接受遗产的能力，继承欠格，继承人的废除，是否承认放弃继承的契约，如果承认，要件及效力如何等与继承人有关的问题由继承的准据法决定。继承人与被继承人之间是否存在婚姻关系、亲子关系、亲属关系等问题属继承的"先决问题"，不受继承准据法的支配，由各个法律关系的准据法决定。

（三）继承的财产

遗产的构成以及遗产的移转问题由继承的准据法决定，即被继承人的哪些财产构成遗产，以及遗产经过何种过程转移给继承人，由继承准据法决定。但是，有一种情况应注意，即尽管继承准据法认为某种财产属继承财产的范围，但如果该财产关系本身的准据法不承认此种财产属继承财产的范围时，该如何处理？日本大阪地方裁判所在昭和62年的一个判决中，涉及到因侵权行为而产生的损害赔偿之债的继承问题，大阪地方裁判所认为，即使作为继承准据法应予适用的被继承人的本国法（日本法）承认损害赔偿之债可以成为继承的对象，但只要作为侵权行为损害赔偿的准据法的美国加州法不承认其可以成为继承的对象，就应否认侵权损害赔偿之债具有可继承性①。再如，关于生命保险金请求权的继承问题，如果生命保险金请求权的准据法不承认其可成为继承

①　山田镣一：《国际私法》，日本有斐阁1992年版，第487页。

的财产，那么这种请求权最终就不能成为被继承的财产。这主要是考虑继承的实际执行问题①。

（四）继承份额、特留份

继承份额、特留份等由继承的准据法决定。

（五）继承的承认与放弃

关于继承人单纯承认继承、限定承认继承或放弃继承等问题由继承准据法决定。关于限定承认或放弃，一些国家的法律要求继承人到法院陈述并登记这种意思表示。由于陈述和登记是限定承认和放弃的方式问题，目前许多国家规定，行为方式只要符合行为地或法律关系的准据法要求的方式即可。

（六）遗产管理

在英美等国，遗产不是首先直接转移给继承人或受遗赠者，而是首先归属遗嘱指定的或由法院任命的遗产管理人，由其清算管理，偿还债务后才将遗产交给继承人或受遗赠者。英国法中，遗产管理的准据法原则上是遗产管理地法。遗产管理依授权遗产管理人取得管理权限的国家的法律，而该法原则上为遗产所在地法。在美国，遗产管理依指定遗嘱执行人或选任遗产管理人的国家或州法。对检验遗嘱及遗嘱执行人或选任遗产管理人有管辖权的法院为死者死亡时的住所地，死者死亡时或指定遗嘱执行人或选任管理人时遗产所在地。

多数大陆法国家，在有无继承人处于不明确的状态时，由法院选任遗产管理人，在管理清算债务，向受遗赠者转移财产的同时，寻找继承人。这是多数大陆法国家通常的做法。在日本，一般认为，对于继承人不明的遗产的管理清算，归根结底是属于继承中的确定遗产以及继承人的一个过程，应该由继承准据法决定。寻找继承人的方法，公告的程序和期间，继承人丧失继承权的要件等都是与确定继承人有关的问题，所以应该由继承准据法确定。但同时，这些问题又带有程序性问题的性质，在必要时由法院地法对继承准据法加以修正或调整的情况也是不少的。遗产管理人的选任是清算管理财产必不可少的事项，选任的要件及权限由继承的准据法决定。

（七）遗嘱的执行

以有关继承的事项为内容的遗嘱的执行，作为继承的问题依继承的准据法。因此，遗嘱执行者的指定、选任及权限也依继承的准据法。通常，遗嘱执行者是由遗嘱指定的，但也有国家要求遗嘱执行人由法院任命。在这种情况下，由何地法院管辖又成为问题，一般认为被继承人死亡时住所地法院或与实现被继承人遗嘱有密切关系的遗产所在地法院有管辖权。

---

① 木棚照一、松冈博、渡边惺之：《国际私法概论》，日本有斐阁 1991 年版，第 227页。

第二节　遗嘱的法律适用

遗嘱是立遗嘱人在生前对其财产进行处分并于死后发生法律效力的单方法律行为。在国际私法上，一般分别解决立遗嘱能力、遗嘱方式、遗嘱的解释和撤销等问题的准据法。

一、立遗嘱能力的法律适用

一个遗嘱要有效成立必须符合一定的实质要件和形式要件。遗嘱人是否具备通过遗嘱处分其财产的能力，属遗嘱有效成立的实质要件。各国关于立遗嘱能力的规定存在着差异。首先，一些国家采用被继承人立遗嘱的能力与行为能力一致的做法，而另外一些国家采用立遗嘱的能力与行为能力不一致的做法。其次，关于无立遗嘱能力人的规定，各国也有所不同。一些国家除规定未成年人或精神病患者无立遗嘱能力外，还规定被宣告为无行为能力或限制行为能力的浪费人等不具有立遗嘱能力。

关于立遗嘱能力问题的法律冲突，一般认为应由当事人的属人法解决。其中一些国家采用立遗嘱人的本国法，如日本、奥地利、韩国、捷克、埃及和土耳其等。另外一些国家采用立遗嘱人的习惯居所或住所地法。在英国，对动产的立遗嘱能力由立遗嘱人的住所地法决定。此外，在有些国家，对在本国境内的不动产立遗嘱的能力要求适用不动产所在地法。如过去《苏联和各加盟共和国民事立法纲要》第127条规定，立遗嘱的能力由立遗嘱人立遗嘱时的惯常居所所在地法确定，但就苏联境内建筑物立遗嘱的能力由苏联法律决定。在英国，戚希尔和诺斯认为，对不动产立遗嘱的能力应由不动产所在地法决定。至少当不动产位于英国时，对这种观点是没有异议的。莫里斯认为，没有关于对不动产立遗嘱能力的权威判例，但原则上对不动产立遗嘱的能力应该适用不动产所在地法。

在适用当事人属人法时，如果立遗嘱时与死亡时属人法不一致，即当事人的本国法或住所地法发生改变时，应该依何时的属人法？对于这一问题，在立法实践上，一般规定适用被继承人立遗嘱时的属人法，如日本、泰国、波兰和土耳其等国。这样规定的理由是，一项法律行为既已有效完成，就不应因以后属人法的改变而变为无效。同样，一项原本无效的法律行为也不能因事后属人法的改变而变为有效。而美国一些州对遗嘱人处理动产的能力采用遗嘱人死亡时的住所地法。学者中有主张适用死亡时的属人法的，但多数学者主张适用立遗嘱时的属人法。例如，英国学者莫里斯认为，如果一遗嘱人在18岁时立下遗嘱，当时其住所在英国，后来死亡时的住所在一规定未满21岁不具有遗嘱能力的国家时，该遗嘱是有效的。另外，奥地利采用结果选择方法，规定原则上适用立遗嘱时被继承人的属人法，但如果依该法立遗嘱人无立遗嘱能力而依被继承人死亡时的属人法有立遗嘱能力时，则适用被继承人死亡时的属人法。

二、遗嘱方式的法律适用

在遗嘱方式上，各国的规定也存在着差异。一般说来，英美法系国家无公证遗嘱形式，法国、日本、德国、瑞士等国无代书遗嘱的规定，而除我国和韩国外，几乎所有国家均无录音遗嘱的规定。

对遗嘱方式的有效性问题，一些国家不区分动产与不动产，统一规定应适用的法律。有些国家则区分动产与不动产，分别规定应适用的法律。在前一类国家中，一般采用属人法和行为地法为准据法，其中又可分为：（1）首先依遗嘱人的属人法，如果属人法不认为其遗嘱方式为有效，但立遗嘱时所在地法认为其方式为有效者，则依立遗嘱时的所在地法。（2）属人法和立遗嘱时所在地法中，只要有一个国家的法律认为其遗嘱方式为有效，即承认其为有效。后一类国家主要有英国、美国、日本、匈牙利等国。这些国家一般规定，不动产遗嘱方式适用不动产所在地法，动产遗嘱方式适用的法律目前则比较灵活。

目前，普遍的观点是对遗嘱方式的准据法采取了灵活放宽的态度。1961年订立、1967年生效的海牙《遗嘱处分方式法律冲突公约》集中地反映了这种趋势。现在，许多国家批准了该公约，并在国内立法中反映了公约的有关内容。

在英国普通法上，不动产遗嘱方式适用不动产所在地法，住所是确定动产遗嘱方式有效性的惟一连结点。动产遗嘱方式必须满足遗嘱人死亡时的住所地法的形式要件。仅依住所地这种硬性规则的缺点导致了1861年遗嘱法的出台，但该法也存在着一些不足。目前，普通法上的原则已经被1963年的遗嘱法扩大，该法对遗嘱方式采取了更为自由的态度。根据该法第1条的规定，凡依遗嘱订立地，立遗嘱时或死亡时住所地、习惯居所地或国籍国的现行国内法而作成的遗嘱应视为有效。这条既适用于动产遗嘱也适用于土地遗嘱方式。另外，第2条第（1）款（b）还规定，不动产遗嘱的作成如果符合不动产所在地的现行国内法，得视为有效。根据该法第1条的规定，如果遗嘱人在A国有住所，在B国有习惯居所，有C国国籍，并且在从立遗嘱到其死亡时，改变了所有以上三个连结点，那么对其遗嘱至少可以适用6个不同国家的法律，如果遗嘱人又在上述国家以外的地方订立遗嘱时，则为7个国家的法律。在这种立法下，遗嘱无效的可能性是非常低的。

在美国，处分土地的遗嘱方式必须符合土地所在地的法律。但在土地分布于几个以上的国家或州时，适用该冲突规范就很不方便。目前，成文法已经修改了传统的规则。根据《美国统一遗嘱法典》的规定，一项书面遗嘱如果符合遗嘱订立地法，订立时或死亡时的遗嘱人的住所地法或居所地法或国籍国法，得视为有效。该法与1963年的英国法基本相似。关于动产遗嘱方式，在美国大部分州与英国和加拿大一样，只要符合遗嘱订立地法或立遗嘱时或死亡时遗嘱人的住所地法，即为有效。

三、遗嘱解释的法律适用

对遗嘱的解释因各国法律观念的不同也会产生法律冲突。在立法上，许多国家并没有对遗嘱解释另外规定适用的法律。在这种情况下，遗嘱解释一般认为应受遗嘱实质要件准据法的支配。

在英国法中，如果遗嘱表达的内容清楚明白，就无需解释。但如果遗嘱使用的语言使遗嘱人的意思表示不确定，含糊不清模棱两可，或者遗嘱中未能规定某些事项时，就发生选择法律的问题。解释的结果因被选择的法律不同可能会大相径庭。确定遗嘱解释的准据法也分为动产遗嘱解释的准据法和不动产遗嘱解释的准据法。确定动产遗嘱解释的准据法的规则是，遗嘱的解释依遗嘱人意欲适用的法律，如果遗嘱人没有相反的意思表示，准据法通常为遗嘱人立遗嘱时的住所地法。因为对一般人来说立遗嘱时的住所地是其立遗嘱时最熟悉的法律。对于处理不动产遗嘱的解释，必须依遗嘱人意欲适用的法律。如果遗嘱人没有相反的意思表示，准据法通常为遗嘱人立遗嘱时的住所地法。因为对一般人来说立遗嘱时的住所地是其立遗嘱时最熟悉的法律。不过，如果依立遗嘱时住所地法的解释而产生利益不被不动产所在地法允许或承认时，不动产所在地法优先。

《美国第二次冲突法重述》第240条规定，对于不动产遗嘱的解释，适用遗嘱人指定的州或国家的法律，没有指定时，适用不动产所在地法院将予适用的解释规则。第264条规定，对于动产的遗嘱解释，适用遗嘱人指定的州或国家的法律。遗嘱人没有指定时适用遗嘱人死亡时的住所地法院将予适用的解释规则。在美国，遗嘱人可以指定遗嘱解释适用的法律，在没有此种指定，而且从所有有关遗嘱人实际意思表示的可利用的证据来看，有关问题仍无法解决时，法律程序就面临着一个相当困难的选择问题。对于遗嘱人几乎没有任何指示的财产处分，是认为该处分无效，财产按无遗嘱继承规则加以处理，还是通过推定或归纳其意思表示来填补遗嘱人所规定的空洞的财产处分计划。使遗嘱人的意思表示最大限度地发生效力的政策通常要求法院采取后一种方式。那么应依什么规则进行解释？对于不动产遗嘱解释，不少遗嘱受益人间的案件适用遗嘱人立遗嘱时的住所地法，因为考虑到遗嘱人的家庭，当事人的合理期望，遗嘱人在计划处分不动产时最有可能依据参考的框架术语，立遗嘱时的住所地法是合适的法律，特别是在用一个遗嘱处分位于不同州的土地案件中。当诉讼涉及到第三人时，遗嘱作为记载所有权的契据这一点变得更重要。如果问题涉及到一受益人转移所有权或其转移某一利益的范围程序，则不动产所在地法可能是更合适的选择。对于动产遗嘱解释，不少法院适用遗嘱人的住所地法。当立遗嘱时与死亡时的住所地不一致时，适用立遗嘱时的住所地法。

四、遗嘱撤销的法律适用

一个有效成立的遗嘱可能会因遗嘱人的后来的遗嘱、行为（如焚毁或撕毁）或事后发生的事件（如结婚、离婚或子女的出生）而被撤销。

对于遗嘱撤销的准据法，许多国家的立法作了明确规定。例如《日本法例》第 27 条第 2 款规定，遗嘱的取消依取消时遗嘱人的本国法。1986 年的《联邦德国国际私法》第 26 条第 5 款规定，遗嘱撤销依支配继承关系的法律，该法通常情况下为死者死亡时的本国法。

在英国法中，遗嘱撤销的准据法分为三种情况，（1）对于新遗嘱是否全部或部分废除旧遗嘱的问题取决于后一遗嘱是否有效成立，特别是涉及到后一遗嘱的立遗嘱能力与遗嘱方式问题。另外 1963 年《英国遗嘱法》第 2 条第（1）款（c）项规定，撤销某一遗嘱或某一遗嘱条文的遗嘱，如其作成符合前一遗嘱或前一条文被撤销遗嘱所遵守的法律，得视为恰当作成。（2）对于其他撤销遗嘱的方式，如销毁、焚毁等，不动产遗嘱撤销的准据法为不动产所在地法，动产遗嘱撤销的准据法为遗嘱人的住所地法。如果遗嘱人住所地在撤销遗嘱时和死亡时不同时，依何时的法律？关于这一问题没有什么判例，一般认为应该依撤销时的住所地法。（3）因事后结婚而使遗嘱被撤销。按英国法的规定，结婚使以前的遗嘱被撤销。而在其他许多国家，并无此种制度。如果发生法律冲突，则适用遗嘱人婚姻住所地法。当然，如果婚姻无效，则并不发生遗嘱被撤销的后果。

在美国法中，对于动产遗嘱撤销的效力，法院一般适用决定动产遗嘱其他问题的住所地法决定遗嘱撤销的效力。在遗嘱人以正式文件撤销遗嘱时，通常适用支持遗嘱人所要进行的处分的法律。撤销遗嘱的方法有许多，有时可能会发生复杂的问题。例如在遗嘱撤销时与死亡时住所地不一致，而且两地法律对同一撤销方式有不同的规定，一地法律认为在签名上画线足以使遗嘱被撤销，而另一地法律则认为这种非正式的方式不具备使遗嘱被撤销的效力，这时以何地法律为准？传统的观点是适用死亡时的住所地法，但也有人建议，考虑该问题的方法应该和考虑有效订立的遗嘱一样，如果某一法规对有关遗嘱订立的问题适用订立时的住所地法或订立地法，则遗嘱人有意的、尽管是非正式的撤销也应该接受同等的待遇，即适用撤销时的住所地法或撤销地法。以销毁遗嘱行为撤销遗嘱的效力也适用同样的规则。另外，在美国，遗嘱还可能因结婚、子女出生或离婚而被撤销。如果因离婚而发生遗嘱是否撤销的问题时，一般是适用离婚时的住所地法。如果是因结婚或子女出生而发生遗嘱是否撤销的问题时，遗嘱人死亡时的住所地法被认为是最合适的法律。例如立遗嘱后出生的子女不止一个，出生地也不止一个时，为了统一性的需要，有必要指定适用一个法律。对于不动产遗嘱撤销的效力，通常适用不动产所在地法。如果法院地或不动产所在地采用了类似英国1861年遗嘱法的规定，以什么为准据法的答案就可能是不确定的。尽管海牙公约、英国1963年遗嘱法及一些美国州法明确包含了涉及遗嘱撤销与遗嘱订立的条款，但大多数法规明确规定了遗嘱的订立方式而没有提及撤销。这些法规反映了使遗嘱人的意思表示有效的倾向，并且明确适用于通过后一遗嘱或对遗嘱的删改取消前一遗嘱的问题。

第三节　无人继承财产的处理

一、概述

无人继承财产，指尽管继承已经开始，但在法定期限内，没有人接受继承或受领遗赠。对于无人继承财产，各国法律一般均规定归属国库或其他公共团体。但国家或公共团体是以什么资格取得无人继承财产的呢？对此问题有两种不同的立法实践与学说。

一是根据国家领土主权，国家将无人继承财产视为无主物，通过先占权而取得无人继承财产。

二是将国家作为最终的法定继承人取得无人继承财产。前者主要包括英国、美国大部分州、多数拉美国家、日本、法国和奥地利等。后者主要包括德国、意大利、西班牙、瑞典和瑞士等。由于各国对国家取得无人继承财产的依据有不同的认识，在解决无人继承财产的归属时有可能发生冲突。例如，一德国人在英国死亡并留有一笔无人继承的动产，该动产应归属何国？按德国继承权主义的立法，该动产应由德国先占取得，而依英国先占权主义的规定，该动产应由英国先占取得。我国《继承法》第32条规定，无人继承又无人受遗赠的遗产，归国家所有；死者生前是集体所有制组织的成员，归集体所有制组织所有。

二、无人继承财产归属问题的法律适用

解决无人继承财产归属问题的冲突规则主要有两种：一是适用被继承人的属人法，如德国。二是适用财产所在地法，如英国。适用被继承人属人法的国

家多是主张继承权主义的国家，适用遗产所在地法的国家则往往是主张依先占权取得无人继承财产的国家。例如，奥地利是奉行先占权主义的国家，按《奥地利联邦国际私法》规定，无人继承财产的归属依被继承人死亡时财产所在地法，而不适用继承关系的冲突规则依被继承人死亡时本国法。

在日本国际私法中，对如何确定无人继承财产的准据法问题大致分为两种意见：一是无人继承财产的归属作为继承问题，由日本《法例》第 26 条规定的继承的准据法决定。二是无人继承财产不属于继承问题，不应依继承的准据法。争议的关键是对无人继承财产法律关系性质的认定。认为不应依继承准据法的理由是，第 26 条所指的继承是以亲属关系为中心的财产继承关系。如果不存在继承人，即使国库或其他公共团体以最终的法定继承人取得财产，应该说这种继承与第 26 条所指的继承性质大不相同。因此，在国际私法上，不应该将其作为继承问题加以处理。从这一意义上说，后一种观点是比较妥当的。即使将无人继承财产视为无主物由国家或公共团体先占，但对此也有三种不同的见解：（1）适用日本《法例》第 10 条的规定；（2）以日本《法例》规定欠缺为由，根据公序良俗、诚实信用原则等应该适用财产所在地法；（3）将此种问题视为事关无主财产命运的问题，由组成继承财产的各个财产的准据法决定。日本国际私法学家山田镣一认为，对上述法律关系，与其将其视为事关无主财产命运的问题，不如将其视为不应该将继承财产的归属置于不稳定状态，从保护公益的角度对其进行处理，并且由于财产不仅仅限于物权，也就不适用日本《法例》第 10 条有关物权的规定。因此，如果外国人在日本留有遗产而死亡时，依被继承人本国法不存在继承人时，根据财产所在地法（日本法），该财产归日本国库。即使被继承人本国法规定应由被继承人本国国库作为最后的继承人取得该财产，也不会产生什么问题。再如日本人在外国留有遗产而死亡，根据日本法不存在继承人的时候，根据财产所在地法决定财产的归属，通常财产归财产所在地国国库取得。在这种情况下，如果作为所在地法的外国法律的规定只是涉及其本国国民在其本国境内留有遗产的问题，就发生无主财产问题。如该外国法规定该财产归属被继承人本国国库时，财产归日本国库，但如果抛开二国间有条约这一点，实际上财产转移给日本国库的事情几乎不可能发生①。

另外，有些国家在继承人不存在时，遗产不是立即归国库，而是允许与被继承人有特别关系的人（如共同生活者、对被继承人的医疗看护进行服侍照料的人，未办结婚登记的妻子，事实上的养子等）取得部分或全部遗产。这时准据法又如何确定？日本学者的观点是这种问题与继承问题不同，不应适用

---

① 山田镣一：《国际私法》，日本有斐阁 1992 年版，第 486～487 页。

继承的准据法。可以考虑适用特别关系人的住所地法、被继承人的住所地法，但将该问题视为无人继承财产问题的一个相关问题，适用财产所在地法可能更实际一些。

在原苏联和东欧国家间及东欧国家间缔结的司法协助条约中，普遍就涉外无人继承财产归属问题作了具体的规定，一般是无人继承的动产交还被继承人死亡时的国籍国所有，不动产则归不动产所在地国家所有。

我国《继承法》和《民法通则》对涉外无人继承财产的归属问题没有作出规定，但最高人民法院《关于贯彻执行〈中华人民共和国民法通则〉若干问题的意见（试行）》第191项规定，在我国境内死亡的外国人，遗留在我国境内的财产如果无人继承又无人受遗赠的，依照我国法律处理，两国缔结或者参加国际条约另有规定的除外，即有条约规定的适用条约规定，无条约规定的，适用我国《继承法》第32条的规定，即归国家所有。

第十五章
海事的法律冲突法

第一节　海事关系的法律冲突

一、船舶物权的法律冲突

船舶物权是指权利人直接对船舶行使并排除他人干涉的权利，通常包括船舶所有权、船舶抵押权和船舶优先权。由于各国对船舶物权的法律规定不尽相同，必然产生船舶物权的法律冲突。

（一）船舶所有权

船舶所有权是指船舶所有人依法对其船舶享有占有、使用、收益和处分的权利。除了具有普通民法意义上的所有权的特征外，船舶所有权还具有自己的特性。这主要表现在：

1. 船舶所有权的主体是船舶所有人，但在有些国家，船舶经营人也可以成为船舶所有权的主体。例如，我国《海商法》第 8 条就明确规定："国家所有的船舶由国家授予具有法人资格的全民所有制企业经营管理的，本法有关船舶所有人的规定适用于该法人。"

2. 船舶所有权的客体是船舶，但由于船舶是合成物，船舶所有权和客体应该包括船舶属具。

3. 船舶所有权的取得、转让和消灭，应当进行登记。我国《海商法》第 9 条规定："船舶所有权的取得、转让和消灭，应当向船舶登记机关登记，未经登记的，不得对抗第三人。船舶所有权的转让，应当签订书面合同。"日本、希腊、韩国均有类似规定①。

各国对船舶登记也有不同的规定。例如，利比里亚法律规定，只有利比里亚公民或国民拥有的船舶才能在利比里亚登记，悬挂利比里亚国旗。但在特殊情况下，如船舶已符合所有其他登记要求或事实证明有放弃所有权要求的必

---

① 参见张忠晔主编：《各国和地区海商法比较》，人民交通出版社 1994 年版，第 10～11 页。

要，或船舶所有人以外国海运实体的身份在利比里亚登记，或在利比里亚设有经营机构，或按照法律规定在利比里亚指定了合格的代理人，则利比里亚共和国海运事务专员或副专员可以放弃有关所有权的要求。利比里亚对于登记船舶的船龄有不能超过 20 年的限制，但在实践中，此限制仍可放弃。船舶所有权转移或消灭，在利比里亚均需进行登记。

巴拿马法律对于悬挂巴拿马船旗的所有人没有国籍的限制，且船舶所有人可以是个人也可以是公司。法律对申请在巴拿马登记的船舶无船型吨位船龄等方面的限制，但对于超过 20 年的船舶必须在临时登记后的 6 个月内接受检验。船东可以直接去巴拿马登记，也可以通过巴拿马驻海外领事馆进行登记。船舶所有权转移、注销都必须进行登记。

按照新加坡法律规定，公司和个人均可以拥有在新加坡登记的船舶。但如果船舶要在新加坡登记，船东必须是在新加坡注册成立的公司或是新加坡公民或享有在新加坡永久居留权的个人。在船舶所有权问题上，新加坡法律把船舶分成两大类，分别适用不同的规定。对于 1600 总登记吨以下的船舶的船东公司股份的全部或绝大部分，应由新加坡公司或享有永久居留权的个人持有。对总登记吨在 1600 以上的船舶则无此要求。部分或全部拥有船舶的新加坡公司，除非有不少于船价百分之十的已付资本或 50 万新加坡币，否则不得在新加坡登记。被其他国家注销登记的，不得在新加坡登记。钻井平台等不得在新加坡登记。除非经特别豁免，超过 15 年船龄的船舶不能在新加坡登记。

我国法律规定，只有中国公民或法人才可拥有中国船舶。拥有中国船舶的船东可以是国家企业、集体企业，也可以是中国公民。就有权拥有中国船舶的法人而言，它必须是中国法人，或是中外合资企业。按照《中华人民共和国海上交通安全法》的规定，国家所有、集体所有、中外合资企业所有及公民所有的 50 总吨以上海上机动船舶和非机动船舶均需登记。船舶要在中国登记，悬挂中国国旗，全体船员都必须具有中国国籍。如果船舶所有人是中外合资（合作）公司，干部船员中船长、轮机长、大副、大管轮、报务员必须是中国公民，中国籍船员不得少于船员总数的百分之六十。

综上可见，各国对于船舶所有权取得和消失的船舶登记的规定的条件不尽相同。同一船舶在一个国家可能顺利登记，而在另一国家则可能被拒绝登记。由此，与之相关的船舶所有权的取得和消失的情况，则因各国法律规定不同而产生差异和法律冲突。

（二）船舶抵押权

抵押权是指债权人对于债务人或第三人提供担保而不转移占有的物权，在债务到期未受清偿时，享有就其出卖的价金而受清偿的物权。船舶抵押权，是指抵押权人对于抵押人提供作为债务担保的船舶，在抵押人不履行债务时，可以依法拍卖，从卖得的价款中优先受偿的权利。

作为国际融资的一种方式，船舶抵押受到各国的重视。船舶从其性质来讲，是属于动产的一种，但各国法律都规定了严格的登记制度，把船舶作为不动产处理，从而使船舶作为抵押权的标的成为可能。

1. 船舶抵押权的设定。船舶抵押权是由船舶所有人或者船舶所有人授权的人通过订立书面合同来设定的。我国《海商法》第 12 条规定："船舶所有人或船舶所有人授权的人可以设定船舶抵押权。船舶抵押权的设定，应当签订书面合同。"

2. 船舶抵押权的登记。各国法律均规定，设定船舶抵押权，应进行登记。只有经过登记的船舶抵押权，才具有对抗第三人的效力。

我国《海商法》第 13 条规定："设定船舶抵押权，由抵押权人和抵押人共同向船舶登记机关办理抵押权登记，未经登记的，不得对抗第三人。"

3. 船舶抵押权的转移及消灭。船舶抵押权设定后，可以进行转让，有的国家规定，抵押权人将被抵押船舶所担保的债权全部或者部分转让他人的，抵押权随之转移。我国《海商法》即如此规定。英国、挪威、德国等国也有类似规定。

4. 船舶抵押权的受偿顺序。在一艘船舶上，设定若干个抵押权，便产生了以同一船舶为标的的数个船舶抵押权的受偿顺序问题。对此问题，各国的做法比较统一。即按照船舶抵押权的登记顺序，登记在先的先受偿，以确保先登记的船舶抵押权人的权益。例如，我国《海商法》第 19 条规定："同一船舶可以设定两个以上抵押权，其顺序以登记的先后为准。同一船舶设定两个以上抵押权的，抵押权人按照抵押权登记的先后顺序，从船舶拍卖所得价款中依次受偿。同日登记的抵押权，按照同一顺序受偿。"荷兰、希腊、瑞典、英国等国有关法律都作了相类似的规定。

（三）船舶优先权

船舶优先权，又称为船舶优先请求权，海上优先请求权，海上留置权和优先受偿权等。我国《海商法》称之为船舶优先权。

船舶优先权是法定权利，是根据国家法律规定基于船舶而产生的一种特定权利。船舶优先权具有秘密性，它的产生和存在不以登记为条件。对于船舶所有人和优先权人之外的第三人而言，船舶优先权具有不可知性；船舶优先权具有追及性，无论船舶所有权是否发生变更，由船舶优先权担保的请求都随船舶的转移而转移；船舶优先权具有程序性，其行使及实施必须通过法院对船舶的扣押、拍卖程序。从上述船舶优先权的特性着眼，可将船舶优先权定义为海事请求人依照法律的规定向船舶所有人、船舶经营人提出海事请求，对产生该海事请求的船舶具有优先受偿的权利。

在各国的海商法中，均对具有船舶优先权的海事请求做了明确的规定。例如我国《海商法》第22条规定："（一）船长、船员和在船上工作的其他在编人员根据劳动法律、行政法规或者劳动合同所产生的工资、其他劳动报酬、船员遣返费用和社会保险费用的给付请求；（二）在船舶营运中发生的人身伤亡的赔偿请求；（三）船舶吨税、引航费、港务费和其他港口规费的缴付请求；（四）海难救助的救助款项的给付请求；（五）船舶在营运中因侵权行为产生的财产赔偿请求。载运2000吨以上的散装货油的船舶，持有有效的证书，证明已经进行油污损害民事责任保险或具有相应财务保证的，对其造成的油污损害的赔偿请求，不属于前款第（五）项规定的范围。"

日本、英国、法国、美国、希腊等国也对船舶优先权的项目作了不尽相同的规定。例如对于船舶优先权的受偿顺序，各国的规定就不相同。但一般均遵循公共政策原则、同等地位原则和倒序原则。对于船舶优先权的标的，各国法律规定也不完全相同。英国将船舶、运费、货物、漂浮物、抛弃物、遗弃物、残骸等作为船舶优先权的标的。美国船舶优先权的标的为船舶、属具、货物及其残余物、运费及船舶和货物卖得之价金。法国和波兰等国的船舶优先权标的不涉及货物，仅指船舶及其属具和运费。我国海商法则仅将船舶（包括属具）作为船舶优先权的标的。

二、国际海上货物运输合同的法律冲突

国际海上货物运输合同的法律冲突，主要表现在以下几个方面：

（一）承运人的责任

各国相关法律均对承运人的责任作了规定。承运人只需在其责任期间内对所运送的货物负责。责任期间是指责任主体依法应当承担责任的时间起止点及其延续过程。多数国家规定为自货物装上船时起至卸下船时止。但对于集装箱货物，则规定为承运人从装货港接收货物时起至卸货港交付货物时止。

对于货物灭失或损坏的赔偿责任限制，各国规定不尽相同。例如，我国规定，承运人对于货物的灭失或者损坏的赔偿限额，对于散装货物或杂件货物，按照货物件数或者其他货运单位数计算，每件或者每个其他货运单位为666.67计算单位，或者按照货物毛重计算，每公斤为2计算单位，以二者中赔偿限额较高者为准。但是，托运人在货物装运前已经申报其性质和价值，并且在提单中载明的，或者承运人与托运人已经另行约定的高于有关规定的赔偿限额的除外。英国法规定，承运人对于货物或与货物有关的灭失或损害，于每包或每单位超过100英镑或与其等值的其他货币时，在任何情况下，都不负责

任。但托运人于货物装运前已将其性质和价值加以声明,并且已在提单上注明者,不在此限。美国法规定,承运人对于货物或与货物运输有关的灭失或损害,于每包价值超过美元 500 元(如该货为非包装货,则按每一通常运费单位计算),或与其等值的其他货币时,在任何情况下,都不负责。德国规定赔偿限额为每件或每一单位为666.67货币单位,或者每公斤(毛重)两个货币单位,两者以其较高者为准。希腊规定为每件或每单位赔偿限额为 8000 德拉马克。挪威规定为每包或其他单位货物损失不应超过 1000 法郎,或每 1 千克(毛重)货物的灭失、损害、延滞费不超过 20 法郎。

(二)托运人的责任

各国海事法等都规定了托运人的责任。对托运人来说,应该妥善包装货物,正确申报货物,并且及时办理货物运输手续,妥善托运危险货物,及时支付运费。托运人,托运人的受雇人或代理人,对于承运人、实际承运人的损失或船舶的损坏,无过失的不承担责任;有过失的,应承担责任。对于托运人的责任问题,各国规定相类似。

尽管在国际海上货物运输合同方面存在着一系列的国际公约,但由于不同的国际公约的规定不同,不同公约的缔约国之间在国际海上货物运输合同方面也存在冲突。即使是同一公约的缔约国,由于有的国家在参加公约时作了一定的保留,因而,在这些国家之间也存在海事法律冲突。例如,对于承运人的责任期间,《海牙规则》规定,自货物装上船舶之时起至货物卸离船舶之时为止;而《汉堡规则》则将其规定为货物在装货港、运输途中和卸货港处于承运人掌管之下的期间。又如,对于承运人的赔偿责任限制,《海牙规则》规定为每件或每单位 100 英镑;《维斯比规则》则规定为每件或每单位 10000 法郎或按灭失或受损货物毛重计算,每公斤相当于 30 法郎;《汉堡规则》规定,承运人对货物灭失或损坏的赔偿责任限额,以受灭失损坏的货物每件或每一其他单位相当于 835 特别提款权或毛重每公斤相当于 2.5 特别提款权的金额为限。对非国际货币基金组织的成员,且国内法律不允许适用特别提款权的国家,承运人的责任限制为每件货物或每一其他装运单位 12500 法郎,或按毛重计算每公斤 37.5 法郎。

三、船舶碰撞的法律冲突

船舶碰撞是典型的海上侵权行为,直接威胁着海上交通安全。广义的船舶碰撞是指两艘或两艘以上船舶的某一部位同时占据同一空间,致使一方或几方发生损坏的物理状态。狭义的船舶碰撞,则是指对碰撞的船舶给予特别限定的碰撞,或者称为海商法上的碰撞。对此,有关的国际公约及各国的法律规定不尽相同。

1910 年《船舶碰撞公约》将碰撞的船舶限定在"海船与海船、海船与内河船"之间，而不适用于军用船舶或专门用于公务的政府船舶。前苏联海商法也将碰撞的船舶限定为海船之间或海舶与内河船舶之间的碰撞，且有关船舶碰撞的规定适用于公务船舶及悬挂海军旗帜的船舶。

但是，随着国际航运业的发展，海上侵权行为也出现了多样化的趋势，传统的船舶碰撞概念已不适应新的形势。为此，国际海事委员会于 1987 年起草了《船舶碰撞损害赔偿草案》（《里斯本规则草案》）。该草案规定："船舶碰撞系指船舶间发生的任何事故，即使没有实际接触而造成的灭失或损害；船舶碰撞指一船或几船的过失造成两船或多船的相互作用，即使没有实际接触而引起的灭失或损害。""船舶系指碰撞中所涉及到的不论是否可航的任何船只、舰艇、机器、井架或平台"。《里斯本规则草案》提出的船舶碰撞的新概念，其目的在于统一海上一切侵权行为所引起的损害赔偿。它是对船舶碰撞法律的补充，同时，也将促进有关船舶碰撞法律的修改与完善。

四、海难救助的法律冲突

海难救助是指对在海上遭遇灾难的船、货及其相关的运费及与被救助财产有牵连的人命，由外来力量对其进行救助的商业活动或法律行为。实施救助的外来力量可以是从事救助工作的专业救助人，也可以是邻近或过往的船只和人员。

各国法律及国际公约对海难救助的规定不尽相同。首先，在救助标的上，希腊将救助标的规定为危险中的船舶、船上财产、运费和旅客；德国则规定为遇难船舶和货物；我国将救助标的规定为遇险的船舶和其他财产；《1910 年统一海难援助和救助某些法律规定的公约》（以下简称《1910 年救助公约》）规定，救助标的包括遇难的海船、船上财物和客货运费的救助；而《1989 年国际救助公约》规定救助标的包括处于危险中的船舶或任何其他财产。其次，各国法律和国际公约都规定海难救助标的必须处于危险之中。但是，何种风险构成海难救助的危险，则没有明确的规定。

五、共同海损的法律冲突

共同海损是现代海事法中保留的最古老的制度之一，也是海事法所特有的制度。这种制度基于海上风险的特殊性，其目的在于平摊风险与损失，以保护航海运输。所谓共同海损是指在同一海上航程中，船舶、货物和其他财产遭遇共同危险时，为了共同安全，有意地、合理地采取措施所直接造成的特殊牺牲、支付的特殊费用。

共同海损的表现形式包括共同海损牺牲与共同海损费用。对此，各国法律均有规定。有的国家详细列举了可以作为共同海损牺牲和费用的事项，如荷兰、前苏联、德国等；但有的国家仅仅作了原则性的规定，如希腊、日本等；我国《海商法》是参照 1974 年《约克—安特卫普规则》制定的，对共同海损费用的规定较全面，但对共同海损牺牲则未详细列出。而《1974 年约克—安特卫普规则》和《1994 年约克—安特卫普规则》这两个理算规则的规定也不完全相同。这样，在进行具体的共同海损理算时，就会产生法律冲突。

此外，各国法律对于确定共同海损分摊价值时所采取的方法和所考虑的因素并不完全相同，因而，法律冲突也在所难免。

六、海事赔偿责任限制的法律冲突

海事赔偿责任限制，是海商法中的一项特殊法律制度。它有别于民法中的一般损害赔偿原则。最初，海事赔偿责任限制制度仅仅是为了保护船舶所有人的利益，故有"船舶所有人责任限制"之称。随着船舶所有权和经营权的分离等原因，船舶经营人、船舶承租人、海难救助人、保险责任人及船员等船舶所有人的雇佣人员也被纳入受保护的范围。于是，"船舶所有人责任限制"则成为"海事赔偿责任限制。"

海事赔偿责任限制是指在发生重大海损事故时，作为责任人的船舶所有人、经营人和承租人等，可根据法律的规定，将其赔偿责任限制在一定范围内的法律制度。

海事赔偿责任限制的最早表现形式是"委付制度"，即船舶所有人对人的损害负有无限责任，但如果把海上财产委付给债权人，则可免除其所有责任，如法国。后来，又表现为"执行制度"，即因船舶发生的债务，债权人只可要求对债务人的海上财产强制执行，不得对责任人另有主张，如德国。英国采用"船价制度"，即把船舶所有人的赔偿责任限制在船舶的价值及运费之内，后又改为"金额制度"，即根据船舶吨位来确定赔偿限额。美国最初采用"船价制度"，后来改为"并用制度"，即并用"船价制度"和"金额制度"。

为了统一海事赔偿责任限制的法律，国际上出现了三个有关责任限制的公约，即《1924 年关于统一海运船舶所有人责任限制若干法律规定的国际公约》（简称《1924 年公约》）、《1957 年关于海运船舶所有人责任限制的国际公约》（简称《1957 年公约》）、《1976 年海事赔偿责任限制公约》（简称《1976 年公约》）。《1924 年公约》采用"并用制度"，未获得广泛支持，至今未生效；《1957 年公约》采用"金额制度"，初步统一了船舶所有人责任限制的法律规定；《1976 年公约》将求助人纳入可限制责任的主体中，进一步明确了即使船长、船员或船舶经营人或承租人作为责任人来起诉，他们同船舶所有人一样，也可限制责任，使"船舶所有人责任限制"制度演化为"海事赔偿责任限制"

制度。

有关的国际公约和各国立法，均对海事赔偿责任限制制度的内容作了规定。但它们对适用的船舶、海事赔偿责任的主体，限制性债权和非限制性债权、责任限额、责任基金的分配、责任限制的程序等方面的规定不尽相同。因此，也会发生海事赔偿责任限制方面的法律冲突。

第二节　海事关系的法律适用

一、国际条约优先原则

由于各国的政治、经济背景不同，它们制定的海事法律也不尽相同。这种法律的不统一，严重地妨碍了国家航运业的发展，并已经引起了国际社会的关注。在过去的几十年中，海事法的统一取得了可喜的成绩，这不但表现为海事实体法的统一，也表现为海事冲突法的统一。国际海事委员会和联合国国际海事组织对海事法律的统一做出了积极的贡献，制定了一系列的海事国际公约。在世界范围内，运用统一海事实体法律解决相关的海事法律问题，是有关海事国际组织制定统一实体法的目的，在缔约国的范围内，确实起到了预防和减少海事法律冲突的作用。而在各国冲突法所指向的准据法不相同时，统一各国的冲突法，对于解决各国海事法律冲突，也是一个不可忽视的途径。制定统一的海事冲突法，可以通过制定统一海事冲突法公约的形式，也可以在统一实体法公约中制定一些冲突规范。

海事国际条约的存在充分表明各国对减少海事法律冲突的愿望和要求，对协调相互之间的利益具有重要意义。在处理国际条约与国内法关系问题上，一些国家制定了国际条约优先的原则，从而使海事方面的国际公约得到各缔约国或参加国的优先适用。

我国也参加了许多海事方面的国际公约。我国《海商法》第 268 条第 1 款规定："中华人民共和国缔结或参加的国际条约同本法有不同规定的，适用国际条约的规定，但是中华人民共和国声明保留的条款除外。"

但是，根据《条约法公约》的规定，条约非经第三国同意，不为该国创设义务或权利，非缔约国不受有关国际条约的约束。同时，目前所制定的海事国际公约并未涉及到海事法的所有领域和所有方面，对于海事国际公约没有规定的问题，由于各国海事法律各异，法律冲突在所难免；而且由于公约的缔约国在其批准某国际公约时，常对某些条款作出保留，这样，公约的缔约国并不完全适用公约的有关规定。因而，在同一公约缔约国之间也会产生适用公约的冲突问题。加之各国对公约条款的解释也不一致，以及同时并存的涉及相同问题的国际公约的有关规定也不完全相同①，这就极大地限制了国际公约在解决海事法律冲突方面的作用。

二、国际惯例补缺原则

由于海事国际公约并不能解决海运中所有的问题，在没有国际条约可以适用的场合，国际惯例往往起着重要的作用。国际航运惯例通常是指在国际航运中经过长期反复实践逐渐形成的为大多数航运国家所接受的具有法律拘束力的行为规则。这种国际航运惯例，具有灵活性和实用性的特点，可以弥补国际公约及有关国内法规定的不足。比较有代表性的国际航运惯例有《约克—安特卫普规则》、《租船和航运用语》、《1990 年国际贸易术语解释通则》等等。

我国《海商法》第 268 条规定："中华人民共和国法律和中华人民共和国缔结或参加的条约没有规定的，可以适用国际惯例。"

三、意思自治与最密切联系原则

在涉外海事关系中，合同关系大量存在。大多数国家规定当事人在海事领域中享有合同自由。如造船合同、修船合同、船舶销售合同、租船合同、拖船合同等，当事人可以自由决定他们的合同受哪一国的法律支配。意思自治原则在解决涉外海事法律冲突问题上发挥了不可低估的作用。当事人自主选择适用于海事合同的法律，有利于当事人预见法律行为的后果，并维护法律关系的稳定性。但合同当事人的意思自治，也要受到具有强制性法律的限制。

在当事人没有对合同应该适用的法律作出明示选择的情况下，可以根据最密切联系原则来确定适用的法律，如缔约地法、合同履行地法、旗国法、住所地法或营业地法、当事人的共同本国法等。

我国《海商法》第 269 条规定："合同当事人可以选择适用的法律，法律另有规定的除外。当事人没有选择的，适用与合同有最密切联系的国家的法律。"

四、船旗国法

船旗国法是指旗帜所属国的法律。在许多情况下，船旗国法被认为是基本的海事法律选择原则。在公海上，原则上只有船旗国才可对船舶行使权利。依船旗国法是各国对船舶航运业进行制约和监督的主要法律选择规范。把旗国法作为与法律选择规范相关的法律具有明显的好处。首先，在许多情况下，船舶

---

① 参看司玉琢：《谈国际海上货物运输法律的统一》，载《司玉琢海商法论文集》，法律出版社 1995 年版，第 72~85 页。

悬挂哪一个国家的旗帜易于识别，便于确定相应的旗国法；其次，适用旗国法还能使对有关问题的处理获得一致的结果。

旗国法可以作为船舶物权的准据法。由于船舶不断地处于位移之中。不宜用物之所在地法原则来确定船舶的准据法。尤其是当船舶航行于公海上时，更不可能适用物之所在地法。因此，各国法律一般以旗国法作为船舶所有权和船舶抵押权的准据法。

对于同一国籍船舶之间的碰撞的损害赔偿，很多国家以旗国法作为此类案件的准据法。

然而，如果旗国法被普遍接受，一国就有可能为本国所有的船舶设置有效的国际保护，从而使它们具备不正当的竞争优势；而悬挂方便旗的船舶，其旗国法往往含糊不清，且难以确定；在许多涉及光船租赁的场合，旗国法必然被光船租船人的本国法所取代。这些情况会导致减少旗国法作为海事法律选择原则的适用性。

我国《海商法》第270条规定："船舶所有权的取得、转让和消灭，适用船旗国法律。"第271条规定："船舶抵押权适用船旗国法律。船舶在光船租赁以前或光船租赁期间，设立船舶抵押权的，适用原船舶登记地的法律。"第273条第3款规定："同一国籍的船舶，不论碰撞发生于何地，碰撞船间的损害赔偿适用船旗国法律。"

五、侵权行为地法及法院地法

侵权行为地法和法院地法也是海事国际私法中解决法律适用问题的冲突原则。

侵权行为地法是指加害行为地或损害发生地所在国的法律。在涉外海事案件中，船舶碰撞是典型的侵权行为。各国海事法对船舶碰撞的有关规定不尽相同。原则上，由碰撞所引起的损害赔偿冲突的解决适用侵权行为地法，包括碰撞行为发生地法和碰撞损害发生地法。但对于特殊情况下所发生的损害赔偿问题适用旗国法。我国《海商法》第273条第1款规定："船舶碰撞的损害赔偿，适用侵权行为地法。"

法院地法是指审理涉外案件的法院所在地国的法律。在法院审理涉外民事案件的诉讼程序问题上，由于程序法都有严格的地域性，一国法院只适用内国的程序法。但法院地法原则也常用来指定实体法。

在海事国际私法中，法院地法常用来解决船舶优先权受偿顺序问题、在公海上发生的不同国籍的船舶之间的碰撞损害赔偿问题、海事赔偿责任限制问题。我国《海商法》第272条规定："船舶优先权，适用受理案件的法院所在地法律。"第273条第2款规定："船舶在公海上发生碰撞的损害赔偿，适用受理案件的法院所在地法律。"第 275 条规定:"海事赔偿责任限制,适用受理案件的法院所在地的法律。"

六、理算地法

理算地法是指进行共同海损理算地国的法律。对于共同海损理算,有的国家规定适用法院地国法,如意大利,而多数国家规定适用共同海损理算地法。对于共同海损,一般也准许当事人按照意思自治原则,在运输合同、提单中指定特定国家的法律或采用《约克—安特卫普规则》作为准据法。

在共同海损理算中,理算地的确定比较重要。通常以航程终止地和航程中断地来确定理算地。由于共同海损是海商法中一种特有的制度,其法律适用问题不同于一般民事关系的法律适用。我国《海商法》第 274 条规定:"共同海损理算,适用理算地法。"同时,该法第 203 条的规定也体现了意思自治原则。

总之,海事法律关系不同于一般涉外民事法律关系,具有特殊性。因此,解决涉外海事法律冲突需要适用一些特殊的冲突规则。各国法院在处理涉外海事案件时既需援引一般的国际私法规则,也必须考虑到海事法律关系的特殊性,适用特殊的冲突规则,尤其要注意到适用旗国法等冲突规则在解决海事法律冲突方面的作用。

第十六章
票据的法律冲突法

第一节　票据的法律冲突

一、票据与涉外票据

票据法中的所谓"票据"，不是泛指商业实务中所使用的任何凭证，如汇票、本票、支票、钞票、发票、提单、保险单等等，而是专指汇票、本票和支票这三种有价证券。英美法中所说"流通票据"（negotiable instruments）不仅仅是这三种票据，但却以这三种票据为主，即汇票（bills of exchange）、本票（promissory notes）、支票（cheques）①。我国一直沿用"票据"概念，并认为票据就包括以上三者。1995年公布的《中华人民共和国票据法》也确认了这一点，第2条即指出："本法所称票据，是指汇票、本票和支票。"根据该法对汇票、本票和支票的规定，我们可以将"票据"界定为：它是指出票人依法在票上签章的，由自己或委托他人在指定的日期或见票时，在指定的地点支付给权利人一定金额的有价证券。所谓涉外票据，是指出票、背书、承兑、保证、付款等行为中，既有发生在中国境内又有发生在境外的票据。对"涉外"的理解应作广义的解释。在联邦制国家，如英国，也将其组成单元（苏格兰与北爱尔兰）当作外国看待。在我国的司法实践中，也将涉及香港、澳门、台湾地区的民事法律关系视为有"涉外因素的民事法律关系"，因此，涉外票据实际上也包括涉香港、澳门、台湾地区的票据。

二、票据的法律冲突

近代的票据法是在欧洲中世纪末期的商业习惯法的基础上形成和发展起来的。由于各国经济、文化、社会以及法制发展的背景不同，在票据法律制度方面，一度形成了法国法系、德国法系和英美法系的对立。1930年日内瓦统一票据法通过以后，法国法系和德国法系的国家大多参加了该系列公约，大陆法

---

① 莫里斯：《法律冲突法》，1984年英文第3版，第365页。

系国家之间的差距日渐缩小，现在已基本上融合为大陆法体系，亦称日内瓦体系。但英美法系各国一直不愿参加日内瓦统一票据法，致使当今国际社会仍然存在着两大主要对立的票据法体系，即英美法系和日内瓦体系。两大法系的对立，不仅造成各国在票据法立法体例上的差异，而且在许多票据法律制度的具体内容上也规定不一，从而引发票据的法律冲突问题，至今尚未从根本上得到解决。

由于票据具有汇兑的效用与支付的效用，其使用并不限于一国之内，在国际间亦辗转流通，故极易引起涉外票据问题的法律冲突。在甲国发行的票据，在乙国承兑，在丙国转让，而又在丁国付款的情形，屡见不鲜。遇到此类案件涉讼时，一国法院必须决定，与票据发生牵连的各该当事人的权利，究竟应依何国法律作为裁判之依据，成为国际私法上必须解决的问题。

在涉外票据中，因票据的发行而产生的票据当事人之间的法律关系是票据法上的法律关系。这种法律关系分为票据关系与票据法上的非票据关系。前者是指当事人基于票据行为而发生的债权债务关系，后者是指票据法所规定的，但不是基于票据行为直接发生的法律关系。这两个方面的关系都是涉外票据关系中可能产生冲突的重要方面。应当指出的是，民法上的非票据关系即票据的基础关系或实质关系，从票据法的角度来看，这些关系不属于票据关系的范围，也不是票据法规范的对象，而是由民法来调整，构成民事法律关系的一部分。有关票据基础关系规定的不同而产生的法律冲突问题，则不属本章所要探讨的范围。

综观各国票据法的规定，它们在票据应记载的事项、出票、背书、承兑、参加承兑、保证、付款和票据时效等方面均有不同规定。即使在同一票据法法系的各国之间，有关票据的具体规定也不完全一致。例如，在日内瓦公约的签字国中，有的国家没有完全按照公约的规定修订本国的票据法，有的国家对公约还作了若干保留。因此，日内瓦公约在制定关于票据的统一实体法公约的同时，还制订了有关票据的统一冲突法公约，即 1930 年《解决本票、汇票若干法律冲突公约》和 1931 年《解决支票若干法律冲突公约》。因此，必须解决涉外票据的法律适用问题。

第二节　票据的法律适用

一、票据行为能力的法律适用

票据行为是使票据上法律关系发生、变更的法律行为，而行为人是否具有行为能力，由于各国法律的差异，造成票据行为发生的效果不同。在此问题上，国际上一般通过当事人的属人法来确定准据法。大陆法系各国一般主张票据当事人的票据能力，由其本国法来决定，而英美法系国家则主张票据当事人的行为能力应由其住所地法或行为地法决定。日内瓦票据法律冲突公约在规定票据当事人的行为能力，依其本国法决定的同时，采取了一种较为折中的方式，即肯定行为地法的适用。当事人承担票据义务的能力，原则上由其本国法决定，但依其本国法无行为能力或仅有限制行为能力而依行为地法有完全能力者，则适用行为地法。此外，日内瓦票据法公约允许适用反致，即票据当事人的行为能力依其本国法应包括其国际私法，故依当事人本国国际私法的规定，关于票据行为能力应适用内国法或其他国家的法律时，法院地国应以内国法或他国法代替当事人本国法之适用。

我国《票据法》第97条规定，票据债务人的民事行为能力，适用其本国法律；票据债务人依其本国法为无民事行为能力或为限制民事行为能力而依行为地法为完全民事行为能力者，适用行为地法。可见，我国票据法在涉外票据当事人行为能力的法律适用问题上采纳了以本国法为主，同时选择适用行为地法的折中主义观点；所不同的是，我国的票据法在解决涉外票据当事人行为能力问题上并没有明确表示接受反致，从而缺少了法律选择的必要弹性。

二、票据行为方式的法律适用

票据行为包括出票、背书、承兑、付款及保证等，其中出票行为为创造票据的原始行为，故特称为基本票据行为，其余票据行为则称为附属票据行为。附属票据行为的有效成立，是以基本票据行为的有效成立及存在为前提的，而各种票据行为的有效成立，不论是基本票据行为抑或附属票据行为，其本身均应具备法定方式，而基本票据行为，如因欠缺法定方式而无效时，其他附属票据行为，虽具备法定方式，亦为无效。

确定某一票据行为方式要件的准据法，通常根据行为地法来决定。票据的出票、背书、承兑、保证等行为在方式上的有效完全取决于是否遵守了行为地法，这一规则源于"场所支配行为"法则，对于票据行为方式是强制性的。无论是日内瓦统一法公约还是英美法系国家的票据法均有相同或类似的规定，只是对于"行为地"的理解略有不同。根据日内瓦统一法公约，行为地是指"契约的签名地"，而根据英国1882年《汇票法》则指的是"支付地"。

我国《票据法》在票据行为的法律适用上，没有明确区分票据行为的形式有效性与实质效力，而是统一规定了应适用的法律。该法第98条规定，汇票、本票出票时的记载事项，适用出票地法律；支票出票时的记载事项，适用出票地法律，经当事人协议，也可适用付款地法律；第99条规定，票据的背书、承兑、付款和保证行为，适用行为地法律。很明显，我国票据法关于票据行为方式法律适用的规定采纳了国际上通行的法律适用规则，即票据行为的方式有效性原则上由行为地法规定。必须指出的是，我国票据法并没有对票据行为中的先行行为的形式有效性与后行行为形式有效性之间的关系作出规定，也没有对我国公民在国外所为票据行为虽不符合行为地法，但符合我国法律对行为方式的要求时是否适用其本国法律作出明确规定，这是与日内瓦统一公约所不同的地方。

三、票据债务人义务的法律适用

票据债务人的义务包括票据主债务人的义务和票据从债务人的义务两个方面。前者是指汇票承兑人及本票出票人对持票人所负债务的义务，后者则包括汇票出票人、背书人或参加承兑人，以及本票背书人、支票出票人、背书人等对持票人所负债务的义务。在国际私法上，就票据债务人义务而言，各国法律的规定不同，而其所应适用的法律，也因主从债务性质的不同而有所差异。

关于票据主债务人义务的准据法，按照日内瓦解决汇票、本票法律冲突公约的规定，汇票承兑人或本票出票人所负债务的效力，应依付款地法律。由于票据具有迅速和容易流转的特性，票据到期之前，可能已经过许多人之手，且流通于许多国家，为使票据主债务人的义务的准据法不致变得捉摸不定，学者们认为以统一适用付款地法为宜。事实上，由于票据的目的在于支付，当事人关切的中心也是支付，因此，确定主债务人的义务也不能不以付款地法为准。

关于票据从债务人义务的准据法，按照上述公约的规定，汇票或本票上所有其他签字人所负债务的效力，应依签字地的法律。这是因为，票据是一种文义证券，在票据上签名者均依票据上所记载的字义负责，所以无论是汇票的出票行为、背书行为，乃至于本票、支票的背书行为，各该行为当事人必须签名于票据上才能成为票据的从债务人。依签字地法支配票据从债务人的权利义务关系，不仅符合当事人签字时的意思，也可避免使从债务人负其不可预见责任的危险。

我国《票据法》并没有具体区分票据债务人的主从，只是笼统规定影响有关票据债务履行的某些方面，如票据的提示、有关拒绝证明的方式、出具拒绝证明的期限等，适用付款地法。这些方面并不属于决定票据债务人义务的准据法范围之内的事项。可见，我国票据法对票据债务人义务的法律适用问题未作规定。

四、票据追索权行使期限的法律适用

追索权是指票据不获承兑或者不获付款时，持票人对其前手请求偿还的权利。行使追索权一般须具备三个前提条件：一是必须在规定的期限内向付款人

为承兑或付款的提示；二是须在规定的期限内向出票人和所有的背书人发出退票的通知；三是须在规定的期限内作成拒绝证书。各国票据法大多规定，持票人不在规定的期限内行使或者保全票据权利的，通常丧失对其前手的追索权。但各国对行使追索权的期限规定不同。日内瓦统一法公约对这一冲突的解决适用票据成立地法即出票地法，德国和日本的票据法也有同样的规定，我国的票据法第 100 条也采纳了这一做法；而英国票据法则规定适用行为地法或拒绝付款地法。

五、票据权利保全与行使的法律适用

有关票据权利的保全与行使等行为如票据的提示、付款、拒绝证书的作成及拒绝通知等细节问题，应依票据付款地法规定。其理由不仅在于付款地单一、容易确定，适用法律简便，而且因为付款是票据关系的重心，为各当事人所重视，不论各该行为的种类有何不同，均应适用付款地法。我国票据法在这方面也是采用适用付款地法原则，与大多数国家的立法是一致的。此外，在有关票据遗失或被盗时，失票人应采取何种手段或程序来保全其票据权利的问题，在法律适用上也无甚分歧。日内瓦两个解决票据法律冲突的公约以及许多国家的票据法都明确规定，因票据遗失或被盗应采取的措施，依付款地法。我国《票据法》第 102 条也规定，票据丧失时，失票人请求保全票据权利的程序，适用付款地法律。

第十七章
破产的法律冲突法

破产法在民商分立的国家属于商法的范畴，在民商合一的国家则归属于民法。但无论其归属如何，在现代社会，日渐发达的社会化生产为它的发展提供了广阔空间。

第一节 概 述

一、破产与破产法

所谓破产（bankruptcy），是指债务人不能清偿到期债务，法院根据债务人或债权人的申请，将债务人的财产依法分配给债权人的一种法律制度。破产既涉及实体问题，又涉及程序问题。在我国，习惯上将破产视为程序问题。破产法就是关于破产的法律规范的总称。

破产法由于其对社会生活的重要性，而为各国所重视。在古罗马的《十二铜表法》、《帕泰里法》（Lex Potelia）都已有了关于破产制度的规定。至中世纪，则已有了较为成熟的破产规则或破产法。如意大利北部城邦的 1244 年《威尼斯条例》、1341 年《米兰条例》、1415 年《佛罗伦萨条例》，以及法国1667 年的《里昂条例》和德国 1855 年的《普鲁士破产法》。乃至近现代，破产法更趋于完善。如 1807 年《法国商法典》第三卷、1877 年《德国破产法》（1900 年修改）、1890 年《日本商法典》第三编等。随着国家对经济生活干预的加强，破产法还出现了一些新特点、新趋势。如比利时在破产法之外，还专门制定了《预防破产之和解制度》，奥地利在破产之外，颁布了《和解法》等，意大利 1903 年颁布了《破产预防法》，日本还引进了公司重整制度。破产法的内涵在不断扩大，就连英美等国，也制定了成文的破产法。

二、国际破产与国际破产法

国际破产，或称涉外破产，是指含有涉外因素的破产。这里的涉外因素主要包括三个方面：（1）债权人全部或部分位于外国。此时在一国开始的破产程序便会涉及到外国债权人的承认和清偿问题。（2）债务人的财产位于外国。

此时开始破产程序便会涉及到外国的财产是否归入破产财产、破产的法律适用以及一国的破产宣告是否具有域外效力的问题。（3）债务人位于外国。此时会涉及到破产案件的管辖权、法律适用以及破产宣告的域外效力等问题。

随着各国经济交往的频繁和国际经济一体化和依赖性的增强，涉外破产的出现也越来越频繁，破产案件越来越多地含有涉外因素。涉外破产不但是各国破产法规定的问题，也成为国际立法规范的对象。严格地说，前者可以称为涉外破产法，而后者称为国际破产法才比较适当。二者的调整对象有一定的共同性，但角度不同。从广义上说，国际破产法应可以包含涉外破产法。

1894 年第二届海牙国际私法会议第一次在国际范围内讨论了破产问题，并形成了一个初步成果。1900 年第三届海牙国际私法会议又重提破产问题，但未最终形成条约草案。1904 年召开的第四届海牙国际私法会议再一次讨论了该问题，还形成了一个草案。1925 年，第五次海牙国际私法会议在艰难的情况下召开，本次会议讨论了《关于破产的公约草案》。1928 年第六届海牙国际私法会议再次讨论破产问题，但仍未制定出正式的公约。由此可见破产法受重视之程度以及达成统一之艰难。此外，1894 年在巴黎召开的第十三次国际法学会会议上，也曾起草了一个《关于国际破产关系的一般规则》。不过，该规则没有正式的法律效力。

在统一国际破产法方面比较有成就的是地区性公约。如 1933 年《北欧破产法公约》、1990 年欧洲理事会通过的《关于破产的某些国际方面的欧洲公约》（下称 1990 年公约）、1995 年欧洲联盟理事会通过的《关于破产程序的公约》（下称 1995 年公约）。1928 年第六届美洲国家国际私法会议通过的《布斯塔曼特法典》也以一篇的篇幅规定了破产的统一原则。

第二节　破产的法律适用

一、破产要件的法律适用

一般认为，整个破产程序可以分为破产申请、破产宣告和破产清算三个阶段。在破产程序的开始阶段，债权人或债务人请求对债务人财务状况进行整顿或对债务人宣告破产，必须具备一定的条件，即破产开始必须具备破产要件。但各国破产法对债务人的破产能力、申请人的资格、法院的管辖权及破产原因和是否有多个债权人的存在等方面的规定是不尽相同的。以破产原因的规定为例，世界各国对此有两种规定方式：英美法系国家多采取逐一列举的立法形式，即法律将可构成债务人破产的破产行为分别列举规定。1914 年《英国破产法》第 1 条第 1 款列举了八种可构成破产的行为。1898 年《美国破产法》

第 3 条第 1 款列举了债权人提出破产的六条标准；而大陆法系国家则采取概括式的立法形式，其重点在于对破产原因的规定而不是对破产行为的规定。如《法国商法典》规定："凡停止支付的商人，均为处于破产状态的商人"。《法国破产法》第 1 条规定："凡停止支付的商人，限在 15 日内，向管辖其主营业所所在地的商事法院书记科申请开始破产或裁判整理程序"。日本等国则以支付不能、停止支付及债务超过为破产的原因。我国《破产法》对破产原因亦采用概括主义。1986 年《企业破产法》第 3 条第 1 款规定全民所有制企业的破产原因为"经营管理不善，不能清偿到期债务"，而对一般企业法人来说，根据《民事诉讼法》第 199 条的规定，其破产原因则是"严重亏损，无力清偿到期债务"。

由于各国破产法对破产要件的具体立法彼此不同，当债务人与债权人分处不同的国家，或债务人的财产位于数国时，对于破产的开始就会产生法律冲突问题。

由于一般认为破产程序开始的要件属于诉讼权限和诉讼形式问题，即是诉讼程序问题，而程序问题多依法院地法决定，所以在国际私法上，对破产要件多主张适用法院地法即破产开始地法。另一方面，破产程序的开始涉及到执行问题，而对执行问题，按匈牙利国际私法学者萨瑟的观点，因为涉及到许多特殊技术方面的问题，故应按最密切联系原则适用执行地国法。具体到涉外破产案件中，也就是破产宣告国的法律。1995 年欧洲联盟《关于破产程序的公约》第 4 条第 2 款规定："程序开始 国法应决定程序开始的条件、实施及终结"。1990 年公约第 3 条也规定：开始破产的决定必须"在开始破产的缔约国领土上有效"，即应符合破产开始地的缔约国法的规定。

二、破产财团的法律适用

破产财团是指在破产程序中，当债务人依破产法被宣告破产时，为所有债权人分配偿还财产的需要而由破产管理人组织起来的破产全部财产的集合，在我国破产法中亦称破产财产。

各国破产法对破产财团的范围、性质及与破产财团有关的权利作了不同的规定。就破产财团的范围而言，采用固定立法例的国家以破产宣告时属于破产人的全部财产为破产财团的构成范围，如德、日等国；而采用膨胀立法例的国家则不仅包括破产宣告时破产人的全部财产，还包括破产宣告后程序终结前破产人新取得的财产，如法国、比利时、奥地利、意大利、俄罗斯、英国、美国、瑞士等。另一方面，采用破产宣告普及主义的国家认为破产财团包括债务人位于外国和内国的所有财产，而采用破产宣告属地主义的国家则认为破产财团仅包括债务人位于内国的所有财产。1989 年《瑞士联邦国际私法法规》第

172 条第 3 款则规定："如果债权人在外国的破产程序中已得到部分清偿，其已得数额在扣除其费用的承担后，应计入在瑞士的程序中归属于他的数额之内。"这又与上述作法有所不同。对于采用普及破产主义的国家来说，破产人位于内外国的财产均应包括在破产财团中，但外国破产财团是否应包括债务人位于内国的不动产这一问题，各国的规定也有差别。

在对破产人于破产宣告前多长时间内所为的有害债权人的行为进行否认以及否认权的适用范围方面，各国破产法的规定也不相同。如美、日和我国均规定行使否认权的时间为 6 个月，而德国破产法规定为 1 年，超过该期间规定，即使破产人的行为损害了破产债权人的利益，也不能对之行使否认权。此外，各国破产法对于破 产宣告时债权人对破产人也负有债务的情况下是否准许抵消、抵消的构成要件、哪些债务可以抵消等，以及原就破产人的财产设置的质权、抵押权、留置权等的优先受偿问题和关于一般或特殊的取回权问题等，各国立法的规定也都存在着差异。

对于破产财团的法律冲突，一般认为依破产宣告国法即法院地法加以解决。1995 年破产程序公约第 4 条第 2 款指出，程序开始国法特别决定构成破产财团一部分的财产，以及对在破产程序开始后债务人获得或接受移交的财产的处置。对于有关债权人对破产财团的物权，各国一致认为应适用物之所在地法，即取回权适用破产宣告时应取回的财产所在国家的法律，别除权的行使适用对破产财产担保的物之所在地和留置物所在地国家的法律。1925年海牙国际私法会议关于破产的公约草案就采用了这样的规定。但是，对于债务人对抗债权人的抵消权和否认权，则一般认为应适用破产宣告国法律。莫里斯和沃尔夫都持此观点。1995 年破产程序公约对不动产、船舶、航空器及应受公共登记的证券等，规定适用其所在地法或保存该登记的机关的所在地法。

三、破产债权的法律适用

破产债权是基于破产宣告前的原因成立，包括依破产程序申报并被确认的，可以从破产财团中受到清偿的无财产担保债权，以及放弃优先受偿权的有财产担保的债权和其他债权。由于各国破产法对破产债权的构成、范围及清偿顺序的规定不同，在涉外破产债权上的法律冲突也时有发生。对此问题，学者们和国际立法多主张依破产宣告国法解决。如戴赛和莫里斯就认为，尽管对于某项债权是否存在需要适用原债权自身的准据法，如果权利的获得是依受外国法支配的合同产生的，则该权利有关的问题应适用合同准据法，但关于债权人对破产财产的分配及债权间的清偿顺序，如系在英国破产，则应适用英国法的有关规定①。戚希尔和诺斯、沃尔夫等也持此观点②。1993 年北欧《破产法公约》规定了同样的原则，该公约规定，国际破产管理人有权收集处于各缔约国内的破产人的财产，并得依破产宣告国法律关于分配顺序和程序的规定进行分配。1990 年欧洲理事会公约第 10 条和 1995 年欧洲联盟公约第 4 条第 2 款也作了同样的规定。

四、破产管理的法律适用

涉外破产程序的进行，主要以破产管理人执行其职务，即进行破产财团的管理为核心内容。从总体上看，破产管理的内容主要包括破产管理人的任命、债权申报的方式、债权人会议的权力、投票方式、对破产财产的占有、清查、估计、变卖和分配等各个方面，其中既涉及债务人位于外国的财产，也涉及其位于内国的财产；既涉及程序法问题，也涉及实体法问题。

对于破产管理的法律适用，一般主张适用管理地法，即破产宣告地法或法院地法。沃尔夫就认为，破产的管理，适用法院地法（管理地法）的规定。不仅对管理的程序部分是这样，而且关于管理在实体上的效果，如由于破产人的欺诈性转让契据而撤销他的交易行为，或关于债权人之间的优先权问题，也都是这样③。莫里斯也认为，在债权人之间的财产分配，债权人之间的优先顺序等，都应依作为法院地法的英国法确定④。

然而在国际私法上，对于破产管理是否概依法院地法是有争论的。有的学者认为，对破产管理的程序问题一般适用法院地法虽无争议，但对其涉及的实体问题，则有必要考虑分别不同的情况，或适用法院地法或适用原法律关系的准据法。如对必须依外国法确定一项受外国法支配的债务的有效性问题和哪些财产可以转让给破产管理人，以及受破产管理人支配的财产如何变价等问题，就应依财产自身的准据法。对土地的权利依土地所在国法。破产人的合同关系，依原合同的准据法。德国最高法院还在一个判例中指出，如债权人在国外就破产人的财产接受了给付，只要此种行为符合法院地法，就不必受法院地法的支配。

从国际破产立法方面来说，对此问题的态度也有一个转变过程。1933 年《北欧破产法公约》规定，破产管理人有权收集债务人的财产，并依破产宣告

---

① 戴赛和莫里斯：《冲突法》，1993 年英文版，第 1171 页。
② 戚希尔和诺斯：《国际私法》，1992 年英文版，第 911 页。
③ 沃尔夫著、李浩培等译：《国际私法》，法律出版社 1988 年版，第 801 页。
④ 莫里斯著、李东来等译：《法律冲突法》，中国对外翻译出版公司 1990 年版，第 439 页。

国法分配。但同时又规定，如果破产财产所在地法要求对财产的变价等应依一定的手续，则必须适用该财产所在地法。而 1990 年的欧洲理事会公约规定，清算人管理、安排或处置债务人财产的措施须遵守财产所在地的缔约国法。1995 年欧洲联盟的破产程序公约规定，破产管理人应遵守他意欲采取行为所在地的缔约国法，特别是关于变卖财产的程序。

第三节　破产宣告的域外效力

实现债权人对债务人破产财产的公平清偿，是破产的主要目的之一，也是几乎所有破产程序赖以存在的前提。所以，当债务人在一国被宣告破产时，能否把其位于外国的财产归入破产财团，即一国的破产宣告是否具有域外效力的问题，便成了国际私法上涉外破产的又一重要问题。对于破产的域外效力，各国的学理和实践颇不一致。总的来看，有三种不同的主张和规定。

一、普及破产主义

普及破产主义认为，破产制度在于对债务人和所有债权人的债权债务作一次性的解决，所以，一旦内国法院对债务人作出破产宣告，其效力就及于债务人在国内外的财产。也就是说，当债务人在一国被宣告破产，其财产不管位于何处，均应归入破产财产，其他国家应帮助破产管理人收集当地的财产，制止个别债权人的自行扣押。如《美国破产法》第 70 条修正案关于"接管人对破产企业之全部财产，无论其位于何处均享有权利"的规定，就是采取普及破产主义。法国、希腊、意大利、比利时、挪威、荷兰等国以及 1925 年海牙《关于破产法的统一公约草案》、1928 年《布斯塔曼特法典》都采用了同样的主张。

普及破产主义的理论基础如下：

1. 当然含有普及性质说。此说认为，破产以债务人的总财产分配于诸债权人为目的，因而债务人在国外的财产也应归入破产财产进行分配。但反对者认为，将债务人的财产作为一个整体，在经济学上是行得通的，但在法律上，各处的财产却位于不同的主权和法律支配之下。

2. 总的继承债务人的财产说。此说认为，破产财产对债权人的清偿，就是由债权人总括的继承债务人的财产，因而应包括债务人的总财产。但反对者认为，这与破产程序的基本宗旨不符，并与各国破产法将破产财产在破产宣告之际仍视为破产人所有的现实相悖。

3. 破产财团当然形成法人说。即债务人在被宣告破产后，其所有的财产均自然地形成法人，债权人对此应完全取得和拥有。但是，将破产财产视为法人并无依据，况且它没有说明债务人财产的统一性，也就没有说明破产的普及性特征。

4. 法律上的互助义务说。即对涉外破产案件，各国有义务相互协助，因此使破产具有普及性。但在事实上，这种义务很少存在。因为目前国际上的破产统一法还很少，且适用范围有限。

5. 代理关系说。即认为破产管理人为债权人和债务人的代理人，因而对债务人位于国外的财产可以请求纳入破产财产。但反对者认为代理关系本身就是缺乏理论上和立法上的依据的。

由于普及破产主义允许财产的全球分配和管理，有助于实现债权人的平等待遇，有助于防止对位于破产宣告国外的财产的个别扣押，因此采用该主张的立法体例被人们称为"理想型的立法"。但在实践中，将一国破产宣告的效力及于破产人位于别国的财产，还有一定的困难：（1）破产人的财产分散于不同地方；（2）实行破产之诉讼只在一地提出，可能会出现语言方面的困难；（3）可能产生外国官员的可信赖程度及外国法院在处理破产问题和在考察所有的债权人时是否同样对待的问题；（4）从内国角度看，让内国债权人参与远离本国的、不熟悉的破产程序，而不允许他们通过扣押或通过当地破产程序从债务人位于当地的财产中得到清偿，可能是不公正的。而且，如果将当地财产交给外国破产财团，由于法律制度的差别，还可能导致为其他人而非依财产所在地国法应得到支付的人的利益而使用该财产。

二、属地破产主义

属地破产主义认为，一国法院所作的破产宣告，其效力仅及于破产人在该国领域内的财产，其位于外国的财产应继续保留在债务人手中，除非它们被财产所在国债权人扣押或在财产所在国又开始一次破产程序。如 1974 年《阿根廷共和国国际私法条例（草案）》第 64 条规定："外国之破产宣告，不构成在阿根廷破产的原因。在外国之破产不得被援引来对抗应在阿根廷获得偿付的债权人，或对阿根廷域内财产主张之权利提出争议，也不得取消对破产当事人所为之行为。"在立法上采取这一主张的还有日本、瑞士、德国等。

属地破产主义的理论基础有：

1. 安宁秩序说。认为破产关系一国的安宁秩序和公共利益，属地性较强，不宜及于国外。但反对者认为，破产的效力即使及于国外，也还需要外国的支持和配合，而外国通常还有一些制度对本国进行保护。

2. 意思解释说。认为债权人在与债务人进行交易时，是以其在国内的财产作为信用基础的，因而破产的效力不及于国外。但事实上，当事人的交易往往是以对方的全部财产为信用基础的。

3. 强制性说。认为破产宣告属于一般的强制执行范畴，因而只能在本国范围内进行，不能及于国外。但随着国际上司法协助的广泛开展，强制执行在国外实施也不是没有可能的。

由于属地主义原则有利于破产程序的简单化，有利于保证破产的有效与稳定，因此采用该主张的立法体例被人们称为"现实型的立法"。但也应看到，绝对的属地主义容易导致不同国家债权人的不平等待遇。

三、折中主义

有些国家在对比了普及主义和属地主义的优劣后，并不单纯采用其中之一，而是兼采普及破产主义和属地破产主义。在实践中，有的国家主张自己国家所作的破产宣告具有普及效力，而外国所作的破产宣告只具有地域效力。有的国家如英国则视财产的性质区别对待，即对债务人的动产，无论其位于国内或国外，均应归属于破产财团，亦即对债务人的动产具有普及效力；而对债务人的不动产，破产宣告仅具有属地效力，以国内破产为限，尤其是外国的破产宣告对债务人位于内国的不动产绝对无效。此外，随着国际经济贸易关系和各国破产法理论与实践的发展，原来采取属地破产主义的国家开始放弃属地主义，如德国，或开始向折中主义转变，原来采用普及破产主义的国家也对外国破产宣告的效力加以种种限制，如美国。

欧洲联盟 1995 年破产程序公约的规定最具代表性。它首先规定，各国应承认在缔约国已开始的破产程序，并在各国产生与其在开始地国同样的效果。但是，如果在债务人财产所在地的其他缔约国也开始了从属破产程序，则可以不予承认，从属破产程序的效力仅及于债务人位于该缔约国境内的财产。

现在，人们都在寻求一种中间的解决办法，努力把普及主义和属地主义结合起来，充分扩大自己的优势，减少各自的不利之处。事实上，为了保护本国债权人的利益，许多国家都采取了双重做法：一方面，尽可能地将本国的破产宣告效力扩及国外，如英、美、比、荷、卢、法等国；另一方面则不倾向于承认外国破产宣告的效力。

对于破产的域外效力问题，不少国家尤其是采取属地破产主义的国家，在实践中常常以承认和执行外国判决的方法来解决。这使得破产宣告的承认和执行成为国际破产法上的一个重要问题。《瑞士联邦国际私法法规》第 166 条第 1 款就规定："经破产管理委员会或债权人申请，在被告住所地国家作出的外国破产宣告，在瑞士予以承认，如果：（1）该宣告在作出宣告的国家是可以执行的；（2）不存在依第 27 条加以拒绝的理由；并且，（3）如果作出宣告的国家给予互惠。"这样，在当事人遵循瑞士有关法律的前提下，如果破产判决得到承认和执行，其域外效力自然就得到了实现。

我国现行的《企业破产法（试行）》和《民事诉讼法》对于破产宣告的地域效力没有明确规定，实践中倾向于采用属地破产主义。

第四节 和 解

和解（compromise），是指无清偿能力的债务人为避免被宣告破产或遭破产分配，经与债权人协议并经法院许可，以了结债权债务，改变困难处境的一种安排。和解制度的出现，使破产法的功能趋于完备，丰富了破产法的内容，使破产法的价值目标从清算一种转向多元化。和解制度为挽救濒临破产的企业起到了重要的作用，因而为大多数国家所重视。在涉外破产中，和解的主要问题是其法律适用和承认。

一、和解的法律适用

和解既具有私权的特征，也具有公权的特征。前者是指它是由债权人和债务人协商而来，后者指它须经法院认可。从其私权一面讲，当事人可以协商决定适用何种法律，即根据私法自治的理论自主选择适用于和解的法律。不过在通常情况下，当事人的协商又无法脱离一定的地域联系，包括与债务人所在地、债权人所在地或者财产所在地等。所以，和解适用的法律应为上述几个地方中的一种。另一方面，和解又须经法院认可，而法院的认可则通常会依法院地法。在和解制度中，法院的许可是决定性的。所以，法院地法在和解的法律适用中占有支配的地位。

和解可能是债务人与部分债权人进行，这就有可能使一些不知情的债权人的利益受到损失，从而在债权人当中造成不公平待遇。因此，在确定和解的法律适用时，要特别注意对债权人的公平保护。

二、和解的承认

对外国和解的承认，主要有以下几种典型做法：

（一）与承认外国破产宣告一样，承认外国的和解

这种主张认为，外国的和解既是避免或结束外国破产程序的一种方法，就应该给予它与外国破产相同的待遇，应像承认外国破产一样承认它。但反对者认为，和解与破产尽管都是不能清偿到期债务的制度，但仍有较大的区别。单纯的破产仅以清算与分配债务人的财产为目标，而和解还注重债务人的"复苏"，而且和解的达成与债权人的同意密切相关。此外，有的国家并未规定和解或类似程序，此时简单地依承认破产的理论来承认和解，显然是有困难的。

（二）坚持和解的地域性原则，不承认外国和解

这种做法可以德国为代表。在 1902 年的一个判例中，德国法院认为，由于司法和解程序排除了债权人在和解协议所保证的清偿数额以外的充分求偿，因而只是外国的一种执行行为，其本身没有域外效力。即使债权人参与并同意外国和解协议，他仍然可以在德国起诉债务人，针对债务人在德国的财产要求充分偿付。其理由在于：（1）债权人所参与的只是某一外国的和解程序，该程序的效力不能扩及德国；（2）债权人所同意的只是该和解在程序国的能力，在该国国境之外，他并不受该和解的约束。并且在没有明示时，不能推定他放弃了有关的诉讼权利。1934 年，柏林上诉法院进一步确认，外国法院许可的和解程序中成立的债权债务应仅在该外国有效。只有当债权人明示或默示地放弃了在另国起诉债务人的情况下，债权人才无权在德国起诉。

（三）许可证制度

法国对外国的和解的承认是采取由法院签发许可证的办法，即外国的和解要在法国得到承认，必须获得法国法院的特别许可。在 1903 年的一个判例中，法国最高法院就表达了这样的观点。1944 年，它又指出，只有当外国和解不违背法国的公共政策时，才会在法国得到许可承认。在这里，法国法院对公共政策的理解是：首先，所有的债权人，无论居住在何处，都应当被合理地通知有关事项，如债务人提出的和解请求、债权人会议的时间、地点、和解协议的内容等；其次，要平等对待所有债权人或至少同一类别的债权人；最后，还要考虑双方的互惠。

（四）有条件地承认外国和解

这种做法可以瑞士为代表。在瑞士，1987 年以前，有关破产与和解的法律主要为判例法，以属地原则为主导，不承认外国破产与和解在瑞士的效力。但从《瑞士联邦国际私法法规》颁布后，这种情况有了重大改变。该法第 11 章规定了破产与和解问题。其第 175 条指出，外国法院批准的和解协议或类似程序，在瑞士应予承认。住所在瑞士的债权人应有听审的机会。承认外国和解，类推适用第 166 条至第 170 条的规定。瑞士法关于承认外国和解的制度可以表述为：在债务人住所地作出的外国和解，应因和解管理人或债权人的申请予以承认，如果：（1）该和解在作成国有执行力；（2）不存在第 27 条规定的不予承认的理由；（3）和解作出国给予互惠待遇。

第 十 八 章
知识产权的法律冲突法

知识产权（intellectual property）是指基于智力的创造性活动所产生的权利，亦称智慧财产权或智力财产权。它是个人或组织对其在科学、技术、文学艺术等领域里创造的精神财富或智力成果所享有的专有权或独占权。它包括两个主要组成部分，其一是由发明、工业品外观设计、实用新型的专利权和商标权所组成的工业产权；其二是由自然科学、社会科学以及文学、音乐、戏剧、绘画、雕塑、摄影和电影等方面的作品所组成的版权。

知识产权作为一种无体财产权（intangible property），具有专有性、地域性和时间性的特点，这也是知识产权与有体财产权的显著区别。尤其就知识产权的地域性而言，其专有性在空间上的效力要受到地域的限制，除签订有关于知识产权的国际条约或双边互惠协定外，根据一国法律获得承认和保护的知识产权一般只在该国发生法律效力。因此，传统国际私法一般不讨论知识产权的法律适用问题。

从 19 世纪末期起，欧美主要资本主义国家出于资本输出的需要，迫切要求将知识产品的垄断专用权从国内扩展到国外，同时，随着科技和国际商业贸易等经济交往的不断发展，知识产品的国际市场也开始形成和发展起来。这样，知识产权地域性限制与知识产品国际性要求的矛盾就越来越明显。为此，各国便先后签订了一系列保护知识产权的国际公约，成立了一些全球性或区域性的国际组织。第二次世界大战后，知识产权国际性保护的趋势进一步得到加强。

对知识产权的国际性保护必然导致知识产权的法律冲突。为了保护知识产权，各国都制定有保护知识产权的国内立法。尽管各国的立法互不相同，但由于这类立法是以知识产权的地域性和权利独立原则为基础制定的，如果各国不签订条约，彼此承认和保护依对方国家法律所获得的知识产权，那么，在严格地域性限制的条件下，就不可能产生知识产权的法律冲突。因此，各国知识产权法律制度的不同，仅仅为知识产权法律冲突的产生创造了可能条件，而有关保护知识产权的国际条约一般都规定，缔约国之间应相互承认对方国家法律所赋予的知识产权，即承认对方国家知识产权的域外效力，这就使得知识产权的法律冲突由可能转化为现实。也就是说，在权利独立原则的基础上相互承认和保护国外自然人和法人的知识产权，并给予国民待遇，就为知识产权法律冲突的产生创造了前提条件。

当然，知识产权域外效力的承认和其他民事权利不同。其他民事权利立法一般由各国自动地相互承认其域外效力，而在知识产权领域，各国所遵守的是它们缔结的有关知识产权的国际条约，不是自动承认外国知识产权立法的域外效力，而是承认外国权利人所享有的权利也可按所在国法律的规定予以保护。

第一节　专利权的法律适用

专利（patent）是指经一国的有关机构依照法定程序审查批准受专利法保护的发明创造。专利权是指专利的所有人或持有人或者他们的继受人在一定期限内依法享有的对该专利的制造、销售或使用的独占权。其效力主要表现在两个方面，一是专利权人的积极权利，即专利权人依法享有的独占实施权或者许可他人实施的权利；二是专利权人的消极权利，即如果他人未经专利权人的许可而以营利为目的实施其专利，专利权人依法所享有的请求侵权人停止侵害、赔偿损失的权利。专利法是专利制度的核心，各国的专利法虽有一定的共同之处，如原则上都赋予外国人以国民待遇，一般都规定有优先权制度和防止对专利权的滥用等，但仍存在较大的差异，一旦涉及专利权的国际保护时，这种差异即会导致专利权法律适用的冲突。

一、专利权的法律冲突

从各国专利法的规定看，导致专利权法律适用的冲突主要表现在以下几方面：

（一）专利权的客体

专利权的客体即指专利权主体的权利和义务指向的对象，或者说是专利法所保护的对象。各国专利法对专利权客体的种类和范围都有明确的规定，这些规定既有相同之处，也有不同之处。就相同之处而言，各国一般都规定发明为专利权的客体；就不同之处而言，其差别主要表现在各国专利法的保护范围上。有些国家包括我国的专利法，规定除发明可作为专利法的保护对象以外，还包括实用新型和外观设计。而有些国家则规定实用新型不能成为专利法的保护对象；在是否授予专利的具体事项上，各国的立法及实践也不尽一致。如对用化学方法制造出来的物质，包括药品，在美国和英国是可以被授予专利的，但日本过去规定只有这种物质的制造方法可被授予专利。我国《专利法》第25条规定对下列各项，不授予专利：（1）科学发现；（2）智力活动的规则和方法；（3）疾病的诊断和治疗方法；（4）动物和植物品种；（5）用原子核变换方法获得的物质。对生产动物和植物品种的方法，可以依照本法规定授予专利权。

（二）授予专利的条件

各国专利法一般规定，授予专利的发明和实用新型，应当具备新颖性、创造性和实用性，但在具体标准上有所不同。

1. 新颖性。虽然各国专利法无一例外要求发明必须具备新颖性，但判断新颖性的具体标准很不相同。总体上有两种标准，即时间标准和地域标准。就前一标准而言，又有两种标准：其一是以申请专利的发明技术所完成的时间为标准，而不以提出申请的时间为标准。这种作法的代表为美国、加拿大和菲律宾等少数国家；其二是仅以申请专利的时间为标准。如日本和我国就是如此。就后一标准而言，又可分为三种：（1）世界新颖性标准，即要求技术必须是在全世界范围内都是新颖的。这种标准的奉行国主要有法国、德国、英国以及欧洲专利公约的成员国。（2）国内新颖性标准，即要求申请专利的技术必须在全国范围内是新颖的。采取这种标准的多为一些发展中国家，如希腊、巴拿马、尼加拉瓜等国。（3）混合新颖性标准，即兼具国内新颖性和世界新颖性标准。采取这一标准的国家主要有日本、加拿大、瑞典、比利时、罗马尼亚和我国。如我国《专利法》第 22 条就规定："新颖性是指在申请日前没有同样的发明或者实用新型在国内外出版物上公开发表过，在国内公开使用过或者以其他方式为公众所知，也没有同样的发明或者实用新型由他人向专利局提出过申请并且记载在申请日以后公布的专利申请文件中。"

2. 创造性。又称先进性，是指发明与同一领域的现有水平相比具有独创性。由于各国技术发展水平的不同，对创造性的判断必然也有不同标准，有的国家甚至未将创造性列为授予专利的必备条件。我国《专利法》规定创造性是授予专利的必备条件。该法第 22 条第 3 款规定创造性"是指同申请日以前已有的技术相比，该发明有突出的实质性特点和显著的进步"。

3. 实用性。是指一项发明必须能在产业上制造和使用，并能产生积极的效果。对此，英国、法国、德国和我国都规定这是获得专利的第三项必备条件，但美国对此无明确的立法规定。

（三）专利的申请和审查

就专利的申请而言，对外国国民在内国申请专利问题，各国专利法一般实行国民待遇，但仍存在一定的差别。有的国家如美国实行的是无条件的国民待遇，即不要求对等或互惠；有些国家则要求存在条约关系或互惠关系。对本国国民向外国申请专利问题，有些国家并无特殊规定，有些国家则规定必须首先在本国申请。我国《专利法》对专利的申请分别作出了规定。该法第 18 条规定："在中国没有经常居所或者营业所的外国人、外国企业或者外国其他组织在中国申请专利的，依照其所属国同中国签订的协议或者共同参加的国际条约，或者依照互惠原则，根据本法办理。"该法第 20 条规定："中国单位或个人将其在国内完成的发明创造向外国申请专利的，应当首先向专利局申请专利，并经国务院有关主管部门同意后，委托国务院指定的专利代理机构办理。"

就专利的审查而言，国际上有三种不同的制度，即形式审查制或登记制、实质审查制和早期公开延迟审查制。（1）形式审查制是指专利局对专利申请审查其技术内容是否符合专利条件，只要该项申请符合法定手续，即予登记并授予专利。目前，比利时、卢森堡、西班牙、希腊等国仍然采用这种制度。（2）实质审查制是指专利局不仅对专利申请进行形式审查，而且还要对其技术内容是否符合专利条件进行审查。这种制度为世界上多数国家所采用，只是在具体做法上存在一定的差别，如有的国家规定有异议程序，有的国家则没有这种规定。（3）早期公开延迟审查制是指某一专利申请提出后，先进行形式审查，认为合格的，在一定期限内予以公布，此即早期公开。在早期公开的一定期限内，根据申请人的请求或专利局根据需要，再对该申请进行实质审查，认为合格的，即在"专利公告"上予以公告，自公告之日起的一定期限内，若有异议且异议能够成立的，则不授予专利或驳回申请。若无异议或异议不成立的，则由专利局综合全部审查结果，再作出授予专利权的决定。目前，采用这种制度的有荷兰、日本、澳大利亚、巴西、匈牙利以及我国。

（四）专利的保护期限

各国专利法都有关于专利保护期限的规定，其间的差别主要表现在这样几方面：其一，保护期限的长短不一。从 10 年到 20 年不等，如英国规定为 17 年，我国规定为 15 年。其二，保护期限的计算方法不一。多数国家以专利申请日为计算的起始日，少数国家以专利批准日为计算起始日。其三，在是否允许续展上的规定不一。大多数国家规定专利保护期限届满后，不能续展，但有极少数国家的专利法规定可以续展，只是续展的期限不能超过原保护期限。

二、专利权的法律适用

对专利权法律冲突问题的解决，各国一般适用专利授予国法律。其原因在于，专利权是一种财产权，某一发明在未经某国授予专利之前，该项发明并不具有财产权的性质。依照一国法律所获得的专利权也只能受该国法律的强制保护，其他国家的法律既无承认该项专利的义务，也无保护它的责任。因此，关于专利权的法律适用，一般的规则是适用专利权授予国法律。这一规则反映了专利权的地域性特点，同时，就专利授予国而言，这一规则也是专利授予国为维护本国利益及其专利制度的独立性所要求的。

第二节　商标权的法律适用

商标是区别不同企业商品的一种通常由文字、图形以及文字和图形组合构成的专用标记。商标权则是指商标注册人对其注册商标所享有的独占使用权。各国商标法除一些基本相同的规定外，仍存在一定的差异，这些差异同样会导致商标权法律适用的冲突。

一、商标权的法律冲突

商标权的法律冲突主要表现在：

（一）商标权的确立

各国商标法对商标权的确立或商标的注册都有规定，但如果两个以上的申请人对同一种或类似的商品，以相同或类似的商标申请注册时，商标权应授予哪一申请人，各国立法对此不尽一致。在这方面，各国有三种不同的制度：（1）注册在先原则（priority of registration）。即任何人要获得商标权，必须依照法定程序，经过合法的注册手续后方可使商标权确立。这一制度为大多数国家，如法国、日本、意大利、荷兰、希腊、伊朗、埃及、墨西哥、秘鲁等国所采纳。我国《商标法》第18条的规定也体现了这一原则。（2）使用在先原则（priority of use）。即通过对商标的实际使用而使商标权得以确立。根据这一制度，对于一个商标，谁最先使用它，谁就取得了对它的专有使用权。对于已注册登记的商标，如果有人能够证明自己在该商标被注册登记之前就已实际使用了它，该商标的注册就可以被撤销。目前只有列支敦士登、挪威、菲律宾等少数国家采用这种制度。（3）折中原则。即在原则上采用注册在先原则，但又规定商标的最先使用者拥有在一定期限内提出异议的权利，如果在此期限内无人对已注册的商标提出异议，或虽提出异议但不能成立的，则商标的注册人即可取得该商标的专有使用权。目前，美国、英国、加拿大、澳大利亚、新西兰、印度、巴基斯坦、奥地利、西班牙、叙利亚和科威特等国采用的均是这一制度。但提出异议的期限又各不相同，如美国为5年，西班牙为3年。

（二）商标权的期限

各国关于商标权期限的规定长短不一，最长的达20年，最短的只有5年，一般为7到10年不等。美国、瑞士、西班牙等国规定为20年；中东和拉美的大多数国家规定为10年；英国规定为7年。

二、商标权的法律适用

1. 适用商标注册国法律。这是在商标权的取得上实行注册在先原则的国家所采用的法律适用原则。其理由为，商标权的取得既然以注册或登记在先为原则，商标权就应适用该登记地国的法律。目前，这一原则为大部分国家所采用，只是在有条约规定的有限范围内，也考虑最初申请注册国的有关规定。

2. 适用使用国法律。这一原则为在商标权的取得上实行使用在先原则的国家所采用。法国在 1967 年以前也是以商标使用地国的法律支配商标权。这一原则的法理是，商标在哪国使用，则有关该商标权的取得就应以该国法律来确定。

3. 适用法人管理中心所在国的法律。该原则认为，商标申请者实际上多为工商企业单位，法人的管理中心地在哪国，即应以该所在国的法律来确定商标权。如果法人的管理中心地在外国，商标在外国登记，又在本国注册的，本国承认其商标权，仅是对其在外国取得的既得权的承认。这一原则在实践中难以施行，因为这一原则有悖于各国商标权及商标法独立的原则。

我国于 1950 年就颁布了商标注册暂行条例，1963 年又颁布了商标管理条例，规定外国企业在我国申请注册商标应具备两项条件：其一是申请人的本国与我国达成有商标注册的互惠协议；其二是申请注册的商标已经在申请人本国注册，并能提交已在本国注册的证件。我国《商标法》第 9 条对此又规定，外国人或者外国企业在我国申请商标注册的，应当按其所属国和我国签订的协议或者共同参加的国际条约办理，或者按对等原则办理。该法第 10 条规定，外国人或者外国企业在我国申请商标注册和办理其他商标事宜的，应当委托我国指定的组织代理。根据 1983 年《商标法实施细则》第 29 条的规定，中国国际贸易促进委员会即为我国国家指定的代理组织。

第三节　著作权的法律适用

著作权（copyright）又称版权，是指作者及其他著作权人依著作权法对文学、艺术和科学作品所享有的各项专有权利。有关著作权的理论较为繁多，并影响着各国著作权法的立法及实践，各国著作权法的差异也会导致法律适用的冲突。

一、著作权的法律冲突

著作权的法律冲突主要表现在以下几方面：

（一）著作权的保护对象

著作权的保护对象，包括享有著作权的主体和受保护的客体两个方面。

1. 著作权的主体。在大多数大陆法系国家及东欧国家，享有著作权的主体首先是作为自然人的作者，法人、国家及国家的代表或作者之外的其他自然人可以通过著作权的转让而成为著作权的主体；而在多数英美法系国家和少数大陆法系国家（如荷兰、日本），其著作权的主体既可以首先是作者，也可以是作者之外的著作权所有人，包括自然人和法人。

2. 著作权的客体。关于著作权的客体问题，各国的立法主要有两方面的差异，其一是各国关于著作权客体的范围不一，其二是各国法律对于各类著作权客体所包含的具体内容的规定又不一致。如同样对演说、布道、讲学等是否应以某种物质形式体现出来（诸如体现在录音磁带里、或体现于打字记录中）才能受版权的保护？在这一问题上，美国规定，口头作品如果不以文字、计算机存储或以录音形式予以固定，就只能被视为表演，从而只受州一级法律的保护，不受联邦著作权法的保护；而在前苏联，无手稿或无记录的即席演讲，也要受著作权法的保护。再如对电话号码簿，美国有一系列判例规定其应受版权的保护，而英国法院则作出与此完全相反的判例。

（二）著作权的保护内容

著作权的保护内容一般分为经济权利和精神权利两大范畴。所谓经济权利是指著作权人占有著作权以便获得某些经济收入的权利；所谓精神权利是指作为创作者的自然人在精神上所享有的各项权利。各国立法在这两项权利方面的规定同样存在差异。就前者而言，各国一般认为追续权（指艺术品的原件在被再次出售时，原作者仍有权从出售的利润中取得一定比例的版税）属经济权利中的一种，但英国、美国、日本等国的法律对该项权利未予承认，而这项权利在法国、德国、意大利等国则可以受到法律的保护；就后者而言，精神权利一般包括出版权、署名权、保证作品内容完整权和更改权等四项内容。但更改权仅为部分国家（如法国、德国和意大利等）所保护，许多对精神权利予以保护的国家却将此项权利排除在外。

（三）著作权的保护期限

各国著作权立法歧异的最明显表现就在著作权的保护期限上。对文学艺术作品，多数国家规定的保护期为作者生前加死后 50 年；也有一些国家规定为作者生前加死后 25 年，还有一些国家规定为作者生前加死后 60 年、70 年甚至 90 年不等。在计算保护期限的起始日上，各国又有几种不同的规定：有的以开始创作之日起算；有的以作品完成之日起算；有的以作品登记之日起算；有的则以作品首次发表之日起算。

二、著作权的法律适用

对著作权法律适用冲突的解决，目前有四种不同的主张：

1. 适用作品来源国法。即适用出版作品、产生著作权的国家的法律。这种主张被认为是对传统既得权学说的反映。从《伯尔尼公约》和《世界版权公约》对"国民待遇"原则的采纳看，这两个公约是不赞成这一法律适用原则的。因此，以作品来源国法来解决著作权的法律冲突，在实践中将难以施行。

2. 适用作品保护国法。即适用被请求对某国作品给予域外保护的国家的法律。从前述两公约对"国民待遇"原则的采纳来看，公约是倾向于这一原则的。但是，这一法律适用原则不宜适用于解决与作者身份、权利能力和行为能力等与国籍联系较为密切的问题。

3. 兼用作品来源国法和作品保护国法。即对权利的产生和存续问题适用作品来源国法，而对权利的行使问题适用作品的保护国法。这种法律适用原则已为前述两公约和英国、德国、意大利、荷兰等国的立法及实践所采纳。

4. 适用当事人选择的法律。即主张根据当事人意思自治原则，依当事人自由选择的法律来解决著作权的法律冲突。但这种主张受到了批评，因为涉外著作权关系与一般的涉外合同、侵权和婚姻家庭关系不同，具有很强的公法性质。由于是否给予外国作品以有效的法律保护，给予何种程度的法律保护，往往涉及一国的政治和经济利益，是一国重大的主权行为，该行为只能由国家作出。因此，个人无权选择有关的法律来解决著作权的法律冲突。

从实践来看，对著作权法律冲突的解决，大多数国家所采取的都不是单一的法律适用原则，而是多元主义的法律适用原则。具体为：

1. 对有关著作权实质内容方面的问题，多适用被请求保护国法律；

2. 若有关的国际条约规定了最低限度的保护要求，而被请求保护国法律低于其所参加或缔结的国际条约的，适用国际条约的规定；

3. 对著作权的某些内容，在一定情况下，也可以适用作品最初发表地国家的法律。

此外，在实践中还存在有关著作权的国际条约之间的法律适用问题，如有的国家既是《伯尔尼公约》的成员国，又是《世界版权公约》的成员国，而这两个公约在许多方面的规定是不相同的。如关于作品的保护期限问题，《伯尔尼公约》的规定为作者有生之年加死后50年，而《世界版权公约》的规定则为作者有生之年加死后25年。在此情况下，应以哪一公约为准呢？对此，应根据《世界版权公约》的规定，适用《伯尔尼公约》。

第 十 九 章
区际冲突法

在历史上，就冲突法而言，区际冲突法的产生先于国际冲突法，后者的理论与实践是在前者的理论与实践的基础上发展起来的。随后，区际冲突法和国际冲突法互相影响，互相促进，相得益彰，以至在有些国家发展到两者相辅相成，被人们相提并论。这表明，研究区际冲突法对于国际冲突法的研究大有裨益。

第一节 区际法律冲突

区际冲突法是以区际法律冲突为解决对象的，因此，在研究区际冲突法之前有必要探讨一下区际法律冲突。

一、区际法律冲突的概念

一般说来，一个具有独特法律制度的地区被称为法域。如果一个主权国家内部存在数个具有独特法律制度的地区，它就是一个具有数个法域的国家，常被称为"复合法域国家"，或者"复数法制国家"，或者"多法域国家"。区际法律冲突是多法域国家的产物。

所谓区际法律冲突，就是在一个国家内部不同地区的法律制度之间的冲突，或者说是一个国家内部不同法域之间的法律冲突。

对于区际法律冲突，各国学者们在学术著作中根据区际法律冲突产生的不同情况，有不同的表述。主要有 interregional conflict of laws（直译为区际法律冲突）、internal conflict of laws（直译为国内法律冲突，这一表述一般既包括区际法律冲突，也包括国内的人际法律冲突①）、interprovincial conflict of laws（直译为省际法律冲突）、intercantonal conflict of laws（直译为州际法律冲突，专指瑞士各州之间的法律冲突）、interstate conflict of laws（直译为州际法律冲突，主要

---

① 例如，康恩—弗劳德认为 internal conflict of laws 有三类：即联邦制国家内的州际法律冲突或省际法律冲突、单一制国家内的地方间的法律冲突和一国内的人际法律冲突。见康恩—弗劳德：《国际私法的一般问题》，1976 年英文版，第 147～148 页。

指美国和澳大利亚各州之间的法律冲突）、interrepublican conflict of laws（直译为共和国之间的法律冲突，如前苏联各共和国之间的法律冲突）等①。

我们认为，interregional conflict of laws（即区际法律冲突）更能概括地反映世界上各多法域国家内部各种不同地区的法律之间的法律冲突。我国学者亦多用"区际法律冲突"一词来表述这一概念。

二、区际法律冲突的产生

因为区际法律冲突是一国内部具有不同法律制度的地区之间的法律冲突，所以，它是在一国内部不同地区的人民进行交往的过程中产生的，或者说是在一国内部区际民商事关系或跨地区的民商事关系中产生的。区际冲突法通常是通过解决区际法律冲突来实现调整这种区际民商事关系或跨地区的民商事关系的目的。

历史上，法律适用上的冲突首先是以区际法律冲突的形式开始发展起来的。不过，从出现涉外民商事关系到产生法律适用上的冲突，经历了一个漫长的历史发展过程。早在奴隶制国家产生后，随着商品交换的发展，已出现一些涉外民商事关系。在欧洲的罗马帝国时代，法律属人主义盛行，罗马人受市民法（jus civile）支配，即使罗马人不在本土而在被罗马征服的地区亦享有受市民法保护的权利，而外来人得不到市民法赋予的权利。随着商业的发展和罗马征服地区的扩大，罗马人与外来人之间以及被征服地区居民之间关于法律适用的矛盾突出起来，万民法（jus gentium）便应运而生，它用来调整罗马境内外来人与罗马人之间以及外来人相互之间的民商事关系。尽管万民法不同于调整罗马人之间关系的市民法，但它仍然只是罗马帝国的国内法②。可见，在罗马帝国，由于不承认外来人与罗马人的平等民事法律地位，也不承认外域法的域外效力，故当时根本不会发生法律适用上的冲突。

在罗马帝国衰亡后，由于"蛮族"人入侵，法律属人主义在欧洲更加盛行。那时，各"蛮族"部落的人受本部落的法律支配，而罗马人的后裔仍受罗马法的支配，当时仅有的法律冲突是人际法律冲突，而无法律适用上的空间冲突③。到公元8、9世纪，在欧洲，属地主义才有所抬头，当时的法兰克王

① 参见萨瑟：《西方国家、社会主义国家和发展中国家的冲突法》，1974年英文版，第233页。

② 参见韩德培主编：《国际私法（修订本）》，武汉大学出版社1989年版，第41～42页。

③ 参见维塔：《区际法律冲突》，载《国际比较法百科全书》，第3卷，1985年英文版，第3页。

国国王颁布的法令施行全国，已是属地性而非属人性的法律了。到公元 10 世纪，至少在当时的法兰西和德意志，地区性的法律已取代属人性的法律①。十字军东征以后，意大利北部的各城市，随着东、西方中介贸易、手工业、商业和银行业的蓬勃发展，自治权力的不断增大，逐渐发展成为城邦（city state）②。这些城邦把自己的习惯法编纂成"法则"（statuta），并加进一些新的内容，以适应各城邦人民之间的经济往来。起初（大约在 11 世纪），各城邦完全用自己的"法则"来解决各城邦之间的民商事纠纷，并不承认其他城邦的"法则"的域外效力。到 12、13 世纪，由于保护和促进各城邦人民之间结成的涉外民商事关系的客观需要，各城邦开始承认其他城市的"法则"的域外效力，在一定程度上适用其他城邦的"法则"来解决各城邦之间的民商事纠纷，真实意义的区际法律冲突便在这时产生了。随后，15、16 世纪在法国和 17 世纪在荷兰出现的引人注目的法律冲突，皆主要为这种区际法律冲突。

在一国内部，区际法律冲突产生的条件有：（1）在一国内部存在着数个具有不同法律制度的法域；（2）各法域人民之间的交往导致产生众多的区际或跨地区民商事关系；（3）各法域互相承认外法域人的民事法律地位；（4）各法域互相承认外法域的法律在自己区域内的域外效力。

在上述各条件中，第一个条件是区际法律冲突产生的最重要和最根本的条件。只有在一国内部存在着具有不同法律制度的区域，才可能有区际法律冲突的产生。如果我们撇开区际法律冲突产生的另外三个条件，我们就会发现，从某种意义上讲，造成一国内部各地区法制不统一的原因也就是区际法律冲突产生的原因。造成一国内部各地区法制不统一的原因归结起来如下：

第一，国家的联合与合并，即两个或两个以上的国家结合成为一个新的国家。常常由于被联合或合并的原国家各自的法律在很大程度上保留下来，因而新国家内部各地区（原国家）的法律不统一。瑞士、美国和英国等都是因此而形成的多法域国家。

第二，国家的复活，即一个国家被列强瓜分，后来在特定的历史条件下，该被瓜分的国家得以复活。由于该国被瓜分的各地区曾分别置身于各强国的法制之下，深受其法制的影响，被瓜分的各地区可能分别保留被占领时的法律，从而形成多法域国家。例如，波兰被瓜分后于第一次世界大战结束时复活的情况便是一例，其从前属德国的地方仍适用德国民法，属奥地利的地方仍适用奥地利民法，属匈牙利的地方适用匈牙利民法，属于俄国的地方分别适用俄国和

---

① 参见沃尔夫：《国际私法》，1945 年英文版，第 21 页。

② 参见周一良、吴于廑主编：《世界通史》（中、古部分），人民出版社 1972 年第 2 版，第 182~183 页。

法国的民法①。所以，当时的波兰是具有五个法域的多法域国家。

　　第三，国家的兼并，即一国以强力占有他国的领土之一部或全部。兼并的后果常常是在一个时期内兼并国（包括被兼并地区）成为多法域国家。如第二次世界大战期间，德国和意大利兼并大量的外国领土，那些被兼并的地区并没有因兼并而终止适用原来的民事法律，遂使德、意在当时成为特殊的多法域国家。

　　第四，国家领土的割让，即一国的领土依条约转移给他国。无论是以和平方式还是因战争结果而导致的割让，并不一定使被割让地区原来适用的法律随着割让的事实而废弃。由此，接受割让地国家成为多法域国家。例如，普法战争后，德国依 1871 年《法兰克福和约》取得法国割让的阿尔萨斯和洛林，但被割让后的阿尔萨斯和洛林仍适用法国的民法。

　　第五，国家领土的回归，即一国领土由于他国的侵占、割让或租借而一度被他国治理，后来该国恢复对其领土行使主权。国家领土的回归有时使领土回归国家成为多法域国家。这是因为在回归领土内适用的原有法律仍有限度地保留下来，从而使回归领土成为其祖国内的一个有独特法律制度的区域。如香港和澳门分别于 1997 年和 1999 年回归中国后，由于实行"一国两制"，从而使中国成为多法域国家。

　　第六，一个国家有时由于内部或外部的原因，出现分裂的局面，各分裂的地区由不同的政权统治着，施行不同的法律制度。随着从分裂走向统一，特别是通过和平的道路走向统一，原各分裂地区可能保留各自原有的法律制度。这样，重新统一的国家即成为多法域国家。将来中国内地和台湾按"一国两制"方针实现的统一即属这种情况。

　　第七，国家的殖民。从 15 世纪开始，随着新航路的开辟、哥伦布航抵"新大陆"和麦哲伦进行环球航行，欧洲国家便开始对亚洲、非洲实行殖民。一般说来，殖民国在取得殖民地后会将本国法律施行于后者，但各殖民地的原有特殊法律习惯，因历史关系，仍不能不准其继续存在。这样，在殖民国内，殖民地和殖民国原有地区分别成为具有不同法律制度的法域，并因此产生殖民地间的法律冲突（intercolonial conflict of laws）。

　　除上述列举的原因外，还有其他一些原因，如因领土的租借、实行委任统治和托管制度而形成的多法域国家。就某一个具体的多法域国家而言，其内部多种法制存在既可能产生于上述某一原因，也可能产生于上述多种原因，在产生于多种原因的情况下，既可能是在多种原因同时作用下形成的，也可能是各原因分别发挥作用的结果。

---

　　①　参见梅仲协：《国际私法新论》，三民书局 1984 年第 5 版，第 63 页。

三、区际法律冲突的特征

我们所要探讨的区际法律冲突只是众多的法律冲突现象中的一种，为了把区际法律冲突同其他法律冲突区别开来，我们有必要分析一下区际法律冲突的特征。其特征如下：

第一，区际法律冲突是在一个主权国家领土范围内发生的法律冲突。区际法律冲突只可能发生在一国领土范围之内。如果某一法律冲突超越一国领土范围，或者说它是一种跨越国界的法律冲突，那么，它就不是区际法律冲突。美国和澳大利亚国内各州之间的法律冲突，加拿大国内各省之间的法律冲突，英国国内的英格兰、苏格兰、北爱尔兰、海峡群岛及马恩岛相互之间的法律冲突，西班牙国内各地区之间的法律冲突，都是区际法律冲突。而美国的纽约州和英国的英格兰之间的法律冲突，中国的法律与日本法律之间的冲突，法国的法律与加拿大魁北克省的法律之间的冲突则为国际法律冲突。这一特点使区际法律冲突与国际法律冲突区别开来。

第二，区际法律冲突是在一个主权国家领土范围内具有独特法律制度的不同地区之间的法律冲突。我们讲的区际法律冲突是指一国内以地区为单位的法域之间的法律冲突，而这种冲突显然具有属地性，也就是说它是法律在空间上的冲突。国际冲突法和区际冲突法所解决的法律冲突都是这种空间上的冲突，只不过国际冲突法是解决法律在空间上的国际冲突，而区际冲突法是解决一国内部不同地区的法律在空间上的冲突罢了。有时，由于一种特殊情况的结果，在一个国家内部的同一地区的不同法律会产生法律冲突。例如，15世纪，随着当时的德意志接受罗马法作为一般法律制度，用于解决同一问题的当地习惯法（local customary law）与罗马法发生冲突。对于这种在同一地区几种相对立的法律谁优先的问题，当时德意志的法院和法官确定了优先适用当时德国法的国内法原则①。这种同一地方的不同法律之间的冲突，不是我们所讲的区际法律冲突，因为它们虽然同某一地区相联系，但它们不是不同地区之间的法律冲突。区际法律冲突的这一特点使它同人际法律冲突和时际法律冲突区别开来。

第三，区际法律冲突是一个主权国家领土范围内不同地区之间的民商法律冲突，也就是说，区际法律冲突是一种私法方面的冲突。对于这一点，学者们颇有分歧。英美法系国家的学者认为，区际法律冲突与国际法律冲突一样，包括法律选择冲突（主要是民商法律方面的冲突）、管辖权冲突以及判决的承认和执行方面的冲突。法国的学者则认为国籍的积极冲突和消极冲突也属区际法律冲突，因为在有些实行联邦制的多法域国家内，公民除共有联邦国家国籍

---

① 参见格雷夫森：《比较冲突法》第1卷，1977年英文版，第328页。

外，还具有所属成员国的国籍。还有些学者如萨瑟则认为区际法律冲突不仅仅是民商法律的冲突，还包括其他一些法律冲突，他指出："在发生冲突的法律制度内，可能会有民事法、商事法、劳动法、民事或刑事诉讼法，政治或行政法，刑法以及财政法的法律规则之间的冲突。"① 我们认为，刑法、行政法、财政法、程序法等都属公法范畴，在这些领域中，由于世界各国（包括复合法域国家的各法域）历来从严格的属地主义出发，基本上不承认外国法（或外域法）在本国（或本法域）的域外效力，而只适用自己的刑法、行政法、财政法、程序法，虽然也有法律冲突问题，但这种冲突不涉及外国法（或外域法）的适用，只是一种隐存的冲突。而在民商法领域，由于各国（或各法域）承认外国（或外法域）法律的域外效力，从而导致内外国法（或内外域法）适用的法律冲突问题。因此，只有一国内部不同地区之间的民商法律冲突才是我们所讲的区际法律冲突。严格讲，区际法律冲突应称为区际民商法律冲突或者区际私法冲突。

第四，区际法律冲突是一个主权国家领土范围内不同地区的法律制度之间的横向冲突（horizontal conflict）。在多法域国家内，各法域都是平等的。既然在一国内部各法域是平等的，各区域法律制度是平等的，那么，各区域法律制度之间的区际法律冲突必定是横向的冲突。在同一国内，非横向的法律冲突，如中央法律与地方法律之间的冲突，特别是联邦国家内联邦法律与各州，或各成员国，或各省法律之间的冲突，则不是区际法律冲突，因为它们之间的法律冲突是不同层次的法律之间的冲突，是上下级法律之间的冲突，或者说是一种纵向冲突（vertical conflict）。

根据上述区际法律冲突的特征，更确切地说，区际法律冲突是在一个主权国家领土范围内不同地区的民商法律之间的横向冲突。

四、区际法律冲突的种类

对于区际法律冲突，学者们已有种种不同的分类。我们首先择要介绍之。

英国国际私法学者康恩—弗劳德曾对国际法律冲突和国内法律冲突进行过比较研究。他将国内法律冲突分为三类：（1）联邦制国家内的州际或省际法律冲突；（2）单一制国家内的地方间的法律冲突；（3）从同一主权单位内不同团体共存中产生的人际法律冲突②。

匈牙利国际私法学者萨瑟将区际法律冲突分为六类：（1）政合国与君合国

---

① 萨瑟：《西方国家、社会主义国家和发展中国家的冲突法》，1974 年英文版，第 26 页。

② 参见康恩—弗劳德：《国际私法的一般问题》，1976 年英文版，第 147~148 页。

内的区际法律冲突；（2）联邦制国家内的法律冲突；（3）省际法律冲突；（4）地方间的法律冲突；（5）兼并区际法律冲突；（6）殖民地间的法律冲突①。

意大利国际私法学者维塔对区际法律冲突的分类值得一提。他认为区际法律冲突有三类：（1）联邦制国家内的区际法律冲突；（2）具有复合法律制度的单一制国家内的区际法律冲突；（3）暂时由复合法律制度支配的国家内的区际法律冲突②。

关于区际法律冲突的种类，我们认为，可以按照不同的标准进行多种分类，不必拘泥于某一种分类。

以国家结构形式为标准，区际法律冲突可划分为单一制国家内的区际法律冲突和联邦制国家内的区际法律冲突。英国、西班牙、1997 年后的中国、1919 年至 1924 年的法国、1919 年至 1928 年的意大利、1940 年以前的希腊、1943 年以前的罗马尼亚等国的区际法律冲突都是单一制国家内的区际法律冲突。而美国、加拿大、澳大利亚以及瑞士等国的区际法律冲突为联邦制国家内的区际法律冲突。联邦制国家的区际法律冲突与单一制国家的区际法律冲突有一重要的不同之处，就是在产生区际法律冲突的范围上或者说在哪些方面的法律会产生区际法律冲突上，联邦制国家一般通过宪法加以规定，而单一制国家的实践则大不一样，如西班牙通过一项普通法律对之加以规定，而英国却是习惯的结果。

以社会制度为标准，区际法律冲突可划分为具有相同社会制度和具有不同社会制度的各法域之间的区际法律冲突。1997 年前，各复合法域国家内的区际法律冲突都是社会制度相同的各法域之间的区际法律冲突。1997 年和 1999 年后，随着中国分别对香港和澳门恢复行使主权，仍然保持资本主义制度的香港和澳门的法律与实行社会主义制度的中国内地的法律之间出现的法律冲突，才是世界上前所未有的在一国内存在的具有不同社会制度的各法域之间的区际法律冲突。按照马克思主义法学的观点，阶级性是法律的本质特征之一，而社会制度不同的各法域之间的区际法律冲突，实际上是阶级性质不同的区际法律制度之间的冲突。由于阶级性质不同的区域法律制度在概念、哲理、价值观等方面的根本区别，故它们之间的法律冲突与社会制度相同的各法域之间的法律冲突比较起来，更尖锐些、更复杂些。在解决这种冲突时，与解决其他区际法

---

① 参见萨瑟：《西方国家、社会主义国家和发展中国家的冲突法》，1974 年英文版，第 235 页。

② 参见维塔：《区际法律冲突》，载《国际比较法百科全书》，第 3 卷，1985 年英文版，第 5~11 页。

律冲突比较起来，"公共秩序保留"原则的运用可能更为重要，其频率也会高一些①。

　　以法系为标准，区际法律冲突可划分为属同一法系的不同法域之间的区际法律冲突和非属同一法系的不同法域之间的区际法律冲突。法系是根据各国法律的特点和历史传统等外部特征，对法律进行的分类，通常是把具有一定特点的某一国的法律同仿效这一法律的其他国家的法律，划为同一法系，如大陆法系和普通法系等。在许多情况下，区际法律冲突是属同一法系的不同法域之间的法律冲突。但是，有时在一个国家内部，不同地区的法律制度由于种种历史原因可能分属不同的法系。例如，美国的路易斯安那州是美国于 1803 年从法国手中买来的。在此之前，路易斯安那地区曾在西班牙和法国的统治下，因而其法律受大陆法的影响。美国买到路易斯安那后，原来实施的法律制度仍保留下来，该州于 1825 年制定的《民法典》也是按《法国民法典》模式编纂而成的。后来，虽然路易斯安那州的法律也受到英、美普通法的影响，但在不动产法、家庭法、继承法等方面仍保持法国传统②。由此可见，路易斯安那州的法律属大陆法系，它与美国其他属普通法系的州的法律之间的冲突显然为不同法系的法域之间的区际法律冲突。将区际法律冲突区别为同一法系的区域法律制度之间的冲突和非同一法系的区域法律制度之间的冲突并不是毫无意义的。一般来说，属于同一种法系的区域法律制度有共同的法源基础和历史传统，有一些共同的形式特征，又加上长期互相影响和效仿，它们之间发生冲突的范围要小些，而且在很多情况下是在细微末节方面的冲突。而属不同法系的区域法律制度，由于其传统和形成的历史条件不同，它们之间的差别比属同一法系的区域法律制度之间的差别更大些，因而发生法律冲突的范围就相应广一些，情况也会更复杂一些。

　　最后应该指出的是，以国家结构形式为标准对区际法律冲突进行分类，即把区际法律冲突分为联邦制国家内的区际法律冲突和单一制国家内的区际法律冲突，是一种最通常的分类方式。许多学者在探讨区际法律冲突的类型时都采用了这一方式。

五、区际法律冲突的解决

　　区际法律冲突的存在必然要求多法域国家及其各法域对区际法律冲突加以解决，以便促进多法域国家内不同法域的人民进行正常的民商事交往。如何解

---

①　参见廖瑶珠：《法律逐渐统一的方案》，载香港《大公报》，1986 年 4 月 11 日。

②　参见上海社会科学院法学研究所编译室编译：《各国宪政制度和民商法要览》（美洲、大洋洲分册），法律出版社 1986 年版，第 203 页。

决区际法律冲突呢？从各多法域国家的立法和司法实践来看，与解决国际法律冲突一样，解决区际法律冲突的途径有二：一是冲突法解决途径；一是统一实体法解决途径。由于区际法律冲突毕竟是主权国家内部不同法域之间的法律冲突，与国家之间的法律冲突有很大的差别。因此，多法域国家及其各法域在通过这两个途径解决区际法律冲突时则表现出自己的特点来。

（一）区际冲突法解决途径

通过区际冲突法途径解决区际法律冲突，就是多法域国家或这类国家内的各法域通过制定区际冲突规范确定各种区际民商事法律关系应适用的法律，从而解决区际法律冲突。区际冲突规范是一种法律适用规范，就解决区际法律冲突而言，它是应解决区际法律冲突的需要而产生的，是一种解决区际法律冲突必不可少的有效手段。因为区际法律冲突问题就是应适用什么法律调整区际民商事法律关系的问题，而区际冲突规范正好是确定区际民商事法律关系应适用什么法律的规范。

各多法域国家及其法域通过区际冲突法途径解决区际法律冲突的具体方式并不相同，综合有关国家的立法和司法实践，有如下几种方式：

1. 制定全国统一的区际冲突法来解决区际法律冲突。在历史上，有的国家颁布过专门的全国统一的区际冲突法典；有的国家则颁布了全国统一的解决某些方面的区际法律冲突的区际冲突法；还有国家将全国统一的区际冲突法同国际私法结合起来加以规定，分别用于解决区际法律冲突和国际法律冲突。

2. 各法域分别制定各自的区际冲突法，用来解决自己的法律与其他法域的法律之间的冲突。

3. 类推适用国际私法解决区际法律冲突。

4. 对区际法律冲突和国际法律冲突不加区分，适用与解决国际法律冲突基本相同的规则解决区际法律冲突。

在上述各种通过区际冲突法途径解决区际法律冲突的方式中，最佳方式是多法域国家制定全国统一的区际冲突法来解决区际法律冲突，这是因为：首先，一个多法域国家制定的全国统一的区际冲突法具有一种静态功能。它们在各区域法律制度之间发挥着平衡和稳定作用。其次，全国统一的区际冲突法同时又有一种动态功能，它们常常是各法域实体法统一的前奏，逐渐促进和推动着其国内的法制的统一。再次，全国统一的区际冲突法统一了各法域的区际冲突法，从而消除了各法域的区际冲突法之间的冲突，避免了反致、转致问题，也简化了识别过程。最后，由于各法域法院适用的是全国统一的区际冲突法，因而对同一案件无论由何法域的法院审理，都会适用同一准据法，这样，可以求得判决或案件审理结果的一致性。因此，制定全国统一的区际冲突法应是各多法域国家在解决区际法律冲突过程中所追求的目标。但应注意的是，在有的多法域国家，由于宪法或宪法性法律的限制，中央立法机关无权制定全国统一的区际冲突法，制定区际冲突法的任务自然落在各法域身上。

（二）统一实体法解决途径

区际冲突法虽然能解决一时的区际法律冲突，但它并不能避免和消除区际法律冲突。自然，多法域国家及其法域会寻找新的途径，即统一实体法途径，来达到避免和消除区际法律冲突的目的。

通过统一实体法途径解决区际法律冲突，就是由多法域国家制定或由多法域国家内的法域联合起来采用统一的民商事实体法，直接适用于有关跨地区的民商事法律关系，从而避免不同法域的法律选择，最终消除区际法律冲突。这显然是一种彻底解决区际法律冲突的方式。我们知道，统一实体规范不像冲突规范那样去指明某种涉外民商事法律关系应适用何种法律，而是直接确定民商事法律关系当事人的权利和义务。因此，就调整民商事法律关系而言，统一实体规范是一种直接调整规范，比冲突规范更加明确、具体、有针对性；加之统一实体规范是在一定范围内，或在全国或在数个法域内是统一的，自然成为解决区际法律冲突的最佳途径。

区际法律冲突是一个国家内不同地区适用的法律不统一造成的，纵然适用不同法律的各个法域之间有许多差异，但这种差异同国家之间的法律差异是不能同日而语的。而且，各法域毕竟在一个共同的主权之下，相互之间联系更紧密，有更多的共同利益。因此，通过发展统一实体法解决区际法律冲突比通过制定国际统一实体法解决国际法律冲突更容易实现。历史上，已有一些国家，如法国、瑞士等，通过统一本国的民商法，已经消除或基本消除了本国的区际法律冲突。

通过统一实体法来解决区际法律冲突是每个多法域国家所追求的目标。因为各多法域国家的具体情况、法律传统、多法域产生的原因不一样，所以，各多法域国家在寻求用统一实体法解决区际法律冲突的过程中所采用的方式是多种多样的，归结起来，主要有如下几种：

1. 制定全国统一的实体法解决区际法律冲突。这种统一实体法是在多法域国家出现区际法律冲突后，应解决区际法律冲突的现实需要而产生的。制定全国统一的实体法肯定是多法域国家中央立法机关的事情，各法域对此是无能为力的。有时，这种统一实体立法是全面性的规定，以法典的形式出现的，如1912年《瑞士民法典》即是。但在大多数情况下，这种统一实体法立法是就某一方面的立法。这主要是因为在一些多法域国家，由于宪法和其他条件的限制，要在全国一下子制定一个全面的统一实体私法并解决所有区际法律冲突完全不可能，只得一步一步地进行统一工作，一个方面一个方面地解决国内的区际法律冲突。

2. 制定仅适用于部分法域的统一实体法来解决有关法域之间的区际法律冲突。适用于部分法域的统一实体法也是由多法域国家中央立法机关制定的，只不过由于某种原因使得立法机关明确该统一实体法仅在部分法域内施行。这种法律一般是就某一具体问题所作的规定。虽然它在其施行的法域内导致在该问题上的统一，解决了有关法域之间在所涉问题上的法律冲突，但这毕竟不是全国范围的统一。而且，由于这种法律的存在，施行这种法律的各法域又结合起来构成一个新的特殊法域，并可能在该统一实体法所涉问题上与未施行它的法域之间产生新的区际法律冲突。由此可见，采取这种方式解决区际法律冲突，只有局部效应，不能从全国范围内解决问题。

3. 各法域采用相同或类似的实体法求得统一，从而解决其相互之间的区际法律冲突。虽然多法域国家内民商实体法的统一较之国际上民商实体法的统一容易些，但在走向统一的道路上仍有许多障碍。比如说，在美国、澳大利亚和加拿大这样的联邦制国家，其宪法都明确规定了中央的立法权限范围，凡未列明的剩余权力则归属各州或省，大部分私法性质的法律通常属于州或省的立法管辖范围①。因此，联邦机关受宪法的限制，不可能就所有私法问题制定全国统一的法律，进而解决国内的区际法律冲突。这显然是这些国家在法制统一道路上所遇到的一个与生俱来的法定障碍。为了绕开这个障碍，求得法制的统一和区际法律冲突的解决，在一些官方、半官方或民间组织的推动下，它们采取了曲线统一的方式，即根据上述组织草拟的不具有法律效力的"模范法"或"示范法"，各州或各省采用相同或基本相同的实体法，从而求得法律的统一。在这种情况下，各州或省法院在处理涉及他州或省的案件时，尽管适用的是自己的实体法，但由于各州或省在某一方面都采用了相同或基本相同的实体法，一般来说，案件的处理结果都是一致的，它们之间的法律冲突也就在很大程度上消除了。

4. 一些多法域国家的最高法院在审判实践中积极发挥作用，推动了实体法的统一，从而促进其国内区际法律冲突的解决，这种情况在加拿大、澳大利亚等普通法国家表现得尤为明显。

5. 将在一个法域适用的实体法扩大适用于另一个法域，从而取得法制统一，消除区际法律冲突。这种做法多出现在因国家的兼并、国家领土的割让、国家领土的回归或国家的殖民等原因而形成的多法域国家内。

综上所述，各多法域国家对本国内的区际法律冲突采取何种途径或方式加以解决，有不同的具体做法，但从宏观的角度来看，无一不是同时通过区际冲

---

① 关于美国，参见《美利坚合众国宪法》第 1 条第 8 款；关于加拿大，参见《不列颠北美法案》第 91 条；关于澳大利亚，参见《澳大利亚联邦宪法》第 51 条。

突法途径和统一实体法途径来解决区际法律冲突的。一般来说，多法域国家及其法域一开始总是用冲突规范解决区际法律冲突，但冲突规范只能解决法律适用上的冲突，并不能根除区际法律冲突，显然有其局限性。于是，它们便通过统一实体法途径来解决区际法律冲突。虽然统一实体法克服了冲突法的缺陷，能彻底避免和消除区际法律冲突，但要在一个多法域国家一下子实现全国实体法的统一也不是一件易事，甚至根据一些多法域国家的现行体制，在其国内要一下子统一实体法是不可能的事，只得一步一步地来。即使在那些一举实现全国实体法统一的多法域国家，一般也须经过一个用区际冲突法解决区际法律冲突的阶段。在有些多法域国家，通过统一区际冲突法来解决区际法律冲突常常是它们实现通过统一实体法来解决区际法律冲突的前奏。如波兰就是先统一了全国的区际冲突法，然后再逐渐统一全国的实体私法，从而最终消除了国内的区际法律冲突。从一些多法域国家解决区际法律冲突的实践中不难看出，区际冲突法的集中统一化和不同法域的实体法律不断统一化已成为一种趋势。

第二节　区际冲突法概述

一、区际冲突法的概念

区际冲突法既是一个法律部门的称谓，又是法律科学中一个重要分支的名称。

由于各多法域国家内区际法律冲突产生的原因不一样，各多法域国家对其国内各法域的称谓不同，以及学者们对区际冲突法的性质的识别互异，故各国立法及学者赋予区际冲突法以多种多样的名称。美国和澳大利亚学者称本国的区际冲突法为"州际冲突法"（interstate conflicts law）；瑞士学者称本国的区际冲突法为"州际私法"（droit intercantonale privé 或 interkantonales privatrecht）；加拿大学者称本国的区际冲突法为"省际冲突法"（interprovincial conflicts law）或"省际私法"（private interprovincial law）；德国、波兰和有的英国学者称本国的区际冲突法为"地方间私法"（德文为 interlokales privatrecht，英文为 private interlocal law，转译成意大利文为 diritto interlocale privato，汉译也可意译为区际私法）；德国的学者还把解决原联邦德国和民主德国法律冲突的法律称之为"地区间私法"（interzonales privatrecht）；西班牙学者则把本国的解决各地区法律冲突的法律称为"区际私法"（private inter-regional law，转译成法文为 droit interégional privé）；而且，有的学者从区际冲突法与国际私法相对应出发，把区际冲突法称为"国内冲突法"（internal conflicts law）；有的学者把联邦国家内各名为共和国的成员国之间的法律冲突法称之为"共和国间的冲突法"（interrepublican conflicts law）；还有学者称之为"准国际私法"（quasi-private international law）。但在学者著述中，更经常使用的名称是"区际冲突法"（interregional conflicts law 或 interlocal conflicts law）或"区际私法"（private interregional law 或 private interlcoal law），因为这两个名称无论是在内涵方面还是在外延方面，能更确切地表达区际冲突法这一概念，亦即能集中地概括、反映解决各种类型的区际法律冲突的法律。我们倾向于用"区际冲突法"这一名称来表达区际冲突法这一概念，因为使用"区际私法"似乎给人一种把复合法域国家内的统一实体私法视为区际冲突法的印象，而研究区际冲突法的学者没有任何人把复合法域国家的统一实体私法视为区际私法的本体内容，至多将之作为解决区际法律冲突的手段和方式加以研究。据此，我们在本书中采用"区际冲突法"这一名称。

以前，我国有些学者称区际冲突法为"准国际私法"。目前，我国台湾地区的国际私法学者仍沿用"准国际私法"这一名称①。受英国普通法影响的香港学者则直称为"冲突法"②。现今，我国学者普遍采用"区际冲突法"或"区际私法"这两个名称，从而代替了旧日使用的"准国际私法"这一名称。

关于区际冲突法的定义，尽管各学者的表述不一。但几乎都认为，区际冲突法是解决一国内部不同地区的法律之间的冲突的法律。例如，我国 1984 年出版的《中国大百科全书（法学卷）》称："区际私法即解决同一国家中各地区民法抵触的法律。"③ 所以，我们认为，所谓区际冲突法，就是指用于解决一个主权国家内部具有独特法律制度的不同地区之间的民商事法律冲突的法律适用法。

二、区际冲突法的特征

上述区际冲突法的定义表明，区际冲突法是应解决一国国内不同地区之间的民商事法律冲突的需要而产生的，它具有如下特性：

第一，区际冲突法是国内法。我们知道，区际冲突法的中心任务是解决一国内部不同地区之间的民商事法律冲突，并通过解决这种冲突达到间接调整该国国内区际民商事法律关系的目的，它由多法域国家或其法域制定，且仅在该国境内施行和发生效力。因此，区际冲突法只可能是多法域国家的国内法，要么是其全国统一的区际冲突法，要么是其国内各法域自有的区际冲突法。

第二，区际冲突法是民商事法律适用法。与国际冲突法相似，区际冲突法

---

① 参见梅仲协：《国际私法新论》，三民书局 1984 年第 5 版，第 61 页。

② 参见廖瑶珠：《法律冲突》，载于《大公报》，1986 年 4 月 5 日。

③ 《中国大百科全书（法学卷）》，中国大百科全书出版社 1984 年版，第 229 页。

既不直接确定区际民商事法律关系的当事人的权利与义务，也不确定民事诉讼主体之间的诉讼权利与义务，而只指明涉及一个国家内部的区际民商事关系应该适用何种法律。因此，区际冲突法既不同于国内实体民商法，也不同于国内民事诉讼程序法，而是民商事法律适用法。

第三，区际冲突法同国际私法既有区别又有联系。关于这个问题，我们在讨论区际冲突法与国际冲突法的关系时再详加讨论。

上述可见，区际冲突法既不同于国际私法，也不同于国内实体私法和国内民事诉讼程序法，而是在遇有区际法律冲突时解决一国内部不同法域的民商事法律适用问题的国内法。

三、区际冲突法的渊源

一般说来，在多法域国家内，区际冲突法的渊源分为两个方面：一是全国统一的区际冲突法；一是各法域自有的区际冲突法。

（一）全国统一的区际冲突法

全国统一的区际冲突法即是在多法域国家内统一施行的区际冲突法。这种区际冲突法表现为成文法和不成文法两种形式。

首先，从成文法方面来看，一些多法域国家采取如下立法形式规定区际冲突法：（1）以专门法典或专门法规的方式制定的区际冲突法。如波兰于 1926 年 8 月 2 日颁布的《区际私法典》。（2）将区际冲突法规范同国际私法规范合并规定在一个法律中。最有名的例子是 1891 年瑞士颁布的《关于定居的或暂住的公民的民法关系的联邦法》。（3）在民法典中对区际冲突法加以规定。例如，1961 年《苏联和各加盟共和国民事立法纲要》第 18 条规定即是。（4）在单行法规中就所涉问题规定专门的区际冲突法规范。如南斯拉夫于 1978 年 5 月 26 日颁布的《债法》的第 1099～1105 条对有关债的区际法律冲突之解决作了规定。全国统一的区际冲突法一般在全国范围内适用，但有时中央制定的区际冲突法并不一定在全国范围内适用，而仅在部分法域适用。

其次，从不成文法方面来看，无论在大陆法系国家，还是在以英、美为代表的普通法系国家，全国统一的不成文的区际冲突法都是存在的，其中最重要的表现形式是法院判例和法理。不过，由于在英、美等普通法国家，判例和法理也是一般民商事方面的法律的渊源之一，故以不成文法形式表现出来的区际冲突法尤其多，像在美国和澳大利亚这样的国家，在联邦管辖事项范围内，存在着联邦一级的州际冲突法，而这些解决州际法律冲突的联邦一级的州际冲突法主要是法官制定法（judge-making law）。由于其冲突法散见于长期的法院判例之中，内容零散，系统的汇集和整理工作一般都由学者或学术机构来完成。美国法学会编纂的《冲突法重述》便是一例。

（二）各法域自有的区际冲突法

在多法域国家内，各法域自有的区际冲突法用于解决自己的法律与其他法域的法律之间的冲突。在实践中，许多多法域国家，如历史上的波兰、捷克斯洛伐克、南斯拉夫和英国等，都是先产生各法域自有的区际冲突法，而后逐渐发展全国统一的区际冲突法的。但也有一些国家，如美国、澳大利亚和加拿大等依其宪政制度，在私法方面联邦和各州或省各有其立法管辖范围，自始便有全国统一的冲突法和各州或省自己的冲突法。各法域自有的区际冲突法也表现为成文法和不成文法两种形式。但实践中多为各法域的不成文法。在不成文法中，既有习惯法，也有判例和法理。

最后应该指出的是，并不是每个多法域国家都同时具有全国统一的区际冲突法和各法域自有的区际冲突法。有的国家，如西班牙，只有全国统一的区际冲突法，而其国内各法域并无自己的区际冲突法；有的国家，如从第一次世界大战后到 1926 年 8 月 2 日颁布统一的区际私法典以前的波兰，并无全国统一的区际冲突法，而其国内各法域各有自己的区际冲突法；而像美国、加拿大和澳大利亚这些国家，则既有联邦级的（即全国统一的）区际冲突法，又有各州或省自己的区际冲突法，只不过后者居更重要的地位。

四、区际冲突法的历史发展

区际冲突法同其他法律分支一样，有一个产生、发展的演变过程。但是，在区际冲突法发展的历史长河中，它展示了自己的极为特殊之处，并总是同国际私法的发展纠合在一起。

（一）学说法时代——"法则区别说"时代

在西方（和东方区别开来），区际冲突法的产生早于国际私法的产生。如果说在历史上国际私法与区际冲突法有联系的话，那就是说国际私法是随着区际冲突法的产生而发展起来的，或者不妨说，区际冲突法是国际私法的最初形态。

前面讲过，在 12、13 世纪产生的"法则区别说"是用来指导解决意大利北部各城邦之间的法律冲突。于是，区际冲突法开始以一种学说的形式发展起来。在国际私法中，巴托鲁斯常常被称为国际私法的鼻祖。其实，严格讲，他应该说是区际冲突法的鼻祖。到 16、17 世纪，"法则区别说"又先后得到法国和荷兰学者的继承和发展，并成为法国和荷兰解决其国内区际法律冲突的理论依据。可见，从意大利的"法则区别说"开始到荷兰的"法则区别说"，都是以解决一国内的区际法律冲突为中心内容的，它延续了约 500 年的时间。可以说，这 500 年是区际冲突法发展史上的"法则区别说"时代。这个时代的区际冲突法还处在所谓"学说法"阶段。意大利学者维塔曾经断言："最早的关于冲突法的理论是探讨具有地方性的国内法之间的冲突的。"① 这无疑是正确的，因而，可以说区际冲突法的成长与"法则区别说"的贡献是分不开的。

（二）实在法时代

17 世纪的荷兰"法则区别说"既是区际冲突法学说法时代的终结，又是解决国际法律冲突的国际私法的开端。本来，荷兰的学者从意大利和法国引进"法则区别说"，是为了指导解决荷兰共和国国内的省际法律冲突的。但是，自 1581 年作为欧洲第一个资产阶级共和国的荷兰共和国成立以后，由于资本主义的生产关系取代了封建主义的生产关系，资本主义势力得到迅速加强。其工商业、航运业以及海外殖民扩张也都有新的大发展。随之国际法律冲突渐渐突出起来。于是，以胡伯为代表的荷兰学者提出了"国际礼让说"，用于解决国际法律冲突。"国际礼让说"只是荷兰"法则区别说"的国际化，它的出现，反映了学者们从注重解决区际法律冲突转向更注重解决国际法律冲突，标志着以学说法形式的国际私法的开始，预示了区际冲突法和国际私法将像兄弟般地在法律大家庭中并肩成长并成熟起来。

至 18、19 世纪，在区际冲突法基础上发展起来的国际私法发展迅猛，并很快出现在制定法中。1756 年《巴伐利亚法典》和 1794 年《普鲁士法典》率先规定了冲突规则。随后，1804 年《法国民法典》、1811 年《奥地利民法典》、1829 年《荷兰王国立法总则》、1851 年《智利民法典》、1856 年《希腊民法典》、1865 年《意大利民法典》、1867 年《葡萄牙民法典》以及 1871 年《阿根廷民法典》等都含有解决国际法律冲突的规定。在这一时期的欧洲大陆，由于法国、荷兰等国国内法制从歧异走向统一，加上新兴的国际私法蓬勃发展，区际冲突法受到学者和立法的忽视，上述各法典中都只有解决国际法律冲突的规则便可证明这一点。但在这一时期，英国的情况有所不同，区际冲突法的发展是国际私法发展的先导。在 17、18 世纪，英国法院发展的冲突法主要用于解决英格兰和苏格兰之间的法律冲突。到 19 世纪，随着英国与欧洲大陆的商业交往和社会交往迅速增长以及英国海外殖民地的开拓，英国法院才逐渐将之用于解决国际法律冲突，并加以发展。

不过，从 19 世纪末叶开始，特别是在第一次世界大战结束以后，因为在一些法制本已统一的国家，如法国、意大利等，又出现特殊的区际法律冲突现象，故区际冲突法重新得到一些多法域国家的立法和司法实践的重视。1888 年《西班牙民法典》第 14 条明文规定类推适用国际私法的规则解决其国内的区际法律冲突，而第 15 条对区际冲突法的特殊问题作了专门规定。1914 年 1

---

① 维塔：《区际法律冲突》，载《国际比较法百科全书》第 3 卷，1985 年英文版，第 3 页。

月5日第147号希腊法和1923年4月22日第893号意大利法亦作了相类似的规定。1891年，瑞士颁布了一项《关于定居的或暂住的公民的民法关系的联邦法》，较详细地规定了解决瑞士州际法律冲突的冲突规范。1921年，法国立法机关通过了一项"防止和调整法国法与阿尔萨斯和洛林的地方法之间冲突的法律"。特别值得一提的是，1926年8月2日，波兰在颁布国际私法典的同时颁布了一个完整的《区际私法典》，这是人类有史以来第一部解决区际法律冲突的区际私法典。另外，1898年《日本法例》和1939年《泰国国际私法》规定了如何在多法域国家确定准据法的问题。英国1882年《票据法》、1892年《外国婚姻法》、1894年《商业运输法》和1926年《准正法》也就所涉问题规定了既适用于解决国际法律冲突又适用于解决区际法律冲突的冲突规范。另一方面，许多属普通法系的国家的法院出于解决本国国内区际法律冲突的需要，则在司法实践中发展了区际冲突法。

第二次世界大战后，各复合法域国家的区际冲突法得到进一步的发展。区际冲突法正逐渐成为其国内法中的一个独立的法律部门。从立法方面讲，值得一提的是，1948年3月11日捷克斯洛伐克颁布的《国际私法和区际私法典》；1961年《苏联和各加盟共和国民事立法纲要》也专门规定了其国内各加盟共和国之间的区际法律冲突的解决办法。1978年南斯拉夫颁布的《债法》第三篇和1979年颁布的《解决关于民事地位、家庭关系及继承的法律冲突与管辖权冲突的条例》，都是专门解决区际法律冲突的立法。可以说，它们是现代区际冲突法的立法范例。再从司法实践方面讲，各复合法域国家的法院，特别是普通法系国家的法院在司法实践中不断丰富和发展了自己的区际冲突法。例如，从50年代开始，在美国的司法实践中就出现了许多对现代美国冲突法（包括国际冲突法和州际冲突法）发生过重要影响的判例。1961年，美国纽约上诉法院审判的基尔伯格诉东北航空公司（Kilberg v. Northeast Airlines, Inc.）一案便是一例。这些判例对在美国冲突法中确立最密切联系原则起了积极的作用。

从20世纪区际冲突法的发展来看，无论在立法方面还是在司法实践方面，无论在单一制的多法域国家还是在联邦制的多法域国家，区际冲突法表现出集中统一的趋势，即各法域自己的区际冲突法部分或全部地向全国统一的区际冲突法发展。1926年8月2日以前，波兰国内各法域都适用自己的区际冲突法，但1926年8月2日的《区际私法典》使之归于统一。1961年的《苏联和各加盟共和国民事立法纲要》以及1978年的南斯拉夫《债法》第三篇和1979年的《解决关于民事地位、家庭关系及继承的法律冲突与管辖权冲突的条例》，都是全国统一的区际冲突法。另一方面，在司法实践中，如在澳大利亚，尽管各州原则上可以有其自己的冲突规范，但随着该国法律统一运动的开展，澳大利亚高等法院作为各州法院的最高上诉院在其司法实践中尽量避免各州过分地发展不同的冲突规范①。这种趋势的出现既反映了各多法域国家意欲集中统一解决其国内的区际法律冲突问题，也反映了在多法域国家内，冲突法的统一常常是实体法统一的前奏，它积极推动着实体法的统一。例如，波兰法制的统一，就是先统一了区际冲突法，进而统一全国的民商事实体法。

第三节　区际冲突法和国际私法的关系

区际冲突法和国际私法的关系指的是两者之间的联系和区别。研究两者之间的关系实际上也是探讨区际冲突法在这方面的特性，即它是否与国际私法具有相同的性质。

一、在区际冲突法和国际私法关系问题上的理论

关于区际冲突法和国际私法的关系，西方区际冲突法和国际私法理论有三种不同的解说，或是说区际冲突法不同于国际私法，或是说区际冲突法与国际私法相同（identity）或相似（similarity），或是说两者既有区别，又有相同或类似之处。第一种解说被称为区别说，第二种解说被称为相似说或同一说，而最后一种解说被称为折中说。

（一）区别说

持这一主张的学者认为，区际冲突法的法律性质根本不同于国际私法。因此，用于解决国际法律冲突的规则不能适用于区际法律冲突的解决。其主要理由是区际冲突法和国际私法的解决对象不一样，即区际冲突法解决的区际法律冲突发生在一个具有复合法律制度（composite legal system）的单独国家内，而国际私法解决的国际法律冲突则发生在与有关问题相联系的不同国家之间。根据这些学者视国际私法是国际法还是国内法，区别说又分为两个分支：（1）国际法区别说。持这一主张的学者认为国际私法是国际法，一国法院在解决国际法律冲突时，必须遵守国际公法，受制于国际公法上的限制。而在解决区际法律冲突时，不须考虑国际公法而只依照自己的意志行事。国际私法上的普遍主义——国际主义学派的一些代表人物，如普特尔（Putter）、韦希特尔、克莱因（Klein）等，都持这种观点。（2）国内法区别说。持这一主张的学者认为，国际私法是国内法，并从这个前提出发，认为国际私法上的冲突是主权者之间的冲突，一国是以主权方式来解决国际法律冲突的，而区际法律冲突并非如此，故国际私法原则不能适用于区际冲突法。如苏联的隆茨等人共同撰写并

于 1984 年出版的《国际私法》指出："苏联法把苏联法律和外国法律之间的冲突同各个加盟共和国的法律之间的冲突严格区分开来。用于解决加盟共和国的法律之间的分歧的规则，不适用于具有涉外因素的法律关系。因此，民法纲要第 18 条关于在一个加盟共和国适用另一个加盟共和国民法的规范，（在审理有关所有权、合同的形式、因造成损害而发生的债和其他案件时）不属于国际私法。"① 除上述学者外，胡伯、巴丹、帕克奇奥尼（Pacchioni）、罗古英（Roguin）、迪纳（Diena）、斯克里马利（Scrimali）、卡西诺塔（Cucinotta）、弗兰肯斯坦以及前南斯拉夫的布莱戈杰维奇（Blagojevic）和瓦雷戴（T. Varady）等也持这一主张。值得特别一提的是，美国冲突法学者艾伦茨维格、斯科尔斯（Scoles）和海（Hay）亦极力主张将区际冲突法与国际冲突法区别开来②。

（二）相似说或同一说

持这种主张的学者认为，区际冲突法规范和国际私法规范实质上都是法律适用规范，因而区际冲突法和国际私法是互相类似的，许多人甚至认为两者是同一的，所以，为了方便起见，对国际法律冲突和区际法律冲突应用相似或同一的原则加以解决。不过，有的学者是从两者解决的问题（即在与事实相联系的几种法律制度之间进行选择）相似的角度来说明两者的相似，有的学者则是从两者解决问题的方法（即冲突规范的解释与适用）的相似来论证两者的相似。德国的萨维尼、冯·巴尔、拉佩、努斯鲍姆、沃尔夫、萨特（Satter），法国的德帕涅、奥迪内（Audinet）和阿米琼（Arminjon），英美法系国家的戴赛、戚希尔、施米托夫、格雷夫森、福尔肯布里奇、沃顿（Wharton）、比尔、古德里奇（Goodrich）、英特马（Yntema）等，都持这种主张。

（三）折中说

持这种观点的学者在上述两种学说之间采取一种居间的立场。他们既不赞成将区际冲突法和国际私法绝对分开的区别说，也反对区际冲突法和国际私法相似说或同一说，而一方面强调区际冲突法与国际私法的不同，另一方面则强调两者在某些方面的相似或同一。折中说是建立在对区际法律冲突的不同种类加以区分的基础上的。意大利学者维塔支持这种折中理论。在他看来，国际冲

---

① 隆茨、马蕾合娃、萨季科夫著，吴云琪等译：《国际私法》，法律出版社 1986 年版，第 19~20 页。

② 参见艾伦茨维格：《州际和国际冲突法：区别开来的主张》，载于《明尼苏达法律评论》第 41 卷，1957 年英文版，第 717 页；斯科尔斯：《在美国州际冲突法和国际冲突法的区别》，载于《加利福尼亚法律评论》，1966 年英文版，第 599 页；海：《美国的国际冲突法与州际冲突法》，载于《拉贝尔外国私法和国际私法杂志》第 35 卷，1971 年，第 429 页。

突法和区际冲突法之间的主要区别在于区际冲突法常常在一国内并在该国的
"立法管辖规范"（rules of legislative jurisdiction）确定的范围内以某种方式发
展。不过，这两种类型的冲突法在其问题的性质和它们的解决方法上，尽管不
是同一的，但显然是相似的。其相似性依具体情况的不同而变化着，不能抽象
地加以估计，而应根据区际冲突法的个别实例以及对每一实例进行定性来确
定①。持这一主张的还有埃利科（Elieco）、尼波埃、巴迪福、拉里夫等。

上述可见，在理论上，学者们对于区际冲突法是否具有与国际私法相同的
法律性质，或者说区际冲突法是否与国际私法同属一法律部门问题，颇有分
歧。

二、在区际冲突法和国际私法关系问题上的实践

严格说来，在这个问题上，多法域国家的实践同理论上的三种主张是相一
致的，也可区分为三种：

一是区别实践。一些多法域国家在立法和司法实践中严格将国际私法和区
际冲突法区别开来，把两者视为不同的法律部门，可称为区别实践。采取这种
作法的国家主要有过去的波兰、苏联和南斯拉夫等。例如，1926 年 8 月 2 日，
波兰颁布了两个有名的法典：一是《国际私法典》，另一是《区际私法典》。
前者用于解决国际法律冲突，后者用于解决当时波兰国内的区际法律冲突。

二是等同实践。英、美等普通法国家在立法和司法实践中，由于它们国内
的各个具有独特法律制度的地区单位在冲突法上把所有其他具有独特法律制度
的地区都视为"外国"（foreign country），因而它们对区际冲突法和国际冲突
法不加区分，统统叫做冲突法，同时适用于解决国际法律冲突和区际法律冲
突。

不过，应该注意的是，英、美等普通法国家尽管在实践中将区际冲突法与
国际私法等同起来，但实际上两者并不是完全等同的。例如《美国第二次冲
突法重述》第 10 条虽然规定该重述中的规则既适用于州际案件也适用于国际
案件，但它又强调："在特定的国际案件中，可能有些因素导致与在州际案件
中所达到的不同的结果"。这也就是说，美国法院在处理州际冲突案件和国际
冲突案件时，并不适用完全相同的冲突法规则。由此可以得出结论，在采取同
一说的国家的立法与司法实践中，它们所主张的区际冲突法和国际冲突法的等
同或同一也只是相对的而不是绝对的。

三是折中实践。一些多法域国家在立法实践中，在区际冲突法和国际私法

①　参见维塔：《区际法律冲突》，载《国际比较法百科全书》，第 3 卷，1935 年英文
版，第 19~20 页。

的关系问题上采取折中的立场。其表现形式有二：一方面，有的多法域国家将区际冲突法规范和国际私法规范规定在同一个法律之中，并且以区际冲突法规定为主，还确定，对于含有国际因素的某些民事法律关系的法律适用未加规定的可以适用区际冲突法的规定。瑞士1891年6月25日颁布的《关于定居的或暂住的公民的民法关系的联邦法》即属这方面的代表。另一方面，一些多法域国家在立法中原则上确定，对于区际法律冲突的解决类推适用国际私法原则，但同时对于区际法律冲突解决中的特殊问题作了一些例外规定。意大利、希腊、前捷克斯洛伐克曾采取过这种作法，西班牙目前仍采取这种作法。《1888年西班牙民法典》第14条规定，该法典中的国际私法规定类推适用于区际法律冲突的解决。但第15条接着对区际法律冲突的解决作了一些特别规定。

以上只是粗略的概括和划分。其实，各多法域国家的具体情况并不相同且十分复杂，即使采取同一立场的国家在具体作法上仍有不同之处。所以，我们只有在对每一个多法域国家的具体情况弄清楚后，特别是在将其区际冲突法与国际私法的规定进行细致地比较研究后，才能对其立场作出确切的结论。但有一点可以肯定，尽管在实践中有的国家采取区别立场，有的国家采取等同立场，还有的国家采取折中立场，但都不否认区际冲突法与国际私法既有联系又有区别。两者之间的联系和区别正是我们下面要探讨的。

三、区际冲突法和国际私法的联系与区别

通过讨论在区际冲突法和国际私法关系问题上的理论与实践，我们可以看到，区际冲突法是否具有与国际私法相同的性质，或者说区际冲突法是否与国际私法属同一个法律部门，是一个在理论上尚无定论而在实践上又不能一概而论的问题。在对区际冲突法的性质下结论之前，有必要先具体分析一下区际冲突法和国际私法的联系与区别。

首先，从两者的联系来看：

1. 在历史上，国际私法的产生和发展是以区际冲突法的产生和发展为先导的，这也就是说，国际私法是在区际冲突法的基础上发展起来的。

2. 区际冲突法和国际私法都是以解决法律冲突为目的的，而且，它们解决的法律冲突都是民事法律冲突，都是法律在空间上的冲突或法律的空间适用问题。

3. 正由于区际冲突法和国际私法都是以解决民事法律冲突为目的，故区际冲突法和国际私法的冲突规范严格讲都是法律适用法，两者的冲突规范及其有关制度在某些方面是相似的。例如，两者的冲突规范的结构都是由范围和系属等组成；法院在运用两者选择法律时，都可能会碰到识别、反致、外国法（或外域法）内容的查明、公共秩序保留、法律规避等问题。因此，可以说，

在区际冲突法和国际私法的发展过程中，两者互相影响，互相借鉴。

4. 区际冲突法和国际私法都是通过指定某一民商事法律关系应适用何种法律来间接地调整该民商事法律关系的，故两者的调整对象都是民商事法律关系，两者调整民商事法律关系的方式都是间接方式①。

5. 当一国法院依照本国国际私法中的冲突规范，指定对某一涉外民商事法律关系应适用某一多法域国家的法律时，也就是说，一国法院依照本国国际私法中的冲突规范解决国际法律冲突时，按照有些国家的国际私法规定，准据法的确定需要借助于该多法域国家的区际冲突法的规定。例如，《波兰国际私法》第 5 条规定："应适用的外国法有数个法律体系时，应适用何种法律体系由该外国法确定。"该条所称的"该外国法确定"就是指由该外国的区际冲突法确定。

其次，从两者的区别来看：

1. 两者调整的对象有所不同。虽然区际冲突法和国际私法都以民商事法律关系为调整对象，但区际冲突法调整的民商事法律关系是涉及一国内部不同地区之间的民商事法律关系，而国际私法调整的民商事法律关系是涉及有外国因素的民商事法律关系，或者说是国际民商事法律关系或跨国民商事法律关系。

2. 两者解决的民商事法律冲突有所不同。区际冲突法的任务是解决一国内部具有不同民商事法律制度的地区之间的民商事法律冲突，而国际私法所解决的民商事法律冲突则是不同主权国家之间的民商事法律冲突。

3. 两者的法律渊源有所不同。区际冲突法的渊源只可能是国内法，或者是某一多法域国家全国统一的成文或不成文的区际冲突法，或者是该国内各法域自己的成文或不成文的区际冲突法。而国际私法的渊源除了成文或不成文的国内法外，还有国际条约和国际惯例，这是由国际私法所解决的不同主权国家之间的法律冲突的国际性质所决定的。

4. 两者体现的政策有所不同。区际冲突法主要体现多法域国家处理其国家内部不同地区之间的政治、经济、民事等关系的政策。而国际私法则更多地体现国家的对外政策。

5. 由于一国借助国际私法解决的民商事法律冲突是国际民商事法律冲突，

---

① 对国际私法的范围，学者们有各种不同的观点。主张国际私法的范围既包括冲突规范，又包括避免法律冲突的统一实体规范的学者一般认为，国际私法采用两种方式调整涉外民商事法律关系：一种是间接调整方式，即利用冲突规范援引某一实体法来调整涉外民商事法律关系；另一种是直接调整方式，即通过直接适用规定当事人的权利义务关系的实体法来调整涉外民商事法律关系。参见本书第一章第二节。

调整的民商事法律关系是国际民商事法律关系，涉及到他国及其自然人或法人，因而国际私法的制定和施行不得不考虑到国际因素，不得不受制于国际公法的一些原则、规则和制度，如国家主权原则、平等互利原则以及国民待遇制度和最惠国待遇制度等等。但是，区际冲突法的制定和实施无需考虑国际因素，也不受国际公法的原则、规则和制度的制约，而只会受制于其所属多法域国家国内的具体情况，并更多地受到所属国宪法或宪法性法律的制约。

6. 两者在一些具体的规则及制度上有所不同。主要表现在以下几个方面：（1）在连结点方面，国籍是国际私法中的一个非常重要的连结点，常常用来确定当事人的属人法，而在区际冲突法中，除了在少数联邦制国家，由于它们承认本国公民既有联邦国籍又有所属成员国国籍，国籍作为连结点仍有一定意义外，在其他多法域国家的区际冲突法中，国籍这个连结点完全不起作用。（2）公共秩序保留制度在区际冲突法和国际私法上的适用也有所不同。一般来说，公共秩序保留制度在解决区际法律冲突时不适用或适用的范围狭小些，而在解决国际法律冲突时其适用范围更广些。例如，在英格兰，法院在解决区际法律冲突时几乎完全不适用"公共政策"（public policy）。而在美国和澳大利亚，"公共政策"运用于其国内州际法律冲突时远比运用于国际法律冲突时为严①。这是因为区际法律冲突是一国内部不同地区之间的法律冲突，而不同的地区毕竟在共同的主权之下，有更多的共同利益，其利害冲突显然小于国家与国家之间的法律冲突。（3）在识别、反致、准据法的查明等问题上，区际冲突法和国际私法也有所不同。例如，在那些区际冲突法为全国统一的区际冲突法的国家内，反致和转致问题是不存在的。又如，英国上议院（即最高法院）在处理涉及区际法律冲突的案件时，如在处理涉及英格兰和苏格兰这两个法域的案件时，无需当事人举证来查明英格兰或苏格兰的法律②。（4）在意思自治原则的运用方面，合同当事人的自由受到一定的限制，如按照1926年《波兰区际私法典》第9条规定，当事人选择适用于合同的法律只限于在波兰有效的法律③。（5）在判决的承认和执行方面，一般来说，在多法域国家内，各法域的法院判决可以"自由流通"（free circulation），也就是说，各法域都会承认和执行其他法域的法院所作出的判决。例如，在美国，按照《美国宪法》第4条第1款规定的"完全诚意和信任条款"（the Full Faith and Credit Clauses），一个州对他州法院的判决给予充分信任，承认并执行之④。

---

① 参见康恩—弗劳德：《国际私法的一般问题》，1976年英文版，第149~150页。

② 参见莫里斯：《冲突法》，1984年英文第3版，第37~38页。

③ 参见康恩—弗劳德：《国际私法的一般问题》，1976年英文版，第158页。

④ 参见1971年《美国第二次冲突法重述》，第93条。

　　综上所述，区际冲突法与国际私法既有区别又有联系。我们既不能因它们之间存在着区别而忽视它们之间的联系，也不能因它们之间存在着联系而忽视它们之间的差别。我们认为，两者之间虽有区别，但这并不妨碍我们参考和借鉴国际私法的一般原则、规则和制度来解决区际法律冲突。实际上，早先，国际私法也是在继承、参照和借鉴区际冲突法的基础上发展起来的。我们虽然指出两者的区别，但不否认两者的相似之处及其在历史上的联系。

第四节　中国的区际法律冲突问题

　　我国政府为了解决台湾、香港和澳门问题，提出了实行"一个国家，两种制度"的政治构想。随着这一构想的提出，随着中英和中葡分别于 1984 年 12 月 19 日和 1987 年 4 月 13 日正式签署《中华人民共和国政府和大不列颠及北爱尔兰联合王国政府关于香港问题的联合声明》（以下简称《关于香港问题的联合声明》）和《中华人民共和国政府和葡萄牙共和国政府关于澳门问题的联合声明》（以下简称《关于澳门问题的联合声明》），随着台湾当局允许台胞回内地探亲以及放宽内地同胞去台的限制，随着《中华人民共和国香港特别行政区基本法》（以下简称《香港基本法》）和《中华人民共和国澳门特别行政区基本法》（以下简称《澳门基本法》）的制定以及香港和澳门分别于 1997 年和 1999 年回归中国，中国国内的区际法律冲突及其解决问题作为一个崭新的课题已摆在中国法学界面前，急需进行研究。

一、"一国两制"构想与中国区际法律冲突的产生

　　所谓"一国两制"，就是一个国家，两种制度。就中国而言，就是在中华人民共和国内，中国内地实行社会主义制度，而香港、台湾和澳门实行资本主义制度。"一国两制"的构想是在中国共产党的十一届三中全会后逐渐形成的，经历了一个发展的过程。这个构想首先是从我国解决台湾问题考虑的，然后适用于解决香港和澳门问题。本来，解决台湾、香港和澳门问题可以有两种方式：一种是非和平的方式；另一种是和平的方式。而用非和平的方式或武力解决问题，于中国内地、香港和澳门都不利，那么，用什么样的和平方式来解决台湾、香港和澳门问题呢？这就必须充分照顾到这三个地区的历史和实际情况。我国政府从实际出发，尊重现实，在解决台湾、香港与澳门问题上尊重这三个地区的历史与现状，提出了"一国两制"的构想。

　　我国已为"一国两制"的实现作了许多法律上的准备。1982 年《中华人民共和国宪法》第 31 条规定："国家在必要时得设立特别行政区。在特别行政区内实行的制度按照具体情况由全国人民代表大会以法律规定。"这为"一

国两制"的实现提供了宪法根据。经过谈判，中英和中葡分别签署了《关于香港问题的联合声明》和《关于澳门问题的联合声明》，确定在对香港和澳门恢复行使主权后，其现行社会经济制度不变，其法律基本不变，从而进一步肯定了"一国两制"。随后，全国人民代表大会先后通过了《香港基本法》和《澳门基本法》，又进一步肯定了"一国两制"，港人治港，澳人治澳和高度自治。

根据《关于香港问题的联合声明》和《关于澳门问题的联合声明》以及两个基本法，"一国两制"的一个重要内容就是在香港和澳门设立直辖于中央人民政府的特别行政区，特别行政区享有高度的自治权，其中包括行政管理权、立法权、独立的司法权和终审权、财政独立权、社会治安维持权、现行法律基本不变。拿已成立的香港特别行政区来说，从立法权来看，香港特别行政区的立法权属于其立法机关，其立法机关可以根据《香港特别行政区基本法》的规定并依照法定程序制定法律。从独立的司法权和终审权来看，香港特别行政区成立后，除因其终审法院享有终审权而产生的变化外，原在香港实行的司法体制予以保留。再从香港现行法律基本不变来看，香港的原有法律主要包括：（1）"英皇制诰"和"皇室训令"。这是英皇就香港地位而制定的，是原香港的最高法律，被称为香港的宪法性文件。（2）普通法与衡平法。根据规定，凡英国的普通法和衡平法适合香港情况的，都在香港有效。（3）条例。即由原香港立法局制定的条例。它们大多是根据英国有关法律的精神，结合香港的具体情况而制定的。（4）附属立法。所谓附属立法，实际上是由立法机关授权行政机关或多种独立的管理机构制定的用于调整某些领域的法律关系的规则、章程、条例和细则等。（5）习惯法。在香港，中国的习惯法得到承认，但这些习惯法都是清朝时的法律和习惯。1997年7月1日后，香港原有法律仅有的变化表现在如下三个方面：一是全国人民代表大会制定的适用于香港的《香港基本法》，它是规定香港特别行政区的大政方针的宪法性法律文件；二是与上述《基本法》相抵触的原有法律失效；三是香港特别行政区立法机关修改过的原有法律失效。香港特别行政区现在实施的法律有：《基本法》；基本不变的原有法律；香港特别行政区立法机关制定的新法律。

从上述香港的情况我们可以看出，随着我国恢复对香港和澳门行使主权，台湾同中国内地的统一，香港、澳门和台湾将保留其原有法律基本不变，中国将出现一国两制四法的局面，即在统一的中华人民共和国内，在同一中央政府之下，在中国内地实行社会主义制度，在香港、澳门和台湾实行资本主义制度，而中国内地、香港、澳门和台湾则分别施行各自的法律制度，并成为四个法律制度互不相同的独立法域。因此，1997年7月1日以后的中华人民共和国的法律制度不再是单一的社会主义法律制度，而是逐渐由具有不同性质、形式和内容的多种法律制度组成的复合法律制度，中国也由此加入了多法域或复合法域国家的行列。从宪政的角度讲，在中华人民共和国内，社会主义制度仍然是主体，社会主义法制仍然是主体。但从冲突法的角度讲，在民商事领域，内地、香港、澳门和台湾应为平等、独立的法域。因为按照"一国两制"的精神实质，将来内地、香港、澳门和台湾的法律制度在相当长的时间内会保持各自的性质和特色。如果把内地的所有法律制度简单地视为中央法律制度，而把香港、澳门和台湾的法律制度统统简单地视为地方法律制度，是有悖于"一国两制"这一国策的。除了根据宪法制定的各特别行政区基本法、有关国防和外交的法律以及全国人大决定的可在特别行政区施行的少数法律外，对香港、澳门和台湾而言，内地的其他法律均不得凌驾于香港、澳门和台湾特别行政区的法律之上，应该与香港、澳门和台湾特别行政区的法律处于平等的地位。

目前，中国内地、香港、澳门和台湾的人民相互往来已十分频繁。在我国恢复对香港和澳门行使主权，台湾同中国内地统一后，各地区人民之间的交往必将更加深化和频繁。但是，由于内地、香港、澳门和台湾施行互不相同的法律，是互为独立的法域，在区际民商事交往中，当某一事项或一项争议涉及两个或两个以上的地区时，究竟应适用哪个地区的法律处理争议的问题，亦即区际法律冲突问题，不可避免地会产生。中国成为多法域国家并因此在中国产生区际法律冲突问题，是由香港和澳门领土的回归和内地与台湾的统一这两大原因促成的。中国的区际法律冲突是当今中国社会特定历史条件下的产物。

二、中国区际法律冲突的特点

与世界上其他一些多法域国家内的区际法律冲突比较起来，中国的区际法律冲突具有自己的鲜明特点：

1. 中国的区际法律冲突是一种特殊的单一制国家内的区际法律冲突。根据《关于香港问题的联合声明》和《关于澳门问题的联合声明》以及两个基本法，特别行政区享有高度的自治权，其权力甚至大大超过在联邦制国家内其成员国所享有的权力。因此，在中国内地同这些地区统一之后，法律之间的差别极大，几乎很少有什么相同之处。这表明，区际法律冲突的范围可能同国际法律冲突的范围差不多；而且，各法域都有独立的立法权、司法权和终审权，实现全国法制统一的进程将是缓慢而艰难的。当然，这些地区享有的高度自治权绝非本身所固有，而是国家根据这些地方的历史与现实赋予它的一种特殊待遇。特别行政区只是在中央政府领导之下的地方行政区域，从行政上讲，它同中央政府的关系实质上仍是中央同地方的关系。这与在联邦国家内联邦和成员国之间的关系又有所不同，至少避免了中国的区际法律冲突演变成为国际法律冲突。

2. 中国的区际法律冲突既有属于同一社会制度的法域之间的法律冲突，

也即阶级性质完全相同的法律之间的冲突,如香港、澳门和台湾相互之间的法律冲突,又有社会制度根本不同的法域之间的法律冲突,亦即社会主义法律与资本主义法律这两种性质根本不同的法律之间的冲突,如中国内地的法律与香港、澳门和台湾等地区的法律之间的冲突。而世界上其他国家的区际法律冲突都是社会制度相同的法域之间的区际法律冲突。

3. 中国的区际法律冲突既有属同一个法系的法域之间的法律冲突,如台湾和澳门的法律制度深受大陆法系的影响,这两个地区之间的区际法律冲突是同属一个法系的法域之间的法律冲突;同时,又有分属不同法系的法域之间的法律冲突,如属普通法系的香港法律与属大陆法系的台湾和澳门法律之间的冲突即是。

4. 中国的区际法律冲突不仅表现为各地区本地法之间的冲突,而且有时表现为各地区的本地法和其他地区适用的国际条约之间以及各地区适用的国际条约相互之间的冲突。根据《关于香港问题的联合声明》附件一第十一节和《关于澳门问题的联合声明》附件一第八节的规定,香港特别行政区和澳门特别行政区可以分别以"中国香港"和"中国澳门"的名义,在经济、贸易、金融、航运、通讯、旅游、文化、科技、体育等领域单独同世界各国、各地区及有关组织保持和发展关系,并签订和履行有关协定;中华人民共和国缔结的国际协定,中央人民政府可根据情况和香港或澳门的需要,在征询香港或澳门特别行政区政府的意见后,决定是否适用于香港或澳门特别行政区;而中华人民共和国尚未参加,但已适用于香港和澳门的国际协定仍可继续适用。这意味着,将来会有这样一种情况,即一些国际协定适用于某地区而不适用于其他地区。这样,可能导致各地区的本地法同其他地区适用的国际协定之间以及各地区适用的不同国际协定之间的冲突。这是中国区际法律冲突的一种特殊现象。

5. 各法域都有自己的终审法院,而在各法域之上无最高司法机关,因此,在解决区际法律冲突方面,无最高司法机关加以协调。

6. 在立法管辖权方面,无中央立法管辖权和各法域立法管辖权的划分。实际上,在民商事领域,各法域享有完全的立法管辖权。而且,香港、澳门和台湾特别行政区的立法管辖权不是由中央宪法直接赋予的,而是由有关国际条约以及特别行政区基本法加以规定的。上述表明,我国区际法律冲突的情况极为复杂。

三、解决中国区际法律冲突的原则

研究中国区际法律冲突的解决,探索其解决的原则是大有裨益的。不言而喻,解决中国区际法律冲突必定要受到一些基本原则的支配。这些原则既将指导中国区际冲突法的制定,又将指导中国区际冲突法的实施,我们认为,解决中国区际法律冲突应遵循如下原则：

（一）促进和维护国家统一原则。促进和维护国家统一原则是解决中国区际法律冲突最重要的原则。这是因为促进和维护国家的统一既是我国解决香港、澳门和台湾问题的出发点，也是我国解决香港、澳门和台湾问题的终极目的。根据这一原则，在解决中国的区际法律冲突时，首先要把握内地、香港、澳门和台湾都是中国领土不可分割的组成部分。虽然内地、香港、澳门和台湾都有自己的独特的法律制度，但其法律制度中不得存在有违反国家统一的规定。其次，这一原则要求将中国国内的区际法律冲突的解决同国际法律冲突的解决区别开来，这就是说，解决区际法律冲突的制度和规则应同解决国际法律冲突的制度和规则有所不同，以便促进和维护国家的统一。再次，解决中国区际法律冲突的方式、途径和步骤应有助于而无害于国家的统一。最后，根据这一原则，在解决区际法律冲突时，各地区相互间应有必要的协助与合作。

（二）"一国两制"原则。"一国两制"既是实现国家统一的设计和方案，也是实现国家统一最有效的途径。在解决中国区际法律冲突中，"一国两制"也应作为一项指导性的原则。在法律领域，"一国两制"意味着今后香港、澳门和台湾的法制根本不同于内地的法制，而且这种法制各异的局面将长期存在，至少五十年不变。因此，在解决中国区际法律冲突时，不宜草率、简单、操之过急地采取统一各地区的实体法的作法来避免和消除区际法律冲突，而宜多利用区际冲突法来解决区际法律冲突。因为按照前一种作法可能会抹煞各地区已上升为法律制度的生活方式以及社会经济制度之间的区别，危及"一国两制"的实现；而按照后一种作法，它只是通过在有关地区的法律之间作出法律选择来解决区际法律冲突，而不涉及消除地区性的法律差别问题，更能为各方所接受。

（三）平等互利原则。平等互利原则不仅是指导国家之间的政治、经济和文化关系的重要原则，而且也是指导一国内部不同法域的人民进行民商事交往的重要原则。在解决中国区际法律冲突中，平等互利原则主要表现为以下两个方面：第一，平等互利原则要求中国内地、香港、澳门和台湾的民商法律处于平等的地位，各地区在一定条件下承认其他地区的法律在本地区内的域外效力。我们知道，"一国两制"下的中国内地、香港、澳门和台湾各有自己的民商法律，而且各自的法律又是千差万别的，在各地区人民的相互交往中不可避免地会彼此冲突。但是，只有当各地区民商法律处于平等的地位时才有区际冲突法上所讲的区际法律冲突的存在，因为这种平等的结果必然是各地区不歧视其他地区的民商法律，彼此出于互利的考虑承认对方的民商法律在本地区的域外效力，承认依其他地区的法律所产生的既得权，从而导致不同地区的法律选择或适用问题的产生。因此，今后制定的解决中国区际法律冲突的制度和规范，要体现出各地区民商法律平等共存，互为所用。第二，对当事人来讲，平等互利意味着进行民商事交往的各地区的自然人和法人在法律上互相平等和彼此获利，"相互性"在其中占有很重要的地位。而且，平等和互利两者是互相联系而不可分割的，只有平等才能互利，也只有互利才能实现真正的平等。这样，平等互利原则要求各地区对本地区和其他地区的当事人应赋予平等的民事法律地位和民事诉讼地位，并对他们的合法权益予以同等的法律保护。

（四）促进和保障正常的区际民商事交往原则。尽管区际法律冲突是在区际民商事交往中产生的，但反过来，对于区际法律冲突的解决应有利于促进和保障正常的区际民商事交往。可以预计，随着中国的完全统一，中国内地、香港、澳门和台湾相互之间民商事交往必将更加频繁和更加复杂。但是，我国的区际民商事交往不应该处于一种混乱、无秩序的状态，而应该处于一种在法律控制下的正常状态，即各地区人民之间进行合法交往的愿望能顺利地实现。我国区际法律冲突的解决应贯彻这一原则，并成为实现这一原则的重要法律手段。

对于上述各项原则，应将它们视为一个整体，因为它们是互相依存，互相制约的。因此，我们应从整体上把握它们，将它们作为我国解决区际法律冲突的总的指导思想，而不应片面强调某一原则，忽视了其他原则的贯彻执行。

四、解决中国区际法律冲突的途径

解决中国区际法律冲突的途径不外乎区际冲突法途径和统一实体法途径。

对于我国的区际法律冲突显然要通过区际冲突法和统一实体法途径来加以解决。从区际冲突法途径来讲，首先，各法域分别制定自己的区际冲突法是可行而不可取的。因为由各法域自己制定区际冲突法，其规定当然各不相同。这样，采取这种方法会引起各法域的区际冲突法本身的冲突。这种冲突的存在大大增加了区际法律冲突的复杂性。也容易导致"挑选法院"的现象，即当事人选择于己有利的法院起诉，从而使对方蒙受不利。但从现实的情况来看，各法域分别制定自己的区际冲突法最为可行。其次，由于区际冲突法是用以解决一国内部不同法域之间的法律冲突的，它毕竟与解决国际法律冲突的国际私法有很大的差别，因此，在解决我国的区际法律冲突时，也不宜完全适用国际私法来解决，至多作为权宜之计，可在短时期内类推适用国际私法来解决区际法律冲突。再次，制定全国统一的区际冲突法解决我国的区际法律冲突可取而不可行。就国际私法而言，虽然目前国际上已有一些国际私法的条约，但各国分歧很大，要在全国范围内和在所有的问题上实现统一是极为困难的事。但就区际法律冲突而言，情形就不一样了。区际法律冲突毕竟是在一个国家内部不同法域之间的冲突，在各法域之上有共同的主权和中央政府，而适当地解决各地区之间的区际法律冲突也符合各地区的利益。因此，多法域国家制定全国统一的区际冲突法是具备一定有利条件的。而且，由于区际冲突法的统一并不涉及各法域之间存在着根本分歧的实体民商法领域，因而比实体法的统一更易取得成功。另外，从区际冲突法本身来讲，制定全国统一的区际冲突法，不仅能使各法域的法院对同一案件的审理得出相同的结果，从根本上防止了"挑选法院"的现象，而且可以避免区际冲突法本身的冲突问题的产生，还可为各法域实体法的统一奠定基础。但是，按照《香港基本法》和《澳门基本法》的规定，中央立法机关无权制定全国统一的区际冲突法，因此，直接通过中央立法机关制定全国统一的区际冲突法来解决区际法律冲突的可能性不存在。

从统一实体法途径来讲，制定仅适用于部分法域的统一实体法来解决有关法域之间的区际法律冲突这一方式，对我国的区际法律冲突的解决来说，不宜采用或宜少采用。因为这一方式不能彻底、全面地消除区际法律冲突，而只能局部地和在某些问题上消除区际法律冲突，并由于其法律在某些问题上得到统一的各法域形成新的法域而增加问题的复杂性。此外，由于各法域都有自己的终审法院，而在各法域之上无最高司法机关，因而我国的区际法律冲突的解决，不可能像加拿大和澳大利亚那样通过最高司法机关在审判实践中促进各法域的实体法统一，从而解决区际法律冲突。应该说，通过统一实体法途径解决区际法律冲突最好的方法应是制定全国统一的实体法来避免和消除区际法律冲突。不过，因为中国内地、香港、澳门和台湾的法律相互差异很大，特别是中国内地的法律具有社会主义性质，与其他各地区的具有资本主义性质的法律有本质上的不同，故要实现全国实体法的统一不是一件轻而易举的事情。而且，实行"一国两制"，就意味着要在一定时期内肯定各地区法律制度存在的差异，急于统一实体法也是与"一国两制"的精神实质相违背的。统一全国实体法，最终实现在我国消除区际法律冲突，是我们的理想和目的，不过实现这一目的只能是一个渐进的过程。我们估计，在充分尊重各自法律制度独立的情况下和在协商与协调的基础上，各法域在某些问题上逐渐地、一步一步地实现实体法法制的统一是可能的。中国内地、香港、澳门和台湾的立法机关在各地区社会经济的发展更加接近，互相之间更为理解的基础上，也不妨逐渐通过各自采用相同或类似的实体法来求得实质上的统一，从而避免区际法律冲突的发生。当然，这仅仅是一种方式而已，也不是能在短时间内一蹴而就的。

应该指出的是，无论通过什么途径解决中国内地、香港、澳门和台湾相互之间的区际法律冲突，都应注意借助于在中国及其香港、澳门地区都适用的国际私法条约，包括统一冲突法条约、统一程序法条约和统一实体法条约。尽管从原则上讲，一国内部各法域之间的关系不能直接用国际条约来调整，但是，既然某一条约在各法域都适用，意味着各法域在该条约所规定的问题上形成一致，不存在实质上的法律冲突，那么，将该条约的规定通过某种形式转换成解决区际法律冲突的规定必定是非常有效的法律协调方式。

五、解决中国区际法律冲突的步骤

根据以上分析，我们设想，中国区际法律冲突的解决步骤应该是这样的：

首先，中国内地、香港、澳门和台湾分别制定自己的区际冲突法或类推适用各自的国际私法来解决区际法律冲突。根据《关于香港问题的联合声明》和《关于澳门问题的联合声明》以及两个基本法，制定全国统一的区际冲突法不属于中央立法管辖事项，也不能由各特别行政区加以规定。目前，各地区有自己的国际私法立法或不成文法，例如内地有《中华人民共和国民法通则》第8章关于"涉外民事关系的法律适用"的规定以及一些单行法规中就所涉问题所作的法律适用规定；香港是适用普通法和制定法中的冲突规范来解决国际法律冲突的；澳门现行的《民法典》中也有较为完备的冲突规范。这种情况为各地区类推适用各自的国际私法来解决区际法律冲突创造了条件。再则，如前所述，世界上也有复合法域国家类推适用国际私法解决区际法律冲突的先例。在这个阶段，各地区可以就其国际私法中不能适用于区际法律冲突的规定作变通的规定。应该特别指出的是，类推适用国际私法解决区际法律冲突这个阶段应该是一个过渡的阶段和短暂的阶段。中国内地和各地区应加快制定自己的区际冲突法。

然后，在各地区充分协商和协调的基础上，制定全国统一的区际冲突法，用以解决区际法律冲突。与"一国两制"的精神相适应，这个阶段应该是一个相对长期的阶段。

再后，仍然在充分协商和协调的基础上，通过在某些问题上制定全国统一的实体法或者各地区分别采用相同或类似的实体法，以便在所涉问题上避免和消除区际法律冲突。这一步骤可以在条件具备时同上一个步骤同步发展，但不应该也不可能取代上一个步骤。最后全国实体法最终实现统一，但这在目前只能是一种理想，是一种遥远的理想。

第三编

统一实体法

GUOJISIFA XINLUN

第二十章
国际货物买卖的统一实体法

第一节　概　述

一、国际货物买卖合同的概念和特点

国际货物买卖是国际间经济交往的主要内容，是国际贸易的核心。国际贸易以合同为运转手段，但属于国际贸易的合同种类很多。其中，以国际货物买卖合同最为重要。

国际货物买卖合同，亦称国际货物销售合同，是指营业地处于不同国家或地区的当事人之间所订立的货物买卖合同。与国内货物买卖合同相比，它具有如下特点：

一是合同当事人的营业地处于不同国家或同一国家的不同法域区。区分一个合同是国际货物买卖合同还是国内货物买卖合同，其标准是双方当事人的营业地，而不是他们的国籍。因此，即使双方当事人具有相同的国籍，只要他们的营业地设在不同的国家或地区，他们之间订立的合同就是国际货物买卖合同。这与我国《涉外经济合同法》所规定的标准是不一致的。

二是合同的标的是进出口货物，即有形动产，而不是股票、债券、流通票据和其他财产，也不包括不动产和提供劳务的交易。由于国际货物买卖合同当事人的营业地处于不同国家，他们买卖的标的需要出入国境，因此，国际货物买卖合同，也称为进出口合同。

三是合同的内容具有涉外因素。由于当事人的营业地处于不同国家，合同关系的产生、变更或者消灭的法律行为可能在不同国家的境内完成。同时，作为合同标的物要越过国境，要涉及到长距离运输过程中可能发生的各种风险，货款的支付也可能涉及到外币的使用，因此，国际货物买卖合同在订立和履行过程中会有很多涉外因素。

四是国际货物买卖合同的法律适用经常涉及到国际公约、国际贸易惯例或其他国家的国内法。

二、国际货物买卖统一实体法的主要渊源

（一）国际公约

由于各国在货物买卖法方面的不同规定，阻碍了国际贸易的发展，国际社会很早便着手统一各国在这方面的实体法的工作，并取得了显著的成果。这些成果以国际公约的形式表现出来，成为国际货物买卖统一实体法的首要渊源。

1. 1964 年《国际货物买卖统一法公约》和《国际货物买卖合同成立统一法公约》

早在 1930 年，专门从事研究制定统一实体法的政府间国际组织——罗马国际统一私法协会组织了一个"国际货物买卖统一法起草委员会"，着手公约的草拟工作。尽管这项工作因第二次世界大战曾一度中断，但经过 30 多年的努力，终于在 1964 年 4 月 25 日的海牙会议上正式通过了《国际货物买卖统一法公约》和《国际货物买卖合同成立统一法公约》及两个附件。前一个公约主要就买卖双方的权利义务和风险的转移作了统一规定，后一个公约主要规定了签订隔地合同的要约和承诺的共同规则。它们都在 1972 年 8 月生效。但由于这两项公约主要受欧洲大陆法传统的影响，没有考虑普通法系和社会主义国家的合同法原则，内容比较繁琐，有些概念也较晦涩难懂，因此，参加或批准这两项公约的国家较少（仅 8 个国家），它们在国际上的影响不大，没有起到统一国际货物买卖法的作用。

2. 1980 年《联合国国际货物买卖合同公约》

由于 1964 年公约没有达到预期的目的，联合国国际贸易法委员会于 1969 年决定成立一个专门工作小组，对 1964 年公约进行修改补充，力求更多的国家能够接受。工作组经过大约 10 年的酝酿、准备之后，于 1978 年完成了起草国际货物买卖公约的任务，并决定把 1964 年的两个公约合并为一个公约，定名为《国际货物买卖合同公约》。公约共 101 条，主要内容为公约的适用范围、合同的成立、货物销售及最后条款。1980 年 3 月，由 62 个国家代表参加的维也纳外交会议讨论并通过了此项公约。我国政府代表参加了会议，并提出了补充和修改意见。由于《联合国国际货物买卖合同公约》既是发展中国家和发达国家利益折中的产物，又是大陆法系和普通法系具体制度糅合的结果，该公约因而具有广泛的国际性。目前，公约已对中国、美国、意大利、赞比亚、阿根廷、法国等 34 个国家生效。

3. 1974 年《联合国国际货物买卖时效期限公约》及 1980 年的修正议定书

1974 年 6 月 14 日，英、美、法、日、联邦德国、印度等 66 个国家的外交代表在纽约举行外交代表会议，讨论通过了《联合国国际货物买卖时效期限公约》，它将时效期限统一规定为 4 年，并对时效期限的起始、计算、停止和

延长作了具体规定。1980 年在维也纳召开外交代表会议讨论通过《联合国国际货物买卖合同公约》时，为了使时效公约与之相配套，同时通过了《修正国际货物买卖时效期限公约的议定书》。该议定书除作了适应性的修正外，原时效公约的基本原则并未更改。因此，签署 1974 年公约的国家都签署了该公约的修正议定书。

（二）国际贸易惯例

国际贸易惯例是指国际货物买卖双方当事人经常引用的、用以确定他们之间权利义务关系的规则。构成一项国际贸易惯例，应具备以下两个要件：一是在国际贸易业务中广泛应用，具有国际社会普遍承认的性质；二是要有确定的规则或内容，具有行为规范的性质。目前，影响较大的国际贸易惯例有：

1.《华沙—牛津规则》（Warsaw-Oxford Rules）

该规则是由国际法协会于 1932 年制订的。因先后在华沙、牛津等地开会讨论和修改，故定名为华沙—牛津规则。该规则共 21 条，主要说明"成本、保险费加运费"（CIF）合同的特点，并具体规定了在 CIF 合同条件下买卖双方所承担的费用、责任与风险。它在一定程度上反映了资本主义各国对 CIF 合同的一般解释。

2.《1941 年美国对外贸易定义修订本》（Revised American Foreign Trade Definition，1941 年）

该定义是由美国商会、美国进口商理事会和全国对外贸易理事会组成的联合委员会于 1941 年制订的。它对 Ex Point of Origin，FOB、FAS、C&F、CIF 和 Ex Dock 六种贸易术语下了定义，规定了各种术语中买卖双方的权利和义务。值得一提的是，它将 FOB 术语分为六种类型，其中五种类型的定义与国际贸易中一般使用的 FOB 的解释完全不同。因此，它所解释的价格术语共有 11 种。《美国对外贸易定义修订本》为美国、加拿大和其他一些美洲国家所采用。

3.《国际贸易术语解释通则》（International Rules for the Interpretation of Trade terms）

该《通则》在国际商会主持下于 1936 年在巴黎制订。此后，为了适应国际贸易发展的需要，国际商会先后于 1953 年、1967 年、1976 年、1980 年和 1990 年进行了 5 次修改、补充，形成了现行的《1990 年国际贸易术语解释通则》（INCOTERMS，1990）。其中，《1953 年修订本》对 9 种贸易术语作了解释。《1967 年补充本》补充了两种贸易术语。《1976 年补充本》又补充了一种术语。《1980 年补充本》在原有 12 种术语的基础上又增加了两种术语，使这些贸易术语的总数达到 14 种。国际商会将上述四次修订、补充合并在一起，形成了该会第 350 号出版物，定名为《1980 年通则》。该通则对 FOB、CIF 等

14 种价格条件作了统一的解释。1990 年国际商会对《1980 年通则》重新进行了编排与修订，将原来的 14 种贸易术语精简为 13 种。这次修改被列为国际商会第 460 号出版物，成为《1990 年通则》。《国际贸易术语解释通则》是目前影响最大、应用最广泛的国际贸易惯例。

《1990 年通则》是为了适应电子资料交换（Electronic Data Interchange，简称 EDI）系统日益频繁地应用于国际贸易和传统的单一的海上货物运输逐渐被集装箱或多式联运方式所取代等实际需要而制定的。与《1980 年通则》相比，它有如下特点：

（1）《1990 年通则》合并了《1980 年通则》中的一些术语，增加了新的术语，并使用了一些新的术语缩写。例如，《1990 年通则》将《1980 年通则》中的 FOR/FOT 和 FOB 机场交货合并到"货交承运人（……指定地点）"即 FCA 术语中去，使 FCA 适合于铁路、公路运输、内河运输、海运、空运、未指定的运输方式和多式联运。《1990 年通则》还新增加了"未完税交货（……指定目的地）"即 DDU 术语，该术语是指卖方将货物运至进口国指定目的地，履行其交货义务，它适用于各种运输方式。此外，《1990 年通则》还使用了一些新的术语缩写，如 EXW、FCA、CFR、CPT、CIP、DAF、DES、DEQ 等。这些术语只是缩写形式的改变，其实质内容并无多大变化，如 CFR 就是代替 C&F。

（2）《1990 年通则》为了适应电子计算机的储存和数据交换，根据每一种价格术语的抬头字母和卖方义务的不同类型，将 13 种价格术语分为四组。E 组为启运（departure）术语，只有 EX WORKS 一种。EXW（工厂交货）是指卖方在他的货物所在地（工厂、工场、仓库等）将货物提供给买方时，即履行了他的交货义务。F 组为主运费未付（main carriage unpaid）术语，共有 FCA（Free Carrier，货交承运人）、FAS（Free Alongside Ship，装运港船边交货）和 FOB（Free on Board，装运港船上交货）三种，这三种术语都是买方自费订立运输合同并指定承运人，卖方只要将货物交给买方指定的承运人或运输工具，即完成交货义务。C 组为主运费已付（main carriage paid）术语，共有 CFR（Cost and Freight，成本加运费）、CIF（Cost Insurance and Freight，成本加保险费、运费）、CPT（Carriage Paid To，运费付至）、CIP（Carriage and Insurance Paid to，运费、保险费付至）四种。D 组为到达（arrival）术语，共有 DAF（Delivered at Frontier，边境交货）、DES（Delivered EX Ship，目的港船上交货）、DEQ（Delivered EX Quay，目的港码头交货）、DDU（Delivered Duty Unpaid，未完税交货）、DDP（Delivered Duty Paid，已完税交货）五种。

（3）《1990 年通则》对双方当事人权利、义务的排列更加合理。《1980 年通则》对于买卖双方的责任采用罗列式的方法作出规定，双方的权利、义务不是相互对应的。《1990年通则》采用了对照式的方法，将每种术语中当事人双方的十项义务分项列出，相互对应，即：

<table>
<tr><td>A. 卖方义务</td><td>B. 买方义务</td></tr>
<tr><td>A_1. 提供符合合同规定的货物</td><td>B_1. 支付货款</td></tr>
<tr><td>A_2. 许可证、批准文件及海关手续</td><td>B_2. 许可证、批准文件及海关手续</td></tr>
<tr><td>A_3. 运输合同与保险合同</td><td>B_3. 运输合同</td></tr>
<tr><td>A_4. 交货</td><td>B_4. 受领货物</td></tr>
<tr><td>A_5. 风险转移</td><td>B_5. 风险转移</td></tr>
<tr><td>A_6. 费用划分</td><td>B_6. 费用划分</td></tr>
<tr><td>A_7. 通知买方</td><td>B_7. 通知卖方</td></tr>
<tr><td>A_8. 交货凭证、运输单证或相等的电子单证</td><td>B_8. 交货凭证、运输单证或相等的电子单证</td></tr>
<tr><td>A_9. 核查、包装及标记</td><td>B_9. 货物检验</td></tr>
<tr><td>A_{10}. 其他义务</td><td>B_{10}. 其他义务</td></tr>
</table>

（4）《1990年通则》规定在提供有关单证时可以提供相等的电子单证（its equivalent electronic message），这是当今国际贸易中"无纸贸易"的必然反映，也是《1990年通则》的一个显著特点。

三、几种常用的贸易术语

在国际贸易业务中，FOB、CIF、CFR可算是最常用的术语。FCA适用于各种运输方式，预计该术语也将被广泛地应用。下面依据《1990年通则》对这四种术语进行简要介绍。

（一）F. O. B.

F. O. B. 是"Free on Board"的缩写，即装运港船上交货，指卖方在指定的装运港将货物装船越过船舷后，履行其交货义务。这意味着买方必须从那时起承担一切费用以及货物灭失或损坏的一切风险。综合《1990年通则》对FOB的规定，卖方必须负担的责任和费用是：

1. 在合同规定的装运港和装运期内，按港口习惯的方式，将货物交到买方指定的货船上。

2. 负担货物在指定装运港越过船舷以前的各种费用和风险。

3. 办理出口手续并按合同规定提供通常清洁提单和发票等有关单据。

买方负担的责任和费用是：

1. 负责租船订舱、支付船费并将船名及装货日期通知卖方。如买方未能按期指派船只，或者指派船只未能在规定的期限内到达，或即使到达但未能在规定期限内装载货物，自交货期或指定装货日期结束时起，在装货港的一切额外费用以及货物的风险均由买方承担。

2. 承担货物自装运港越过船舷时起的一切费用和风险。

3. 按合同规定，接受卖方提供的有关单证并支付货款。

此外，《1990 年通则》还明确规定，FOB 只能适用于海运或内河运输。在船舷无实际意义时，如在滚装/滚卸或集装箱运输的情况下，使用 FCA 术语更为合适。

从上可以看出，在采用 FOB 术语时，买卖双方的责任、费用和风险都是以船舷（ship's rail）为分界线。货物在装运港越过船舷前的一切费用，包括申领出口许可证、缴纳出口税以及取得惯常的清洁单据等，均由卖方负责，风险亦由卖方承担。但从货物越过船舷时起，风险即移转于买方，其后的一切费用，包括运输费用、进口地的卸货费用以及进口捐税等，均由买方负责。

在采用 FOB 术语时，应注意下列问题：

1. 关于装船费用由谁负担的问题

《1990 年通则》关于 FOB 的 A_4 规定，卖方必须在规定的日期或期限内，并按港口习惯的方式在指定的装运港将货物交到买方指定的船只上（on board the vessel）。A_6 又规定，卖方必须支付货物的一切费用，直至货物在指定装运港已越过船舷时为止。这两者的要求并不完全相同，前者要求装到船上，后者要求越过船舷。这就产生了一个问题，究竟由谁负担有关装船的费用，主要是理舱费和平舱费。所谓理舱费是指为了使装船货物按照舱图放置妥善和装载合理，货物装入船舱舱底之后，需要进行垫隔和整理的费用；所谓平舱费是指为了保持航行时船身平稳和不损害船身结构，对成堆装入船舱的散装大宗货物，如矿砂、煤炭、粮谷等，需要进行整理、填平补齐所需的费用。这些费用应由何方负担，各国和各港口都有自己的装船惯例或习惯做法，装船费用的划分也很不一致，容易引起纠纷。为了减少纠纷，国际贸易的买卖双方有时在 FOB 价格术语后加列各种附加条件，形成了各种价格变形，用以说明装船费用的划分。FOB 的价格变形主要有：

（1）FOB 班轮条件（FOB. Liner Terms），指采用班轮运输条件。由于班轮运输内已包括装卸费，因此卖方不负担有关装船的费用。

（2）船上交货并理舱（FOB. Stowed），指卖方负责将货物装入船舱并支付包括理舱费在内的装船费用。

（3）船上交货并平舱（FOB. Trimmed），指卖方负责将货物装入船舱并支付包括平舱费在内的装船费用。

（4）FOB 吊钩下交货（FOB. Under Tackle），指卖方仅负责将货物交到买方指定船只的吊钩所及之处，有关装船的各项费用一概由买方负担。

2. 注意个别国家使用 F. O. B. 价格术语的特殊含义

美国、加拿大和一些拉丁美洲国家较多采纳《1941 年美国对外贸易定义修订本》的解释。该修订本将 F. O. B. 分为六种类型，其中仅第五种 "F. O. B. Vessel" 同一般国际贸易中通用的 F. O. B. 价格术语的定义基本相似，其他五种类型的 F. O. B. 与国际上通用的概念完全不同。为了避免上述不同概念而引起贸易纠纷，在对上述国家贸易使用 F. O. B. 价格术语时，须注意在 F. O. B. 和装运港之间加上 "Vessel" 字样。假如在合同中仅订为 "F. O. B. New York"，而不是订为 "F. O. B. Vessel New York"，按照美国的解释，则卖方仅负责在纽约城内交货，而不负责将货物交到纽约港口的船上。

（二）C. I. F.

C. I. F. 是 Cost Insurance and Freight 的缩写，表示成本加保险费及运费条件。采用这种价格术语时，在 C. I. F. 后应注明目的港名称，例如，C. I. F. 鹿特丹。这一价格术语是指卖方负责租船订舱，按期将合同规定的货物装运往约定的目的港，办理保险手续，并负责支付运费和保险费。按照《1990 年通则》，卖方承担的责任和费用是：

1. 提供符合买卖合同规定的货物及商业发票或相等的电子单证和其他合同要求的凭证。自负风险和费用取得出口许可证及其他官方批准文件，并办理货物出口所需的一切海关手续。

2. 按通常条件及惯驶的航线，自费订立运输合同，将货物用通常方式运至指定的目的地。

3. 按合同约定，自费取得货物保险以使买方或任何其他与货物保险有利益的人有权直接向保险人索赔，并向买方提供保险单或其他保险凭证。保险合同应与信誉好的保险商或保险公司订立。应买方要求并在买方负担费用的情况下，卖方可提供战争、罢工、暴乱和民变险别等可以办理的附加保险。最低保险额应包括合同规定价款另加 10%（即 110%），并应采取合同上的约定。

4. 承担货物丢失或损坏的一切风险，直至货物在装运港越过船舷。

5. 自费适时地向买方提供载明至约定目的港的通常运输单据。如此种运输单据有数份正本，则应向买方提供全套正本。如运输单据涉及一份租船契约，卖方还须提供该契约的一份副本。

买方承担的责任和费用是：

1. 在合同规定的目的港接卸货物，并担负卸货费，但运输合同规定已由定期班轮收取费用的除外。

2. 办理进口许可证和交纳进口税。

3. 受领卖方按合同提供的各种单证，并按合同支付货款。

4. 承担在装运港装货时自货物越过船舷之后的风险。

在采用 C. I. F. 术语时，应注意下列问题：

1. 保险险别问题

按 C. I. F. 术语，保险应由卖方办理，但对应保险别，各国理解不一。有的认为，卖方应按 C. I. F. 金额加 10% 投保"平安险"；有的认为应投"水渍险"或必须连同"战争险"一起投保；有的认为卖方应按特殊行业惯例的险别投保；也有的主张保险范围应达到最大的可能限度等。总之，按 C. I. F. 价格成交，买卖双方应根据商品的特点，在交易洽商中应明确投保的险别名称，并在合同中具体订明，以防日后发生贸易纠纷。

2. 租船订舱问题

按 C. I. F. 条件，卖方应按通常条件及惯驶的航线负责租船订舱，并支付运费。因此，除非买卖双方另有约定，对于买方事后提出的关于限制载运船舶的国籍、船型、船龄、船级以及指定装载某班轮公会的船只等项要求，卖方均有权拒绝。但在贸易实践中，卖方为了发展出口业务，则可以根据具体情况给予通融。

3. 费用划分问题

根据 C. I. F. 的含义，卖方负责将货物运往双方约定的目的港，并支付正常的运费，但货物运抵目的港口所发生的卸货费用应由何方负担的问题，各港口有不同的惯例。有的港口规定卸货费应由船方负担；有的港口规定船方不仅需要支付卸货费，还应支付在码头入库的搬运费和从码头仓库出库装上接运车辆的装车费；有的港口规定卸货费全部由收货人负担等。为了分清责任，在大宗交易的 C. I. F. 合同中，买卖双方常在 C. I. F. 后面增列附加条件，习惯上称为 C. I. F. 价格的变形，常见的有：

(1) C. I. F. 班轮条件 (C. I. F. Liner Terms)，指货物按班轮条件运输，货到目的港后的卸货费用已包括在运费之内，即由船方负责。买卖双方均不需另付卸货费。

(2) C. I. F. 舱底交货 (C. I. F. Ex Ship's Hold)，指货物运达目的港后，自舱底起吊直到卸到码头的卸货费均由买方负担。

(3) C. I. F. 卸到岸上 (C. I. F. Landed)，指货物到达目的港后，包括驳船费和码头税在内的卸货费用均由卖方负担。

4. 凭单证交货和付款问题

C. I. F. 合同的特点是凭单证履行交货义务，并凭单证付款。只要卖方按照合同的规定将货物装船并提交齐全的、正确的单证，即使货物已在运输途中遭受灭失，买方也不能拒收单证和拒付货款。但另一方面，卖方提交的单证必须是齐全的、正确的。所谓"齐全的"，是指包括提单、保险单、发票以及双方事前约定的其他单证。所谓"正确的",是指单证的内容必须严格符合双方事前的各项约定。否则,买方有拒收单证并拒付货款的权利,即使卖方所交的货物完全符合合同的规定,买方仍可行使此项权利。也正是因为如此,国外有些学者把 C. I. F. 合同称之为"单证交易"(Document Transaction)。

（三）CFR

CFR 就是 C&F,表示成本加运费。《1990 年通则》为了便于计算机的输入和应用,将它改称为 CFR。CFR 是指卖方必须支付成本费和将货物运至指定的目的港所需的运费,但货物灭失或损坏的风险以及货物装船后发生事件所产生的任何额外费用,自货物于装运港越过船舷时起即从卖方转由买方承担。

CFR 与 CIF 的不同之处仅在于 CFR 价格的构成因素不包括保险费,故卖方不必代办保险,而由买方自行投保并承担费用。除此之外,双方所负的责任、费用均与 CIF 完全相同。

值得注意的是,在 CFR 条件下,卖方装船后应及时向买方发出装船通知。因为按 CFR 条件成交时,安排装运和办理保险是由买卖双方分别进行的。因此,卖方"在货物装船后,必须给予买方充分的通知"。如卖方装船后不及时通知买方则买方无法及时办理保险,甚至可能出现漏保的情况。在这种情况下,货物在运输途中的风险就要例外地由卖方负担。

（四）FCA

FCA 是 Free Carrier 的缩写,表示货交承运人,是指卖方办理货物出口结关手续将货物交至指定的地点由买方指定的承运人照管,履行其交货义务。如果买方未指定确定的地点,则卖方可在规定的地点或地段内选择承运人将货物置于承运人照管之下的地点。因此,FCA 适用于任何运输方式,包括多式联运。

FCA 是《1990 年通则》中取代《1980 年通则》中 FRC/FOR/FOT/FOB 机场交货等术语的结果,随着国际贸易中运输方式的变革,有人预测,FCA 的使用频率将会超出其他一些常用术语,因而有必要作一简单介绍。

按《1990 年通则》,在 FCA 条件下,卖方承担的责任和费用有:

1. 自行承担风险及费用取得出口许可证或其他官方批准文件,并办理货物出口所必需的一切海关手续。

2. 如应买方要求或按商业惯例且买方未及时作出相反的指示,卖方可按通常的条件订立运输合同,其风险和费用由买方承担。卖方没有必须订立运输合同的义务,但如拒绝,则应立即通知买方。

3. 在指定地点按约定日期（或期限内）以约定方式或指点地点习惯方式将货物交由买方指定的承运人或其他人照管。

4. 承担货物灭失或损坏的一切风险直至货物交由买方指定的承运人时止。

支付交货前有关货物的一切费用，支付货物出口应缴纳的海关手续费用以及一切关税、捐税和其他官费。

5. 给予买方货物已交由承运人照管的充分通知。如承运人未按约定时间收受货物，卖方亦必须相应地通知买方。

6. 如习惯上需要由卖方负担费用，则应向买方提供通常的单证，证明已按约定交付货物。

7. 支付为将货物交给承运人所需的货检费，自费提供包装并加标记。

买方须承担的责任和风险是：

1. 支付货款。自行承担风险和费用取得进口许可证或其他官方批件，并办理货物进口以及必要时过境的一切海关手续。

2. 自费订立从指定地点承运货物合同。

3. 自货物交付时起，承担货物灭失或损坏的一切风险，并支付有关货物的一切费用，支付货物进口和必要时过境运输应缴的关税以及海关手续等费用。

4. 给予卖方关于承运人名称等的充分通知。

5. 除非另有约定，支付装运前货物的检查费用，出口国有关当局的强制检验除外。

第二节　国际货物买卖合同的成立

国际货物买卖合同的成立，首先要经过买方和卖方之间的洽商（negotiation），对主要交易条件（terms of transaction）达成协议后，该项合同才能成立。从国际贸易的一般洽商过程来看，它可归纳为询盘、发盘、还盘、接受、订立合同五个环节。但从法律的角度来看，只有发盘和接受是不可缺少的。

询盘（inquiry）是交易的一方欲出售或购买某项商品，向交易的另一方询问买卖该项商品的各项交易条件，也有称之为询价的。例如，"请报中国松香 WW 级 8 月份装船 100 公吨 C. I. F. 伦敦"（PLEASE OFFER CHINESE ROSIN WW GRADE AUGUST SHIPMENT 100MT C. I. F. LONDON）便是询盘。

发盘是交易的一方欲出售或购买某项商品，向交易的另一方提出买卖该项商品的各项交易条件，并愿意按照这些条件达成交易，订立合同。发盘可由买方发出，习惯上称之为买方发盘（Buying offer）或递盘（Bid）；但多数发盘是由卖方发出的，习惯上称为卖方发盘（selling offer）。例如，"发盘中国松香 WW 级 100 公吨，每公吨 C&F 伦敦 500 英镑，8 月装船不可撤销即期信用证付款 18 日复到有效"（OFFER CHINESE ROSIN WW GRADE 100MT STERLING

500 C&F LONDON AUGUST SHIPMENT IRREVOCABLE SIGHT LC SUBJECT REPLY HERE 18TH），便是卖方发盘。

还盘（counter-offer）是交易的一方在接到一项发盘后，不能完全同意，为了进一步洽商交易，针对另一方的发盘内容提出不同建议。因此，还盘不一定是还价，只要对支付方式、装运期等主要交易条件提出不同的建议，都属于还盘的性质。

承诺（acceptance）是交易的一方接到另一方的发盘或还盘，表示完全同意，这种口头的或书面的表示，就称为承诺。

签订合同（to sign a contract）是交易双方经过洽商，一方的发盘或还盘，被另一方接受后，为了明确各自的权利和义务，一般采用书面的形式把它确定下来，经过双方签字，各执一份据以执行。

以上五个环节是交易洽商的一般程序，但具体到每一笔交易，并不是必须经过这五个环节。例如，有的交易是由一方主动发盘而开始洽谈的，询盘因而就不存在了。但无论洽商过程简单或复杂，发盘和承诺是必不可少的两个最基本环节。

一、发盘

（一）发盘的概念和有效条件

发盘又称要约，是国际贸易的当事人以订立合同为目的，向另一方当事人所作的一种意思表示。它既可以书面提出，也可以口头提出。发出要约的一方称要约人（offeror），接受要约的一方称为受要约人（offeree）。

一项有效的发盘必须具备下列条件：

1. 要约人必须清楚地表明愿意按照要约的内容订立合同的意思。这一条件将要约与要约邀请（invitation for offer）区分开来，尽管要约邀请也是为了订立合同，但它只是邀请对方向自己提出要约，对方收到要约邀请后所提出的订约条件才是要约，它必须经过发出要约邀请的一方表示承诺后，合同才能成立。因此，报价单（quotation）、价目表（price list）、商品目录（catalogues）等只是要约邀请。

2. 要约应向一个或一个以上特定的人（specific persons）发出。所谓特定的人是指受要约人须为特定的人，即在要约中应指明受要约人的姓名或公司名称。这一条件将要约与普通商业广告区分开来，因为普通商业广告是向广大公众发出的，它一般只属于要约邀请。不过，按照《联合国国际货物买卖合同公约》，这不是绝对的，该公约第14条第2款规定，凡不是向一个或一个以上特定的人提出建议，仅应视为要约邀请，而不是一项要约。但是，如果该项建议符合作为要约的其他条件，而且提出建议的人明确表示有相反的意向，即明确表示他的这项广告是作为一项要约提出来的，则这项建议亦得视为一项要约。这里所说的"明确表示"，可以有各种不同的表示方式，如在刊登商业广告时注明"本广告构成要约"，或注明"广告所列的商品将售给最先支付现金或最先开来信用证的人"等，如有此等特别说明，广告将被认为是一项要约。

3. 要约的内容必须十分确定。要约的内容一般应包括拟将订立的合同的主要条件，如商品的名称、价格、数量、品质或规格、交货日期和地点以及付款方式等，以便一旦为对方承诺，就足以成立一项有效的合同，不致于因欠缺某项重要条件而影响合同的有效成立。所谓十分确定（sufficiently definite），按照公约的解释，是指在订约的建议中至少应包括：（1）货物的名称；（2）明示或默示地规定货物的数量或规定如何确定数量的方法；（3）明示或默示地规定货物的价格或规定如何确定价格的方法。

4. 要约必须传达到受要约人。因为要约是一种意思表示，受要约人必须知悉要约的内容才能决定是否承诺，因此，要约必须达到受要约人时才能生效。如果一方仅凭以往交易的经验，或通过其他途径，预计对方可能向自己发出要约，而在收到要约之前就向对方发出承诺通知，即使两者的内容完全偶合，也不能视为合同订立。因为这是两个碰头的要约（cross offer），必须经过其中任何一方的承诺合同才算成立。

（二）发盘的撤回与撤销

撤回（withdrawal）与撤销（revocation）是两个既有联系又有区别的概念。发盘的撤回是发盘人发出要约之后，在其尚未到达受要约人之前，将该项要约取消，使其失去作用。而发盘的撤销是指发盘人在其要约已经送达受要约人之后，将该项要约取消，从而使要约的效力归于消灭。这个问题在国际贸易实务中具有重要意义，因为要约人在发出要约之后，如遇国际市场价格发生波动，或外汇汇率发生变化，要约人可能想改变主意，或要求在价格或其他条款上作相应的调整，受要约人则可能不同意而发生纠纷。对此，《联合国国际货物买卖合同公约》作了明确规定，现说明如下：

1. 发盘的撤回

公约第 15 条第 2 款规定，一项要约，即使是不可撤销的要约，都可以撤回，只要撤回的通知于该要约到达受要约人之前，或与该要约同时送达受要约人。这表明，所有要约，包括不可撤销的要约，都可以撤回，惟一的条件是撤回的通知必须于该要约送达受要约人之前或与之同时送达受要约人，因为只有这样才能阻止要约的生效。

2. 发盘的撤销

公约第 16 条对此作了明文规定：

"（1）在未订立合同之前，发盘得予撤销，如果撤销通知于受盘人发出接受通知之前送达受盘人。

（2）但在下列情况下，发盘不得撤销：

（a）发盘写明接受发盘的期限或以其他方式表示发盘是不可撤销的；

（b）受盘人有理由信赖该项发盘是不可撤销的，而且受盘人已本着对该项发盘的信赖行事。"

这里所说的"合同成立以前"，是指受盘人作出承诺之前，即发盘人必须在受盘人作出承诺之前才有可能将发盘撤销。一旦受盘人发出了承诺通知，发盘人撤销发盘的权利即告终止，而不是等到承诺通知送达发盘人时才告终止。从第2款的规定来看，可以撤销的要约的范围十分有限，如果发盘标明不可撤销（irrevocable），或以其他方式表明它不可撤销，均不得撤销。

（三）发盘的终止或失效

按照国际贸易的习惯和规则，一项发盘遇有下列情况之一，立即失效，发盘人不再受其约束。

1. 发盘得因受盘人的拒绝而失效。公约第17条规定，一项发盘，即使是不可撤销的，于拒绝通知送达发盘人时终止。至于拒绝的方式，既可以是明确表示拒绝，也可以是还盘。

2. 发盘得因期间已过而失效。如果发盘规定了有效期限，则在该项期限终了时，发盘即自行失效。如果发盘人在发盘中没有规定有效期，双方若以对话方式交易谈判，受盘人必须立即予以承诺，如不及时承诺，发盘即失去效力；双方若分处异地，以函电等非对话方式交易，发盘中又没有规定有效期的，受盘人应在合理的时间（reasonable time）内作出承诺，否则，发盘即告失效。至于何为合理时间，一般由法院根据具体情况来确定。

3. 发盘得因发盘人的撤回与撤销而失效。当然，发盘在送达受盘人之前就被发盘人撤回，实质上是该发盘从来没有发生过效力。

二、承诺

（一）承诺的概念和有效条件

承诺又称接受，是受要约人按照要约所规定的方式，对要约的内容表示同意的一种意思表示。要约一经承诺，合同即告成立，对要约人和承诺人都有约束力，任何一方都不得擅自撤回和修改。一项有效的承诺必须具备下列条件：

1. 承诺必须由特定的受要约人作出。由于要约是向特定的人提出的，除了受要约人或其授权的代理人以外，任何其他第三人，针对该项要约表示接受，均无法律效力，发盘人不受约束。除非要约本身是公开发盘（public offer），任何人才可以凭发盘通知表示接受。

2. 承诺必须在要约的有效期内作出。如果要约没有规定有效期限，受要约人必须在"合理的时间内"或在"依通常情形可期待得到承诺的期间内"承诺。逾期作出的承诺，各国一般不承认其有效性，而将它看做一项新的要约。但《联合国国际货物买卖合同公约》对逾期承诺（late acceptance）的处理采取了比较灵活的态度，该公约第 21 条规定：

（1）如果要约人在收到逾期承诺后，毫不迟延地通知受要约人，表明他认为该承诺有效，逾期承诺则仍具有承诺的效力；

（2）如果载有逾期承诺的信件或其他书面文件表明，它是在传递正常，能及时送达要约人的情况下寄发的，则该项逾期承诺具有承诺的效力，除非要约人毫不迟延地通知受要约人，他认为其要约已经失效。

因此，对于逾期承诺是否具有承诺的效力，最后的决定权在要约人，只不过在第（1）种情况下，要约人的沉默使逾期承诺不具有承诺的效力；而在第二种情况下，要约人的沉默使逾期承诺产生承诺的效力。

此外，如遇到承诺期限的最后一天是要约人所在地的正式假日（official holidays）或非营业日（non-business days），而使对方的承诺不能送达要约人的地址，只要事后证明上述情况属实，该项承诺的期限应顺延至下一个营业日继续有效。

3. 承诺必须与要约的内容一致。承诺是受要约人愿意按照要约的内容与要约人订立合同的意思表示。因此，承诺的内容应当与要约的内容相一致。传统的规则是镜子反射规则（mirror-image rule），即承诺应当像镜子反照一样照出要约的内容，否则就不是承诺而是反要约。但在贸易实践中，受要约人在承诺时往往不能做到完全同意，由于承诺时对原要约作了某些添加（additions）、更改（modifications）或限制（limitations），如果按照上述规则，该项承诺就不能视为有效承诺，合同则不能成立，这将给贸易带来不便。因此，公约一方面采纳了上述原则，另一方面又作了一些补充与修改。该公约第 19 条第 1 款规定，对要约表示承诺时，如载有添加、限制或其他更改，应视为对要约的拒绝，并构成反要约。第 2 款又规定，对要约表示承诺但载有添加或不同条件的答复，如所载的添加或不同条件在实质上并不变更该项要约的条件，则除要约人在不过分延迟的期限内以口头或书面方式提出异议外，仍可作为承诺，合同仍可成立。第 3 款对何为实质上的变更（material alteration）作了说明：（1）货物的价格；（2）付款；（3）货物的质量与数量；（4）交货的地点与时间；（5）当事人的赔偿责任范围；（6）解决争议的方法等。只要对上述内容作了变更，就不能认为是承诺。

因此，在受要约人的承诺载有非实质上的变更时，要约人若不及时提出异议，承诺就有效成立，合同也因此成立。举例说明，中国出口商 A 向外国进口商 B 出售一批产品，他于 7 月 17 日发盘如下："报 C_{514} 300 吨，即期装船，不可撤销即期信用证付款，每吨 C. I. F. 鹿特丹 U. S. ＄1900，7 月 25 日前电复有效。"B 于 7 月 22 日复电："你 7 月 17 日发盘，我接受 300 吨，即期装船，不可撤销即期信用证付款，每吨 C. I. F. 鹿特丹 U. S. ＄1900，除通用单证外，需要提供产地证、植物检疫证明书，适合海洋运输的良好包装。"7 月 25 日 A 去电："你 22 日电，十分抱歉，由于世界市场价格变动，在收到你接受电报前，我货已经售出。"双方因此为合同是否成立发生纠纷。其实，B 的承诺本来是一项附条件的承诺，尽管所附条件是非实质性的变更，但 A 仍有权利和机会在不过分迟延的期限内反对其间的差异"，从而使承诺无效，合同也就不成立。但遗憾的是，A 不是反对承诺中附加的条件，却以"市场变化，在收到接受以前，货物已售"为由，拒绝达成交易。而这个理由是无法推卸他对要约应当承担的责任。随着时间的拖延，A 也就丧失了反对承诺中附加条件的机会，合同也就成立了。最后，A 不得不承认合同已经成立，除买方同意装船期适当延迟外，其他各项条件均按原发盘履行。

4. 承诺的传递方式必须符合要约的要求。凡是要约中对承诺的传递方式作出明确规定的，受要约人必须严格按照规定的传递方式办理。如果要约中无具体规定，受要约人通常采用要约传递的方式来传递承诺通知，也可以采用比要约传递方式更为快捷的方式传递承诺通知。如要约采用邮寄方式送达，承诺可以采用电报或电传方式传递。

（二）承诺生效的时间

承诺从什么时候起生效是一个重要的问题，因为承诺一旦生效，合同即告成立，双方当事人就要受合同的约束。但在这个问题上，英美法与大陆法的分歧很大。英美法采取所谓"投邮生效原则"，即以电报、电传或书信等方式作出承诺时，载有承诺内容的邮件一经投入邮筒或者电报、电传一经发出，该承诺立即生效。大陆法则采取所谓"到达生效原则"（received of the letter of acceptance rule），即承诺只有传递到要约人才发生法律效力。《联合国国际货物买卖合同公约》有关承诺生效时间的规定，基本上也采用"到达生效原则"。这一原则明确划分了要约人和受要约人对于信件在传递过程中可能发生的风险责任。受要约人承担从发出信件起至信件呈送要约人时止这段时内的风险，如果信件在传递过程中遗失，承诺就不生效。而从信件传送到要约人的支配范围起，由要约人承担风险，即使要约人没有及时拆阅，承诺也生效。

（三）承诺的撤回

撤回承诺是承诺人阻止其承诺发生法律效力的一种意思表示。按照公约的规定，承诺是可以撤回的，只要撤回的通知能在承诺生效之前或与其同时送达要约人。因此，承诺人在发出承诺之后，如果发现不妥，可设法将承诺撤回，只要撤回的通知先于承诺通知或与之同时到达要约人就可以了。

第三节　国际货物买卖合同的形式与内容

一、合同的形式

《联合国国际货物买卖合同公约》对于国际货物买卖合同的形式，原则上不作任何限制。无论当事人采用口头方式还是书面方式来订立合同，都不影响合同的有效性，也不影响证据力。该公约第11条明确规定，货物买卖合同无须以书面订立或以书面证明，在形式方面也不受任何其他条件的限制。买卖合同可以用包括证人证言在内的任何方式来证明。并规定，所谓"书面"，可以包括电报和电传。

公约的这些规定，是为了适应国际贸易的需要，因为许多国际货物买卖合同是以现代通讯方法订立的，不一定存在书面合同，故不宜对合同的形式加以限制。但是，为了照顾到某些国家把买卖合同必须以书面订立作为重要的政府政策，公约允许缔约国对第11条的规定提出声明予以保留。如果订约当事人的任何一方的营业所处于作出保留声明的缔约国境内，则该公约第11条的规定将不予适用。

二、合同的内容

国际货物买卖合同内容复杂，只要不违反法律的强制性规定，当事人可以将其同意的任何条款订立在合同之中，因此，每个具体的合同内容不尽相同。但所有国际货物买卖合同有一些共同点，这些共同点构成了这类合同的基本项目，即合同的首部、正文、尾部三个部分。

（一）合同的首部

这部分一般都载明合同的名称及编号，合同签订的时间及地点，订约双方的全称及地址、订立合同的原因和目的以及执行合同的保证等。这些虽然不是合同的实质性内容，但具有重要的法律意义。例如，从当事人的名称中，人们可以了解其性质和业务范围，如当事人是公司（corporation）、商行（firm）、合伙（partnership）或个人，他应承担有限责任还是无限责任就很明确。又如，合同中注明了订立合同的时间和地点，除非合同中另有约定，合同生效的时间就是这个时间；在发生法律冲突时，关于该合同的有效性问题，一般也应由合同的成立地法来确定。

（二）合同的正文

这是合同的核心，明确规定当事人的权利与义务，是合同的实质性条款，主要包括：

1. 标的物条款。主要订明货物的名称、规格或质量、数量、包装，对有些货物还要就生产国别及制造厂商加以规定。因此，在具体合同中，它可分别写成几个条文。标的物条款在法律上的重要意义在于，它是合同当事人履行货物交付与接受的主要依据，在实际履行中最易发生争议。如卖方所交的货物短量、不符合规格等问题都是最常见的争议问题。

2. 价格条款。国际货物买卖合同中的价格条款，不仅涉及货物的长距离运输，涉及外国货币的使用，还要反映买卖双方在交货过程中所承担的责任、风险和费用。因此，价格条款一般应包括价格的计量单位、单位价格金额、计价货币和标明交货地点的价格术语，有时还要规定作价方法。例如，"每公吨200 美元 C. I. F. 旧金山"（U. S. ＄ 200 per M/T CIF SANFRANCISCO）。其中，计量单位是公吨，计价货币是美元，单位价格是 200 美元，价格术语是"成本加保险费加运费价"，目的港是旧金山。在这方面，计价货币价格术语以及作价方法的选择都要根据国际商品市场、外汇市场以及交易双方的实际情况予以确定。

3. 装运条款。在价格术语中已经包括了由谁承担运输责任，如在 FOB 条件下，运输责任应由买方承担。装运条款只是将运输中的一些具体事项明确化，主要应订明运输方式、装运日期、装运港和目的港，滞期费的支付以及装运工具的提供和装运单证等。其中，装运日期尤为重要，如果卖方不能在规定时间内装运，买方有权拒收货物。

4. 保险条款。保险条款是合同的一项重要条款，它主要包括由谁负责投保和支付保险费用，以及投保的险别与保险的金额和赔偿责任等内容。保险条款的规定方法同合同所采用的价格术语有着直接的联系。在按 FOB 和 C&F 条件成交时，由于保险由买方自行负责，保险条款也比较简单，一般只原则性地规定："保险由买方负责"（insurance to be effected by the buyer）。但在按 CIF 条件成交时，保险条款就必须订得明确、具体。

5. 支付条款。指合同中有关买方支付货款的各个条文，主要规定支付手段、支付方式和支付时间、地点等内容。由于国际金融市场的汇率瞬息万变，在不同时间支付或用不同货币支付，对当事人来说结果大不相同。

6. 商检条款。由于检验与索赔往往连在一起，合同中的检验条款（inspection clause）常与索赔条款（claim clause）合在一起。它规定买方在何时、何地、通过何种机构、以何种方法对货物进行检验，检验证以及拒收货物或提出索赔的权利。

7. 免责条款，又称不可抗力条款。该条款在不同的合同中有不同的范围和表现形式，有些订得比较简单，有些则十分详细。其内容通常包括：（1）不可抗力事故的范围；（2）不可抗力事故的法律后果；（3）发生不可抗力事故后通知对方的期限；（4）出具事故证明的机构。

8. 法律适用条款。根据各国国内法和有关国际公约的规定，合同当事人可以根据意思自治原则选择合同所适用的法律。这些法律可以是当事人的本国法，还可以是第三国法，也可以是国际条约或国际惯例。

9. 仲裁条款。对于可能发生的合同争议，如果双方当事人不愿诉诸司法程序，而愿意提交仲裁解决，可以在合同中订立仲裁条款。仲裁条款应订明仲裁地点、仲裁机构、仲裁程序、仲裁裁决的效力以及仲裁费用的负担等内容。

（三）合同的尾部

合同的尾部主要载明合同以何种文字制作及其效力，合同的份数、附件及其效力、双方签字等内容。

目前，我国的对外贸易合同主要使用两种格式。一种叫销售确认书（Confirmation of Sales），一种叫买卖合同（Contract of Sales）。销售确认书比较简单，一般只列明货物的名称、品质规格、数量、价格、交货期和付款方式等主要条件。买卖合同则订得比较详细。

第四节　卖方和买方的义务

买卖合同是一种双务合同，双方都负有一定的义务。在买卖合同中，卖方的基本义务是交货，买方的基本义务是接受货物和支付货款。除合同另有约定外，卖方的交货义务与买方的付款义务是一项对流条件（concurrent condition），双方均应同时履行各自的义务。现根据《联合国国际货物买卖合同公约》对卖方和买方的义务分别介绍于后。

一、卖方的义务

卖方的主要义务是按买卖合同的规定交货。所谓交货（Delivery）是指自愿地移转货物的占有，即由卖方把对货物的占有权移转给买方。在国际贸易中，卖方的交货义务主要包括下列内容：（1）按合同规定的时间、地点交货；（2）交付与货物有关的装运单据；（3）对货物品质瑕疵的担保；（4）对货物的权利担保。

1. 交货的时间与地点

对于交货的地点，如果合同没有作出具体的规定，则按照该公约第 31 条的规定，应按下列原则办理：

（1）如果买卖合同涉及到货物的运输，卖方的义务是把货物交给第一个承运人，以便运交买方。

（2）除上述（1）的情况以外，如果合同买卖的是特定物，或者是从特定的存货中提取的货物，或尚待制造或生产的未经特定化的货物，而双方当事人在订立合同时已经知道这些货物是在某地，或将在某地进行制造或生产，则卖方应在该地点把货物交给买方处置。

（3）在其他情况下，卖方应在他订立合同时的营业地把货物交给买方处置。

但是，实际上在国际贸易中没有规定交货地点的情况是极为罕见的，因为国际货物买卖合同通常都采用一定的贸易术语来确定卖方的交货义务，如工厂交货（Ex Work）、FOB、CIF、CFR 等，这些贸易术语往往就确定了交货的地点。

关于交货的时间，根据公约第 33 条的规定，有以下三种不同的情况：

（1）如果合同订有交货日期，或从合同可以确定一个日期，则应在该日期交货。

（2）如果合同规定有一段交货的时间，除情况表明应由买方在此期间内选定具体日期外，卖方可在这段时间内任何一天交货，例如，如果合同规定应于 1981 年 10 月至 11 月间交货，卖方可在 10 月 1 日至 11 月 30 日之间的任何一天交货。

（3）在其他情况下，卖方应在订立合同后的一段合理时间内交货。

此外，该公约第 52 条规定，如果卖方在规定的日期以前交货，买方可以受领（take delivery）货物，也可以拒绝受领货物。这一点同某些大陆法国家的法律规定有所不同。这是因为，提前交货可能会给买方带来不便，并使他负担额外的开支，例如，买方为了储存货物需要支付仓储费用，而且提前交货往往要提前付款，买方必须提前筹措资金，从而可能会引起利息上的损失。因此，公约明确规定在卖方提前交货的场合下，买方对于是否受领货物有选择之权。

2. 提交有关货物的单据

在国际贸易中，装运单据（shipping documents）具有十分重要的作用。它们是买方提取货物、办理报关手续、转售货物以及向承运人或保险公司请求赔偿所必不可少的文件。根据公约第 34 条的规定，如果卖方有义务移交有关货物的单据，他必须按照合同规定的时间、地点和方式移交这些单据。这类与货物有关的单据，主要是提单、保险单和商业发票，有时还可能包括领事发票、原产地证书、重量证书或品质检验证书，等等。

3. 卖方的品质担保义务

公约第 35 条规定，卖方交付的货物必须与合同所规定的数量、质量和规格相符，并须按照合同所规定的方式装箱或包装。它还明确规定，除双方当事人另有约定外，货物除非符合以下要求，否则即认为是与合同不符：

（1）货物应适合于同一规格货物通常使用的用途；

（2）货物应适合于订立合同时曾明示或默示地通知卖方的任何特定的用途，除非情况表明买方并不依赖卖方的技能和判断力，或者这种依赖对卖方来说是不合理的；

（3）货物的质量应与卖方向买方提供的样品或模型相符；

（4）货物应按同类货物通用的方式装箱或包装，如无此种通用方式，则可按足以保全或保护货物的方式装箱或包装。

以上四项有关卖方对货物品质的义务，是在双方当事人没有其他协议的情况下，由公约加诸于卖方身上的义务。因为在正常的交易中，即使合同没有明示地规定卖方所交的货物应具有上述品质，但买方期望货物具有上述品质应当认为是合理的①。在这方面，公约的规定同英美法上的所谓"默示义务"是十分相似的，即只要双方当事人在合同中没有相反的规定，公约的上项规定就适用于他们之间的合同。

但是，如果买方在订立合同时已经知道或者不可能不知道货物有不符合合同的情况，卖方就无须承担上述与合同不符的责任。不过，这一点不适用于合同已明文规定货物必须具有某种特定品质的场合，因为在合同对货物的品质已作出明确规定的情况下，不论买方在订立合同时是否已经知道卖方会交付与合同不符的货物，卖方仍须严格按合同规定的品质交货。

国际货物买卖合同公约还对卖方承担对货物不符合同的责任的时间作了明确的规定。按照该公约第36条的规定，卖方应对货物的风险转移由买方承担时所存在的任何不符合同的情形，负担责任，即使这种不符合同的情况在上述时间之后始表现明显。也就是说，衡量货物是否符合合同的要求是以风险移转的时间为准，卖方必须保证货物在其风险移转于买方的时候是符合合同所要求的品质、数量和包装等项条件的。但是，在国际贸易中，买方可能要在货物的风险移转于他之后的相当一段时间才能知道货物的品质是否有缺陷、是否与合同相符，例如，有时往往需要经过使用才能显示出货物的品质是符合合同的要求。又如，在涉及到货物运输的情况下，风险通常在卖方把货物交给承运人时已移转于买方，但买方却必须等到货物运到目的地之后才能对货物进行检验，从而才能确定货物是否与合同相符，在这种情况下，尽管风险早已移转于买方，但如果货物的缺陷在风险移转的时候就已经存在，则卖方仍应承担责任。

---

① 联合国国际贸易法委员会核可的关于国际货物买卖合同公约的草案原文及秘书处编写的评注，A/CONF, 97/5, 1979年3月14日。

公约第 36 条还规定，卖方对货物风险移转于买方之后所发生的任何不符合同的情形亦应承担责任，如果这种不符合情形的发生，是由于卖方违反他的某项义务，包括违反关于货物将继续适合于其通常用途或某种特定用途的保证，或货物在某一特定期间内将保持某种特定质量或性质的任何明示保证。在这方面，最明显的例子是，在机械设备交易中，如合同规定卖方对其机械设备产品的保证期为一年，尽管机械设备的风险早已移转于买方，但在一年的保证期内，如买方发现该项机械设备的质量与合同的要求不符，则卖方仍应承担责任。

4. 卖方对货物的权利担保义务

权利担保是指卖方应保证对其所出售的货物享有合法的权利，没有侵犯任何第三人的权利，并且任何第三人都不会就该项货物向买方主张任何权利。根据公约的规定，卖方的权利担保义务主要表现在两个方面：

（1）卖方所交付的货物必须是第三人不能提出任何权利或请求的货物。公约第 41 条规定，卖方所交付的货物必须是第三方不能提出任何权利或请求的货物，除非买方同意在受制于这种权利或请求的条件下，收取这项货物。

（2）卖方所交付的货物不得侵犯任何第三人的工业产权或其他知识产权。根据公约第 42 条的规定，卖方所交付的货物，必须是第三方不能根据工业产权或其他知识产权提出任何权利或请求的货物。不过，公约并非绝对地要求卖方必须保证他所交付的货物不得侵犯任何第三人的工业产权或其他知识产权，而有一些限制条件，这些限制条件是：

第一，卖方只有当其在订立合同时已经知道或不可能不知道第三方对其货物会提出工业产权方面的权利或请求时，才对买方承担责任。

第二，卖方并不是对第三方依据任何一国的法律所提出的工业产权或知识产权的权利或请求都要向买方承担责任，而只是在下列情况下才须向买方负责：一是如果买卖双方在订立合同时已知买方打算把该项货物转售到某一个国家，则卖方对于第三方依据该国法律所提出的有关工业产权或知识产权的权利或请求，应对买方承担责任。二是在任何其他情况下，卖方对第三方依据买方营业地所在国法律所提出的有关工业产权和知识产权方面的请求，应对买方承担责任。

第三，如果买方在订立合同时，已经知道或不可能不知道第三方对货物会提出有关工业产权或知识产权的权利或请求，则卖方对买方就不承担由此而引起的责任。

第四，如果第三方所提出的有关工业产权或知识产权的权利或请求，是由于卖方遵照买方所提供的技术图纸、图案或其他规格为其制造产品而引起的，则应由买方对此负责，卖方对此不应向买方承担责任。

此外，公约还规定，买方在已经知道或理应知道第三方对货物的权利或请求后，应在合理时间内将第三方的权利或请求的性质通知卖方，否则，买方就会丧失援引上述第 41 条和第 42 条所规定的权利，除非买方对未及时通知卖方一事，能提出合理的理由。

二、买方的义务

买方的主要义务有两项，一是支付货款；二是受领货物。公约第 3 部分第 3 章对此作了详细规定。

公约规定，关于付款的地点，如果合同已有规定，应按合同的规定办理，如果合同没有规定付款地点，则买方须在下列地点向买方支付货款：

（1）卖方的营业地；

（2）如果是凭移交货物或单据作为支付货款的条件，则应在移交货物或单据的地点付款；

（3）如果订立合同后因卖方营业地点有所变动而增加了支付方面的费用，应由卖方负担。

公约第 58 条规定，关于付款的时间，如果合同没有具体规定，则买方应在卖方把货物或有关的装运单据交给他的时候支付货款。卖方可以要求以支付价金作为移交货物或有关单据的条件。

公约也把买方的付款义务同检验货物的权利联系在一起。公约明确规定，买方在未有机会检验货物之前，没有支付货款的义务。但紧接着又规定，如果这种检验货物的机会与双方当事人约定的交货或支付程序相抵触时不在此限。后面这一段限语是十分重要的。因为在国际贸易中，特别是在采用 CIF 条件成交时，买方必须在卖方提交单据时支付货款，而不能要求检验货物作为支付货款的条件。

关于买方收取货物的义务，根据公约第 60 条的规定，主要有以下两点：

（1）采取一切理应采取的措施，以便卖方能交付货物；以及

（2）接受货物。

在国际贸易中，卖方交货往往需要买方采取相应的措施。当买方有义务安排货物的运输时更是如此。例如，在 FOB 合同中，买方有义务签订必要的运输合同，并按时派船到合同指定的装货港装货，以便卖方能按期把货物装船。如果买方没有安排好货物的运输，以致卖方不能按期交货，买方应对卖方承担违反合同的责任。

第五节 违约及其救济方法

一、公约对违约的分类

违约，又称违反合同，是指合同当事人全部或部分地不履行合同所规定的义务，或者拒绝履行他的合同义务。《联合国国际货物买卖合同公约》将违约分为根本性违反合同（fundamental breach of contract）和非根本性违反合同（non-fundamental breach of contract）。所谓根本违反合同，是指"如果一方当事人违反合同的结果，使另一方当事人蒙受损失，以至于实际剥夺了他根据合同规定有权期待得到的东西，即为根本违反合同。"公约同时规定，只有一方当事人违约的行为构成根本违约，另一方当事人才能撤销合同。如果未达到上述违约所造成的后果，这种违约行为只能构成非根本违约，受损害方就不能主张撤销合同。例如，美国公司 A 从外国公司 B 进口一批冻火鸡，供应圣诞节市场。合同规定卖方应在 9 月底以前装船。但卖方违反合同，推迟到 10 月 7 日才装船，致使该批火鸡赶不上节日市场供应，给买方带来严重后果。依公约的规定，它构成了根本违约，买方可以撤销合同，拒收货物。但假设美国公司是进口普通冻肉鸡，卖方也是推迟 7 天才装船，这种违约则不一定构成根本违约。如果美国肉鸡市场价格在 9、10、11 月份保持平衡，没有多大的变化，它就是非根本性违约，美国 A 公司无权拒收货物和撤销合同。

二、买卖双方均可采取的救济方法

（一）损害赔偿

损害赔偿是一种主要的救济方法，当一方违反合同时，对方都有权利要求赔偿损失，而且要求损害赔偿的权利，并不因其已采取其他救济方法而丧失。公约第 74 条规定："一方当事人违反合同应负责的损害赔偿额，应与另一方当事人因他违反合同而遭受的包括利润在内的损失额相等。但这种损害赔偿不得超过违反合同一方在订立合同时，依照他当时已知道或理应知道的事实和情况，对违反合同预料到或理应预料到的可能损失。"例如，有一份 FOB 合同，外国进口商向香港 A 工厂订购 100 台游戏机，合同总价值为 50 000 美元。如果该订单能够履行，A 工厂将支出 45 000 美元费用，其中生产费用 40 000 美元，管理费用 5 000 美元。但合同订立不久，外国进口商无故取消合同。当时，A 工厂尚未将这批订货投入生产。在此种情况下，卖方 A 工厂有权要求损害赔偿。但由于该批货物尚未投产，40 000 美元的生产费用尚未支出，因此，该项费用不应列入赔偿范围。但管理费用 5 000 美元是无法收回和弥补的，另外如履行该合同，卖方则可获得5 000美元的利润。因此，卖方可向买方索赔10 000美元。

当然，当一方当事人违反合同时，没有违反合同的他方有义务采取必要的措施，以减轻因违约而引起的损失。公约第77条规定，声称另一方违反合同的一方，必须按情况采取合理措施，减轻由于另一方违反合同而引起的损失，包括利润方面的损失。如果他不采取这种措施，违反合同一方可以要求从损害赔偿中扣除原应可以减轻的损失数额。

（二）对预期违约的救济方法

所谓预期违约（anticipatory breach）是指在合同规定的履行期到来之前，已有根据预示合同的一方当事人将不会履行其合同义务。根据公约的规定，在一方预期违约的情况下，另一方可以中止履行合同义务或撤销合同。公约第71条规定，如果订立合同后，另一方当事人由于下列原因显然将不会履行其大部分重要义务，对方当事人可以中止履行义务：

1. 一方履行义务的能力或他的信用有严重缺陷；或者

2. 他在准备履行合同或履行合同中的行为显示他将不履行其主要的义务。

公约第72条又明确规定，如果在履行合同的日期到来之前，已明显看出一方当事人将根本违反合同，则另一方当事人不仅有权中止履行合同，而且可以宣告撤销合同。因此，对预期违约须视其是否构成根本违反合同，而分别采取中止合同或撤销合同两种不同的救济方法。

当然，当事人在行使上述权利时，还必须承担下列义务：

1. 必须将自己中止或解除合同的决定立即通知对方。

2. 当对方提供了履行合同的充分保证时，仍应履行合同义务。

举例说明，一份订购精密配件的合同规定："买方应在配件制造过程中，按进度预支货款。"买方十分关心配件的质量，如卖方不能按时、按质供应配件，将给买方带来严重损失。合同签订后不久，据可靠消息透露，卖方供应的配件质量不稳定。于是，买方立即通知卖方："据传供货质量不稳定，他将中止向卖方履行一切义务。"卖方接到上述通知后，立即向买方提出书面保证："如果卖方不履行义务，将由他的担保银行偿还买方按合同规定所作的一切支付。"但买方收到上述书面保证后，仍然中止履行合同。在本案中，关键问题是看卖方提供的保证是否充分（adequate assurance of his performance），由于卖方仅仅保证："如果卖方不履行义务，将由他的担保银行偿还买方按合同规定所作的一切支付。"这里所讲的"买方的一切支付"，仅是指偿还买方"按合同规定的进度支付的货款。"但买方最关心的是卖方按时供应质量稳定的配件。由此可见，卖方提出的保证，不仅不充分，而且与买方的需要不符合。因此，买方接到保证后，仍有权继续中止履行他的合同义务。

（三）对分批交货合同发生违约的救济方法

分批交货合同是指一个合同项下的货物分成若干批交货。如果一方当事人对其中的一批货物没有履行合同义务，并构成根本违反合同，对方能否宣告撤销整个合同，或者只能宣告合同对这一批货物无效，而不能撤销整个合同。这种情况，买卖双方都有可能遇到。因此，公约第 73 条对此作了专门规定：

1. 在分批交货合同中，如果一方当事人不履行对其中任何一批货物的义务，便已对该批货物构成根本违反合同，则对方可以宣告合同对该批货物无效，即宣告撤销合同对这一批交货的效力，但不能撤销整个合同。

2. 如果一方当事人不履行对其中任何一批货物的义务，使另一方当事人有充分理由断定今后各批货物亦将会发生根本违反合同，则该另一方当事人可以在一段合理时间内宣告合同今后无效，即撤销合同对今后各批货物的效力，但对在此以前已经履行义务的各批货物不能予以撤销。

3. 当买方宣告合同对某一批交货无效时，如果合同项下的各批货物是相互依存，不可分割的，不能将任何其中一批货物单独用于双方当事人订立合同时所设想的目的，买方就可以撤销整个合同。

例如，有一份合同，出售中国丝苗大米10 000吨。合同规定："自 2 月份开始，每月装船1 000吨，分十批交货。"卖方从 2 月份开始交货，但交至第五批大米时，大米品质有霉变，不适合人类食用。买方有权拒收第五批货物，但不能主张取消今后各批的交货合同。因为合同的标的——大米的各批之间没有相互依存的关系，第五批交货品质不符，不一定影响其他各批货物的品质和效用；同时，买方也没有充分理由断定，因卖方第五批交货品质不符，今后各批交货都会是品质不符的。因此，买方只能拒收第五批交货。但如果双方买卖的是成套设备，也是分批交货，而中间的一次交货的品质根本达不到合同所规定的技术标准，买方就有权宣告过去已交付的各批货物和今后将要交付的各批货物均无效，即整个合同宣告无效。因为成套设备的各个部分都是相互依存的，如其中一部分设备根本不符合合同规定的技术标准，那么整套设备都不能发挥应有的效用，这就是公约所说的："不能将任何其中一批货物单独用于双方当事人在订立合同时所设想的目的"，买方就可以撤销整个合同。

三、卖方违约时买方的救济方法

卖方违反合同的情形主要有不交货，延迟交货和交付的货物与合同规定不符。公约第 3 部分第 2 章第 3 节对买方可以采取的救济方法作了具体规定。

（一）要求卖方履行合同义务

公约第 46 条规定，如果卖方不履行合同义务，买方可以要求卖方履行其合同或公约中规定的义务。但买方如果已经采取了与这一要求相抵触的其他救济方法，他就不能采取这种救济方法。例如，如果买方已经宣告撤销合同，就不能再要求卖方履行其合同义务。公约所规定的这种救济方法同各国法律中所规定的实际履行（specific performance）的救济方法基本上是一致的。不过，由于大陆法和英美法在处理实际履行的问题上分歧较大，前者认为实际履行是主要的救济方法，后者则认为只是辅助性的救济方法，只有在金钱赔偿不足以弥补受损害一方的损失时才予以采用。两大法系在这个问题上很难达到完全的统一。因此，国际货物买卖合同公约对这种救济方法采取了照顾现状的做法。公约第 28 条规定，当一方当事人有权要求对方履行其合同义务时，法院没有义务判令对方具体履行这一义务，除非法院依照其本身的法律对不属于本公约范围的类似销售合同愿意这样做。换言之，当买方依照公约的规定向法院提起实际履行之诉时，法院是否作出强制卖方交货的判决，须取决于法院所在国家的法律对其他类似的买卖合同如何处理而定。譬如，大陆法系国家的法院可能会作出这种判决，而英美法系国家的法院则很可能不会作出这种强制执行的判决。

（二）要求卖方交付替代货物

公约第 46 条第 2 款规定，如果卖方所交付的货物与合同规定不符，而且这种不符合同的情形已构成根本违反合同，买方有权要求卖方另外再交一批符合合同要求的货物，以替代原来那批不符合的货物。不过，买方在采用这种救济方法时，须受下列条件的限制：

1. 卖方所交货物不符合同的情形相当严重，即已构成根本违反合同。如果卖方所交货物虽与合同不符，但情况并不严重，即尚未构成根本违反合同，买方就不能要求卖方交付替代物，而只能要求卖方赔偿损失或对货物进行修补。

2. 买方如果要求卖方交付替代货物，买方必须在向卖方发出货物与合同不符的通知时提出此项要求，或者在发出上述通知后的一段合理时间内提出这种要求。

（三）要求卖方对货物不符合之处进行修补

公约第 46 条第 3 款规定，如果卖方所交的货物与合同规定不符，买方可以要求卖方通过修理（repair）对不符合之处做出补救。这种救济方法适用于非根本违约的情况。当然，如果根据具体情况，要求卖方对货物不符合同之处进行修理是不合理的，买方就不能要求卖方来对货物进行修理。例如，货物的缺陷轻微，只需略加修理即可符合合同要求，买方就可以自行修理或请第三人进行修理，所需费用和开支，可要求卖方予以赔偿。

（四）给卖方一段合理的额外时间让其履行合同义务

这是公约第 47 条第 1 款规定的救济方法，它是针对卖方延迟交货而规定的。其法律意义是为买方日后宣告撤销合同创造了条件，但买方一旦已经给卖方规定了一段合理的额外时间让卖方在此期间内履行其义务，则在这段时间内，除非买方已收到卖方的通知，表明卖方将不在这段时间内履行其义务，买方就不能对卖方采取任何救济方法。但按公约的规定，买方并不因此而丧失其对卖方延迟履行义务所享有的请求损害赔偿的权利，因为卖方毕竟违反了合同，没有按合同规定的时间交货。

（五）撤销合同

根据公约第 49 条的规定，当卖方违反合同时，买方在下述情况下可以宣告撤销合同：

1. 卖方不履行其在合同中或公约中规定的任何义务，已构成根本违反合同；或

2. 如果发生不交货的情况，卖方在买方规定的合理的额外时间内仍不交货，或卖方声明他将不在买方规定的合理的额外时间内交货。

如果卖方已经交付货物，买方就丧失了宣告撤销合同的权利，除非他按照公约的下列规定及时提出撤销合同：

1. 对于迟延交货的情形，买方必须在卖方交货后的一段合理时间内宣告撤销合同，否则，他将失去宣告撤销合同的权利。

2. 对于迟延交货以外的任何违反合同的情形，买方必须在已经知道或理应知道这种违约情形后的一段合理时间内宣告撤销合同，否则，他亦将失去宣告撤销合同的权利。

由此可见，公约十分强调买方必须在"合理时间内"行使撤销合同的权利，如果超过了合理的时间，买方就丧失了撤销合同的权利。至于何谓"合理的时间"，公约没有具体规定，须视具体案情而定。

（六）要求减价

按照公约第 50 条的规定，如果所交货物与合同不符，不论买方是否已经交付货款，他都可以要求减价。减价应按实际交付的货物在交货时的价值，与当时符合合同的货物的价值两者之间的比例计算。但是，如果卖方对货物不符合的情况做出补救，或者买方拒绝卖方对此做出补救，则买方不得再要求减低价金。

（七）当卖方只交付部分货物或所交货物只有一部分符合合同规定时，买方可采取的救济方法

公约第 51 条规定，当卖方只交付一部分货物，或者卖方所交付的货物中只有一部分与合同的要求相符合时，买方只能对漏交的货物或对与合同要求不符的那一部分货物，采取退货减价或要求损害赔偿等救济方法。但一般不能宣告撤销整个合同或拒收全部货物，除非卖方完全不交货，或者不按合同规定交

货已构成根本违约，买方才可以宣告撤销整个合同。

（八）当卖方提前交货或超量交货时，买方可以采取的救济方法

公约第52条规定，如果卖方在合同规定的日期以前交货，买方可以收取货物，也可以拒绝收取货物。但在后一种情况下，如果卖方把货物暂存下来，等到合同规定的交货期到临的时候再次向买方提交货物，买方仍须收取这批货物。

如果卖方所交货物的数量大于合同规定的数量，买方可以收取全部货物，也可以拒收多交部分的货物，但不能拒收全部货物。如果买方收取多交部分的货物，他就必须按合同规定的价格付款。

四、买方违约时卖方的救济方法

买方违约的情况主要有不付款、延迟付款、不收取货物、延迟收取货物。在上述情况下，公约第3章第3节规定，卖方可以采取的救济方法有：

（一）要求买方实际履行其合同义务

当买方不支付货款，不收取货物或不履行其他义务，卖方可以要求买方实际履行其合同义务，除非卖方已采取了与此要求相抵触的救济方法。同买方请求实际履行一样，法院是否作出实际履行的判决，取决于法院地国国内法的规定。

（二）卖方可以规定一段合理的额外时间，让买方履行其义务

如果卖方已采取了这种救济方法，给予买方以一段合理的额外履约期限，则除非卖方收到买方的通知，声称他将不在这段时间内履行义务，卖方不得在这段时间内采取任何其他救济办法。但是，卖方并不因此丧失其对买方迟延履约可能享有的请求损害赔偿的权利。

（三）撤销合同

根据公约第64条的规定，当买方不履行合同义务时，卖方在某些情况下可以撤销合同。主要有以下两种情况：

1. 买方不履行其合同义务或公约中的义务，足以构成根本违反合同，在这种情况下，卖方可以立即撤销合同。

2. 如买方不履行合同义务不能构成根本违反合同，则卖方可以给买方规定一段合理的额外时间，让买方在此期间履行其义务，如买方不在这段时间内履行支付货款或收取货物的义务，或买方声明他将不在所规定的时间内履行其义务，则卖方亦可撤销合同。

但是，如果买方已支付了货款，卖方原则上就丧失了宣告撤销合同的权利。

（四）自行确定货物的具体规格

公约第 65 条规定，如果买卖合同对货物的具体规格如形状、大小、尺码等没能作出具体规定，而只规定买方有权在一定日期内提出具体规格要求或在收到卖方通知后提出具体的规格要求，在这种情况下，如果买方在合同规定的时间内或在收到卖方要求后的一段合理时间内没有提出具体规格要求，可以依照他所知道的买方的要求，自行确定货物的规格。但卖方应把他确定的具体规格通知买方，而且必须规定一般合理时间，让买方可以在此期间内订出他所需要的规格。如果买方在收到卖方的上述通知后，没有在规定的合理期间内提出不同的规格要求，卖方所确定的规格就具有约束力，买方不得拒收。

（五）要求支付利息

如果买方没有支付价款或任何其他拖欠金额，卖方有权对这些款额收取利息，并不妨碍卖方依公约的规定取得损害赔偿。

第六节　货物所有权与风险的转移

一、所有权的转移

在国际贸易中，货物的所有权从何时起由卖方转于买方，这是关系到买卖双方切身利益的一个重大问题。因为一旦货物的所有权移转于买方之后，如果买方拒付货款或遭遇破产，卖方就将蒙受钱货两空的损失。因此，卖方在收到货款以前，往往采取各种方法保留其对货物的所有权，以此来保障自身的利益。这种情况使国际贸易中所有权的转移问题显得非常重要。例如，在英国曾发生过这样一个案例，一英国商人 A 按 CIF 条从美国进口 1 000 公吨散装小麦，A 又把其中 500 公吨转给英国商人 B，B 也预付了货款。但在货物运抵英国港口以前，A 宣告破产，清算官已把上述 1 000 公吨散装小麦列入清算财产。B 知道后，立即以他已付款为理由，要求清算官把 500 公吨小麦归还于他，但遭到拒绝。最后经法院判决，B 仍然败诉，主要原因是：A 是从散装的 1 000 公吨小麦中，把 500 公吨卖给 B，在订立合同时，并未把 500 公吨小麦清楚分开，即这 500 公吨小麦处于未特定化状态。因此，尽管买方已预付货款，但货物的所有权并未由 A 转移给 B。假设 A 与 B 买卖的是特定化或是这 1 000 公吨小麦，在 B 已付款的情况下，其结果就大不相同，因为所有权已由 A 转移给 B。因此，确定货物所有权的归属，在一方当事人发生破产情况时，对该货物能否列入破产财产具有重要意义。

各国在民商法或买卖法中对所有权移转的问题都有一些具体规定，但这些规定并不是强制性的规则，双方当事人可以在合同中作出不同的安排。而且这些规定主要是适用于国内贸易的，不能简单地套用于国际贸易。在国际贸易中，所有权的移转主要取决于合同的规定、装运单据特别是提单抬头的格式以及卖方处理提单的方式方法。

《联合国国际货物买卖合同公约》第 4 条明确规定，该公约不涉及货物所有权移转的问题。这主要是因为各国关于所有权移转的法律分歧较大，有些国家的法律规定，所有权在订立买卖合同时立即移转，而有些国家的法律则规定，货物的所有权须在卖方把货物交付给买方时，才移转于买方。在这个问题上各国很难达成一致的协议。因此，在讨论公约草案时，各国代表都同意把风险移转问题同所有权移转分开，公约只对货物的风险从何时起由卖方移转于买方加以规定，而对所有权移转问题则不作任何具体规定。

但在国际贸易惯例中，1933 年《华沙—牛津规则》对所有权移转的时间作了具体的规定，其他国际贸易惯例包括国际商会制订的《国际贸易术语解释通则》都没有涉及所有权移转问题。根据《华沙—牛津规则》第 6 条的规定，在 CIF 合同中，货物所有权移转的时间，应当是卖方把单据交给买方的时刻。换言之，在 CIF 合同中，货物所有权既不是在订立合同的时候移转，也不是在交货的时候移转，而是在卖方把代表货物所有权的（单据）提单交给买方的时候才移转于买方。虽然，《华沙—牛津规则》是针对 CIF 合同的特点制订的，但一般认为这项原则也可以适用于卖方有提供提单义务的所有合同，其中包括 CFR 合同与卖方有义务提供提单的 FOB 合同。至于在卖方没有提供提单义务的合同中，则一般可推定，货物的所有权是在卖方把货物交付给买方控制的时候转移于买方。

正是由于现行的国际公约和国际惯例对国际贸易中货物所有权的转移问题缺乏明文规定，我们就可以在买卖合同中专门规定所有权转移的条款，避免买方在付款前破产而导致钱货两空的风险。在这方面，下列案例很有借鉴意义。一家英国公司购买荷兰一公司的铝土，并打算将铝土部分用于本公司生产，部分用于再售（转卖）。买方受货后支付了部分货款而因资不抵债接受了公司清算。买方已转卖的部分铝土由清算人支配，剩余的未转卖的部分铝土尚未投入生产。依据与买方签订的买卖铝土合同，卖方在诉讼中主张，对于转卖铝土的收入和剩余的铝土卖方拥有优于其他债权人的请求权，因为合同列明了下列所有权转移条款：（1）只有当买方付清全部货款时，未投入生产的铝土才能转为买方所有；（2）买方对未投入生产的铝土只有保管的责任；（3）在买方付清全部货款之前，卖方对投入生产的铝土所生产出来的成品或最终产品享有追偿权，亦即买方将这些成品或最终产品出售，只是代理卖方的行为，出卖产品的收益归卖方所有。英国法院的判决支持了卖方的主张，确认以上三条款具有法律效力。

二、风险的转移

在国际货物买卖中，风险是指货物可能遭受的各种意外损失，如盗窃、火灾、沉船、破碎、渗漏、扣押以及不属于正常损耗的腐烂变质，等等。风险转移的关键是时间问题，即从什么时候起，货款的风险从卖方转移于买方。因为这直接涉及到买卖双方的基本关系，并决定着是由卖方还是买方承担损失的问题。如果货物的风险已由卖方转移买方，货物即使遭受损害或灭失，买方仍有义务按合同规定支付价金；如果风险尚未转移于买方，货物一旦发生损坏或灭失，买方不仅没有支付价金的义务，卖方还要对不交货承担损害赔偿责任，除非卖方能证明这种损失是由于不可抗力的原因造成的。

（一）公约关于风险转移的规定

公约第 66 条至第 70 条对风险转移问题规定了以下几项规则：

1. 公约允许双方当事人在合同中约定有关风险转移的规则。他们可以在合同中使用某种国际贸易术语或以其他方法来规定风险从卖方转移于买方的时间及条件。如果双方当事人在合同中对此作了具体规定，其效力将高于公约的规定。

2. 在买卖合同涉及货物运输时，风险转移的规则。根据公约第 87 条的规定，如果买卖合同涉及到货物的运输，但卖方没有义务在某一特定地点交付货物，自卖方按照买卖合同把货物交付给第一承运人以运交买方时起，风险就移转到买方承担。如果卖方有义务在某一特定地点把货物交付给承运人，在货物于该地点交付给承运人以前，风险不移转到买方承担。卖方有权保留控制货物处分权的单据，并不影响风险的移转。

3. 当货物在运输途中出售时风险转移的规则。按照公约第 68 条的规定，对于在运输途中出售的货物，从订立合同时起，风险就移转到买方承担。但是，如果情况表明，从货物交给签发载有运输合同的单据（如提单）的承运人时起风险就由买方承担，则风险应于此时移转于买方。虽然如此，如果卖方在订立买卖合同时知道货物已经灭失或损坏，而他又不将这一事实告知买方，则这种灭失或损坏应由卖方负责。

4. 在上述两种情况以外的其它情形下，风险转移的规则。公约第 69 条规定，凡不属于上述两种情况者，从买方收受货物时起，或者如果买方不在适当时间内收受货物，则从货物已交给他处置而他违反合同不受领货物时起，风险即移转到买方承担。

但是，如果买方有义务在卖方营业地以外的某一地点接收货物，则当交货时间已到而买方知道货物已在该地点交给他处置时，风险始移转于买方。

（二）国际贸易惯例关于风险转移的规则

《国际贸易术语解释通则》和《华沙—牛津规则》等惯例，对风险转移的时间均有明确规定。例如，按照《国际贸易术语解释通则》的规定，在工厂交货（Ex Works）合同中，货物的风险是从卖方在工厂把货物交给买方支配时起转移给买方；在 FOB、CFR、CIF 合同中，货物的风险是从货物在装运港装船越过船舷时起转移于买方；在目的港交货合同中，货物的风险是在货物运到目的港交由买方支配时起转移于买方。

（三）交货状态对风险转移的影响

货物从交货状态来看，可分为特定货物、非特定货物和特定化的货物。特定货物（specific goods）是指在订立合同时已经验明和同意的货物。如买卖大宗木材、烟叶或凭买方来样成交的工业产品，在装船前由买方验明同意装船的货物。又如买卖古玩、名画、特种工艺品，一经买方指定，也属于特定货物。非特定货物（unascertained goods）则是指在订立合同时，未经验明和同意的货物。假设 A 在仓库存放 10 万吨一级大豆，他把其中 2 万吨出售给 B。在这 2 万吨一级大豆没有清楚分开和划拨在合同项下的时候，它就属于非特定货物。特定化货物（specified goods）是指买卖的种类货物，但经清楚分开和指定，已划拨在合同项下时，就是特定化货物。如上例中的 2 万吨一级大豆，如果已从 10 万吨中清楚分开，并划拨在合同项下，就成为特定化货物。

公约第 67 条明确规定，无论任何情况下，在货物加上标志，或以装运单据、或以向买方发出通知或其他方式，将货物清楚地确定在合同项下之前，风险不能转移给买方。简言之，在货物特定化以前，风险不能转移于买方。

例如，卖方 A 从他正在运往目的港的 1 万吨小麦中，出售 3 000 吨给买方 B。在货物运抵目的港前，受载轮船发生风险，共损失了 3 000 吨小麦。事后，卖方 A 认为路货（in transit）买卖，货物的风险应从订立合同之时起，即由卖方转移给买方，因此，此项损失应由 B 承担。但是，由于双方买卖的是散装货，是 1 万吨小麦中的一部分，既不是特定物，又不是特定化的货物。因此，任何人都不能确定损失的 3 000 吨小麦就是卖给 B 的。除非这 1 万吨小麦全部灭失，才能确定卖给 B 的 3 000 吨小麦也包括在内，B 才承担其中 3 000 吨小麦的损失。由此可见，买卖货物所处的状态，对于风险的转移有着直接的影响。

（四）违约对风险转移的影响

公约和国际惯例关于风险转移的规则，是针对卖方或买方未发生违约的情况而言的。如果有一方当事人在履约过程中发生了违约行为，对于正常情况下风险转移的规则则产生不同的影响和后果。

1. 卖方违约对风险转移的影响

（1）如果卖方所提供或交付的货物（tender or delivery of goods）不符合合

同的要求，足以使买方有权拒收货物时，则在卖方消除了货物的缺陷，或在买方接受货物以前，货物的风险仍由卖方承担。

（2）如果卖方的违约行为属于非根本违约，对于装运港交货系统合同，在货物已运抵目的港后，发生了货物风险损失，买方仍应对此风险负责。但买方有权按照违约的实际情况，依照合同和有关法律的规定，向卖方提出索赔。

2. 买方违约对风险转移的影响

如果卖方已经把符合合同规定的货物确定在合同项下，而买方在货物的风险尚未转移给他以前，拒绝履行合同或有其他违约行为，卖方就可主张在他的保险合同所不包括的差额的限度内，货物的风险在商业上合理的期间内由买方承担。例如，有一份 CIF 合同，其中规定："买方必须在 6 月 15 日前开到信用证，""卖方必须在 6 月 30 日前装船。"但买方的信用证迟迟不能开到，正巧 6 月 30 日发生强烈地震，该批货物受到严重损失。在这种情况下，风险转移的时间就不是越过船舷的时刻，而应当依照买方开证期限的满期日来划分。因此，货物的风险已于 15 日从卖方转移到买方。当然这项规定在适用时必须符合下列条件：（1）卖方所交的货物必须符合合同的规定；（2）买方的违约行为发生在风险转移于买方之前；（3）货物已经特定化；（4）限于在商业上认为是合理的时间之内，因为买方虽有违约行为，但在出现这种情况时货物仍在卖方的支配之下，卖方应及时对货物作适当的处置（如另行出售等），所以不应当在过分长的时间内把风险加在买方身上。

第七节　联合国国际货物买卖合同公约在我国的适用

从公约的制定、通过、核准到生效，我国始终采取积极的态度。1980 年 4 月，我国政府派代表参加在维也纳举行的外交会议，并签署了该公约。其后，我国政府又于 1986 年 12 月 11 日向联合国交存批准文书，成为该公约的缔约国。与我国同一天交存核准书的有美国、意大利（在此之前有 8 个国家核准加入），公约因此从 1988 年 1 月 1 日起生效。目前，公约已对中、美、意、法等 34 个国家生效。我国在交存核准书时依公约规定作了两项保留：（1）不受公约第 1 条第 1 款（b）项的约束；（2）对公约第 11 条、第 29 条及有关规定提出保留。为了执行该公约，我国对外经济贸易部在 1987 年 12 月 4 日发布了《关于执行联合国国际货物销售合同公约应注意的几个问题》。依据公约的内容及特点，我国所作的保留和对外贸易部发布的意见，我国在适用公约的实践中应注意下列问题：

一、公约的适用范围问题

1. 公约所规定的内容并没有涉及国际货物买卖的各个方面，它只涉及合同的成立和买卖双方的权利义务，而与合同的效力、货物所有权的转移以及货物所引起的人身伤亡的责任无关。因此，对后面的一些问题，只能适用有关的国际惯例或适用国际私法规则援引某一国内法加以解决。

2. 公约对"货物"有一定的限制，该公约第 2 条明确规定，公约不适用于下列买卖：

(1) 供私人和家庭使用的买卖合同；

(2) 以拍卖方式进行的买卖；

(3) 根据法律执行令状或其他令状进行的买卖；

(4) 股票、投资证券、流通票据或货币的买卖；

(5) 船舶或飞机的买卖；

(6) 电力的买卖。

上述六种买卖主要是由于其买卖的性质，买卖的方式或买卖的标的物具有某种特殊性，因而被排除在公约的适用范围之外。

3. 公约强调它只适用于国际性的货物买卖合同，即营业地处于不同的国家的当事人之间所订立的货物买卖合同。因此，公约在认定合同是否具有国际性时，惟一的标准是当事人的营业地，至于双方当事人的国籍是否不同，则不予考虑。

除了合同当事人的经营地点处于不同国家以外，还必须符合下列条件之一，公约才适用于他们所订立的货物买卖合同：

(1) 这些国家都是该公约的缔约国；或

(2) 如果当事人的营业地所在国不是缔约国，则须依据国际私法规则导致适用某一缔约国的法律。

上述第 (2) 项规定的目的是为了扩大公约的适用范围，使公约不仅适用于缔约国的当事人之间订立的买卖合同，也可能适用于非缔约国的当事人所订立的买卖合同。例如，营业地在甲国的当事人同营业地在乙国的当事人之间的货物买卖合同，假设甲国为公约的缔约国，乙国不是公约的缔约国，按照第 (1) 项的规定，由于乙国不是缔约国，该公约不适用于它们所订立的合同。但是，如果根据第 (2) 项的规定，只要国际私法规则导致适用甲国的法律 (可能因为甲国是合同的订立地或履行地等)，则由于甲国是公约的缔约国，该公约就适用于他们之间所订立的买卖合同。对于这一点，我国提出了保留，即我国仅同意对双方的营业地所在地均为缔约国的当事人之间所订立的货物买卖合同才适用该公约。

二、公约规定的合同形式问题

依照公约第 11 条的规定，国际货物买卖合同不一定要以书面形式订立或以书面来证明，在形式方面也不受任何其他条件的限制。因此国际货物买卖合同无论采取口头形式还是书面形式都是有效的。这一规定与我国《涉外经济合同法》关于涉外经济合同必须采取书面方式订立的要求不一致。因此，我国在核准公约时，对此提出了保留，即中国坚持认为，国际货物买卖合同必须采用书面方式，包括电报和电传。阿根廷和匈牙利对此也作了保留。

三、公约的非强制性问题

公约第 6 条规定，当事人可以全部排除公约的适用，也可以删减或改变公约的任何规定的效力。这就是说，公约的适用并不具有强制性，即使合同双方当事人的营业地分处不同的缔约国，本应适用该公约，但如果他们在合同中规定不适用该公约，而选择公约以外的其他法律作为合同的准据法，就可以完全排除公约的适用。如果营业地分别处在不同缔约国的双方当事人，在他们订立的合同中没有排除公约的适用，公约就自动适用于他们所订立的合同。

当事人也可以在买卖合同中作出规定，部分地排除公约的适用，或改变公约中的任何一条规定而代之以合同中所作出的规定。但是，当事人的这一权利有一定限制，即如果当事人营业地所在国在批准公约时作出了保留，当事人必须遵守该项保留。例如，营业地在我国的当事人就不能以口头方式订立合同或以口头修改、废止合同，因为我国对此作了保留。

如果当事人仅在合同中选择适用某一国际惯例所规定的贸易术语，不能认为排除了公约的适用。因为这些贸易术语主要是用来确定买卖双方在交货方面的责任、费用与风险划分等问题，它们不能解决对货物品质的责任，违约及对违约的救济方法等问题，而公约对这些问题作了具体规定。因此，公约与贸易术语是相互补充的，并不相互排除。

第二十一章
国际货物运输的统一实体法

第一节 概　　述

一、国际货物运输的概念与特征

国际货物运输是指采用一种或多种运输工具，把货物从一个国家的某个地点，运至另一个国家的某个地点的运输。由于国际货物买卖的当事人的营业所分处不同国家，卖方在履行合同时必须按时、按质、按量交付给对方，这就需要长途的国际货物运输来完成。可见，一笔国际交易的完成，光靠一个货物买卖合同还不行，还需要签订货物运输合同来保证买卖合同的实现。因此，国际货物运输是国际贸易中必不可少的一环。

同国内货物运输相比，国际货物运输具有如下特点：

1. 国际货物运输在整个国际交易过程中是相对独立的一环，它同买卖合同等其他合同分属不同的法律调整。尽管一般买卖合同也订有运输条款，但各种国际货物运输方式通常都是通过承运人和托运人签订和履行专门的运输合同来进行的，这类合同一般都是以一方当事人签字的运货单证为表现形式，如海洋提单（ocean bill of lading）、铁路运单（way bill）、空运单（air way bill）、多式联运单证（multimodal transport document）等。

2. 由于货物的地理移动超越一国的国界，国际货物运输具有运输路程远、经历时间长、风险大、运输方式复杂、中间环节多以及易受国际局势和有关国家国内政策影响的特点。

3. 调整国际货物运输关系的法律有国际条约、国际惯例和有关国家的国内立法。但起主要作用的是体现在国际条约中的统一实体法。本章主要是介绍有关的国际公约。

二、国际货物运输的种类

国际货物运输的方式很多，主要有：海上运输、江河运输、铁路运输、公路运输、航空运输以及上述若干方式组合的多式联运等。其中，海上运输具有悠久的历史，目前仍然是国际货物运输的主要方式；航空运输近年来发展较快，货运量不断增大；多式联运是新近发展起来的一种综合运输方式，具有广阔的前景。

各种运输方式各具特点，选择运输方式时要对货物的性质和特点、运输路程、运费、交货日期、风险程序以及自然条件、国际政治影响等因素进行综合考虑。本章对有关海上货物运输、航空货物运输、铁路货物运输、多式联运的国际公约进行介绍。

第二节 国际海上货物运输

一、国际海上货物运输的概念和种类

国际海上货物运输是指由承运人将托运人的货物从一国的某一港口经海道运至另一国某一港口的运输方式。海上货物运输载重量大、成本低，但速度慢，易受季节气候、风浪等自然条件的影响，因此风险较大。目前，国际贸易总量的四分之三是由海上货物运输承担的。

按经营方式的不同，国际海上货物运输可分为班轮运输和租船运输。

1. 班轮运输是指由船舶公司在固定的航线、沿线停靠固定的港口、按固定的船期、固定的运费组织的运输。它通常用于成交数量小、批量小、交接港口分散的货物的运输。由于班轮运输合同通常通过提单来表现，故又称提单运输。在班轮运输合同中，货主称托运人，船主称承运人。

2. 租船运输是货主在一定时间内租用船主的全部、部分或指定舱位运送货物的一种运输方式。这一运输方式适用于批量大、货种单一、交货集中的大宗货物运输。由于租船运输一般没有固定的船期、固定的航线和停靠港口，有人将其称为不定期船运输。在租船合同中，货主称船舶承租人，船主称船舶出租人。

二、提单

（一）提单的含义和法律作用

提单（Bill of Lading，B/L）是承运人在接管货物或把货物装船之后签发给托运人，证明双方已订立运输合同，并保证在目的港按照提单所载明的条件交付货物的一种书面凭证。

提单是国际海上货物运输中最重要的单据，在法律上具有下列作用：

1. 提单是承运人与托运人之间运输合同的证据

提单是体现承运人与托运人权利义务关系的基本文件，提单一经签发就对

双方当事人产生法律拘束力。由于提单是在承运人收到货物后单方面签发的，因此，它本身不是运输合同，而只是运输合同的一种书面凭证，当运输合同的内容与提单不一致时，以运输合同为准。不过，在提单运输的实践中，除提单以外，很少有双方事先达成的协议存在。因此，提单既是证明存在运输合同的证据，本身实际上也起到了运输合同的作用。另一方面，当托运人通过背书方式把提单转让给收货人以后，提单就成为受让人与承运人之间的运输合同，他们之间的权利义务关系应以提单的规定为依据，即使原来的托运人与承运人事先另有协议，由于提单的受让人对此一无所知，他可以不受其约束，承运人亦不得以此为由要求改变提单的内容。

2. 提单是承运人或其代理人签发给托运人的货物收据

托运人将货物交给船方承运，船方收到货物或已把货物装上船之后，在提单上记明货物的品种、数量，并由船方签字后交与托运人，说明船方已收到了托运人的货物。船方按照提单所记载的目的港交货，向提货人收回原提单，便结束了提单作为收据的作用。提单的收据作用表明船方在签发提单时必须诚实，对装船日期、数量、装货港、货物表面情况必须客观真实地记载，否则，在日后出现货损货差时，船方不能免责。

3. 提单是代表货物所有权的物权凭证

提单的主要目的是使提单的持有人能够在货物运输过程中通过处分提单来处理提单项下的货物。按照商业惯例，占有提单，在许多方面就等于占有货物，而提单的转让通常具有与交货本身同样的效果。因此，提单就是货物的象征。所谓提单是一种物权凭证，指的就是提单的这种作用。由于提单具有物权凭证的作用，在国际贸易中，它可以作为买卖的标的物和向银行押汇的担保品。

提单通常可以以背书方式转让给受让人。如果出让人的意思是要移转货物的所有权，则一经背书并把提单交给受让人后，受让人就可以取得该提单项下货物的所有权。

提单作为一种物权凭证，它赋予提单持有人占有货物的权利。谁持有提单，谁就有权要求承运人交付提单项下的货物。承运人的责任是把提单项下的货物交给提单持有人，而不问提单持有人的权利来源是否正当。即使提单持有人确实无权占有货物，但只要承运人对此不知情而善意地将货物交付给他，承运人就可以不负责任。但是，如果承运人把货物交给不是持有提单的人，他就得自行承担风险。如果该人不是真正的所有人，承运人就要对真正所有人承担把货物擅自交给他人的责任。

(二) 提单的格式和基本内容

提单的格式无统一标准，各轮船公司可自行制定，但应载明下列各项内容：

（1）船名和船舶的国籍；（2）承运人名称；（3）装货地和目的地或者运输航线；（4）托运人名称；（5）收货人名称；（6）货物的名称、标志、包装、件数、重量或体积；（7）运费和应当付给承运人的其他费用；（8）提单签发的日期、地点和份数；（9）承运人或代理人或船长的签字。

在上述 9 项内容中，第（1）至（6）项由托运人填写。托运人应向承运人保证他所填报的情况的精确性，如因托运人填写不清楚或不正确，以致引起灭失或损害，托运人应负责赔偿承运人的损失。如果承运人怀疑所收到的货物同提单上所填报的情况不符，得在提单上添加批注。第（7）至（9）项的内容一般由承运人填写。提单通常是一式三份，但也可以根据托运人的需要适当增加或减少份数。承运人凭其中一份提单交付货物之后，其余提单一律作废。

提单的背面印有详细的运输条款，主要是规定承运人与托运人的权利义务。这些条款由各轮船公司自行拟订，内容繁简不一。承运人一般总是力图在提单中列入减免其对所运货物的责任的条款，但如果提单规定适用 1924 年《海牙规则》的话，承运人就不能在提单中排除其按海牙规则所应承担的基本义务，即使承运人在提单中列入了这样的免责条款，按照海牙规则的规定，这类免责条款也是无效的。

我国远洋公司的提单是按国际间通行的格式与提单所必须具备的条件为基础制订的。它的正面内容是以中文和英文并列印刷，主要内容有：

（1）承运人名称（Carrier）；（2）船名和船舶国籍（Vessel and Nationality）；（3）装货地和目的地或中途停靠港地（Ports of Loading and Unloading and of Call）；（4）托运人名称（Shipper）；（5）收货人名称（Consignee）；（6）货物品名、标志、包装、件数、体积或重量（Description of Goods, Marks, Packages, Numbers, Measurement or Weight）；（7）运费和应当给付承运人的其他费用（Freight and Charges）；（8）提单签发的日期、地点和份数（Date of signing at . . .）；（9）承运人或船长签署（Signed by Carrier Master）。

上述 9 项内容是提单必须具备的内容，缺少任何一项均不能按提单的法律来衡量权利与义务。

我国远洋公司提单的背面印有 20 条条款，说明我国远洋公司对所承运的货物应负的义务和享受的权利。为适应国际间运输的需要，提单背面的条款用英文印刷。

（三）提单的种类

在国际贸易业务中，可以从不同的角度对提单加以分类，不同种类的提单性质相同，但作用不完全相同。主要的分类方法有：

1. 按货物是否已装船分类

（1）已装船提单（shipped or on board B/L），指提单上载明货物"已由某某轮装运"的字样和装运日期的提单。由于这类提单对收货人按时收到货物有保障，买卖合同一般都规定卖方须向买方提供已装船提单。

（2）备运提单（received for shipment B/L），是承运人在收到货物但尚未把货物装上船之前签发给托运人的一种提单。这类提单仅说明货物已处在承运人掌管之下，何时装船，装上什么船，提单不加注明。这类提单对货物能否装运无确切保障，买方和受让人一般不愿接受。在跟单信用证支付方式下，银行一般也不予接受。不过，备运提单如经承运人加注"已装船"（on Board）字样，注明承运船名、装船日期并签字，可转化为"已装船提单"而为银行所接受。

2. 按货物表面状况有无不良批注分类

（1）清洁提单（clean B/L），指承运人对货物的表面状态未加批注的提单。由于提单一般都印有"上列外表状况良好（in apparent good order and condition）的货物已装上上列船上"的字样，因此，承运人在目力所及范围内未发现货物表面状况受损，就无须作任何批注。如果卸货时发现货物外表有缺陷，承运人应承担赔偿责任。在国际贸易中，买方、货物受让人和银行一般都要求卖方提供清洁提单。

（2）不清洁提单（claused B/L, or foul B/L），指承运人对货物的表面状况加有不良批注的提单，如注明"包装不固"、"破包"、"钩损"、"锈蚀"、"捆扎松失"、"沾有油污"等字样。如因这些批注事项而致使货物受损的，可以减免承运人的责任。因此，在提单上加列批注，是承运人保护其自身利益的一种手段。但银行一般都不接受不清洁提单作为议付货款的单据，托运人往往向承运人或其代理人出具保函（Letter of Indemnity），以换取清洁提单结汇，托运人为此承担因货物残损短缺及承运人签发清洁提单而引起损失的赔偿责任。但有些国家规定，承运人接受这种保函开出清洁提单将被视为欺诈行为，对此应承担法律责任。

3. 按收货人的抬头方式分类

（1）记名提单（straight B/L）是指发给指定的收货人的提单，即在提单上的收货人栏内，具体填明收货人的名称，如"交给某某公司"，而不填写"或其指定的人"（or order）的字样。这种提单只能由指定的收货人提货，不能转让，因而又称为不可流通的提单。记名提单虽然可以避免提单在流通过程中遗失、被盗或被冒名背书的风险，但却失去了提单的流通性，因此，银行一般也不愿接受记名提单作为议付货款的单据。记名提单在国际贸易中很少使用，一般只有在运送贵重物品、援助物资或展览品时，才采用。

（2）不记名提单（open B/L, bearer B/L）又称持票人提单。这种提单在收货人一栏内仅填写"交与持票人"（to bearer）字样，既不写明收货人的具体名称，也不填写"凭指示"的字样。谁持有这种提单，谁就可以向承运人提取货物。不记名提单转让手段十分简便，提单持有人不需作任何背书，只要把提单交给受让人即可。由于这种提单在流通过程中风险较大，因此在国际贸易中极少使用。

（3）指示提单（order B/L）是指在提单的收货人一栏内填有"凭某人指示"（to order of ...）字样，或仅填有"凭指定"（to order）字样的提单。前者叫做凭特定人指示提单，后者叫做空白抬头空白指示提单。指示提单是一种可以流通的有价证券，提单持有人可以用背书方式将它转让给第三者，而无需取得提单签发人（承运人）的认可，所以这种提单买方乐于接受，银行也愿意接受指示提单作为议付货款的单据。在国际贸易中，指示提单是使用最为普遍的一种提单。

4. 按运输过程是否转船分类

（1）直达提单（direct B/L），指载明装货港和卸货港的名称，由签发提单的承运人将货物自装货港直接运往卸货港的提单，即承运人签发提单后对全程运输负责，中途不需转运。在国际贸易中，信用证如规定货物不准转船，卖方就必须取得承运人签发的直达提单，银行才接受办理议付货款。

（2）转船提单（transshipment B/L），指货物从装运港装船后，船舶不能直接驶往目的港而需要在中途换船驶往目的港的提单。这种提单一般注有"在××港转船"的字样。由于货物在中途港口转船，不仅会增加货物受损或其他风险，还会因为等候换船延误到货时间。因此，买方通常都争取直达运输，并在合同和信用证内明确规定不许转船。但是，有时由于运输条件的限制或其他方面的原因，在中途转船反可加速货物的运转，在这种场合下，经买卖双方约定，也可以使用转船提单。

（3）联运提单（through B/L）。需经两种或两种以上的运输方式（如海陆、海河、海空等）联合运输的货物，托运人在办理托运手续并交纳全程运费之后，由第一承运人所签发的，包括运输全程并能以此在目的港提取货物的提单，称为联运提单。联运提单的签发人对货物负全程运输责任，货物一旦在运输途中受损，签发人在向货主赔偿后有权向分程运输的实际承运人索赔。

5. 按提单内容的繁简分类

（1）全式提单（long form B/L），亦称繁式提单，它是指通常应用的，在提单背面列有承运人和托运人的权利义务等详细条款的提单。

（2）简式提单（short form B/L），又称略式提单，指只在提单正面列入必要项目，而略去提单背面一般条款的提单。简式提单可分两种，一种是租船项下的简式提单，提单内注有"根据某月某日签订的租船合同开立"等字样，由于这种提单受到租船合同的约束，它本身不构成一个完整的独立文件，买方或银行在接受这种提单时通常要求卖方提供租船合同的副本。另一种是班轮项下的简式提单，一般是为了简化提单的制备工作而采用的提单。这种提单一般都印有"本提单货物的收受、保管、运输和运费等事项，均按本公司全式提单的正面、背面的铅印、手写、印章和打字等书面的条款和例外条款办理。该全式提单存本公司、分支机构或代理人处，可供托运人随时查阅"等内容。根据国际银行业务的惯例，这种简式提单可凭以向银行办理议付。

（四）提单的流通性

提单作为物权凭证，只要具备一定的条件，在商业习惯上就认为是可以转让的。提单的合法持有人可以通过转让提单来转移货物的所有权以及提单所体现的运输合同中的权利与义务，这就是提单的可流通性。正是由于提单具有物权凭证和可流通性这两种属性，它才能够成为货物迅速转让的工具。从事国际贸易的商人只要取得提单，即使货物尚处在运输途中，他也可以通过转让提单而把提单项下的货物立即转售，从而大大加速了资金周转和货物流通的过程，这一点在国际贸易中是有重大实践意义的。

1. 提单转让的条件

首先，提单必须根据提单上关于收货人一栏如何填写来确定其能否流通转让。如果在提单的收货人一栏内载有"凭指示"（to order）、"凭某人指示"（to order of...）或"交给持有人"（to bearer）等字样，即通常所说的指示提单和不记名提单，则是可以转让的提单；但如果在提单的收货人栏内载明交给指定的收货人，即记名提单，则这种提单就不具有流通性，不能以背书方式转让。

其次，出让人（assignor）把提单转让给受让人（assignee）是否就是转让提单项下的货物的所有权，还要取决于出让人的意图而定。如果当事人的意图是通过交付提单来转移货物所有权，那么，提单的转让就是货物所有权的移转；如果当事人的意图是把提单交给银行作为借款的抵押品或交给目的港的代理人代收货物，在这种情况下，提单的转让就不能产生移转所有权的效果。

2. 提单转让的方式

指示提单与不记名提单各有不同的转让方式。指示提单必须由提单持有人在提单上背书，并把提单交付给受让人，才能产生转让提单的法律效力，而不记名提单则仅凭交付提单就可以实现转让的目的。

背书就是提单持有人在提单背面签名。如果在签名之外，不写明把货物转让给谁，这种背书叫做空白背书（indorsement in blank），空白背书后的提单就像不记名提单一样，可以仅凭交付而再度转让。如果提单持有人除签上自己的名字以外，还写明受让人的名字，或写上凭某某受让人的指示交货，这种背书叫做特定背书（special indorsement）。经特定背书后的提单，必须由受背书人背书才能再行转让。如果提单持有人在作背书时，仅写上受让人的姓名，而没有加上"或其指示"（or order）的字样，这就产生一个问题：经过这种特定背书的提单是否仍然具有流通性，是否仍然可以转让？一般认为，在这个问题上可以类推适用票据法的原则，即原来是具有流通性的票据，不因背书人作了特定背书而失去其流通性。所以，在上述情况下，受让人可通过背书方式把提单再次转让。

（五）有关提单的国际公约

在履行提单的权利义务方面，主要的法律问题集中在承运人的责任方面。从本世纪 20 年代到现在，承运人的责任制度发生过并正在发生着重大的变化，而这些发展变化主要是通过三个有关提单的国际公约表现出来的，这三个公约就是 1924 年《海牙规则》、1968 年《维斯比规则》和 1978 年《汉堡规则》。

1.《海牙规则》（The Hague Rules）

《海牙规则》的全称是《关于统一提单的若干法律规定的国际公约》（International Convention for the Unification of Certain Rules of Law Relating to Bills of Lading）。该规则在国际法协会协助下于 1921 年在海牙草拟，故称《海牙规则》，后经伦敦、布鲁塞尔几次外交会议修改，最后于 1924 年 8 月 25 日由 25 个国家在布鲁塞尔签署，1931 年 6 月 2 日生效，目前已有 80 多个国家和地区批准、参加了该公约。《海牙规则》所确立的原则已成为各国有关海运提单的立法与实践的基本原则。我国虽未参加《海牙规则》，但我国航运公司的提单条款与《海牙规则》的规定相似。《海牙规则》共有 16 条，前 9 条规定了承运人、托运人的权利、义务，是公约的主要内容；后 7 条是订明有关国内立法及有关公约的批准、参加、退出、修改等程序的规定。其主要内容是：

（1）承运人的基本义务

第一，提供适航的船舶。承运人在开航前或开航时必须谨慎从事，恪尽职责，使船舶适合于航行，适当地配备船员、设备和供应船舶，使货舱、冷藏舱和该船其他载货处能适宜和安全地收受、运送和保管货物。当然，承运人对船舶适航性的责任，仅限于要求他恪尽职责、谨慎处理，以使船舶能够适航，而不是要求承运人保证船舶绝对适航。如果船舶不适航是承运人经过谨慎处理后仍不能发现的潜在缺陷造成的，承运人不负责任。此外，该规则只要求承运人在开船前或开船时谨慎处理保证船舶适航，而不是整个航运过程中始终保持适航。

第二，适当和谨慎地装载、搬运、配载、运送、保管、照料和卸下所承运的货物。这是承运人在货物装载到卸下的整个运输过程中应承担的责任，其责任期限一般采用"钩至钩"（from tackle to tackle）原则，前一个"钩"指货物在装运港被吊钩吊上船开始，后一个"钩"指货物在目的港被吊钩吊下船为止。在这一过程中，只要承运人谨慎处理，恪尽职责，即使发生不适航的情况而造成损失，承运人也不负责。

此外，承运人或船长或承运人的代理人在收受货物后，经托运人请求，应向托运人签发提单，这也是承运人的一项义务。

（2）承运人的责任免除

承运人的责任免除是指承运人对于在其责任期限内发生的货物损失或灭失，免除赔偿的责任。在通常情况下，承运人总是千方百计地扩大免责的范围。对于承运人的免责事项，《海牙规则》第4条第2款列举了17项之多：

①船长、船员、引水员或承运人的雇佣人员，在航行或管理船舶中的行为、疏忽或不履行义务；②火灾，但由于承运人的实际过失或私谋所引起的除外；③海上或其他通航水域的灾难，危险和意外事故；④天灾；⑤战争行为；⑥公敌行为；⑦君主、当权者或人民的扣留或管制，或依法扣押；⑧检疫限制；⑨托运人或货主，其代理人或代表的行为或不行为；⑩不论由于什么原则所引起的局部或全部罢工、关厂、停工或限制工作；⑪暴动和骚乱；⑫救助或企图救助海上人命或财产；⑬由于货物的固有缺点、性质或缺陷引起的体积或重量亏损，或任何其他灭失或损坏；⑭包装不善；⑮唛头不清或不当；⑯虽恪尽职责亦不能发现的潜在缺点；⑰非由于承运人的实际过失或私谋，或者承运人的代理人，或雇佣人员的过失或疏忽所引起的其他任何原因。但是要求引用这条免责条款的人负举证责任，证明有关的灭失或损失既非由于承运人的实际过失或私谋，亦非承运人的代理人或雇佣人员的过失或疏忽所致。

上述规定可见，凡是承运人无法控制或无法合理预见的情况使货物受到损失的，承运人都可以免责。这些规定显然对承运人十分有利。

（3）承运人的责任限制

承运人的责任限制，是指承运人对每件货物或每一计算单位的货物的损害或灭失进行赔偿的最高限额。《海牙规则》第9条规定，承运人对每件货物或每一计费单位的货物的损害或灭失，最高赔偿额为100英镑。但托运人在装船前已就该项货物的性质和价值提出声明并已列入提单者，可不在此限。这里所说的100英镑是指1924年制定海牙规则时以金本位计算的英镑。不以英镑为货币单位的国家，可将100英镑换算为本国货币，并可不受以黄金计算价值的约束。如美国规定为500美元，加拿大规定为500加元，日本规定为10万日元，中国远洋运输公司的提单规定为700元人民币。

（4）索赔与诉讼

《海牙规则》规定，托运人或收货人在提货时如发现货物灭失或损害，应当立即向承运人提出索赔通知。如果灭失或损失不显著，则在3天之内提出索赔通知。有关货物灭失或损害的诉讼时效为 1 年，从货物交付之日或应交付之日起算。

《海牙规则》的产生，从法律上限制了船方单方面的任意行为，纠正了过去因提单条款完全由船方任意规定，而使货方处于完全无权地位的局面，这是它的进步的一面。但是，当时参加 1924 年布鲁塞尔会议的国家，均属于海运国家，由于它们代表了船方的利益，《海牙规则》明显地偏袒船方的利益，因此，不少国家，特别是航运业发展较慢的发展中国家要求对《海牙规则》进行修改。这就是下面要讲的《维斯比规则》产生的背景。

2.《维斯比规则》(The Visby Rules)

《维斯比规则》的全称是《关于修订统一提单若干法律规定的国际公约议定书》(Protocol to Amend the International Convention for the Unification of Certain Rules of Law Relating to Bills of Lading)。它是一些海运国家在国际海事委员会的协助下，于 1968 年在布鲁塞尔召开外交会议，签订了修改《海牙规则》的议定书。由于该议定书是在维斯比完成准备工作的，故称《维斯比规则》。该规则于 1977 年生效，对《海牙规则》作了有限的修改。这些修改主要是：

(1) 提高了承运人的赔偿限额

《维斯比规则》将承运人赔偿限额的计算货币改为具有一定含金量的金法郎，规定每件或每计算单位赔偿限额为 10 000 金法郎，或每公斤 30 金法郎，按两者之中较高者计算。每个金法郎的含金量为 65.5 毫克，当时 1 个金法郎可折算成 0.04 英镑，10 000 金法郎就相当于 400 英镑。可见，《维斯比规则》提高了承运人的责任限额。

(2) 扩大了有权享受责任限制的规定的范围

《维斯比规则》第 3 条规定，凡是承运人可以享受的免责权利和责任限制，承运人的雇员和代理人也可以享受。但由独立的承包公司或企业派遣所属的工人和代理人为船方服务，而影响到第三者的权利时，不能享受责任限制的规定。

(3) 延长了诉讼时效

《海牙规则》规定诉讼时效为 1 年。《维斯比规则》规定，若双方同意，诉讼时效可以延展。如果船方向第三者要求赔偿的时候，诉讼时效已过，但只要是在受理诉讼法院的法律所许可的范围之内，仍可向第三者提起索赔诉讼。

(4) 新增了集装箱条款

随着集装箱运输方式的出现，《维斯比规则》明确了计算集装箱或托盘货物最高赔偿责任的数量单位。它规定，如果提单上具体载明装在集装箱内的货物件数或单位，则提单所列的件数，就是计算责任限制的单位；如提单上对此没有具体载明，则一个集装箱（或托盘）应视作一件货物。

(5) 扩大了《海牙规则》的适用范围

《海牙规则》第 10 条规定，它适用于在任何缔约国所签发的一切提单。《维斯比规则》第 5 条将其修改为：公约适用于有关两个不同国家的港口之间货物运输的每一提单，如果提单在一个缔约国签发，或从一个缔约国的港口起运，或提单载有的或为提单所证明的合同规定，该合同受本公约的各项规则或者使其生效的任一国家的立法所约束。不论船舶承运人、托运人、收货人或任何其他有关人的国籍如何。

由此可见，《维斯比规则》并未对《海牙规则》作实质性的修改。因此，目前仅有 16 个国家参加了《维斯比规则》。

3.《汉堡规则》(The Hamburg Rules)

《汉堡规则》的全称是《1978 年联合国海上货物运输公约》(United Nations Convention on the Carriage of Goods by Sea, 1978 年)。鉴于《维斯比规则》并未对《海牙规则》作出实质性的修改，为了彻底纠正海运关系中承运人与货主权利义务失衡的倾向，1968 年 3 月联合国贸易与发展会议决定设立国际航运立法工作组，该工作组经过多年的努力，终于在 1976 年联合国国际贸易法委员会会议上提出了《海上货物运输公约草案》。该草案经过几次修改和补充，于 1978 年在汉堡举行的联大全权代表大会上获得通过，故称《汉堡规则》。《汉堡规则》于 1992 年 11 月 1 日生效，现有 20 个缔约国。它共分 7 部分，34 条，并附有一项共同谅解书 (common understanding)。它主要在以下几个方面扩大了承运人的责任：

(1) 承运人的责任期限

《汉堡规则》延长了承运人的责任期限，将《海牙规则》所确定的"钩至钩"原则改为"接到交"原则，即承运人的责任期限从托运人把货物交给承运人掌管之时起，至承运人将货物交给收货人为止。

(2) 承运人的责任原则

《海牙规则》实行的是"不完全过失责任原则"，它规定了 17 项免责条款，凡是承运人无法控制或无法合理预见的情况使货物受损，承运人都可以免责，包括航海过失和火灾。《汉堡规则》实行的是"完全过失责任原则"。该规则第 5 条规定，除非承运人证明他本人及其雇佣人员或代理人员为避免事故的发生及其后果采取了一切所能合理要求的措施，即无过失，否则，承运人应对货物的灭失、损失或延迟交货所造成的损失负赔偿责任。

(3) 承运人的责任限制

《汉堡规则》规定承运人对货物的损害或灭失的赔偿责任，以每件货物或每一装运单位不超过 835 个计算单位或毛重每公斤不超过 2.5 个计算单位为限，以两者中高者为准。这里所指的计算单位指特别提款权 (special drawing right）单位。此时的 835 特别提款权相当于 12 500 金法郎。

《汉堡规则》按照船方和货方合理分担海上运输风险的原则，适当增加了承运人的责任，在一定程度上反映了国际统一海事立法的发展趋势。但由于《汉堡规则》的缔约国都是发展中国家，它们所拥有的船舶总吨仅占世界海船总吨的 1% 左右，所以，该规则目前的影响和作用还不大。我国目前未参加或批准上述三个规则，但在实践中采用了《海牙规则》。

三、租船合同

租船合同以租赁船舶的形式承运国际间的货物。它一般适用于大宗货物的运输，均须以书面形式订立。租船合同的格式，国际间有统一的规格，因为承运货物品种的不同，租船合同的内容也跟着不同，每一种合同均有"代号"，代表合同的全部内容，在国际间进行租船时使用"代号"。此种统一格式的内容均由租船交易所与伦敦航业公会制订，任凭各国贸易商和航运商采用。当然，各国轮船公司与贸易公司按照本单位不同的需要也可以自行印制租船合同的内容，但不能使用代号。租船合同可分为航次租船合同、定期租船合同、光船租赁合同三种。

1. 航次租船合同（Voyage Charter）

航次租船合同，是指出租人（即船舶所有人 shipowner）将船舶租给承租人，按照约定的一个航次或几个航次运输货物，而由承租人支付约定运费的运输合同。按照这种合同，出租人保留船舶的所有权和占有权，并由其雇用船长和船员，船舶仍由出租人负责经营管理，承租人不直接参与船舶的经营事宜。

国际间的航次租船合同大多采用波尔的海与白海会议制订的统一租船合同格式，其代号是"金康"（Gencon）。航次租船合同的主要内容有：

（1）订立合同双方的名称和国籍；

（2）船名与船舶的国籍；

（3）装卸港口的名称和货物的品种及数量；

（4）装卸货物的时间；

（5）运费；

（6）解除合同的条件；

（7）责任终止条款和留置权；

（8）船舶发生碰撞的责任。

2. 定期租船合同（Time Charter）

定期租船合同，是指出租人将船舶租给承租人，在约定的期限内按约定的用途使用船舶进行运输，而由承租人支付约定运费的运输合同。按照这种合同，在租用期间，出租人仍保留船舶的所有权和占有权，并负责保持船舶的工作效能，以及支付船长、船员的工资和给养。至于船舶的经营以及由经营所直接产生的费用，则由承租人负责。在国际间定期租船合同一般采用波尔泰（Baltime）定期租船合同。其主要内容有：

（1）订立合同双方当事人的名称和国籍；

（2）船名及其国籍；

（3）载货重量和容量；

（4）船用燃料和淡水的数量；

（5）租金；

（6）船舶航行速度；

（7）交船时间和地点与还船时间和地点；

（8）解决争端的办法。

3. 光船租赁合同（Charter by demise）

光船租赁合同是指船舶所有人保留船舶所有权，而将船舶的占有权移转给租船人，由租船人雇用船长、船员来管理船舶的一种合同。从法律性质来说，光船租赁合同与航次租船合同和定期租船合同有所不同，航次租船合同和定期租船合同都是运输合同，但光船租赁合同则是属于财产租赁合同，而不是运输合同。在海运业务中，通常都是采用航次租船或定期租船的方式进行运输，采用光船租赁的情况较少。

光船租赁合同的主要条款有如下几项：

（1）船舶使用条款；

（2）租金条款；

（3）转租条款；

（4）保险条款；

（5）交船、还船的地点和步骤。

第三节　国际航空货物运输

一、国际航空货物运输的特点和种类

航空运输是一种现代化的运输方式，它不受地面条件的限制，航行便利，运输速度快，航行时间短，货物在运输途中受损率小，对于某些急需物资、鲜活商品、易损货物和贵重商品来说，航空运输是一种适宜的运输方式。航空运输的运费，虽然一般比海运和铁路运输高，但有些商品采用航空运输，其运杂费的支出有时反而可以降低。这一方面是因为航空运输计收运费的方法不同于其它运输方式；另一方面，采用航空运输可以减少包装费、装卸搬运费、仓储费和运输途中利息开支等项附属费用。

国际航空运输通常采用两种方式：

1. 班机运输。班机（Scheduled Flights）指定时间、定航线、定始头站、途经站和目的站航运的客货混合型飞机或全货机。由于舱位有限，班机运输通常适用于小批量的市场急需商品、鲜活易腐货物的运送。

2. 包机运输。包机运输方式（Chartered Carrier）可分为整包机和部分包机两种。整包机指租机人按事先约定的条件与费率，从航空公司或包机代理公司那里租用整架飞机。部分包机则是指由几家航空货运代理公司联合包租一架飞机。与班机运输相比，包机运输通常适用于载运数量较大的货物运输。

二、关于国际航空货物运输的国际公约

在国际航空货物运输领域，目前存在着三个国际公约，分别调整着不同国家之间有关航空货物运输方面的法律问题。

1. 1929 年《华沙公约》

该公约的全称是《关于统一国际航空运输某些规则的公约》（Convention for the Unification of Certain Rules Relating to International Air Carriage），由于它是 1929 年在华沙签字的，故简称 1929 年《华沙公约》（Warsaw Convention）。《华沙公约》规定了以航空运输承运人为一方和以旅客和货物托运人、收货人为另一方的权利义务关系。公约共 5 章 41 条，是国际航空运输领域最基本的公约。该公约自 1933 年生效，目前已有 130 多个国家和地区参加了该公约。我国于 1958 年正式加入该公约。

2. 1955 年《海牙议定书》

《海牙议定书》（Hague Protocal）的全称是《修改 1929 年 10 月 12 日在华沙签订的国际航空运输某些规则的公约的议定书》，1955 年签订于海牙，故简称 1955 年《海牙议定书》，亦有人称之为《华沙公约修订本》。该议定书共 3 章 27 条，就责任限制、运输单证的项目、航行过失免责及索赔事项等对《华沙公约》进行了修改，使之更好地适应国际航空运输发展的需要。该议定书于 1963 年 8 月 1 日生效，目前已有 90 多个成员国。我国在 1975 年加入该议定书。

3. 1961 年《瓜达拉哈拉公约》

该公约的全称是《统一非订约承运人所办国际航空运输某些规则以补充华沙公约的公约》，1961 年 9 月 18 日订于墨西哥的瓜达拉哈拉，简称《瓜达拉哈拉公约》（Guadalajara Convention）。《瓜达拉哈拉公约》的目的旨在使《华沙公约》中有关承运人的各项规定适用于非运输合同承运人即实际承运人。根据《瓜达拉哈拉公约》的解释，所谓实际承运人，指订约承运人以外，

根据订约承运人授权办理全部或部分运输的人。该公约自 1964 年 5 月 1 日起生效，目前已有 50 多个成员国。我国至今尚未加入该公约。

在上述三个公约中，《华沙公约》是基础，其他两个国际公约只是对《华沙公约》的修改或补充，但都没有改变《华沙公约》的基本原则。另一方面，三个公约又都是相互独立的国际公约，对每一个国家来说，可以只参加其中的一个公约，也可以同时加入两个或三个公约。一般说来，如果一个国家同时参加了上述三个公约，它与《华沙公约》的缔约国之间的关系适用《华沙公约》的规定；它与《海牙议定书》的参加国或同时参加了《华沙公约》与《海牙议定书》的国家之间的关系适用《海牙议定书》的规定；它与同时参加上述三个公约的国家的关系，亦适用《海牙议定书》的规定，因为《瓜达拉哈拉公约》是以适用《华沙公约》或《海牙议定书》为前提的。

三、关于国际航空货物运输的若干国际法规则

由于大多数国家加入了《华沙公约》，现以《华沙公约》为主，结合《海牙议定书》和《瓜达拉哈拉公约》的修改和补充，对国际航空货物运输的若干规则简述如下：

（一）空运单证

1929 年《华沙公约》把空运单证称为空运托运单（Air Consignment Note，简写 ACN）。按照华沙公约的规定，承运人有权要求托运人填写空运托运单，每件货物应填写一套单证，而承运人则应接受托运人填写的空运托运单。每一套托运单应有三份正本，并与货物一起提交承运人。其中，第一份注明"交承运人"，由托运人签字；第二份注明"交收货人"，由托运人签字后随同货物递送；第三份在货物受载后由承运人签字，交给托运人。托运人还须向承运人提交有关货物运输和通过海关所必须的有关单证，如发票及装箱单等，以便及时办妥海关手续，迅速将货物送到收货人手中。

按照《华沙公约》的规定，空运托运单主要包括以下内容：

（1）空运托运单的填写地点和日期；

（2）起运地和目的地；

（3）约定的经停点；

（4）托运人的名称和地址；

（5）第一承运人的名称和地址；

（6）收货人的名称和地址；

（7）货物的性质；

（8）货物的包装件数、包装方式、特殊标志或号码；

（9）货物的重量、数量、体积或尺寸；

（10）如果运费已经议定，就写明运费金额、付费日期和地点以及付款人；

（11）如果是货款到付，就写明货物的价格，必要时还应写明应付的费用；

（12）货物和包装的外表情况；

（13）声明的货物价值；

（14）空运托运单的份数；

（15）随同空运托运单交给承运人的凭证；

（16）经过约定写明运输期限，并概要说明经过的路线；

（17）一项运输应受公约有关责任规则约束的声明。

上述第（1）至第（9）项及第（17）项为必要的记载事项，公约要求承运人在签发空运托运单时注意这些事项有否漏填或漏载。一旦出现漏填、漏载，将导致承运人丧失免责和责任限制的权利。对于空运托运单上所填写的关于货物的各项说明和声明的正确性，托运人应负责任，如果因为这些说明和声明不符合规定，不正确或不完备而使承运人或任何其他人遭受的一切损失，托运人应负赔偿责任。

空运托运单不同于海运提单，它不是货物所有权的凭证。因为空运的速度很快，通常在托运人把托运单送交收货人之前，货物就已经运到目的地，这在很大程度上排除了通过转让装运单据来转让货物的需要，因此，虽然公约并不妨碍签发可转让的空运托运单，但在实际业务中，空运单据一般都印有"不可转让"的字样。货物运抵目的地后，收货人凭承运人的到货通知及有关证明提货，并在提货时在随货运到的空运托运单上签收，而不要求收货人凭空运托运单证提货。

在空运单证方面，1955 年《海牙议定书》对《华沙公约》的修改主要有两处：一是《海牙议定书》把空运单证改称为空运单（Air Waybill，简称 AWB）；二是空运单上所须载明的货运资料项目比《华沙公约》的要求有所删减。至于其他内容，均与《华沙公约》有关空运托运单的规定相同。

（二）承运人的责任与豁免

在国际航空货物运输中，承运人的主要责任是按时将货物安全地运送到目的地。按照《华沙公约》的规定，空运货物的承运人应对货物在空运期间所发生的毁坏、灭失、损害或延迟交货自动承担责任。所谓空运期间是指货物交由承运人保管的整个期间。不论货物是在机场或是已装上飞机，或在机场外降落的任何地点。在机场以外为了装载、交货或转运空运货物的目的而进行地面运输时，如发生任何损害，除有相反的证据外，亦应视为是在空运期间发生的损失，承运人应对此负责。承运人可以引用公约所规定的免责事由要求免责，但不能在空运合同中排除其对货物所应承担的责任。

华沙公约规定，承运人可以引用下列几项抗辩理由，要求免除其对货物损害或灭失等的责任：

1. 如果承运人能证明，他和他的代理人或雇用人员已经采取一切必要措施以避免发生损失，或者证明他和他的代理人或雇用人员不可能采取这种防范措施，则承运人对货物的损失可不承担责任。

2. 如果承运人能证明，货物的损失是由于受害人的过失所引起或促成时，法院可根据具体情况免除承运人的全部或部分责任。

3. 如果承运人能证明，损失是由于领航上的疏忽或飞机操作上的疏忽或驾驶上的失误所引起的，并能证明他和他的代理人已经在其他一切方面采取了一切必要措施以避免损失，他对该项损失就可以不承担责任。但实际上承运人从来没有引用过这项抗辩理由，因为这一点对于旅客人身伤亡是不适用的，而且如果承运人对货物提出这项抗辩理由，一旦上述疏忽行为构成故意的不当行为（wilful misconduct）时，承运人就要对旅客伤亡承担无限责任。因此，1955 年海牙议定书已把华沙公约的这一项免责规定予以删除。

公约要求承运人证明他"已采取一切必要措施以避免损失"，这是一句很关键的词句。这句话的作用是把证明没有疏忽的举证责任加诸于承运人身上，如果承运人不能证明其没有疏忽，他就被推定为有疏忽，就要对货物的损失承担责任。

（三）承运人的责任限制

空运承运人的责任限制，是指国际航空货物运输中承运人对承运货物的灭失、损害或迟延交货而引起的损失进行赔偿的最高限额。对于航空承运人的责任限制问题，《华沙公约》规定，承运人对货物灭失、损害或延迟交货的责任，以每公斤 250 金法郎为限，但如果托运人在交运货物时已声明货物的价值较此为高，并支付了附加运费，则可不在此限。在这种情况下，承运人的赔偿责任应以托运人所申明的金额为限，除非承运人能证明托运人所声明的金额超出了交货时货物的实际价值。运输合同中一切企图减少或排除承运人赔偿责任的条款一律无效，但这并不影响合同的有效性和公约的适用。如果损失是由于承运人或其代理人或雇佣人员的故意引起的，承运人就无权引用公约中有关限制和免除承运人责任的各项规定。1955 年《海牙议定书》把《华沙公约》中的"故意不当行为"一词改为"故意引起损失，或明知会引起损失而仍漫不经心而引起了损失"，在这种情况下，承运人就不能援引海牙议定书中有关限制或免除承运人责任的规定，要求限制或免除其对损失的责任。至于承运人对货物损失的最高赔偿限额，《海牙议定书》的规定同《华沙公约》的规定是相同的。

《瓜达拉哈拉公约》规定：实际承运人和缔约承运人及其受雇人和代理人在雇佣代理范围内行事的，对实际承运人所办运输的赔偿总额不应超过根据该公约可能判定缔约承运人或实际承运人赔偿的最高数额，但上述任何人不应承担超过对他适用的限额。

（四）托运人处理货物的权利

在承运人未向收货人交货以前，托运人有权处理货物，但以向承运人出示由托运人掌握的那一份空运托运单并支付一切费用为前提。托运人处理货物的权利，主要是指托运人有权在运输途中把货物提回或在中途停经时中止运输，或要求承运人把货物运回起运地机场，或要求在目的地或中途停经地点把货物交给原来指定的收货人以外的第三者。但托运人应支付因其行使此项权利所产生的一切费用，而且此项权利的行使不能使承运人或其他托运人遭受损失。

（五）索赔通知与诉讼时效

按照《华沙公约》的规定，在货物遭受损害的情况下，收货人或有关当事人应于发现后立即向承运人提出书面通知，或至迟在收货后 7 天内向承运人提出书面通知；在延迟交货的情况下，收货人在货物交由其处理之日起 14 天内提出异议。如果在上述期限内没有提出异议，除非承运人有欺诈行为，否则就不能再向承运人提起诉讼。1955 年《海牙议定书》对收货人提出书面申诉的期限作了修改，对货物遭受损害时收货人提出书面申诉的时间由 7 天延长至 14 天；对延迟交货时收货人提出书面申诉的时间由 14 天延长至 21 天。

有关空运合同的诉讼时效为两年，从货物到达之日或货物应到达之日，或从运输终止之日起算，如逾期不提起诉讼，一切诉权即归于消灭。

在航空运输中，同托运人订立运输合同的订约承运人（contracting carrier）可以把全部或部分运输任务分包给其他承运人履行。在这种情况下，如果货物遭受损失，就会出现托运人或收货人应当对谁提起诉讼的问题。根据《华沙公约》的规定，如果运输合同是由几个连续的承运人（successive carriers）来履行的话，则每一个承运人对其所负责的那一部分运输任务，均应视同订约承运人。在这种地位上，他就是所谓的"实际承运人"（actual carrier）。如果在这种运输过程中，货物发生灭失或损害，或出现延迟交货等情况，托运人有权向第一承运人以及发生货损那一段的实际承运人提出诉讼；收货人则有权对最后承运人和实际承运人提出诉讼。第一承运人、实际承运人和最后承运人分别对托运人和收货人承担连带责任。而订约承运人则仍须对整个运输过程负责。所有这些承运人都可以享受公约给予承运人的各项保障，其中包括承运人的责任限制和豁免。

第四节 国际铁路货物运输

一、国际铁路货物运输概述

国际铁路货物运输是现代化的运输方式之一，已有 160 多年的历史。这一运输方式通常表现为有关国家通过成立国际铁路合作组织，联合两个或两个以上国家的铁路，按照共同签署的有关协定，共同完成每一批货物的全程运输。与其他运输方式相比，国际铁路货物运输具有运输速度快、载重量大、连续性强、不易受气候条件影响的特点，在运输过程中可能遇到的风险比较少。因此，铁路货物运输在铁路相连的国家之间非常流行。

国际间的铁路合作组织主要有三个：一是总部设在伯尔尼的由国家作为成员国的国际铁路货物运输中央局；二是总部设在华沙的东欧国家铁路合作组织；三是总部设在巴黎的民间性质的国际铁路联盟。这些组织的主要任务是发展和协调国际铁路营运，共同解决运输中存在的经济、技术、商务及法律等方面的问题，制定和修改有关国际公约。我国已于 1976 年 6 月参加了国际铁路联盟。

二、《国际铁路货物运输公约》

在国际铁路货物运输领域，主要有两个国际公约。

一是国际铁路货物运输公约，简称《国际货约》。该公约于 1890 年 10 月 14 日在伯尔尼签订，1893 年 1 月 1 日生效，成员国是奥地利、法国、德国、比利时、波兰等国。它主要对运输合同的缔结、履行、变更，铁路的责任，索赔与诉讼，赔偿请求的时效，各铁路间的清算，发货人与收货人的权利与责任，承运人的责任等事项作了规定。该公约已经多次修订，第七次修订的公约于 1975 年 1 月 1 日生效。在 1980 年 5 月 9 日于伯尔尼举行的第八次修订会议上，决定将《国际铁路货物运输公约》与《国际铁路旅客和行李运输公约》合并为一个公约。我国目前没有参加这个公约。

二是国际铁路货物联运协定，简称《国际货协》。1951 年由阿尔巴尼亚、保加利亚、匈牙利、前民主德国、波兰、罗马尼亚、前苏联、前捷克斯洛伐克等八国签订。中国、朝鲜和蒙古于 1953 年加入。协定先后经过七次修订，现行有效的是 1974 年 7 月 1 日起生效的文本。协定共分为八章 40 条，分别规定了总则、运输合同的缔结、履行、变更，铁路责任，诉讼、赔偿请求时效，各铁路间的清算及一般规定等。协定对运输双方当事人的权利和义务、发货人与收货人的权利与责任、承运人的责任等作了详细而具体的规定。下面将主要以

《国际货协》为依据说明国际铁路货物运输中的法律问题。

在《国际货协》的成员国中，有些国家，如保加利亚、匈牙利、罗马尼亚、波兰等国同时也参加了《国际货约》，这就为沟通国际间的货物铁路运输提供了更为有利的条件，尚未参加《国际货约》的国家向《国际货约》成员国运送货物时，发货人可以用《国际货协》铁路运单办理至《国际货协》国最后一个过境铁路的出口国境站，由该国境站站长或收、发货人委托的代理人办理向《国际货约》国铁路转运手续，将货物运送到最终到站。

三、《国际货协》的主要内容

（一）运输合同的订立

铁路的运输单证称为运单。按照《国际货协》第 6 条和第 7 条的规定，发货人在托运货物的同时，应对每批货物按规定的格式填写运单和运单副本，由发货人签字后向发站提出。从始发站承运货物（连同运单一起）时起，即认为运输合同业已订立。在发货人提交全部货物和付清他所负责的一切费用后，发站在运单和运单副本上加盖发站日期戳记，证明货物业已承运。运单一经加盖戳记后，就成为运输合同的凭证。

运单随同货物从始发站至终点站全程附送，最后交给收货人。运单既是铁路承运货物的凭证，也是铁路至终点站向收货人核收运杂费用和点交货物的依据。运单不是物权凭证，不能转让。运单副本在铁路加盖戳记证明运输合同业已订立之后，应退还发货人。运单副本虽然不具有运单的效力，但按照我国同参加《国际货协》各国所签订的贸易交货共同条件的规定，运单副本是卖方通过有关银行向买方结算货款的主要单证之一。

发货人应对他在运单中所填报和声明的事项的正确性负责。由于记载和声明事项的不正确、不确切或不完备，以及由于未将应填报事项记入运单相应栏内而发生的一切后果，均由发货人负责。

铁路有权检查发货人在运单中所记载的事项是否正确。但只限于在海关和其他规章有规定的情况下，以及为保证途中行车安全和货物完整时，铁路才得在途中检查货物的内容。

发货人还必须将货物在运送途中为履行海关和其他规章所需要的添附文件附在运单上，发货人如未履行此项规定，发站可以拒绝承运货物。铁路没有义务检查发货人在运单上所附的文件是否正确和是否齐全。但由于没有添附文件或文件不齐全、不正确而产生的后果，发货人应对铁路负责。

（二）运送费用的计算和支付

按照《国际货协》第 13 条和第 15 条的规定，发送国铁路的运送费用，按发送国的国内运价计算，在始发站由发货人支付；到达国铁路的运送费用，按到达国铁路的国内运价计算，在终点站由收货人支付；如始发站和到达的终点站是属于两个相邻的国家，无需经由第三国过境运输，而且这两国的铁路间定有直通运价规程时，则按运输合同订立当天有效的直通运价规程计算。

如货物需经第三国过境运输时，过境铁路的运输费用，应按运输合同订立当天有效的国际货协统一运价规程（简称统一货价）的规定计算，可由始发站向发货人核收，也可以由到达站向收货人核收。但如按"统一货价"的规定，各过境铁路的运送费用必须由发货人支付时，则不准将这项费用转由收货人支付。

《国际货协》第31条还规定了各国铁路之间的清算办法。其主要的原则是，每一铁路在承运或交付货物时向发货人或收货人按合同规定核收运费和其他费用之后，必须向参加这次运输业务的各铁路支付各该铁路应得部分的运送费用。

（三）运输合同的变更

根据《国际货协》第19条的规定，发货人和收货人都有权对运输合同作必要的更改。

1. 发货人对运输合同可作下列变更：

（1）在发站将货物领回；（2）变更到达站；（3）变更收货人；（4）将货物运还发站。

2. 收货人对运输合同可作下列变更：

（1）在到达国范围内变更货物的到达站；（2）变更收货人。

但是，无论是发货人还是收货人，都只能各自变更一次运输合同，而且在变更运输合同时，不准将一批货物分开办理。

3. 铁路在下列情况下，有权拒绝变更运输合同或延缓执行这种变更：

（1）应执行变更运输合同的铁路车站，接到申请书或发站或到站的电报通知后无法执行时；（2）违反铁路营运管理时；（3）与参加运送的铁路所属国家现行法令和规章有抵触时；（4）在变更到站的情况下，货物的价值不能抵偿运到新指定的到达站的一切费用时，但能立即交付或能保证支付这项变更费用者除外。

铁路对要求变更运输合同有权按有关规定核收各项运杂费用。

（四）货物的交付和拒收

按照《国际货协》第16条的规定，货物运抵到达站，在收货人付清运单所载的一切应付的运送费用后，铁路必须将货物连同运单一起交给收货人；收货人则应付清运送费用并领取货物。

收货人只有在货物因毁损或腐坏而使质量发生变化，以致部分货物或全部货物不能按原用途使用时，才可以拒绝领取货物。即使运单中所载的货物部分短少时，也应按运单向铁路支付全部款额。但在这种情况下，收货人按赔偿请求手续，对未交付的那一部分货物，有权领回其按运单所付的款额。

如果铁路在货物运到期限满后 30 天内，未将货物交付收货人或未交由收货人处理时，收货人可不提出证据，即认为货物已经灭失。

但货物如在上述期限届满后运到到达站时，则到达站应将此事通知收货人。如货物在运到期限届满后 4 个月内到达时，收货人应予领取，并将铁路所付的货物灭失赔款和运送费用退还给铁路。在这种情况下，收货人对货物的迟交或毁损，保留提出赔偿请求的权利。

《国际货协》第 17 条规定了铁路的留置权。根据该条第 1 项的规定，为了保证核收运输合同项下的一切费用，铁路对货物有留置权。留置权的效力，应根据货物交付地的国家法令和规章确定。

（五）铁路的责任

1. 铁路的基本责任

《国际货协》第 21 条规定，按运单承运货物的铁路，应对货物负连带的责任。具体来说，按国际货协运单承运货物的铁路，应负责完成货物的全程运输，直到在到达站交付货物时为止；每一继续运送的铁路，自接收附有运单的货物时起，即作为参加这项运输合同，并承担由此而产生的义务。

铁路应从承运货物时起，至在到达站交付货物时为止，对于货物运到逾期以及因货物全部或部分灭失或毁损所发生的损失负责。同时铁路还应对发货人在运单内所记载并添附的文件，由于铁路的过失而遗失的后果负责，并应对由于铁路的过失未能执行有关要求变更运输合同的申请书的后果负责。

2. 铁路的免责事项

按照《国际货协》第 22 条的规定，如承运的货物由下列原因而遭受损失时，铁路可不负责任：

（1）由于铁路不能预防和不能消除的情况；

（2）由于货物的特殊自然性质，以致引起自燃损坏、生锈、内部腐坏和类似的后果；

（3）由于发货人或收货人的过失或由于其要求，而不能归咎于铁路者；

（4）由于发货人或收货人装车或卸车的原因所造成；

（5）由于发送路规章许可，使用敞车类货车运送货物；

（6）由于发货人或收货人的货物押运人未采取保证货物完整的必要措施；

（7）由于容器或包装的缺点，在承运时无法从其外部发现；

（8）由于发货人用不正确、不确切或不完全的名称托运违禁品；

（9）由于发货人在托运应按特定条件承运货物时，未按本协定的规定办理；

（10）由于货物在规定标准内的途耗。

如果根据情况推定，货损的发生可归责于上述第（1）项和第（3）项所列的原因时，应由铁路提出证明；如果根据情况推定，货损的发生可归责于上述第（1）、（3）项原因以外的其他原因时，则只要收货人或发货人不能证明是由于其他原因引起的，即应认为是由于这些原因所造成的。

此外，如果在运输过程中发生雪（沙）灾、水灾、崩陷和其他自然灾害，或因按有关国家政府的指示，发生其它行车中断或限制的情况，致使货物未能按规定的运到期限运达时，铁路亦可免除责任。

3. 铁路对货物损失的赔偿额

按照《国际货协》第22条的规定，铁路对货物赔偿损失的金额，在任何情况下，都不得超过货物全部灭失时的款额。

如果货物发生全部或部分灭失时，铁路的赔偿金额应按外国售货者在账单上所开列的价格计算；如发货人对货物的价格另有声明时，铁路应按声明的价格予以赔偿。

如货物遭受损坏时，铁路应赔付相当于货物价格减损金额的款额，不赔偿其他损失。

如货物运到逾期时，铁路应以所收运费为基础，按超逾期限的长短，向收货人支付规定的逾期罚款。如逾期不超过总运到期限十分之一时，应支付相当于运费6%的罚款；逾期超过总运到期限十分之四时，应支付相当于运费30%的罚款，等等。

（六）赔偿请求与诉讼时效

《国际货协》第28条规定，发货人和收货人有权根据运输合同提出赔偿请求。在提出赔偿请求时应附有相应根据并注明款额，以书面方式由发货人向发送路提出或由收货人向到达路提出。

当事人在向铁路提出赔偿请求时，应按下列规定办法办理：

（1）货物全部灭失时，由发货人提出，同时须提出运单副本；或由收货人提出，同时须提出运单副本或运单；

（2）货物部分灭失、毁损或腐坏时，由发货人或收货人提出，同时须提出运单和铁路在到达站交给收货人的商务记录；

（3）货物运到逾期时，由收货人提出，同时还须提出运单；

（4）多收运送费用时，由发货人按其已交付的款额提出，同时还须提出运单副本或发送路国内规章规定的其他文件；或由收货人按其所交付的运费提出，同时须提出运单。

铁路自有关当事人向其提出赔偿请求之日起，必须在180天内审查这项请求，并予以答复。

凡有权向铁路提出赔偿请求的人，只有在提出赔偿请求后，才可以向铁路提起诉讼。换句话说，提出上述赔偿请求，是向铁路提起诉讼的必经程序。根据《国际货协》第30条的规定，有关当事人依据运输合同向铁路提出的赔偿请求和诉讼，以及铁路对发货人和收货人关于支付运送费用、罚款和赔偿损失的要求和诉讼，应在9个月期间内提出；但关于货物运到逾期的赔偿请求和诉讼，应在2个月期间内提出。上述时效期限的计算方法是：

（1）关于货物毁损或部分灭失以及运到逾期的赔偿，自货物交付之日起算；

（2）关于货物全部灭失的赔偿，自货物运到期限满期后30日起算；

（3）关于补充运费、杂费、罚款的要求，或关于退还这项款额的赔偿请求，或关于纠正错算运费的要求，应自付款之日起计算，如未付款时，应自交货之日起算；

（4）关于支付变卖货物的余款的要求，自变卖货物之日起计算；

（5）在其他所有情况下，自确定赔偿请求成立之日起计算。时效期间开始之日，不算入该期间内。

有关运输合同的诉讼只可以向受理赔偿请求的铁路所属国家有管辖权的法院提出。当发货人或收货人向铁路提出赔偿请求时，时效期间即行终止。凡时效期间已过的赔偿请求和要求，不得以诉讼形式提出。

第五节　国际货物多式联运

一、国际货物多式联运的特点及其法律问题

国际多式联运（International Multimodal Transport）是指按照多式联运合同，以至少两种不同的运输方式，由多式联运经营人将货物从一国境内接管货物的地点运至另一国境内指定交付货物的地点。从上述定义可以看出，国际货物多式联运有如下特点：

1. 它必须是国际间的货物运输。
2. 它必须是两种或两种以上不同运输工具的联合运输。
3. 它必须是国际多式联运经营人对承运的货物负全程运输责任。
4. 它必须签发全程多式联运单证，实行全程单一费率。

国际货物多式联运是现代化先进的货运方式，它是随着集装箱货物成组运输的发展而发展起来的。它于60年代创始于美国，其后20年在欧洲及亚洲一些地区得到推广。在采用集装箱（container）运输时，通常都是在发货人的工厂、仓库或集装箱货运站（container freight station，简写CFS）把货物装进按

标准规格特制的集装箱内，然后用汽车或火车把装有货物的集装箱运往码头装船，或者运到机场装上飞机。货物在运输过程中的一切装卸搬运，全部利用专设的起重机械进行。货物的交接地点，可以按惯常的"港到港"（port to port）的办法，由卖方在装运港交货，而由买方在目的港接货；也可以从出口国内陆卖方的工厂、仓库或起运地集装箱货运站，直接把货物装上集装箱运到进口国内陆买方的工厂、仓库或目的地的集装箱货运站，实行"门到门"（door to door）的交接办法。由于"门到门"的交接方式在国际集装箱运输中应用最为普遍，所以集装箱运输有一部分是属于陆、海（空）多种运输方式的联合运输（combined transport）。具体来说，就是订立一个运输合同，凭一张运输单证，综合利用陆、海、空多种运输方式，把装在集装箱内的货物，由卖方工厂、仓库的门口直接运到买方工厂、仓库的门口交货。

在集装箱运输中，由于采用了结构牢固、规格统一的集装箱，装卸作业可以使用机械操作，并且适合采用"门到门"的交接办法，因而具有提高装卸效率，扩大港口吞吐能力；加速船舶周转，降低经营成本；减少货损货差，提高货运质量；节省包装材料，减少运杂费用，以及便利货运，简化手续等优点。集装箱运输的优点同时也是多式联运所具有的优点，因为国际多式联运主要是采用集装箱的方式进行的。

国际货物多式联运虽然有许多优点，但也提出了许多新的法律问题。传统的国际货物运输是把整个运输过程分为三个不同的部分：把货物从内地运到装运港；在装货港经由海运把货物运到目的港；在目的港把货物卸下再运往最后的到达地点。如果在不同的运输阶段采用了不同的运输方式，就要适用不同的法律。例如，海运部分可能适用海牙规则，空运部分可能适用华沙公约，陆运部分则可能适用国际铁路货物运输公约（CIM）或国际公路货物运输公约（CMR）等。但是，国际多式联运则把海、陆、空运输连接在一起，作为一个单一的运输过程来安排，而且货物在整个运输过程中都是密封在一个集装箱之内，如果货物发生灭失或损坏，往往很难确定它是发生于海运阶段、陆运阶段抑或是在空运阶段，因而也就很难确定究竟应当根据哪一项国际公约来确定承运人的责任与义务。为了解决这些新出现的法律问题，西方航运发达国家通过国际海事委员会和罗马国际统一私法协会拟订了一项国际联运公约（草案），但由于其内容明显地保护航运发达国家承运人的利益，因此受到发展中国家的强烈反对，未能讨论通过。后来在联合国贸发会议的主持下，起草了一项《联合国国际货物多式联运公约》。这个公约已于1980年5月在日内瓦会议上获得一致通过，有67个国家在会议最后文件上签字，我国也在最后文件上签了字。根据该公约第36条的规定，该公约在30个国家的政府签字但无须批准、接受或认可，或者向保管人交存批准书、接受书、认可书或加入书后12个月生效。

二、联合国国际货物多式联运公约的主要内容

国际货物多式联运公约的实质部分由总则、单据、联运人的赔偿责任、发货人的赔偿责任、索赔和诉讼、补充规定、海关事项及最后条款等八个部分组成。现将其中若干主要内容简要介绍如下：

（一）多式联运合同双方当事人的法律地位

多式联运合同的订约双方，一方称为发货人，另一方称为多式联运经营人（combined transport operator 简称联运人）。按照国际货物多式联运公约第 1 条的规定，多式联运经营人是以"本人"（principal）的身份同发货人签订多式联运合同的当事人，他不是发货人的代理人或代表，也不是参与多式联运的承运人的代理人或代表，他有履行整个联运合同的责任，并以"本人"的身份对联运的全程负责。因此，在发货人将货物交给多式联运经营人接管之后，不论货物在整个运输过程中的哪一个运输阶段发生灭失或损坏，多式联运经营人都要以"本人"的身份直接承担赔偿的责任，而不能以其已把全程的某一运输阶段委托给其他运输分包人而不负责任。

（二）多式联运单据

根据国际货物多式联运公约的规定，多式联运经营人在接管货物时，应向发货人签发一项多式联运单据（multimodal transport documents）。这种单据就是证明多式联运合同以及证明多式联运经营人已接管货物并负责按照合同条款交付货物的单据。

多式联运单据依据发货人的选择，可以作成可转让的单据，也可以作成不可转让的单据。如签发可转让的单据，应列明是按指示或是向持票人交付。如列明按指示交付，须经背书后才能转让；如列明向持票人交付，则无需背书即可转让。收货人必须交出可转让的多式联运单据，才能向多式联运经营人或其代表提取货物。如多式联运经营人所签发的是不可转让的多式联运单据，则应指明记名的收货人。

按照国际货物多式联运公约的规定，多式联运单据应当载明 15 项内容，其中包括货物的品类、标志、包数或件数、货物的毛重、危险货物的性质、货物的外表状况、联运人的名称及地址、发货人的名称、收货人的名称、联运人接管货物的地点和日期、交货地点、多式联运单据的签发地点和日期、联运人或经其授权人的签字等。但单据中如缺少上述事项中的一项或数项，并不影响该单据作为多式联运单据的法律性质。

如果联运人或其代表知道、或有合理的根据怀疑多式联运单据所列货物的品类、主要标志、包数或件数、重量或数量等事项没有准确地表明货物的实际状况，或无适当方法进行核对，则该联运人或其代表应在多式联运单据上提出

保留，注明不符之处或怀疑的根据。如联运人未在多式联运单据上对货物的外表状况加以批注，则应认为货物的外表状况是良好的。

如果联运人意图诈骗，在多式联运单据上列入有关货物的不实资料，则该联运人不得享受该公约所规定的赔偿责任限制，并须负责赔偿包括收货人在内的第三者因信赖该单据所载明的不实资料行事而遭受的任何损失或费用。

发货人应向联运人保证他所提供的货物品类、标志、件数、重量和数量以及危险货物的特性等资料的准确性，如因上述资料不准确或不适当而使联运人遭受损失，发货人应负责给予赔偿。即使发货人已将多式联运单据转让给他人，他仍须负赔偿责任。但联运人对发货人的这种索赔权，并不限制他按照多式联运合同对发货人以外的任何人应负的赔偿责任。换言之，联运人不得以发货人申报不实为理由来对抗善意的第三者。

多式联运单证与海运中的联运提单虽然都是使用多种运输方式运送货物，但两者的性质却有很大的不同：（1）多式联运单证既可适用于海运同其他运输方式所组成的多式联运，也可适用于不包括海运，仅由其他不同运输方式所组成的多式联运；而联运提单仅适用于由海运同其他运输方式所组成的联合运输。（2）多式联运经营人对联运中的各程运输，都是以承运人的身份对托运人负责，即在整个联合运输过程中，货物无论在哪个地方发生属于承运人责任范围内的灭失和损失，多式联运经营人均须直接负责；而联运提单的签发人一般都在提单内表明，他仅对第一程运输负承运人的责任，当货物从第一程运输工具转装到第二程运输工具后，他即处于发货人的代理人的地位，并不代表第二程承运人向发货人负责。

（三）联运人的赔偿责任

公约规定，联运人对货物的责任期间，是从其接管货物之时起到交付货物时为止。公约对联运人的赔偿责任采取推定过失或疏忽的原则，即除非联运人能证明他和他的受雇人或代理人为避免损失事故发生及其后果已经采取了一切所能合理要求的措施，就推定联运人有疏忽或过失，联运人应对货物在其掌管期间所发生的灭失、损坏或延迟交货，负赔偿责任。

如果货物的灭失、损坏或延迟交付是由于联运人或其受雇人或代理人的过失或疏忽与另一原因相结合而产生的，则联运人仅对其过失或疏忽范围内所引起的损失负赔偿责任，但联运人必须证明哪一部分损失是不属于他的过失或疏忽所造成的。

联运人对货物的灭失或损坏所造成的损失，其赔偿责任为每件或其他每个货运单位不超过920记账单位，或按毛重每公斤不超过2.75记账单位，以较高者为准。如果根据合同在多式联运中不包括海上或内河运输，则联运人对货物灭失或损坏的赔偿责任按毛重每公斤8.33记账单位计算。这是考虑到空运承运人和铁路、公路承运人对货损的赔偿责任应当高于海运责任人的责任限额。这里所说的记账单位都是指国际货币基金组织所确定的特别提款权（S. D. R.）。

联运人对延迟交货造成损失所负的赔偿责任限额，相当于延迟交付的货物应付运费的两倍半，但不得超过多式联运合同规定的应付运费的总额。

公约还规定，如果能确知货物的灭失或损坏是发生于多式联运中的某一特定阶段，而对这一阶段适用的某项国际公约或强制性的国内法律所规定的赔偿限额高于该公约规定的赔偿限额时，则联运人对这种灭失或损坏的赔偿限额，应按照该公约或强制性的国内法律予以确定。

公约在确定了联运人赔偿责任的最高限额的同时，也明确地规定，如果有证据证明，货物的灭失、损坏或延迟交付是由于联运人或其受雇人或代理人有意造成，或明知会引起损失而毫不在意的行为或不行为所造成的，则该联运人或其受雇人或代理人就无权享受此项赔偿责任限制的利益。

（四）索赔与诉讼

公约第 24 条规定，无论是收货人向联运人索赔，或者是联运人向发货人索赔，都必须在规定的时间内向对方发出有关货物灭失、损坏或延迟交货的书面通知。

1. 收货人向联运人索赔

当货物发生灭失或损坏时，除非收货人不迟于在货物交给他的次一工作日，将说明此种灭失或损坏的情况的书面通知送交联运人；否则，此种货物的交付即为联运人已按多式联运单据交货的初步证据。如货物的灭失或损坏不明显时，收货人应在交货后 6 天以内提出上述书面通知。如果货物的状况已经双方当事人或其代表在交货时进行联合调查或检验，则无须就调查或检验所证实的灭失和损坏情况送交书面通知。

对于延迟交货的索赔，收货人应于交货后 60 天内向联运人送交书面通知；否则，联运人对延迟交货所造成的损失可不予赔偿。

2. 联运人向发货人索赔

根据公约的规定，如果联运人由于发货人或其雇用人或代理人的过失或疏忽而遭到损失，联运人有权要求发货人给予赔偿。但联运人必须在发生这种损失或损坏后 90 天内，将说明此种损失或损坏的情况的书面通知送交发货人，否则，未送交这种通知即作为联运人未因发货人及其代理人的过失或疏忽而遭受任何损失的初步证据。

3. 诉讼时效

公约第 25 条规定，有关国际多式联运的任何诉讼，其诉讼时效为两年，自货物交付之日起算，如果货物未交付，则自货物应当交付的最后一日的次一日起算。如果在两年期间内没有提起诉讼或提交仲裁，即丧失时效。

值得注意的是，公约把提出索赔通知与时效问题联系在一起。按照公约的规定，如果在货物交付之日起6个月内，没有提出书面索赔通知，说明索赔的性质和主要事项，则诉讼在此期限届满后即失去时效。

公约还规定，受索赔人可在时效期间内向索赔人提出书面声明，延长时效期间，而且可以多次声明，多次延长。

有关多式联运合同的诉讼，得依原告的选择向下列有管辖权的法院提起：被告主要营业所所在地法院、合同订立地法院、接管或交付货物地法院以及合同特别指定的其它地点的法院。

第二十二章
国际货物运输保险的统一实体法

第一节 概 述

一、国际货物运输保险的概念

国际货物运输保险是指进出口商对进出口货物按照一定的险别向保险公司投保，缴纳保险费，当货物在国际运输途中遇到风险时，由保险公司对进出口商遭受保险事故造成货物的损失和产生的责任负责赔偿的一种法律关系。它是随着国际贸易和航海事业的发展而发展起来的。因为在国际贸易中，货物通常需要经过长途的运输，在运输、装卸、储存过程中，可能会遭受各种风险损失，为了在货物遭受风险损失后能得到一定的补偿，货物的买方或卖方就要向保险人投保货物运输保险。

二、国际货物运输保险的种类

国际货物运输保险因运输方式的不同而不同，主要有海上货物运输保险、航空货物运输保险、陆上货物运输保险和邮包货物运输保险。其中，海上货物运输保险的历史最悠久、货运量最大、影响最深远，在国际货物运输保险中处于最重要的地位。因此，本章主要介绍有关海上货物运输保险的问题，至于航空货物运输保险和陆上货物运输保险，由于历史比较短，在国际上没有统一的保险条款和保险单的标准格式，主要是参照海上货物运输保险来进行的。

目前，调整国际货物运输保险的法律主要是各国的国内法，除调整共同海损理算问题的《约克—安特卫普规则》以外，国际上尚无统一的国际惯例，各国的保险组织都制订有自己的保险条款。但由于历史的原因，英国《伦敦保险协会保险条款》在国际海上保险业务中影响最大，许多国家的保险条款是参照《伦敦保险协会保险条款》的内容制定的，在对条款的具体解释上也基本相同。

第二节 国际货物运输保险合同

一、海上保险合同的成立

海上保险属于财产保险范畴，是对自然灾害和意外事故所造成的财产损失的一种补偿方法。凡可能遭受海上风险的财产（如船舶、货物）、期得的收入（如运费、佣金）以及对第三者所应负的责任，都可以作为标的向保险人投保。海上保险合同就是由保险人与被保险人订立协议，由被保险人向保险人支付约定的保险费，而在保险标的发生承保范围内的海上风险遭受损失时，由保险人对被保险人给以赔偿的合同。

不同国家对保险合同的成立有不同规定，主要是：

1. 海上保险合同是由保险人与被保险人双方订立的合同。但按照英美等国的商业习惯，被保险人同保险人并不直接进行接触，而是委托保险经纪人（insurance broker）代其向保险人投保。一般的投保手续是，由被保险人提出投保申请，并在经纪人提供的表格上填明保险标的物、投保的险别以及其他有关内容交给经纪人。经纪人通常被授权在一定的保险费率范围内投保，并把投保内容写在一张"承保条"（the slip）上，交给保险人或保险公司。如果保险人愿意承保，就把他所愿承保的金额写在承保条上，并加上签名。一项保险业务，可以由几个保险人承保，各自认保他所愿意承保的部分金额，直至整个风险保足为止。一旦保险人在承保条上签了名，保险合同即告成立。至于日后是否出具保险单那是无关紧要的，并不影响保险合同的有效成立①。

2. 中国人民保险公司的投保手续比较简便，主要分两种情况：（1）如果是由收货人直接投保的，应填制投保单一式二份，列明货物名称、保险金额、运输路线、运输工具、投保险别等事项。其中一份由保险公司签章后交还被保险人作为承保的凭证；另一份则留在保险公司凭以出具保险单。（2）如果是由外贸进出口公司投保的出口货物运输保险，由于业务量大，为节省手续，一般不填制投保单，而是利用有关出口单据的副本，如出口货物明细单、货物出运分析单等来代替投保单。

二、可保利益

海上保险合同的目的，是赔偿损失。被保险人如因保险标的发生承保范围内的危险事故，以致遭受损失，保险人应按合同规定给予赔偿。但保险人应对

---

① 参见沈达明、冯大同：《国际贸易法新论》，法律出版社1989年版，第208页。

保险标的物具有某种合法的利害关系，即他将因该保险标的物发生灭失或损害而遭受损失，或因其安全到达而获得原应享有的利益。这种合法的利害关系就叫做可保利益。按照各国法律的规定，被保险人必须对保险标的物具有可保利益，才能订立有效的保险合同，凡对保险标的物无可保利益，而订立的保险合同视为赌博，赌博合同是无效的。

根据各国保险法的规定，对保险标的物具有可保利益的人有以下几类：

1. 保险标的物的所有权人；

2. 保险标的物的担保物权人；

3. 对保险标的物承担风险、责任的人；

4. 因保险标的物的保金而得到利益或有权得到利益的人。

虽然各国保险法都要求被保险人对保险标的物具有可保利益，但并不要求他在投保时就享有可保利益，只要求他必须自发生风险损失时对保险标的物具有可保利益。

三、保险单

（一）保险单的含义和主要内容

保险单（insurance policy）是载有保险合同内容的书面文件，是保险合同的证明。因为保险合同通常在保险人出具保险单之前已经成立，所以，保险合同的存在与否并不一定以保险人签发保险单为准。保险单应载明如下事项：

（1）被保险人的名称；（2）保险的标的物和承保的风险；（3）保险的航次或期间；（4）保险金额；（5）保险人的名称。

依英国法的规定，以上规定必须在保险单中载明，否则保险单无效。

（二）保险单的种类

从不同的角度，保险单可分为以下几种：

1. 定值保单和不定值保单

定值保单（valued policy）是指载明保险标的物的约定价值的保险单。不定值保单（unvalued policy）是指不载明保险标的物的价值，仅订明保险金额的限额，而留待以后再确定其保险价值的保险单。

这两种保单的主要区别在于：定值保险单所载明的价值，如果没有欺骗行为，就是保险标的物的最后保险价值，如发生损坏或灭失，保险人应按此价值赔偿。而不定值保单内的货物的价值，还需要以发票、付款单、估价单和其他证件予以证明。

2. 航程保单和定期保单

航程保单（voyage policy）是把标的物从某一地点运送到另一地点的保险

单，主要用于货物运输的保险；定期保单（time policy）是指保险标的物在保险合同中明确订有固定期间的保单，它多用于船舶保险和运费保险，货运保险很少采用。

3. 流动保单和预约保单

流动保单（floating policy）是一种载明保险的总条件，而将船名和其他细节留待以后申报的保单。按照这种保单，保险人与被保险人双方事先约定保险货物的总价值、承保的风险及保险费率等，通常还要规定一定的期间。每批货物出运后，被保险人应立即将船名及货物的价值向保险人申报，保险人即按流动保单载明的总条件自动承保。每批货物的价值应从货物的总价值中减除，逐笔累计，直至总价值尽为止，保单即告终止。

预约保单（open cover）又称开口保单，是经常从事进出口业务的外贸企业为了简化投保手续而采用的方法。按照这种保单，保险人与被保险人必须事先约定保险货物的范围、险别、保险费率或每批货物的最高金额，并在预约保单上载明，但不规定保险的总金额。

(三) 保险单的转让

被保险人依据海上保险单所享有的权利，通常都可以采用背书的方式并把保险单交付给受让人而转让给该受让人，这是国际贸易的习惯做法，也是各国法律所允许的。例如，在 CIF 合同中，一般都规定卖方有义务向买方提交保险单和提单等装运单据。在这种情况下，卖方在取得保险单和提单之后，通常都是以背书方式把这些单据转让给买方，以履行其合同义务。

但是，从法律上说，卖方转让已保险的货物与转让该项货物的保险单是两码事，不能把它们等同起来。当卖方转让已保险的货物时，该项货物的保险不能自动地转移给买方。因为保险合同并不是被保险的财产的附属物，不能随同货物的转让而当然转让，而必须由被保险人在保险单上以背书表示转让的意思才能产生转让的效力。海上货运保险单的转让无需取得保险人的同意。保险单的受让人有权用自己的名义起诉，并有权在货物遭受承保范围内的损失时，以自己的名义向保险人要求赔偿。即使在保险标的物发生损失之后，保险单仍可有效转让。这一点在国际贸易中是有重大实际意义的。因为在 CIF 合同的条件下，即使货物在运输途中已经灭失，卖方仍可向买方提供包括保险单在内的全部装运单据，并有权要求买方照付货款。买方在付清货款取得上述装运单据之后，只要货物的损失是在承保范围之内，买方就有权凭卖方转让给他的保险单直接向保险人请求赔偿损失。保险人不能以保险单的转让是在货物发生损失之后为由拒绝赔偿。

四、保险人与被保险人的基本义务

（一）保险人的基本义务

在国际货物运输保险中，保险人应承担以下两项基本义务：

1. 签发保险单，保险人接受被保险人投保后，应及时签发保险单。

2. 给付保险赔偿金。在保险责任期限内，当保险人承保范围内的货物发生风险损失，保险人应予以赔偿，具体说来，保险人给付的保险赔偿金应包括：

（1）损失补偿金；

（2）被保险人为抢救、保护保险标的物支出的施救费用；

（3）被保险人的诉讼支出；

（4）为了确定保险责任范围内的损失而支付的对受损标的物的检验、估价、出售的合理费用。

（二）被保险人的基本义务

在国际货物运输保险中，被保险人应承担下列基本义务：

1. 订立保险合同时，应对保险标的物的情况作如实的申报；

2. 应当依据保险公司的规定向保险人支付保险费；

3. 被保险货物抵达保险单所载明的目的地后，应及时提货；

4. 保险事故发生后，应及时采取措施防止或减少损失；

5. 从保险人处获取保险赔偿金后，应将追偿权转移给保险人。

第三节　国际货物运输保险的承保范围

一、保险人承保的风险

在各国海运保险业务中，风险主要有两类：一类是海上风险；另一类是外来风险。

（一）海上风险

海上风险（perils of the sea）又称海难，是指在海上发生的自然灾害（natural calamity）和意外事故（fortuitous accidents）。所谓自然灾害，系指恶劣气候、雷电、海啸、地震、洪水等自然力量所造成的灾害；所谓意外事故，系指船舶搁浅、触礁、沉没、互撞、与流水或其他物体碰撞以及失火、爆炸等由于意外原因造成的事故或其他类似事故。

（二）外来风险

外来风险（extraneous risks）是指由于外来原因引起的风险，如偷窃、雨淋、短量、玷污、渗漏、破碎、串味、受潮、受热、锈损和钩损等；也包括战争、罢工和交货不到、拒绝收货等风险。

二、保险人承保的损失和费用

当保险标的物因发生承保范围内的风险而遭到损失时，保险人应负责赔偿被保险人的损失。被保险人所遭受的损失常常表现为两种形式：一种是货物本身损坏或灭失，另一种是为营救货物而支出的费用损失。

（一）全部损失

全部损失（total loss）简称全损，是指运输途中的整批货物或不可分割的一批货物的全部损失，它分为实际全损和推定全损。

1. 实际全损（actual total loss）是指该批被保险货物完全灭失或完全变质已失去原有的使用价值。

2. 推定全损（constructive total loss）是指被保险货物受损后，实际全损已经不可避免，或者恢复、修复受损货物并将其运送到原定目的地所需的费用将超过该货物价值。

（二）部分损失

部分损失（partial loss）是指货物的损失没达到上述全部损失的程度。在保险中，因损失产生的原因不同，将部分损失分为共同海损与单独海损两种。

1. 共同海损（general average）是指载货船舶在海运途中遇到危及船、货的共同危险，船方为了维护船舶和所有货物的共同安全或使航程继续完成，有意识地并且合理地作出某些特殊牺牲或支付一定的特殊费用，这些特殊牺牲和费用叫共同海损。

共同海损的成立，必须具备下列条件：第一，船方在采取紧急措施时，必须确实有危及船、货共同安全的危险存在；第二，船方采取的措施，必须是为了共同安全，即解除船、货的共同危险，有意而合理采取的；第三，所作的牺牲是特殊性质的，支出的费用是额外支付的，而且牺牲和费用支出必须是有效果的。

共同海损的牺牲和费用，应由船舶、货物或运费三方依最后获救的价值多寡按比例进行分摊。这种分摊叫做共同海损分摊（general average contribution）。

2. 单独海损（particular average）是指被保险货物遭受海损后，其损失未达到全损程度，而且是无共同海损性质的部分损失。单独海损应由受损方单独承担。

（三）费用

运输保险除保障风险损失外，还保障费用的损失，这些费用主要有：

1. 诉讼与营救费用（sue and labour expenses），是指在遭遇保险责任范围内的灾害事故时，被保险人或他的代理人、雇用人员和保险单受让人等为抢救被保险的标的物（指船舶或货物），以防止其损失扩大采取措施而支出的费用。保险人对这种费用负责赔偿。

2. 救助费用（salvage charges），是指被保险标的物遭遇保险责任范围内的灾害事故时，由保险人以外的第三者采取救助行为而向其支付的报酬费用。

三、保险人的除外责任

不属于保险单承保范围的风险，一般称之为除外风险，保险人对除外风险不承担赔偿责任。常见的除外责任有以下几种：

（1）被保险人的恶意行为或过失；

（2）货物本身特性及潜在瑕疵所造成的损失；

（3）货物的自然损耗；

（4）虫蛀鼠咬；

（5）由于运输迟延造成的损失；

（6）货物由于延迟运抵目的地因货价下跌造成的损失，保险单没有约定赔偿的；

（7）货物因航期延长而腐烂变质的损失，保险单没有约定赔偿的。

第四节　国际货物运输保险的险别

海上货物运输保险的险别分为基本险和附加险两大类。基本险有三种：平安险、水渍险和一切险；附加险又分为一般附加险和特别附加险。

一、基本险

1. 平安险（free from particular average）是海上货物运输保险中最基本的险别，它原则上对单独海损不予赔偿，但也有例外。

保险人对平安险的具体责任范围是：

（1）共同海损的牺牲、分摊和救助费用；

（2）由于恶劣天气、雷电、海啸、地震等自然灾害造成的整批货物实际全损或推定全损；

（3）由于船舶或运输工具搁浅、触礁、沉没、碰撞以及失火、爆炸等意外事故造成的货物的全损或部分损失；

（4）运输工具在发生上述意外事故后，又在海上遭受恶劣气候等自然灾害造成的货物的部分损失；

（5）在装卸或转运时一件或数件货物落海所造成的全部或部分损失；

（6）被保险人为抢救货物进行施救的费用，但以不超过该批被救货物的保险金额为限。

2. 水渍险（with particular average）是指除承担平安险所承保的所有责任外，还负责单独海损的损失，即被保险货物由于恶劣气候、雷电、海啸、地震、洪水等自然灾害造成的部分损失，凡平安险不承保的部分损失，水渍险均予以负责。

3. 一切险（all risks）除包括平安险和水渍险的各项责任外，还负责被保险货物在运输途中由于外来原因所致的全部或部分损失。

二、附加险

投保人可根据被保险货物的特点选择投保平安险、水渍险和一切险中的任何一种，并可加保一种或数种附加险。附加险（additional risks）不能单独投保。附加险又分为一般附加险和特别附加险。

1. 一般附加险（general additional risks）主要有以下几种：

（1）偷窃提货不着险（theft, pilferage and non-delivery）；

（2）淡水雨淋险（rain fresh water damage）；

（3）短量险（risk of shortage）；

（4）玷污险（risk of contamination）；

（5）渗漏险（risk of leakage）；

（6）碰损破碎险（risk of clashing & breakage）；

（7）串味险（risk of odour）；

（8）受潮受热险（damage caused by sweating & or heating）；

（9）钩损险（risk damage）；

（10）包装破裂险（loss of damage caused by breakage of packing）；

（11）锈损险（risk of rusting）。

2. 特别附加险（special additional risk）与上述一般附加险的不同之处在于，一般附加险都包括在一切险（all risks）中，如投保人投保了一切险，就无需加保上述各项附加险，但特别附加险不包括在一切险的范围内，即使投保人投保了一切险，仍须与保险人特别约定，经保险人特别同意后，才能把特别附加险的责任包括在承保范围之内。

常见的特别附加险有战争险（war risk）、罢工险（strikes risk）、舱面险（on deck risk）、进口关税险（import duty risk）、拒收险（rejection risk）、交货不到险（failure to deliver risk）等。

第五节　国际货物运输保险理赔

国际货物运输保险理赔是指保险事故发生后，被保险人向保险人提出保险赔偿请求，保险人予以受理并决定是否赔偿或如何赔偿的过程。

一、保险理赔的基本规则

保险人接到被保险人提出的索赔后，应当依下列规则对被保险人提供的单据进行审查：

（一）保险事故是否在保险单的承保范围内

如果保险事故导致了货物的损失，但该保险事故不属于保险单的承保范围，保险人就不予赔偿。例如，保险单中未载明承保特别附加险，如发生了战争、罢工等意外事故导致保险标的物受损，保险人对这一部分损失就不予赔偿。

（二）保险事故与货物损失之间是否存在因果关系

因为保险事故的表现形式是多种多样的，可能是自然灾害，也可能是意外事故或外来原因。而保险货物的损失可能是由一个危险事故引起的，也可能是由一个以上的危险事故引起的，其中有的可能属于承保范围，有的则可能不属于承保范围，因此，保险人在处理这类索赔时，通常都要确定危险事故与损失之间是否存在因果关系，如果二者存在因果关系，而且该项危险事故又在承保范围之内，保险人才负责予以赔偿。

（三）被保险人是否遵守了最大诚信原则

如果投保人在投保时没有说明投保货物的内在缺陷，或者故意隐瞒情况，保险人可解除合同，不负赔偿责任。若被保险人在提起保险索赔时违反了诚实信用原则，保险人同样有权拒绝赔付。

二、代位权

代位权，又称代位求偿权，它属于民法中债法上的概念，原意是指在债的履行时，由第三人代债务人清偿债务后，原债权人的债权即转移给第三人，由第三人在原债权人受让的范围内代位行使债权。在保险法中，代位权是指保险人在支付保险金额后，从被保险人处所取得的对造成保险标的物损失的第三人的损害赔偿请求权利。

无论是在全部损失或部分损失的情况下，只要保险人已经支付了保险赔款，保险人都有权取得代位权。但在赔付全部损失的情况下，保险人除取得代位权以外，还有权取得残存的保险标的物的所有权，即使残存标的物的价值大于他付出的保险赔款，其超出部分亦归保险人所有。如果保险人所赔付的只是部分损失，则不能取得残存的保险标的物，该残存的标的物仍属于被保险人所有，保险人所得到的仅是代位权，即代位行使被保险人对有过失的第三者的追偿权利，而且此项权利仅以他所赔付给被保险人的金额为限。如果保险人向第三者的追偿所得大于他赔付给被保险人的金额，其超出的部分，应归还给被保险人。

代位权的成立必须具备下列条件：

1. 发生了保险人承保范围内的保险事故；

2. 保险事故的发生是由第三人的行为导致的；

3. 被保险人对第三人有损失赔偿请求权，并且被保险人在保险人行使代位权之前未行使该权利；

4. 保险人必须向被保险人给付保险赔偿金后，方可取得代位权。

三、委付

委付是指在标的物发生推定全损的情况下，由被保险人把保险标的物的所有权转移给保险人，而由保险人向被保险人赔付全部保险金额的制度。

委付的成立须具备以下条件：

1. 委付应以推定全损为条件，如果货物遭受的是实际全损或部分损失，则货物的所有权无法实现转移，也就不成立委付。

2. 委付不得附有任何条件，附条件的委付为法律所禁止。

3. 保险人对委付予以接受。被保险人提出委付请求时，保险人有权决定是否接受，一旦接受，委付即成立，而且不得撤销；也有些国家的法律规定委付是一种单方法律行为，被保险人一旦向保险人发出委付通知，委付即成立。

4. 被保险人须转让对保险标的物的一切权利，但在委付情况下，保险人不仅取得代位求偿权，而且还有权取得残存保险标的物上的一切权利。

四、保险赔偿金的计算

保险人接受被保险人的索赔请求决定进行赔偿后，就会面临如何计算赔偿金的问题。在实践当中，一般根据损失的不同情况进行计算。

（一）全部损失的计算

国际货物运输保险一般都是定值保险，即保险金额为最高赔偿限额。定值保险单承保的货物，如发生保险责任范围内的实际全损或推定全损，不论损失时的实际价值是否高于或低于约定保额，保险公司按保险全数赔付，损余应归保险公司所有。

（二）部分损失的计算

部分损失分数量损失和质量损失。

1. 数量损失的赔付计算：

$$保险金额 \times \frac{遭损货物件数（或重量）}{承保货物总件数（或重量）} = 赔款$$

2. 质量损失的赔付计算：

$$保险金额 \times \frac{货物完好价值 - 受损后价值}{货物完好价值} = 赔款$$

第二十三章
国际贸易支付的统一实体法

第一节　概　　述

一、国际贸易支付的含义和特点

国与国之间发生的货币收付行为，就是国际支付（international payment）。引起跨国货币收支的原因是很多的，如国际旅游、出国留学、劳务输出、国际工程承包、技术转让、外汇买卖等。因国际贸易及其从属费用（如运输、保险、银行手续费等）产生的货币收付为国际贸易支付，它是国际支付的主要部分。

同国内贸易支付相比，国际贸易支付要复杂得多，主要表现在：

第一，国际贸易的买卖双方分处两国，各国所使用的货币不同，这就涉及到货币的选择、外汇的使用以及与此有关的由于外汇汇率变动可能引起的风险问题。

第二，国际贸易支付一般都是使用信用工具或支付凭证，通过双方在银行开立的账户进行冲销，即采用非现金结算的办法，以避免直接运送大量货币所引起的各种风险和不便，这就涉及到票据的使用，以及各国有关票据流转的一系列复杂的法律问题。

第三，在国际贸易中，买卖双方往往互不信任，他们从自身的利益考虑，总是力求在货款的收付方面能得到较大的安全保障，尽量避免遭受钱货落空的损失，并想在资金周转方面得到某种通融。例如，就卖方来说，最好是先收款，后发货，或者至少是在收到货款之前不把货物或代表货物所有权的单据（如提单）交给买方；而就买方来说，最好是先收到货物，然后再支付货款，或者至少是在卖方交付货物或代表货物所有权的单证之前，不把货款支付给卖方。这就涉及到如何根据不同的情况，采用国际上长期形成的汇付、托收、信用证等不同的支付方式，来处理好货款收付中的安全保障及资金通融的问题。

二、国际贸易支付统一实体法的主要渊源

（一）国际公约

1. 日内瓦统一法（Geneva Uniform Law）

由于各国票据制度的不统一，不仅妨碍了票据的使用和流通，还影响了国际贸易的扩大及发展。因此，各国从20世纪末就开始着手统一票据法的工作。1930年，国际联盟在日内瓦召集国际票据法统一会议，通过了《统一汇票本票法公约》。其包括五个文件：《统一汇票本票法公约》，该公约《第一附件》和《第二附件》、《解决汇票本票法律冲突公约》、《解决汇票本票印花税法公约》等，这五个文件彼此独立并对各国开放签字加入。1931年，国际联盟又在日内瓦召开会议，通过了《统一支票法公约》，也包括上述类似的五个文件。日内瓦统一票据法的签署，基本上统一了欧洲大陆两大票据法系，标志着票据法的国际统一取得了初步成就。但是，由于英美法系国家拒绝参加，形成了票据法领域日内瓦公约体系与英美法体系并存的局面。

2. 联合国国际汇票和本票公约（Uniform Law for International Bill and Note）

为了进一步统一国际票据法，联合国国际贸易法委员会从1971年起着手进行国际汇票统一化工作。1973年，该组织曾提出了《统一国际汇票法公约》（草案），它是日内瓦公约体系与英美法体系相互协调、折中的产物，但该草案未能获得各国的支持。1979年，联合国国际贸易法委员会又将其改名为《国际汇票和本票公约》（草案），经多次修改，终于在1987年8月在维也纳召开的联合国国际贸易法委员会第20次会议上正式通过了公约草案，并送交各国政府征求意见。但公约至今还没有生效。

（二）国际惯例

1. 托收统一规则（Uniform Rules for Collection）

在托收业务中，委托人与银行之间，付款人与银行之间以及银行与银行之间的关系，往往由于各方对权利、义务的解释不同而发生分歧。为了统一托收的有关规则，国际商会于1958年草拟了一个《商业单据托收统一规则》，建议各银行采用，以便成为大家遵守的惯例。1967年作了一次修订，1978年再作修订，并更名为国际商会《托收统一规则》。尽管该规则不是一部强行法，只有在各当事人约定采用该规则时，才会有相应的法律约束力，但由于它对各国银行的不同作法进行了协调，且对与托收有关的问题作了易于被各国接受的统一性解释。因此，该规则在国际贸易支付实践中被各国广泛采用。

2. 跟单信用证统一惯例（Uniform Customs and Practice for Documentary Credits）

由于信用证在长期的国际贸易中，得到了广泛使用，为了减少各国银行因对信用证的解释不同而引起争议，明确有关当事人的权利和义务，国际商会早在 1930 年就拟定了《跟单信用证统一惯例》，对跟单信用证的定义、有关名词、术语以及信用证业务中有关各方的权利义务进行统一的解释，并建议各国采用。在 60 多年的适用中，《跟单信用证统一惯例》先后经过了 1933 年、1951 年、1962 年、1974 年、1983 年、1993 年 6 次修改。其中，1974 年修订，1975 年 10 月 1 日实施的称为《跟单信用证统一惯例》290 号（UCP290）；1983 年修订，1984 年 10 月 1 日起实施的通常称为《跟单信用证统一惯例》400 号（UCP400）；1993 年修订，1994 年 1 月 1 日起生效的惯例称为《跟单信用证统一惯例》500 号（UCP500）。后三次修订都是为了使信用证能适应现代科学技术新发展、国际贸易规模扩大、国际结算方式趋于多样化和灵活化的形势。目前，该惯例在确定信用证各关系人的权利与义务方面，已成为各国银行共同遵守的规则。

第二节　国际票据法公约

一、日内瓦票据法公约的主要内容

（一）汇票

在日内瓦公约当中，《统一汇票本票法公约》占有重要的地位，目前已有 20 多个国家参加了该公约。该公约对汇票的出票及格式、背书、承兑、付款、追索权等作了明确规定，与英美法系的规定相比，其区别可列表如下：

1995 年，我国通过了《中华人民共和国票据法》，它将汇票、本票、支票一并作出规定。以汇票为例，我国《票据法》与日内瓦公约的异同也可列表如下：

名称 项目	日内瓦公约体系	英美法体系
出　票	①汇票上须注明"汇票"。 ②汇票上要有收款人的姓名或名称。 ③汇票上必须注明出票日期和付款日期或见票即付。 ④汇票必须注明出票地与付款地。	①无此要求。 ②不一定记名，允许凭票即付。 ③汇票即使未注明出票日期，但如能确定付款日期，仍为有效汇票。 ④汇票上不一定注明出票地，但付款地必须注明。

项目　名称	日内瓦公约体系	英美法体系
背　书	⑤汇票背书如附有条件，所附条件无效。	⑤附条件的背书对被背书人有效。
承　兑	⑥应注明"承兑"字样。 ⑦汇票自签发后一年内须提示要求承兑。	⑥承兑人签章即可。 ⑦汇票签发后，在合理时间内提示要求承兑。
付　款	⑧付款人无调查背书真伪的责任。	⑧付款人应调查背书的真伪，付款人对假背书持票人的付款无效。
追　索	⑨汇票被拒付时，持票人未及时通知前手并不丧失对前手的追索权。	⑨汇票被拒付的，持票人应及时通知前手，否则丧失对前手的追索权。

项目　名称	日内瓦公约体系	中国《票据法》
出　票	①汇票上须注明"汇票"。 ②汇票上要有收款人的姓名或名称。 ③汇票上必须注明出票日期和付款日期或见票即付。	①汇票上须注明"汇票"。 ②汇票上要有收款人的姓名或名称。 ③汇票必须注明出票日期。
背　书	④汇票背书如附有条件，所附条件无效。	④汇票背书附有条件的，所附条件不具有汇票上的效力。
承　兑	⑤应注明"承兑"字样。 ⑥汇票自签发后一年内须提示要求承兑。	⑤应记载"承兑"字样。 ⑥出票日起一个月内提示承兑。
付　款	⑦付款人无调查背书真伪的责任。	⑦付款人应调查背书的连续性，并审查提示付款人的合法身份证明或有效证件。
追　索	⑧汇票被拒付时，持票人未及时通知前手并不丧失对前手的追索权。	⑧未按规定期限通知前手，持票人仍可行使追索权。

（二）本票

本票是由出票人于见票时或于指定时间，向受票人或其指定的人无条件支付一定金额的书面支付凭证。它与汇票的异同主要有：

1. 本票是无条件的支付承诺，汇票则是无条件的支付命令。

2. 本票有两个当事人，即出票人和收款人，而汇票有三个当事人，即出票人、付款人和收款人。

3. 本票出票人即是付款人，远期本票不需提示承兑和承兑；而远期汇票需提示承兑和承兑。但见票后定期付款的本票需要提示见票，这一点与见票后定期付款的汇票相同。

4. 在任何情况下，本票出票人都是主债务人；而汇票在承兑前，出票人是主债务人，在承兑后，承兑人是主债务人。

日内瓦公约规定，本票必须包含下列内容：（1）写明本票字样；（2）无条件支付承诺；（3）付款日期，若无付款日期，视为见票即付；（4）付款地，若无特别规定，以出票地为付款地；（5）收款人或其指定人姓名；（6）出票日期及出票地，若未载明出票地，以记载在出票人姓名旁边的地址为出票地；（7）出票人的签字。

日内瓦公约还规定，下列关于汇票的各项规定均适用于本票：背书、付款时间、付款、追索权、参加付款、时效、假日、时效之计算及禁止优惠日等。

（三）支票

支票是以银行为付款人的即期支付一定金额的支付凭证。与汇票和本票相比，支票具有下列特点：（1）出票人与付款人之间，必须先有资金关系；（2）支票必须以银行为付款人；（3）支票都是见票即付，因而无到期日的记载，无承兑、参加承兑、参加付款、保证等制度。

日内瓦公约规定，支票必须包含下列内容：（1）写明其为支票字样；（2）无条件支付命令；（3）付款银行名称；（4）出票人签字；（5）出票日期和地点；（6）付款地点；（7）写明"即期"字样；（8）一定金额；⑨收款人或其指定人名称。

关于汇票的一些规定同样可适用于支票，主要有：出票、背书、付款、追索权、拒绝付款证书等。

二、《联合国国际汇票和国际本票公约》的主要内容

《联合国国际汇票和国际本票公约》旨在消除日内瓦体系和英美法体系之间的分歧，使之能被不同法系国家接受。因此，公约是在参照并吸取两大法系的内容和特点的基础上制订出来的。它协调的主要内容是：

（一）关于国际汇票和国际本票的定义

公约第 2 条第 1 款规定，国际汇票是列明至少下列两处地点并指出所列明的任何两处地点位于不同国家的汇票：（1）汇票开出地点；（2）出票人签名

旁所示地点；（3）受票人姓名旁所示地点；（4）受款人姓名旁所示地点；（5）付款地点。该条第 2 款对国际本票作了大体一致的规定。可见，联合国国际票据公约把国际票据界定为出票地、付款地、出票人签名旁所示地点、受票人姓名旁所示地点及受款人姓名旁所示地点中至少有两处不在同一国家之内的票据。如果在出票时没有在票据上载明"国际汇票"或"国际本票"字样，可不受公约的约束。

（二）关于票据的形式要求

日内瓦公约对票据形式要求的过分严格是英美法系各国拒绝参加日内瓦公约的主要原因之一。有关票据的形式要求，公约基本上采纳了英美法的原则，使公约具有了一定的灵活性。但公约仍然在以下几点吸收了日内瓦公约的精神：

（1）票据上必须注明"国际汇票"和"国际本票"字样；

（2）汇票和本票上必须载有出票日期；

（3）不得开立无记名国际汇票，但背书人可以用空白背书的方法，使汇票在实际上成为无记名汇票。

（三）关于对持票人的保护

为了使票据具有流通性，各国票据法对善意或合法的持票人都给予有力的保护，他可以享有优于前手的权利。但各国法律对善意或合法的执票人所要求的条件不完全一致。英国汇票法把持票人区分为持票人、付了对价的持票人（holder for value）和正当持票人（holder in due course）加以不同保护。

公约把票据持有人分为持票人和受保护持票人（protected holder）。持票人泛指一般持有汇票的人，而受保护持票人必须具备下列条件：（1）必须是票据的持票人，即持有票据的收款人或被背书人；（2）票据必须完整正常，而且尚未过期；（3）取得票据时，不知道有何请求权或抗辩或拒收事实。在此前提下，受保护持票人享有优先于其前手的权利，其权利不受任何人对票据的请求权或抗辩的影响。

（四）关于伪造背书

公约规定，伪造背书的后手仍是持票人，但因伪造背书而产生的损失，则由伪造背书者及其后手承担。关于付款人的责任，公约规定，付款人在票据到期时或到期后向持票人付款，属于正当付款。在正当付款的情况下，付款人只负责核对背书的连续性，不负责核对背书的真实性。但是，如果付款人在票据到期前付款，或在付款时已得知第三者对票据有请求权，或已知票据曾发生失窃、伪造，或者付款人参与盗窃或伪造票据，付款人不能解除责任。

（五）关于分期付款

公约规定，汇票可以仅规定分期付款，也可以在规定分期付款的同时，载明当任何一次分期付款未能履行时，未付余额即告到期。如果是仅规定分期付款，不能认为任何一次分期付款违约，就导致以后各期余额即告到期。

第三节　国际贸易支付方式的统一实体法

国际贸易中常用的支付方式有三种：汇付、托收和信用证。以汇付方式支付货款是由债务人主动将款项通过银行汇付给国外的债权人，故称为顺汇（remittance）。以托收、信用证方式支付货款，都是债权人主动向债务人索取款项，故称逆汇（reverse remittance）。

一、汇付

在国际贸易支付中，汇付是指付款人（买方、被保险人、托运人等）用汇兑的方法，通过第三者把其应付给对方的款项交付给对方。这种方法一般只用于小额货款或其他附属款项的支付，因为这种方法的费用较大，又缺乏付款的保证。法律上要求付款人严格遵守汇付的时间，如汇款人违反事前约定的时间，应承担由此而引起的一切法律责任。在实践中，汇付分以下三种：

1. 电汇（telegraphic transfer），即付款人将其应付给对方的款项，交给其所在国的可办理外汇业务的银行，委托该银行用电报通知并再委托对方所在国的有关银行，将应付款转付给对方。

2. 信汇（mail transfer），即付款人委托其所在国有关银行，用邮政通信方法，委托对方所在国的有关银行，向对方付款。

3. 票汇（demand draft），由付款人购买其所在地国的汇票寄给对方，由对方到受票人处兑现。

根据付款和交货先后时间的不同，汇付又可分为预付货款和货到付款两种方式：

1. 预付货物（payment in advance），是买方先将货款的一部分或全部汇交卖方，卖方收到货款后立即或在一定时间内发运货物的支付方法，这种支付方法对卖方十分有利，卖方甚至可以在收到货款后再购货发运。

2. 货到付款（payment after arrival of goods），是卖方先发货，进口商后付款的支付方式，货到付款对买方十分有利，他不但可以掌握交易的主动权，资金负担也较少。

二、托收

（一）托收的概念和种类

托收（collection）是由卖方对买方开立汇票，委托银行向买方收取货款的一种结算方式。银行托收的基本做法是：由卖方根据金额开立以买方为付款人的汇票，向出口地银行提出托收申请，委托出口地银行（托收行）通过它在进口地的代理行或往来银行（代收行），代为向买方收取货款。

托收分为光票托收和跟单托收两种：

1. 光票托收（clean collection）是卖方只开立汇票委托银行向买方收款，不附具任何装运单据。在国际贸易中，光票托收仅限于结算样品费、佣金等小额费用。

2. 跟单托收（documentary collection）是指卖方开立以买方为付款人的汇票后，连同提单、保险单和发票等装运单据一起交给银行，委托银行向买方收取货款。跟单托收又可分为付款交单和承兑交单两种：（1）付款交单（documents against payment，D/P）是指代收行在受票人支付全部票据金额以后才将有关单据交给受票人的一种托收方式。（2）承兑交单（documents against acceptance，D/A）是指代收行在受票人承兑有关汇票以后就将有关单据交付给受票人的一种托收方式，因为只有远期汇票才需要承兑，所以承兑交单只适用于远期汇票的托收。

（二）托收的当事人及其法律关系

托收业务常有四个当事人：

1. 委托人（principal，亦译本人），即委托银行代其向买方收取货款的卖方，在银行业务中称之为客户（customer）；

2. 托收银行（remitting bank），即接受卖方委托代为收款的出口地银行；

3. 代收银行（collecting bank），即接受托收银行委托向买方收款的进口地银行；

4. 受票人（drawee），即代收银行向其提示汇票，要求其付款的汇票付款人（payer），在进出口业务中通常就是买方。

托收的当事人通过一项托收业务，建立的法律关系如下：

1. 委托人和托收银行的关系是委托代理关系。按照国际上的习惯做法，委托人在委托银行办理托收时，都要填写一份托收委托书（remittance letter），具体提出托收的指示及双方的责任范围。这项委托书就构成双方的代理合同，应适用代理法的一般原则。

2. 托收银行和代收银行的关系也是委托代理关系。托收银行有权自由指定代收银行，但其费用与风险均由委托人负担。代收行应按照托收行的指示及时向汇票上的付款人作付款提示或承兑提示，并应于遭到拒付时及时把详细情况通知托收行。如果代收行没有遵照托收行的指示行事，致使托收行遭受损失，代收行应负责给予赔偿。

3. 委托人与代收行之间不存在直接的合同关系（privity of contract）。因为按照代理法的一般原则，委托人是本人（principal），托收行是他的代理人，而代收行则是托收行的代理人，对本人来说，后者乃是他的代理人的代理人（subagent），他们两者之间是没有直接的合同关系的。因此，如果代收行违反托收委托书的指示行事，致使委托人遭受损失，委托人也不能依据委托合同对他起诉，而只能通过托收行向他起诉。

4. 代收行与付款人之间也不存在合同关系，代收行也不是托收项下的汇票的执票人，他只是以代理人的身份向付款人提示汇票、收取货款。付款人之所以按汇票向代收行付款，并不是由于他与代收银行之间存在什么合同关系，而是由他与卖方之间所签订的买卖合同决定的。因此，如果付款人拒绝承兑汇票或拒绝按汇票付款，代收行不能以自身的名义对付款人起诉，而只能把拒付的情况通知托收行，再由托收行通知委托人（即汇票的出票人），由委托人出面对付款人进行追偿。

(三)《托收统一规则》的主要内容

《托收统一规则》分前言、总则和定义、义务及责任三部分，主要内容有：

1. 委托人应承担银行执行其指示而利用其他银行的服务时所产生的风险；根据外国法律和惯例对银行规定的义务和责任，委托人应受其约束，并负赔偿责任。

2. 银行应以善意和合理的谨慎行事。银行除了要检查所收到的单据与委托书一致外，对单据并无审核的责任，但银行必须按照委托书的指示行事，如无法照办时，应立即通知发出委托书的一方。

3. 除经银行事先同意外，货物不应直接运交银行，也不能以银行作为收货人，如未经银行同意将货物发给银行或以银行为收货人，银行无提取货物的义务，仍由委托人自行承担风险和责任。

4. 委托书和汇票必须指明是付款交单还是承兑交单，如未指明，银行只能凭付款后交单。

5. 汇票如被拒付，托收银行在收到此项通知后，必须在合理的时间内对代收行作出进一步处理有关单据的指示，如在送出拒付通知90天内仍未收到该项指示，代收行可将单据退回托收银行。

三、信用证

(一) 信用证的概念和种类

信用证（letter of credit）是指银行根据买方（开证申请人）的请求，开给卖方的一种保证承担支付货款责任的书面凭证。在现代国际贸易中，信用证支付方式是最常见、最主要的支付方式，它把应由买方承担的付款义务转化为银行的付款义务，把国际货物买卖转化为单据化买卖，从而使卖方能够迅速地收到货款有所保障，同时也为买卖双方提供了资金融通的便利。

信用证可根据它的性质、付款期限、能否转让等不同的特点，分为不同的种类，常见的有以下几种：

1. 可撤销信用证（revocable L/C）和不可撤销信用证（irrevocable L/C）

不可撤销的信用证，是指信用证一经开出，在有效期内，未经受益人及有关当事人的同意，开证行不得片面撤销信用证或修改信用证的内容。只要受益人提供的单证符合信用证的规定，开证行就必须履行付款的义务。这种信用证对受益人收款比较有保障，在国际贸易中，使用最为广泛。相反，可撤销的信用证是指开证行可以不经过受益人同意，也不必事先通知受益人，在议付行议付之前，有权随时修改信用证的内容或撤销信用证。这种信用证对受益人收款没有多大保障，在国际贸易中极少使用。

2. 保兑的信用证（confirmed L/C）与不保兑的信用证（unconfirmed L/C）

保兑是指一家银行开出的信用证由另一家银行加以保证兑付。经过保兑的信用证叫做保兑信用证，没有经过保兑的信用证叫做不保兑的信用证。信用证经过另一家银行保兑后，就有两家银行对受益人负责，一家是开证行，一家是保兑行，而且首先是由保兑行对受益人负责。保兑行通常是出口商所在地的银行，在大多数情况下是由通知行负责保兑，但有时也可以由其他银行保兑。保兑信用证比未加保兑的不可撤销信用证对卖方收汇安全更有保障。

3. 即期信用证（sight L/C）与远期信用证（usance credit）

凡信用证内规定受益人有权开立即期汇票收款，银行保证见票即付的，称为即期信用证。凡信用证规定受益人须开立远期汇票收款的，称为远期信用证。

4. 可转让信用证（transferable L/C）和可分割信用证（divisible L/C）

可转让的信用证是指开证行根据进口商的申请在信用证上特别注明"可转让"字样的信用证。可转让信用证的受益人有权指示通知行或付款行，要求将信用证的全部或一部分转让给一个或一个以上的人（即第二受益人）使用。可转让信用证只能转让一次，第二受益人不能把信用证作第二次转让。可分割的信用证是指受益人有权将信用证转让给两个或两个以上的人使用的信用证。

（二）信用证的当事人及其法律关系

信用证的当事人的人数并不是固定不变的，它常因具体交易情况的不同而有所增减。一般说来，一笔信用证交易可以涉及以下几个当事人：

1. 开证申请人（Applicant），即向银行申请开立信用证的进口商。

2. 开证银行（Issuing Bank），即接受开证申请人的委托，开立信用证的银行。

3. 通知银行（Advising Bank），即接受开证行的委托，将信用证转交出口人的银行。

4. 受益人（Beneficiary），即有权享受信用证上的利益的出口人。以上是所有信用证都必须涉及到的四个当事人。

5. 保兑银行（Comfirming Bank），即在开证行开出的不可撤销信用证上加上自己的保兑责任的银行；保兑行通常可由通知行充当，但在这种情况下，通知行的法律地位就随之发生变化，它不仅负有把信用证通知受益人的责任，而且承担了首先付款的义务。

6. 议付银行（Negotiating Bank），即愿意买入或贴现受益人交来的跟单汇票的银行；议付行可以是通知行，也可以是其他银行，它可以在信用证上具体指定，也可以不加限制；议付行按信用证规定的条件对跟单汇票议付后，即处于汇票合法持票人的地位，可享受票据法上对合法持票人所给予的保护。

7. 付款银行（Paying Bank），即信用证上指定的付款银行，它通常就是开证行，但也可以是开证行以外的其他银行，须按信用证条款的规定来决定。

上述当事人的基本法律关系如下：

1. 开证申请人与受益人之间是合同关系，它基于双方订立的货物买卖合同。合同中规定了以信用证方式结算货款，买方承担及时开立信用证的义务；卖方则承担按合同规定发货并及时提供单据的义务，这些单据表面上必须完全符合信用证的要求。

2. 开证申请人与开证行之间的关系，是以开证申请书（application form）的形式建立起来的一种委托代理关系。开证申请人（买方）在申请书中应具体写明所开信用证的种类、有效期限、装运方式、保险条件、商品名称以及对单据的要求和交单付款的条件等内容。开证行如接受此项申请，即应按此开出信用证，并应严格按照开证申请人在申请书中提出的指示行事，不得有丝毫的背离。开证行对开证申请人的主要义务是以合理的谨慎审核一切单据，从表面上确定其是否与信用证条款的要求相符。但开证行以及其他有关银行对于任何单据的形式、完整性、正确性、真实性及法律效力，概不负责；而且对于单据中有关货物的品质、数量、价值以及对于发货人、承运人、保险人等的诚信与否、清偿能力、资信情况，亦概不负责。

3. 开证行和通知行之间的关系是委托代理关系，应受他们之间的委托代理合同的约束。在信用证交易中，开证行一般通过受益人所在地的往来银行把信用证转交给受益人。该往来银行可以充当不同的角色：既可以在信用证上加上自己的保兑，成为保兑行；又可以仅转送信用证，成为通知行；若再接受开证行的委托，代向受益人议付货款，它还是议付行。

4. 通知行与受益人之间的关系。通知行的责任是把开证行开出的信用证通知受益人，不因这一行为而在两者之间产生任何合同关系。

5. 开证申请人与通知行之间的关系。通知行仅是开证行的代理人，因此，在通知行与开证申请人之间不存在直接的合同关系。

6. 开证行与受益人的关系以信用证为基础，由于信用证的种类不同，他们之间的关系也有所不同。如果开证行开出的是可撤销的信用证，则受益人并不能从开证行获得任何有约束力的允诺（binding promise），由于这种信用证在议付行议付单据之前，可以随时由开证行撤销，而且毋需事先通知受益人，就这一点而言，可撤销信用证的法律效力还不如一项要约。所以，在此情况下，开证行与受益人之间不存在有约束力的合同。但是，如果开证行所开出的是不可撤销的信用证，则当该信用证送达受益人时，在开证行与受益人之间就成立了一项对双方都有约束力的合同。这种合同既独立于买卖双方之间订立的买卖合同，也独立于买方与开证行之间依据开证申请书成立的合同。换言之，开证行应按照不可撤销信用证的条款对受益人承担付款义务，不受买卖合同或其他合同的影响。

（三）《跟单信用证统一惯例》的主要内容

前面讲过，《跟单信用证统一惯例》经过多次修改，内容不断丰富和完善，UCP400 的主要内容有：

1. 条文适用于一切跟单信用证，包括在其适用范围内的备用信用证，除另有约定外，对各有关方面均有约束力。

2. 信用证是一种约定，在信用证业务中处理的是单据而不是与单据有关的货物、服务或其他行为，它所包含的有关合同的任何援引与银行完全无关，银行并不受其约束。

3. 信用证可以是可撤销和不可撤销的，但必须表明是否可撤销，如无表示视为可撤销。

4. 可撤销信用证可由开证行随时修改或取消而不必事先通知受益人，但在收到修改或取消通知前已付款、承兑、议付或接受单据者应予以偿付。

5. 不可撤销信用证未经有关当事人同意不得修改或取消，并按要求承兑、保兑或议付。

6. 开证行享有合理时间审核单据、接受或拒绝单据。拒收的单据必须是表面上不符合信用证条款的单据，拒收时必须以快捷方法通知寄单行及受益人，并有权索还已偿付款项。

7. 银行对任何单据的形式、完整、准确、真实、伪造、法律效力、货物的有关事项及任何附加等概不负责。

8. 银行对电报、信函、单据在传递中的延误、遗失造成的后果及翻译解释的差错概不负责，对天灾、暴动、战争等任何无法控制的原因造成的后果概不负责。

9. 信用证必须明确注明付款、承兑或议付单据，除另有规定外，银行可接受影印、自动或电脑处理或复写的单据正本。

10. 除信用证另有规定外，银行将接受为发运货物和进行结算所必需的一切单据。

11. 凡"约"、"大约"或类似意义的词语用于信用证金额或规定的数量或单价时，应解释为允许有不超过 10%的增减幅度。

UCP500 对 UCP400 的修改主要有：

1. 关于信用证未注明属于不可撤销的信用证时，UCP400 规定，此类信用证应视为可撤销信用证；而按 UCP500 的规定，此类信用证应视为不可撤销的。这一修订，仅一字之差，却使信用证更加符合国际贸易的实际，因为当今的信用证当事人一般都明示采用不可撤销的信用证，这一修订更符合使用信用证的目的和意义，有利于保护当事人的利益。

2. 关于通知行的责任，UCP500 第 8 条 a 保留了 UCP400 的这一规定，此外又增加了一款新的规定（第 8 条 b）。它规定了当无法确定信用证外观真实性时，通知行必须不迟延地通知开证行，说明它无法确定该证的真实性；如通知行决定将该信用证通知受益人，则它必须告知受益人它无法确定该证的真实性。

3. 关于审核单据的标准，UCP500 保留了 UCP400 的内容，并增加了两项规定：其一涉及未规定的单据，即银行不审核信用证中未规定的单据，如果银行收到此类单据，将退还提交人，或予以转交并对此不负责任。其二涉及非单据条件，即如果信用证中列有某项条件，但未规定应提交的符合条件的单据，银行将认为这些条件没有记载并不予理会。

4. 关于审单时间及拒收通知，UCP500 规定开证行、保兑行应有一段合理的时间审单，但从收到单据之日起不超过 7 个银行工作日；如果开证行或保兑行（如果有的话）决定拒收单据，则它必须说明单据的全部不符点（all discrepancies），通知的发出必须在不迟于收到单据之日起 7 个银行工作日内完成；如果开证行确定单据表面上与单据不符，它可以完全根据自己的决定与申请人联系，请其放弃不符点，但这样并不延长上述时限。这些修改可以使卖方尽快地从银行得到单据与信用证是否符合的情况，以便在单据不符的情况下，补交合乎信用证规定的单据或请求买方通过银行修改信用证，以保护买卖双方的利益，使国际贸易顺利进行。

第二十四章
保护知识产权的统一实体法

为了加强知识产权的国际保护，国际社会先后签订了一系列保护知识产权的国际公约，成立了一些全球性或区域性的国际组织，从而在世界范围内形成了一套保护知识产权的统一实体法。

第一节　专利权公约

关于专利权的世界性国际公约主要有 1883 年的《保护工业产权巴黎公约》（以下简称《巴黎公约》）和 1970 年《专利合作条约》。地区性国际公约主要有：1973 年《欧洲专利公约》、1975 年《欧洲共同体专利公约》、1968 年《北欧共同专利法》、1962 年《非洲—马尔加什工业产权协定》（后于 1976 年改为《非洲知识产权组织》）、1977 年《非洲专利组织》。本节主要介绍《巴黎公约》的有关内容。

一、公约的订立

《巴黎公约》酝酿于 19 世纪 70 年代，1883 年 3 月 20 日，法国、比利时、巴西、危地马拉、荷兰、西班牙、意大利、葡萄牙、萨尔瓦多、塞尔维亚、瑞士等 11 个国家在巴黎签订。公约自缔结以来，先后经过了七次修订：1900 年于布鲁塞尔、1911 年于华盛顿、1925 年于海牙、1934 年于伦敦、1958 年于里斯本、1967 年于斯德哥尔摩、1980 年于日内瓦。目前，《巴黎公约》的大多数成员国采用的是 1967 年的斯德哥尔摩文本。

二、公约的保护范围

《巴黎公约》第 1 条第 2 款规定，公约的保护范围包括：发明、实用新型、工业品外观设计、商标、服务标记、厂商名称、产地标记或原产地名称以及制止不正当竞争等。可见，公约所保护的专利权包括发明、实用新型和工业品外观设计。

三、公约规定的基本原则及制度

由于各成员国之间在利益上的矛盾和立法上的差别,《巴黎公约》没能制定出统一的专利法。因而发明人在一成员国内取得的专利权并不能自然地在其他成员国具有效力;如果要使发明在其他成员国内得到保护,发明人仍需向其他成员国申请专利。为了使在一成员国获得的专利权能够在其他成员国得到保护,公约在尊重各成员国国内立法的同时,规定各成员国必须共同遵守几项基本的原则和制度,以协调各成员国的国内立法,使其与公约的规定基本一致。公约成员国除应在其国内法中体现公约所规定的基本原则和制度外,完全可以自主地根据其国内立法来调整有关专利的法律关系,按照本国法对其他成员国的专利申请进行审查并作出是否授予专利权的决定。公约主要规定了如下基本原则和制度:

（一） 国民待遇原则

公约所规定的国民待遇原则有两方面的含义。其一是在专利权的保护方面,每个成员国的国民,无论他们是否在一成员国内有永久住所或营业所,只要他们遵守对该国国民所适用的条件和手续,该国就应以法律给其他成员国的国民以本国公民所享受的待遇;其二是指,即使对于非成员国的国民,只要他在任一成员国内有法律认可的住所或实际从事工、商业活动的营业所,就应给予他相同于本国公民的待遇①。

公约所规定的"国民"既包括自然人,同时也包括法人。对于具有双重国籍的人而言,只要其国籍之一在某一成员国的,即可享受国民待遇。公约所规定的成员国的"法律",既包括成文法,也包括判例法。在成文法系国家,包括其成文法及法院司法实践中的判决。此外,在所有成员国中,还包括专利局等有关行政管理机关所作的决定与裁决。

（二） 优先权制度

公约所规定的优先权是指对有资格享受国民待遇的申请者从首次向成员国之一提出申请之日起,可以在一定期限内（发明和实用新型为 12 个月,工业品外观设计为 6 个月）以同一发明向其他成员国提出申请,有关成员国必须承认申请人于第一次提出申请的日期为在本国提出申请的日期②。在该优先权期限内,即使有任何第三者就相同的发明提出申请或已实施了该发明,申请人仍因享有优先权而可以取得专利权。

优先权的作用主要是使申请人在第一次提出后,有充分的时间考虑自己是

---

① 《保护工业产权巴黎公约》（1967 年斯德哥尔摩文本）,第 2 条、第 3 条。
② 《保护工业产权巴黎公约》第 4 条。

否还有必要再在其他国家提出申请或选择在其他国家代办手续的代理人。申请人不必担心在该期限内被其他人以相同的发明在其他国家抢先申请专利,因为他的第一次申请日是"优先"的。

（三） 强制许可制度

公约规定,每一成员国可以采取立法措施,规定在一定条件下可以核准强制许可,以防止专利权人可能对专利权的滥用。颁发强制许可证的条件为:(1) 专利权人在专利批准后 3 年内或申请专利后 5 年内无正当理由没有实施或未充分实施;(2) 强制许可证只能是非独占性的,即除了取得强制许可证的第三者外,专利权人仍然可以实施其发明;(3) 被许可人仍须向专利权人支付使用费。在第一次颁发强制许可证两年后,如果专利权人仍无正当理由而未实施或未充分实施的,专利主管部门可以撤销其专利权。

（四） 独立性原则

公约规定,同一发明在不同成员国所获得的专利权彼此独立,即公约成员国在决定是否授予、或拒绝、或撤销、或终止某项发明专利权时,不受其他成员国对该项专利权决定的影响。这即是说,已在一成员国获得专利权的发明,在发明人向其他成员国提出同样的专利申请时,不一定能够获准;相反,在某一成员国已遭拒绝的专利申请,在向其他成员国提出同样的申请时,不一定会遭到拒绝。《巴黎公约》规定这一原则的目的在于,使各成员国在决定是否授予专利权时,依据其国内的专利法来进行,而不受任何其他国家对该项申请所作出的决定的影响。

四、组织机构

根据公约的规定,成员国组成保护工业产权同盟。该同盟组织由同盟大会、执行委员会和国际局组成。公约还规定,作为同盟组织成员的每个国家都必须设立专门的工业产权机构和中央服务机构。

二战以后,《巴黎公约》成员国的数目有了显著增加,到 1996 年 1 月止,参加公约的国家和地区已达 136 个,因此,《巴黎公约》已成为保护工业产权方面成员国最多、影响最大的国际公约。我国于 1984 年 11 月决定加入该公约,1985 年 3 月 15 日公约对我国生效。

目前,《巴黎公约》所遇到的最大挑战就是自 20 世纪 60 年代开始,发展中国家所提出的将公约所规定的"国民待遇"作为重点修改对象。发展中国家和发达国家在经济、技术力量上的对比极为悬殊。发达国家在经济、技术上处于优势,在向发展中国家大量输出商品、资本和技术的同时,可以国民待遇原则所提供的便利,到公约的其他成员国,尤其是作为公约成员国的发展中国家获得专利,从而达到保护和巩固其在技术和市场上的垄断地位;发展中国家在经济、技术上处于劣势，有的甚至处于极端落后的地位，即使给予其国民待遇，它们也很难在其他成员国，尤其是发达国家获得一些真正有价值的专利权。但它们还要承担在本国保护大量外国的，尤其是发达国家的专利义务。因此，发展中国家为了获得事实上的平等，提出了各种修改国民待遇原则的主张：要求外国人（指发达国家的专利申请人，以下同）支付的专利费应高于本国人，或者普遍降低发展中国家的专利权人在发达国家的专利费用；给予外国人的专利保护期限短于本国人；要求外国人承担更加严格的实施其发明的义务，如将实施期限由 3 年改为 2 年；对发展中国家的专利申请人申请专利的优先权期限应予延长；要求对颁发给发展中国家的强制许可证允许再转让，等等。发展中国家所提出的上述修改主张，目的是要维护发展中国家的民族利益，加速本国工业和经济技术的发展。这无疑有助于国际经济新秩序的建立。

第二节　商标权公约

从 19 世纪末起，各国先后签订了一系列保护商标权的国际公约，如 1883 年的《保护工业产权巴黎公约》、1891 年的《商标国际注册马德里协定》和 1973 年的《商标注册条约》。本节将对这些国际条约的主要内容予以介绍。

一、《保护工业产权巴黎公约》

《巴黎公约》是保护专利权和商标权的国际公约。关于商标权的保护问题，除有关保护专利权的基本原则和制度，如国民待遇原则和优先权原则也适用于商标权的保护外，公约还另外规定了以下四个方面的内容。

（一）商标的独立性

公约规定，如果一项商标没能在本国获得注册，或它在本国的注册被撤销，不得影响它在其他成员国的注册申请被批准①，这就是商标独立性原则。这一原则与专利独立性原则的不同在于，如果一项商标在本国已经获得了合法的注册，那么在一般情况下，它在公约其他成员国的申请就不应被拒绝，这是商标独立性原则的例外。这一例外说明，商标所有人在本国的商标注册，对于他就同一商标在其他成员国的注册虽不能具有否定性影响，但却可以有肯定性的影响。当然，《巴黎公约》对这一例外规定了一些附加条件。比如，如果某一商标的原注册国实行的是"形式审查制"，另一巴黎公约的成员国实行的是"实质审查制"，则商标的所有人虽然在其本国获得了注册，也未必能在另一国获得注册。再如，某一商标在本国使用虽不会产生不良后果，但如在另一国使

---

① 《保护工业产权巴黎公约》第 6 条。

用会有损于该国的"公共秩序"的话，那么，该商标即使已在本国获得注册，也不可能在另一国获得注册。

（二）不得因商品的性质而影响商标的注册

公约规定，在任何情况下，公约成员国都不得以商品的性质为理由，拒绝对有关商品所使用的商标予以注册①。这一规定的目的在于避免因商品的销售活动而影响商标权的获得。

（三）对驰名商标的特别保护

公约规定，各成员国的国内法都应禁止使用与成员国中的任何已经驰名的商标相同或近似的标记，并应拒绝这种标记的注册申请；如已批准其注册，一旦发现其与已驰名商标相重复，则应予以撤销。根据公约的规定，未注册的驰名商标，可以阻止与其相同或近似的商标获得注册。至于撤销已注册的、与驰名商标相同或近似的商标注册，则应依不同的情况而定。即如果这种注册不是以欺骗方式获得的，也未用于欺骗目的，那么只有当驰名商标所有人在5年之内提出争议，才予以撤销。如果争议在5年之后才提出，就不能撤销该注册了；如果该商标属于"非善意注册"，亦即采用了欺骗方式或用于欺骗目的，那么无论驰名商标所有人于何时提出争议，对该注册均应予以撤销。

（四）禁止当作商标使用的标记

《巴黎公约》规定，公约成员国应禁止以两种标记作为商标：一是作为公约成员国的外国国徽、国旗或其他象征国家的标记；二是作为公约成员国的政府间国际组织的旗帜、徽记、名称及其缩略语。但这两条应符合下列条件：

1. 如果某成员国法律允许将本国国徽、国旗或其他类似图案当作商标使用，则上述禁例不再适用；

2. "政府间国际组织"仅指国家一级之间的政府间组织；

3. 已经受到某个现行国际协定保护的商标，也不适用上述禁例；

4. 某个成员国在加入《巴黎公约》之前已在本国善意使用着的商标，即使与上述两条禁例规定的标记相同，也不在被禁之列；

5. 某些商标所使用的图案虽与上述禁例所规定的图案相似，但在贸易活动中使用时，不会使人误认为其与有关国家或国际组织有什么联系的，则不在禁止之列；

6. 以其他国家的国旗作为商标标记予以注册发生在1925年以前的，不在被禁之列（这是由于禁止将其他国家的国旗作为商标使用的规定，是1925年《巴黎公约》海牙文本所增加的禁例）；

7. 公约成员国必须将本国不允许作为商标使用的象征性标记列出清单并

---

① 《保护工业产权巴黎公约》第7条。

提交世界知识产权国际局，由其转达给其他成员国。否则，除国旗之外，其他成员国可以不禁用。

二、《商标国际注册马德里协定》

《巴黎公约》关于商标权的规定仅涉及商标权的国际保护问题，而未规定商标在成员国的注册问题。这意味着商标所有人为了在各成员国取得注册，获得商标的国际保护，就必须在每个成员国内履行注册手续。为了简化商标国际注册的手续，1891 年，法国、比利时、西班牙、瑞士及突尼斯等国在马德里缔结了《商标国际注册马德里协定》（以下简称《马德里协定》）。

《马德里协定》主要就商标的国际注册问题作了规定。所谓商标的国际注册是指，商标的注册申请人在其国内获得商标的注册后，向本国主管商标的机关提交商标国际注册申请案，本国商标主管机关在审查后，将申请案转至世界知识产权组织国际局（该组织成立前由巴黎同盟、伯尔尼同盟的联合国际局办理），国际局在对申请案进行形式审查后认为符合要求的，就予以公布并通知申请人要求对其商标予以保护的有关缔约国，由有关缔约国依照其国内法决定是否准予其商标注册申请。《马德里协定》对商标国际注册作了如下具体规定：

1. 国际注册的条件。国际注册的条件有二：（1）商标所有人必须是《马德里协定》成员国之一的国民，或是在某成员国有居所或设有从事实际商业活动的营业所的人；（2）该商标所有人必须首先在本国获得商标注册。

2. 申请国际注册的程序。第一，申请人向世界知识产权组织国际局提交的申请案必须为法文文本；第二，申请案经国际局所进行的形式审查通过后，国际局即将"国际注册"予以公布，并将申请案、审查结果和"国际注册"复印后分送申请人要求获得商标权保护的国家。

3. 国际注册的效力。有关国家的主管部门在收到上述文件后，可以在一年之内，依照其国内法在说明理由的前提下拒绝为该商标提供保护。若在一年之内未表示拒绝的，则该商标的国际注册即在该国自动生效，转变为该国的国内注册。

4. 国际注册的期限。商标的"国际注册"在任何成员国生效后，保护期限均为 20 年，且可以无限制续展，每次展期也是 20 年。在 20 年期满前 6 个月，国际局将向商标权人明示商标权即将到期。待商标期满时未提出续展的，可再给予 6 个月的宽限期；在宽限期内提出续展的，应缴纳一定数额的罚款。

《马德里协定》自签订以来，共进行了 6 次修订，现在使用的是 1971 年斯德哥尔摩文本。该协定是《巴黎公约》的补充。

三、《商标注册条约》

《商标注册条约》是由英国、美国、罗马尼亚、意大利、奥地利、丹麦、芬兰、德国、摩纳哥、挪威、葡萄牙、罗马尼亚、瑞典、圣马力诺等 14 国发起，并在 1973 年 6 月 12 日的维也纳外交会议上通过的。该条约于 1980 年 8 月生效，目前参加国仅 5 个，美、英等一些发起国反倒未参加。

《商标注册条约》与《马德里协定》相比，主要有以下不同：

1. 根据《商标注册条约》第 4 条的规定，申请人可以不必先在本国获得注册，也不必通过本国的商标管理部门提交申请案，可以直接向世界知识产权组织国际局提出申请和获得"国际注册"，即"国际注册"不依赖于本国在先的注册，它是独立的。且该注册一旦在各成员国生效，即各自独立，即使有关商标的注册在其本国被撤销，对它在其他成员国的注册效力也不产生影响。

2. 根据条约第 12 条的规定，各成员国在接到国际局的文件后，作出是否给予保护的期限为 15 个月。15 个月后仍不表示拒绝，"国际注册"在该国生效。对"证明商标"的注册，各成员国考虑拒绝或接受的期限为 18 个月。

3. 根据条约第 19 条的规定，若商标的"国际注册"在各成员国生效 3 年后未曾使用，任何成员国都可以撤销其注册。

4. 条约第 17 条规定，商标注册有效期为 10 年，可以无限续展，续展期也为 10 年。在世界知识产权组织国际局获得续展后，即在所有成员国获得续展注册。

5. 依《商标注册条约》提交的"国际注册"申请文本，可采用英文或法文。

6. 依《商标注册条约》所获得的"国际注册"商标是可转让的，但转让活动须在国际局登记。

《商标注册条约》的参加国也必须是《巴黎公约》的成员国，该条约在简化商标的国际注册方面，比《马德里协定》又前进了一步。

第三节 著作权公约

进入 19 世纪下半叶，资本主义国家便开始着手建立著作权的国际保护制度。经过多次国际会议，各国于 1886 年签订了《保护文学艺术作品伯尔尼公约》，于 1952 年签订了《世界版权公约》。美洲国家于 1889 年在蒙得维的亚签订了《关于保护文学和艺术产权公约》，于 1928 年在哈瓦那签订了《保护艺术产权的公约》，于 1946 年在华盛顿签订了《关于文学、科学、艺术作品的著作权公约》。二战以后，尤其是《世界版权公约》签订以后，美洲国家的这些区域性公约已逐渐不再起作用；另一方面，产生了两个与版权有关的新问题的公约。一个是1961年由联合国国际劳工组织、教科文组织及世界知识产权组织发起，在罗马缔结的《保护表演者、录音制品录制者与广播组织公约》（下文简称1961年《罗马公约》），另一个是在世界知识产权组织的主持下，于1989年5月在华盛顿外交会议上缔结的《集成电路知识产权公约》。目前，《保护文学艺术作品伯尔尼公约》和《世界版权公约》是世界上保护文学艺术产权的主要国际公约。

一、《保护文学艺术作品伯尔尼公约》

《伯尔尼公约》是英国、法国、德国、意大利、西班牙、比利时、瑞士、利比里亚、海地、突尼斯等10个国家于1886年9月9日在瑞士首都缔结的。上述国家于1887年组成了伯尔尼同盟。公约于1887年12月5日生效，到1992年1月止，公约已有90个成员国。公约历经五次修订，分别产生出柏林文本（1908年），罗马文本（1928年），布鲁塞尔文本（1948年），斯德哥尔摩文本（1967年），巴黎文本（1971年）。目前大部分成员国采用的是1971年的巴黎文本。《伯尔尼公约》主要规定了以下原则：

（一）国民待遇原则

公约关于这一原则的规定有两方面的内容①：

1. 关于国民待遇的主体问题，公约规定以下几种人可享有国民待遇：

（1）公约成员国的国民（无论其作品是否已经出版），此即公约中的"作者国籍"标准或"人身标准"；

（2）虽不是公约成员国的国民，但其作品首先出版于公约的任何一个成员国，或首次出版同时发生在某成员国及其他非成员国，此即公约中的"作品国籍"标准或"地点标准"；

（3）虽不是公约成员国的国民，但在成员国中有惯常居所的人；

（4）电影制片人的总部或该人的惯常居所位于公约成员国内，该电影作品的作者；

（5）建筑物或建筑物中的艺术品位于成员国内，该建筑作品及建筑物中艺术品的作者。

2. 关于国民待遇的内容问题，公约作了两方面的规定：第一，享有公约成员国依本国法已经为其本国国民所规定的版权保护；第二，享有公约专门提供的保护，亦即公约所规定的最低保护要求。

---

①　《保护文学艺术作品伯尔尼公约》（1971年巴黎文本）第3条、第4条、第5条。

（二）自动保护原则

公约规定，享有及行使依国民待遇所提供的有关权利时，不需要履行任何手续，这就是所谓自动保护原则。据此，公约成员国国民及在成员国有惯常居所的其他人，在作品完成时即自动享有版权；非成员国国民又在成员国无惯常居所者，其作品首先在成员国出版时即享有版权①。

这里的"不需要履行任何手续"，既包括无须注册（或登记）、无须交纳样书等，也包括无须在作品上加注任何版权保留的标记。

（三）版权独立原则

公约规定，享有国民待遇的作者在公约的任一成员国所受到的版权保护，不依赖于其作品在来源国所受到的保护，这就是版权保护独立原则。因此，在符合公约所规定的最低要求的前提下，该作者的权利受到保护的水平、司法救济方式等，均受提供保护的成员国的法律支配。

公约的这一规定包含三种情况：（1）有关作者在作品来源国外向公约成员国提出版权保护要求时，被请求国不得因作品来源国要求作者履行手续而专门要求该作者也履行手续；（2）作为作品侵权地国的公约成员国不得因作品来源国未将同类行为视为侵权而拒绝受理有关侵权之诉；（3）公约成员国不得因作品来源国的保护水平较低而给有关作者以低水平保护。

《伯尔尼公约》是世界上第一个保护文学、艺术和科学作品的国际公约，也是开放性的国际公约。到 1996 年 3 月止，已有 117 个国家参加了该公约。1992 年 7 月，中国也参加了该公约。

二、《世界版权公约》

《世界版权公约》于 1952 年 9 月 6 日在联合国教科文组织主持召开的政府间代表会议上签订，该公约于 1955 年 9 月 16 日开始生效。1971 年，该公约与《伯尔尼公约》同时在巴黎修订，目前，公约的大多数成员国采用的是 1971 年的巴黎文本。

《世界版权公约》也规定了三项基本原则，即"国民待遇原则"、"非自动保护原则"和"版权独立原则"。因国民待遇原则和版权独立原则与《伯尔尼公约》的规定基本相同，这里仅介绍"非自动保护原则"。

《伯尔尼公约》规定，符合公约规定的"作品来源国"的作者，不需要履行任何手续，其版权就可以在其他成员国获得保护。但《世界版权公约》规定，作品在首次出版时，所有各册须在版权栏内醒目的地方标有"版权标记"，即英文 C 且外加一圆圈（表示版权保留），并注明版权人姓名、出版年份三项内

---

① 《保护文学艺术作品伯尔尼公约》第 5 条第 2 款。

容。只要履行了这些手续，任何在国内法中要求履行手续的成员国，就必须视该作者"已经履行了应有的手续"，从而对该作者的版权提供公约所规定的保护。这就是"非自动保护原则"，亦称"附条件的自动保护原则"①。

根据《世界版权公约》的规定，理解这一原则时应注意以下几点：

1. 这一原则只适用于已经出版的作品，对未出版的作品，成员国应给予版权保护，且不得要求履行任何手续或符合任何形式。

2. 作品必须在首次出版时在一切复制品上标有版权标记，否则，即使再次印刷时补上，也不可能挽回该作品丧失版权的局面。这里所谓的"首次出版"必须是经作品版权人同意或授权后的出版，未经许可的出版，不属"首次出版"；这里所说的"一切"，并不是说忽略了在少量复制品上的标记就会使整个作品丧失版权。

3. 在版权栏内醒目之处加注版权标记仅仅是在《世界版权公约》成员国中获得版权的途径；公约也仅仅限制成员国对于获得版权再要求办理其他更多的手续，但公约并不限制成员国对维护版权要求履行更多的手续；除加注版权标记外，公约不限制成员国对其本国国民获得版权规定更多的程序方面的要求。

《世界版权公约》是继《伯尔尼公约》之后又一开放性的保护版权的国际公约。到 1992 年 1 月止，共有 84 个国家参加了该公约。我国于 1992 年 7 月参加该公约。缔结《世界版权公约》的初衷，是要将美国和美洲版权公约中的一些国家纳入世界性国际版权保护范围，或在《伯尔尼公约》和美洲版权公约之间达成某种程度的平衡。因此，公约在其序言中强调它将不触及各缔约国之间以前已达成的有关著作权的双边或多边协定的效力。

第四节　建立世界知识产权组织公约

1893 年，保护工业产权巴黎同盟的国际局与保护文学艺术作品伯尔尼同盟的国际局合并成立了一个联合事务局，其最后一个名称为"保护知识产权联合国际局"。经该联合国际局的建议和多年的酝酿，在 1967 年 7 月的斯德哥尔摩会议上，51 个国家签订了《建立世界知识产权组织公约》，并成立了一个政府间的国际组织，即"世界知识产权组织（World Intellectual Property Organization，简称 WIPO）。该公约于 1970 年生效后，根据公约的"过渡条款"，原"保护知识产权国际局"的全部职能即转给世界知识产权组织兼管。"过渡条款"还规定，一旦巴黎同盟和伯尔尼同盟的成员国全部成为世界知识产权组织

---

① 《世界版权公约》（1971 年巴黎文本）第 3 条。

的成员国后，两同盟的事务局即不复存在，其全部权利义务和财产均应转归世界知识产权国际局。目前，因伊朗等巴黎同盟的成员国尚未成为世界知识产权组织的成员国，所以，从法律上讲，"保护知识产权联合国际局"依然存在。但在实际中，它与世界知识产权组织又很难区分。1974年，世界知识产权组织成为联合国的一个专门机构，该机构总部设在日内瓦。

一、世界知识产权组织的宗旨

该组织的宗旨有两项：其一是通过各国之间的合作，并在其他适当情况下与其他国际组织协作，促进国际范围对知识产权的保护；其二是保证各知识产权同盟间的行政合作。

二、世界知识产权组织的主要任务和职权

该组织的主要任务和职权为：（1）在促进全世界对知识产权的保护方面，鼓励缔结新的国际条约，协调各国立法，给予发展中国家以法律、技术援助，搜集并传播情报，办理国际注册或成员国间的其他行政事宜。（2）在各知识产权同盟的行政合作方面，该组织将各同盟的行政工作集中于日内瓦国际局。目前，该组织已成为知识产权方面十几个同盟的行政执行机构。（3）在对发展中国家的援助方面，该组织就技术转让、起草知识产权方面的立法、建立专利及专利文献机构、培养专业工作人员等事项向发展中国家提供援助。

三、世界知识产权组织的组织机构

该组织由大会、成员国会议、协调委员会和国际局组成。（1）大会是该组织的最高权力机构，由成员国中参加巴黎同盟和伯尔尼同盟的国家组成。其主要职责是任命总干事、审核并批准总干事和协调委员会的工作报告、通过各同盟共同的三年开支预算、通过该组织的财务条例。（2）成员国会议是由参加该组织的全体成员组成，不论它们是否为某一同盟的成员国。其主要职责是讨论知识产权方面普遍感兴趣的事项、通过成员国会议的三年预算并在预算限度内制定三年法律—技术援助计划。（3）协调委员会是由担任巴黎同盟或伯尔尼同盟执行委员会委员的公约成员国组成，它是为保证各同盟间的合作而设立的机构。其主要职责是就一切有关行政、财务等事项提出意见，拟订大会的议程草案等。（4）国际局是该组织各机构和各同盟共同的秘书处，亦即常设办事机构，该机构设总干事一人，副总干事若干人。其主要职责是提供报告和工作文件，为各机构的会议作准备。会议后，该机构负责会议及国际局的各项决定的传达和实施。

到1996年1月止，共有157个国家参加该公约。我国于1980年批准参加

该公约，这是我国参加的第一个有关知识产权的国际公约。

第五节　知识产权协议

知识产权协议（TRIPS），即是"与贸易（包括假冒商品贸易在内）有关的知识产权协议"，亦称"知识产权分协议"。它是"世界贸易组织"（WTO）代替"关税及贸易总协定"（GATT）之前，由"关税及贸易总协定"的成员在1993年乌拉圭回合（Uruguay Round）谈判结束前所达成的协议。TRIPS是其英文缩写，全称为 Agreement on Trade - Related Aspects of Intellectual Property Rights.

知识产权协议由七部分组成，共73条。其基本内容如下①。

一、知识产权的范围

知识产权协议第1条对协议所包含的知识产权的范围作了明确规定：（1）版权与邻接权；（2）商标权；（3）地理标志；（4）工业品外观设计；（5）专利权；（6）集成电路布图设计（拓扑图）权；（7）未披露过的信息专有权。

由于协议是在美国强烈要求下缔结的，加之协议明确规定对作者的精神权利可以不予保护，因此，该协议偏向于"版权"理论（copy-right），而不是作者权理论（droit de autear）；协议中所涉及的、对未披露过的信息的保护，即是对"商业秘密"的保护，包括对Know-How的保护。商业秘密实质上是"反不正当竞争权"的一部分，商业秘密的权利人有权将其秘密作为技术转让或其他贸易活动的标的，因此，根据协议的规定，可以认为商业秘密同专利权一样，是一种"积极权利"。

二、协议与四个公约的关系

知识产权协议对它与四个公约（《巴黎公约》、《伯尔尼公约》、《罗马公约》和《集成电路知识产权公约》）的关系作了两点规定：第一，其主要部分均与《巴黎公约》实体条款及另外三个公约相符；第二，适用协议的"全体成员（指"世界贸易组织"的成员）均应遵守《伯尔尼公约》1971年文本"的实体条款。

虽然知识产权协议除表示不适用《伯尔尼公约》保护精神权利的规定外，几乎无排除地借鉴四个公约的其他条款，但是，同四个公约相比，知识产权协议第7条的规定与四个公约的目的是不同的。该条规定知识产权协议的目的

---

① 参见《知识产权协议》（乌拉圭回合最后文件），马拉喀什，1994年4月15日。

是：促进技术的革新、技术的转让与技术的传播，以有利于社会经济福利的途径，促进生产者与技术知识使用者的互利，并促进权利与义务的平衡。

三、有限的国民待遇原则

知识产权协议所规定的国民待遇原则是一种有限的国民待遇。《伯尔尼公约》和《罗马公约》均允许其成员国在特殊场合以"互惠"原则取代国民待遇原则。如《伯尔尼公约》第 6 条第 1 款规定，任何非本同盟成员国如未能保护本同盟某一成员国国民的作品，对首次出版时系该非同盟成员国国民、而其惯常居所又不在成员国内的作者作品的保护，成员国可予以相应的限制。如首次出版国利用这种权利，则本同盟其他成员国对由此而受到特殊待遇的作品也无须给予比首次出版国给予更广泛的保护。可见，《伯尔尼公约》采取的是一种互惠的国民待遇原则。知识产权协议第 3 条第 1 款仍旧允许在特定范围内以互惠的国民待遇取代一般意义上的国民待遇。但在适用该款时，应通知管理知识产权的"与贸易有关的知识产权理事会"。

另外，根据知识产权协议第 1 条第 2 款的规定，这里的"国民"既包括作为其成员国的国民，也包括作为其成员的独立关税区的"居民"。

四、最惠国待遇原则

知识产权协议第 4 条是关于最惠国待遇原则的规定，它规定，在知识产权的保护上，一成员国给予另一成员国的利益、优惠、特权、豁免之类，均必须立即无条件地给予其他成员国。但以下四种情况除外：

1. 原先已签订的双边或多边的国际司法协助协议，而且这类协议的签订并非专门为知识产权的保护，由此而产生的优惠；

2. 《伯尔尼公约》和《罗马公约》的成员国据公约的规定，不依照国民待遇原则而依照互惠原则所提供的保护；

3. 对有关表演者权、录音制品作者权及广播组织权，知识产权协议的部分成员虽相互予以保护，但知识产权协议未将该类权利列入的；

4. 知识产权协议对某成员生效之前，该成员根据已经与其他成员特别签订的协定所提供的优惠或特权。

此外，知识产权协议第 5 条规定，凡参加世界知识产权组织主持的、含有获得及维护知识产权的程序性公约的成员，没有义务向未参加这类公约的成员提供这类公约所产生的以及在程序上的优惠。这即是说，知识产权协议只要求成员们去履行前述四个公约的义务，不论该成员是否参加了这四个公约；而对于这四个公约之外的已有的公约，尤其对程序性公约，未参加公约的成员，不能根据世界贸易组织的知识产权协议，要求参加公约的成员对其履行公约所规定的义务。

五、其他有关规定

（一）"权利穷竭"原则的适用问题

所谓"权利穷竭"问题是指有关的知识产权是否因权利人对其权利的行使而终结的问题。在这一问题上，各国立法的差异甚大。如在版权问题上，德国法律规定，若版权人本人或经版权人同意，将有关作品的复制品投入市场后，该批复制品如何发行、如何分售等，权利人即无权过问了。因为权利人所享有的版权中的发行权在经其使用一次之后即告终结；但法国、比利时的规定与此相反。对于此类问题，知识产权协议第6条规定，协议的成员在解决互相间的知识产权争端时，不应以该协议中的条款去支持或否定权利穷竭问题。如果某个成员对其国民或居民不适用权利穷竭原则，那么它对其他成员的国民或居民也不得适用这一原则。

知识产权协议对这一问题作出规定的目的是在解决有关知识产权的争端时，避免因各成员立法的差异而产生更大的矛盾。

（二）对成员的"最低保护标准"问题

知识产权协议第1条规定，其成员自己的立法可以高于协议的保护水平，但没有义务要高出这个水平。当然，成员自己的立法不能低于协议的保护水平。因此，协议所规定的保护水平是"最低标准"。

对于发展中国家、最不发达国家以及从计划经济向市场经济转轨的国家而言，知识产权协议后面的"过渡条款"规定在它们采用协议所规定的最低标准之前，有一段"宽限期"，该"宽限期"对发展中国家来说已届满（2000年1月1日）；而最不发达国家的宽限期可到2005年1月1日。

（三）利益平衡问题

利益平衡问题即作者与作品的使用者、权利人与社会公众的利益平衡问题。为避免因强调知识产权的专有性而对另一侧面产生消极影响，知识产权协议的第8条暗示允许成员为了公共利益及社会发展而采取措施，以对知识产权进行一定的限制；其限制的程度，要以不妨碍该协议对知识产权的保护规定为限。同时，成员所采取的限制又不得属于协议第8条第2款所界定的"限制贸易行为"。

知识产权协议的这种规定，是为了避免因对知识产权的过度保护而产生不利于社会发展的不良后果。

第四编

国际民事诉讼法

GUOJISIFA XINLUN

第二十五章
国际民事诉讼法概述

第一节　国际民事诉讼程序和
国际民事诉讼法

一、国际民事诉讼程序

国际民事诉讼程序，也称涉外民事诉讼程序，是指含有国际因素，或者从某个主权国家的角度来说，含有涉外因素的民事诉讼。也就是说，在有关的民事诉讼中涉及到两个或两个以上国家的人和事，或同两个或两个以上的国家存在着不同程度的联系，如：（1）在有关的民事诉讼主体中含有居住在不同国家或具有不同国家国籍的法人和自然人；（2）有关民事诉讼的客体是发生于受诉法院所属国以外的民商事法律行为，或者是有关的诉讼标的物处于受诉法院所属国境外；（3）有关民事诉讼的某一环节或行为需要在受诉法院所属国境外进行，如有关的诉讼或非诉讼文书需要送达到受诉法院所属国境外，或需要从受诉法院所属国境外获取某一与案件有关的证据材料，或有关受诉法院的判决需要得到其他国家法院的承认，或需要其他国家的法院协助执行；（4）在有关的民事诉讼中需要考虑到两个或两个以上国家民事诉讼法律规范的有关规定，如各有关国家民事诉讼法中有关案件管辖权的规定，或有关自然人、法人、国家及国际组织的民事诉讼地位的规定；（5）作为国际民事诉讼程序除了要保护受诉法院所属国国家和国民的利益以外，同时还得以保护其他有关国家及其国民的合法权益为目的。

二、国际民事诉讼法

国际民事诉讼法是指规定国际民事诉讼程序的各种法律规范的总和。任何国际民事诉讼程序只有严格按照有关的国际民事诉讼法规范来进行，其法律效力才会得到有关国家的认可，基于这种诉讼程序所作出的法院判决才有可能得到有关国家的承认和执行，才能最终达到妥善解决有关国际民商事法律争议、促进国际民商事关系发展的目的。

国际民事诉讼法的内容主要包括如下 3 个方面：（1）规定国际民事诉讼程序中外国当事人，包括外国自然人、外国法人、外国国家和国际组织的民事诉讼地位的法律规范；（2）规定国际民商事案件中法院管辖权的法律规范；（3）规定国际民事诉讼程序中有关诉讼和非诉讼文书的域外送达，有关域外取证，有关国际民事诉讼期间，以及有关法院判决在相关国家的相互承认与执行等的法律规范。

其法律渊源主要有国内立法和国际立法两个方面。此外，在很多国家，也将内国法院的司法判例，以及在国际社会所通行的国际惯例，视为国际民事诉讼法的一个重要渊源。

第二节　国际民事诉讼法的基本原则

一、国际民事诉讼法基本原则的含义

国际民事诉讼法的基本原则，是指制定和实施国际民事诉讼法规范，处理国际民商事法律争议时，所必须遵循的基本准则，它们贯穿于国际民事诉讼法的整个领域，并在各个诉讼阶段上，对任何诉讼参与人都具有普遍的指导意义。也就是说，任何部门、任何机关、任何个人在参与国际民事诉讼活动时，都必须严格按照这些原则来实施诉讼行为；违背了这些基本原则就不可能妥善地处理有关的国际民商事争议。《中华人民共和国宪法》、《中华人民共和国人民法院组织法》和《中华人民共和国民事诉讼法》等法律规范所规定的基本原则，如国家的审判权由人民法院统一行使的原则，各级人民法院依照法律规定独立行使审判权的原则，以事实为根据、以法律为准绳的原则等，都是我国国际民事诉讼法基本原则的主要内容。但由于国际民事诉讼程序的特殊性，在处理国际民商事法律争议时，国家主权原则、国民待遇原则、平等互惠原则和遵守国际条约与尊重国际惯例原则更具有特别重要的意义。也正是基于这种考虑，我们在这里主要介绍这几个基本原则在国际民事诉讼法领域的特殊意义。

二、国家主权原则

国家主权原则在国际民事诉讼法领域表现为一个国家有权通过立法的形式对该国境内的所有诉讼活动和行为进行规定；外国人（包括外国法人和自然人）在该国境内进行诉讼活动都必须遵守当地的诉讼法规范；有关国家还可以根据自己的国家利益、社会利益规定对某些案件行使专属管辖权，从而排除其他国家审理有关案件的可能性。在司法方面，一个国家的法院有权依据本国的诉讼规范受理并审理有关案件；除非国际条约或有关国家的法律有相反规

定，外国人有义务接受所在国法院的司法管辖权。同时，国家主权原则还表现为一个国家及其财产在国外享有司法豁免权。非经有关国家明确表示放弃该项权利，其他国家的法院无权受理以外国国家作为被告的诉讼；有关国家的财产非经其明确同意不得被其他国家的法院作为诉讼标的而施以扣押、执行等诉讼行为。①

三、国民待遇原则

国民待遇原则是指一个国家对外国人在某些方面给予与本国国民同等的待遇。在国际民事诉讼法领域，表现为：一个国家把给予本国国民的民事诉讼权利，也给予在本国境内的外国人；一国法院并不仅仅以有关当事人具有外国国籍或无国籍或在外国设有住所为理由而要求其提供诉讼费用担保，或对其采取"诉讼保全"等限制其诉讼权利的措施。国民待遇原则包含两个方面的内容：（1）外国人在内国境内享有与内国国民同等的诉讼权利，承担同等的诉讼义务，其诉讼权利不因其为外国人而受限制；（2）外国人在内国境内所享有的诉讼权利不能超出内国国民所能享有的权利范围，任何基于所谓"文明世界"的"国际标准"或"最低标准"而要求超出当地国民所享有的权利范围的主张都是不合理的。《中华人民共和国民事诉讼法》第 5 条第 1 款明确规定："外国人、无国籍人、外国企业和组织在人民法院起诉、应诉，同中华人民共和国公民、法人和其他组织有同等的诉讼权利、义务。"

四、平等互惠原则

平等互惠原则表现在国际民事诉讼法领域，就是各个国家在平等的基础上相互赋予对方国家和国民以民事诉讼权利；在同等的条件下相互适用对方的诉讼立法；相互给予司法协助，包括相互承认和执行对方法院的判决和仲裁裁决；在规范有关程序或处理国际民商事法律争议时应该给予互惠待遇。世界上大多数国家的诉讼立法都明确规定：如果有关国家之间不存在互惠关系，如果有关外国赋予内国国民以不平等的民事诉讼权利，内国立法或司法机构就可以施以对等的限制。如《中华人民共和国民事诉讼法》第 5 条第 2 款规定："外国法院对中华人民共和国公民、法人和其他组织的民事诉讼权利加以限制的，中华人民共和国人民法院对该国公民、企业和组织的民事诉讼权利实行对等原则。"

---

① 当然，在相对豁免主义的法制环境下，当国家及其财产用于商业目的时，作为例外，原则上不能享有豁免权。

五、遵守国际条约和尊重国际惯例原则

遵守国际条约和尊重国际惯例原则在国际民事诉讼法领域表现为：一方面，国家在制定国内诉讼法规范时，应符合本国所缔结或加入的国际条约的有关规定，应考虑到国际社会在有关方面的习惯做法；另一方面，司法机关在审理有关的国际民商事法律争议时，应该优先适用本国参加的国际条约的有关规定，或在没有明确的国际立法和国内立法规定的情况下，应该参照国际惯例，对有关争议作出公正的处理。

第三节　国际民事诉讼当事人的民事诉讼地位

一、外国个人的民事诉讼地位

外国个人的国际民事诉讼地位，是指外国人（包括自然人和法人）在某一国境内享有什么样的诉讼权利，承担什么样的诉讼义务，并能在多大程度上通过自己的行为行使诉讼权利、承担诉讼义务，即具有什么样的诉讼权利能力和诉讼行为能力。外国个人在一国境内具有一定的民事诉讼地位，是开始和进行国际民事诉讼程序的前提条件；规范外国个人的民事诉讼地位问题是国际民事诉讼法的主要内容；各国的国际民事诉讼立法和有关的国际条约都对此作了明确的规定。而且，在有关的国际民事诉讼立法中，世界各国一般都基于一定的条件给予外国个人以一定的民事诉讼地位。其内容主要包括：

（一）一般都原则上给予外国个人以国民待遇

世界各国的民事诉讼立法和有关的国际条约，在规范外国人的民事诉讼地位时，都原则上给予外国人以国民待遇，即规定外国人享有与本国国民同等的民事诉讼权利，承担同等的民事诉讼义务。如《中华人民共和国民事诉讼法》第5条就明确规定了这一原则。不过，由于世界各国的传统文化、政治制度以及社会经济利益不同，诉讼法律制度存在差异，各国的诉讼立法为了保证内国国民在国外也能得到所在国的国民待遇，一般都在给予外国人以国民待遇的同时，要求以对等互惠为条件。

（二）一般都要求依属人法来确定外国人的民事诉讼行为能力

依属人法来确定外国人的民事诉讼行为能力已经为国际社会所公认。诉讼行为能力是决定一个人的诉讼地位的重要因素，它直接影响着诉讼权利的行使。对于外国人能否或能够在多大程度上，以自己的行为有效地行使诉讼权利和承担诉讼义务的问题，各国的诉讼立法都作了明确规定，而且都普遍承认外国人的诉讼行为能力依其属人法。如德国、日本等国的诉讼立法都规定，外国

人的民事诉讼行为能力依其本国法；英美法系国家则原则上依据住所地法来决定外国人的民事诉讼行为能力问题。

为了求得民商事关系的稳定，为了保护善意的一方当事人，特别是本国国民的合法权益，许多国家在规定依属人法决定外国人民事诉讼行为能力的同时，作为补充，都规定如果依法院地法外国人具有民事诉讼行为能力，即视为有能力。如《日本民事诉讼法》第51条规定："外国人依据其本国法律虽然没有诉讼能力，但如依据日本法律有诉讼行为能力的，视为有诉讼行为能力的人。"

虽然我国现行的民事诉讼立法没有对外国人的民事诉讼行为能力问题作出明确规定，但我们认为，根据我国有关立法的精神，原则上应该依外国人的属人法来确定其诉讼行为能力。而且，如果有关外国人依其属人法没有诉讼行为能力，而依我国民事诉讼法具有该项能力时，在我国境内所为的诉讼行为就应该视为有能力的行为，该有关外国人不得以其本国法或住所地法的不同规定来对抗对方当事人。

（三）一般都对外国人的诉讼代理问题作了特别规定

诉讼代理，是指诉讼代理人基于当事人或其法定代理人的授权，以当事人的名义实施诉讼行为，而直接对当事人发生法律效力的行为。诉讼代理成为一种独立的制度是17世纪以后欧洲资本主义高度发达的结果。随着近代资本主义商品交换的频繁发生，私人之间的法律关系日趋复杂，当事人或其法定代理人，或者是由于事务繁忙，无暇参与诉讼；或者由于不熟悉法律，自己参与诉讼难以切实保护或主张自己的合法权益，从而使得诉讼代理制度成为必要。而国际民事法律关系尤为复杂，加上国家之间的空间距离和各种制度、传统观念上的差异，诉讼代理制度在国际民事诉讼中的重要意义就显得尤为突出。外国当事人是否有权委托诉讼代理人，可以委托什么样的人作为诉讼代理人等问题都由各国立法机关规定在内国的诉讼立法中。

综观世界各国的诉讼立法，诉讼代理制度已为国际社会所普遍接受，各国立法都允许国际民事诉讼程序中的外国当事人委托诉讼代理人代为进行诉讼活动。法国和奥地利等大陆法系国家的立法甚至把代理诉讼作为一种义务加以规定，即外国当事人不仅有权利，而且有义务委托诉讼代理人代为实施诉讼行为。至于外国当事人可以委托什么样的人作为诉讼代理人，以及诉讼代理人的法定权限如何等问题，各国立法的规定有所不同。但一般都规定应由法院地国律师担任诉讼代理人。这一方面是考虑到律师较其他人更为熟悉法律和司法程序，法院地国家的律师较外国律师更为精通法院国的法律，从而能更好地保护当事人的合法权益；另一方面也是考虑到允许外国律师出庭参与诉讼，将有损本国的司法主权。

关于诉讼代理人的法定权限问题，采用律师诉讼主义的国家规定，律师可以基于授权实施所有的诉讼行为，行使任何诉讼权利，而无需当事人亲自出庭参与诉讼，如法国和奥地利等大陆法系国家。而采用当事人诉讼主义的国家，如英美等普通法系国家，则规定不管当事人或其法定代理人是否委托诉讼代理人，他们都必须亲自出庭参与诉讼。

此外，在国际社会的司法实践中，还存在一种领事代理制度，即一个国家的驻外领事，可以依据有关国家的立法和国际条约的规定，在其管辖范围内的驻在国法院，依职权代表本国国民参与有关的诉讼程序，以保护有关自然人或法人在驻在国的合法权益。①

根据《中华人民共和国民事诉讼法》第 241 条规定，② 外国人在我国人民法院参与诉讼，可以亲自进行；也有权通过一定的程序委托我国的律师或其他公民代为进行。最高人民法院于 1992 年印发的《关于适用〈中华人民共和国民事诉讼法〉若干问题的意见》（以下简称《意见》）也在第 308 条中明确规定，国际民事诉讼中的外籍当事人，可以委托其本国人为诉讼代理人，也可以委托其本国律师以非律师身份担任诉讼代理人。也就是说，考虑到我国的诉讼主权，外国人不能委托外国律师以律师身份在我国人民法院代为进行诉讼活动。此外，我国是《维也纳领事关系公约》的缔约国，外国人所属国的领事，可以依据该公约的有关规定和我国同有关国家签订的领事条约，在我国人民法院代理其本国国民的诉讼行为，以保护其本国国民（包括法人）的合法权益。

（四）一般都为外国人规定了诉讼费用担保制度

诉讼费用担保制度，是指审理国际民商事案件的法院，依据内国诉讼法的规定，要求作为原告的外国人在起诉时，提供以后可能判决由他负担的诉讼费用的担保。需要明确的是，这里所谈的诉讼费用，不包括案件受理费，而是指当事人、证人、鉴定人、翻译人员的旅差费、出庭费及其他的诉讼费用。案件受理费具有国家税收或行政规费的性质，应该上缴国库。世界各国办理民事案件，均需收取一定的案件受理费，其立法理由是认为民事诉讼是以解决私人权

---

① 参见谢石松：《国际民商事纠纷的法律解决程序》，广东人民出版社 1996 年版，第 238 页。

② 《中华人民共和国民事诉讼法》第 241 条规定："外国人、无国籍人、外国企业和组织在人民法院起诉、应诉，需要委托律师代理诉讼的，必须委托中华人民共和国的律师。"同时，该法第 242 条还进一步规定："在中华人民共和国领域内没有住所的外国人、无国籍人、外国企业和组织委托中华人民共和国律师和其他人代理诉讼，从中华人民共和国领域外寄交或者托交的授权委托书，应当经所在国公证机关证明，并经中华人民共和国驻该国使领馆认证，或者履行中华人民共和国与该所在国订立的有关条约中规定的证明手续后，才具有效力。"

益纠纷为目的，应采取有偿原则，凡提起民事诉讼都应以一定的费用补偿国库开支。在现代国际社会，除俄罗斯、保加利亚、埃及、智利、芬兰、利比亚、葡萄牙等少数国家不要求原告提供诉讼费用担保以外，其他各国的法律都在不同程度上对外国原告规定了该项义务。①

我国在 1989 年以前的民事诉讼立法中，也曾经对外国人的诉讼费用担保问题作过明确的规定。如 1984 年 3 月 30 日最高人民法院审判委员会第 203 次会议通过的《民事诉讼收费办法（试行）》第 14 条第 2 款规定："外国人、无国籍人、外国企业和组织在人民法院进行诉讼，应当对诉讼费用提供担保。"当时，只是作为例外，在 1987 年同法国、波兰和比利时签订的司法协助协定中，才明确规定，缔约一方的法院，对于另一方的国民，不得因为他们是外国人而令其提供诉讼费用保证金。这一规定还适用于根据缔约任何一方的法律、规章成立，其主事务所设在该国领域内的法人。而且，在以后同其他有关国家签订的双边司法协助协定中也规定了类似的条款，从而免除了这些国家的国民和法人在我国人民法院进行民事诉讼时提供诉讼费用担保的义务。由此可见，在 1987~1989 年间，外国人在我国人民法院进行民事诉讼，除其所属国家同我国订立的有关国际条约作了不同规定外，应依法提供诉讼费用担保。

1989 年 6 月 29 日，最高人民法院审判委员会第 411 次会议通过了《人民法院收费办法》，开始采用新的诉讼费用收缴方式，规定不再区分内外国人，而一律由有关当事人凭人民法院的通知书预交诉讼费用，从而使外国当事人的诉讼费用担保问题得到了彻底的解决。②

要求外国原告提供诉讼费用担保，主要是考虑到当今国际社会的诉讼费用极为昂贵，一个没有根据的诉讼很容易对被告造成严重损害，对管辖法院所属国造成费用上的损失。而且，当法院在最后判决中驳回某一外国原告的请求时，被告往往由于有关判决在国外得不到执行而无法获得其为此诉讼而支出的费用的补偿；管辖法院也无法得到费用上的补偿。因此，只要有关诉讼程序的费用仍然极为昂贵，对外国原告的判决在其居所地或财产所在地国家的免费承认和执行得不到保证，就很难废除诉讼费用担保制度。但是，要求外国原告提

---

① 也有一些国家，在特定的案件范围内完全免除外国原告提供诉讼费用担保的义务，如在商事案件中（海地、比利时）；在有关文书、汇票、支票的诉讼，应法院的公共传票（public summons）而开始的诉讼，或在有关占有本地土地登记权利的案件中（德国）；在有关追索权的案件，有关可请求支付的证券问题的诉讼，应法院公共传票而开始的诉讼（日本）；在有关票据、婚姻案件，有关支付凭单的诉讼、反诉，应法院的公共传票而引起的诉讼（奥地利），等等。

② 参见《中华人民共和国最高人民法院公报》1989 年第 3 期，总 19 期，第 8~11 页。

供诉讼费用担保的制度毕竟加重了外国原告的负担，使外国原告处于更为不利的地位，最终势必影响国际民事流转的顺利进行。所以，我们认为，每个国家的立法和司法实践都应该以尽量免除外国原告的这一额外义务作为努力的方向。

二、外国国家的民事诉讼地位

（一）外国国家及其财产原则上享有司法豁免权

司法豁免权是国家主权原则在国际民事诉讼领域的具体体现，是指一个国家及其财产非经该国明确同意不得在另一个国家的法院被诉，或其财产不得被另一个国家扣押或用于强制执行。国家及其财产所享有的司法豁免权一般包括如下三个方面：

1. 司法管辖豁免。即非经某一外国国家明确同意，任何国家的法院都不得受理以该外国国家为被告或以该外国国家的财产为诉讼标的的案件。不过，依据国际社会的一般作法，一国法院可以受理外国国家作为原告提起的诉讼；而且，该国法院也有权对该诉讼中的被告所提起的同本案直接有关的反诉进行审理。

2. 诉讼程序豁免。是指即使外国国家明确同意放弃司法管辖豁免权而作为被告在一国法院参加诉讼，也享有诉讼程序上的豁免权，即在没有征得它的明确同意之前，不得强迫它出庭作证或提供证据以及实施其他诉讼行为，也不得对它的财产采取诉讼保全等强制措施。

3. 强制执行豁免。国家对某项豁免权的放弃都以明示的形式进行，而且具有严格的针对性，所以，即使作为一方当事人参与了某一诉讼程序的外国国家败诉，非经该国明确同意，仍不得根据有关法院的判决对它的财产实行强制执行。

目前，世界各国一般都是通过外交途径，根据互惠对等和平等协商的原则来商讨司法豁免权问题，以确定有关外国国家的民事诉讼地位，而且，除非存在相反的条约规定，国际社会的作法，一般都是原则上承认外国国家的司法豁免权。

关于外国国家在我国人民法院享有什么样的民事诉讼地位，即外国国家是否享有司法豁免权，以及享有什么程度的司法豁免权的问题，我国有关立法的规定不很明确。《中华人民共和国民事诉讼法》只在第 239 条规定，对享有司法豁免权的外国人和外国组织提起的民事诉讼，人民法院得根据中华人民共和国法律和我国缔结或者参加的国际条约的规定办理，迄今为止，我国并没有制定有关外国国家享有司法豁免权的法律。在司法实践中，我国人民法院也很少遇到对外国国家及其财产提起诉讼的情况。只有在 1983 年外交部就"湖广铁路债券案"向美国国务院提出的备忘录中表明了我国政府的立场。① 我国国际法学界也普遍坚持绝对豁免理论,虽然有的学者试图抛弃绝对豁免理论,但他们在坚持主权豁免原则的同时,也只是承认国家在具体的国际民事诉讼活动中可以通过条约、协议等形式自愿放弃这种豁免权,而这种观点同绝对豁免理论相比较,没有什么差别。②

(二) 限制豁免权理论的意义

限制豁免权理论产生于 19 世纪末,由于当时国家参与民事活动的情况并不多见,所以,直到第一次世界大战以前,除意大利、比利时、荷兰和埃及等少数国家的法院主张这一理论以外,绝大多数国家都是采用绝对豁免理论来确定外国国家的民事诉讼地位。第一次世界大战以后,国家作为民事主体参与民事活动的情况随着国际经济交往的发展而日趋频繁,范围也不断扩大。因此,外国国家作为民事主体在国际民事诉讼程序中应具有什么样的诉讼地位,从20 世纪 20 年代开始,便显得特别重要。

虽然根据主权者平等和"平等者之间无管辖权"(par in parem non habet jurisdictionem) 的国际法原则,内国法院不得受理对其他主权国家提起的诉讼,或对其提起的损害赔偿请求,或以其财产作为诉讼标的的诉讼,即外国国家的所有行为都享有司法豁免权。但根据民事关系的特点和要求,国家在作为民事主体参与民事活动时,应该与对方处于平等地位,享有同样的民事权利和民事诉讼权利,承担同样的民事义务和民事诉讼义务。而且,个人,包括自然人和法人在同国家进行民事交往时,本来就在人力、物力和财力等方面处于不利地位,如果再赋予国家这种司法豁免权,就更加加深了双方当事人之间的不平等,这样势必影响有关国家同自然人和法人之间的民事交往。所以,从 20世纪 20 年代开始,特别是在第二次世界大战以后,西方国家的学者在理论上对"绝对豁免"学说进行了猛烈地批评和攻击;许多国家也相继接受了"限制豁免"理论,通过司法或立法的形式将外国国家的行为区分为"公法行为"和"私法行为",即将外国国家从事商业活动的行为识别为"私法行为",而限制其司法豁免权。如在第一次世界大战以后,瑞士、奥地利、罗马尼亚、法国、希腊、德国等国家相继在司法实践上采取限制豁免的立场。作为政府间组织的亚非法律协商委员会,在 1960 年会议上所通过的报告中,也肯定了"限

---

① 该备忘录指出:"中国作为一个主权国家无可非议地享有司法豁免权。美国地方法院对一个主权国家作为被告的诉讼行使管辖权,作出缺席判决,甚至以强制执行相威胁,完全违反国家主权平等的国际法原则,违反联合国宪章……"

② 参见谢石松:《国际民商事纠纷的法律解决程序》,广东人民出版社 1996 年版,第 251~252 页。

制豁免"理论的意义，认为应该区分不同类型的国家活动，对于外国国家具有商业性质或私法性质的行为不应该予以豁免。长期奉行"绝对豁免"的美国，在1952年的"泰特公函"（Tate Letter）中，也正式肯定，美国政府接受"限制豁免"理论。美国国会于1976年10月21日通过《外国主权豁免法》，第一个将"限制豁免"理论以国内专门立法的形式确定下来。英国政府也于1978年7月20日颁布了《国家豁免法》。之后，加拿大、新加坡、巴基斯坦等国都纷纷制定类似的法规，进一步肯定了"限制豁免"理论的意义。①

三、国际组织的民事诉讼地位

国际组织，是指世界各国基于一定的目的，以一定的协议形式设立的各种实体。② 为此目的，它除了需要维持其组织内部的工作机能以外，还需要同外界发生联系。而某一国际组织要有效地开展对外活动，就必须在各种国际法律关系中占有一定的地位，就必须具有一定的法律人格，以行使权利并承担义务。反映到国际民事诉讼关系中，就是指国际组织在一国法院必须具有一定的民事诉讼地位。不过，国际组织终究只是一种介于国家之间的法律组织形式，而非国家实体，它并不具有当然民事诉讼地位。某一国际组织在多大程度上享有权利（包括民事诉讼权利）和承担义务（包括民事诉讼义务），一般都是由该组织的各成员国在建立有关组织的基本文件或其他有关的条约中加以规定。

就目前国际社会的立法和司法实践来看，国际组织一般都是基于一定的国际条约，在有关国家法院的诉讼程序中享有绝对豁免权。如《联合国宪章》第105条明确规定，联合国组织在各成员国境内享有达成其宗旨所必需的特权与豁免，联合国各成员国的代表及联合国的职员，也同样享有独立行使关于本组织的职务所必需的特权与豁免。而且，1946年2月第一届联合国大会通过的《联合国特权与豁免公约》，更是进一步明确规定，联合国组织享有对一切法律诉讼的完全豁免权。③ 1965年在华盛顿签订的《解决国家与他国国民间投资争议的公约》第20条也明确规定，依据该公约所建立的解决投资争议国际中心及其财产和资产享有豁免一切法律诉讼的权利，除非中心放弃这种豁免。而且，公约第21条还进一步规定，中心的主席、行政理事会成员、调解

---

① 参见黄进：《国家及其财产豁免问题研究》，中国政法大学出版社1987年版，第58~74页。

② 我们这里所涉及和探讨的国际组织是严格意义上的国际组织，即政府间的国际组织，不包括民间的国际团体。

③ 参见梁西：《现代国际组织》，武汉大学出版社1984年版，第85页。

人或仲裁人或按照第 52 条第 3 款担任委员会成员的人以及秘书处的官员和雇员，对他们在执行职务时所作的行为，享有豁免法律诉讼的权利，除非中心放弃此种豁免。

关于国际组织在我国人民法院的民事诉讼地位问题，根据《中华人民共和国民事诉讼法》第 239 条规定，应该根据我国的有关法律及我国缔结或者参加的国际条约的规定来确定，如前面提到的《联合国特权及豁免公约》、《解决国家与他国国民间投资争议的公约》等，这些国际条约中有关国际组织的司法豁免权的规定是我国人民法院在确定该国际组织的国际民事诉讼地位时的法律依据。至于其他没有条约依据的国际组织的国际民事诉讼地位问题，则要通过外交途径来处理。

第二十六章
国际民事案件的诉讼管辖权

第一节　国际民事案件诉讼管辖权的意义

一、国际民事案件诉讼管辖权的概念

国际民事案件诉讼管辖权是指一国法院或具有审判权的其他司法机关受理、审判具有国际因素的民事、商事案件的权限。国际民事案件诉讼管辖权问题所涉及和要解决的是某一特定的国际民商事案件究竟由哪一个国家的法院行使管辖权的问题。至于在确定了哪一个国家的法院管辖以后，该案件应该由有关国家的哪一类法院，或哪个地方的法院，以及哪个级别的法院来审理的问题，则是一个国内管辖权问题，完全属于该国国内民事诉讼法所要解决的问题。为了区分这两种管辖权，英国学者将国际民事诉讼法中的这种管辖权称为"国际管辖权"（international jurisdiction），而将国内民事诉讼法领域的管辖权称为"国内管辖权"（local jurisdiction）。法国学者则将前者称为"一般的管辖权"（competence generale）或"国际的管辖权"（competence internationale），将后者称为"特别的管辖权"　（competence speciale）或"国内的管辖权"（competence interne）。①

就某一具体国家（如我国）来说，国际民事诉讼法中的管辖权，主要涉及两个方面的内容：（1）就某一特定的国际民事案件，我国人民法院有没有管辖权；（2）有关的外国法院对某一特定的国际民事案件有没有管辖权。虽然这两个方面的问题都属于一般管辖权或者国际管辖权的范畴，但存在很大的差异：前者是指我国人民法院依据我国国际民事诉讼立法中的有关规定，确定对某一具体的国际民事案件是否具有管辖权，有的学者把它称为"直接的一般管辖权"（competence generale directe）；后者则是指外国的国际民事诉讼程序在我国领域内有没有效力的问题，也就是说，外国法院的判决能否在我国得到承认和执行的问题。世界各国的诉讼立法一般都以作出有关判决的外国法院

---

①　参见沃尔夫：《国际私法》，1945 年英文版，第 52 页。

有无管辖权作为确定是否承认或者执行其判决的要件，而且，在确定外国法院有无管辖权时，一般都是以被请求承认和执行国的法律，而不是以该外国法院所属国的法律为依据。所以，学者们把后一种管辖权称之为"间接的一般管辖权"（competence generale indirecte）。① 本章主要探讨直接的一般管辖权问题。

二、国际民事案件诉讼管辖权的种类

由于世界各国有关立法和司法实践的侧重点不同，对国际民事案件诉讼管辖权在理论上的分类标准各异，从而存在着不同种类的国际民事案件诉讼管辖权，主要是：

（一）对人诉讼管辖权和对物诉讼管辖权

以诉讼目的为标准区分对人诉讼管辖权和对物诉讼管辖权，这是英美法中的分类。对人诉讼的目的在于解决当事人对于所争执的标的物的权利与利益；法院判决的效力只及于双方当事人，如由于不履行合同或侵权行为等引起的诉讼，都属于对人诉讼；法院对这种诉讼的管辖权以有关诉讼的传票能否送达被告为基础。② 而对物诉讼的目的在于通过法院的判决确定某一特定财产的权利和当事人的权利；这类判决的效力不仅及于双方当事人，还及于所有与当事人或特定财产有法律关系的其他人，如有关房地产的诉讼，有关身份问题的诉讼以及海商案件都属于对物诉讼的范围；法院对这种诉讼的管辖权以有关当事人的住所或习惯居所在法院国境内或有关标的物在法院国境内为基础。③

（二）属地管辖权和属人管辖权

在大陆法系国家的立法和司法实践中，由于确定管辖权的侧重点不同而存在属地管辖权和属人管辖权之分。属地管辖权侧重于法律事实或法律行为的地域性质或属地性质，强调一国法院对其领域内的一切人和物以及法律事件和行为都具有管辖权；其管辖权的基础就是被告在法院所属国境内设有住所或习惯居所，或者是物之所在地或法律事件和行为发生地位于该国领域内。而属人管辖权则侧重于诉讼当事人的国籍，强调一国法院对于其本国国民参与的诉讼具有管辖权；其管辖权的基础就是诉讼当事人中有一方是法院国的国民。

（三）专属管辖权和任意管辖权

专属管辖权是指有关国家对特定范围内的民商事案件无条件地保留其受理诉讼和作出裁决的权利，从而排除其他国家法院对这类民商事案件的管辖权。世界各国一般都在其国内诉讼立法和参与缔结的国际条约中把那些与国家的公

① 参见沃尔夫：《国际私法》，1945 年英文版，第 53 页。
② 参见莫里斯：《法律冲突法》，1984 年英文版，第 54 页。
③ 参见莫里斯：《法律冲突法》，1984 年英文版，第 90~91 页。

共政策密切相关的法律关系无条件地隶属于内国法院的专属管辖权范围，而排除其他国家法院的管辖。与此同时，对于一些与国家和社会的重大政治、经济利益关系不大的诉讼，规定既可以由内国法院管辖，也可以由外国法院管辖。如因合同纠纷引起的诉讼，既可以由合同履行地，也可以由合同签订地的法院管辖；航空运输中发生的诉讼，可以由运输始发地、目的地或者合同签订地法院管辖。对于任意管辖的案件，原告可以依法选择管辖法院。

（四）强制管辖和协议管辖

各国立法及法学理论从当事人在确定诉讼管辖权过程中的作用出发，基于案件的性质不同而区分强制管辖和协议管辖。强制管辖是指国家立法机关考虑到某些诉讼案件的审理与该国社会、政治、经济的稳定与发展，与国家的重大利益密切相关，规定由内国法院统一实行管辖，不允许案件的当事人予以改变。根据各国诉讼立法的规定，凡属内国法院专属管辖的诉讼案件都是内国法院强制管辖的内容。与此相对应，各国立法中还普遍存在一种协议管辖，即允许当事人通过协议将一定范围内的国际民事案件交由某国法院受理。至于当事人能在多大范围内通过协议确定管辖法院的问题，各国的诉讼立法很不一致。

三、国际民事案件诉讼管辖权的意义

国际民事案件诉讼管辖权在国际民事诉讼法中具有十分重要的意义：

（一）国际民事案件诉讼管辖权是审理有关案件的前提条件

国际民事案件诉讼管辖权的存在是一国法院受理并审理有关国际民事案件的前提条件。如果一国法院对某一国际民事案件没有管辖权，它就无权受理这一案件，更不可能有效地向国外的有关当事人送达诉讼文书或非诉讼文书，也不可能得到外国法院的司法协助。特别是它基于不适当管辖所作出的判决无法得到有关国家的承认和执行，从而使该国法院审理有关国际民事案件的整个程序不能顺利进行，即使勉强进行，也会因为有关判决得不到外国法院的承认和执行而变得没有实际意义。

（二）国际民事案件诉讼管辖权直接影响案件的判决结果

国际民事案件诉讼管辖权的确定常常关系到实体法的适用，从而直接影响到案件的审判结果。这是因为各国的冲突规范极不统一，就是对于同一条冲突规范也可能存在不同的理解。根据国际社会的司法实践，世界各国的法院在审理国际民事案件时，都首先适用自己国家的冲突规范，根据本国的冲突规范的指定去确定应该适用的实体规定，从而对有关的法律争议作出处理。所以，就某一特定的国际民事案件来说，不同的管辖法院就会适用不同的准据法，从而导致不同的审判结果。

（三）国际民事案件诉讼管辖权直接影响当事人的合法权益

国际民事案件诉讼管辖权的确定能直接影响诉讼当事人合法权益的取得和保护。有关当事人要想获得或保护其合法权益，就必须向具有管辖权的国家法院起诉。而且，由于世界各国的诉讼立法都明确规定，外国法院判决的承认和执行必须以判决国法院具有国际管辖权为要件，所以，有关当事人只有向有管辖权的国家的法院提起诉讼，他所获得的有利判决才能在其他国家得到承认和执行，从而最终达到获取或保护其合法权益的目的。

第二节 国际民事案件诉讼管辖权的确定

一、确定国际民事案件诉讼管辖权的一般原则

综观目前国际社会的立法和司法实践，不管是大陆法系国家，还是英美法系国家，主要都是依据以下几个原则来确定国际民事案件的诉讼管辖权问题。

（一）属地管辖原则

属地管辖原则，也叫地域管辖原则，它主张以案件的事实和当事人双方与有关国家的地域联系作为确定法院国际管辖权的标准；强调一国法院基于领土主权的原则，对其所属国领域内的一切人和物以及法律事件和行为具有管辖权限。属地管辖原则是国家主权原则，特别是国家领土主权原则在国际民事案件诉讼管辖权问题上的具体体现。它侧重于有关法律或法律行为的地域性质或属地性质，即在有关的国际民事案件中，强调有关当事人特别是被告的住所地、惯常居所地、居所地甚至所在地，有关诉讼标的物所在地，被告财产所在地，有关的法律事实——包括法律行为和法律事件发生地，如合同签订地、合同履行地、侵权行发生地、不当得利发生地、无因管理发生地、自然人失踪地等有关地方所属国家的法院具有国际管辖权。如英国、美国、德国、奥地利及北欧各国都是以此作为确定国际民事案件诉讼管辖权的基本原则。

（二）属人管辖原则

属人管辖原则主张以双方当事人与有关国家的法律联系作为确定法院国际管辖权的决定性标准，它强调一国法院对本国国民具有管辖权限。属人管辖原则同样是国家主权原则在国际民事案件诉讼管辖权问题上的具体体现。它侧重于诉讼当事人的国籍，强调一国法院对于涉及其本国国民的国际民事案件都具有受理、审判的权限。法国和其他仿效法国法的国家主要以属人管辖原则作为确定国际民事案件诉讼管辖权的基本原则。

（三）专属管辖原则

专属管辖原则主张以国际民事案件与有关国家的联系程度作为确定法院国

际管辖权的标准；强调一国法院对与其本国国家和国民的根本利益具有密切联系的国际民事案件具有专属管辖权限。专属管辖原则是国家主权原则在国际民事案件诉讼管辖权问题上的突出表现。它强调一国法院对于那些与其国家及其国民的根本利益密切相关的，如涉及到国家的公共政策，或重要的政治和经济问题的民事案件无条件地享有国际管辖权，从而排除其他国家法院对该国际民事案件的管辖。

（四）协议管辖原则

协议管辖原则也是主张以国际民事案件与有关国家的联系程度作为确定法院国际管辖权的标准，它强调对于那些与有关国家和国民的根本利益影响不大的国际民事案件，可以基于双方当事人的合意选择确定管辖法院。协议管辖原则是意思自治原则在国际民事案件诉讼管辖权问题上的具体体现。协议管辖原则是目前国际社会所普遍承认和采用的一项原则，世界各国的立法和司法实践都在不同程度上对这一原则作了肯定。同时，由于这一原则的适用实质上赋予了诉讼当事人一种只有国家立法机关和司法审判机关才能享有的权力，所以，各国的立法和司法实践又都对这一原则的具体适用给予了一定的限制。如《中华人民共和国民事诉讼法》规定，有关当事人只能用"书面形式"选择与争议有"实际联系"的法院作为管辖法院。

二、各主要法系国家确定国际民事案件诉讼管辖权的实践

由于国际民事案件诉讼管辖权的确定和行使直接涉及到国家主权和国家利益及当事人利益的保护，所以，迄今为止，国际社会还没有形成统一的国际民事案件诉讼管辖权制度。国际社会在这一问题上的普遍实践还是由各国根据其内国法来确定内国法院对特定的国际民事案件是否具有国际管辖权，从而形成了各种不同的国际民事案件诉讼管辖权制度。

（一）英美法系国家的实践

英美法系国家一般都区分对人诉讼和对物诉讼，而根据"有效控制原则"分别确定内国法院对这两类诉讼是否具有管辖权。在对人诉讼中，只要有关案件的被告在送达传票时处于内国境内，只要有关传票能有效地送达给被告，内国法院就对该案件具有管辖权。至于被告的国籍如何，其住所或居所何在，有关案件事实发生在哪里都无关紧要。对有关法人提起的诉讼，只要该法人在内国注册或有商业活动，内国法院就对该法人具有管辖权。对于当事人是否处于内国境内的问题，英国法律规定，当事人在英国短暂停留就可以证明其处于英国境内，即便是在飞机场内对过境的有关当事人进行了送达，英国法院就对该当事人具有管辖权。美国法院甚至有判决认为，只要在飞机飞越法院所属州的上空时于飞机内将有关传票送达给了被告，该州法院对该被告就具有管辖

权。① 而在对物诉讼中，只要有关财产处于内国境内或被告的住所处于内国境内，内国法院就对案件具有管辖权。值得一提的是，英美法把有关身份地位的诉讼，如有关婚姻的效力、离婚、婚生子女的确认、认领等问题的诉讼都识别为对物诉讼，规定无论当事人是否正处于法院地，住所地法院都具有管辖权。此外，英美法还规定内国法院有权对自愿服从其管辖的当事人行使管辖权，同时也对当事人通过协议选择管辖法院的制度持肯定态度。

（二）拉丁法系国家的实践

以法国为代表的拉丁法系各国一般都是依据当事人的国籍来确定法院的管辖权；明确规定内国法院对有关内国国民的诉讼具有管辖权，而不管内国国民在诉讼中是原告还是被告，即使有关诉讼与内国毫无联系也不例外。而且，对于至少一方当事人是内国国民的案件，一般都由内国法院管辖。《法国民法典》第 14 条规定："不居住于法国的外国人，曾在法国与法国人订立契约者，因该契约所生债务的履行问题，得由法国法院受理；其曾在外国订约所负债务，即使对方为外国人的情形，得由法国法院受理。"而且，法国法院通过其司法实践对这些条文作了扩大解释，将它们应用到了有法国人参加的，除涉及国外不动产案件以外的所有其他案件。与此相对应，对于外国人之间的案件，这些国家的立法和司法实践一般也都原则上排除内国法院的管辖权。如在法国，只有当外国当事人在法国设有事实上的住所时，法国法院才对外国当事人之间的案件行使管辖权。此外，属于拉丁法系的法国、意大利、比利时、荷兰、卢森堡、西班牙、葡萄牙等国的法律都在不同程度上承认当事人协议选择管辖法院的权利。

（三）德国、奥地利、日本等国的实践

德国的法律和仿效德国的奥地利、日本等国的法律在国际民事案件诉讼管辖权的问题上与拉丁法系各国的法律形成鲜明对比，它们以被告人的住所作为确定内国法院管辖权的原则，而以国籍作为确定国际民事案件诉讼管辖权的例外。一般都规定除了不动产方面的物权或所有权案件、继承案件、租赁案件、再审案件、特定婚姻案件、禁治产案件、某些有关执行和破产的案件由内国法院专属管辖以外，其他案件都依被告的住所地来确定国际民事案件诉讼管辖权，只有有关婚姻案件和各种涉及身份地位的案件才由当事人的国籍国法院管辖。此外，这些国家的立法都在一个相当广泛的范围内尊重当事人的意思表示，在不与内国专属管辖权规范相抵触的前提下，双方当事人可以自由地选择内国法院管辖或外国法院管辖。

---

① 参见谢石松：《国际民商事纠纷的法律解决程序》，广东人民出版社 1996 年版，第 263 页。

三、有关国际民事案件诉讼管辖权的国际立法

由于世界各国对国际民事案件诉讼管辖权问题作了不同的规定，不可避免地产生了有关国家法院对某一国际民事案件行使管辖权的冲突。如甲国法院可能基于地域管辖原则对某一国际民事案件主张管辖权；乙国法院则以国籍管辖原则为依据认为应该由它受理；而丙国法院却以与本国国家或者国民的根本利益相关为由要求对有关案件实行专属管辖。为了解决这种管辖权的冲突，国际社会缔结了许多国际条约，以规定各缔约国法院行使管辖权的原则和依据。这些国际条约可分为多边条约和双边条约；也可分为专门性国际公约①和普遍性国际公约。有关国际民事案件诉讼管辖权的普遍性国际公约主要有1928年《布斯塔曼特法典》、1965年《协议选择法院公约》和1968年《关于民商事案件管辖权及判决执行的公约》等。

《布斯塔曼特法典》在第4卷第2编对民事和商事案件的国际管辖权问题，规定有一般规则和例外条款。法典首先规定，允许当事人通过明示或默示的方式合意选择管辖法院；然后规定，关于财产问题的诉讼由财产所在地法院管辖，有关遗嘱检验或法定继承的案件，以死者最后住所地法院为主管法院，有关破产问题的案件一般由债务人住所地法院管辖。此外，法典还对有关外国国家元首及外交代表的诉讼管辖权作了例外规定。

《协议选择法院公约》主要是就具有国际性质的民事和商事案件中当事人合意选择管辖法院的协议的有效性和实际效力问题制订了一些共同规范。根据该公约的规定，除有关人的身份或能力，或有关家庭的法律问题，有关负担生活费的义务、继承问题，有关破产、清偿协议或类似程序等问题，以及有关不动产权利的诉讼问题外，各方当事人为了解决他们之间某一特定法律关系已经或可能发生的争议，可以用书面形式明白指定某一国家的法院进行管辖。而且，除当事人另有约定外，被选择的某一缔约国法院作出的判决，应依照其他缔约国现行的承认和执行外国法院判决的规定，在各缔约国予以承认和执行。

《关于民商事案件管辖权及判决执行的公约》是欧盟国家为加强司法领域的合作以保护欧盟各成员国居民合法权益而努力的结果。虽然公约第1条明确地排除了自然人的身份或行为能力、夫妻间的财产权、遗嘱与继承、破产、公司解散、清偿协议或其他类似程序，以及社会保障问题的适用，但还是包括了

---

①　专门性的国际公约主要有1952年《关于船舶碰撞中民事管辖权若干规则的国际公约》、1958年《国际有体动产买卖协议管辖权公约》、1965年《收养管辖权、法律适用和判决承认公约》、1969年《国际油污损害民事责任公约》、1977年《统一船舶碰撞中有关民事管辖权、法律选择、判决的承认和执行方面若干规则的公约》等。

合同、侵权行为、海商案件、信托行为，以及扶养费的请求等大部分民商事法律问题，适用范围仍然相当广泛。该公约是目前国际社会在国际民事案件管辖权方面规定得最为详细、完整，也是适用范围最为广泛的一个国际公约。

四、我国立法关于国际民事案件诉讼管辖权的规定

我国涉及国际民事案件诉讼管辖权的立法包括国际立法和国内立法。就国际立法来说，我国所参加的有关国际条约为数极少，到目前为止，只有 1953 年加入的《国际铁路货物联运协定》，1958 年加入的《统一国际航空运输某些规则的公约》和 1980 年加入的《国际油污损害民事责任公约》等几个专门性的国际公约。就国内立法来说，我国 1991 年颁布的《中华人民共和国民事诉讼法》除在第 2 章就民事案件管辖权问题作了一般规定以外，还特别在第 4 编第 25 章就国际民事诉讼程序中的管辖权问题作了一些特别的规定。总结我国现行的有关立法及最高人民法院的司法解释，我国有关国际民事案件诉讼管辖权的规定大致可归纳为如下几个方面：

（一）一般管辖

按照《中华人民共和国民事诉讼法》第 22 条和最高人民法院于 1992 年发布的《关于适用〈中华人民共和国民事诉讼法〉若干问题的意见》中有关条款的规定，国际民事案件中一般管辖权的确定以地域管辖为原则；而且，一般都是以被告所在地作为确定诉讼管辖权的标准。自然人为被告时，只要在我国设有住所或经常居所，不管其国籍如何，其住所地或经常居住地的人民法院具有管辖权。法人为被告时，法人住所地的人民法院具有管辖权。自然人的住所地是指其户籍所在地，其经常居住地是指其离开住所地至起诉时已连续居住 1 年以上的地方。而法人的住所地是指法人的主要营业地或者主要办事机构所在地。

（二）特殊管辖

除上述一般管辖以外，在被告不在我国境内的情况下，我国诉讼立法还根据国际民事案件的不同性质规定了一些特殊的管辖原则。如根据《中华人民共和国民事诉讼法》第 243 条规定："因合同纠纷或者其他财产权益纠纷，对在中华人民共和国领域内没有住所的被告提起的诉讼，如果合同在中华人民共和国领域内签订或履行，或者标的物在中华人民共和国领域内，或者被告在中华人民共和国领域内有可供扣押的财产，或者被告在中华人民共和国领域内设有代表机构，可以由合同签订地、合同履行地、诉讼标的物所在地、可供扣押的财产所在地、侵权行为地或者代表机构住所地人民法院管辖。"根据《中华人民共和国民事诉讼法》第 23 条的规定，"对不在中华人民共和国领域内居住的人提起的有关身份关系的诉讼"，由原告所在地，即原告住所地或者经常

居住地人民法院管辖。根据最高人民法院的司法解释，"在国内结婚并定居国外的华侨，如定居国以离婚诉讼须由婚姻缔结地法院管辖为由不予受理，当事人向人民法院提出离婚诉讼的，由婚姻缔结地或一方在国内的最后居住地人民法院管辖"。"在国外结婚并定居国外的华侨，如定居国法院以离婚诉讼须由国籍国所属法院管辖为由不予受理，当事人向人民法院提出离婚诉讼的，由一方原住所地或在国内的最后居住地人民法院管辖。""中国公民一方居住在国外，一方居住在国内，不论哪一方向人民法院提起离婚诉讼，国内一方住所地的人民法院都有权管辖。如国外一方在居住国法院起诉，国内一方向人民法院起诉的，受诉人民法院有权管辖。""中国公民双方在国外但未定居，一方向人民法院起诉离婚的，应由原告或者被告原住所地的人民法院管辖。"

此外，《中华人民共和国民事诉讼法》第 26～33 条还规定了一些特殊的民事案件可以由被告住所地或者有关地方的人民法院管辖。因此，如果这些特殊的民事案件中含有国际因素，而被告不在我国境内，有关地方的人民法院同样具有管辖权。如因保险合同纠纷提起的诉讼，可以由保险标的物所在地的人民法院管辖；因票据纠纷提起的诉讼，可以由票据支付地的人民法院管辖；因铁路、公路、水上、航空运输和联合运输合同纠纷提起的诉讼，可以由运输始发地或目的地的人民法院管辖；因铁路、公路、水上、航空事故请求损害赔偿提起的诉讼，可以由事故发生地或者车辆、船舶最先到达地、加害船舶被扣留地的人民法院管辖；因海难救助费用提起的诉讼，可以由救助地或者被救助船舶最先到达地的人民法院管辖；因共同海损提起的诉讼，可以由船舶最先到达地、共同海损理算地或者航程终止地的人民法院管辖。

（三）专属管辖

为切实保护我国国家和国民的根本利益，《中华人民共和国民事诉讼法》在第 34 条和第 246 条明确规定了应由我国人民法院专属管辖的案件。其内容主要包括 4 个方面：（1）因不动产纠纷提起的诉讼，应由不动产所在地的人民法院专属管辖；（2）因港口作业发生纠纷提起的诉讼，应由港口所在地的人民法院专属管辖；（3）因继承遗产纠纷提起的诉讼，应由被继承人死亡时的住所地或者主要遗产所在地的人民法院专属管辖；（4）因在中华人民共和国履行中外合资经营企业合同、中外合作经营企业合同、中外合作勘探开发自然资源合同发生纠纷提起的诉讼，应由我国人民法院专属管辖。

（四）协议管辖

《中华人民共和国民事诉讼法》对协议管辖在第 244 条作了明确规定："涉外合同或者涉外财产权益纠纷的当事人，可以用书面协议选择与争议有实际联系的地点的法院管辖。选择中华人民共和国人民法院管辖的，不得违反本法关于级别管辖和专属管辖的规定。"这一规定一方面肯定了国际民事案件中双方当事人合意选择管辖法院的权利，另一方面又对当事人的这种意思自治权作了一定的限制，即：

1. 在当事人的范围上作了限制。强调只有国际合同关系中的当事人或者涉及具有国际因素的财产权益的法律关系中的当事人才有合意选择管辖法院的权利。除此之外，其他国际民商事法律关系中的当事人无权行使这种意思自治权。

2. 在当事人选择法院的范围上作了限制。强调当事人在合意选择法院时不能随意选择任何国家的法院，只能选择与有关的法律关系有实际联系的国家的法院作为管辖法院。

3. 依据法院管辖权的性质，对当事人选择法院管辖权的范围作了限制。强调当事人只能在法院任意管辖权的范围内进行选择，即当事人在合意选择管辖法院时，不能违反我国有关专属管辖的规定。①

4. 基于我国司法制度的特殊性，对当事人选择我国人民法院时的管辖级别作了限制。强调国际民事法律关系中的当事人如果选择我国人民法院作为管辖法院，应该遵循我国民事诉讼立法中有关级别管辖的规定。如果按照规定，有关的国际民事案件应该由中级人民法院管辖，当事人就不能选择高级人民法院作为管辖法院。

5. 在当事人合意选择管辖法院的形式上作了限制。强调当事人合意选择管辖法院时只能采用书面形式。

（五）推定管辖

《中华人民共和国民事诉讼法》第 245 条规定："涉外民事诉讼的被告对人民法院管辖不提出异议，并应诉答辩的，视为承认该人民法院为有管辖权的法院。"这一管辖的依据是有关国际民事法律关系中的一方当事人向我国人民法院提起诉讼，而另一方当事人进行实体答辩，并没有就人民法院的管辖权问题提出任何异议，从而推定双方当事人承认，特别是被告方当事人承认我国人民法院的管辖权，进而推定我国人民法院对有关国际民事案件具有诉讼管辖权。

---

① 不过，需要特别注意的是，《中华人民共和国民事诉讼法》所作的"选择中华人民共和国人民法院管辖的，不得违反本法关于级别管辖和专属管辖"的这一规定中，有关专属管辖的规定是错误的。因为这一规定强调的是"选择中华人民共和国人民法院管辖的，不得违反本法关于专属管辖的规定"。而如果不选择中华人民共和国人民法院管辖，就可以违反"本法关于专属管辖的规定"，这显然是错误的。这里所要强调的应该是恰恰相反：当事人选择外国法院管辖的，不能违反我国民事诉讼法有关专属管辖的规定。

第三节 国际民事案件诉讼管辖权的冲突

一、国际民事案件诉讼管辖权冲突的直接原因

各国诉讼立法的差异是国际民事案件诉讼管辖权发生冲突的直接原因。在当今的国际社会，除了各国一致承认外国国家、外国国家元首和外交代表以及国际组织及其官员享有司法豁免权以外，既不存在国际惯例，也没有得到世界各国普遍接受和适用的国际条约来统一规范各国法院对国际民事案件行使诉讼管辖权。即使在某些国家之间缔结了一些多边或者双边条约以便统一规范行使国际民事案件诉讼管辖权的根据，也由于条约的数量及其适用范围上的限制而未能构成具有普遍意义的国际法规范。所以，世界各国一般都根据本国的社会、政治和经济等方面的利益，从有利于本国及其国民进行国际民事诉讼活动的角度出发，依据本国的法制原则和观念来规范国际民事案件的诉讼管辖权问题。从而在世界范围内形成了不同的诉讼管辖权制度。即使在实行同一类型的国际民事案件诉讼管辖权制度的国家之间，其具体规定也不尽相同，一旦发生国际民事案件，有关国家的法院往往依据其内国法的规定来决定是否行使管辖权。这样，由于世界各国有关国际民事案件诉讼管辖权方面的立法差异，使得有关国家之间势必发生对国际民事案件的诉讼管辖权的冲突。

二、国际民事案件诉讼管辖权冲突的间接原因

各国诉讼立法中有关诉讼管辖依据的不同是国际民事案件诉讼管辖权发生冲突的间接原因。各国民事诉讼立法一般都规定内国法院基于一定法律事实对国际民事案件行使诉讼管辖权。就整体来说，英美法系基于"有效控制原则"，以对人诉讼中的被告处于本国境内，能收到有关传票；或对物诉讼中的标的物处于本国境内来分别确定本国法院的国际民事案件诉讼管辖权。而以法国为代表的拉丁法系各国主要以有关诉讼当事人具有内国国籍作为内国法院对国际民事案件行使诉讼管辖权的根据。在其他大陆法系国家，如德国、奥地利、葡萄牙、瑞士和斯堪的纳维亚各国的立法一般都是以被告在内国设有住所或习惯居所，或有关诉讼标的物处于内国来确定内国法院对国际民事案件的诉讼管辖权。

就某一具体案件来说，不同国家的立法和司法实践对内国法院行使国际民事案件诉讼管辖权所依据的法律事实的理解也有很大的差异，也会导致国际民事案件诉讼管辖权的冲突。如许多国家都规定，在有关法人的国际民事案件中，作为被告的法人的住所地法院具有管辖权，但各国法院依据本国的立法所

确定的法人住所并不完全一致。又如，绝大多数国家是以侵权行为的发生和存在作为一国法院对有关侵权案件行使管辖权的根据，而规定"侵权行为地"法院对有关案件具有国际管辖权，但各国立法和司法实践对侵权行为地有着不同的理解：有的国家认为加害行为发生地是侵权行为地，有的国家则认为损害结果发生地才是侵权行为地，还有一些国家认为加害行为发生地和损害结果发生地都是侵权行为地，因此，管辖权的冲突在所难免。

此外，各国的诉讼立法对内国法院享有专属管辖权的范围和当事人可以协议选择管辖法院的范围的规定也不尽相同，从而经常导致国际民事案件诉讼管辖权的冲突。

三、解决国际民事案件诉讼管辖权冲突的途径

坚持国际协调原则是解决国际民事案件诉讼管辖权冲突的有效途径。坚持国际协调原则是指世界各国在确定国际民事案件诉讼管辖权的立法和司法活动时，都应该考虑到其他国家的有关立法和司法实践，应该考虑到国际社会的一般作法，从而达到尽量避免和消除国际民事案件诉讼管辖权冲突的目的。

（一）立法方面的协调

就立法方面来说，要求立法者在进行国内立法时：

1. 应尽量减少专属管辖权方面的规定，使其只限于与内国公共政策和最重大利益有关的事项。

2. 为了避免和消除国际管辖权的积极冲突，应考虑到国际社会的一般作法，尽量使自己的诉讼管辖权规范能得到绝大多数国家的承认；而为了避免和消除国际管辖权的消极冲突，应尽量采用双边冲突规范来规定国际民事案件的诉讼管辖权，并应在考虑了世界各国的有关规定后，在一些容易发生消极冲突的环节规定一些补救性的条款。

3. 由于通过当事人协议选择管辖法院能在具体案件中协调有关国家诉讼管辖权的冲突，应在立法上尽量扩大当事人协议选择管辖法院的范围。

4. 积极参与国际立法，通过国际社会的共同努力和合作，达到避免和消除诉讼管辖权冲突的目的。因为国际民事案件诉讼管辖权冲突是发生在国家与国家之间的一种社会现象，其根本原因在于各国政治经济利益的矛盾和差异。反映到国际民事诉讼方面，世界各国对内国法院的国际民事案件管辖权作了各不相同的规定，所以，应该认为，世界各国基于国际合作和国际交往的需要，根据互谅互让的精神，在平等协商的前提下议定通过一些统一国际民事案件诉讼管辖权规范的国际条约，是从根本上避免和消除国际民事案件诉讼管辖权冲突的最有效途径。

（二）司法方面的协调

　　而就司法方面来说，坚持国际协调原则以避免和消除国际民事案件诉讼管辖权的冲突，就要求各国法院基于内国的有关立法：

　　1. 在司法上充分保证有关当事人通过协议选择管辖法院的权利；只要有关协议不与内国专属管辖权规范相抵触，就应该承认该协议的效力，从而排除其他形式的管辖权。

　　2. 在外国法院依据其本国法律具有管辖权，而且该外国法院的管辖权又不与内国法院的专属管辖权相冲突的前提下，内国法院应承认该外国法院正在进行或已经终结的诉讼程序的法律效力，拒绝受理对同一案件提起的诉讼，从而可以从司法上避免和消除国际民事案件诉讼管辖权的积极冲突。

　　3. 当某一案件的当事人在有关国家之间找不到合适的管辖法院时，为了消除这种消极冲突，有关国家的内国法院可以依据案件与内国的某种联系而扩大内国法院的管辖权范围，受理并审理有关的诉讼。如我国最高人民法院于1992年发布的《关于适用〈中华人民共和国民事诉讼法〉若干问题的意见》第13条和第14条的规定，就是一种很好的范例。它们规定："在国内结婚并定居国外的华侨，如定居国法院以离婚诉讼须由婚姻缔结地法院管辖为由不予受理，当事人向人民法院提出离婚诉讼的，由婚姻缔结地或一方国内的最后居住地人民法院管辖。""在国外结婚并定居国外的华侨，如定居国法院以离婚诉讼须由国籍所属国法院管辖为由不予受理，当事人向人民法院提出离婚诉讼的，由一方原住所地或在国内的最后居住地人民法院管辖。"这既保护了我国国民的合法权益，又避免了国际民事案件诉讼管辖权的消极冲突。

第二十七章
国际民事诉讼中的送达、取证、期间和保全

第一节　国际民事诉讼中的域外送达

一、域外送达的概念和性质

国际民事诉讼中的域外送达是指一国司法机关依据国内立法或国际条约的规定，将诉讼和非诉讼文书送给居住在国外的诉讼当事人或其他诉讼参与人的行为。送达诉讼和非诉讼文书是一种很重要的司法行为，是一国司法机关代表国家行使司法主权的表现，它具有严格的属地性。一方面，一国的司法机关在未征得外国同意的情况下不能在该国境内向任何人（包括其本国国民）实施送达行为；另一方面，内国也不承认外国司法机关在没有法律规定和条约依据的情况下在内国所实施的送达行为。

二、域外送达的依据

各国一方面在其内国的诉讼立法中对诉讼和非诉讼文书的域外送达和外国诉讼和非诉讼文书在内国的送达作了专门规定，确定本国司法机关向境外当事人送达诉讼和非诉讼文书的途径和方式，以及外国诉讼和非诉讼文书在内国的送达问题。如《日本民事诉讼法》第 175 条规定，本国法院可以把应在外国进行的送达文件委托给有关国家的管辖官厅和驻在该国境内的日本大使、公使或领事进行。另一方面，各国在相互尊重主权和领土完整、平等互利的基础上订立了一些涉及域外送达诉讼和非诉讼文书的双边和多边条约，为各国提供了多种送达途径，逐步建立和完善了域外送达诉讼和非诉讼文书的制度。这方面的多边公约主要有：1954 年《民事诉讼程序公约》；1965 年《关于民商事案件中诉讼和非诉讼文书的国外送达公约》等；双边条约主要有各国间订立的司法协助条约和领事条约，如 1987 年《中华人民共和国和法兰西共和国关于民事、商事司法协助的协定》，1980 年《中华人民共和国和美利坚合众国领事

条约》等。这些国内立法和国际立法都是国际民事诉讼程序中域外送达的法律依据。

三、域外直接送达

在国际民事诉讼中，受诉法院可以通过一定的方式，或通过委托本国的有关机关，特别是通过委托本国的驻外代表机关，将有关的诉讼和非诉讼文书直接送达给处于受诉法院所属国以外的诉讼当事人和其他诉讼参与人。直接送达的方式主要有：

（一）外交代表或领事送达

外交代表或领事送达是指一国法院将需要在国外送达的诉讼和非诉讼文书委托给内国驻有关国家的外交代表或领事代为送达。这是国际社会普遍承认和采用的一种方式。许多国家的国内立法和国际条约都对这种方式作了明确规定。如《日本民事诉讼法》第 175 条规定："对于应当在外国进行的送达，应由审判长向……驻在该国的日本大使、公使和领事进行委托送达。"《中华人民共和国民事诉讼法》第 247 条也规定，人民法院对不在中华人民共和国领域内居住的中国籍当事人可以委托所在国的中华人民共和国使、领馆代为送达。最高人民法院、外交部和司法部于 1986 年发布的《关于我国法院和外国法院通过外交途径相互委托送达法律文书若干问题的通知》第 5 条作了相同的规定。此外，该《通知》第 2 条还明确规定："外国驻中华人民共和国的使领馆可以向该国公民送达文书……"在有关的国际条约中，如 1963 年《维也纳领事关系公约》第 5 条，1954 年《民事诉讼程序公约》第 6 条，1965 年《关于民商事案件中诉讼和非诉讼文书的国外送达公约》第 8 条，以及各国间签订的司法协助条约和领事条约都规定了外交人员和领事接受本国司法机关的委托在驻在国境内送达诉讼和非诉讼文书的方式。最高人民法院、外交部、司法部于 1992 年 3 月 4 日发布的《关于执行〈关于向国外送达民事或商事司法文书和司法外文书公约〉有关程序的通知》第 5 条也规定："我国法院欲向在公约成员国的中国公民送达民事或商事司法文书，可委托我国驻该国的使、领馆代为送达。委托书和所送司法文书应由有关中级人民法院或专门人民法院径送或经司法部转送我国驻该国使、领馆送达给当事人。送达证明按原途径退有关法院。"但也有一些国家对这一方式持反对的态度，认为外国官员在内国境内接受本国法院的委托代为履行诉讼行为，是对内国主权的一种侵犯。① 如比利时、埃及、卢森堡、挪威等国在批准 1965 年《关于民商事案件中诉讼和非诉讼文书的国外送达公约》的声明中明确表示反对适用这种方式。

---

① 参见鲁道夫·B·施莱辛格：《比较法》，1980 年英文版，第 387 页。

（二）邮寄送达

邮寄送达是指一国法院直接将诉讼和非诉讼文书邮寄给国外的诉讼当事人或其他诉讼参与人。对于这种方式，各国立法和司法实践所持的态度不尽相同。如1954年《民事诉讼程序公约》第6条和1965年《关于民商事案件中诉讼和非诉讼文书的国外送达公约》第10条都规定内国法院有权通过邮局直接将诉讼和非诉讼文书寄给在外国的有关人员。包括美国、法国在内的多数国家在批准或加入这两个条约时都认可了这一规定。① 美国1976年《外国主权豁免法》第1608条规定，准许法院将传票及其他诉讼文件通过邮寄送达给代表被告国的外交部长。1983年《美国民事诉讼程序规则》第4条规定，美国法院可通过邮寄向外国人送达。《法国民事诉讼法》第682条规定："如果当事人在国外，判决通知书寄往他在法国的住址，即为有效地下达了通知。"《中华人民共和国民事诉讼法》第247条第6款规定："受送达人所在国的法律允许邮寄送达的，可以邮寄送达，自邮寄之日起满6个月，送达回证没有退回，但根据各种情况足以认定已送达的，期间届满之日起视为送达。"目前，我国法院在审理国际民事案件时大都是用双挂号信的形式邮寄送达的。

关于外国法院能否通过邮寄方式在我国境内直接送达文书的问题，在我国现行的诉讼立法和司法实践中找不到直接的、明确的规定。不过，根据《中华人民共和国民事诉讼法》第263条第3款的规定，我国诉讼立法对外国法院向我国境内的有关当事人或诉讼参与人邮寄送达诉讼和非诉讼文书原则上持否定态度。因为《中华人民共和国民事诉讼法》第263条第2款规定了使领馆代为送达的方式后，在第3款明确规定："除前款规定的情况外，未经中华人民共和国主管机关准许，任何外国机关或者个人不得在中华人民共和国领域内送达文书、调查取证。"由此可以推断，任何外国机构或者个人，只有作为例外才能使用使领馆送达以外的送达方式——当然包括邮寄方式。在中国境内送达文书，必须事先征得我国主管机关的特别许可。

（三）个人送达

个人送达是指一国法院将诉讼和非诉讼文书交给具有一定身份的个人代为送达。这种个人可能是当事人的诉讼代理人，也可能是当事人选定的人，或与当事人关系密切的人。这种送达方式一般为英美法系各国所承认和采用。英国法律允许将诉讼和非诉讼文书送达给当事人的律师，及合同纠纷案件中被告人

---

① 但也有一些国家如德国、瑞士、卢森堡、挪威、土耳其、埃及等国明确表示反对。如瑞士政府曾经于1961年11月就美国法院对瑞士公司的邮寄送达提出抗议，认为美国法院用邮寄送达方式直接向瑞士境内的公司送达诉讼文书有损瑞士的司法主权，违反国际法。

的代理人。①《中华人民共和国民事诉讼法》第 247 条也规定了个人送达的形式，即交由当事人的诉讼代理人及其他有关机构或个人代为送达。此外，根据《中华人民共和国民事诉讼法》第 241 条的规定，外国人、无国籍人以及外国的企业和组织在人民法院进行诉讼需要委托律师作为诉讼代理人，只能委托中华人民共和国的律师。所以，人民法院在审理国际民事案件时一般都是通过我国的律师代为送达。至于外国法院能否通过个人送达的方式，或可以通过什么人向我国境内的有关人员送达诉讼文书的问题，我国民事诉讼立法未作明确规定。

（四）公告送达

公告送达是指将需要送达的诉讼和非诉讼文书的内容用张贴公告、登报或广播的方法告知有关当事人或其他诉讼参与人，自公告之日起经过一定的时间即视为送达。许多国家的民事诉讼立法规定，在一定的条件下可适用公告送达的形式。如《日本民事诉讼法》第 178 条规定：" (1) 在当事人的住所、居所及其他应为送达的场所不明时，或在外国应为的送达认为不能根据第 175 条的规定②进行或虽然根据该条进行也没有效力时，可以依据申请并得到审判长的准许，进行公告送达。根据同条规定向外国的管辖官厅进行委托送达已经经过 6 个月，而证明该项送达的文书仍未寄到时亦同。(2) 在前项情况下，为了避免拖延诉讼，虽然未经申请，法院在必要时也可以命令进行公告送达。 (3) 对于同一当事人在此后的公告送达，可以依职权进行，但在第一项后段的情况下例外。"《中华人民共和国民事诉讼法》第 247 条也规定，当其他办法不能实现送达时，可以公告送达，自公告之日起满 6 个月，即视为送达。最高人民法院于 1992 年发布的《关于适用〈中华人民共和国民事诉讼法〉若干问题的意见》第 307 条更进一步规定，对不在我国领域内居住的被告，经用公告方式送达诉状或传唤，公告期满不应诉，人民法院缺席判决后，仍应将裁判文书依照民事诉讼法第 247 条规定公告送达。自公告送达裁判文书满 6 个月的次日起，经过 30 日的上诉期当事人没有上诉的，一审判决即发生法律效力。

关于公告送达的期间，各国民事诉讼法的规定长短不一，《匈牙利民事诉讼法》第 102 条第 5 款规定，从法院的公告栏上挂出算起第 15 天文件被认为已经送达。《日本民事诉讼法》第 180 条第 2 项规定："对于应当在外国进行的送达，进行公告送达时，期间为 6 个星期。"《中华人民共和国民事诉讼法》第 247 条规定为 6 个月。

---

① 参见戴赛和莫里斯：《冲突法》，1980 年英文版，第 191、92 页。

② 该条规定："对于应在外国进行的送达，应由审判长向该国家的管辖官厅或驻在该国的日本大使、公使或领事进行委托送达。"

（五）按当事人协商的方式送达

按当事人协商的方式送达是指法院依据双方当事人协议的方法将有关诉讼文书或非诉讼文书送达给有关当事人或其他诉讼参与人。这是英美法系国家采用的一种送达方式。根据美国法的规定，对外国国家的代理人或代理处，或对外国国家或外国政治实体的送达，可以依诉讼双方当事人特别协商的办法进行。美国法甚至规定合同当事人可以在合同中规定接受送达的方式。① 不过，由于这种方式完全不考虑送达地国家的程序法规定，所以很难在实践中得到实施。

四、域外间接送达

国际民事诉讼中的间接送达是指一国法院在审理国际民事案件时，通过国际司法协助的方式所进行的送达。国际司法协助中的送达是指一国法院在受理某一国际民事案件以后，将需要送达到国外的诉讼文书和非诉讼文书委托给有关国家的司法机关或其他有权机构，并由该外国司法机关或其他有权机构代为送交给居住在该国境内的诉讼当事人或其他诉讼参与人。它包括国际司法委托和国际司法协助两大部分。

（一）请求的提出

因为一国法院的诉讼和非诉讼文书需要通过其他国家的司法机关或其他有权机关送达给有关的当事人或其他诉讼参与人，所以，请求国应依据本国诉讼法和有关国际条约提出请求书，用书面形式向外国法院或其他机构提出请求。如 1965 年《关于民商事案件中诉讼和非诉讼文书的国外送达公约》第 3 条规定：“请求国主管机关或司法官员基于本国的法律应向被请求国的中央机关递交一份符合本公约附件格式的请求书……”《中华人民共和国和法兰西共和国关于民事、商事司法协助的协定》第 5 条规定：“请求送达司法文书和司法外文书，应由请求一方的中央机关用请求书提出……” 必须明确的是，提出请求的机构只能是请求国的法院或其他有权机构。请求国的其他官方机构或社会组织都不能直接向外国司法机关提出司法协助的请求。诉讼当事人一般只能向所在国法院提出申请，再由该受诉法院按规定的方式提出司法协助请求书。

司法协助请求书应该具备一定的形式要件，国际司法协助条约都作了一些规定，有些国际条约还专门附有请求书的格式，如 1965 年《关于民商事案件中诉讼和非诉讼文书的国外送达公约》就附有向国外送达诉讼和非诉讼文书的请求书格式，它要求填写申请人的身份和地址；接受申请的主管机关地址；收件人的身份及地址；请求送达的方式等。请求书的反面还附有送达证明书，

---

① 参见戴赛和莫里斯：《冲突法》，1980 年英文版，第 192～193 页。

规定有关文件已经送达的日期；送达文件的方式；文件已经具体送达给特定的个人；该受送达人的身份及其他有关情况；受送达人与收件人的关系（主要是指亲属、业务或其他方面的关系）；或文件未能送达的原因等款项。此外，请求书还应附有送达的文件摘要，摘要中需要填写的内容有请求机关的名称及地址；当事人的情况；如果必要的话，还得填写与文件送达有关的人的身份及地址；如果是诉讼文书，需填写文书的性质和目的；诉讼的性质和目的，以及必要时争讼的金额；出庭的日期和地点，或者是作出判决的法院，或判决的日期；文件中规定的时限。如果是非诉讼文书，需填写文书的性质和目的；文书中规定的时限。

（二）请求书及有关文书的传递

根据各国民事诉讼立法和国际条约的规定，一国法院为请求外国法院协助送达诉讼和非诉讼文书而作成的请求书，连同需送达的诉讼文书和非诉讼文书，应依一定的程序和方式送交给该国法院。常见的途径有：

1. 通过外交途径。这是一种常见的途径，特别是当有关国家之间不存在专门的国际司法协助条约时，一般都是通过这种途径来传递请求书及需要送达的有关文书。其程序一般是由请求国的主管法院将有关请求书和文书交给本国的外交部，再由本国外交部递交给有关外国的外交部，然后再由该外国国家的外交部转交给该国的主管法院。

2. 通过领事途径。即由请求国驻有关国家的领事直接将有关请求书和文书递交给被请求国主管法院。其程序较为简单，先由请求国法院将上述文件交给本国驻被请求国的领事机构，然后由有关的领事机构递交给被请求国法院。

3. 通过司法部递交。即通过司法部直接将有关文书递交给有关的司法机构。

4. 通过中心机构递交。这是国际社会近几十年来缔结的国际司法协助条约所普遍采用的一种途径。各缔约国依据有关条约的规定分别指定或成立一个中心机构，专门负责办理国际司法协助事务。如 1965 年《关于民商事案件中诉讼和非诉讼文书的国外送达公约》第 2 条规定："每个缔约国应指定一个中央机关负责依据第 3 条至第 6 条的规定，接受来自另一个缔约国送达或通知的请求，并负责送交。该中央机关应按照本国法律组成。"在送达诉讼和非诉讼文书时，其程序一般是先由请求法院作成请求书，连同所要送达的诉讼和非诉讼文书，交给本国的中心机构，再由本国的中心机构转交给被请求国的中心机构，然后递交给被请求法院进行送达。

5. 有关国家的法院之间直接递交。即一国在需要向国外送达诉讼和非诉讼文书时，将司法协助请求书和所要送达的诉讼和非诉讼文书，不通过任何中间媒介，直接寄交给有关国家的主管法院，请求该外国法院代为送达。

综观上述各种途径，各国法院之间直接递交司法协助请求书和有关文书最为理想，它省去了许多中间环节，不仅节省了大量的人力、物力、财力，更重要的是简化了司法协助的程序，加快了办案速度，对及时有效地保护各方当事人的合法权益，最终促进国际交往的发展具有重要的意义。不过，采用这种途径必须有明确的条约规定作为依据；如果不存在明确的条约规定，一国法院将司法协助请求书连同有关诉讼和非诉讼文书直接寄给被请求国法院，很难得到被请求国的协助，有关文书的域外送达也就得不到实现。因此，它必须以有关国家之间的友好关系，彼此熟悉对方的司法组织机构，并信任对方国家的司法为条件。

（三）请求的执行及执行情况的通知

1. 请求的执行

一国法院制作的司法协助请求书连同需要在国外送达的诉讼文书和非诉讼文书通过上述途径传递给被请求国主管机关（绝大多数情况下就是被请求国的主管法院）以后，该被请求国主管机关送达的方式，大致可分为如下 3 种类型：第一种是由被请求国法院按照本国法律对于送达国内类似性质的文书所规定的方式和程序送达。第二种是按请求国所要求的特殊方式和程序将有关文书送达给有关当事人或其他诉讼参与人，只是这种特殊的方式和程序不得与被请求国的法律相冲突。第三种类型则是由被请求法院按本国法律的规定进行一般性送达，完全以有关当事人或其他诉讼参与人自愿接受为条件。前两者属于强制送达（forcible service），① 对应送达的文书和它的附录，以及收到的通知等都应该用被请求国的语言，或用有关国家共同商定的其他语言作成，或附上用被请求国语言或共同商定的语言作成的译文本。而且，除非在条约中作了其他约定，有关译文应由在被请求国境内行使职务的请求国外交或领事官员，或由被请求国宣过誓的译员予以证实。只有在符合上述条件的情况下，才能由被请求国法院依本国的成文法规定，或者在不与本国成文法规定相冲突的情况下，依请求国所要求的特定方式进行送达。第三种类型属于非强制送达（nonforcible service），1977 年海牙国际私法会议的报告把这种类型的送达方式称为非正式送达（nonformal service），即一般都是由被请求国的主管机关传唤收件人并通知他已收到提交给他的某项文书，并告知如果不在某一特定的期间内拿取有关文书，该文书将被寄还发送人并标明收件人未在法定的期限内拿取该文书。

（1）由被请求国法院依内国法所规定的方式和程序送达

从目前的情况来看，各国普遍把这种方式作为一项原则。至于被请求法院

---

① 参见萨瑟：《国际民事诉讼法比较研究》，1967 年英文版，第 661 页。

具体采取什么样的方式，完全依赖于各国的内国法。如《德国民事诉讼法》在第 166 条、第 175 条、第 193 条等有关送达程序中规定了送达员受当事人或受诉法院书记科的委托进行直接送达制度。在未指定送达代收人之前，送达员将交付的书状按当事人的住所，交邮局送达。在采用这种方式时，交付邮局，即视为送达而发生法律效力，即使因投寄不到而退回也仍然有效。同时，如果当事人提出要求，并愿意支付所增加的费用，可以将该邮件以挂号寄发。此外，该法典第 203 条以及以后的有关条款中规定了公告送达的制度。采用公告送达时，将应送达的正本或应送达书状的认证副本张贴于法院的布告牌。在婚姻案件和亲子关系案件中实施公告送达时，只须将书状的节本张贴于法院的布告牌。上述文书在法院布告牌中贴出一定时间之后，即视为送达。美国的有关诉讼立法规定，诉讼和非诉讼文书的送达由联邦法院的执行官员来实施。一些大陆法系国家，如法国、比利时、荷兰等国的诉讼立法却规定只有当受送达人不自愿接受文书时，才由专门送达员送达。

（2）由被请求国法院依请求国所要求的特殊方式和程序送达

一般说来，一国有关送达诉讼文书和非诉讼文书的规定没有域外效力，所以，任何法院在内国境内送达文书时，不管该文书是由内国法院发出，还是由外国法院制作，都得依据本国诉讼法的有关规定，采用适当的方式进行。内国法院没有义务依外国法的规定，按外国法院所要求的特殊方式送达诉讼文书。但是，为了发展国际间的友好关系，增进世界各国在司法领域中的合作，绝大多数国家在进行国内立法和参与缔结国际条约时确认了在一定的条件下，根据请求国所要求的方式送达文书的制度。也就是说，内国法院可以在不与内国法律相抵触的情况下，接受外国法院的委托，按外国法院所要求的特殊方式将有关的文书送达给有关当事人或其他诉讼参与人。

至于什么是"特殊方式和程序"，还没有哪个国家的立法或国际条约对此下过明确的定义。这应该是一个相对的概念，即相对于被请求国来说，或相对于没有用成文法规定某种方式和程序的国家来说，有关的方式和程序为特殊的方式和程序。如我国的诉讼立法规定了直接送达、留置送达、邮寄送达、委托送达和公告送达 5 种方式，如果某个外国法院要求的送达方式不同于上述 5 种方式，就可以认为是一种特殊的方式，只要它不与我国的法律相抵触，人民法院还是应考虑遵照执行。所以，具体到某一种送达方式是否为上面所说的"特殊方式"，得依据各国的具体规定而定，美国学者就认为，当外国法院要求美国中心当局通过可以获得回执的挂号信邮寄送达时，这种方式是一种特殊方式；但根据我国的诉讼立法和司法实践就不能这样认为，因为我国法院在用邮寄送达方式时也是采用双挂号的形式。

（3）由被请求国法院依内国法的规定进行一般性送达

如果请求国没有明确提出应由被请求国采用送达内国诉讼文书的同样方式或特殊方式进行送达的要求，或者请求国发出的司法协助请求书和所要协助送达的文书不是用被请求国的文字写成，又没有附上用被请求国文字翻译的译文文本，被请求国法院原则上可以采用它认为适当的方式将有关文书送达给自愿接受的收件人。如1965年《关于民商事案件中诉讼和非诉讼文书的国外送达公约》第5条规定：被请求机关除了应根据请求机关要求的特殊方式进行诉讼文书的送达以外，当然可以将有关文书送达给自愿接受的收件人。这种送达方式比较随便，只要让收件人得知有送达给他的有关文件或只要将有关文件交到他手上就行，并不需要拘泥于某种严格的方式和程序，既可以由被请求国的主管机关传唤收件人并通知他已收到提交给他的某项文书，通知他在某一特定的期间内领取；也可以由送达人直接送达给收件人；还可以采取其他方式，如邮寄、委托等方式进行送达。

2. 执行情况的通知

一般说来，一国法院或其他有权机构接受外国机构的委托，代为一定的送达行为以后，不管该送达行为的执行情况如何，都需要通过适当的方式通知外国的请求机构。各国民诉法和有关国际条约一般都是采用送达回证或由有关机构出具送达证明的形式。送达回证或有关的送达证明一般包括送达文书的方式、地点和日期以及收件人的有关情况。1965年《关于民商事案件中诉讼和非诉讼文书的国外送达公约》第6条规定："被请求国中央机关或由被请求国为此目的而指定的任何其他机关应根据本公约附件格式拟制证明书。"该条第2款规定，证明书应详述执行请求的情况，如应指明送达有关文书的方式、地点和日期以及收件人的身份、标志或其他情况，如果不是送达给请求书中指明的收件人，还应指明接受文件的人与收件人的关系，如果基于某种原因未能送达有关文书，应在证明书中说明执行受阻的事实。该条第3款规定，证明书也可以由被请求国中央机关或司法机关以外的机构或个人作成，但请求人可以要求被请求国的上述机关在证明书上连署。

至于送达回证或送达证明应通过什么途径递交给请求机构，各国的立法和实际作法不尽相同。多数国家采用传递司法协助请求书的途径，也可以由被请求机构直接将送达回证或有关证明寄给请求机构。如1965年《关于民商事案件中诉讼和非诉讼文书的国外送达公约》第6条第4款规定："证明书应直接寄给请求人。"这种途径是比较可取的，因为送达回证或有关证明书不同于司法协助请求书，司法协助请求书及有关文书的传递和送达涉及到被请求国的司法主权，只有经过被请求国的同意，遵循了一定的方式和程序之后，才能交付给被请求机构执行。而送达回证或有关证明书的传递就不存在这一问题。因为一方面，既然被请求国已经接受委托，并代为履行了一定的司法行为，就不会发生侵犯被请求国的主权问题；另一方面，被请求国直接将有关证书寄给请求机构也不会侵犯请求国的司法主权。

此外，请求国的有关机构依据国内立法和国际条约的规定请求被请求国的有关机构送达和通知诉讼和非诉讼文书，原则上不需要支付或偿还手续费或服务费。但对于司法人员或依送达地国家法律有主管人员的参与，或由于执行请求国所要求的特殊送达方式所引起的费用，如果彼此之间没有相反约定，请求国应负责支付或偿还。

（四）请求的拒绝

基于国家主权及其他方面的考虑，世界各国都在其国内立法和有关国际条约中规定了拒绝履行某些送达诉讼和非诉讼文书的委托的条件。至于法院或有关机构具体可以基于什么样的条件拒绝送达外国法院委托的诉讼文书和非诉讼文书的问题，各国立法及国际条约作了不同规定。

综观各国立法及有关的国际条约，一般都规定在被请求国认为某些具体文书的送达将侵犯其主权或影响其安全，或与其内国的公共秩序（或公共政策）相抵触时，被请求国的有关机构可以拒绝履行这种送达委托。1954年《民事诉讼程序公约》第4条，1965年《关于民商事案件中诉讼和非诉讼文书的国外送达公约》第13条第1款，1983年《亚非法协范本草案》①第9条第2项等都作了这样的规定。

除上述条件以外，一些国家还规定了另外一些条件，如：要求送达的文书的真实性还存在疑问；送达某些诉讼或非诉讼文书的请求的执行不属于被请求机关的管辖范围等。一般说来，被请求国在拒绝执行某项委托时需说明理由，并将有关的文书及说明通过一定的途径迅速、及时地传递给请求机构。

第二节　国际民事诉讼中的域外取证

一、域外取证的概念

国际民事诉讼中的域外取证是指受诉法院国的有关机构或人员为进行有关的国际民事诉讼程序而在法院国境外提取诉讼证据的行为。根据国际社会的普遍实践，调查取证作为行使国家司法主权的一种表现，如果没有有关国家明示

---

① 该《亚非法协范本草案》是在海牙会议常设事务局（the Permanent Bereau of the Hague Conference）协助下制定的，并由亚非法律协商委员会（the Asian African Legal Consultative Committee）分别于1983年和1985年在东京和加德满都召开的外交会议上作了讨论和修改。其目的在于为成员国之间签订双边司法协助条约提供条约范本。

或默示的同意，是不能在该国领域内实施的，否则就侵犯了该国的领土主权。而在国外提取有关证据是国际民事诉讼必不可少的，它通常由各国民诉法及有关国际条约作出特别规定，只有依据这些国内立法和国际立法的规定，有关国家才有可能顺利地获取有关案件所必需的处于国外的证据材料。

二、域外取证的范围

在国际民事诉讼中，由于各国对证据概念的理解不同，各国诉讼立法对证据制度的规定也不统一，因而很难确定取证的范围。这就必然给域外取证，特别是域外取证方面的国际司法协助带来不便。这种不便首先表现在各国在缔结有关域外取证的国际条约时，对取证的范围问题很难达成一致，这样就有可能使条约的适用出现困难，发生纠纷，从而影响国际司法协助的顺利进行。

各种有关域外取证的国际条约对取证范围问题只作出抽象的规定，很少有具体的内容。最为详细的规定也只是列举几项主要的证据形式，然后加上一个概括性的补充规定。如1970年《关于民商事案件中的国外取证公约》第1条第1款规定："在民事和商事方面，一个缔约国的司法机关可以根据其法律规定，通过委托书要求另一缔约国的司法机关调取证据或为其他司法行为。"该条第2款和第3款也只是补充规定这里所说的证据是指旨在用于已在进行的审判程序的证据。这里的"其他司法行为"一词并不包含诉讼文书的送达和通知，也不包括保全措施和执行措施。可见，条约并没有对取证范围作出具体规定。我国在同其他国家缔结国际司法协助条约时，在这方面作了很大努力。一般对取证范围作了较为具体的规定，这是我国签订的国际司法协助条约的一大特点。如《中华人民共和国和波兰人民共和国关于民事和刑事司法协助的协定》第13条规定，其证据范围是"询问当事人、证人和鉴定人，进行鉴定和司法勘验，以及收集其他证据"。《中华人民共和国和比利时王国关于民事司法协助的协定》第9条规定："调查取证主要包括询问当事人、证人和鉴定人，进行鉴定和司法勘验，以及收集其他证据。"当然，这些规定都还是采取例举而不是列举的形式，未能穷尽调查取证的范围。

既然证据是能够证明案件真实情况的事实，是查明和证实案件情况的手段，那么，证据就必须是客观存在的事实，而且必须是与案件有关联的事实。这一点极为重要，客观事实是多种多样的，但能成为诉讼上的证据，必须是与有关案件有关联的真实情况。与有关案件没有任何关联的事实，既不能证明案件的真实情况，也解决不了案件的任何问题，是不能成为证据的。如果请求外国法院代为提取这些事实作为证据，就将遭到有关国家的拒绝。如英国法院就经常指责美国法院索取与诉讼案件毫无关系的"证据"的作法，并坚持拒绝履行这种请求。此外，某些事实必须具有法院所要求的法定形式，不具有法定形式的某些事实是不能作为证据的。

基于上述理解，一国法院到国外提取证据或请求外国法院或有关机构代为提取证据的行为可以包含如下内容：（1）询问诉讼参加人、证人、鉴定人或其他诉讼参与人。这里的"诉讼参加人"除了原被告以外，还包括共同诉讼人、诉讼中的第三人和诉讼代理人。（2）提取与民事诉讼程序有关的书证、物证和视听资料。把视听资料作为一种独立的证据是我国民事诉讼法学和民事诉讼立法的独创。英美各国都把视听资料列入书证的范畴。其他国家至今还没有关于这种证据的规定。我国在同其他国家进行司法协助时必须对此予以注意。（3）对某一事实进行调查或对有关书证的真实性进行审查。（4）对与案件有关的现场、物品进行勘查和检验。在委托外国法院代为调查、审查和勘验时都应该要求该外国法院作出调查或审查报告，或勘验笔录，并附上有关的文书、照片、录像、绘图或制作的模型等。

三、域外直接取证

国际民事诉讼中的域外直接取证是指受诉法院依据其所属国家之间所存在的条约关系或互惠关系直接派员提取诉讼证据的行为。根据各国立法及有关国际条约的规定，国际民事诉讼中域外直接取证的途径和方法主要有：

（一）外交和领事人员取证

1. 外交和领事人员取证的法律依据

外交和领事人员取证是国际社会所普遍承认和采用的方式，各国的民事诉讼立法和各国间缔结的领事条约、涉及司法协助的条约等都对此作了明确规定。如 1963 年《维也纳领事关系公约》第 5 条第 10 款规定，依据现行的国际协定，或者在没有这类国际协定时依照符合接受国法律和规章的任何其他方式，为派遣国法院录取证词是领事的职务之一。各国间订立的双边领事条约，如日本和英国订立的《领事专约》第 25 条及日本和美国订立的《领事专约》第 17 条都允许领事在接受国境内进行证据调查。根据 1961 年《维也纳外交关系公约》第 3 条的规定，上述国外取证行为也可以由外交代表来实施。1980年 9 月 17 日签订的《中美领事条约》只规定了诉讼和非诉讼文书的送达，却没有提到国外取证。

2. 外交和领事人员取证的条件

除少数国家，如葡萄牙和丹麦等国不允许外国外交和领事代表在其境内自行取证以外，多数国家都在一定条件下给予外国外交和领事代表这种权力，只是各国对有关条件的规定不尽相同，综合起来，大致有如下方面：（1）各国普遍要求外国外交和领事代表在内国境内的取证行为必须有条约依据，或有关国家间存在互惠关系。（2）各国都要求其取证行为不违反内国有关法律的规定。（3）多数国家只允许外国的外交和领事代表向其派遣国国民提取有关证据。只有少数国家允许向第三国国民取证。而允许外国外交和领事代表向其内国国民提取证据的国家就更少了。（4）只有当派遣国法院具有管辖权时，外交和领事代表才能在其驻在国进行取证行为。（5）外交和领事人员只有在向有关国家指定的主管机构提出请求，并获得该主管机关的许可以后才能向有关人员提取证据。（6）使用这种方式提取证据时，不得采取任何强制措施。

3. 我国的有关规定

我国民诉法和我国同其他国家订立的双边领事条约都没有对这种取证方式作出明确规定。不过，我国是 1961 年《维也纳外交关系公约》和 1963 年《维也纳领事关系公约》的参加国。另外，在同法国和比利时等国签订的司法协助协定中都规定缔约国任何一方可以通过本国派驻缔约另一方的外交或领事机关向其本国侨民调查取证。所以，我国法院和有关机构可以请求本国驻法国和比利时等同我国订有国际司法协助协定的国家境内的外交和领事人员向中国籍国民提取证据。对于其他国家，可以基于《维也纳外交关系公约》和《维也纳领事关系公约》的有关规定请求驻外使、领馆向华侨取证。《中华人民共和国民事诉讼法》也规定，在互惠的基础上允许外国驻华使领馆在我国境内进行一定范围的取证行为。

（二）当事人或诉讼代理人自行取证

当事人或诉讼代理人自行取证主要存在于一些普通法国家，特别是美国。1970 年《关于民商事案件中的国外取证公约》第 23 条规定："缔约国在签署、批准或加入时可以声明不执行'普通法'国家叫做'审判前取证'的程序。"1975 年《美洲国家间关于国外调取证据的公约》第 9 条也作了类似的规定。公约的这一规定一方面原则上并不否认"普通法"国家的这一取证方式；另一方面允许各缔约国对这一取证方式提出保留。依据美国的诉讼法，取证主要由律师代表他们各自的诉讼当事人来进行。

同时，美国国务院在 1976 年正式确定，美国不反对用非正式方式在美国提取证人证言，可以由外交人员和领事人员或者私人律师进行取证，但必须以不使用强制、恐吓或威胁措施为条件。此外，美国国务院还要求外国政府在除外交人员和领事人员以外的官员准备在美国境内获取证人证言或其他证据时，必须预先进行通知。

对于这种取证方式，世界各国的反应极为强烈。除美国以外的所有缔约国，都在签署、批准或加入 1970 年《关于民商事案件中的国外取证公约》时，根据公约第 23 条的规定声明不执行"普通法"国家所采用的"审判前取证"方式。许多国家还针对美国的这一做法制定了对抗性的法规。

（三）特派员取证

特派员取证是指有关法院在审理国际民商事案件时委派专门的官员去外国取证的行为。根据 1970 年《关于民商事案件中的国外取证公约》第 17 条的规定，在民商或商事方面，被合法地指定为特派员的人员，如果得到证据调查地国家指定的主管机关的概括许可或对特定案件的个别许可，并遵守主管机关许可时所规定的条件，可以在各缔约国境内不受约束地进行取证行为。

根据 1970 年《关于民商事案件中的国外取证公约》第 21 条的规定，特派员取证同外交官以及领事人员取证一样，如果得到有关国家许可，可以进行与取证地国法律不相抵触或与根据公约规定赋予的权限不相违背的一切取证行为，并可以在相同条件下接受经过宣誓或证实的证词。除非取证时所涉及的当事人或其他诉讼参与人是派遣国的国民，否则，所有出庭或参与取证的传唤都应该用取证地国家的官方文字作成，或附上该国文字的译本。如果没有取证地国家所指定的主管机关的协助，特派员实施取证行为时不能采取强制措施，也就是说，只能以有关当事人自愿提供证据为限。特派员在调查取证时也可以依据派遣国的法律，按照派遣国法律所规定的方式和程序来进行，但这种方式和程序不能是调查取证地国家法律所明文禁止的。

这一取证方式主要为英美法系国家所采用。大陆法系国家一般认为这种方式有损国家的司法主权，所以在适用时采取了极为谨慎的态度。对于这种取证方式，各国的具体规定及实际作法不尽相同。在这方面，捷克、斯洛伐克和爱尔兰等国对此未作任何限制。英国要求以互惠为条件。美国民诉法规定，只要事先得到主管机关的许可，外国的司法官员可以在美国境内实施取证行为。法国、葡萄牙等国则要求像外交和领事代表在内国取证一样，必须符合为此而规定的有关条件。

四、域外间接取证

国际民事诉讼中的域外间接取证是指受诉法院依据其所属国与有关国家之间所存在的条约关系或互惠关系以及国内立法，委托该外国法院或其他有权机构代为提取有关证据的行为。也就是说，国际民事诉讼中的域外间接取证是通过国际司法委托和国际司法协助的途径进行的域外取证行为。其具体的取证程序如下：

（一）请求的提出

各国的诉讼立法和有关的国际条约都明确规定，请求国法院或其他机构在需要请求外国法院或其他有关机构代为取证时，像国际司法协助中的域外送达一样，应首先提出请求书，用书面形式向外国法院或有关机构提出请求。如 1970 年《关于民商事案件中的国外取证公约》第 1 条第 1 款规定："在民商事方面，一个缔约国的司法机关可以根据其法律规定，通过委托书要求另一缔约国的司法机关调取证据或为其他司法行为。"因此，能够向外国法院提出请求的一般只是一国法院和具有该项权力的有关机构。请求国的其他官方机构或社会团体、诉讼当事人等都不能直接向外国法院提出该项请求。

域外取证请求书应该具备一定的形式，包含一定的内容。有些国际司法协助条约还在附件中专门规定了格式请求书，要求请求书的格式与条约附件中的示范样本相符。如《中华人民共和国和法兰西共和国关于民事、商事司法协助的协定》第13条就作了这样的规定。对于请求书应包含的内容，有关国际条约的规定不尽相同。①

关于请求书应使用的文字，一般要求用被请求国文字写成；如果不是用被请求国文字写成，则应该附上用这种文字翻译的译本。也可以使用有关缔约国在其条约中协商约定的某一特定文字来制作请求书，或附上由该种文字译成的译本。所有请求书的译本，依各国立法及有关国际条约的规定，都应由外交官或领事人员，或由宣过誓的译员或官方指定的译员，或由有关国家主管此事的其他人员予以认证。

（二）请求书的传递

综观各国立法和司法实践以及有关的国际司法协助条约，国际社会主要采用中心机构传递、法院间直接传递、外交途径传递、领事传递等途径来传递国外取证请求书。

1. 中心机构传递

这是近年来各国间缔结的国际司法协助条约所普遍采用的传递途径。有关的国际条约都规定各缔约国应建立或指定一个中心机构来专门办理这类事务。如1970年《关于民商事案件中的国外取证公约》第2条规定："每个缔约国应指定一个中央机关负责接收来自另一缔约国司法机关的请求书，并将请求书转交给执行请求的主管机关。中央机关根据被请求国规定的方式组成。"一般说来，这种途径要求缔约国之间的取证请求书，应经过各自指定的中央机构传递，然后再交给有关司法当局依条约规定的条件和方式予以执行。

2. 法院间直接传递

这种传递途径的适用也是以有关国家之间存在明确的条约规定为基础，即一国法院依据现存的国际条约的规定，不通过任何中间环节，而直接将取证请求书寄给有关国家的主管法院或有关机构，请求该外国主管法院或有关机构代为取证。这种途径从理论上说是最为理想的，同其他途径相比，最为省时省力，但从实践上来看，要在国际社会普遍适用这种途径还存在不少困难。因为

---

① 参见谢石松：《国际民商事纠纷的法律解决程序》，广东人民出版社1996年版，第375页。

它要求各国家之间存在友好的关系，彼此熟悉对方的司法制度和司法组织机构，并且信任对方国家的有关机构所进行的司法活动。

3. 外交途径传递

这是各国普遍接受和采用的一种传递途径，特别是当有关国家之间没有缔结专门的司法协助条约时，一般都是通过这种途径将取证请求书递交给被请求机构。其程序一般是先由请求国主管法院将请求书交给本国外交部，再经有关外国的外交部转交给该外国的主管法院或有关的机构。

4. 领事传递

它是指有关国家之间进行司法协助时，先由请求国法院将取证请求书交给本国驻被请求国的领事机构，然后再由该领事机构将请求书转交给被请求国的主管法院或其他有关机构。这种传递途径只有请求国的领事机构介入，程序较为简单，已经得到不少国家的承认和采用，一些国际条约对此也作了明确规定。

（三）取证行为的实施和证据的移交及执行情况的通知

1. 取证行为的实施

取证请求书依据适当的途径传递给被请求机构以后，随之而来的问题就是取证行为的实施问题，即被请求机构应依据哪个国家的法律，按照什么方式和程序来协助请求机构提取有关证据的问题。综观各国立法和国际司法协助条约的规定，基本上可分为两种类型：一种是由被请求机构依据本国的法律规定，按照内国法所规定的取证方式和程序进行取证；另一种是依据请求国所要求的特殊方式和程序来协助请求机构实施取证行为，但这种特殊方式和程序的适用以不与被请求国法律相冲突为限。这两种类型的取证方式和程序，得到了各国的普遍承认，被请求机构依据其本国法，按照其在内国诉讼中提取证据时所适用的方式和程序来协助请求机构提取证据是国际司法协助中协助取证的一条原则。至于被请求法院具体适用什么样的方式和程序，则完全依赖于被请求国民事诉讼法的规定。

2. 证据的移交及执行情况的通知

一般说来，被请求机关接受请求机关的请求，依据本国法律的规定，按照一定的方式和程序协助请求机关执行完毕调查取证行为以后，不管结果如何，都应该通过某种途径将执行情况通知请求机关，并将已经提取的有关证据移交给请求机关。各国立法，特别是有关的国际条约都对此作了明确规定；如果有关请求书的一部分或全部没有得以执行，被请求机关应毫不延迟地将这一情况及有关的理由通知请求机关。

3. 协助取证费用的承担

根据各国的诉讼立法及有关的国际条约，作为一项原则，被请求国的有关机构接受外国请求机构的请求，代为履行一定的调查取证行为时，不应要求请求国偿还任何性质的手续费。但作为例外，被请求国支付给证人、鉴定人、译员或其他有关人员的酬金和费用，以及因适用请求国主管当局所要求的特殊方式和程序而支出的费用，应当由请求国负责偿还。此外，如果被请求国的法律责成当事人自己收集证据，而被请求机构不能亲自执行取证请求书，它可以在征得请求机关的同意后将该请求书交给合适的人去执行。在征求请求机关的意见时，被请求机构应指出进行这一程序可能支出的费用的大概数额，如果请求机关同意，就必须偿还此项费用。否则，请求机关不承担偿还该项费用的义务。

（四）请求的拒绝

被请求法院在收到请求国法院或其他有关机构提出的取证请求书时，同样可以基于一定的理由拒绝执行有关的请求，并将拒绝执行的理由及取证请求书退回请求机构。至于被请求国法院具体可以依据哪些理由，各国立法及有关国际条约的规定各不相同。而为国际社会所公认的一条理由是"被请求国认为在其境内执行取证请求危害其主权或安全"或"执行取证请求显然违背其公共秩序"。

第三节　国际民事诉讼中的诉讼期间

一、诉讼期间的概念和种类

（一）诉讼期间的概念

国际民事诉讼中的诉讼期间是指受诉法院、当事人和其他诉讼参与人单独进行诉讼活动时所必须遵守的时间期限。规定诉讼期间的目的，一方面是为了确保诉讼主体能及时行使诉讼权利，履行诉讼义务，节省时间、人力和物力，使诉讼毫不延迟地进行；另一方面则是为了给有关的诉讼主体提供充足的准备时间，最终使当事人之间的民商事争议获得及时、公正的解决。

诉讼期间通常具有影响民事诉讼法律关系产生、变更或终止的意义。诉讼主体如果不严格遵守有关诉讼期间的规定，就会发生一定的诉讼后果。如有关当事人在法定的上诉期间内不提起上诉，第一审判决即发生法律效力；在有关的诉讼案件中，一方当事人死亡，中止诉讼期满6个月没有继承人参加诉讼时，法院应依法终结有关的诉讼程序。此外，受诉法院如果不遵守有关的诉讼期间，有关当事人可以因此向有关法院提出权利要求。在国际民事诉讼程序中，如果受诉法院没有遵守有关诉讼期间的规定，其作出的法院判决就很难得到外国法院的承认和执行。因为各个国家的诉讼立法在规定承认和执行外国法院判决时，都以原判决国法院的诉讼程序合法，并给了败诉方充分的辩护时间和机会作为条件。

由于国际民事诉讼程序中各种诉讼关系在空间上的跨国性，考虑到不在受诉法院所在国居住的当事人在进行诉讼行为时可能遇到诸多不便，作为通例，世界各国的诉讼立法一般都为国际民事诉讼程序中有关当事人或其他诉讼参与人规定了特殊的诉讼期间。如《日本民事诉讼法》第 180 条规定国内公告送达的生效期间为 2 个星期，而在国外进行的公告送达，其生效期限为 6 个星期。

各国诉讼立法中有关国际民事诉讼期间的规定，有一个共同的前提和特点。

其共同的前提是有关当事人的居住地和受诉法院所在地处于不同的国家或地区。而有关当事人是否具有有关国家的国籍并不重要，居住在国外的受诉法院国国民同样可以在诉讼程序中援引上述特别规定，以行使其诉讼权利，而居住在受诉法院境内的外国当事人则只能按有关国内诉讼期间的规定实施诉讼行为。

其共同特点是国际民事诉讼程序中的期间比国内民事诉讼程序中的期间要长得多，而且往往规定有可延展的期限。如《中华人民共和国民事诉讼法》第 84 条规定，国内公告送达诉讼文书的期限为 60 日；而第 247 条第 6 项规定，国际民事诉讼程序中公告送达诉讼文书的期限为 6 个月。

（二）国际民事诉讼中诉讼期间的种类

根据各国民事诉讼法理论和民事诉讼立法的实践，诉讼期间可以按照不同的标准作出不同的分类：

1. 法院期间和诉讼参与人期间

根据主体的不同，诉讼期间可分为法院进行诉讼活动所必须遵守的期间和当事人及其他诉讼参与人进行诉讼活动必须遵守的期间。前者如《中华人民共和国民事诉讼法》第 112 条规定，人民法院接到起诉状和口头起诉后，经审查，认为符合法定条件的，应当在 7 日内立案，并通知当事人；认为不符合条件的，应当在 7 日内裁定不予受理；原告对裁定不服的，可以提起上诉。第 118 条第 3 款规定，受委托调查的人民法院收到委托书后应当在 30 天内完成调查。因故不能完成的，应当在上述期限内函告委托人民法院。后者如《中华人民共和国民事诉讼法》第 249 条规定，在中华人民共和国领域内没有住所的当事人，不服第一审人民法院判决、裁定的，有权在判决书、裁定书送达之日起 30 日内提起上诉。被上诉人在收到上诉状副本后，应当在 30 日内提出答辩状。当事人不能在法定期间提起上诉或者提出答辩状，申请延期的，是否准许，由人民法院决定。

2. 法定期间和指定期间

以有关期间是由法律直接规定还是由受诉法院指定为标准，诉讼期间可分为法定期间和指定期间。法定期间是指由法律直接规定的时间期限，它由于某种法律事实的发生而开始，如立案期间、上诉期间、申请执行的期间等。指定期间是指由法院根据案件中的各种情况而依职权指定的时间期限，如法院为有关当事人提取新的补充证据所指定的期间，要求有关当事人提供诉讼担保的期间等。

3. 不变期间和可变期间

以期间能否变动为标准，诉讼期间可分为不变期间和可变期间。不变期间是指一经规定，非有法律规定的情形，不允许受诉法院或当事人及其他诉讼参与人延长或缩短的期间，如上诉期，公告送达的生效期间等。而可变期间是指期间确定以后，因情况发生了变化，在确定的期间内进行或完成某项诉讼行为有困难时，受诉法院可以根据当事人或其他诉讼参与人的申请或者依职权进行变更的期间。指定期间属于可变期间，而且，有的法定期间也属于可变期间。

二、诉讼期间的计算

世界各国的民事诉讼立法一般都规定，诉讼期间用年、月、日、时来计算。如《中华人民共和国民事诉讼法》第92条第3款规定，情况紧急时，受诉法院裁定诉讼保全的期间为48小时；第248条规定，通常情况下，不居住在我国境内的被告提出答辩状的期间为30日；第247条规定，人民法院对在中华人民共和国领域内没有住所的当事人送达诉讼文书，不能用其他方式送达的，可以公告送达，自公告之日起满6个月，即视为送达；第219条第1款规定，申请执行的期限，双方或者一方当事人是公民的为1年，双方是法人或其他组织的为6个月。不过，在计算期间的过程中，应该注意如下几个问题：（1）以时、日计算期间的，开始的时和日不计算在内；以月计算的期间，则是期间最后那个月与期间开始的那个月的同一天期满；如果以月计算的期间终结的那个月没有与期间开始相同的那一天，期间是到这个月的最后一天期满；以年计算的期间，应该是到期间最后那一年的与期间开始相同的那个月的那一天期满。（2）不管以何种时间为计算单位的期间，也不管是法定期间，还是指定期间，都不包括在途时间。而且，根据许多国家的立法和司法实践，以年、月、日计算期间的，由当事人或其他诉讼参与人进行诉讼活动所必须遵守的期间一般以期满前最后一天的24时为期间的届满时间；而由受诉法院进行诉讼活动所必须遵守的期间，则一般以期满前最后一天受诉法院下班的时间为期间的届满时间。（3）如果期间届满的最后一日是非工作日，如正好遇上星期日、节日或法院的其他休息日，则一般以该日之后的第一个工作日为期间的届满时间。

三、诉讼期间的中止和中断

诉讼期间是为诉讼主体在诉讼过程中进行某些诉讼行为所规定或指定的时间期限，所以，如果整个诉讼程序，不管是在审理阶段，还是在执行阶段因故中止进行，诉讼期间也自然随之中止。根据各国诉讼立法的规定，诉讼期间的中止，从发现能够成为中止诉讼程序理由的情况时开始计算。随诉讼程序的中止而中止的诉讼期间，自诉讼程序重新恢复之日起继续延伸，有关的诉讼主体应当在恢复诉讼程序后剩下的期间内继续进行其未完成的诉讼行为。诉讼期间的中断与中止不同，中断以后的诉讼期间必须从头开始计算，而在中断以前所经历的时间，不计入新的诉讼期间。综观各国的诉讼立法和司法实践，一般只有在法律规定的情况下，执行法院判决的时效期间才可以中断。

四、诉讼期间的耽误和恢复

诉讼期间的耽误是指诉讼参与人未能在规定或指定的诉讼期间内进行或完成其应为的诉讼行为。法律规定或法院指定的诉讼期间，其目的在于促使诉讼参与人尽快实施某种诉讼行为，或有足够的时间实施某种诉讼行为，以便维护其合法权益。一般说来，如果有关当事人由于自身或其代理人的故意或过失而耽误了诉讼期间，也就丧失了维护自身合法权益的机会；其直接后果就是无权行使在诉讼期间内可以行使的诉讼权利。

同时，考虑到日常生活中通常会发生一些并非当事人或其代理人的故意或过失而耽误诉讼期间的情况，各国都规定当事人或其他诉讼参与人因正当理由而耽误诉讼期间时，可以依法请求受诉法院予以恢复。《中华人民共和国民事诉讼法》第 76 条规定："当事人因不可抗拒的事由或其他正当理由耽误诉讼期限的，在障碍消除后的 10 日内，可以申请顺延期限。是否准许，由人民法院决定。"

五、诉讼期间的延展

为了切实保障诉讼参与人的合法权益，使他们有足够的时间行使法律赋予的诉讼权利，许多国家的诉讼法都有条件地规定了诉讼期间的延展制度。对于那些确实在特定的诉讼期间，特别是法院指定的期间内无法完成有关诉讼行为的当事人，给予诉讼期间的有限延展。如《德国民事诉讼法》第 224 条第 2 款规定，法定期间与指定期间，在说明重大理由后，可以申请延长；但法定期间的延长，以有特别规定者为限。《中华人民共和国民事诉讼法》第 248 条和

第 249 条也就有关诉讼期间的申请延期作了明确规定。

第四节　国际民事诉讼中的诉讼保全

一、诉讼保全的意义

诉讼保全制度的立法依据在于保证受诉法院以后作出的判决能得到切实执行，它是对诉讼的一种保护制度。在国际民商事案件中，由于案件比较复杂，争议的数额较大，诉讼周期较长，一时难以结案，所以，如果不及时采取保全措施，一方当事人可能出卖其财产或将有关的财产转移到国外，可能使不宜长期保存的大批物品腐烂变质，最终使法院将来作出的判决难以甚至无法执行。

根据我国民事诉讼法的有关规定，诉讼保全制度对于内外国当事人同样适用。世界各国的民诉法都有关于诉讼保全的规定，一般同等地适用于内外国当事人。如《德国民事诉讼法》第 910 条规定："为保证根据金钱债权或可以换成金钱债权的请求权对动产或不动产的强制执行，可以实行诉讼保全"，该法第 917 条在对物的诉讼保全的理由中规定，判决必须在外国执行时，即为有充足的诉讼保全的理由。

二、诉讼保全的申请

根据各国诉讼法的规定，诉讼保全可以基于有关当事人的申请，由法院裁定实施，也可以由法院依职权直接决定予以实施。如《中华人民共和国民事诉讼法》第 92 条第 1 款规定："人民法院对于可能因当事人一方的行为或者其他原因，使判决不能执行或者难以执行的案件，可以根据对方当事人的申请，作出财产保全的裁定；当事人没有提出申请的，人民法院在必要时也可以裁定采取财产保全措施。"但根据《中华人民共和国民事诉讼法》的立法结构和立法原则，第 92 条的规定只适用于国内民事诉讼程序中。而在国际民事诉讼程序中，如果要适用诉讼保全制度，则只能适用该法第 251 条所作的专门规定，即只能由法院根据有关当事人的申请裁定实施，受诉法院本身并没有依职权采取诉讼保全措施的职责。

诉讼保全的申请一般由当事人用书面形式向受诉法院提出。申请人应在申请书中简要写明案件的有关情况，并详细说明日后难以或无法强制执行法院判决的理由。

在案件尚未起诉而情况又十分紧急时，也可以由利害关系人向有关财物的所在地法院申请保全措施。不过，世界各国的诉讼立法在规定利害关系人于起诉前向有关法院申请诉讼保全的同时，又都明确规定了申请人必须向法院起诉的期限。如《德国民事诉讼法》在第 926 条规定，裁定诉讼保全的法院应命令申请诉讼保全的当事人，要求其在规定期限内起诉，否则，应以终审判决撤销诉讼保全。《中华人民共和国民事诉讼法》也在第 93 条规定，利害关系人因情况紧急，不立即申请诉讼保全将会使其合法权益受到难以弥补的损害的，可以在起诉前向人民法院申请采取诉讼保全。但要求申请人在人民法院采取保全措施后 15 日内起诉。并且在第 252 条特别规定，在国际民事诉讼程序中，申请人提起该项诉讼的期限为 30 日，过期不起诉的，解除诉讼保全。

三、诉讼保全的实施

在国际民事诉讼程序中，有关法院在收到当事人的申请后，经过审查，认为不符合诉讼保全条件的，即裁定驳回其申请；如果认为符合有关的条件，则应立即作出采取诉讼保全的裁定。当事人对这一裁定不服的，可以申请法院复议一次；但考虑到诉讼保全一般属于紧急措施，所以复议期间，并不停止裁定的执行。

关于诉讼保全的范围和方法，各国的诉讼法作了不同的规定。根据《中华人民共和国民事诉讼法》第 94 条第 1 款的规定，考虑到诉讼保全的目的在于保证判决能顺利执行，使判决所确定的当事人权益能够实现，因此，诉讼保全的范围只限于诉讼请求范围内或者与案件有关的财物，超过诉讼请求范围或者与本案无关的财物都不得实施保全。至于诉讼保全的方法，根据该法第 27 章第 251～256 条的规定，国际民事诉讼程序中的诉讼保全方法和国内民事诉讼程序中的诉讼保全方法完全相同，包括查封、扣押、冻结或法律规定的其他财产保全方法和由当事人提供担保等。而且，根据最高人民法院于 1992 年发布的《关于适用〈中华人民共和国民事诉讼法〉若干问题的意见》第 99 条的规定，人民法院对于扣押的物品，不宜长期保存的，可以责令当事人及时处理，由人民法院保存价款；必要时，人民法院可以变卖，保存价款。此外，根据《中华人民共和国民事诉讼法》第 255 条的规定，在国际民事诉讼程序中，人民法院决定保全的财产需要监督的，应当通知有关单位负责监督，费用由被申请人承担。

同时，考虑到财产保全作为对被申请人的财产所采取的一种强制措施，肯定要在一定程度上影响被申请人的生产经营活动，给被申请人的经济生活带来一些不便，而采取诉讼保全措施的根本目的在于通过这一保全措施保证受诉法院以后作出的判决能得到切实执行，所以，《中华人民共和国民事诉讼法》在第 95 条和第 253 条明确规定，人民法院裁定准许财产保全后，被申请人提供担保的，人民法院应当解除财产保全。至于被申请人提供担保的方式，既可以是银行担保、保证人担保、现金担保，也可以是实物担保。银行担保和保证人担保都应由银行或保证人出具证明担保金额的保证书。

　　而且，由于诉讼保全是国际民事诉讼程序中的一种紧急强制措施，禁止和限制被申请人对一定财产的处分或转移行为，直接影响到被申请人的实际经济利益和民事权利，可能使被申请人遭受财产上的损失。因此，为了使被申请人在申请人撤诉或败诉时，能够获得因无理由的诉讼保全措施所遭受的损失的补偿，各国民事诉讼法一般都要求申请人提供担保和赔偿损失。而且，根据各国的司法实践，这一规定尤其被普遍而严格地适用于国际民事诉讼中。如根据我国的有关立法和司法实践，在国际民事诉讼中，人民法院决定采取诉讼保全时，基于被申请人的请求，可以责令申请人提供担保；特别是当有关利害关系人依据《中华人民共和国民事诉讼法》第 251 条第 2 款和第 93 条的规定，于起诉前向人民法院申请采取诉讼保全措施的，作为申请人，应当提供担保，如果拒绝提供担保则依法驳回其诉讼保全的申请。申请人撤诉或败诉时都应当赔偿被申请人因诉讼保全所遭受的财产损失。而且，不管这种财产损失是否由于申请人的故意或过失所造成，被申请人都有权要求赔偿。如《中华人民共和国民事诉讼法》第 96 条和第 254 条都明确规定，诉讼保全申请有错误的，申请人应当赔偿被申请人因诉讼保全所遭受的损失。

第二十八章
国际民事诉讼中法院判决的承认与执行

第一节 法院判决的承认与执行概述

一、法院判决的承认与执行问题

国际民事诉讼中法院判决的承认与执行是国际民事诉讼程序的最后阶段，同时也是国际民事诉讼程序中最关键性的阶段，是整个国际民事诉讼程序的归宿，是有关司法程序的实质所在。如果某一法院在有关国际民事诉讼中依法作出的判决得不到承认与执行，其有关的诉讼程序也就失去了实际意义。

一般说来，一国法院在国际民事诉讼中依法作出的有效判决的承认与执行问题，涉及到在内国法院的承认与执行，和在外国法院的承认与执行两个方面。由于世界各国对于内国法院在国际民事诉讼中作出的有效判决，与内国法院在国内民事诉讼中作出的有效判决采取同样的承认与执行条件，而且，有关的国际立法和国内立法大都就内国法院判决在外国的承认与执行作了明确而严格的规定，所以，在本章中，我们主要从外国法院判决在内国法院的承认与执行这一角度来探讨和介绍国际民事诉讼中法院判决的承认与执行问题。

二、承认与执行外国法院判决的意义

承认与执行外国法院判决，是指一国法院依据本国立法或有关国际条约，承认外国法院的民商事判决在内国的域外效力，并在必要时依法予以强制执行。任何法院判决都是一国司法机关代表国家针对特定的法律争议而作出的，原则上只能在判决国境内生效，而没有域外效力，这早已为国际社会所公认。作为例外，世界各国基于各种各样的考虑，在一定的条件下相互承认外国法院判决在内国具有与内国法院判决同等的法律效力，并在必要时按内国的有关规定予以强制执行。因此，如果没有有关国家的明确承认，外国法院的判决在该国领域内就没有任何法律效力。外国的任何机关或个人都不能在该国领域内强制执行其所属国法院所作出的任何判决，否则，就构成对该国主权的侵犯。而且，法院判决的承认与执行作为一国司法机关行使司法主权的重要形式，只能

由有关国家的法院来实施。所以，根据各国立法的普遍规定，外国法院判决的承认与执行一律由法院来协助进行。

承认与执行外国法院判决是两个既有联系，又相互区别的法律行为。一般说来，承认外国法院判决是执行外国法院判决的前提条件，但在某些案件中执行并不是承认外国法院判决的必然结果。因为一方面，有些已经得到承认的外国法院判决可能由于某种原因而无法获得强制执行；另一方面，除给付判决以外的外国民商事判决只发生承认问题，如一个单纯允许当事人离婚而不涉及任何财产或其他经济问题的判决就无须执行。

第二节 承认与执行外国法院判决的依据

一、承认与执行外国法院判决的理论依据

到底是什么原因促使世界各国相互承认外国法院判决的域外效力，即承认与执行外国法院判决的依据是什么，在不同的国家，以及同一国家的不同时期存在着各种各样的理论学说。主要有如下几种：

（一）国际礼让说

国际礼让说主张内国法院承认与执行外国法院判决，并不是因为该外国法院判决本身具有什么域外效力，而完全是内国基于对外国的一种"礼让"而作出的行为。该学说最初由17世纪的胡伯（Huber）为代表的荷兰法学派所创立，后来为英美法系国家的一些学者所接受。

（二）既得权说

这一学说首先由英国学者戴赛（Dicey）在1896年出版的《冲突法》一书中作了系统的论述，后来得到美国学者比尔（Beale）的响应和宣扬，曾经一度为英美等国的法院广为采用。根据这一学说，诉讼当事人一方依据有关的外国法院判决对于诉讼另一方所取得的权利，应该属于一种既得权，内国法院既然应该尊重该项既得权，就必须承认创设或确定该项权利的外国法院判决，并予以执行。既得权学说的实质是内国法院应尊重胜诉方当事人基于外国法院判决所获得的权利，从而应在内国境内承认与执行该项外国法院判决。

（三）债务说

该学说认为，对被告有管辖权的外国法院所作出的由被告支付一笔款项的判决确定了一项债务，该法院所属国的任何法院都有责任使这一判决得到执行，内国法院因此也得在内国境内承认与执行该有关的外国法院判决。在英国，债务说取代礼让说而成为承认与执行外国法院判决的理论，自其确立以来，一直为英国法院所采用。

（四）一事不再理说

一事不再理是指对于判决已经发生法律效力的案件，除法律另有规定外，法院不再重新审理，有关当事人也不得再行起诉。国际民事诉讼中的一事不再理说就是将这一原则运用到外国法院判决的承认与执行中，认为有关案件经过对该案具有管辖权的外国法院审理并作出确定性的判决以后，内国法院应根据一事不再理的原则，基于有关当事人的请求，不再另外审理而在内国领域内径直承认与执行有关的外国法院判决。不过，世界各国很少基于这一学说来承认与执行外国法院判决；相反，倒是有许多国家根据一事不再理的原则来拒绝承认与执行外国法院判决，即当内国法院已经对同一案件作出生效判决，或已经承认与执行由第三国法院就同一案件所作出的判决时，内国法院应该拒绝承认与执行有关的外国法院判决。同时，也有不少国家在确定承认与执行外国法院判决的程序时运用一事不再理的原则，即规定内国法院在承认与执行外国法院判决时不再对有关案件事实进行审查，不再重新审理有关案件。

（五）特别法说

依据这种学说，外国法院判决就是有关外国法院所属国的特别法，因此内国法院一般应像承认外国成文法规范一样，基于同样的理由，用同样的方式，来承认与执行外国法院的判决。

（六）互惠说

互惠说是指一国法律之所以规定内国法院应该承认与执行外国法院所作出的判决，在于它期望本国法院的判决也能在同样的情况下获得有关外国法院的承认与执行。这一学说首先承认内国的主权地位，认为内国法律规定承认与执行外国法院判决不是由于要尊重什么外国的既得权，或由于要承认外国判决确定的债务等，而完全是基于本国利益的考虑，即希望使内国法院的判决能得到外国法院的承认与执行，从而保护内国当事人的利益。与其他学说相比，该学说较为接近于一国承认和执行外国法院判决的真正依据；但远没有说明承认与执行外国法院判决的真正理由。

其实，一个国家之所以要承认与执行外国法院的判决，其根本原因既不是基于国际礼让，一事不再理原则，或互惠原则的考虑，也不是由于要尊重他国判决所确定的既得权或债务，或由于要承认外国的特别法；而是因为承认与执行外国法院判决是一国生存和发展的需要。任何国家都是从其社会、政治、经济、文化等方面的发展需要来考虑承认与执行有关外国法院的判决。①

---

① 参见谢石松：《国际民商事纠纷的法律解决程序》，广东人民出版社 1996 年版，第 447～448 页。

二、承认与执行外国法院判决的法律依据

在当今国际社会，世界各国相互平等，彼此独立，一国法院基于司法主权所作出的判决只能在其所属国境内得到执行，并不当然具有域外效力；同时，由于国际社会日益成为一个不可分割的整体，世界各国为了求得生存和发展，就必须在一定的条件下相互承认与执行外国法院的判决，并用立法的形式加以确定。综观国际社会的司法实践，各国法院都是根据其本国的立法来承认与执行外国法院的判决。

就国内立法来说，多数国家都是在民事诉讼法中规定内国法院承认与执行外国法院判决的条件。也有一些国家通过制定单行法规来对此作出规定，这主要是普通法国家的实践，如英国为执行外国法院判决先后颁布了4个专门法令，即1868年的《判决延伸法》，1920年的《司法管理法》第2编，1933年的《（相互执行）外国判决法》，1982年的《民事管辖权和判决法》。主要由前面3个法令，特别是1933年法令构成的英国执行外国判决的制度为大多数普通法国家所接受，在世界上具有广泛的影响。此外，还有一些国家除在民诉法中对外国法院判决的承认与执行作出原则规定外，还制定单行法规来规定这一问题。如在日本的民事诉讼立法中，除了1926年修订的《民事诉讼法》第200条对此作了原则规定以外，还于1979年单独制定的《民事执行法》中明确具体地规定了日本法院承认与执行外国法院判决的规范。

在国际立法方面，自从1869年法国和瑞士缔结了世界上第一个相互承认与执行对方法院判决的双边条约以后，国际社会为制定统一的承认与执行外国法院判决的国际条约作了不懈的努力，特别是在双边条约和地区性条约方面的成就给司法领域的国际合作产生了积极的影响。在现有的几百个国际司法协助条约中，绝大多数都规定了外国法院判决的承认与执行。如在我国同法国、波兰、俄罗斯等国签订的司法协助条约中都包含了这样的条款。

第三节　承认与执行外国法院判决的条件

由于世界各国在社会政治制度和经济制度方面的不同，在社会组织，特别是司法组织方面的差异，在法律意识上的不一致，再加上各国在经济领域的利益冲突以及随之而来的对外国法院司法行为的不信任等，所有国家的国内立法和有关国际条约，在规定内国法院需承认与执行外国法院判决的同时，都规定了承认与执行外国法院判决时应予遵循的各种条件。综观各国立法及有关国际

条约的规定，大致可以概括为如下几个方面：

一、原判决国法院具有合格的管辖权

原判决国法院必须具有合格的管辖权，这是国际社会普遍公认的条件。同时，原判决国法院是否对有关案件具有合格的司法管辖权也是争论最多的一个问题。而一国法院在什么情况下对有关案件具有管辖权，即什么是法院的管辖依据问题，各国立法的规定存在很大差异，有关国际条约的规定也不尽相同。大多数国家的诉讼立法都严格规定，原判决国法院的管辖权应该依承认与执行地国家的内国法来确定，如《德国民事诉讼法》第 328 条第 1 款第 1 项规定，"依德国法律，该外国法院无管辖权"时，外国法院的判决得不到承认。《中华人民共和国和法兰西共和国关于民事、商事司法协助的协定》第 22 条第 1 款也明确规定，"按照被请求一方法律有关管辖权的规则，裁决是由无管辖权的法院作出的"时，"不予承认和执行"。

二、有关的诉讼程序具有必要的公正性

一国法院的判决应经过一定的诉讼程序才能作出并生效。而在通常情况下，外国法院所作的判决既然已经生效，就没有必要再对该外国法院审理有关案件的诉讼程序的公正性进行审查。事实上，这一条件也只是各国立法及有关国际条约基于对败诉一方当事人的保护，规定内国法院在承认与执行外国法院判决时，应对有关外国法院判决所依赖的诉讼程序的特定方面，如对败诉一方当事人是否适当地行使了辩护权的问题进行审查。如果发现败诉的一方当事人基于除其本身失误以外的原因而未能适当地行使辩护权，被请求法院认为该诉讼程序不具备应有的公正性，从而拒绝承认与执行外国法院的判决。我国同一些国家签订的双边司法协助协定对这一问题作了明确的规定，如《中华人民共和国和法兰西共和国关于民事、商事司法协助的协定》第 22 条第 4 款规定，在"败诉一方当事人未经合法传唤，因而没有出庭参加诉讼"的情况下所作出的裁决，"不予承认和执行"。

三、外国法院判决是确定的判决

这一条件要求在内国境内寻求承认与执行的外国法院判决应该具有一定的效力。但到底应具备什么样的效力，各国立法不尽相同。我们认为，在国际民事诉讼中，一个"确定的判决"应该定义为，由一国法院或有审判权的其他机关按照其内国法所规定的程序，对诉讼案件中的程序问题和实体问题所作的

具有约束力、而且已经发生法律效力的判决或裁定。① 至于具体应由哪一国家的法律来识别外国法院判决是否为确定的判决，大多数学者主张用外国法院所属国的立法来进行识别。事实上，也只能由该外国法院所属国的法律来确定有关判决是否已经发生法律效力。如《中华人民共和国和法兰西共和国关于民事、商事司法协助的协定》第 22 条第 3 款明确规定，当"根据作出裁决一方的法律，该裁决尚未确定或不具有执行力"时，"不予承认和执行"。

四、外国法院判决是合法的判决

请求承认与执行的外国法院判决必须合法，也就是说，有关的外国法院判决是基于合法手段而获取的。大多数国家的立法和司法实践都强调，运用欺诈手段获得的外国法院判决不能在内国境内得到承认与执行。至于应适用哪一个国家的法律来识别某一欺诈行为，各国的立法一般都没有作出明确规定。不过，大多数国家的法律都是基于内国法来进行识别。如美国法院通常基于美国法对欺诈行为所下的定义去审查外国法院判决，而不考虑对该外国法院判决的欺诈手段在原判决国是否也能构成抗辩有关判决的合法性的基础。只有在原判决国立法中有关欺诈的范围比美国法所规定的范围更广时，才考虑适用该外国法的规定，这一作法对保护有关当事人的合法权益来说，是很有意义的。

五、外国法院判决不与其他有关的法院判决相抵触

这一条件是强调，只有在有关的外国法院判决不与内国法院就同一当事人之间的同一争议所作的判决相冲突，或不与内国法院已经承认的第三国法院就同一当事人之间的同一争议所作的判决相冲突时，内国法院才可以在满足其他条件的情况下承认与执行该外国法院的判决。这也是各国立法和司法实践所普遍接受和采用的条件。如 1982 年英国的《民事管辖权和判决法》第 27 条第 3 款和第 5 款分别规定，如果有关外国法院判决与承认国法院就同一当事人之间同一争议所作出的判决相冲突，或与某一第三国法院就同一当事人之间相同诉因的案件所作的更早的判决相抵触，而且该第三国法院的判决在被请求国已满足请求承认所需的所有条件的话，英国法院可以拒绝承认该外国法院的判决。② 我国同有关国家签订的司法协助协定，如《中华人民共和国和法兰西共和国关于民事、商事司法协助的协定》第 22 条第 6 款，《中华人民共和国和波兰人民共和国关于民事和刑事司法协助的协定》第 20 条第 5 款规定，被请

---

① 参见谢石松：《论对外国法院判决的承认与执行》，《中国社会科学》1990 年第 5 期，第 206 页。

② 参见莫里斯和诺斯：《国际私法案例与资料》，1984 年英文版，第 188 页。

求国法院已经就相同当事人之间的同一诉讼作出确定的判决，或被请求国法院已经承认了某一第三国法院就相同当事人之间的同一案件所作出的确定判决时，应拒绝承认与执行有关的外国法院判决。

六、原判决国法院适用了适当的准据法

这一条件强调作出判决的外国法院应该适用了被请求国冲突规范所指定的准据法。某些国家的诉讼立法和司法实践即采取了这种做法。在我国同有关国家签订的司法协助协定中也作了明确规定，如《中华人民共和国和法兰西共和国关于民事、商事司法协助的协定》第22条第2款规定：在自然人的身份或能力方面，请求一方法院没有适用按照被请求一方国际私法规则应适用的法律时，可以拒绝承认与执行请求法院所作出的有关判决，但其所适用的法律可以得到相同结果的除外。很显然，这一规定要求外国法院在自然人的身份和能力方面适用了依内国的国际私法规范所确定的准据法或其所适用的有关准据法不与依内国的国际私法规范所确定的准据法相冲突。不过，此条并非普遍的一般条件。

七、有关国家之间存在互惠关系

这一条件强调在有关国家之间没有缔结涉及承认与执行法院判决的国际条约的情况下，内国法院可以基于互惠原则承认与执行有关的外国法院判决；同时，如果原判决法院所属国拒绝给予互惠待遇，内国法院也可以拒绝承认与执行有关的外国法院判决。从国际社会的实践来看，除了允许内国法院对外国法院判决进行实质性审查的国家和只允许内国法院基于国际条约承认与执行外国法院判决的国家以外，其他国家的诉讼立法一般都在不同程度上规定，内国法院可以基于互惠原则承认与执行外国法院判决或允许内国法院在不存在互惠关系的情况下拒绝承认与执行有关的外国法院判决。《中华人民共和国民事诉讼法》第268条明确规定，人民法院对于外国法院委托执行的已经发生法律效力的判决、裁定，应当按照互惠原则进行审查，认为不违反我国法律的基本原则或我国国家主权、安全及社会公共利益的，裁定承认其效力，需要执行的，发出执行令，并按照本法规定的程序执行。

八、外国法院判决的承认与执行不违反内国的公共秩序

外国法院判决的承认与执行不能与内国的公共秩序相抵触，这是国际社会普遍公认的一个条件。各国立法及有关国际条约都对此作了明确的规定。值得注意的是，虽然大多数国家的立法都规定，如果外国法院判决的承认与执行将有损于内国的公共秩序，内国法院应拒绝承认与执行该项外国法院判决；但也

有个别国家的立法，把外国法院判决本身不违背内国的公共秩序作为承认与执行外国法院判决的条件。如《日本民事诉讼法》第 200 条第 3 款规定的承认与执行的条件之一是："外国法院的判决，不违背日本的公共秩序或善良风俗。"关于这一问题，更恰当的作法应该是只要求承认与执行外国法院判决时不与内国的公共秩序相抵触，即应该强调承认与执行外国法院判决的结果，而不是外国法院判决本身的内容，不与内国的公共秩序相抵触。因为各国在规定这一条件时，只是为了保护内国国家的重大利益，维护内国的基本政策、道德与法律的基本观念和基本原则，使它们不至于因为外国法院判决在内国的承认与执行而受到威胁和动摇。

第四节　承认与执行外国法院判决的程序

一、承认与执行请求的提出

外国法院的判决需要在内国境内发生法律效力时，必须向内国法院提出承认与执行外国法院判决的请求，这是世界各国立法和司法实践的普遍要求。至于提出请求的行为具体应由谁来实施，各国立法并不统一。多数国家的法律规定，应由利害关系人来实施；也有一些国家的法律规定外国法院和有关的利害关系人都可以向内国法院提出请求；此外，个别国家的诉讼立法要求承认与执行外国法院判决时应该由有关的外国法院提出请求书。在这一问题上，《中华人民共和国民事诉讼法》第 267 条规定："外国法院作出的发生法律效力的判决、裁定，需要中级人民法院承认和执行的，可以由当事人直接向中华人民共和国有管辖权的中级人民法院申请承认和执行，也可以由外国法院依照该国与中华人民共和国缔结或者参加的国际条约的规定，或者按照互惠原则，请求人民法院承认和执行。"

关于提出请求的期限问题，各国立法的规定极不统一。有些国家根本就没有对这一期限作出明确规定，即使在作了规定的国家之间，其时间的长短也很不一致。《中华人民共和国民事诉讼法》第 219 条规定了申请执行的期限：在双方或一方当事人是自然人时为 1 年，而在双方都是企事业单位、机关或团体时为 6 个月；但对于外国法院判决的承认与执行问题却未作明确规定。在发生这种情况时，法院是应该根据《中华人民共和国民事诉讼法》第 237 条的规定，在"本编没有规定时适用本法其他有关规定"，即适用本法第 219 条的规定，还是给予适当的延长，不得而知。我们认为，应该参照本法第 248 条和第 249 条的规定对请求期限给予适当的延长。

对于请求人应采用书面形式还是口头形式提出请求的问题，各国立法也不尽相同，而且大多数国家没有明确规定。我们认为，考虑到司法程序的严肃性和规范性，各国立法及有关国际条约都应该明确规定，请求承认与执行外国法院判决应该采用书面形式，而且应该为便利和统一请求程序而规定统一的请求书内容和格式。

此外，请求承认与执行外国法院判决时必须附上与此有关的各种文件或它们的副本，否则，其请求就很难得到执行。而且，各国立法和有关的国际条约都要求，请求人所提出的请求书及有关文件一般需要用被请求国的官方文字写成，或附上用该国文字翻译的经核准无误的译本。还有一些国家的立法要求上述请求书及有关文书必须经过公证和认证。

二、承认与执行外国法院判决的具体程序

一国法院在承认与执行外国法院判决时，具体应遵循什么样的程序，各国诉讼立法的规定不尽相同，大致可以分为如下几种：

（一）以法国、德国和俄罗斯为代表的执行令程序

在这种程序中，有关的内国法院受理了当事人或其他利害关系人提出的承认与执行某一外国法院判决的请求以后，先对该外国法院判决进行审查，如果符合内国法所规定的有关条件，即由该内国法院作出一个裁定，并发给执行令，从而赋予该外国法院判决与内国法院判决同等的效力，并按照执行本国法院判决的同样程序予以执行。

（二）以英、美为代表的登记程序和重新审理程序

英国法院目前主要是视原判决法院所属国的不同而分别采用登记程序或重新审理程序来承认与执行外国法院判决。根据英国 1868 年《判决延伸法》、1920 年《司法管理法》、1933 年《（相互执行）外国判决》、1982 年《民事管辖权和判决法》、1968 年欧洲共同体国家在布鲁塞尔签订的《关于民商事案件中管辖权和执行判决的公约》以及英国同法国、比利时等国签订的司法协助条约的规定，有管辖权的英国法院对于英联邦国家和欧共体各国法院所作出的判决适用登记程序。即英国法院在收到有关利害关系人提交的执行申请以后，一般只要查明外国法院判决符合英国法所规定的条件，就可以予以登记并交付执行。而对于其他不属于上述法律规定的国家的法院判决，英国法院都是适用判例法所确定的重新审理程序。即英国法院不直接执行这些国家的法院所作出的民商事判决，而只是把它作为可以向英国法院重新起诉的根据，英国法院经过对有关案件的重新审理，确定外国法院判决与英国的有关立法不相抵触时，作出一个与该外国法院判决内容相同或相似的判决，然后由英国法院按照英国法所规定的执行程序予以执行。这样，根据英国法官的理解，英国法院所执行的就是本国法院的判决，而不再是外国法院的判决。

在美国法院，一般都是区分金钱判决和非金钱判决而采取不同的态度。对于金钱判决，大多数州的立法和司法实践都遵循英国法中的重新审理程序，要求利害关系人在美国法院提起一个新的诉讼，由有关的美国法院作出一个新的判决，然后才能由该美国法院按法院所在地法律所规定的程序予以执行。请求承认与执行外国法院判决的当事人或其他利害关系人既可以以有关的外国法院判决为依据提起一个要求偿付债务的诉讼，也可以以原来诉讼中的诉因为依据重新提起诉讼。在前一种情况下，请求人应向法院提供所有能证实有关判决的相关文件，美国法院在审查了所有文件及有关情况以后，认为不违反美国现行法律规定时，即作出一个责令判决债务人偿付有关债务的判决，并交付执行。在后一种情况下，则完全由美国法院重新审理有关案件，并作出判决，交付执行。至于对于非金钱判决的承认和执行，美国各州法院所适用的程序就很不统一了，基本上没有一致的原则可循，各州法院完全适用执行地法的有关规定。

（三）我国关于承认与执行外国法院判决的程序

根据《中华人民共和国民事诉讼法》第 268 条及其他相关立法和司法解释的规定，在承认与执行外国法院判决的具体程序方面，我国法院目前所采用的是类似于上述法、德等国的执行令程序。我国法院在收到有关承认与执行外国法院判决的书面请求以后，应当依据我国现行的民事诉讼立法的有关规定进行审查，认为不违反我国法律的基本原则或者国家主权、安全、社会公共利益的，裁定承认其效力，需要执行的，发给执行令，由执行机关依照我国民事诉讼立法的有关规定予以强制执行。

第二十九章
国际司法协助

第一节 国际司法协助的概念

一、国际司法协助的含义

国际司法协助是指一国法院接受另一国法院请求，代为履行某些诉讼行为，如送达诉讼文书、传询证人、提取证据，以及承认和执行外国法院判决和外国仲裁裁决等。这一定义规定司法协助的范围既包括诉讼文书的送达和证据的提取，也包括外国法院判决和外国仲裁裁决的承认和执行。严格说来，仲裁裁决的承认和执行不属于司法协助的内容，因为仲裁并不是严格意义上的司法行为，仲裁程序只是一种"准司法程序"。但考虑到各国仲裁立法都规定仲裁裁决的强制执行需通过法院按照司法程序来实现，所以应该将外国仲裁裁决的承认和执行问题也包括在司法协助的范围之内。

二、关于国际司法协助概念的理论分歧

关于国际司法协助的概念，无论是在国际法学界，还是在国际社会的立法和司法实践中，都存在着不同的理解，主要有广义和狭义的两种观点。狭义的观点认为，司法协助仅包括协助送达诉讼文书、传询证人和收集证据。按照德国法学界的传统观念，司法协助只包括送达诉讼文书和履行收集证据两项内容，日本法学界所理解的司法协助也只包括送达文书和调查取证。① 我国国际私法学界也有不少学者持这种狭义的观点。一些国家的立法也反映了这一观点。

广义的观点认为，除了送达诉讼文书、传询证人、提取证据以外，司法协助还包括外国法院判决和仲裁裁决的承认与执行。大陆法系国家的学者大多采取这种主张，法国的一些学者甚至把免除外国人诉讼费用或外国人诉讼费用担保，证明外国法律等也包括在司法协助之内。他们对司法协助的理解几乎包括了民事诉讼方面的各种国际合作。美国学者布鲁诺·A·里斯图认为，国际民

---

① 参见日本国际法学会编：《国际法辞典》，世界知识出版社 1985 年版，第 243 页。

事司法协助涉及的是诸如在国外收集证据、送达传票、执行外国判决以及法院对外国当事人所可能给予的法律帮助（对贫困当事人在律师代理费以及其他方面的帮助，提供诉讼费用担保）等许多不同的问题。① 在我国，由韩德培教授主编的法学统编教材《国际私法》也持广义的司法协助观点。② 从世界各国的立法和司法实践来看，许多国家都开始采用广义的司法协助，就是一些原来持狭义观点的国家也把外国法院判决的承认和执行列入司法协助的内容。《中华人民共和国民事诉讼法》第 5 编第 23 章专章规定了国际民事司法协助的问题，把相互协助承认和执行外国法院判决和仲裁裁决作为其主要内容。我国在 1987 年以后同法国等国家签订的司法协助协定也明确规定司法协助的范围包括承认和执行已经确定的民事、商事裁决以及仲裁裁决。

外国法院判决及外国仲裁裁决的承认和执行是一种重要的司法行为，法院判决的承认和执行是诉讼程序的归宿，是司法程序的目的所在。如果某一法院判决得不到承认和执行，其有关的诉讼程序就失去了实际意义；与此同时，法院判决的承认和执行也是国家行使主权的重要表现，在未征得有关国家同意的情况下不得在该国境内执行法院判决，否则构成了对该国主权的侵犯。事实上，诉讼文书的送达、证据的收集等司法行为都可以在特定的条件下通过司法协助以外的其他方式，如领事送达、英美法国家司法实践中的"特派员"送达和取证等，来实施；相反，没有任何一个外国法院的判决不是在有关国家法院的协助下得到承认和执行的。所以，外国法院判决和外国仲裁裁决的承认与执行应该作为国际司法协助的主要内容。

第二节　国际司法协助的依据

国际司法协助的实施一般都是基于各国民事诉讼法典和有关国际条约的规定以及互惠关系的存在。如《中华人民共和国民事诉讼法》第 262 条第 1 款规定，根据中华人民共和国缔结或者参加的国际条约，或者按照互惠原则，人民法院和外国法院可以相互请求，代为送达文书，调查取证以及进行其他诉讼行为。

一、各国法律的规定

各国民事诉讼法典都在不同程度上对国际司法协助的实施作了明确规定。

---

① 参见布鲁诺·A·里斯图：《美国国际司法协助概览》，载于《外国法学研究》，1985 年第 3 期。

② 参见韩德培主编：《国际私法（修订本）》，武汉大学出版社 1989 年版，第 433 页。

代为履行一定的诉讼行为。我们认为，根据这一条款的规定，即使我国与有关外国之间并不存在条约关系，但如果能够证明在我国与该外国之间存在互惠关系，我国法院也可以与该外国的法院相互进行司法协助。

第三节　国际司法协助的实施

关于国际司法协助的具体实施，国际社会并不存在具有一般国际习惯法性质的法律规范，各国的法律及有关国际条约的规定不尽相同。我们在这里主要是综合各国诉讼立法及有关国际条约的规定，综合探讨国际司法协助的实施问题。

一、请求实施司法协助的途径

（一）提出国际司法协助请求的主体资格

除了请求协助承认和执行法院判决和外国仲裁裁决时需要由有关当事人提出请求书以外，寻求国际司法协助的请求通常都是由国家作出的。所以，国际司法协助的请求是请求国依据有关国际条约和有关国家法律的规定而对被请求国的一项权利，当事人没有对被请求国的请求权。在当事人向有关国家提出承认和执行某项法院判决或仲裁裁决的请求时，也是以当事人所属国对被请求国享有该项权利为基础的。只有在当事人的所属国与被请求承认和执行国之间存在条约关系或互惠关系时，有关当事人才有权向被请求国提出承认和执行请求。而有关当事人能否直接向被请求国提出这种请求也完全依赖于有关国家各自的立法和有关的国际条约。如1987年签订的《中华人民共和国和波兰人民共和国关于民事和刑事司法协助的协定》第18条规定，承认和执行裁决的请求，可以由缔约国一方的法院通过缔约双方的中央机关向缔约另一方的法院提出，也可以由当事人直接向承认或执行裁决的缔约另一方有管辖权的法院提出。《中华人民共和国民事诉讼法》第267条也明确规定："外国法院作出的发生法律效力的判决、裁定，需要中华人民共和国人民法院承认和执行的，可以由当事人直接向中华人民共和国有管辖权的中级人民法院申请承认和执行，也可以由当事人依照该国与中华人民共和国缔结或者参加的国际条约的规定，或者按照互惠原则，请求人民法院承认和执行。"

（二）传递国际司法协助请求书的途径

综观世界各国的诉讼立法及有关国际条约的规定，国际社会主要通过如下途径传递国际司法协助请求书：

1. 请求法院和被请求法院之间通过外交途径，并在各自国家司法部参与的情况下进行联系。其程序是：请求法院——本国司法部——本国外交部——

被请求国外交部——被请求国司法部——被请求法院。

2. 通过领事渠道来实施。其程序是：请求法院——请求法院在被请求国的领事——被请求法院。

3. 通过司法部同有关国家的司法机构直接联系。其程序是：请求法院——请求国司法部——被请求法院。

4. 有关国家司法部之间的直接联系。如在匈牙利和南斯拉夫于1961年订立的条约中规定了这种途径。

5. 中心机构的直接联系。如在匈牙利和罗马尼亚签订的有关条约中规定了这种途径。

6. 提出请求的法院同接受请求国的中心机构之间的直接联系。如1965年《关于民商事案件中诉讼和非诉讼文书的国外送达公约》第3条的规定。

7. 有关国家的法院之间直接进行交往。如1965年《关于民商事案件中诉讼和非诉讼文书的国外送达公约》第11条的规定。这种途径最为理想。不过，它要求以有关国家之间的友好关系，熟悉被请求国的司法组织机构，并且被请求国非常信任该请求国的司法等为先决条件。

根据《中华人民共和国和法兰西共和国关于民事、商事司法协助的协定》和同其他国家签订的司法协助协定的规定，我国可以通过中央机关来传递送达请求书和取证请求书以及执行请求的结果；当事人可以直接向对方有关法院提出承认和执行法院判决和仲裁裁决的请求；但依据国际条约的一般规定，上述条约只能在与有关国家发生关系时实施。所以，在一般情况下，我国只能通过外交途径来寻求国际司法协助的实施。

二、国际司法协助中使用的语言

除非国际条约另有规定，请求送达文件、请求取证、或请求承认与执行裁决时都应使用被请求国的官方语言；如果有关的文书不是用被请求国的官方语言作成，都应该在有关文书的后面附上经过证明的用被请求国官方语言作成的译文。有关译文还应经过外交或领事代表机构的认证。《中华人民共和国民事诉讼法》第264条，《中华人民共和国和波兰人民共和国关于民事和刑事司法协助的协定》第8条和第17条第4款都作了这样的规定。当然，也有一些国家通过条约废除了认证的义务，甚至不要求附有译文，而且在某些缔约国之间还存在协商使用一种或几种共同语言的情况。如在东欧国家之间订立的司法协助条约中一般都使用各缔约本国的语言，或者使用俄语；在匈牙利同比利时订立的条约中规定使用德语或法语；在匈牙利与瑞士订立的条约中规定使用德语、法语或意大利语。在我国和波兰签订的司法协助协定中要求"司法协助范围内来往和传递的文件应用本国文字书写，并附有对方的文字或英文的译文"。

三、国际司法协助应适用的法律

一国法院的诉讼行为是该国行使主权的表现，所以，一般的国际实践和各国的民诉法都承认，被请求国在提供国际司法协助时都适用本国的民诉法和诉讼规则，并不管请求国法律关于程序问题的规定如何，如 1954 年《民事诉讼程序公约》第 14 条第 1 款，1965 年《关于民商事案件中诉讼和非诉讼文书的国外送达公约》第 5 条第 1 款，1970 年《关于民事案件中的国外取证公约》第 9 条第 1 款和第 10 条等都明确规定受委托的法院应根据本国法律来执行受委托行为，并应适用对本国同样行为所适用的强制措施。

《中华人民共和国民事诉讼法》第 265 条规定，人民法院提供司法协助，依照中华人民共和国法律规定的程序进行。所以，人民法院应该依照我国民诉法中的相关规定来实施司法协助行为。我国同法国、波兰等国家之间签订的司法协助协定都规定被请求机关提供司法协助时适用本国法律。因此，人民法院在接受外国法院委托时，应该用什么方式将有关诉讼文书送达给当事人，怎样才算送达，通过什么方式讯问证人和鉴定人，通过什么程序承认和执行法院判决；以及法院应在什么样的情况下采取强制措施等一系列问题都得根据我国民诉法的相关规定予以解决。

不过，这一规则并不是绝对的，它还存在着一些例外。首先，请求机构提出的应依某一特别程序执行有关请求的要求，只要不与被请求国的立法或强制性规范相冲突，不违反被请求国的公共秩序，尽管这一特别程序不为被请求国所采用，一般也应由被请求国的有关机构遵照执行。《中华人民共和国民事诉讼法》第 265 条就规定："人民法院提供司法协助，依照中华人民共和国法律规定的程序进行。外国法院请求采用特殊方式的，也可以按照其请求的特殊方式进行，但请求采用的特殊方式不得违反中华人民共和国的法律。"

其次，各国的民事诉讼法一般都是在规定法官应依据证据获取地的法律来决定在国外提取的证据的法律效力的同时，规定这些证据依请求国的成文法规定也应该被认为有效，从而重叠适用请求国和被请求国的法律。

此外，还有一些国家的民诉法规定，委托外国法院所实施的某些诉讼行为只要符合内国法的规定都应该认为有效，而不管外国法的规定如何，这就使得请求国的法律具有决定性的意义。如《日本民事诉讼法》第 264 条规定："在外国所进行的证据调查，虽然违背该国法律但不违背日本法时，仍然有效。"对于这一问题，我国现行的民事诉讼立法虽然没有明确的规定，但依据我国的司法原则，人民法院对于根据我国民诉法的有关规定在国外提取的证据，应该承认其法律效力；对于在国外依外国法律提取的证据，只要这种法律不与我国的公共秩序相抵触，也应该视为有效的证据。

四、国际司法协助的费用问题

关于国际司法协助的费用问题，各国的立法作了不同规定。一般说来，如果有关的国际条约没有作出相反的规定，应由请求国支付司法协助的费用，而且应由它依据在国内执行类似行为时所适用的规范来确定该项费用的数额。此外，在有关国际条约未作其他规定的情况下，被请求国还可以就其本国机构的协作行为收取一定的费用。至于上述费用应由哪一方当事人来承担及由谁预交的问题，则由各国民事诉讼法加以规定。

在某一具体的国际民事诉讼程序中，国际司法协助的费用自然是诉讼费用的一部分。依据我国民诉法和其他有关法规的规定，应由败诉一方当事人承担。根据我国现行的民事诉讼收费办法的规定，各项诉讼费用都是由人民法院指定有关当事人预交，并在诉讼终结后由败诉方支付。所以，当人民法院委托外国法院协助履行某些诉讼行为且需要预交司法协助费用时，应由人民法院指定有关当事人预交，在诉讼终结后再判决由败诉方当事人承担。

不过，国际社会所订立的涉及国际司法协助的有关条约都要求缔约国之间相互免费提供司法协助，一般都规定被请求国不能收取执行有关请求的费用和手续费。如1954年《民事诉讼程序公约》第16条第1款规定："执行委托不应要求偿付手续费或任何种类的费用。"我国同法国、波兰和比利时等国订立的国际司法协助协定也作了类似的规定。

当然，即使是那些规定各缔约国应相互免费提供国际司法协助的国际条约的国家之间，也还是规定请求国得偿还支付给证人、鉴定人以及翻译人员的费用，因司法人员或依履行地国法律有主管人员参加而引起的费用，以及执行请求国要求的特别程序所花的费用。如1954年《民事诉讼程序公约》第16条第2款，1965年《关于民商事案件中诉讼和非诉讼文书的国外送达公约》第12条第2款，1970年《关于民商事案件中的国外取证公约》第14条第2款都作了这样的规定。

第四节　国际司法协助的拒绝

一、拒绝给予国际司法协助的一般理由

为了迅速、及时地解决国际民商事法律争议，发展国际合作，增进国际交往，各国一般都通过国内立法，或同其他国家订立双边或多边条约等形式在国际司法领域加强国际间的协作。但是，或者是基于本国社会经济利益方面的考虑，或者是由于对内国公共秩序的关心，或者是因为对外国司法程序的不信

任，各国都在有关国内立法和国际立法中不同程度地规定了拒绝给予司法协助的情况。

根据各国国内立法和有关国际条约的规定，被请求国在遇到下列情况之一时可以拒绝执行外国法院的有关委托：

1. 委托的送达违反内国法或有关国际条约所规定的必要程序。

2. 对于外国法院的委托文件的真实性存在疑问。

3. 委托履行的行为，根据被请求国的法律，不属于内国司法机关的职权范围。

4. 委托履行的行为是被请求国法律明文禁止的诉讼行为。

5. 两国间不存在互惠关系。

6. 委托履行的行为与履行地国家主权和安全不相容。

7. 委托履行的行为显然违背请求国公共秩序或者公共政策。

此外，亚非国家《关于国外送达民、商事案件中诉讼文书和调查取证司法协助的双边条约的范本草案》（简称《亚非法协范本草案》）第9条还把"委托的执行可能侵害有关当事人的基本权利，或委托涉及不应泄露的机密情报"作为拒绝执行委托的理由。

二、公共秩序保留制度的适用

被请求国是否可以基于公共秩序保留拒绝给予国际司法协助的问题，在理论界存在很多争议，各国立法和司法机关对此的态度也大不一样。有些学者主张，既然没有任何国际条约和被请求国的内国法规定提供司法协助的义务，就不会发生这样的问题。也有不少学者认为，如果可以证明互惠的存在，国际习惯法就给某一国家施加了提供司法协助的义务。但是，有关的司法行为的实施可能会与被请求国的法律制度或与公平原则的要求相冲突，或损害被请求国的公共秩序或安全；提出司法协助请求的国家也可能没有保证或拒绝保证给予互惠待遇等，只要出现这些情况，就必然要发生上面的问题。

当提供国际司法协助的义务依赖于某一国际条约，而该条约的有关条款，如1954年《民事诉讼程序公约》第4条和第11条第3款，1965年《关于民商事案件中诉讼和非诉讼文书的国外送达公约》第13条等，逐条地列举了拒绝给予司法协助的根据，且又没有明确援用公共秩序保留条款时，是否可以基于公共秩序的理由拒绝给予司法协助的问题，存在着两种对立的观点。

我们认为，公共秩序保留原则是国家主权原则在国际私法和国际民事诉讼法中的具体体现。而主权是一个国家的固有权利，如果没有明文规定，任何情况下都不能推定有关国家放弃了它的主权权利。所以，只要没有明确表示放弃某项主权权利，有关国家就可以随时行使，从而，也就不能以有关条约规定了其他条款，却没有规定公共秩序保留条款为理由而排除有关国家主权权利的行使。

事实上，尽管各国对公共秩序保留制度的评价各异，有的甚至提出了尖锐的批评，完全否定它存在的意义，但在实践中，各国普遍承认和适用这一原则，只是程度不同而已。当涉及到本国的重大利益时，任何国家都不会轻易让步。也有一些国际条约，如 1975 年《美洲国家间关于国外取证的公约》第 16 条，和《美洲国家间关于委托书的公约》第 17 条都明确规定，被请求国可以拒绝执行显然违反其公共秩序或公共政策的司法协助请求。因此，公共秩序保留是一项国际社会普遍公认的原则。在有关的国际条约中，如果没有相反而且明确的规定，就应该推定该条约包含了这一条款。

《中华人民共和国民事诉讼法》第 262 条第 2 款规定，司法协助请求的执行不得违反我国的"主权、安全或者社会公共利益"，同时在第 268 条又特别强调外国法院判决的承认和执行不得违反我国"法律的基本原则或者国家主权、安全及社会公共利益"。而 1987 年签订的《中华人民共和国和波兰人民共和国关于民事和刑事司法协助的协定》第 10 条规定："如果被请求的缔约一方认为提供司法协助有损于本国的主权、安全或公共秩序，可以拒绝提供司法协助，但应将拒绝的理由通知提出请求的缔约一方。"我国法院在司法实践中，如果遇到有关司法协助请求的执行可能损害我国国家、社会的重大利益，违背我国法律的基本原则等情况，只要有关的国际条约未作相反的规定，就可以适用公共秩序保留条款。在国际关系日益复杂，各国间的利害关系日趋密切，而我国的有关法制还不很健全的今天，我国在制定国内立法和签订国际条约时都很有必要规定一条保护性的公共秩序保留条款。

第五编

国际商事仲裁法

GUOJISIFA XINLUN

如《德国民事诉讼法典》第 199 条，第 363～364 条和第 433 条等对在国外的送达、取证等司法协助问题作了规定。《奥地利民事诉讼法典》第 283 条和第 290 条，《意大利民事诉讼法典》第 802 条和第 805 条等都规定了类似的内容。在我国，《中华人民共和国民事诉讼法》第 29 章对国际司法协助问题作了专章规定。最高人民法院于 1992 年 7 月 14 日颁发的《关于适用〈中华人民共和国民事诉讼法〉若干问题的意见》，也针对我国法院在与外国法院相互进行国际司法协助所可能遇到的一些问题，就有关条款作了进一步的解释和规定。此外，我国最高人民法院、外交部、司法部还特别就有关我国法院和外国法院通过外交途径相互委托送达法律文书的若干问题，于 1986 年 8 月 1 日联合发出通知，就有关诉讼和非诉讼文书的外交送达问题作了较为详细的规定。①

二、国际条约的规定

国际社会的司法实践表明，只有当有关国家之间存在条约规定的权利义务关系或实质性互惠关系时，国家之间才会相互给予司法协助。用日本学者的话说：司法协助，无论是根据日本法院的委托由外国当局或派驻该国的日本外交代表和领事代表实施，还是接受外国法院的委托，由日本法院实施，当然的前提是建立日本与该国之间的国际合作。而要达到这一目的，最有效最常用的方法是签订关于司法协助的双边或多边条约。② 世界各国都是基于这种想法和加强国际司法合作的考虑，签订了一系列的有关国际司法协助的条约。③ 我国已经加入的国际公约主要有：1958 年《关于承认和执行外国仲裁裁决的公约》、1965 年《关于民事案件中诉讼和非诉讼文书的国外送达公约》和 1970 年《关于民商事案件中的国外取证公约》。此外，我国为了加强在国际民事诉讼法领域的国际合作，从 1987 年至今，已先后同 30 多个国家签订了双边司法协助协定。这些双边司法协助协定和我国参加的多边国际条约是我国人民法院参加和进行国际司法协助的重要的法律依据。

三、互惠关系

进行国际司法协助的另一个重要依据是互惠关系的存在。不少国家把互惠关系的存在作为可以给予国际司法协助的条件之一。《中华人民共和国民事诉讼法》第 262 条规定，按照互惠原则，人民法院和外国法院可以互相委托，

---

① 载《最高人民法院公报》，1986 年第 4 期。
② 参见日本国际法学会编：《国际法辞典》，世界知识出版社 1985 年版，第 243 页。
③ 参见谢石松：《国际民商事纠纷的法律解决程序》，广东人民出版社 1996 年版，第 290～291 页。

第三十章
国际商事仲裁法概述

利用仲裁方式解决国际商事争议由来已久。早在 1889 年，英国为了解决本国商人和欧洲大陆各国商人在国际贸易中发生的纠纷，公布了第一部仲裁法，首次通过立法确立了国际贸易中的仲裁制度。20 世纪以后，尤其是第二次世界大战以后，随着科技和经济的迅速发展，各国之间的国际经济贸易交往不断扩大。由于仲裁具有诸多优点，各国从事经济贸易的当事人面对可能发生的争议或已经发生的争议，往往选择仲裁方式加以解决而不愿诉诸法院。仲裁已发展成为现代解决国际商事纠纷的一种重要方式，并已建立起一套相当完善的法律制度。

世界各国大多制定有本国的仲裁法，以调整有关的国际商事仲裁法律关系。为了协调和统一各国的仲裁立法，促使国际商事争议能够通过仲裁方式得到有效的解决，国际社会先后制订了多项区域性和全球性的国际公约和文件。例如，1923 年《仲裁条款议定书》、1927 年《关于执行外国仲裁裁决的公约》、1958 年《关于承认和执行外国仲裁裁决的公约》、1961 年《关于国际商事仲裁的欧洲公约》、1965 年《关于解决国家与他国国民间投资争端的公约》、1966 年《联合国欧洲经济委员会国际商事仲裁规则》、1976 年《联合国国际贸易法委员会仲裁规则》、1978 年《美洲国家间关于国际商事仲裁的公约》等。其中，在全球最具影响的是由联合国在纽约主持制订的 1958 年《承认和执行外国仲裁裁决公约》（简称 1958 年《纽约公约》）、联合国国际贸易法委员会 1976 年拟定的《联合国国际贸易法委员会仲裁规则》和 1985 年拟订的供各国仲裁立法参照的《国际商事仲裁示范法》以及由世界银行倡导和主持，在华盛顿制订的 1965 年《关于解决国家与他国国民间投资争端的公约》（简称 1965 年《华盛顿公约》）。

中国实行对外开放政策以来，涉外经济贸易纠纷和海事纠纷相应增多，中国国际商事仲裁机构，即中国国际经济贸易仲裁委员会和中国海事仲裁委员会所受理的国际或涉外案件数量也不断增多，范围不断扩大。1986 年，中国签署了 1958 年《纽约公约》，从而加入了承认和执行外国仲裁裁决的国际统一的运行机制。1991 年，中国颁布的《民事诉讼法》对涉外仲裁作了专章规定；1994 年，中国又专门颁布了《仲裁法》，其中专篇就涉外仲裁作出了规定。国际商事仲裁制度在中国对外民商事交往中所起的作用正日趋重要。

第一节　国际商事仲裁的概念

一、仲裁的概念

仲裁（亦称公断）是解决争议的一种方式，即由双方当事人将他们之间发生的争议交付第三者居中评断是非，并作出裁决，该裁决对双方当事人均具有约束力。

依仲裁制度适用领域的不同，可将仲裁分为三种不同性质的仲裁：

1. 国际仲裁。严格意义上的国际仲裁是指国家间为某一公法上的争端提请第三方解决的仲裁，它是解决国际争端的方式之一，属国际公法研究的范围。

2. 国内仲裁。一般是指属同一国的国内当事人将他们之间在该国履行商事关系之义务所发生的争议提请位于该国的第三方解决的仲裁。所要解决的争议不具有国际因素或涉外因素。这种仲裁是一国内部的经济仲裁制度，主要用于解决一国国内的贸易、经济、劳动等争议，属国内程序法的研究范围。

3. 国际商事仲裁。国际商事仲裁主要包括国际或涉外经济贸易仲裁和国际或涉外海事仲裁。国际商事仲裁作为国内商事仲裁的一种扩展延伸已独立地发展起来，它以私法方面的带有国际或涉外因素的争议为主要对象，既不同于解决国家间某一公法上的争端的国际仲裁，也不同于一国范围内的企业和私人间的国内仲裁。由于主权国家对商事活动的参加和国家鼓励跨国投资，国家与企业或私人间订立国际合同已在国际经济交往中占有一定比例。在这类合同中，常常订有通过仲裁解决争议的条款或订有仲裁协议。这种为解决国家与企业或私人实体间争议所进行的仲裁，称为跨国仲裁（transnational arbitration）①。跨国仲裁具有某些公法的性质，例如在仲裁中经常适用国际法的一般原则，有时还涉及到国家主权豁免问题，但同时，跨国仲裁中也经常适用国内商法。因此，广义的国际商事仲裁应该包括涉及国家与企业或私人实体间商事争议的仲裁在内。国际商事仲裁是解决国际或涉外商事纠纷的方式之一，属国际私法研究的范围。

---

① 参见《中国大百科全书（法学卷）》，中国大百科全书出版社 1984 年版，第 520 页。

二、"国际商事"的含义

关于国际商事仲裁的定义有多种表述。从国际上和我国国际商事仲裁的发展现状看，可以将国际商事仲裁概括地定义为：当事人各方将他们之间发生的具有国际性或涉外性的商事争议提交由一名或数名仲裁员组成的仲裁庭，由该仲裁庭作出对当事人具有约束力的裁决。

关于国际商事仲裁中的"国际"和"商事"的确切含义，国际上尚无普遍接受的统一定义。然而，何种仲裁属国际仲裁，何种争议或关系属商事性的，却是国际商事仲裁中的一个重要问题。

（一）关于"国际"的含义

许多国家将国际仲裁与国内仲裁严格地加以区分。就某一具有国际性质的争议所进行的仲裁，往往可以依该国的法律免除国内仲裁所必须遵从的一些限制。在仲裁法发展得比较完备的国家里，一般都准许国际仲裁中的当事人享有较国内仲裁中的当事人更多的自由权。例如，1981 年《法国民事诉讼法典》将国际仲裁与国内仲裁明确分开，对国际仲裁案的审理作出了较国内仲裁更为简便的规定①。各国认定商事仲裁是否属于"国际"商事仲裁的标准可大体归纳为两种：

1. 实质性连结因素标准

所谓实质性连结因素是指当事人的国籍、住所或居所、法人注册地、公司管理地等。如果仲裁双方当事人的国籍、住所或居所、法人注册地、公司管理地等位于不同国家，所进行的仲裁属国际仲裁。采用实质性连结因素标准的国家主要有英国、丹麦、瑞典、瑞士和一些阿拉伯国家，如叙利亚、埃及、利比亚、科威特等。一般说来，在认定仲裁的国际性时，仲裁地点和当事人的国籍是重要的考虑因素，同时还要考虑其他因素。如果当事人是个人，除要考虑其国籍外，还应该考虑其惯常居住地。如果当事人是法人团体，则不能简单地只考虑法人的注册或登记地，还应该考虑其管理中心地。

依 1996 年英国《仲裁法》第 85 条第 2 款的规定，订立仲裁协议的当事人只要存在以下情况：（1）个人不是英国国民或其住所不在英国；或者（2）法人团体不在英国组成或其管理中心地不在英国，该仲裁协议便不属国内仲裁协议，而是国际仲裁协议，依此协议进行的商事仲裁属于国际商事仲裁。

1989 年《瑞士联邦国际私法法规》第 176 条规定，仲裁庭在瑞士，但在缔结仲裁协议时当事人至少有一方的住所或习惯居所位于瑞士境外的一切仲裁为国际仲裁。

---

① 参见 1981 年《法国民事诉讼法典》第 1492~1507 条。

1961 年《关于国际商事仲裁的欧洲公约》第 1 条第 1 款在确定哪些仲裁协议适用该公约的问题上采用了和瑞士相同的方式，将应适用该公约的仲裁协议的范围限制在"旨在解决自然人或法人之间进行的国际贸易所引起的仲裁协议，并且在达成协议时，该自然人或法人在不同的缔约国内有其惯常居住地或所在地。"

2. 争议的国际性质标准

国际商事交易的多样性、广泛性和流动性，使不少国家在仲裁实践中认识到，仅仅基于仲裁地点、当事人的国籍、住所或营业地等这类简单的连结因素来确定仲裁的国际性，有失片面和偏颇，不尽合理。以争议的国际性质作为认定仲裁的国际性标准便逐步形成，并被用于仲裁实践。

所谓争议性质标准是指对争议的性质加以分析，如果争议"涉及到国际商事利益"，为解决该争议所进行的仲裁便是国际仲裁。

国际商会较早采用争议性质标准确定仲裁的国际性。国际商会仲裁院自1923 年设立后，最初仅把涉及不同国家公民之间的商业争议作为国际商业争议。1927 年，国际商会对原有的仲裁规则作了修改，根据修改的仲裁规则，即使争议的双方当事人具有同一国籍，只要争议含有涉外因素，该争议便属国际争议，就该争议进行的仲裁便属国际仲裁。国际商会现行仲裁规则将其仲裁院的职责确定为"按照本规则以仲裁方式解决国际性的商事争议"[①]。

关于商事争议的国际性质，仲裁规则本身没有解释或定义，但在国际商会颁布的说明手册中有如下说明："仲裁的国际性质并不意味着当事人必须具有不同的国籍。由于合同客体的缘故，合同可以超越国界。例如，同一国家的两个公民订立了在另一个国家履行的合同或者一个国家与在其国内经商的外国公司的子公司订立了合同。"

1985 年《联合国国际贸易法委员会国际商事仲裁示范法》第 1 条第 3 款将国际商事仲裁的"国际"定义为："一项仲裁是国际性的，如果 1. 仲裁协议双方当事人在签定该协议的时候，它们的营业地位于不同的国家；或者 2. 下列地点之一位于双方当事人营业地共同所在的国家之外：（1）仲裁协议中或根据仲裁协议确定的仲裁地；（2）商事关系义务的主要部分将在要履行的任何地点或与争议的客体具有最密切联系的地点；或者 3. 双方当事人已明示约定仲裁协议的客体与一个以上的国家有联系。"美国和加拿大的一些州和省在 80 年代相继按照《联合国国际贸易法委员会国际商事仲裁示范法》的模式制定了国际商事仲裁法规。

---

① 参见 1975 年《国际商会仲裁规则》第 1 条第 1 款和经修订的 1988 年《国际商会仲裁规则》第 1 条第 1 款。

法国是采用争议国际性质标准的代表。1981 年《法国民事诉讼法典》第 1492 条规定，凡"涉及到国际商事利益的仲裁是国际仲裁"，即在认定仲裁的国际性质问题上，除要考虑当事人的国籍、营业地、国际机构的介入等因素外，经济因素被置于重要地位，包括所涉交易中的货物或货币从一国向另一国流转。

按照 1993 年《俄罗斯联邦国际商事仲裁法》第 1 条和第 2 条的规定，凡仲裁地点在俄罗斯联邦境内的仲裁，只要一方当事人的营业地点位于国外，该仲裁就属国际商事仲裁。不仅如此，出于经济上涉外联系的考虑，该两条款还规定，在俄罗斯联邦境内设立的外资企业、国际团体和组织之间所发生的争议而提交在俄罗斯联邦境内进行仲裁，属国际性商事仲裁。

我国 1992 年《民事诉讼法》和 1994 年《仲裁法》都没有使用"国际商事仲裁"一词，而是使用"涉外经济贸易、运输和海事仲裁"。对我国受理涉外经济贸易、运输和海事仲裁案的仲裁机构，这两项法律也没有使用"国际仲裁机构"一词，而是使用"涉外仲裁机构"。因此也就不可能对"国际"的含义作明确规定或解释。但从实践看，我国涉外仲裁机构受理案件的范围实际上就是国际商事纠纷案，我国涉外仲裁机构实际上就是国际商事仲裁机构。1988 年 6 月，经国务院批准，将我国"对外经济贸易仲裁委员会"易名为"中国国际经济贸易仲裁委员会"，受案范围为"国际经济贸易中发生的一切争议"。为了使仲裁规则同我国的法律规定相一致，避免产生歧义，自 1995 年 10 月 1 日起施行的《中国国际经济贸易仲裁委员会仲裁规则》规定，中国国际经济贸易仲裁委员会以仲裁的方式，独立、公正地解决产生于国际或涉外的契约性或非契约性的经济贸易等争议，包括外国法人及/或自然人同中国法人及/或自然人之间、外国法人及/或自然人之间、中国法人及/或自然人之间发生的上述争议。

（二）关于"商事"的含义

在国际商事仲裁中，争议的商事性质的确定，将关系到争议事项能否通过仲裁方式解决，也即仲裁协议是否有效的问题。《法国商事法典》第 631 条规定，只有关于商事问题的仲裁条款才是有效的。1970 年《美国联邦仲裁法》第 2 条规定，只有"海事交易"或者"证实属商事交易"合同的仲裁协议才是有效的、不可撤销的和可执行的。我国《仲裁法》第 2 条规定："平等主体的公民、法人和其他组织之间发生的合同纠纷和其他财产权益纠纷，可以仲裁。"该法明确规定，婚姻、收养、监护、抚养、继承纠纷和依法应当由行政机关处理的行政争议不能仲裁。

1958 年《纽约公约》第 1 条第 3 款规定，任何缔约国可以声明，"本国只对根据本国法律属于商事的法律关系——不论是不是合同关系——所引起的争议适用本公约"。也就是说，如果在一个加入 1958 年《纽约公约》，但作出商事保留的国家请求承认和执行一项外国仲裁裁决，需查明该国有关法律对"商事"一词是如何定义的。如果有关裁决不属该国关于"商事"定义范围内的裁决，承认和执行该裁决的申请将会被拒绝。

关于"商事"的含义，多数国家都是尽可能作出广义的解释。例如，美国纽约地区法院认为，商事保留只是排除了"婚姻和其他家庭关系的裁决、政治上的裁决以及诸如此类的裁决"。1985 年《国际商事仲裁示范法》对"商事"一词作的注释说明如下："'商事'一词应给予广义的解释，以便包括产生于所有具有商业性质的关系的事项，不论这种关系是否为契约关系。具有商事性质的关系包括但不限于下列交易：任何提供或交换商品或劳务的贸易交易；销售协议；商事代表或代理；保付代理；租赁；咨询；设计；许可；投资；融资；银行业；保险；开采协议或特许权；合营企业或其他形式的工业或商业合作；客货的航空、海洋、铁路或公路运输。"我国加入 1958 年《纽约公约》时作出了商事保留声明，根据这一声明，"契约性和非契约性商事法律关系"具体是指：由于合同、侵权或者根据有关法律规定而产生的经济上的权利义务关系，例如货物买卖、财产租赁、工程承包、加工承揽、技术转让、合资经营、合作经营、勘探开发自然资源、保险、信贷、劳务、代理、咨询服务和海上、民用航空、铁路、公路的客货运输以及产品责任、环境污染、海上事故和所有权等，但不包括外国投资者与东道国政府之间的争端。显然，我国关于"商事"的解释也是一种比较广义的解释。

第二节　国际商事仲裁的特点

通过第三者解决国际商事争议的方式除了仲裁以外，还有斡旋、调解和司法诉讼。仲裁既不同于司法诉讼，也不同于斡旋和调解，它有自身的特点。

一、仲裁与斡旋和调解的异同

在斡旋中，斡旋人是一个为双方当事人所能接受的人，其作用是帮助当事人协议解决他们之间的争议。斡旋人要私下听取当事人的想法，保证让各方当事人了解对方当事人的观点和看法，然后力图使当事人坐在一起，让他们自己能够友好地解决其争议。斡旋人不参加当事人之间的讨论与谈判，和解协议完全由当事人自己达成。

调解通常是由调解人征询双方当事人的意见，看他们是否愿意通过和解解决其争议。如果双方当事人都同意，调解人在研究有关文件后，把双方当事人召集在一起，由当事人阐述自己的看法。调解人除听取各方当事人的看法外，还可就当事人所持意见分别与各方当事人进行讨论，确定当事人和解的最低条件。在此基础上，调解人将为当事人提出解决争议的方案。与斡旋不同的是，调解人不仅参加当事人之间的讨论，而且根据当事人的意见提出他认为合理公正的和解条件。

仲裁与斡旋和调解的共同点在于，都是在双方当事人自愿的基础上进行的。不同之处在于，斡旋和调解的进行，自始至终都需双方的同意，只要有一方不同意，斡旋和调解就不能进行。而仲裁只要双方当事人合意达成了仲裁协议，即使后来一方不愿意，他方仍可根据仲裁协议提起仲裁程序由仲裁庭进行仲裁。仲裁庭所作裁决亦无需征得双方当事人的同意。另外，仲裁员在仲裁中起主要裁判作用，而不是斡旋人和调解人的疏通、说服、劝解和协商的作用。尤为不同的是，仲裁得到国家法院所体现的国家权力的支持，即仲裁庭作出的裁决具有法律约束力，具有可强制执行力。如果一方当事人不自动履行仲裁庭作出的裁决，另一方有权向法院提出申请，要求强制执行该裁决。而斡旋的结果完全取决于双方当事人，斡旋人不参加任何意见。对调解来说，调解人虽然能就和解协议提出建议，但自己无权作出最终决定，经调解达成的协议完全要基于双方当事人的相互同意。

二、仲裁与司法诉讼的异同

司法诉讼是指有管辖权的一国法院和争议当事人在其他诉讼参与人的配合下依法定诉讼程序解决争议的全部活动。

仲裁和司法诉讼的处理决定都是由第三者独立自主作出的，并对当事人有约束力，这是仲裁和司法诉讼的共同之处。仲裁与司法诉讼的主要区别在于：

1. 法院是国家机器的重要组成部分，具有法定的强制管辖权。而仲裁机构或仲裁庭不具有强制管辖权，只能受理双方当事人根据其订立的仲裁协议提交解决的争议。如果双方当事人没有达成仲裁协议，任何一方或仲裁机构或仲裁庭都不能迫使另一方进行仲裁。

2. 法院的法官是由国家任命而产生的，当事人没有任意选择或指定审理争议的法官的权利，而审理争议的仲裁员是可以由当事人指定的。

3. 仲裁员在处理争议案时，可较法官更多地考虑商业惯例。有些国家允许进行友好仲裁，即允许仲裁庭裁决争议案可完全基于公平考虑做出裁决，而不必考虑法律的规定。

4. 法院受案范围是由法律规定的，法院可以审判法定范围内的任何事项，而仲裁的事项和范围是由双方当事人事先约定的，仲裁庭不可对当事人约定范围以外的事项进行仲裁。

三、仲裁的特点

由上述分析可知，用仲裁方式解决国际商事争议具有以下特点：

1. 广泛的国际性。这主要表现在两个方面：

（1）几乎所有的常设仲裁机构都聘用了许多不同国家的专业人员作仲裁员，许多国际商事仲裁案件是由不同国籍的仲裁员组成仲裁庭来进行审理。

（2）由于已有一百多个国家参加了 1958 年《纽约公约》，仲裁裁决的承认和执行便有了可靠基础，使仲裁裁决比较容易地在国外得到承认与执行。

2. 高度的自治性。在国际商事仲裁中，双方当事人享有多方面的选择自由，具有高度的自治性。这种高度的自治性体现在以下几个方面：

（1）双方当事人可以选择仲裁机构或仲裁的组织形式。如果双方当事人决定将有关争议提交常设仲裁机构仲裁，可以在各种仲裁机构中作出选择。双方当事人还可以选择不同于常设仲裁机构的仲裁组织形式，即临时仲裁庭处理有关争议。

（2）双方当事人可以选择仲裁地点。尽管常设仲裁机构一般都在其机构所在地进行仲裁活动，但双方当事人选择了仲裁机构，并不一定就是选择了仲裁机构所在地作为仲裁地点。一些常设仲裁机构的仲裁规则允许双方当事人选择仲裁机构所在地以外的地点作为仲裁地。

（3）双方当事人可以选择审理案件的仲裁员。如果双方当事人选择常设仲裁机构进行仲裁，双方当事人通常可在该仲裁机构的仲裁员名册中选择仲裁员组成仲裁庭审理争议。如果双方当事人决定由临时仲裁庭审理争议，双方当事人则享有更广泛的选择权，他们可以合意选择任何人作为仲裁员审理他们之间的争议。

（4）双方当事人可以选择进行仲裁的程序。在进行仲裁的过程中，仲裁机构、当事人和其他参与人以及仲裁庭从事仲裁活动所必须遵循的程序，都可以由双方当事人在其仲裁协议中约定。

（5）双方当事人可以选择仲裁所适用的法律，除了解决争议应予适用的实体法外，在确定所适用的仲裁程序法方面，也体现了对当事人意思自治的尊重，双方当事人可以选择仲裁适用的程序法。

3. 一定的强制性。虽然国际商事仲裁具有民间性，国际商事仲裁机构是一种民间性质的组织，不是国家司法机关，但各国的立法和司法都明确承认仲裁裁决的法律效力，并赋予仲裁裁决和法院判决同等的强制执行效力。如果一方当事人不按照事先的约定自觉地履行仲裁裁决，另一方当事人可依照有关的国际公约、协议或执行地国家的法律规定申请强制执行仲裁裁决。

4. 相当的灵活性。仲裁的灵活性很大，它不像法院那样要严格遵守程序法，特别是在临时仲裁中更是如此。只要不违反"自然公正"，仲裁员怎么裁决都可以。所以，有人说仲裁员是程序的主人。例如，仲裁可以和调解结合起来，仲裁的审理气氛也较法院宽松，有利于双方当事人达到和解意见。

5. 很强的权威性。由于仲裁员是由各行各业的专家或具有丰富实践经验的人组成的，所以，许多仲裁案件都是由有关问题的专家来审理，因此仲裁庭作出的裁决也有很强的权威性。

第三节 国际商事仲裁的类别和常设仲裁机构

按照国际商事仲裁的组织形式，国际商事仲裁基本上可分为两类，即临时仲裁（ad hoc arbitration）和机构仲裁（institutional arbitration）。

一、临时仲裁

临时仲裁是指不通过常设仲裁机构的协助，直接由双方当事人指定的仲裁员自行组成仲裁庭进行的仲裁。临时仲裁庭处理完争议案件即自动解散。

在临时仲裁中，仲裁程序的每一环节都由双方当事人控制。仲裁员的指定方法及其管辖范围或权力，仲裁地点和仲裁程序都由双方当事人决定。仲裁地点既可以明确约定某一具体的地点，也可以以仲裁员的住所地或惯常居住地作为仲裁地点。仲裁程序规则既可以选择某一国家的仲裁规定或某一仲裁机构的仲裁规则，也可以由双方当事人自行确定。在仲裁实践中，当事人为方便起见，往往在仲裁协议中约定适用某一有权威的国际组织拟订的仲裁规则，并可对其中的某些条款作些必要的改动或补充。

临时仲裁的一个显著特点在于它的形式有很大的灵活性，符合当事人的意愿和特定争议的实际情况。临时仲裁的主要不足就是它的有效进行将取决于双方当事人的合作，如果当事人在程序问题上不能达成一致意见，很容易使仲裁拖延误时。如果一开始双方当事人就不能合作，仲裁庭将无法设立，也无现成的仲裁规则可用以处理这种情况。这时除非可以根据仲裁地国法，寻求仲裁地国法院的补救或帮助，否则仲裁将陷入僵局。

二、机构仲裁

机构仲裁是指由常设仲裁机构进行的仲裁。常设仲裁机构是指固定性的、专门从事以仲裁方式解决争议的组织，它制定有自己的组织章程和仲裁规则，设立有自己的办事机构和行政管理制度。常设仲裁机构一般都有仲裁员名单。

常设仲裁机构的作用主要是从事有关仲裁的行政管理和组织工作，为双方当事人和仲裁庭提供便利条件，如依照有关规定代为指定仲裁员、递送文件和证据材料、为仲裁庭开庭安排记录员和配备翻译、收取仲裁费用等。通过机构仲裁方式处理国际商事争议是比较普遍的作法。

三、常设仲裁机构的种类

依常设仲裁机构本身的性质和影响的范围，可以将常设仲裁机构分为三种：

（一）国际性的常设仲裁机构

国际性常设仲裁机构是指依据某一国际组织作出的决议或某项国际条约，为处理国际商事争议而成立的常设仲裁机构。国际性常设仲裁机构不属于任何特定的国家，而是附设于某一国际组织或机构之下，其影响范围涉及到世界各国或某一地区。目前，全球性的国际性常设仲裁机构主要有巴黎国际商会下设立的国际商会仲裁院（Arbitration Court of International Chamber of Commerce）和在世界银行下设立的解决投资争端国际中心（International Center for Settlement of Investment Disputes）。地区性的国际性常设仲裁机构主要有美洲国家间商业仲裁委员会、欧洲经济共同体设立的商事仲裁机构等。

（二）国家性的常设仲裁机构

国家性常设仲裁机构是指基于一国的决定设立在该国的仲裁机构。国家性常设仲裁机构大都附设在各国商会或其他类似的工商团体内，属于民间组织的性质。如中国国际经济贸易仲裁委员会、英国的伦敦商会仲裁院、美国仲裁协会、日本仲裁中心和瑞典斯德哥尔摩仲裁院等。

（三）专业性的常设仲裁机构

专业性常设仲裁机构一般是指附设于某一行业组织内专门受理其行业内部的争议案件的机构。如伦敦黄麻协会、伦敦油脂商业协会、荷兰鹿特丹毛皮交易所、波兰格丁尼亚棉花协会等行业组织内部都设有仲裁机构。这些仲裁机构一般是非开放性的，即不受理非会员之间的争议案件。有些专业性常设仲裁机构不是附设于某一行业组织内部，这些专业性常设仲裁机构则是开放性的，如英国的海事仲裁协会和中国海事仲裁委员会等便属于这类专业性常设仲裁机构。凡是涉及到该专业的争议，这些专业仲裁机构都可以受理。

四、国际上的主要仲裁机构

（一）国际商会仲裁院（ICC, Court of Arbitration）

该院成立于 1923 年，隶属于国际商会（International Chamber of Commerce，简称 ICC），总部设在法国巴黎。国际商会是国际民间组织，其仲裁院具有很强的独立性。设立仲裁院的目的在于通过处理国际性商事争议，促进国际间的合作与发展。该仲裁院设主席一人，副主席 5 人，秘书长 1 人，技术顾问若干人。每个参加国指派成员 1 人。我国已于 1996 年参加国际商会。

国际商会仲裁院在国际上具有广泛的影响，其完整的国际商事仲裁程序规则日益为东西方国家的当事人在从事商事交往中所采用。它备有广泛代表意义的国际性的仲裁员名单供当事人选择。

（二）瑞典斯德哥尔摩商会仲裁院（Stockholm Chamber of Commerce）

该院成立于 1917 年，总部设在瑞典斯德哥尔摩，隶属于斯德哥尔摩商会。仲裁院的职能是独立的，主要解决工商和航运方面的争议。该院设有 3 名委员组成的委员会，委员由商会执行委员会任命，任期 3 年。3 名委员中 1 人充当主席，由对解决工商性质争议富有经验的法官担任，1 人为执业律师，另 1 人则由商界享有声望者担任。仲裁院下设秘书处，设秘书长 1 人。由于东西方经济交往的增加，瑞典作为中立国家是解决东西方国家当事人之间商事争议较为理想的地点。该院除自己有一套适用于仲裁的规则以外，还可以按照当事人的约定，根据《联合国国际贸易法委员会仲裁规则》以及其他仲裁规则审理案件。该院没有固定的仲裁员名册，当事人可自行指定仲裁员，并且所指定的仲裁员不受国籍的限制。该院依据当事人的请求，可以向当事人推荐仲裁员。

（三）英国伦敦国际仲裁院（London Court of International Arbitration）

该院成立于 1892 年，原名为伦敦仲裁会，1903 年改为伦敦仲裁院，1981 年改为伦敦国际仲裁院。该院由伦敦市府、伦敦商会和女王特许仲裁员协会（Charted Institute of Arbitration）共同组成的管理委员会管理。仲裁院的日常工作由女王特许仲裁员协会负责，特许仲裁员协会的会长兼任伦敦国际仲裁院的执行主席。该院制定有仲裁规则，但当事人也可以约定适用《联合国国际贸易法委员会仲裁规则》。仲裁院备有仲裁员名册，名册由来自 30 多个国家的仲裁员组成。历史上，由于受到司法至上思想的影响，在英国进行的仲裁一直受到英国法院的较大干预。英国 1979 年《仲裁法》颁布施行后，这种情况才有一定改变。英国于 1996 年又颁布了新的《仲裁法》，对仲裁作出了许多支持性的规定，在很大程度上限制或削弱了法院对仲裁的干预或监督权。

（四）美国仲裁协会（American Arbitration Association）

该协会成立于 1926 年，总部设在纽约。在全美 24 个主要城市设有分支机构。它是由美国仲裁社团、美国仲裁基金会和其他一些工商团体组成的。它是一个民间性的、非营利性的机构，既受理美国国内的商事争议，也受理国际商事争议案件。该协会制定有国际仲裁规则，也允许当事人约定适用《联合国国际贸易法委员会仲裁规则》。协会设有仲裁员名册，供当事人选定。

（五）世界知识产权组织仲裁中心（WIPO Arbitration Center）

该中心成立于 1993 年 9 月，于 1994 年 10 月正式开始运作，设在瑞士日内瓦。中心是世界知识产权组织国际局的一个机构，设有仲裁协会和仲裁咨询委员会，其职能是向中心提出建议和意见，特别是就调解规则和仲裁规则提出建议和意见。中心可适用四种争议解决程序：依《世界知识产权组织仲裁规则》的仲裁程序、依《世界知识产权组织调解规则》的调解程序、依《世界知识产权组织紧急仲裁规则》的紧急仲裁程序以及先依《世界知识产权组织调解规则》调解，若无法解决争议，再根据《世界知识产权组织仲裁规则》仲裁的联合程序。中心备有调解员名册和仲裁员名册，供中心向当事人推荐使用和在当事人自己不指定，或在规则规定时间内没有指定调解员和仲裁员，由中心代为指定时使用。

（六）解决投资争端国际中心（International Center for Settlement of Investment Disputes）

该中心是根据 1965 年《解决国家与他国国民间投资争端公约》而成立的。中心是世界银行下设的独立性机构，总部设在美国华盛顿。中心的任务是根据当事人之间的仲裁协议，通过调解或仲裁的方式，解决成员国国家（政府）与他国国民之间因国际投资而产生的争议。中心由行政理事会和秘书处组成。行政理事会委员由各成员国派代表担任，主席由世界银行行长担任，秘书长和秘书处负责中心的事务工作。行政理事会下设一个调停小组和一个仲裁小组，其成员由各缔约国及行政理事会主席指派。中心有自己的仲裁规则，并备有仲裁员名册。当事人可以指定仲裁员名册中的人作仲裁员，也可以指定仲裁员名册以外的人作仲裁员。

中心具有完全的国际法人格，具有缔结契约、取得和处理动产和不动产及起诉的能力。中心在履行其任务时，在各缔约国领土内享有公约所规定的豁免权和特权。而且，依据公约，作为当事人、代理人、法律顾问、律师、证人或专家在仲裁中出席的人，也适用公约第 21 条关于豁免权的规定。

五、中国的国际（涉外）仲裁机构

（一）中国国际经济贸易仲裁委员会

中国国际经济贸易仲裁委员会是中国国际贸易促进委员会（简称贸促会）属下的一个民间性全国常设仲裁机构，成立于 1956 年，总部设在北京。中国国际经济贸易仲裁委员会先后于 1989 年 1 月和 1990 年 4 月在深圳经济特区和上海市分别设立了深圳分会和上海分会，以方便当事人提请仲裁。总会和分会是同一仲裁机构，即中国国际经济贸易仲裁委员会，其区别只是受理和审理案件的地点和开庭地点不同。总会和分会适用同一仲裁规则和同一仲裁员名册。

设立中国国际经济贸易仲裁委员会的目的在于通过仲裁方式，独立、公正地解决产生于国际或涉外的契约性或非契约性的经济贸易的争议，以维护当事人的正当权益，促进国际经济贸易的发展。

中国国际经济贸易仲裁委员会最初的名称为对外贸易仲裁委员会，是根据中央人民政府政务院 1954 年 5 月 6 日通过的《关于在中国国际贸易促进委员会内设立对外贸易仲裁委员会的决定》成立的。该决定确立了对外贸易仲裁委员会的性质、任务和组织原则。根据这一决定，中国国际贸易促进委员会制定了《对外贸易仲裁委员会仲裁程序暂行规则》。按照仲裁程序暂行规则的规定，对外贸易仲裁委员会主要受理对外贸易合同争议和交易中发生的争议，特别是外商商号、公司或者其他经济组织同中国商号、公司或其他经济组织间的争议，也可以受理外国商号、公司或者其他经济组织间，以及中国商号、公司或者其他经济组织间有关对外贸易契约和交易中所发生的争议。

我国实行改革和对外开放政策以来，与国外的经济技术交往日益频繁。为适应对外经济贸易关系发展的需要，1980 年 2 月 20 日，国务院决定将对外贸易仲裁委员会名称改为对外经济贸易仲裁委员会，将受理案件的范围扩大到有关中外合资经营、合作生产、合作开发、技术转让、金融信贷、租赁业务等各种国际经济合作中所发生的争议。

1988 年 6 月 21 日国务院再次作出决定，将对外经济贸易仲裁委员会改名为中国国际经济贸易仲裁委员会。中国国际贸易促进委员会于 1988 年 9 月 12 日制定了《中国国际经济贸易仲裁委员会仲裁规则》，取代了原来的《对外贸易仲裁委员会仲裁暂行规则》。《中国国际经济贸易仲裁委员会仲裁规则》后又于 1994 年 3 月 17 日和 1995 年 9 月 4 日先后经过两次修订。现行的《中国国际经济贸易仲裁委员会仲裁规则》是经中国国际商会 1995 年 9 月 4 日修订的仲裁规则。该仲裁规则于 1995 年 10 月 1 日起开始施行。

根据 1995 年 10 月 1 日施行的新的仲裁规则，中国国际经济贸易仲裁委员会受理产生于国际或涉外的契约性或非契约性的经济贸易等争议。

中国国际经济贸易仲裁委员会设主任 1 人，副主任若干人。设有秘书局负责日常工作。另设有专家咨询委员会，负责仲裁程序和实体上的重大疑难问题的研究和提供咨询意见，组织仲裁员交流经验，对仲裁规则进行修订以及对仲裁委员会的工作和发展提出建议等。中国国际经济贸易仲裁委员会深圳分会和上海分会设秘书处，负责分会的日常工作。

中国国际经济贸易仲裁委员会备有仲裁员名册。仲裁员由仲裁委员会从法律、经济贸易、科学技术等方面具有专门知识和实际经验的中外人士中聘任。仲裁员名册中的仲裁员来自各个国家，具有不同国籍，大多数是各个不同专业领域的知名专家或学者。

该委员会现每年受理案件数多达几百宗，所作出的裁决在许多国家得到承认和执行，在国际上已有相当大的影响并享有较高声誉。

（二）中国海事仲裁委员会

中国海事仲裁委员会是我国惟一受理国际或涉外海事争议仲裁案件的常设仲裁机构。其前身是中国国际贸易促进委员会海事仲裁委员会。

根据国务院 1958 年 11 月作出的决定，1959 年 3 月在中国国际贸易促进委员会内成立了"海事仲裁委员会"，中国国际贸易促进委员会制定并通过了《中国国际贸易促进委员会海事仲裁委员会仲裁程序暂行规则》。根据该暂行规则，海事仲裁委员会受理船舶救助、船舶碰撞、船舶租赁、海上船舶代理业务、海上运输和保险等方面所发生的海事争议。为了适应改革开放和海事仲裁业的发展的需要，海事仲裁委员会经国务院批准于 1988 年 6 月改名为中国海事仲裁委员会。中国国际贸易促进委员会于同年 9 月 12 日制定通过了新的仲裁规则《中国海事仲裁委员会仲裁规则》。根据新的仲裁规则，中国海事仲裁委员会的管辖范围在原有的基础上增加了关于海洋环境污染损害的争议和双方当事人协议要求仲裁的其他海事争议等方面的内容。

我国 1994 年《仲裁法》实施以后，又重新修订了《中国海事仲裁委员会仲裁规则》，该新规则于 1995 年 10 月 1 日起施行。中国海事仲裁委员会由主任 1 人，副主任若干人和委员若干人组成。仲裁委员会设有秘书处，负责处理仲裁委员会的日常事务。仲裁委员会备有仲裁员名册，仲裁员由仲裁委员会从对航海、海上运输、对外贸易、保险和法律等方面具有专业知识和实际经验的中外人士中聘任，供当事人选择指定。

（三）香港仲裁中心

香港仲裁中心（Hongkong International Arbitration Center）成立于 1985 年，它是按香港公司法注册的非营利性公司。中心理事会由不同国籍并具有多方面专长和资历的商界、律师界和其他各界的专业人士组成。中心的仲裁事务由董事会领导下的管理委员会和秘书长进行管理。秘书长由一名律师担任，秘书长同时还是中心的行政和登记负责人。

第三十一章
仲 裁 协 议

第一节　仲裁协议的概念和种类

一、仲裁协议的概念

仲裁协议是指双方当事人愿意把他们之间将来可能发生或者业已发生的争议提交仲裁的协议。在国际商事仲裁实践中，各国立法和国际公约一般都要求仲裁协议采用书面形式。

仲裁协议具有法律约束力，它既是任何一方当事人将争议提交仲裁的依据，又是仲裁机构和仲裁员受理案件的基石。当事人之间"一致同意"以仲裁方式解决有关争议"是把争议"提交仲裁的基本要素。没有当事人之间的一致同意，便不存在有效的仲裁。对于当事人间的这种"一致同意"的效力，各国法律均予以确认。如果没有仲裁协议或者仲裁协议无效，任何一方当事人都不能强迫对方进行仲裁，仲裁机构也不能受案进行仲裁。如果双方当事人已有效地同意仲裁，任何一方当事人都不能单方面地撤回已表示同意的约定。

二、现有争议和将来争议

从发生争议时间和约定仲裁时间的先后来看，可将仲裁协议划分为关于现有争议（existing dispute）的仲裁协议和关于将来争议（future dispute）的仲裁协议。现有争议，是指约定以仲裁方式解决争议时，该争议已经发生。将来争议，是指约定以仲裁方式解决争议时，该争议尚未发生。

双方当事人能否事先约定把将来的争议提交仲裁曾经是一个很重要的问题。19 世纪初叶，许多国家只允许把现有争议提交仲裁，不允许把将来可能发生而实际上还未发生的争议提交仲裁。许多国家的法律只承认争议发生后订立的仲裁协议的有效性，而不承认在争议发生前订立的仲裁协议的有效性。现今，大多数国家都已承认把将来争议提交仲裁的协议的效力。有关的国际公约亦有规定，如 1923 年《日内瓦仲裁条款议定书》第 1 条规定，各缔约国承认仲裁协议的有效性，不论该协议是否"关于解决现有或者将来的争议的协议"。1958 年《纽约公约》第 2 条第 1 款也规定，每一缔约国应该承认双方当事人把"已产生或可能产生的全部或任何争执提交仲裁"的书面协议。

尽管大多数国家的仲裁立法都承认关于将来争议的仲裁协议的有效性，但各国立法对把将来争议提交仲裁一般都有一定的限制性要求，即该协议不得是一种泛泛的协议，而必须与协议当事人之间的特定法律关系相关联。例如，依照丹麦法律和德国法律，当事人为把他们之间以后可能发生的"所有争议"提交仲裁而订立的仲裁协议是无效的，除非该仲裁协议的订立与某一具体关系或与某一项具体合同相关。1958 年《纽约公约》第 2 条第 1 款也要求，当事人书面协议提交仲裁的争议应该是产生于特定的法律关系的争议。1985 年联合国国际贸易法委员会《国际商事仲裁示范法》第 7 条 1 款也有类似规定。

三、仲裁条款和仲裁协议书

书面仲裁协议主要有两种类型，一种是仲裁条款，一种是仲裁协议书。

仲裁条款（arbitration clause）是指双方当事人在订立合同时，在合同的某一条款中，约定将以后执行合同中可能发生的争议提交仲裁。仲裁条款是该合同的一部分。仲裁条款是订立仲裁协议所采用的较普遍的一种形式。

仲裁协议书是双方当事人为把有关争议提交仲裁解决而专门单独订立的协议书。这类协议书通常被称作"提交仲裁协议书"（submission to arbitration agreement）。采用仲裁协议书的形式订立仲裁协议的较为少见。这一形式多用于争议发生后，把现有争议提交仲裁的情况。

在仲裁实践中，仲裁条款和仲裁协议书虽然形式有所不同，但两种仲裁协议的效力和作用完全相同。

第二节　仲裁协议的法律效力

仲裁协议之所以具有法律效力，最根本的依据就是有关的国内法或国际条约赋予了仲裁协议以法律效力。否则，除非仲裁协议的当事人均能自动履行仲裁协议，仲裁协议的法律效力将成为"无源之水，无本之木"。

根据大多数国家的立法和有关的国际条约，仲裁协议通过对当事人、仲裁庭和仲裁机构、法院以及对裁决本身的执行力等体现出其所具有的法律效力。

一、对当事人的法律效力

仲裁协议一经依法成立，对当事人直接产生了法律效力。当事人因此丧失了就仲裁协议约定的争议事项向法院提起诉讼的权利，承担了不得向法院起诉的义务。如果仲裁协议的一方当事人违背了这一义务而就仲裁协议约定范围内的争议事项向法院提起诉讼，另一方当事人就有权依据仲裁协议要求法院中止司法诉讼程序，把争议发还仲裁机构或仲裁庭审理。这样，就从法律上保证了当事人之间约定的仲裁事项在协商时只能通过仲裁方式解决，使得当事人不诉诸法院解决争议的本来愿望得以实现。

除此之外，由于当事人在仲裁协议中已同意将有关争议提交仲裁解决，并承认仲裁庭所作裁决的约束力，所以，仲裁协议使当事人承担了履行由仲裁庭最后作出的裁决的义务，除非该裁决经有关国内法院判定无效。

二、对仲裁庭或仲裁机构的法律效力

有效的仲裁协议是仲裁庭或仲裁机构受理争议案件的依据。如果不存在仲裁协议，或仲裁协议无效，则仲裁庭或仲裁机构无权审理该争议。任何一方当事人都可以基于不存在一项有效的仲裁协议的理由对有关仲裁庭或仲裁机构的管辖权提出抗辩。当事人之间的仲裁协议是仲裁庭对特定争议事项取得管辖权的最主要依据。依1981年《法国民事诉讼法典》第1444条规定，如果仲裁条款显然无效或者仲裁条款不适合组成仲裁庭之目的，则不能成立仲裁庭。我国《仲裁法》第4条规定，当事人采用仲裁方式解决纠纷，应当双方自愿，达成仲裁协议，没有仲裁协议，一方申请仲裁的，仲裁委员会不予受理。1965年《华盛顿公约》第25条第1款也规定，解决争议中心的管辖范围是缔约国与另一缔约国国民之间直接因投资而产生的经双方书面同意提交给中心的法律争端。

仲裁协议对仲裁庭或仲裁机构的法律效力还表现在仲裁庭或仲裁机构的受案范围受到仲裁协议的严格限制。仲裁庭或仲裁机构只能受理当事人按仲裁协议中的约定所提出的争议事项。对于超出仲裁协议范围的事项，仲裁庭或仲裁机构无权过问。如果仲裁庭对当事人提出的超出仲裁协议范围事项作出裁决，另一方当事人有权申请拒绝执行，而被申请承认和执行裁决地的国内法院也可能以仲裁庭越权为由，拒绝承认和执行对超范围事项所作出的裁决。

三、对法院的法律效力

仲裁协议必须能够依法得到承认和执行才有意义，否则仲裁协议只是一项无法律约束力的意向书。假如一方当事人不依循仲裁协议中作出的约定，拒不参加仲裁，而是向法院提起诉讼，在这种情况下，如不能强制该当事人履行以仲裁方式解决争议的义务，所订立的仲裁协议将如同虚设。因此，仲裁协议对法院是否具有排除其司法管辖权的效力有着重要意义。

各国的仲裁立法都承认仲裁协议具有排除法院司法管辖的效力。如果当事人已就特定争议事项订有仲裁协议，法院则不应受理此宗争议案。1986年

《德国民事诉讼法典》第 1027 条规定："法院受理诉讼案件，而当事人对诉讼中的争议订有仲裁契约时，如果被告出示仲裁契约，法院应以起诉为不合法而驳回之。"1981 年《法国民事诉讼法典》第 1458 条规定，当事人订立的仲裁协议应约束当事人自己将争议提交仲裁，如果不具有管辖权的法院受理仲裁协议中的特定争议，当事人向法院提出其无权审理此案的抗辩后，有效的仲裁协议便可因此而排除法院的管辖权。1970 年《美国联邦仲裁法》第 2 条规定，凡属"海上贸易或证明属商事交易之合同"中的仲裁条款是"有效的、不可撤销的和强制性的"。美国的判例表明，如果一方当事人不履行仲裁协议，在美国法院就有关争议提起诉讼，即使仲裁协议中约定在国外仲裁，并适用外国仲裁程序法，只要美国法院认定仲裁协议是强制性的，将按美国仲裁法的规定，中止就该争议提起的司法诉讼，使当事人到国外将该争议提交仲裁。1988 年《瑞士联邦国际私法法规》第 7 条规定，除非被诉人已就实体问题提出答辩，未提任何异议，或仲裁协议无效、失效或不能实行，或显而易见由于被诉人的原因仲裁庭不能组成等，如果当事人已订立了关于可仲裁事项之仲裁协议，瑞士法院不得对其行使管辖权。我国《仲裁法》第 4 条规定："当事人达成仲裁协议，一方向人民法院起诉的，人民法院不予受理，但仲裁协议无效的除外。"1958 年《纽约公约》第 2 条第 1 款亦明确规定："当事人以书面协定承允彼此间所发生或可能发生之一切或任何争议，如涉及可以仲裁解决事项之确定法律关系，不论为契约性质与否，应提交仲裁时，各缔约国应承认此项协定"；第 2 条第 3 款还规定："当事人就诉讼事项订有本条所称之协定者，缔约国法受理诉讼时应依当事人一造之请求，命当事人提交仲裁，但前述协定经法院认定无效、失效或不能实行者不在此限。"

四、使仲裁裁决具有强制执行力

一项有效的仲裁协议是强制执行仲裁裁决的依据。有关的国际条约和各国国内立法均规定，如果一方当事人拒不履行仲裁裁决，他方当事人可向有关国家法院提交有效的协议和裁决书，申请强制执行该裁决。

第三节　仲裁协议的内容

仲裁协议的内容应当订立得全面明确，不可缺少某些关键性的内容或要点，这样方可保证发生争议时，能顺利提交仲裁，并能无拖延地进行仲裁程序，不致因为仲裁协议中的重大缺陷而使仲裁受阻误，甚至无法进行仲裁。

一、提交机构仲裁的仲裁协议的内容

双方当事人拟提交常设仲裁机构的仲裁协议，一般包括仲裁意愿、仲裁机构、所要适用的仲裁规则和提交仲裁的事项等内容。

双方当事人愿意把争议提交仲裁是仲裁协议中最重要的内容，没有明确的仲裁意愿，就失去了提请仲裁的基础。双方当事人有时在仲裁协议中约定发生争议时，或提交仲裁或诉讼。应该认为，如果首先主张权利者可以选择其中的方式之一，这对双方是不公平的。如果认为这类约定属于仲裁意愿不明确，否定双方当事人关于仲裁的约定，强行要求当事人通过司法诉讼解决争议也是不妥的，有违双方当事人的意思自治原则，对双方当事人也不够公平。对这一问题，各国尚无统一的解释。

双方当事人愿意把争议提请哪个仲裁机构仲裁，应当加以明确，如果不写明仲裁机构，而后又无法就仲裁机构达成一致意见，则只能将该仲裁协议作为临时仲裁协议对待了。当事人有时在仲裁协议中约定将争议提交甲仲裁机构或乙仲裁机构仲裁，这种约定应视为明确的，可实行首选原则，即首先主张权利并申请仲裁的一方，可在申请仲裁时就仲裁机构作出选择。这对双方当事人来说是公平的，也充分尊重了双方当事人的意愿。

各国仲裁机构和国际性仲裁机构均制定有自己的仲裁规则。例如《瑞典斯德哥尔摩商会仲裁规则》、《中国国际经济贸易仲裁委员会仲裁规则》、《国际商会调解与仲裁规则》及《世界知识产权组织仲裁规则》等。仲裁规则对如何进行仲裁的程序和作法作出了规定，例如仲裁申请的提出、答辩的方式、仲裁庭的组成、仲裁的审理、仲裁裁决作出以及裁决的效力等。双方当事人应在仲裁协议中明确约定仲裁所应适用的仲裁规则，以便当事人和仲裁庭在仲裁时有可依循的行为准则，使仲裁程序顺利进行。

一般情况下，如果当事人没有另作约定，仲裁协议中约定在哪个仲裁机构仲裁，就适用该仲裁机构的仲裁规则。有些仲裁机构对适用自己的仲裁规则有强行要求。如国际商会仲裁院、中国国际经济贸易仲裁委员会。另有一些仲裁机构则允许按双方当事人的约定，在本仲裁机构仲裁时，适用其他机构的商事仲裁规则。如斯德哥尔摩商会仲裁委员会、美国仲裁协会和日本仲裁协会都允许在本仲裁机构仲裁时，按双方当事人的要求，适用《联合国国际贸易法委员会仲裁规则》。中国和美国1979年签订的《中美关系贸易协定》第8条也规定："此类仲裁可以由中华人民共和国、美利坚合众国或第三国的仲裁机构进行。仲裁采用各该仲裁机构的仲裁程序规则，也可在争议双方和仲裁机构同意的情况下，采用联合国推荐的《联合国国际贸易法委员会仲裁规则》或其他国际仲裁规则。"中国国际经济贸易仲裁委员会已在考虑对自己的仲裁规则

进行修订，准备允许适用当事人约定的其他仲裁机构的仲裁规则，以便能够充分尊重当事人的意愿，更好地发挥仲裁在解决国际商事争议中的作用。

二、提交临时仲裁的仲裁协议的内容

临时仲裁协议中应该约定以仲裁方式解决的争议事项、仲裁所适用的法律、仲裁所适用的程序规则以及仲裁地点等。所适用的仲裁规则或由当事人自行拟订，也可约定适用常设仲裁机构现有的仲裁规则。仲裁庭的组成方式是临时仲裁协议中一项很重要的内容。有的国家法律规定了在当事人无法组成仲裁庭时，法院有权协助当事人组成仲裁庭，但是不少的国家没有这方面的规定。如果双方当事人在临时仲裁协议中未就仲裁庭的组成方式作出明确的约定，届时若发生争议而无法组成仲裁庭，又无法律依据向有关法院求助，很多问题将难以解决，最后可能无法进行仲裁。

我国《仲裁法》第18条明文规定，仲裁协议中没有约定仲裁机构，后又无法达成补充协议的，该仲裁协议属无效仲裁协议。由于临时仲裁是由临时组成的仲裁庭进行的仲裁，临时仲裁协议中不可能约定仲裁机构。因此，我国《仲裁法》中的该规定实际上意味着，我国是不承认临时仲裁协议的有效性的。

第四节 有效仲裁协议的确定

一般说来，构成仲裁协议的有效要件主要涉及三个方面的问题：仲裁协议的形式，当事人的能力以及提请仲裁事项的可仲裁性。

一、仲裁协议的形式

一项有效的仲裁协议必须具有合法的形式。国际商事仲裁协议必须采用书面形式，已作为一项统一性的要求为现代国际仲裁法所接受。绝大多数国家的仲裁法都规定仲裁协议必须以书面形式作成。例如，1981年《法国民事诉讼法典》第1443条和第1444条规定："仲裁条款应在主要协定中或主要协定所援引的文件中书面规定之，否则无效。""仲裁协议应是书面的，可采用仲裁员和当事人签名的记录形式"。1986年《荷兰仲裁法》取消了原仲裁法中关于口头形式的仲裁协议可成立的规定，要求仲裁协议必须以书面文书证明。我国《仲裁法》第6条明确规定："仲裁协议包括合同中订立的仲裁条款和以其他书面方式在纠纷发生前或者纠纷发生后达成的请求仲裁协议。"1958年《纽约公约》对仲裁协议形式的惟一要求就是仲裁协议应该是书面的，并将此作为缔约国承认和执行仲裁协议的主要条件之一。这一规定具有普遍意义。

二、当事人的行为能力

当事人的行为能力也会影响到仲裁协议的有效性。根据大多数国家的法律，仲裁协议的当事人一方或双方在订立仲裁协议时无行为能力，该仲裁协议为无效仲裁协议。因当事人无行为能力致使仲裁协议无效，仲裁庭作出的有关裁决也将无法得到有关国家法院的承认和执行。我国《仲裁法》第17条第2款规定，"无民事行为能力人或者限制民事行为能力人订立的仲裁协议"属于无效仲裁协议。1958年《纽约公约》和1985年《联合国国际贸易法委员会国际商事仲裁示范法》都规定，如果双方当事人在订立仲裁协议时，是处于某种无行为能力的情况之下，被请求承认和执行裁决的主要机关可根据当事人请求，拒绝承认和执行有关裁决。

三、争议事项的可仲裁性

仲裁协议中约定提交仲裁的事项，必须是有关国家法律所允许采用仲裁方式处理的事项。如果所约定的事项属于有关国家法律中不可仲裁的事项，该国法院将判定该仲裁协议是无效仲裁协议，并将命令中止该仲裁协议的实施或拒绝承认和执行已依该仲裁协议作出的仲裁裁决。

1923年日内瓦《仲裁条款议定书》将仲裁协议事项限制在"商事问题或者其他可以用仲裁方式解决的问题"。1958年《纽约公约》规定有商事保留条款，即公约缔约国可以声明"本国只对根据本国法属于商事的法律关系——不论其是不是契约关系——所引起的争执适用本公约"，从而把非商事争执排除在适用《纽约公约》的范围之外；1958年《纽约公约》还规定，争执的事项依照仲裁裁决执行地国法不可以用仲裁方式解决，被申请承认和执行地法院可以拒绝承认和执行裁决。

争议事项的可仲裁性的概念，实际上是对仲裁范围施加的一种公共政策限制。每一个国家都可以出于本国公共政策的考虑，决定哪些问题可以通过仲裁解决，哪些问题不可以通过仲裁解决。各国法律对争议事项可仲裁性问题的规定有所不同。归纳起来，主要有以下几类事项不能提交仲裁：

（一）当事人不能自行处理或不能通过和解解决的争议不允许提交仲裁

如《比利时司法法典》第1676条第1款规定，已产生或可能产生于特定法律关系并且属于允许和解的任何争议，可以作为仲裁协议的标的。1971年《希腊民事诉讼法》第867条规定，属于私法范围内的争议，经双方当事人同意，可以提交仲裁，但以当事人对争议标的有权自由处分为限。德国、日本、瑞典、奥地利、丹麦、西班牙、法国、意大利、荷兰和葡萄牙等国，都有类似的规定。各国之所以作出如此规定，主要是考虑到仲裁本身具有自治性的特点，而且当事人不能自由处分的权利和不能通过和解解决的争议均有可能不属私法或商事关系的范畴，而会涉及到公共利益。

（二）关于民事身份、父母与子女之间的关系、离婚争议等事项不能提交仲裁

该类争议实际上属于前述当事人不能自由处分的事项。例如，瑞典不允许将离婚、确认非婚生子女、收养、监护等方面的争议提交仲裁；法国不允许将关于自然人身份和法律能力、离婚等方面的争议提交仲裁。我国《仲裁法》第2条规定：婚姻、收养、监护、扶养和继承纠纷不能仲裁。

（三）涉及到被认为属公共和社会利益的事项不能提交仲裁

这一类的事项主要包括工业产权、反托拉斯和破产方面的争议。在欧洲，关于工业产权、反托拉斯争议问题，一般是不可仲裁的。美国长期以来，也把涉及工业产权和反托拉斯的争议排除在可仲裁范围之外。

从各国立法看，如果争议关系到对专利权的侵犯或专利许可，争议则是可仲裁的。例如，法国法强调，在一定条件下，关于专利权的争议可通过仲裁解决。在法国的实践中，有关伪造专利或专利许可争议均可通过仲裁解决，但仲裁员不得就法国专利权的效力作出决定。在比利时，一般也都主张，因伪造专利或专利许可引起的争议是可仲裁的，但是，仲裁员是否可以裁定专利权的有效性或宣布其无效性是值得怀疑的。

关于破产的争议多为不可仲裁的事项。例如，日本法规定，破产争议是不能交付仲裁的。在澳大利亚大部分州，自然人或法人的破产不能交付仲裁。在法国，破产公司的债权人不能根据他与债务人在破产前订立的仲裁条款申请仲裁，如要实施仲裁协议，只能由破产管理人作出决定。

反托拉斯争议能否提交仲裁是国际商事仲裁实践中一个比较引人注目的问题。在本世纪七八十年代，长期以来为各国所坚持的反托拉斯问题的不可仲裁性，在一些国家有很大松动。1974年《德国限制贸易实施法》第911节第1段规定，关于将来可能发生的有关限制贸易实践争议的仲裁协议是无效的，但如果仲裁协议允许当事人在这类争议实际发生时对仲裁或法院诉讼作出选择，该仲裁协议是有效的。由于反托拉斯属于限制贸易的范围，因此在德国是可以将反托拉斯的现有争议交付仲裁的。在美国，从70年代中期至80年代中期10年间，其立法和最高法院对包括反托拉斯在内的可仲裁性问题的立场发生了逆转性的变化。美国联邦最高法院在1985年"三菱汽车公司诉索勒尔克莱斯勒普利茅斯"案（Mitsubishi Motors Corp. v. Soler Chrysler-Plymouth）中肯定了反托拉斯争议的可仲裁性。在此以前，反托拉斯争议一向被认为是司法的专属管辖问题，不能交付仲裁。

关于证券交易问题，1934年《美国联邦证券及其交易法》规定，对于涉

及可适用该法的所有争议，地区法院均享有"排他的管辖权"。1953年美国最高法院在"威尔科诉斯旺"案（Wilko v. Swan）的裁决中指出，有关美国股票交易中所称股票的争议，不允许交付仲裁，应由联邦法院解决，因为《证券及其交易法》对保护美国的私人投资者具有首要的重要性。1974年，美国最高法院在"谢尔科诉阿尔贝托—卡鲁尔弗公司"案（Scherk v. Alberto-Clulver Co.）中，却以该案所涉及的是一项真正的国际合同为由，认为应该优先适用美国1952年《联邦仲裁法》，国际商事关系中的仲裁协议应具有约束力，是不可撤销的和可执行的，从而确立了涉及国际合同的证券交易争议可仲裁的原则。

根据我国最高人民法院关于执行我国加入的《承认与执行外国仲裁裁决公约》的通知对契约性和非契约性商事法律关系的解释，包括了知识产权转让、证券交易等关系，知识产权转让和证券交易等争议均可提交仲裁。

第五节 仲裁条款的独立性

合同的终止、无效或失效，构成合同一部分的仲裁条款是否也随之终止、无效或失效，所发生的有关争议是否还应该根据仲裁条款提交仲裁解决，该问题被称作是仲裁条款的独立性或可分性问题。

一、仲裁条款的效力独立于合同

关于仲裁条款的独立性问题，在理论上主要有两种观点：

（一）传统观点

传统观点认为，仲裁条款是与主合同不可分割的一部分。主合同无效，合同中的仲裁条款当然也无效。如果当事人对主合同的有效性提出异议，仲裁条款的有效性问题则必须由法院决定而不是由仲裁庭决定。提出这一观点的主要理由是，作为主合同一部分的仲裁条款，是针对合同的法律关系起作用的。既然主合同无效，那么附属于主合同的仲裁条款因此就失去了存在的基础，仲裁条款也就失效了。既然仲裁条款失效，那么，无论是对含有仲裁条款之主合同最初是否存在或有效的争议，或者是对仲裁条款本身最初是否存在或有效的争议，还是对主合同在最初缔结时有效，后因不法行为引起的合同无效或仲裁条款无效的争议，均必须由法院解决，而不能由仲裁员解决。

（二）现代观点

现代观点认为，仲裁条款与主合同是可分的。仲裁条款虽然附属于主合同，但与主合同形成了两项可分离或独立的契约。主合同关系到当事人在商事交易方面的权利义务，仲裁条款作为从合同则关系到当事人间的另一义务，即通过仲裁解决因商事交易义务而产生的争议。因此，仲裁条款具有保障当事人通过寻求某种救济而实现当事人商事权利的特殊性质，它具有相对独立性，其有效性不受主合同有效性的影响。即使主合同无效，仲裁条款也不一定无效。该观点被称为仲裁条款自治说（doctrine of arbitration clause autonomy）。

按照这一学说，如果一方当事人对主合同的有效性提出异议，争议应由仲裁员解决而不应由法院解决。换言之，仲裁员裁定当事人之间争议的权力来源于仲裁条款本身，而不是来源于含有仲裁条款的合同。

仲裁条款可独立于主合同的主张最早是法国最高上诉法院于 1963 年在"戈塞特"案（Société des Etablissements Gosset v. Société Gatapelli）中提出的。在该案中，最高上诉法院称，仲裁条款独立于合同，如果主合同无效，只有在其无效理由影响仲裁协议时，仲裁协议才可能成为无效的。

美国最高法院在 1967 年"首家涂料公司诉弗拉德与康克林制造公司"案（Prima Paint Co. v. Flood & Conklin Mfg. Co.）中提出了与法国最高上诉法院同样的观点。美国最高法院判决道：以欺诈作为理由对含有仲裁条款的合同的有效性提请的申诉，不应由联邦法院解决，而应提交仲裁。最高法院的这一判决是根据《美国联邦仲裁法》第 4 条作出的。该条规定，如果所争议的问题不是有关仲裁条款本身的问题，法院必须指令当事人将争议提交仲裁。

法国在 1963 年的"戈塞特"案中提出的仲裁条款可分性的主张，只限于国际关系，至于国内商事合同中的仲裁条款一般都不视为独立于主合同。《法国民事诉讼法典》经 1981 年修订后，由于授权国内争议案中的仲裁员可以决定其自身的管辖权，实际上已默示承认仲裁员有权决定主合同的有效性问题，从而把仲裁条款独立于主合同的观点扩大到了国内商事关系方面。

德国、意大利、比利时、法国、日本、荷兰以及瑞士都认为，仲裁条款是独立于合同的。我国《仲裁法》第 19 条规定："仲裁协议独立存在，合同的变更、解除、终止或者无效，不影响合同的效力。"

仲裁条款的自治说已被大多数国际仲裁规则所承认。1975 年《国际商会仲裁规则》第 8 条第 4 款规定："仲裁员应坚持仲裁协议的合法性。即使合同不成立或无效，仲裁员仍应继续行使其仲裁权，以确定当事人各自的权利，并对他们的请求进行仲裁。"《联合国国际贸易法委员会仲裁规则》第 21 条第 2 款规定："按本规则进行仲裁的仲裁条款将被视为独立于该合同其他条款的一种协议。仲裁庭所作合同无效和作废的裁决并不在法律上影响仲裁条款的效力。"《国际商事仲裁示范法》也采用了与《联合国国际贸易法委员会仲裁规则》相似的规定。

二、主合同自始无效或不存在与仲裁协议的独立性

有学者主张，把仲裁协议的效力与该仲裁协议相关的合同成为无效合同的时间联系起来。如果主合同经履行或由于外来事件而终止，其仲裁协议是有效的。但是，如果主合同从一开始就无效（to be invalid ab initio），那么，仲裁协议作为附属合同就很难被认定为有效。理由是，不可以产生这样一种情况，一方面当事人订了一项自始无效的合同，而同时又订立了一项与无效合同有关的仲裁协议①。在英国，这一观点较为普遍，认为主合同由于根本违约、违反合同要件或合同落空而终止，仲裁条款就无效，但是，合同是否自始有效的争议不属于仲裁条款所要仲裁的范围。

另有人提出不同看法，认为主合同自始无效并不必然导致仲裁协议无效。例如，一方当事人以欺诈手段订立了合同，该合同自始无效，但合同中的仲裁条款是不言自明的，仲裁条款不可能是欺诈的结果。因此，这种情况下自始无效的合同并不影响与其相关的仲裁协议的有效性。

合同自始无效或利用合同进行欺诈对仲裁协议效力的影响，在理论和实践中尚无统一的定论。但从实践角度看，如果有初步证据表明，合同是存在的，其仲裁协议也是存在的，仲裁庭便可以针对合同是否确由双方当事人所订立或合同是否自始无效，包括是否存在欺诈的争议行使管辖权，作出判定。如果合同自始无效或合同不成立影响到仲裁协议的有效性，仲裁庭通过调查审理作出此判定后，可不再继续行使管辖权，例如合同及其仲裁协议并不是仲裁双方当事人所订立，而是他人冒名顶替一方当事人签订的。如果合同自始无效或不成立并不影响仲裁协议的有效性，仲裁庭可继续审理，最后就仲裁双方当事人的争议作出裁决。这种作法在国际上常被称为对管辖权异议行使管辖权。瑞典最高法院早在 1936 年已采用了此种作法。

---

① 参见雷德芬和亨特：《国际商事仲裁的法律与实践》，1986 年英文版，第 134 页。

第三十二章
国际商事仲裁中的法律适用

第一节　仲裁协议的准据法

一项仲裁协议是否合法有效，关系到多方面的问题，如当事人的缔约能力、仲裁协议的形式、仲裁协议内容的合法性以及仲裁条款的独立性等。被申请人可能会以仲裁协议无效或仲裁协议已不能履行为理由，阻止仲裁的进行，或对仲裁裁决提出异议，申请撤销裁决或反对承认和执行仲裁裁决。面对当事人的理由，仲裁员或法官都要根据仲裁协议的准据法作出决定。

在国际商事仲裁中，一项仲裁协议常因为当事人具有不同的国籍，或其营业地在不同的国家以及仲裁地在外国等原因而具有多种连结因素。除非有可适用的国际性的统一规范，否则便会提出应该适用哪一国的法律确定该仲裁协议的有效性，即如何确定仲裁协议的准据法的问题。

一、仲裁协议准据法的确定

（一）依当事人选择的法律

各国在处理国际商事合同的法律适用问题上，多实行当事人意思自治原则，赋予合同当事人选择适用法律的自由，除非法院地法有强制性规定。在国际商事仲裁中，也依循这一原则。根据该原则，当事人有权选择支配仲裁协议的法律，这一原则已被各国广为承认和接受。例如，英国法院基于仲裁条款是附属于主合同一部分的观念，主张适用于仲裁协议的法律应同适用于主合同的法律相一致，但允许在例外情况下，两者可适用不同的法律体系[1]。这里所说的例外情况，包括当事人已对仲裁协议的准据法作出了明示选择。法国法院在"戈塞特"一案中，认定支配仲裁条款的法律可以不同于支配主合同的法律，该认定在法国以后的案件中数次被引用。埃及法院也承认，在例外情况下，仲裁条款与其所属的合同可以受不同法律的支配。

一些学者提出，主合同和仲裁条款的目的不同，主合同关系到当事人之间

---

[1]　戴赛和莫里斯：《冲突法》，1993 年英文版，第 577 页。

有关实质问题的法律关系，而仲裁条款关系到解决产生于主合同争议的程序。当事人在主合同中订立一般法律选择条款，是想就应适用于实质问题的法律给仲裁员一个提示，而不是指明支配仲裁协议的准据法。他们认为，应采用一种不同于主合同法律选择条款的协议方式表示仲裁条款的准据法。

在实践中，由当事人特别指明仲裁条款适用某一法律，而合同的其他部分适用另一法律的情况是很少见的。

（二）在当事人无明示选择时，适用裁决作出地法

在当事人未对仲裁协议的准据法作明示法律选择时，国际上比较通行的作法是以裁决作出地法作为仲裁协议的准据法。1958 年《纽约公约》、1961 年《欧洲公约》及 1975 年《美洲公约》均规定，双方当事人没有指定适用于仲裁协议的法律，则依作出裁决地国法律。

如果当事人没有约定仲裁协议的准据法，裁决作出地又因裁决尚未作出而无法完全确定，一些国家的法律或实践采用的作法是，推定仲裁地为裁决作出地，进而确定仲裁协议的准据法为仲裁地法。在英国，如果当事人已明示选择了仲裁地，通常会推定当事人意欲适用仲裁地法支配仲裁协议。在适用裁决作出地法或推定适用仲裁地法判定仲裁协议的有效性方面，瑞典仲裁法相当典型。依 1995 年《瑞典仲裁法草案》第 49 条的规定，如果仲裁协议有国际因素，它将受到双方当事人约定法律的约束。如果双方当事人没有对适用法律作出选择，仲裁协议将受仲裁程序已进行地国家或双方当事人达成的仲裁协议中约定的仲裁地国的法律的约束。该《仲裁法》第 53 条进一步明确规定，根据本法，仲裁地国将被认为是仲裁裁决的作出国。

严格意义的仲裁裁决作出地国是指已作裁决中所指明的作出该裁决的所在地国，仲裁地国则是指仲裁程序进行地国。在实践中，仲裁庭或法院通常都把当事人约定的仲裁地或当事人委托解决争议之仲裁机构指定的仲裁地或仲裁庭受权指定的仲裁地作为裁决作出地，很少出现仲裁地与裁决地为不同国家的情况。组成处理某特定案件的国际商事仲裁庭的仲裁员常具有不同国籍，分住不同国家，裁决书有时是通过邮寄到不同的国家由仲裁员签署。在这种情况下，仲裁员也会注意到在裁决书上明确一个统一的裁决作出地，并使裁决作出地与仲裁进行地相一致。

（三）当事人未明示选择法律和仲裁地未确定时，依一般的冲突规则确定仲裁协议的准据法

在仲裁裁决作出之前，如果一方当事人以仲裁协议无效为由对仲裁提出异议，而当时双方当事人未明确选择仲裁地，这时就会产生如何确定仲裁协议的准据法的问题。关于这一问题的解决，尚无统一规则可循。1958 年《纽约公约》和 1975 年《美洲公约》对这一问题没有作出明确规定。1961 年《欧洲公

约》第6条第2（3）款则规定："如果双方当事人对适用于仲裁协议的法律没有规定，并且在将争议诉诸法院时，作出裁决地国家无法确定，则依受理争议的法院的冲突规则所规定的有效法律。"英国的作法与该公约的规定相似。英国法承认在当事人没有明示选择法律的情况下，推定以仲裁地法作为仲裁协议的准据法是强有力的，但英国法强调，如果在最初协议中当事人没有约定仲裁地，则不能作出这一推定。在这种情况下，仲裁协议的准据法将依照一般冲突规则确定①。

按照确定一般合同准据法的冲突规则确定仲裁协议的准据法，将要考虑各种客观连结因素，如仲裁协议的缔结地，争议标的所在地，仲裁协议当事人的住所、国籍、居所、营业地等。在诸多连结因素中，应以什么因素作为决定仲裁协议的准据法的因素，将依有关国家的合同法律适用标准而定。

二、当事人行为能力的准据法的独立性

当事人是否具有缔约的行为能力是判定其签订的仲裁协议是否有效的主要条件之一。但是，当事人行为能力的法律适用，一般不同于仲裁协议准据法的适用。双方当事人约定的仲裁协议准据法或裁决作出地法并不当然适用于当事人的行为能力。相对仲裁协议的准据法来说，当事人行为能力的准据法具有独立性。根据各国法律规定和实践，仲裁当事人是否具备行为能力，应该依"对他们适用的法律"作出判定，而不是依当事人选择的仲裁协议准据法或裁决作出地法或仲裁地法作出判定。例如，1974年澳大利亚《仲裁（外国仲裁裁决和协议）法》第8条第4款1项规定，如果仲裁协议当事人根据适用于他的法律在订立仲裁协议时在某种程度上无行为能力，法院可以拒绝执行有关裁决。1958年《纽约公约》第5条第1款和1961年《欧洲公约》第6条第2款均规定，"根据对他们适用的法律"判定当事人的行为能力。公约的上述规定，受到一些学者的批评，他们认为这种规定是"走到半路的冲突规则"（a half-way conflict rule）。负责起草联合国国际贸易法委员会《国际商事仲裁示范法》的工作组也认为，公约规定得过于简单，不能为所有法律体系所接受，决定在该示范法中删除"根据对他们适用的法律"这一用语，但示范法本身也没有确定当事人行为能力的法律适用规则。

在国际商事仲裁中，当事人的行为能力可能要受到数个国家法院的审查。在强制执行仲裁协议阶段，管辖法院在判定仲裁协议的效力时，可能要考虑仲裁协议当事人有无行为能力；在申请撤销裁决阶段，仲裁地法院也可能对当事人的行为能力作出判断；在申请承认和执行裁决阶段，应当事人的请求，被申

---

① 戴赛和莫里斯：《冲突法》，1993年英文版，第581页。

请承认和执行裁决地法院也要考虑这一问题。一般说来，如果当事人为自然人，其行为能力主要适用其属人法或仲裁协议缔结地法；如果当事人为法人，其行为能力主要适用该法人成立时所依据的法律。

三、国家及其机构缔结仲裁协议的能力问题

为了解决主权国家与其他国家自然人或法人之间的商事争议，国家能否通过签订仲裁协议将争议交付仲裁解决，是现代国际商事仲裁法的一个重大理论和实践问题。1961 年《欧洲公约》和 1965 年《华盛顿公约》对此有肯定性的规定，但同时出于各缔约国可能的需要和考虑，施加了保留性的限制条件。1961 年《欧洲公约》第 2 条第 1（2）款规定，国家或其他公法法人（legal persons of public law）有权缔结有效的仲裁协议，但同时允许缔约国声明将之限于声明是所宣布的条件。1965 年《华盛顿公约》在序言中宣称：各缔约国特别重视提供国际调停或仲裁的便利，各缔约国和其他缔约国国民如果有此要求，可以将它们之间的投资争端交付国际调停仲裁。该公约第 25 条第 3 款规定，某一缔约国的组成部分或机构表示同意将争端交付依公约成立的国际中心仲裁，须经该缔约国批准，除非该缔约国通知国际中心不需要予以批准。

各国对国家或其机构缔结仲裁协议能力问题所持态度有很大差别。有些国家，如瑞士、英国、德国、荷兰、法国等，对国家缔结仲裁协议的能力一般不加限制；有些国家则不愿意将国家与他国国民间的争议交付仲裁解决，禁止或限制国家或其机构与他国自然人或法人缔结仲裁协议，如沙特阿拉伯法律禁止所有政府机构把仲裁作为解决它与其他公司或个人之间争议的方法①；奥地利和意大利等国均要求公法法人缔结仲裁协议，事先应获批准或特别授权②；另有一些国家原则否认国家或其机构缔结仲裁协议的能力，但区分不同情况予以区别对待，例如，美国不允许联邦一级的政府机构与他国国民缔结仲裁协议，但对各州政府机构，则不加限制。

关于确定国家或其机构缔结仲裁协议的能力的准据法，排除适用国家或其机构的本国法，认为国家或其机构在缔结仲裁协议后，不得援引本国法的限制性规定对其同意提交仲裁的事实提出异议。在国际商会第 1939 号仲裁案中，仲裁庭认为，禁止国家或其他公共实体提交仲裁的规定，对于国际合同没有效力。国际公共政策强烈反对国家机构在缔结仲裁条款后，又援引本国法律否定仲裁协议的效力。在"本特勒诉比利时"（Benterler v. Belgium）一案中，比利时曾援引其国内法禁止其缔结仲裁协议的规定，否定仲裁协议的效力。仲裁

---

① 参见范·登·伯革：《1958 年纽约公约》，1981 年英文版，第 7 页。
② 参见雷德芬和亨特：《国际商事仲裁的法律与实践》，1986 年英文版，第 110 页。

庭根据 1961 年《欧洲公约》的规定，驳回了比利时的异议。仲裁庭认为，公约所确立的公法法人有提交仲裁能力的原则，是在国际商事仲裁中必须遵守的一项国际私法原则。

瑞士明确排除适用国家或其机构本国法来否定其缔结仲裁协议的能力。1988 年《瑞士联邦国际私法法规》第 177 条第 2 款规定："如果仲裁协议的一方当事人是国家或是它所支配的企业或控制的组织，该方不得援引其特有的权利反对争讼的可仲裁性或否认其作为仲裁当事人的能力。"

第二节　国际商事仲裁中的程序法

司法诉讼程序问题依法院地法，是国际私法中一项公认的和普遍适用的原则。一国法院在审理涉外民商事案件时，在诉讼程序问题上，总是自动地适用本国国内法的有关规定。国际商事仲裁则不同，仲裁庭将面临着仲裁应适用哪一程序法的问题。各国学者对这一问题的看法不尽一致，各国的立法也有所不同。

一、仲裁程序法的范围和独立性

（一）仲裁程序法的范围

仲裁程序法有不少学术著作中被称为"仲裁法"，意指支配仲裁的法律。有些学者为将其与仲裁中可适用于争议的实体法明确区分起见，又将其称为仲裁程序法。

严格意义上的仲裁程序法即仲裁法（lex arbitri），与仲裁程序规则是有区别的。程序规则通常是指调整仲裁内部程序的规则，而仲裁法不是简单地调整仲裁机构或仲裁庭内部程序，还确立了进行仲裁的外部标准，例如，管辖权决定的程序、仲裁过程中证据或财产保全的程序以及裁决撤销程序和撤销理由等。仲裁法一般是指国内的仲裁法体系，而仲裁规则除了包括国内仲裁法体系中所规定的若干关于仲裁机构或仲裁庭内部程序规则外，还包括仲裁机构自己制定的仲裁规则和当事人自行拟定的仲裁规则。仲裁依照当事人选定的机构仲裁规则或当事人自行拟定的仲裁规则进行，一般都必须依从仲裁法（通常是仲裁地法）的某些强制性规定，否则，仲裁裁决可能被判定无效。

关于仲裁程序法的范围，学者们主张各异。英国学者威尔纳（Wilner）认为，仲裁程序法支配的问题应包括：确定实体法的冲突规则；是否需要列举裁决的理由；是否必须根据实体法规则作出裁决；对裁决的司法审查。梅茨尔（Metzer）则认为，仲裁程序法除了要支配关于冲突规则的确定和裁决是否要附具理由这两个问题外，还应支配有关裁决的国籍和仲裁协议的准据法等问题，后者包括确定仲裁协议是否有效的法律以及仲裁员是否必须适用实体法规则作出裁决。瑞士赫什（Hirsh）教授在威尔纳和梅茨格所持观点的基础上，就仲裁程序法的范围增加扩大了以下内容：仲裁员裁定某一特定争议的能力；法院中止司法程序并进行仲裁的权力；任命仲裁员的方法和对仲裁员的任命提出异议的机会；在仲裁中诉诸法院的可能性以及当事人能否确定和在多大范围内确定仲裁员所适用的程序规则。[①]

由此可见，仲裁法是有关国家制定的可用以控制仲裁和在当事人无约定时可对仲裁起到协助和支持作用的法律。仲裁法的范围主要包括以下方面：仲裁协议有效性的确定；用以确定实体法的冲突规则；仲裁是否必须适用实体法规则，还是可以依公允善良原则解决争议或进行友好仲裁；以及法院对仲裁的某些监督或干预，主要涉及到仲裁员的任命、对仲裁程序的异议、裁决理由的说明和对仲裁裁决的异议等问题。

（二）仲裁程序法体系的独立性

仲裁庭在解决国际商事争议时，在程序方面和实体方面可以适用不同的法律体系。例如，位于瑞士的仲裁庭可能适用法国或美国纽约州或某一非洲国家的法律，判明争议的是非曲直，而仲裁程序却不受该国法律的支配，支配仲裁程序的法律是仲裁庭所在地的瑞士法。然而，在过去很长一段时期里，人们一直认为适用于仲裁程序的法律体系与适用于实质问题的法律体系属同一体系。因此，也就没有把仲裁程序法的确定视作为一个独立的法律冲突问题。

1970年，英格兰法院首次从法律冲突角度承认，国际商事仲裁中的仲裁法所属法律体系可独立于实体法所属法律体系。同在70年代，法国巴黎上诉法院也明确承认仲裁程序法的确定可独立于实体法法律体系。英国和法国法院将仲裁程序法与实体法相分离，是一次重要的突破。因为它承认了当事人可以基于不同的考虑分别选择仲裁程序法和实体法。例如，当事人可着眼于英国海商法制度比较完备，选择英国法作为支配实体问题的法律。但这并不意味着当事人由此也选择了英国法作为程序法，当事人仍可选择在他看来较英国法有更多自治权的他国法作为程序法。

二、仲裁程序法的确定

（一）当事人选择仲裁程序法

不少国家的法律明确规定，可以按照当事人的意思自治原则，由当事人选择仲裁适用的法律，包括程序规则。1981年《法国民事诉讼法典》第1494条规定，仲裁协议可以通过直接规定或援引一套仲裁规则来明确仲裁应遵守的程

---

① 参见赫什：《仲裁的地位与仲裁法》，载《仲裁杂志》，1979年第34卷，第44页。

序，它也可以选择特定的程序法为准据法。如果协议中没有约定，仲裁员应通过直接适用或援引法律或一套仲裁规则来确立所需的程序规则。在一起仲裁地为法国的仲裁案中，尽管双方当事人均为法国公司，并且其主要营业地亦在法国，巴黎上诉法院对当事人选择英国法为仲裁程序法仍予以认可。1988 年《瑞士联邦国际私法法规》第 182 条规定，当事人可以直接或按照仲裁规则确定仲裁程序，也可以按其选择的程序法进行仲裁程序。当事人没有确定仲裁程序的，仲裁庭应当根据需要，直接地或者按照法律或仲裁规则，确定仲裁程序。此外，法国、德国、荷兰、保加利亚、意大利、韩国、埃及等国家的法律，均授权当事人可以协议决定仲裁应遵循的程序或选择可适用的仲裁规则。

现今一些主要的国际仲裁公约也都确认或反映了当事人选择仲裁程序法的意思自治权。1958 年《纽约公约》第 5 条第 4 款规定，如果仲裁的组成或仲裁程序同当事人间的约定不符，被申请承认和执行裁决地的法院将可以根据当事人的请求，拒绝承认和执行有关裁决。1961 年《欧洲公约》和 1975 年《美洲公约》也都明确规定，仲裁庭的组成或仲裁程序未按当事人之间签订的协议规定的条件进行是拒绝承认和执行有关裁决的理由之一。1985 年联合国国际贸易法委员会通过的《国际商事仲裁示范法》规定："依照本法，当事人可自由约定仲裁庭在仲裁中遵循的程序。"

不过，在实践中，当事人明确选择仲裁程序法的情况并不多见。其主要原因可能在于：（1）当事人通过约定仲裁地间接地约定了可适用的仲裁法为仲裁地法；（2）当事人认为，即使约定了仲裁法，特别是约定了仲裁地国外的仲裁法，仲裁程序也要受仲裁地国法的强制性规则的约束，使得选择仲裁法的实际意义并不是很大，加上当事人双方对仲裁法的约定可能会有歧义，因而索性不作选择；（3）关于仲裁法的问题，尚未引起当事人的重视。

（二）当事人未明示选择时仲裁程序法的确定

1. 推定当事人未明示的默示选择

如果当事人没有明确选择可适用的仲裁程序法，各国法律大多把仲裁程序法的问题交由仲裁庭决定。仲裁程序法可按一般冲突法原则予以确定，即推定当事人默示选择的法律。例如，如果当事人已约定，由某一机构指派首席仲裁员，该指派机构所在地将是一个重要的连结因素。如果当事人已选择了可适用于争议实质问题的法律，该法律体系可能被作为可适用的仲裁程序法。又如，如果仲裁程序已经开始，仲裁员实际上已适用了某特定法律体系的仲裁程序法，则可能认为当事人已同意选择该仲裁程序法。

2. 仲裁地和仲裁地法

从国际商事仲裁的立法和实践看，仲裁地是确定可适用仲裁法的最为重要的连结因素。法国学者认为，以仲裁地作为连结因素确定仲裁法是一项几乎为全球所承认的规则。当事人既然指定了仲裁地，就可能有适用当地仲裁法的意向。

按照传统的观点，如同司法诉讼程序要受法院地法支配一样，仲裁程序应受仲裁地法支配。这一观点在一个相当长的时期内，为国际社会普遍接受。但现在已经受到当事人意思自治原则的严重挑战。一些学者主张，仲裁应摆脱仲裁举行地法律的控制，甚至主张应摆脱任何特定国家的法律控制，实现仲裁程序的完全自治。这种主张被称之为"非当地化"（de-localization）或"非国内化"（de-nationalised）仲裁的主张。尽管如此，仲裁程序适用仲裁地法，在国际商事仲裁实践中仍占有重要地位，得到广泛的承认。

1958 年《纽约公约》第 5 条规定："仲裁庭的组成或仲裁程序同当事人间的协议不符，或当事人间未订此种协议时，而又与进行仲裁的国家的法律不符"，可以拒绝承认和执行裁决。1961 年《欧洲公约》和 1975 年《美洲公约》均采取与 1958 年《纽约公约》基本一致的立场。

三、仲裁地法的强制性规则和影响

仲裁法中的强制性规则，一般是指当事人和仲裁庭必须遵守的程序规则。一国之所以承认以仲裁方式解决争议的合法性，并给予国际仲裁不同于国内仲裁的特殊地位，主要是考虑到国际或涉外商事争议的特殊性，并期望争议能够按照符合国际公平、正义、效率的观念得到解决。但是对公平、正义、效率的要求或期盼，各国又持有最低的标准。因此，各国便通过立法，确立了一些强制性规定，以保证仲裁程序能在最低限度内实现公平、正义、有效的目标。可以说，几乎所有国家都采用了一些措施对在其领域里进行的仲裁施加一定控制，仅控制的范围或程序不同而已。

各国规定的强制性规则是对当事人意思自治适用范围的限制。当事人不能为了所有目的而作出不受仲裁地强制性规则约束的裁决。仲裁庭在仲裁过程中也不能违背仲裁地强制性规则。法国学者德兰（R·Derains）指出，仲裁员在确定选择程序法自由范围时，必须考虑仲裁地的程序法。因此，如果仲裁程序在某特定国家进行，仲裁员就不能忽视该国相关的强制性程序规定。《美国仲裁协会国际仲裁规则》第 1 条第 2 款规定："仲裁应受本规则管辖，但本规则任何规定与当事人必须遵守的适用仲裁的法律规定相抵触时，应服从法律规定。"1976 年《联合国国际贸易法委员会仲裁规则》第 1 条第 2 款亦有同样规定。

仲裁地法之所以仍具有很大的影响，其根本原因在于仲裁地国对其领域内进行的仲裁具有有效的管辖权。除了仲裁地国外，没有哪个国家能对有关仲裁行使如此全面的有效控制。只有在仲裁地国法允许的情况下，当事人才可以自由选择可适用于仲裁的程序，只有符合仲裁地国法的有关规定，仲裁庭作出的裁决才会有效，并产生约束力。

从客观上说，适用仲裁地法以外的外国仲裁法，其所具有的实际效力可能也是很有限的。例如，在巴黎依英国法进行仲裁，让仲裁接受英国法院的监督或干预，显然是难以实施的。又如，如果在英国进行仲裁的当事人选择了外国程序法，是否就能不受英国法院对该仲裁的监督或干预，是值得怀疑的。

第三节　国际商事仲裁中实体法的适用

合同，尤其是国际商事交易中的合同，一般就当事人间的共同意思表示、当事人之间的权利和义务以及不履行合同所必须承担的责任等都有比较明确的规定。但是，合同当事人之间法律关系的确立，却有赖于合同的准据法，即特定法律体系中的有关规则将支配合同的解释、有效性、当事人的权利和义务、履行方式和违约后果等等。在国际商事仲裁中，仲裁庭将根据该特定的法律体系的规定或规则，确定当事人的权利和义务，判明争议的是非曲直，作出裁决，实现解决或处理当事人提交仲裁的争议的目的。仲裁庭据以作出裁决的实体法被适用于解决争议当事人之间的利害冲突，直接关系到当事人的利益，因此，确定可适用于解决当事人之间争议的实体法，是整个仲裁过程中一个很重要的问题。

一、当事人选择仲裁实体法

（一）意思自治原则

承认当事人有权自己决定可适用于合同的法律，是当今各国立法所承认或接受的一项原则。这项原则也被广泛地用以指导国际商事仲裁员确定可适用于国际商事合同的法律。

从理论上说，国际商事仲裁中的当事人意思自治原则应该比在国内民商事诉讼中得到更加有力的支持，这是因为国际商事仲裁庭与国内法院之间存在着重要的差异。这种重要的差异表现在它们各自权限的来源和负责的对象不同。国际仲裁员与法官不同，国际仲裁员的权限不是源于国家，而是当事人授予的，国际商事仲裁员主要是对当事人和国际商事交易负责，而不是对任何主权国家或国内法负责。

（二）当事人选择法律的时间

当事人的意思自治最初是指当事人在订立合同时，具有选择可适用法律的自由。至于当事人订立了合同，在执行合同中发生争议后是否仍允许当事人选择合同的准据法，则有不同看法。

有人认为，如果当事人在争议发生后仍可选择合同准据法，那就意味着当事人在这时可使其争议所依从的法律不同于订立合同时支配合同的法律，这样，对当事人依合同进行的许多活动将可能作出不同的解释，其活动也将会因解释不同而具有完全不同的效力。故他们主张，如果当事人已协议某一国法律支配合同，则不能在合同订立若干年后又选择另一合同准据法。另外，当事人最初约定受某一法律体系约束，那么，不能出于方便又选择另一法律体系。

相对立的另一种观点则主张当事人可以在争议发生后另外选择合同的准据法。该观点的主要依据是：（1）当事人之间的合意是合同成立最为重要的特性，所以必须承认当事人协议作出的有关合同的改变。同理，仲裁员应该承认和尊重当事人之间就更改法律选择达成的协议，只要这一选择没有违反国际公共政策或采取了国际上公认为不可接受的手段，如威胁或欺诈。（2）当事人在将争议提交仲裁时或在仲裁过程中就合同准据法作出选择，一方面是为当事人自己选择了支配他们之间关系的法律规则，同时也为仲裁员选择了评判是非曲直的准则。既然仲裁的提起和仲裁员进行仲裁，都是基于当事人的意愿，仲裁员也应按照当事人选择的合同准据法去做。违背双方当事人的意愿，有可能导致裁决成为无法执行的裁决。至于双方当事人是何时达成选择特定法律体系的意愿则是无关紧要的。雷德芬（Redfern）和亨特（Hunter）指出，当事人意思自治的概念决定了当事人可以延迟作出法律选择或改变原有的法律选择。假如当事人协议依某一特定法解决其争议，仲裁庭就应按照该法作出裁决，否则他将无法从事当事人委托给它的工作①。德罗姆（Delaume）也认为，当事人不仅可以在最初订立协议时自由作出选择，对选择合同的准据法的时间不应作出限制，因为当事人在任何时候都应有权决定可适用于他们之间关系的法律②。

在实践中，当事人在争议发生后，对原已作出的法律选择作出更改的情况很少见。即使出现这种情况，仲裁庭也都尊重当事人更改原有选择的意愿。例如，在一宗科威特和美国独立石油公司之间的仲裁案中，解决投资争端国际中心承认当事人在争议发生后选择法律的权利。仲裁庭在该案中陈述道：这样作，在理论上有可能使争议被不同于仲裁前支配争议事由的规则所支配，但这很可能只是一种非事实上的推定。

（三）当事人选择法律的限制

当事人意思自治原则虽然是一项为各国普遍接受的原则，但这并不等于当事人享有绝对无限制的选择法律的自由。当事人意思自治原则的实行往往需要

① 参见雷德芬和亨特：《国际商事仲裁的法律与实践》，1986年英文版，第74～75页。

② 参见德罗姆：《跨国合同的准据法与争端的解决》，1988年英文版，第320页。

服从某些限制性条件。当事人选择法律的意思自治主要受到两个方面的限制：

1. 公共政策或善良风俗的限制

合同当事人在选择合同准据法时，不能排除特定国家的公共政策和善良风俗的强制性法律规范。当事人的选择只能在特定国家的任意法范围内进行。可以说，这是各国法律的共同原则。

2. 与合同有实际联系的限制

不少国家要求合同当事人不得选择与合同毫无实际关系的法律，例如在英国，法律选择必须是"善意和合法"的，一种"怪僻或多变"的法律选择是无效的。美国《统一商法典》第1105条也规定，有关货物买卖合同，只有某一国家或州与交易有"合理的关系"的情况下，当事人选择适用该国或该州的法律才有效。

当事人选择合同准据法与合同实际联系的要求，多见于将合同争议提交法院解决的司法诉讼案中。在这方面，各国对国际商事仲裁案则没有施加严格的要求。在国际商事仲裁中，当事人常常选择与争议没有联系的某一国家的法律作为合同准据法。造成这一情况的原因很多，例如，当事人各自不愿依循对方当事人的本国法，认为选择"中立"法律对他们来说更为平等；当事人也可能因某一特定国家的法律更容易理解，对某些问题有更为详尽的规定；当事人愿意将争议提交某一仲裁机构解决，而该机构是坚持适用某一国内法的。另外，为了使裁决比较容易得到执行，当事人也可能选择某一与合同争议没有联系的国家的法律。

从当今国际商事仲裁的现状看，允许当事人自由选择实体法而不受合理联系规则限制已比较普遍。一般而言，只要当事人表示的意思是善意合法的，又无法以公共秩序或公共政策为由撤销选择，则很难以其他理由限制当事人的意思自治。

国际商会作为国际上享有盛名的典型的国际仲裁机构，在许多裁决中都确认当事人选择的与合同无联系的法律。例如，在一起有关许可证协议的争议中，当事人是一家纽约公司和一家法国公司，协议缔结地和履行地在法国和德国，仲裁员适用瑞士法裁决了争议，因为"当事人已协议将瑞士法适用于争议的实质问题"。在另一起案件中，申请人是一名丹麦人，被申请人是一家保加利亚国有公司和一家埃塞俄比亚公司。双方当事人订立了一项在埃塞俄比亚建造鱼类加工厂和冷藏库的合同，并发生了争议。在仲裁中，三名仲裁员基于中立性考虑，一致认为当事人选择仲裁地法即瑞士法是合理的。

二、当事人未作选择时实体法的确定

当事人间缺乏明示的法律选择时，仲裁员可依据冲突规则选择实体法或直接选择实体法。仲裁员依冲突规则选择实体法，将产生双重冲突法问题。首先，仲裁员要确定选用某一国家的冲突规则，然后适用该冲突规则所指向的实体法。在这一点上，由于法官总是适用法院地的冲突规则，法官只需解决实体法之间的冲突问题，即所谓"一级冲突"，而无需解决"二级冲突"问题，即对可适用的冲突规则体系作出选择。

1961年《欧洲公约》第7条第1款明确规定："当事人没有指定适用的法律时，仲裁员应适用其认为可以适用的冲突规则所规定的准据法。"1976年《联合国国际贸易法委员会仲裁规则》和1985年《国际商事仲裁示范法》也有同样规定。这就是说，仲裁员所适用的冲突规则，不一定就是仲裁地国的冲突规则，而是仲裁员认为可以适用的冲突规则。至于何为可以适用的冲突规则，显然要由仲裁员作出决定，这就涉及到冲突规则的选择问题，即所谓"二级冲突"问题。

国际商事仲裁的国际性质和多边管辖性质使"二级冲突"成为一个较复杂的问题，并派生出多种学说和主张，其中包括仲裁员可以不依任何冲突规则，直接决定可适用的实体法的主张和作法。

（一）依冲突规则确定实体法

1. 适用仲裁地的冲突规则

领域理论（territorial theory）的支持者提出，应该依仲裁地的冲突规则确定实体法。根据领域理论选择仲裁地法的优点是具有可预见性和统一性。另外，这也是尊重当事人的意愿。因为当事人能够自由地选择仲裁地，由此也就间接地选择了可适用的冲突规则。

但人们对此理论存在着不同观点。一种观点认为：仲裁员依仲裁地的冲突规则确定准据法，并不能体现尊重当事人意愿的优点。因为合同当事人有时没有在仲裁协议中指明仲裁地点，仲裁地和所适用的冲突法体系都将由仲裁员确定。另外，特定仲裁地的识别有时会很困难，例如仲裁员可能在两个或多个国家进行听审，或者审理是通过当事人与仲裁员之间信件往来进行的，这类问题会使仲裁地的领域理论失去可预见性和统一性的优点。另一种观点则从根本上否定了以仲裁地作为确定可适用的冲突规则的连结因素的合理性，认为无论是当事人选择的仲裁地还是仲裁员选择的仲裁地都具有偶然性，仲裁地的选择与仲裁地的冲突规则之间并不存在任何主观或客观的联系；选择某一地作为仲裁地，并不是默示选择该地的冲突法体系，而是出于方便、经济或中立的考虑。因此，仅仅因为当事人选择了仲裁地而适用仲裁地的冲突规则是不够合理的。

尽管仲裁地领域理论受到了不少批评，但在国际商事仲裁实践中，仲裁员大多根据仲裁地的冲突规则确定解决争议的可适用的实体法。例如，在一宗涉及意大利人和德国人的仲裁案中，位于瑞士的国际商会仲裁庭就可适用的法律陈述道:"在此如果必须考查法律冲突规则的话,适用仲裁庭所在地有效的法律体系的标准是适当的。因此,本案中可适用法律问题应根据瑞士国际私法规则和实践作出决定。"中国国际经济贸易仲裁委员会的仲裁庭也多是根据仲裁地的冲突法规则,包括最密切联系原则确定可适用的实体法。

在美国和英国,时常把仲裁地的选择解释为默示选择了仲裁地法,从而适用仲裁地的法律冲突规则确定准据法①。

东欧国家一贯坚持仲裁地领域理论,主张在仲裁中依仲裁地冲突法规则确定准据法。

2. 适用非仲裁地的冲突规则

(1) 仲裁员本国的冲突规则

有人提议,可以适用仲裁员本国 (home state) 的冲突规则确定实体法。采用这一方法,首先要解决以什么标准判定"仲裁员的本国",是以仲裁员的国籍为标准,还是以仲裁员的住所或习惯居所为标准,这一问题本身就具有不确定性。

主张适用仲裁员本国冲突规则的一条主要理由是,仲裁员最熟悉其属人法。有学者对此提出反驳,认为把仲裁员对法律所具有的学识作为解决争议的因素来考虑是不适当的,其目的应是对实体法作出选择而不是对冲突法作出选择,因为是实体法确立了当事人的权利和义务。

在实践中,很少以仲裁熟悉其属人法而适用仲裁员本国冲突规则确定实体法的。

(2) 被申请承认和执行裁决地国家的冲突规则

该主张认为,适用被申请承认和执行裁决地国的冲突规则确定实体法可以保证仲裁裁决的可执行性。否则,仲裁员适用依其他方式确定的实体法作出的裁决,有可能因某些原因而被申请承认和执行裁决地国法院拒绝。该主张受到多方面的批评。首先,适用被申请承认和执行裁决地国的冲突规则是不确定的。因为当仲裁员考虑适用冲突规则确定实体法时,裁决会在哪一国申请承认和执行往往是不清楚的,更何况有时还可能需要在两个或多个国家提出申请承认和执行裁决的请求。其次,从 1958 年《纽约公约》的实施情况来看,各缔约国对公共秩序的解释是非常严格的,一般不会引用公共秩序条款拒绝承认和执行仲裁裁决。因此,依被申请承认和执行裁决地国以外的其他国家的冲突规则确定实体法作出裁决,不会妨碍该仲裁裁决的强制执行性。

(3) 与争议有最密切联系的冲突规则

---

① 参见布朗生和华莱士:《国际商事仲裁中实体法的选择》,载《弗吉尼亚国际法杂志》,1986 年第 1 卷,第 43 页。

受美国法律选择方式的影响，一些仲裁员提出可适用与争议有最密切联系的国家的冲突规则。在法院选择实体法方面，最密切联系方式经证明是成功的，是目前国际上通行的作法。但是，对国际商事仲裁中采用这一方式选择可适用的冲突规则则存在某些问题。例如，在巴黎依国际商会仲裁规则进行仲裁的一宗案件中，一家瑞士公司在墨西哥和美国销售一家意大利公司的货物。瑞士公司与意大利公司之间的货物买卖合同是在意大利签订的。货物由意大利公司运往意大利的热那亚港。显然，意大利与争议有最密切联系，仲裁员因此适用了意大利的冲突规则。意大利与争议有密切联系，实际上不足以说明适用意大利冲突规则是合理的，因为争议是非曲直的判定依据是实体法而不是冲突规则。当然，在某些案件中，适用与争议有最密切联系国的冲突规则，也可能指向适用该国的实体法，上述案件便属这种情况。在该案中，由于依意大利冲突法，合同准据法为合同缔约地法，仲裁员最后适用了意大利实体法。但是，如果该案中的合同不是在意大利签订的，而是在巴黎签订的，依照意大利的合同争议依合同缔结地法这一冲突规则，仲裁员将适用法国实体法，而法国与争议没有任何联系。如从准据法的中立性考虑，适用法国法也许可为双方接受，但是，仲裁员是从最密切联系这一角度来解决准据法问题的，但所确定的准据法与争议毫无联系，这种结果看来有失合理性。

3. 重叠适用与争议有关的冲突规则

该方式是对与争议有关的所有管辖地的冲突规则进行重叠分析，如果这些规则都指向同一实体法，即出现所谓"虚假冲突情况"（false conflict situation）时，则无需确定可适用的冲突法体系，仲裁员可直接适用所有冲突规则指向的同一实体法。

在一宗关于德国人与希腊人之间争议的国际商事仲裁案中，与争议有关联的管辖地有希腊（缔约地、合同履行地、买方居住地）、德国（卖方住所地）及瑞士（仲裁地）。这三个国家的冲突规则指向了同一结果，即适用买方的惯常居所地法，所以仲裁员据此选择希腊法律为可适用的实体法①。

重叠适用方式是在考查了与争议有关的所有冲突法体系后，作出了可适用实体法的决定，一般会使双方当事人感到满意。但是，如果与争议有联系的国家的冲突规则规定不同，未指向同一结果，重叠方式将无法适用。因此，重叠方式是一种相对巧合的方式，其局限性较大。

4. 适用一般冲突规则

该方式与重叠方式不同，仲裁员不是把分析范围局限于与争议有关的管辖地的冲突规则，而是对许多或所有国际私法体系进行比较分析，以确立国际上

---

① 国际商会第 953 号仲裁裁决（1956 年）。

普遍承认的一般冲突规则，即一种具有国际性质的冲突规则。

适用一般冲突规则的方式已应用于某些案件。例如，在一宗涉及违约的争议中，瑞士仲裁员首先查看了瑞士的法律选择规则，他注意到，瑞士冲突规则导出的结果同多数国家在这一领域里所承认的一般原则一样，最后根据一些普遍接受的冲突规则作出了决定。

（二）不依冲突规则确定实体法

仲裁员适用冲突规则就把实体法的可选择范围限制在了国内法规则的范围内，排除了适用非国内规则的可能。因为没有哪一国的冲突规则会指向适用非国内规则。如果仲裁员决定不依冲突规则直接决定可适用实体法，他便可适用有关的国内法、合同条款、贸易惯例或非国内性质的实体规则。

1. 直接适用国内法的实体规则

这种方式在国际商事仲裁中已被采用，主要分两种情况：

（1）当有虚假法律冲突时

如果与争议有联系的多个地点的实体规则内容没有什么不同，且提供了解决争议的类似解释和结果，便出现了关于实体规则的"虚假冲突"。在这种情况下，仲裁员可直接适用该具有统一内容的实体规则，无需根据任何冲突规则去确定实体法。例如，在一宗德国人和瑞士人之间的货物销售合同争议中，双方当事人曾就适用德国法和瑞士法争执不下，最后，仲裁员没有适用任何冲突规则，而是根据德国法和瑞士法中的共同规定作出了裁决。因为德国法和瑞士法就债权和商事法律问题有类似的规定和解释。仲裁员在该案中明确指出，如果当事人本国法律体系之间存在真实的法律冲突，可适用法律问题将属于一种利害关系问题。由于德国法和瑞士法对解决争议有类似解释，作为一般规则，仲裁员对法律适用问题可不予探究①。

（2）当有真实法律冲突时

当与争议有联系的多个地点的实体规则内容不相同，对解决争议有不同解释时，仲裁员面临的法律冲突是真正的法律冲突。在司法诉讼中，为解决真实法律冲突，国内法院通常是适用法院地国的冲突规则确定可适用实体法，而在国际商事仲裁中，已有仲裁员不依任何冲突规则，而直接适用所选择的国内法的案例。

目前，采用最密切联系原则解决合同的法律适用问题在各国比较通行，这一方式同样也可适用于国际商事仲裁。采取这种方式，仲裁员可以比较适当合理地解决法律冲突。仲裁员不是通过一种可能过于僵化的冲突规则而是通过全面考查与合同争议有关的因素，运用其才智和在国际贸易中的经验，选择可适

---

①　国际商会第 2172 仲裁裁决（1974 年）。

用的法律，因而将较好地满足国际商事的要求并实现当事人的期望。

在一些仲裁裁决中，可以看到仲裁员直接将可适用法律作为"合同的自体法"（proper law of a contract）确定下来。在一起美国人与法国人之间订立的许可证协议发生的争议中，荷兰仲裁员在裁决中确认："因协议首先是在法国执行的，并且当事人之间的争议应在巴黎通过仲裁解决，故合同的自体法是法国法。"① 可见，仲裁员是基于合同与法国有最密切联系才适用法国实体法的。

在有名的"沙特阿拉伯诉阿拉伯美洲石油公司"（ARAMCO）仲裁案中，仲裁员也采用最密切联系原则解决了真实法律冲突问题。争议起因于一家美国石油公司（申诉人）与沙特阿拉伯缔结的一项租让协议（concession agreement）。合同中已约定某些有争议的问题依沙特阿拉伯法律解决。余下的有争议的问题应依何法律解决则需由仲裁确定。关于可适用余下问题的法律，仲裁庭称，受国际私法中关于意思自治最进步之学说的影响，法庭决定不去查找当事人默示的或经推测的意愿，而是适用与当事人之间法律关系性质最为一致的法律，即与合同有最密切联系的国家的法律……，根据客观考虑，仲裁庭相信，可适用的法律应与营业地的经济环境相符。

适用最密切联系方式，仲裁员应考虑许多连结因素，其中最主要的有合同缔结地、履行地、标的物所在地和当事人的住所地、居所地、国籍以及法人登记地和营业地等。根据可能适用的各法律体系，对案件的各个方面进行了考查，所作出的关于实体法的决定，无论是从当事人的角度看，还是就有争议的问题本身而言，将不带有偶然性，从而为确定最合适的实体法提供了一定保证。这种方式的好处是比较灵活，可以根据具体情况掌握。但是应该看到，最密切联系方式也有一些弊端。在分析争议与最密切联系法律体系之间的连结因素时，仲裁员拥有很大的自由裁量权。在判定某一法律体系是否具有最密切联系时，不同连结因素的分量容易掺入仲裁员的主观意见。因此，仲裁员的决定可能因其任意性而受到指责和批评。例如，一起在瑞典进行的涉及到荷兰卖方和瑞典买方的特别仲裁中，最密切联系方式的采用导致了一种有争论的结果。争议产生于一项出售"自由海洋"（Mare Liberum）号摩托船的买卖合同。合同没有规定可适用法律，但规定仲裁在瑞典的哥德堡进行。依照最密切联系分析方式，三名仲裁员（首席仲裁员为挪威人，另两名仲裁员为荷兰人和瑞典人）认为，选择瑞典作为仲裁地这一因素的重要性大于荷兰的连结因素，故适用瑞典的实体法。但有人认为指向适用荷兰法的因素更为重要。该案中，确有许多因素指向荷兰法，如船舶在荷兰注册、卖方在荷兰有住所、合同注明缔约地是鹿特丹（尽管是在瑞典哥德堡签署的）、船舶将被运往荷兰弗拉尔丁根

---

① 国际商会第 1082 号仲裁裁决（1960 年）。

（Vlaardingen）港口、购船金额将支付给鹿特丹银行。可见，在供判断因素较多的情况下，依何种标准判定是否存在着最密切联系，很大程度上将取决于仲裁员的主观分析。因此，最密切联系原则的合理采用，关键在于必须考虑全面的情况，找出那些是最具本质意义的联系因素。

2. 适用非国内实体规则

所谓适用非国内实体规则是指，仲裁员不仅不考虑任何冲突法规则，也不直接适用国内法，而是适用一套非源于任何国内法的规则解决争议。这一问题在下节中详细论述。

第四节　非国内规则的适用

非国内规则主要是指国际法、一般法律原则和国际商法（lex mercatoria）。

纵观国际商事仲裁案例，由当事人自己或由仲裁庭选择国际法或一般法律原则为合同准据法的，其合同当事人中的一方多为国家或国际组织。以国家或国际组织为一方当事人的国际合同，也有以商法作为合同准据法的，只是所占比例较少而已。

一、国际法和一般法律原则

（一）国际法

从传统意义上讲，国际法是国家之间的法律（jus inter gents）。"不是由作为国际法主体的国家之间缔结的合同，而是以一些国家的国内法为依据"，这类合同原则上不能适用国际法①，但这一传统的理论现已不再被接受。首先国际法不只是简单地与国家有关，它已扩及到联合国一类的国际组织，甚至个人或个人团体。其次，随着国际私人投资的发展，特别是发展中国家利用外资开发自然资源，投资争议日益增多，在学说和实践上出现了新的倾向，认为既然仲裁制度的特点之一是允许当事人有选择法律的自由，则无任何理由限制当事人只能选择国内法。

虽然国际法主要用于调整国家之间的关系，但它也适用于商事合同，尤其是适用于一方当事人为国家或国家实体的合同。如 1958 年沙特阿拉伯诉阿拉伯美洲石油公司（ARAMCO）一案的最终裁决，就是选择国际法作为裁决的准据法。1977 年德士古海外石油公司诉利比亚政府案和 1978 年美国独立石油公司诉科威特案，也以不同方式在裁决中适用国际法。

在国家与私人签订的合同中，选择适用国际法的多是在签约国境内进行投

---

① 参见雷德芬和亨特：《国际商事仲裁的法律与实践》，1986 年英文版，第 80 页。

资的长期协议，如特许或开发协议。许多一般的合同，如不动产的租赁合同，通常是受国内法支配的，而且该国内法不一定就是签约国的法律。

关于国际组织与私人当事人之间的合同，国际法协会的一个委员会曾作过专门研究，认为应将一般的合同，例如销售或租赁合同，与为履行该国际组织之特定工作而签订的合同区别开，后一类更适宜受国际法支配，如世界银行提供给有政府担保的私人当事人的贷款协定，一般都通过其中某项条款摆脱国内法的影响，而依从国际法①。

除了合同当事人中有一方是国际法上的法人这类准公共协定（quasi-public agreement）外，国际法在调整私法人之间的合同方面所起的作用是有限的。因为国际法原本不是用来调整国际商人之间的关系的。从有关考察报告看，合同双方当事人为私人时，大多是指定国内法支配其合同，很少指定国际法。

（二）一般法律原则

在国际合同的法律选择条款中，常常规定适用一般法律原则，或是单独适用，或是结合国内法律体系适用。一些学者把一般法律原则看做是商法的一部分。《联合国国际法院规约》第 38 条规定，可以一般法律原则作为裁判依据。国际法院规约作出这一规定是把一般法律原则作为国际法的一种法律渊源，而不是作为严格意义上的法律体系。然而，根据一般法律原则作出裁决的仲裁案却已有先例。最引人注意的是石油开发仲裁案。例如，战后依一般法律原则作出的裁决主要有 1951 年石油开发有限公司诉阿布扎比案（Petroleum Development (Trucial Coast) Ltd. v. The Sheikh of Abu Dhabi）和 1963 年萨费尔国际石油有限公司诉伊朗国家石油公司案（Sapphire International Petroleum Limited v. The National Iranian Oil Company）。在前一个案件中，当事人协议中无法律选择条款，仲裁员根据冲突规则最初认为应适用东道主国法，但最后以东道主国法不完善为由，转而适用一般法律原则。在后一案件中，当事人协议中订有"善意原则"，但未规定适用任何国家法律。仲裁员据此推定适用一般法律原则，其中包括：协议必须遵守原则、一方不履行契约义务就解除了对方的义务并使对方产生要求赔偿损失的权利的原则、尊重既得权利的原则、充分补偿包括补偿实际损失和预期可得利益损失的原则。

适用一般法律原则在国际上遭到不少的批评。如雷德芬等人认为，一般法律原则只是法律渊源的一种构成，并不构成一个精确的法律体系。一般法律原则作为合同准据法是不可能的，因为它不足以处理现代化商事交易关系的复杂性。1965 年《华盛顿公约》解决投资争端中心依其仲裁规则而设立的一个特

---

① 参见 F·A·曼：《国际法主体签订的合同的自体法》，载 1959 年《英国国际法年刊》，第 52~53 页。

别委员会，在审查一项主要是依一般原则而不是依可适用法律作出的裁决后，得出以下结论，即一般原则被证实具有不可接受的含糊性。委员会不怀疑善意和诚实原则存在于可适用法中，也存在于其他法律体系中，但这一基本原则本身没有答复争议中的问题①。

二、并存法

由于以国际法或一般法律原则作为合同准据法存在着一些弊端，特别是发展中国家普遍认为，在与西方投资者订立合同时选择国际法或一般法律原则有损于作为东道国的发展中国家的立法主权，所以，将国际法或一般法律原则与国内法结合起来，创立一个可适用的并存法律体系的作法呈发展趋势。

1965 年《华盛顿公约》是采用并存法体系的典型代表。该公约第 42 条第 1 款明确规定："仲裁庭应依据争端当事人间协议的法律准则裁决争端。"该条款是对当事人意思自治原则的承认，其中包含了两层意义：（1）当事人可以选择国内法，或选择国际法；（2）当事人还可以既选择国内法又选择国际法，二者并用。该公约在同一条款中还规定，在当事人缺乏选择时，仲裁庭"应适用争端一方的缔约国的法律（包括其关于冲突法的规则）以及可适用的国际法规则"。可见，不仅当事人选择法律是双轨制，仲裁庭在选择适用法律上也是双轨制，即双重适用国内法体系和国际法体系。

关于国内法与国际法之间的关系，在理论上，发展中国家与发达国家存在较大分歧。有些发展中国家认为，只有在国内法无明文规定或国内法存在歧视待遇时方可适用国际法。而发达国家则要扩大国际法的适用范围。西方一些学者虽然也承认首先参照争端当事国的法律，在判断争端是非曲直中适用该国法律，但又主张应将适用结果对照国际法，如果证明该国法律或依照该国法律所采取的行动违反国际法，仲裁庭就应决定拒绝适用国内法，而改为适用国际法。显而易见，这种国内法优先，只是适用次序上的优先，而不是适用效力上的优先，实际上是用国际法审查国内法。

值得注意的是，在有些仲裁案中，仲裁庭不仅没有优先适用并存体系的国内法，反而是以国际法或一般法律原则取代了国内法。例如，在三起有关利比亚石油国有化的仲裁案中②，特许协议中的法律选择条款规定："依与国际法原则相同的利比亚法律原则支配和解释本特许协议，在缺乏这类共同原则时，则依一般法律原则支配和解释，包括国际法庭适用过的那些原则。"这一条款

---

① 雷德芬和亨特：《国际商事仲裁的法律与实践》，1986 年英文版，第 84~87 页。

② 格林伍德：《国际法中的国家契约：利比亚石油国有化仲裁案》，1982 年《英国国际法年刊》，第 27 页。

至少清楚地表明，在利比亚法的原则与国际法原则相一致的范围内，特许协议的准据法是利比亚法，在不一致的范围内，则不应适用利比亚法。可是，在这三起案件中的 Texaco 案中，独任仲裁员确定，该条款主要是选择了国际公法。在另一起 BP 案中，独任仲裁员确定，该条款主要是选择了一般法律原则。只是在 Liamo 案中，仲裁员才作出了略为准确一些的决定，认为依据法律选择条款，合同准据法是利比亚法，但应排除该法中与国际法原则相矛盾的地方。这一决定与解决投资争端中心对"可适用的国际法原则"解释是一致的，即"如果争端当事国根据其国内法采取的行动不符合国际法，仲裁庭将适用国际法"。也就是说，在国内法不符合国际法规定情况下适用国际法，使国际法起到一种纠正作用。

国内法与国际法的关系还表现在国内法与国际法大体一致时，用国际法进一步补充和佐证国内法。例如，在阿姆科—亚洲公司等诉印度尼西亚共和国一案中，仲裁庭先从印尼法角度分析征用问题，然后又从国际法一般原则和跨国经济关系惯例的角度加以佐证。此后，对违约责任、撤销许可证的合法性以及印尼国家责任，仲裁庭都分别从国内法和国际法两个方面加以说明，并得出结论，不仅印尼国内法有如此规定，国际法中也采取类似作法，从而补充和佐证国内法。

并存法体系是发展中国家和发达国家经过长期争论的产物。这种体系的作用在于，一方面适用国家当事人的国内法，承认国家当事人主权地位的重要性，另一方面又参照国际法原则，为私人当事人一方提供一定的保护，保证国内法对外国投资者或其他人的待遇不低于最低国际标准。其实质就是在国内法与国际法之间掺入一种平衡力量。

采用并存法体系解决国际商事争议，尤其是解决国际投资争议，如意欲绝对排除适用国际法是不现实的也是不适当的。关键问题在于，应该适用什么样的国际法原则。一些仅代表发达国家利益的所谓国际法原则当然不应接受，所适用的国际法原则必须是在国际上被普遍承认和接受的原则，如禁止歧视待遇、不得拒绝受理或执法不公等等。另外要承认和适用广大发展中国家为建立国际经济新秩序而确立的一些新的国际法原则和规则，包括联大通过的有关决议，这些决议具有习惯国际法的效力。

在仲裁实践中，应坚决摒弃用国际法取代国内法的作法，并应改变过去一段时间内，以国际法审查国内法的状况。应确立国际法与国内法之间的关系只是一种补充与被补充的关系，以维护国家的立法主权。

三、商法

确定合同准据法的惯常方法是选择某一特定的国内法律体系。但有人认为，如此选择合同准据法已脱离了现代国际贸易的实际。现代国际贸易需要的不是特定的国内法体系，而是现代商法。现代商法将满足国际商事的需要，如同习惯商法满足生活在罗马帝国的商人需要，习惯法的颁布满足了 14 世纪中东的航海者和商人的需要一样。

一些学者在述及这一现代法时，用了多种措辞，如"跨国法"（transnational law）、"国际合同法"（the international law of contract）、"国际商法"（international lex mercatoria）以及"国际贸易法"（international trade law）等。其中，以国际商法（lex mercatoria）一词用得较为普遍。主张在国际商事交易中适用国际商法，其目的是很明确的，就是要避开不同国内法体系之间的差异和难以预测的变化，以一种统一的法律体系来调整国际商事交易。

F·A·曼认为，商法通常是由体现于或源于国际公约、贸易惯例、习惯以及公平、有效和合理交易之概念中的统一法所构成。奥利·兰多（Ole Lando）以上述观点为基础，把国际公法、一般法律原则及国际组织有关合同的决议和建议都纳入了商法范畴。富沙尔（Fouchard）甚至认为，要把商法（law merchant）的所有构成因素罗列无遗是不可能的①。西方学者对商法一词的理解都是相当广义的。这种广义的理解使商法的适用常有不确定性，并成为适用商法的一个障碍。

（一）商法的形式

国际商法中得到世界公认且已发展成为具体明确规则的主要有以下几种形式：

1. 国际条约

国际条约是两国或数国之间缔结的关于确定、变更或终止它们的权利和义务的协议，它是国际商法最重要的表现形式。这些协议中除各国与他国缔结的双边条约外，还有由多个国家缔结的关于商法的国际公约。关于商法的国际公约很多，它们分别调整不同方面的国际商事关系。例如，1980 年《联合国国际货物买卖合同公约》、1924 年《统一提单的若干法律规则的国际公约》（海牙规则）、1968 年《关于修改海牙规则的协定书》（维斯比规则）、1978 年《联合国海上货物运输公约》（汉堡规则）、1951 年《国际铁路货物联运协定》（国际货协）、1980 年《联合国国际货物多式联运公约》、1930 年《关于本票、汇票的日内瓦公约》、1931 年《关于支票的日内瓦公约》、1883 年《保护工业产权巴黎公约》、1891 年《商标国际注册马德里协定》、1970 年《国际专利合作条约》和 1973 年《商标注册条约》等。

---

① 奥利·兰多：《国际商事仲裁中的商法》，《国际法与比较法季刊》，1985 年第 34 卷，第 748~751 页。

2. 国际贸易惯例

国际贸易惯例也是国际商法的一个重要渊源。国际贸易惯例是指有确定内容，在国际上反复使用的贸易惯例。成文的国际贸易统一惯例是由某些国际组织或某些国家的商业组织或商业团体根据长期形成的商业习惯制定的。这些被编纂成集的国际贸易习惯和惯例在国际商业活动中有很大影响。例如，在国际货物买卖中主要有：国际法协会制订的《华沙—牛津规则》和国际商会制订的《国际贸易术语解释通则》；在国际贸易支付中，有国际商会公布的《托收统一规则》和《跟单信用证统一惯例》等。

国际贸易惯例一般只有在当事人协议适用它们时才能予以适用。不过，即使当事人没有协议适用这些惯例，国际贸易惯例也为仲裁庭审案提供了指导。另外，在当事人未明示选择可适用的法律时，仲裁庭依然可参照适用国际贸易惯例，这已为一些国家的立法和国际条约所确认。

3. 标准格式合同

国际上已普遍采用了某些标准格式合同或标准条款。标准合同或标准条款是国际组织、专业公司或协会规定的，供当事人签订合同时使用。标准合同主要有两类：一类是由联合国欧洲经济委员会主持制定的标准合同，如关于成套设备、柑桔、谷物、煤炭和钢铁产品交易的标准合同；另一类是由各种贸易协会制订的标准合同，如油脂油籽协会制定的标准合同、谷物和饲料贸易协会制定的标准合同、国际羊毛织品机构制定的标准合同等。中国的各进出口公司、中国远洋运输公司、中国人民保险公司也都分别制定了自己的格式合同、提单、保险单和保险条款。

只有当双方当事人自愿采用格式合同或标准条款时，标准合同或标准条款才能约束当事人。在缔约时可以就其中的规定进行修改或补充。双方当事人签约后，或一方当事人回签后，表示双方已就其中的规定达成协议，这些规定则在双方当事人之间生效，可以作为确定双方权利和义务关系的依据。

（二）商法的适用

商法的某些渊源通过条约的批准或纳入成文法，可成为国内法的一部分。但还有另一些渊源，例如，某些贸易惯例和合同的习惯性条款的编纂，它们可以说是在现存的国内法之外自然而然地发展起来的，且未通过成文法的制订使之成为国内法的一部分。这些自然发展起来的法律渊源，还有一些内容不确定的一般法律原则，能否完全取代现存的国内法呢？这是一个颇有争议的问题。

德国学者桑德罗克（Sandrock）认为，除少数领域外，还未从国际习惯或为所有或多数国家所共有的法律原则中产生一套确定的规则，为解决国际贸易中出现的复杂法律问题提供明确的指导。在这种情况下，仲裁庭如被指向适用商法，则只有向别处寻找指导，其主要来源是各种法律体系。当法律体系之间有矛盾时，仲裁员必须作出选择或发展新的方法。因此，这样依法律规则仲裁与依公允善良原则仲裁之间的界限将变得混淆不清，依法仲裁的可预见性也将随之失去。桑德罗克因此建议，企业不要约定以商法或其他解释不完善的规则作为合同准据法。

反对适用商法的学者除了对商法的完善和确定性提出异议外，还认为商法没有从任何国家权力机关那儿衍生出约束力，它不具备充分实在的和有根据的制度，不能把商法作为一种法律秩序（legal order）。因此，商法不宜作为解决法律争议的依据。英国学者 F·A·曼、马斯蒂尔（Mustill）和博伊德（Boyd）等人均持这种观点。与此相反，赞成适用商法的学者则认为，商法的约束力不是取决于国家权力机关制定和颁布的事实而是取决于商业社会和国家权力机关承认它为一种自治形式体系的事实。

主张适用商法的学者实际上也并不否认国内法比商法更具有确定性。特别是当事人已协议支配合同的某一特定国内法为仲裁员所熟悉时更是如此。但这些学者认为，在许多案件中，当事人没有作出选择，如果由仲裁员通过法律选择规则确定准据法，同样有很多问题要解决。当仲裁员必须适用对它来说是外国的法律规则时，难度会更大，错误也常发生。就这点而言，适用商法可避免许多律师感到棘手的法律选择过程。持赞成态度的学者还提出，即使仲裁员适用为他所熟悉的国内法，也可能因某些困难使其裁决缺少可预见性。例如，某些国家的法律规则是为调整国内关系而制定的，它们不适合于解决具有涉外因素的案件。遇到这类规则并要适用的话，仲裁员将在法律与公正之间进退维谷，处于困境，正因如此，适用商法实际上更具有确定性①。

在欧洲大陆，仲裁员在国际商事争议中适用商法的案例渐渐增多。因为当事人为排除对方国内法律体系，避开他们认为不合适的国际合同的规则以及他国法律中不为人知的一些困难，时常在合同中订有适用商法的条款。商法的选择使当事人之间，乃至同仲裁员之间都处于平等地位。他们在对案件作出答辩和决定方面，均不会因依其本国法而具有优势，也不会因适用外国法而感到自己处于劣势。

在适用商法问题上，各国立法和司法实践不一。归纳起来，主要有两种作法。

第一种是允许当事人选择商法，而不参照任何国内法。这一作法实际上是把商法视为独立的法律体系。法国是这种作法的代表。1981 年《法国民事诉讼法典》第 1496 条规定，仲裁员必须按当事人选择的法律规则判案。如果当事人没有作出选择，仲裁员依其认为适当的法律规则判案。该条款还规定，在

---

① 参见拉贝尔：《冲突法》第 4 卷，1958 年英文版，第 473 页。

所有情况下，仲裁员都应考虑到贸易惯例。一些学者认为，法国法中使用"法律规则"（rules of law）而没有使用"法律"（law）一词，其意义在于，法律规则不仅包括国内法，还包括商法或其他非国内法律渊源。法国在国际商事仲裁方面的实践确实证明，法国法承认依商法或其他非国内法律渊源作出的法国裁决或外国裁决，即使是在当事人没有约定而是由仲裁庭决定适用这些规则的情况下亦复如此。不仅法国法院承认了仲裁庭依其所选择的商法作出的裁决，例如，在 1979 年的 Norsolor v. Pabalk 一案中，奥地利最高法院也确认了商法作为一种法律规则体系的地位。该案涉及到土耳其和法国两家公司，由于双方当事人没有选择可适用的法律，仲裁庭决定不适用特定的国内法体系，既不适用土耳其法，也不适用法国法，以避免因适用某一国内法而出现僵局。裁决作出以后，Norsolor 在裁决作出地的维也纳上诉法院起诉。其理由是，裁决是按公平原则作出的，没有参照任何国内法，尤其是仲裁庭没有指明命令支付某些代理佣金所适用的法律。Norsolor 认为，仲裁庭是依商法和公平概念作出裁决的，但是"并不存在一种能等同于法律体系的商法。只有在可适用于有关代理协定（agency agreement）的具体的法律规则没有排除适用商法和善意等一般原则时，才能适用这些原则。"维也纳上诉法院部分确认了 Norsolor 提起的上诉并判定，仲裁员违反了《国际商会仲裁规则》第 13 条第 3 款（仲裁是依国际商会仲裁规则进行的），仲裁庭没有按照他们认为适当的冲突法规则确定可适用的法律，而是适用了其效力不确定的世界范围的商法。他们的裁决只是基于诚实和善意原则作出的，并因此割断了与国内法律秩序的联系。维也纳上诉法院的上述判决后被奥地利最高法院否定。奥地利最高法院判定，在违约损害赔偿方面，仲裁员已适用了私法原则。它没有违反两个有关国家有效法律中的强制性规则。仲裁员未经当事人事先授权适用公平原则并不构成越权。除了法国以外，丹麦等国法律亦允许当事人选择商法或贸易惯例为可适用的法律。

　　在 1978 年以前，英国法要求仲裁员按照支配争议的法律裁定争议，不管是英国法还是外国法。英国关于仲裁的法律不承认仲裁员依公允和善良原则或参照习惯商法作出的裁决。英国自 1979 年《仲裁法》颁布后，大大减少了法院对仲裁的监督权，如果国际合同的当事人已约定适用英国法以外的外国法，在争议发生前可预先订立排除英国法院监督权的协定。但是，假如当事人选择适用商法而不是选择外国法，是否能够同样有效地订立"排除协定"以排除英国法院的监督，尚不明朗。近年来，英国对这一问题的立场有了很大变化。1996 年《英国仲裁法》第 46 条第 1 款 2 项明确规定，如果当事人有约定，仲裁庭应依照当事人所约定的考虑因素或仲裁庭所确定的考虑因素作出裁决，也就是说，如果当事人约定适用商法，仲裁庭应依据商法对争议作出裁决。

　　第二种作法是将商法与某一国内法体系结合起来适用。例如，《美国统一商法典》第205条中规定：贸易惯例予协定（合同）以特定的含义，对协定（合同）条件加以补充或限制。《日本商法典》第1条规定："关于商事，本法无规定者，适用商习惯法。无商习惯法，适用民法。"从我国有关立法看，可以认为，基本上也是采用国内法体系与商法结合适用的作法。我国《涉外经济合同法》第5条和《民法通则》第145条分别规定了涉外经济合同和涉外合同的当事人"可以选择处理合同争议所适用的法律"。关于当事人所选择的法律，可以是中国法，也可以是港澳地区的法律或者是外国法。而且，这些法律应为现行的实体法，而不包括冲突规范和程序法。至于当事人能否选择商法或非国内法律规则作为合同准据法，我国尚无正式的解释。但在实践中，只要当事人明确约定适用某项惯例，则应受该项惯例的约束。

在当事人对合同的准据法缺乏明示选择时，我国立法采取了最密切联系原则来确定合同的准据法。由于依最密切原则不可能将不具确定内容的国际商法指定为合同准据法，因此也就排除了单纯适用商法的可能性。然而，我国立法并不排除补充性地适用商法。我国《涉外经济合同法》第5条第3款和《民法通则》第142条第3款都规定，中华人民共和国法律和中华人民共和国缔结或者参加的国际条约没有规定的，可以适用国际惯例。

尽管学者们对商法的地位和性质各持己见，各国立法对适用商法的限制条件不一，在国际贸易已形成和发展起一些具有特别性质的规则、惯例和习惯，乃是事实。不管是否接受或承认商法为一种可行的和有效的法律体系，这些规则和惯例的存在是不可否认的。而且，国际贸易惯例在调整国际商事关系，包括解决国际商事争议方面，已具有相当重要的地位和作用。

在国际公约和一些近期制定的国际文件中，均确立了仲裁员适用或者根据国际贸易中所循用的规则、实践或惯例作出裁决的权利，或者说赋予了仲裁员这种职责。例如，1961年《欧洲公约》第7条第1款规定，无论适用当事人指定的法律还是适用仲裁员自己确定的准据法，"仲裁员都应考虑到合同条款和贸易惯例。"1965年《华盛顿公约》第42条第1款规定，"仲裁庭应依据当事人双方协议的法律规则裁断争端，如无此种协议，仲裁庭应适用作为争端当事人的缔约国的法律（包括它的法律冲突规范）以及可以适用的国际法规则。"有学者认为，该条款中的"法律规则"不仅包括国内法和国际公约中的规定，还包括跨国习惯规则（transnational customary rules）。同样，条款中的"国际法规则"既指国际公约中具体规定的规则，亦指国际法一般规则。因此，当事人可以选择商法，仲裁庭也可适用关于跨国经济关系的一般原则和惯例。

第三十三章
国际商事仲裁裁决的种类
和对裁决的异议

第一节　仲裁裁决的种类

裁决大体上可分为两种，一种为最后裁决（final award），另一种为临时裁决（interim award）。临时裁决只处理当事人之间争议的某些问题，而不是所有问题。最后裁决则是处理争议的所有问题或临时裁决作出后遗留下的问题。

临时裁决在仲裁实践中又可分为若干种，主要有初裁决或预裁决（preliminary award）、部分裁决（partial award）和中间裁决（interlocutory award）。

裁决通常是双方当事人经过辩论，经仲裁庭分析作出的，但在一定条件下，裁决也可能是基于双方当事人的协商同意而产生的裁决。后者一般被称作合意裁决（consent award）或和解裁决。此外，在仲裁中，被申请人可能未出庭或拒绝参加仲裁程序，在这种情况下作出的判决被称为缺席裁决（default award）。

一、最后裁决

最终处理当事人之间一项或多项争议问题的仲裁裁决是最后裁决，最后裁决的作出意味着仲裁员已履行完其职责，他们对已裁案件中的争议问题不再享有任何管辖权，仲裁庭与当事人之间在仲裁进行期间存在的特别关系已告终止。不过，根据支配仲裁的国内法体系的规定，或者根据当事人协议可适用的仲裁规则，可以允许仲裁庭在最后裁决作出后，纠正裁决中存在的某些错误。这类错误一般都是限于打印或计算方面的错误。有的国家的法律和有些仲裁规则甚至允许当事人要求仲裁庭就裁决作出解释。例如，《联合国国际贸易法委员会仲裁规则》、《瑞典斯得哥尔摩商会仲裁规则》和《美国仲裁协会国际仲裁规则》都是既允许当事人要求仲裁庭解释裁决，又允许当事人要求仲裁庭更正计算上的错误，誊抄或打字上的错误。《中国国际经济贸易仲裁委员会仲裁规则》和《伦敦国际仲裁院仲裁规则》都规定仲裁庭可以纠正打印或计算错误，并可以就当事人提出的裁决中未处理的请求作出补充裁决。不过，后两项仲裁规则中没有规定仲裁庭可以应当事人的请求对仲裁裁决作出解释。

二、临时裁决

在仲裁过程中，通过临时裁决确定某些程序问题或先决问题，是使仲裁能够顺利进行的有效方式。仲裁庭能否作出临时裁决的权力源于双方当事人的仲裁协议或可适用的法律。如双方当事人在仲裁协议中约定适用某国际仲裁规则或某机构仲裁规则，这些规则一般都规定有仲裁庭可作出临时裁决的条款。例如，《联合国国际贸易法委员会仲裁规则》第 32 条第 1 款规定："除作出最终裁决外，仲裁庭亦有作出临时性的、中间的或部分的裁决之权。"《中国国际经济贸易仲裁委员会仲裁规则》第 57 条规定："仲裁庭认为必要或者当事人提出经仲裁庭同意时，可以在仲裁过程中的任何时候，就案件的任何问题作出中间裁决或者部分裁决。"

如果当事人未在仲裁协议中明确授权仲裁庭可以作出临时裁决，该项权力仍可能通过可适用的仲裁法中的规定被授予仲裁庭。例如，1996 年《英国仲裁法》第 47 条规定，除非当事人另有约定，仲裁庭可以在不同时间，就所要决定的不同方面的问题作出一个以上的裁决。

在当事人的仲裁协议和可适用的仲裁法中未明确仲裁庭可作出临时裁决的情况下，从适当解决争议的目的考虑，各国原则上把仲裁庭作出临时裁决的权力视作是解决争议不可缺少的一般权力的组成部分。

三、部分裁决

部分裁决虽通常归属于临时裁决，一般都不明确加以区分。但在特定情况下，二者还是有区别的。尤其是大陆法系国家，认为部分裁决是用于处理当事人之间关于货币款项争议实体问题的裁决，仲裁庭可通过部分裁决就特定的索赔请求命令当事人支付款项。而临时裁决是用于处理某些具有预先性或先决性的程序问题的裁决，例如仲裁庭的管辖权和法律适用问题等。

部分裁决是有别于中间裁决的。中间裁决通常是指处理有关程序问题或证据问题的裁决，这类问题常常是通过程序命令或指令的形式加以处理。严格地说，这些程序命令或指令不属裁决范畴，它不能等同于最终裁决，如果当事人不履行中间裁决，也不影响最终裁决的作出。例如，《中国国际经济贸易仲裁委员会仲裁规则》第 57 条规定，仲裁庭作出中间裁决后，如果一方当事人不履行中间裁决，不影响仲裁程序的继续进行，也不影响仲裁庭作出最终裁决。

四、缺席裁决

国际商事仲裁有时是在一方当事人没有参与或拒绝参加的情况下进行的。一方当事人可能从一开始就不参加仲裁，也有可能是在仲裁的中途不参加仲裁。对于这种情况，各国仲裁法和各国际仲裁机构的仲裁规则都规定，仲裁应该继续进行，仲裁庭作出的仲裁裁决的效力不受影响。例如，《联合国国际贸易法委员会仲裁规则》第 28 条和《国际商会仲裁规则》第 13 条均有此规定。《中国国际经济贸易仲裁委员会仲裁规则》第 42 条规定："仲裁庭开庭审理时，一方当事人不出席，仲裁庭可以进行缺席审理和作出缺席裁决。"我国《仲裁法》第 42 条第 2 款规定："被申请人经书面通知，无正当理由不到庭或者未经仲裁庭许可中途退庭的，可以缺席裁决。"

五、合意裁决

国际商事仲裁的当事人可以在仲裁过程中就其争议达成和解协议。如果双方当事人以和解方式达成一致意见，当事人可以直接执行和解协议。如果当事人需要，可以要求仲裁庭以裁决形式确认和解协议，也就是说根据和解协议作出裁决。将双方当事人达成的和解协议的内容作成裁决书，有以下可取之处：一是和解协议中必然要规定一方或双方所要履行的义务，例如支付一定数额的款项、为一定的行为等。由于裁决对双方是有约束力的，在裁决书中确认和解协议中的内容，能促使当事人自动履行其在和解协议中的许诺。如果当事人不自动履行裁决书，也可根据有关法律或国际条约申请承认和执行该裁决，实现订立和解协议的目的。二是在履行和解协议时，尤其是该履行涉及到国家或国家机构时，有关部门需要有对和解内容予以肯定的且具有法律约束力的决定，才更便于执行和解协议。因此，按照和解协议内容作成裁决书，由仲裁员在合意裁决书上签字，说明仲裁庭已核准当事人达成的协议，可符合这种需要。

第二节　对仲裁裁决的异议

一、提出异议的目的和地点

对仲裁裁决提出异议，是由当事人对仲裁裁决的有效性提出否定看法，要求管辖法院对裁决进行司法审查。

提出异议的当事人的目的在于希望通过这一方式撤销裁决或者至少能在某些方面改动裁决。如果裁决被撤销，它将失去其法律效力，在被申请承认裁决地国也将成为一项无法执行的裁决。如果裁决未被撤销，法院依法要求仲裁庭重新审理或由法院直接审理，那么新作出的裁决或判决是一项取代原有裁决的新裁决或新判决。

关于裁决有效性的异议一般是向裁决作出地国法院提出。至于由哪一级法院管辖，各国法律均有规定。例如，在瑞士，裁决异议的管辖法院是联邦最高法院，当事人也可协议由仲裁地所在州法院管辖①；在法国，裁决异议的管辖法院是巴黎上诉法院②；在英国，则依大法官的指令，提交高等法院或地方民事法庭③。我国《仲裁法》第58条规定，当事人对裁决有异议，申请撤销裁决，管辖法院是仲裁机构所在地的中级人民法院。

二、提出异议的时限

仲裁裁决作出以后，如果裁决作出地国法律允许对裁决持有异议的当事人提出撤销裁决的申请，则对当事人可提出撤销裁决申请的时间多有限制。总的来看，各国法律对可提出异议的时限都规定得较短，以免当事人有意拖延时间，影响裁决的承认和执行。例如，1993年《俄罗斯联邦国际商事仲裁法》第34条第3款规定，撤销申请不得在申请人收到裁决之日起3个月后提出；1996年《英国仲裁法》第70条第3款规定，裁决异议应在裁决作出后28天内提出。我国仲裁法中对此尚无规定。

第三节　对仲裁裁决提出异议的理由

对仲裁裁决提出异议的理由在各国法律中一般都有明确规定，但各法律所规定的理由不尽相同。如1993年《俄罗斯联邦国际商事仲裁法》第34条规定了六条理由：当事人无行为能力，仲裁协议无效；没有以应有的方式通知当事人关于指定仲裁员或仲裁程序事宜或由于其他原因未能陈述案情；裁决处理的争议不是仲裁协议规定的或其范围内的争议，或裁决包含了对超出仲裁协议的事项作出的决定；仲裁庭的组成或仲裁程序与当事人协议不一致；根据俄罗斯联邦法律，争议不能成为仲裁解决的对象；仲裁裁决与俄罗斯联邦的公共政策相抵触。1996年《英国仲裁法》第68条规定了当事人可提出裁决异议的九条理由：仲裁庭没有遵循本法所规定的仲裁庭一般职责要求；仲裁庭越权；仲裁庭没有按照当事人约定的程序进行仲裁；仲裁庭没有处理当事人所提交解决的所有争议；当事人就有关仲裁程序或裁决所授权的仲裁庭、其他机构或人越

---

① 1989年《瑞士联邦国际私法法规》第191条。
② 1981年《法国民事诉讼法典》第1481条。
③ 1996年《英国仲裁法》第105条。

权；裁决的效力存在不确定性或含糊性；裁决是以诈欺方式取得或者裁决本身或作出裁决的方式同公共政策相抵触；裁决的形式不符要求；当事人就有关仲裁程序或裁决所授权的仲裁庭、其他机构或者人承认在进行仲裁过程或裁决中存在违法行为。

关于对裁决提出异议并据此可以申请撤销仲裁裁决的理由，我国《仲裁法》第 70 条规定："当事人提出证据证明涉外仲裁裁决有民事诉讼法第 260 条第 1 款规定的情形之一的，经人民法院组成合议庭审查核实，裁定撤销。"我国《民事诉讼法》第 260 条第 1 款规定了以下情形：（1）当事人在合同中没有订立仲裁条款或者事后没有达成书面仲裁协议的；（2）被申请人没有得到指定仲裁员或者进行仲裁程序的通知，或者由于其他不属于被申请人负责的原因未能陈述意见的；（3）仲裁庭的组成或者仲裁的程序与仲裁规则不符的；（4）裁决的事项不属于仲裁协议的范围或者仲裁机构无权仲裁的。

归纳起来，可以把仲裁实践中当事人对裁决提出异议的主要理由分为四类：裁决本身的问题、管辖权问题、仲裁程序中的问题和公共政策问题。

一、裁决本身的问题

在裁决作出地法院，当事人可能以裁决本身不符合当地法律的正式要求为理由反对仲裁裁决。提出异议的当事人可能称裁决在法律适用和事实认定上有错误。以这种理由要求撤销国际商事仲裁中作出的裁决，在大多数国家都是不能成立的。依大多数国家的法律规定，当事人只能就国际商事仲裁的程序问题提出异议并要求撤销裁决，法律和事实上的问题，属于实体问题，当事人是无权据此要求撤销裁决的。至于国内仲裁中作出的裁决，依多数国家的法律规定，当事人则既可以就仲裁的程序问题提出异议，也可以就仲裁的实体问题提出异议，并可据此要求撤销裁决。另外，当事人还可能称仲裁裁决不符合法律规定的某些形式或内容要求，例如，在裁决中没有写明当事人和仲裁员的姓名或仲裁机构的名称，或者没有说明作出裁决所据的理由等。在实践中，很少发生这类不符形式或内容要求的情况，即使发生，法院在判定是否足以构成撤销的理由，多持较严格的解释，不轻易认定撤销裁决。

二、管辖权问题

仲裁庭处理国际商事争议的管辖权，来源于当事人之间的仲裁协议。如果仲裁庭对某一争议案不具有管辖权，其仲裁行为是无效的，所作出的裁决也是无效的。各国仲裁法普遍承认，仲裁庭没有管辖权是撤销仲裁裁决的理由之一。1985 年《国际商事仲裁示范法》第 34 条也将此作为在仲裁地国提起撤销裁决之诉的理由之一。

除了仲裁庭没有管辖权问题外，在对裁决提出异议的实践中还可能因仲裁庭所作裁决超越其管辖范围或所作裁决没有解决当事人所提交的全部争议而产生管辖权问题。

（一）仲裁庭没有管辖权时作出的裁决

对仲裁庭管辖权的异议常常是在仲裁程序过程中就已指出。当事人称仲裁庭无管辖权的理由不一，在有的案件中，当事人认为，他与另一当事人之间根本就没有订立把争议提交仲裁的协议；在有的案件中，当事人不否认订有仲裁协议，但称仲裁协议不合法，因此仲裁协议是无效的。

在当事人称仲裁庭无管辖权的情况下，仲裁庭通常以临时裁决形式或是作为最终裁决的一个组成部分就管辖权问题作一裁决。一般都认为，在仲裁庭认为自己拥有管辖权时可继续仲裁，并通过临时裁决或最终裁决方式决定自己的权限。同一些国家的作法不一样，在我国，依照《中国国际经济贸易仲裁委员会仲裁规则》的规定，对管辖权异议不是由仲裁庭作出决定，而是由该仲裁委员会作出决定。但在多数国家，是由仲裁庭作出。在各国国际商事实践中，对仲裁庭就管辖权异议作出的决定，有关法院均予以充分的尊重，除非仲裁庭的决定确实存在错误。

当裁决作出后，当事人提出裁决异议和撤销裁决的申请，法院应当事人的申请，可以再次考虑管辖权问题，并作出决定。在仲裁机构或仲裁庭与法院之间，就管辖权异议问题拥有最后发言权和决定权的还是法院。仲裁地国法院经审查确定仲裁庭不具有管辖权，法院将有权撤销有关裁决。在这方面，法国法是比较典型的例子。1981年法国《民事诉讼法典》第1502条第1款规定，如果外国作出的或国际仲裁的裁决是在"无仲裁协议可据，或所据之仲裁协议无效或失效的情况下"作出的，法院可撤销裁决。1985年联合国国际贸易法委员会《国际商事仲裁示范法》第34条第1款中规定，如果当事人证明"根据当事人选择可适用于仲裁协议的法律，协议无效；或者当事人未明示选择，根据仲裁地国法律，协议无效"，仲裁地国法院有权撤销仲裁裁决。

（二）超越管辖权作出的裁决

所谓仲裁庭超越管辖权，可分为两种情况：

1. 仲裁庭就当事人仲裁协议中约定提交仲裁以外的事项作出了裁决。产生这种情况有两种可能。一种可能是当事人之间就所裁的这部分事项根本就没有订立过仲裁协议，仲裁庭对所裁的这一部分事项是没有仲裁管辖权的，仲裁机构也是无权受理该争议事项的。另一种可能就是，当事人之间就所裁的这部分争议事项订立有仲裁协议，但当事人提请仲裁所依据的不是该仲裁协议。

2. 仲裁庭就当事人依据仲裁协议提请解决的请求以外的无关的事项作出了裁决。也就是说如果当事人提出了该请求事项，仲裁庭是可以裁决的，但当事人没有提出该请求事项，而且所裁的该事项与其他请求事项的解决又没有直接联系，仲裁庭如果对此作了裁决，可以说是有违不告不理的原则。1989 年《瑞士联邦国际私法法规》第 190 条在这一问题上明确规定，裁决超出提交仲裁庭的申诉范围，可开始撤销程序。

如果仲裁庭超越了当事人授予它的权力，就当事人未约定或未提交给它仲裁的问题作出了裁决，如何处理整个裁决，各国法律规定有所不同。一种作法是明确规定，只撤销整个裁决中超越管辖权的那一部分，只要裁决被撤销部分可同未被撤销部分相区分，不影响未被撤销部分裁决的可执行性。如 1993 年《俄罗斯联邦国际商事仲裁法》第 34 条第 2 款 1 项规定，如果就仲裁协议所载事项所作的决定可以与就该协议未载事项所作的决定相分离，则应仅撤销包含了就仲裁协议未裁事项作出决定的那部分仲裁裁决。另一种作法是未作明确规定，仅规定如果仲裁庭超越约定的审理范围，或仲裁员的行为越出了仲裁协议当事人或法律所赋予的权力，法院可撤销裁决。由于规定不明确，撤销裁决就存在两种可能，一是撤销整个裁决，二是撤销裁决中属仲裁庭超越管辖权作出的那部分裁决，而不是撤销整个裁决，如果仅因裁决中的某一事项或某一部分是仲裁庭超越管辖权所为，便撤销整个裁决，而不管裁决中的其他事项或部分是否正当合法，显然是不合理的，无助于达到以仲裁方式迅速有效地解决争议的目的。基于这一考虑，1985 年联合国国际贸易法委员会《国际商事仲裁示范法》把裁决中超越管辖权部分与非超越管辖权部分加以明确区分。该示范法第 34 条 2 款 1 (a) 项规定，如果提出撤销裁决申请的当事人证明"裁决处理了不属于仲裁协议条款范围内的争议，或者含有超出仲裁协议范围问题的规定，"仲裁地国法院可撤销裁决，但是，"……假如提交仲裁的问题的决定可与未提交仲裁问题的决定区分开来，则只可撤销裁决中属未提交仲裁问题的决定那一部分。"

（三）裁决未能处理提交解决的所有争议事项

仲裁庭没能充分行使其管辖权，没有能解决当事人提请仲裁庭解决的所有争议事项，通常称为有漏裁事项，是当事人较常提出的管辖权异议问题。

有人认为，在这种情况下应判定该裁决是有效的，因为就裁决中已经解决的争议要点而言，仲裁庭是有权处理这些争议要点的。但又有人认为应从整体上考虑裁决中尚未解决的争议问题的重要性，如果尚未得到解决的争议问题一旦获得解决，将会改变整个裁决的均衡，影响原裁决中所确定的当事人的权利和义务，则当事人有权诉诸法院，对裁决提出异议。

从各国立法看，裁决如遗漏了裁决事项，有的明确规定当事人可以据此提出裁决异议，开始撤销程序，例如 1970 年美国《联邦仲裁法》第 10 条第 4 款、1986 年《国际商事仲裁法案》第 34 条第 2 (1) 款 4 项有此规定；有的则没有将此作为提出裁决异议的理由之一，当事人也就不能当然据此向法院提出裁决异议，并要求撤销整个裁决，例如 1993 年《俄罗斯联邦国际商事仲裁法》便没有将遗漏裁决事项作为提出裁决异议的理由。另外还有的规定，如果裁决存在漏裁事项，可采取另一补救办法，即由仲裁庭自己或由当事人在一定期限内向仲裁庭提出申请，对漏裁事项作出补充裁决。例如，我国《仲裁法》第 56 条规定，仲裁庭已经裁决但在裁决书中遗漏的事项，仲裁庭应当补正；当事人自收到裁决书之日起 30 日内，可以请求仲裁庭补正。1985 年联合国国际贸易法委员会《国际商事仲裁示范法》第 33 条第 3 款也规定，仲裁庭可根据当事人的要求，就在仲裁审理中提出而未载入裁决书的请求作出补充裁决。

三、其他程序问题

除了仲裁管辖外，当事人还会提出其他关于程序方面的问题，认为仲裁庭违反了国际商事仲裁中的程序标准。这些程序标准主要有：适当地组成仲裁庭，仲裁程序依从当事人的仲裁协议中的约定，给予当事人以适当的开庭和听审通知，平等对待双方当事人，公平听证，让双方当事人享有充分和适当的机会提出申辩等。在各国法律中，普遍规定或体现了这些标准或原则。

关于仲裁管辖问题，一般情况下都能够比较客观地作出判定。但对涉及上述标准的其他程序问题，各国法院则有可能基于不同的法律背景和习惯于不同的程序，对仲裁中是否遵循了上述程序标准，作出不同的理由和解释。仲裁机构或仲裁庭在仲裁过程中，严格依循当事人所签定的仲裁规则进行仲裁，对于保证仲裁裁决的约束力或效力是非常重要的。

四、公共政策问题

如果仲裁裁决违反了仲裁地关于可仲裁性要求或公共政策要求，仲裁地法院将撤销裁决。

违反可仲裁性或公共政策要求，也是被申请承认仲裁裁决地法院拒绝承认和执行仲裁裁决的理由之一。这就是说，一项仲裁裁决作出后，一直到得到执行，在仲裁事项可仲裁性和公共政策方面有可能受到仲裁地法院和被申请承认地法院依其各自法院地法进行的双重审查。

第三十四章
国际商事仲裁裁决的承认与执行

　　国际商事仲裁裁决作出后，如果当事人拒绝自动履行裁决，这时，往往就会面临裁决的承认和执行问题。国际商事仲裁与国内法院诉讼不同，仲裁庭不具有法院可强制执行自己所作判决的权力。仲裁裁决一经作出，仲裁员的任务即告完成，随后产生的执行问题，已不属于仲裁员的职权范围。

　　如果仲裁中的一方当事人不自动履行裁决，另一方当事人要求执行该裁决，后者便需要依靠国家的权力，向管辖法院提出承认和强制执行仲裁裁决的申请，通过法院强制执行仲裁裁决。

第一节　内国仲裁裁决和外国仲裁裁决

一、内国裁决与外国裁决的区分

　　国际商事仲裁的有效进行不可能完全脱离特定国家的法律体系。国际商事仲裁裁决的承认和执行也有赖于特定国家法律的强制性。事实上，各国多通过立法将某些类型的仲裁裁决同特定国家的法律体系联系起来，使其具有特定的国别。

　　各国一般都将当事人申请执行的裁决分为内国裁决和外国裁决，对内国裁决和外国裁决的承认和执行有不同的规定或要求。对内国裁决的承认和执行，程序比较简易。对外国裁决的承认和执行，则限制较多，例如，要求以互惠为条件，或以外国裁决不违反本国的公共秩序为前提等。有些国家还要求取得"双重许可"，即要求申请人首先在裁决作出地国取得可以在该国执行的法院令，然后再凭此命令取得申请执行裁决地所在国法院或主管当局发出的准许执行裁决的命令，方可执行裁决。

　　为了解决各国在承认和执行外国仲裁裁决方面存在的障碍，保证仲裁裁决的有效性，迅速解决国际商事争议，各国之间除根据各自的需要订立了一些互相承认和执行对方仲裁裁决的双边协定外，在国际上还订立了三项关于承认和执行外国仲裁裁决的国际公约：1923 年《日内瓦仲裁条款协议书》、1927 年《关于执行外国仲裁裁决的公约》和 1958 年《纽约公约》。目前，1958 年

《纽约公约》已基本上取代了前两项公约，成为关于承认和执行外国仲裁裁决的一项最重要的公约。

二、内国裁决和外国裁决的认定标准

（一）内国裁决

如果就某一裁决而言，裁决作出地国和被申请承认和执行裁决地国是同一国家，被申请承认和执行地国通常认为该裁决属于内国裁决，除非被申请承认和执行裁决地国依据有关法律或解释，不认为该裁决属于内国裁决。

（二）外国裁决

1. 领域标准

如果裁决是在被申请承认和执行该裁决所在国领域外的国家作出的，该裁决通常被认为属于外国裁决。

这种划分内国裁决和外国裁决是以裁决作出地作为标准的。该标准被称为领域标准。大多数国家和有关公约都接受或采纳了这一标准。例如：1929 年《瑞典关于外国仲裁协议和裁决的条例》第 5 条第 1 款规定："在国外作出的仲裁裁决，应被认为是'外国的'仲裁裁决"。1995 年《瑞典仲裁法草案》第 53 条亦有同样规定；1958 年《纽约公约》第 1 条第 1 款规定，仲裁裁决因自然人或法人间之争议而产生且在申请承认及执行地所在国以外之国家领土内作成者，其承认与执行适用本公约。

2. 非内国裁决标准

有少数国家除采取领域标准认定外国裁决外，还可能出于特定的原因和考虑，将在本国领域内作出的又在本国申请承认与执行的裁决认定为非内国裁决，在承认与执行该裁决时适用有关承认与执行外国仲裁裁决的法律规定。这种认定方式通常被称为非内国裁决标准。如何对非内国裁决作出认定，完全是被申请承认与执行裁决地国的权限。1958 年《纽约公约》采纳了这种观点和作法，该公约第 1 条第 1 款明确规定：在一个国家请求承认和执行一项仲裁裁决而这个国家不认为是其国内的裁决时，也适用本公约。在起草 1958 年《纽约公约》过程中，法国、德国、意大利、奥地利、比利时、荷兰、瑞典和瑞士等八国曾提交修正案，主张采用非内国裁决标准。

第二节　拒绝承认和执行外国
仲裁裁决的理由

拒绝承认和执行外国仲裁裁决的理由是指法院可据以拒绝承认和执行外国

仲裁裁决的根据和原因。一方面，法院出于自己作出的考虑可能拒绝承认和执行裁决，另一方面，法院考虑到反对承认和执行裁决的当事人所提出的理由，也可能拒绝执行裁决。

拒绝承认和执行外国裁决的理由的范围以及理由的成立与否，是当事人权利的行使和义务的履行能否实现的关键。如果拒绝承认和执行的理由缺乏统一性，各国随意以各种理由拒绝承认和执行裁决，仲裁将失去其有效解决争议的意义。有鉴于此，各国通过订立双边协定、区域协定或国际公约，协调相互之间承认和执行仲裁裁决的关系，在互惠对等的基础上，统一承认和执行裁决的条件或要求。作为已有 100 多个国家加入的 1958 年《纽约公约》是一项最具普遍性和代表性的公约。

按照 1958 年《纽约公约》的规定，应由被申请执行人证实的拒绝承认和执行裁决的理由有：仲裁协议无效、仲裁违反了正当程序、仲裁员超越权限、仲裁庭的组成或仲裁程序不当、裁决不具有约束力以及裁决在裁决作出地国被撤销或停止执行。可由法院自行拒绝承认和执行裁决的理由是：争议的事项，依照申请承认和执行地所在国的法律，不可以用仲裁方式解决；承认和执行该裁决将违反法院地国的公共秩序或公共政策。

一、仲裁协议无效

仲裁协议的双方当事人，根据对他们适用的法律，在签订仲裁协议时，是处于某种无行为能力的情况之下；或者根据双方当事人选定适用的法律，或在没有这种选定的时候，根据作出裁决的国家的法律，仲裁协议无效。在上述任一情况下，被申请承认和执行裁决地国法院可根据作为执行对象的当事人提出的请求，拒绝承认和执行该裁决。

二、违反正当程序

违反正当程序的理由主要是指，对作为裁决执行对象的当事人未曾给予有关指定仲裁员或者进行仲裁程序的适当通知，或者作为裁决执行对象的当事人由于其他情况未能申辩。

1. 未给予适当通知（no proper notice）

适当通知中的"适当"一词可解释为向当事人提供的关于指定仲裁员和仲裁的通知应该是充分的。

2. 未能提出申辩（unable to present the case）

以作为裁决执行对象的当事人未能提出申辩而可以拒绝承认和执行裁决这一规定，确立了双方当事人陈述机会平等的原则。陈述机会平等意指必须为双方当事人同等而有效地提供陈述案情的机会。如果作为裁决执行对象的当事人已被予以适当的通知，该当事人拒绝参加仲裁或者在仲裁中持消极或回避态度，则认为该当事人是有意放弃其机会，不影响裁决的承认和执行。

三、仲裁员超越权限

所谓仲裁员超越权限是指，仲裁员所作的裁决涉及仲裁协议所未曾提到或者不包括在仲裁协议规定之内的争议，或者裁决内容含有对仲裁协议范围以外事项的决定。因仲裁协议无效而导致的仲裁员不具有管辖权的问题不属仲裁员超越权限范畴。

如果所作出的裁决没有解决提交仲裁庭的一切问题，则该裁决属不完全裁决。不完全裁决虽然没有解决提交仲裁庭的所有争议问题，但该裁决毕竟是在仲裁员权限内作出的，这与仲裁员超越权限作出裁决的情况不同。所以，如果以仲裁员超越权限为由，要求拒绝承认和执行不完全裁决的请求一般是不能成立的。在实践中，一些国家商事仲裁机构在其仲裁规则中对不完全裁决的补救作出了规定，即在一定期限内，当事人可以要求仲裁庭对不完全裁决中漏裁的事项作出补充裁决，仲裁庭自己也可主动作出补充裁决。

四、仲裁庭的组成或仲裁程序不当

仲裁庭的组成或仲裁程序不当是指，仲裁庭的组成或仲裁程序同当事人间的协议不符，或者当事人之间未约定此种协议时，仲裁庭的组成或仲裁程序不符仲裁地国的法律。

1958 年《纽约公约》将当事人之间关于仲裁庭组成和仲裁程序的协议与仲裁地国法明确加以区分，使当事人之间的协议在确定仲裁庭组成和仲裁程序是否正当方面，成为独立的可依循标准，并允许优先适用当事人之间的协议。但实际上，仲裁的进行，包括仲裁庭的组成和仲裁程序，一般都要受仲裁地国法中强制性规定的支配。起首要作用的往往是仲裁地国法，而不是当事人之间的约定。如果仲裁庭的组成和仲裁程序违反了仲裁地国法的强制性规定，作出的裁决可被仲裁地国法院撤销。在不违反仲裁地法强制性规定的前提下，当事人之间关于仲裁庭组成和仲裁程序的协议必须得到尊重。

五、裁决对当事人尚未发生约束力或已被撤销或停止执行

（一）裁决的约束力

在 1958 年《纽约公约》之前，1927 年《日内瓦公约》要求仲裁庭作出的裁决须是"终局的"（final）的，该裁决方可得到执行。1958 年《纽约公约》摒弃了"终局的"一词，而是采用了"有约束力"（binding）一词。这被认为是对 1927 年《日内瓦公约》作出的重大改进。

按 1927 年《日内瓦公约》的要求，申请执行裁决的当事人必须证明该裁决在裁决作出地国已成为终局的。因此，申请执行裁决的当事人只有提供由裁决作出地国法院发给的执行许可证，方能证明裁决的终局性。除此之外，申请执行的当事人还需在被申请执行裁决地国取得执行令，裁决才能得到执行。这种执行体系通常被称为"双重执行令制"。双重执行令制不仅使申请执行裁决的当事人承担了繁琐的举证责任，而且作为裁决执行对象的当事人只要在裁决作出地国提起反对裁决之有效性的诉讼，便可轻易否定裁决的终局性，阻止裁决执行程序的进行。

在起草 1958 年《纽约公约》的会议上，大多数代表同意排除双重执行令制，最后达成了现行公约中的第 5 条第 5 款，即如果"请求承认和执行的裁决对当事人尚无约束力，或者被裁决作出地国或裁决所依据的法律的国家主管机关撤销或停止执行"，被申请承认和执行裁决地国家法院可拒绝承认和执行该裁决。

关于裁决尚无约束力或者被裁决作出地国撤销或停止执行由哪一方当事人证明的问题，经会议大会表决，决定由裁决执行对象提供这方面的证明。

1958 年《纽约公约》中采用"约束力"一词，意在使裁决执行对象负举证责任，从而排除了"双重执行命令"，这一解释已为许多学者所赞成。如法国的罗贝尔（Robert）、德国的施瓦布（Schwab）、荷兰的桑德斯（Sanders）等均持该观点。一些国家的法院在判定仲裁裁决执行案件时也作了同样解释。例如，一名法国人作为被执行对象向法国法院提出，裁决作出地的德国法院没有发给执行认可书，因此不应执行该裁决。法国法院否定了这一异议，并判定，1958 年《纽约公约》已取消了"双重执行令"制度，故无需要求裁决作出地国发给执行认可书。在意大利法院，一名意大利人反对执行在美国作出的裁决，称美国法院应作出关于裁决的判决书，而美国法院没有这样作，故不应执行该裁决。意大利最高法院驳回了该意大利人的申辩。

如何判定裁决对当事人尚未发生约束力，是一较复杂的问题。归纳而言，对 1958 年《纽约公约》的有关规定主要有两种解释：依可适用的仲裁法判定和自治性解释。

1. 依可适用的法律判定

该种解释认为，裁决是否对当事人发生约束力的问题应依照可适用的仲裁法确定，而依照 1958 年《纽约公约》第 5 条第 5 款规定，该可适用的仲裁法应为裁决作出地国法或作出裁决所依据的法律。如果依可适用的仲裁法，当仲裁裁决可以被执行或者仲裁裁决符合该法律中某一等同于"约束力"的条件时，该裁决为已发生约束力的裁决。

2. 自治性解释

该种解释认为，1958 年《纽约公约》的关于裁决约束力和裁决撤销或停止执行的规定是相对独立的两部分。该项规定只是把裁决的撤销或停止同裁决作出地国法或裁决所依据的法律联系起来，并没有要求裁决的约束力问题必须依裁决作出地国法或作出裁决所依据的法律确定。1958 年《纽约公约》已废止或排除了执行裁决是适用"双重执行令"的制度，只要裁决作出后，不存在可以采用的对该裁决实质性问题提出上诉的追索方式，该裁决便对当事人发生约束力。

在仲裁实践中，当事人协议约定就裁决实质性问题可提起上诉的情况是极少见的。发生这种情况主要见于当事人约定适用某行业协会仲裁规则，在该规则中订有上诉规定。例如，位于英国伦敦的谷物和饲料贸易协会所制定的仲裁规则第 13 条便规定，裁决作出后，当事人可在 30 天内向仲裁员上诉委员会提出上诉。大多数国家的仲裁立法，也都不允许在国际商事仲裁裁决作出后，对裁决的实质性问题提出上诉或异议。少数国家即使存在可能，但施加了很严格的限制条件。承认和执行外国仲裁裁决的实践表明，被申请承认和执行裁决地国法院很少作出裁决尚未发生约束力的结论，虽然各国法院所作解释中的理由都不尽相同。

自治性解释的结果将使大多数案件中的裁决具有 1958 年《纽约公约》意义范围内的"约束力"，使裁决一经作出便可根据公约予以执行。

（二）裁决的撤销或停止执行

1. 裁决的撤销

根据 1958 年《纽约公约》第 5 条第 5 款的规定，可以说，裁决作出地国或仲裁可适用法律所属国的主管机关，对当事人提出的撤销裁决之诉具有专属管辖权。这一原则已得到各国法院一致认同。

由于当事人在协议中约定裁决受不同于裁决作出地国法的仲裁法支配的情况极为少见，所以，所谓撤销裁决之诉的主管机关，实际上均为裁决作出地国的法院。

只有在裁决作出地国或可适用的仲裁法所属国法院（通常称之为裁决起源地国法院）有效地撤销了裁决的情况下，才能够以裁决已被撤销为由申请拒绝承认和执行该裁决。如果当事人仅仅只是提出了撤销裁决的申请，而上述法院尚未作出撤销裁决的决定，则作为被执行对象的当事人只能向被申请承认和执行的法院提出延期作出关于执行该裁决的决定。

2. 裁决的停止执行

根据 1958 年《纽约公约》，裁决被裁决起源地国法院"停止"执行，也可成为拒绝承认和执行裁决的理由。

根据 1958 年《纽约公约》中关于停止执行裁决的规定，申请拒绝承认和执行裁决，作为被执行对象的当事人必须证明裁决起源地国已经有效地命令停止执行该裁决。如果该当事人只是向起源地国法院提出停止执行仲裁裁决的申请，而起源地国法院尚未作出决定，则不能使裁决的执行自行中止，更不能构成可拒绝承认和执行仲裁裁决的理由。在此情形下，被申请承认和执行的法院仅可以延期作出执行裁决的决定，或要求申请承认和执行裁决的当事人提供适当的担保。

六、争议事项不可用仲裁方式解决

如果按照被申请承认和执行裁决地国的法律，裁决中的争议事项属于不可以用仲裁方式解决的争议事项，被申请承认和执行裁决地国的法院可以拒绝承认和执行该裁决。

争议事项不可以用仲裁方式解决，是裁决执行地国法院据以自行拒绝承认和执行裁决的一条理由。不仅如此，争议事项的可仲裁性还关系到仲裁协议能否得到执行以及裁决作出后会否被撤销。执行仲裁协议是开始进行仲裁时的议题，对裁决提出异议、申请撤销是裁决作出后的议题，而执行仲裁裁决则是裁决作出后当事人不自动履行所面临的议题。上述议题所处阶段不同，但是，所关系到的可仲裁性问题确具有同一性。然而，在以上不同阶段判定同一的可仲裁性问题所依据的法律却不相同。在执行仲裁协议和提起裁决撤销程序时通常是依仲裁地国法判定争议事项是否可以仲裁，而在执行仲裁裁决时则要依被申请承认和执行裁决的国家的法律判定争议事项的可仲裁性。

七、违反公共政策或公共秩序

公共政策条款的功用主要用来保护"法院地的基本道德信念或政策"。在大陆法系国家，习惯于用"公共秩序"一词。在英美法系国家，则习惯于用"公共政策"一词。我国有关法律中既没有"公共政策"一词，也没有使用"公共秩序"一词，而是使用的"社会公共利益"。一般说来，社会公共利益是国家的重大利益、重大社会利益、基本法律原则和基本道德准则。

公共政策既是用以拒绝适用外国法的一种传统理由，也是用以拒绝承认和执行外国法院判决的一种传统理由。公共政策在各国有关法律中以及在关于承认和执行外国仲裁裁决的公约中，同样也被作为拒绝承认和执行仲裁裁决的一项理由。

实际内容的不确定性和含糊性是"公共政策的基本特点之一"。由于各个国家所奉行的经济政策、法律、基本道德信念、政治制度、宗教不一，对是否与本国的公共政策相抵触所持标准也不一，所以，承认和执行某项裁决是否构成了对公共政策的违反，将取决于特定国家的法律、标准或解释。不过，总的来看，用公共政策对抗外国仲裁裁决的承认和执行在现代法院的可能性是相当小的，法院对在承认和执行仲裁裁决中适用公共政策条款多主张施加严格的限制，目的是尽量不给需要进行的国际商事活动设置严重的障碍。

在承认和执行仲裁裁决的实践中，仲裁庭不公正和仲裁裁决没有附据理由是当事人援引公共政策条款反对承认和执行仲裁裁决时常依据的两项理由。各国法院在考虑这两项理由是否构成违反公共政策条款时是非常慎重的。

第三节　外国仲裁裁决在我国的承认和执行

根据我国 1991 年《民事诉讼法》和 1994 年《仲裁法》，外国仲裁裁决的承认和执行可以依据我国国内法的有关规定或我国缔结参加的国际条约或国际协定进行。

我国在加入 1958 年《纽约公约》以前，一直没有在法律中明确订立关于外国仲裁裁决承认和执行的条款。因此，在我国申请承认和执行外国仲裁裁决，只能将外国仲裁裁决视作外国法院的判决或裁定对待。关于承认和执行外国仲裁裁决的申请必须经有关外国法院的委托，当事人不能直接向中国法院申请。这些本应使用于法院判决或裁定的条件限制，使得在中国申请承认和执行外国仲裁裁决存在诸多不便。

1991 年，我国颁布了《民事诉讼法》。该法第 269 条明确规定了当事人可以直接向中国管辖法院申请承认和执行外国仲裁裁决。根据该条规定，当事人可以直接向被执行人财产所在地或法定住所地的中级人民法院申请承认和执行国外机构作出的裁决，人民法院依照我国缔结或者参加的国际条约或协议办理；在没有可适用的国际条约或协议的情况下，人民法院也可根据互惠原则决定执行申请。因此，外国仲裁裁决在中国的承认和执行已具备充分的法律基础。

一、根据互惠原则承认和执行外国仲裁裁决

根据我国《民事诉讼法》的规定，申请承认和执行裁决的当事人本国或裁决作出地国没有同我国订立有关承认和执行仲裁裁决的协定，也没有加入我国业已参加的国际公约，未能通过这类协定或公约承担承认和执行我国仲裁裁决的义务，我国人民法院则应该根据互惠原则决定是否执行该裁决。

二、根据国际条约或协议承认和执行外国仲裁裁决

我国已经参加了国际商事仲裁领域中两个最重要的国际公约，即 1958 年《纽约公约》和 1965 年在华盛顿制定的《关于解决国家与他国国民间投资争

端的公约》（简称 1965 年华盛顿公约）。就承认和执行外国仲裁裁决问题而言，前者适用于自然人或法人间的争执而引起的仲裁裁决，后者则适用于缔约国（或缔约国指派到中心的该国的任何组成部分或机构）与另一缔约国国民之间直接因投资而产生的任何法律争端而引起的裁决。当事人向我国申请执行外国仲裁裁决，如果符合适用该两项公约规定的条件，我国法院将根据这两项公约的有关规定办理。

1958 年《纽约公约》是我国参加的关于承认和执行外国仲裁裁决的最为重要最具有实际意义的一项公约。由于世界上大多数发达国家和具有一定经济发展水平的国家都已加入该公约，可以说，外国仲裁裁决在中国的承认和执行将主要根据该公约的规定办理。我国在参加 1958 年《纽约公约》时作了互惠保留声明和商事保留声明。所谓"互惠保留"是指我国只承认和执行在缔约国领土内作成的仲裁裁决。所谓"商事保留"是指我国只承认和执行属于契约和非契约性商事法律关系争议作成的仲裁裁决。我国最高人民法院于 1987年 4 月 10 日发布的《关于执行我国加入的〈承认和执行外国仲裁裁决公约〉的通知》中，除进一步明确了我国所作的互惠保留和商事保留声明外，还作了如下规定：

1. 根据 1958 年《纽约公约》第 4 条规定，申请我国法院承认和执行在另一缔约国领土内作出的仲裁裁决，是由仲裁裁决的一方当事人提出的，对于当事人的申请，应由我国下列地点的中级人民法院受理：

（1）被执行人为自然人的，为其户籍所在地或者居所地；

（2）被执行人为法人的，为其主要办事机构所在地；

（3）被执行人在我国无住所、居所或者主要办事机构，但有财产在中国境内的，为其财产所在地。

2. 我国有管辖权的人民法院接到一方当事人的申请后，应对申请承认和执行的仲裁裁决进行审查，如果认为不具有 1958 年《纽约公约》第 5 条第 1、2 两项所列的情形，应当裁定承认其效力，并且依照我国的民事诉讼程序法律规定的程序执行；如果认定具有第 5 条第 2 项所列的情形之一，或者根据被执行人提供的证据证明具有第 5 条第 1 项所列的情形之一，应当裁定驳回申请，拒绝承认和执行。

3. 申请我国法院承认和执行的仲裁裁决，仅限于 1958 年《纽约公约》对我国生效后在另一缔约国领土内作出的仲裁裁决。该项申请必须在我国法律规定的申请执行期限内提出。

我国还同许多国家签订了司法协助协定，其中大多规定有相互承认和执行仲裁裁决的条款。因此，如果所申请和执行的某项外国仲裁裁决不符合我国参加的上述两公约规定的适用条件，但符合我国同他国签订的双边司法协助协定规定的适用条件，我国法院则应该按照该司法协助协定中的有关规定办理。

第四节　我国内地与香港、澳门地区仲裁裁决的相互承认和执行

为了解决香港和澳门问题，统一祖国，我国提出了"一国两制"的构想。1990年《香港特别行政区基本法》和1993年《澳门特别行政区基本法》的颁布，把"一国两制"的基本构想用法律的形式固定下来。香港、澳门现已回归祖国，如何有效解决中国内地与香港和澳门之间相互承认和执行仲裁裁决的问题，已成为中国区际司法协助领域中的重要内容。

一、我国内地与香港地区之间的仲裁裁决的承认和执行

在1997年7月1日香港回归祖国以前，我国内地与香港之间在相互承认和执行仲裁裁决方面并不存在实质性障碍。由于英国是1958年《纽约公约》缔约国，1977年1月该公约被推广适用于香港，中国内地仲裁机构作出的裁决可根据1958年《纽约公约》在香港申请承认和执行。据统计，在1997年7月1日以前中国内地涉外仲裁机构作出的裁决已有几十宗根据1958年《纽约公约》得到承认和执行。为了更好地实施《纽约公约》，香港地区于1991年修订了《香港仲裁条例》，有关执行仲裁裁决的内容与公约的规定大致相同。按照该《仲裁条例》，中国内地的仲裁裁决在香港地区申请执行时，申请人须提交：

1. 经正式认证的裁决书正本或经正式认证的裁决书副本；

2. 仲裁协议的正本或经正式认证的副本；

3. 如果裁决书或协议非以英语撰写，必须同时提供经公务员、宣誓作章之翻译员、外交代表或领事人员认证的译本。

该《仲裁条例》规定，除下列情况，仲裁裁决不得被拒绝承认和执行：

1. 根据适用于当事人的法律，仲裁协议的当事人没有行为能力；

2. 根据各方当事人选择的法律，或者没有此种选择时，根据仲裁地的法律，仲裁协议是无效的；

3. 当事人未接获关于指定仲裁员或关于仲裁程序的适当通知，或者因此无法陈述案情的；

4. 裁决所处理的纠纷超出了仲裁协议的范围，或者仲裁裁决之决定超出了当事人提交仲裁之范围；

5. 仲裁机构的组成或仲裁程序不符合各方当事人之间的协议，或者在没

有此等协议的情况下，不符合仲裁地的法律；

6. 裁决对各方当事人尚未有约束力，或根据作出仲裁裁决地的法律，有关主管机关已经撤回或撤销该裁决。

根据《中英联合声明》和《中华人民共和国香港特别行政区基本法》的规定，1997 年 7 月 1 日香港回归祖国后，1958 年《纽约公约》在香港继续适用。但香港执行中国内地的仲裁裁决在形式上是否还受制于 1958 年《纽约公约》是一个值得探讨的问题。如何处理这一问题，大体有两种模式可供参照选择：

（一）按照《基本法》，1997 年 7 月 1 日后的香港是一个拥有行政管理权、立法权、独立司法权和终审权的高度自治的法域。香港原有法律，即普通法、衡平法、条例、附属立法和习惯法，除同《基本法》相抵触或经香港特别行政区的立法机关作出修改者外，予以保留。由于中国香港地区法律与中国法律是不同的法域，而中国内地和香港地区在相互承认和执行对方仲裁裁决方面，实质上是统一于 1958 年《纽约公约》。两地通过司法解释，在承认和执行对方仲裁裁决问题上，仍适用 1958 年《纽约公约》，保持原有的申请和执行仲裁裁决的模式，能较好地体现“一国两制”，保持和提高外商在内地和香港的投资信心。采用这种模式解决一国内不同法域地所作仲裁裁决的承认和执行问题的不乏先例。例如，美国和英国都是 1958 年《纽约公约》的缔约国，在美国不同法域的州与州之间，英国不同法域的英格兰与威尔士之间，相互承认和执行对方的仲裁裁决亦参照适用 1958 年《纽约公约》，以保证申请承认和执行仲裁裁决的顺畅和便利。

（二）由于《中华人民共和国仲裁法》和香港《仲裁法条例》中关于承认和执行仲裁裁决的规定基本与 1958 年《纽约公约》中的规定相同，中国内地和香港地区可按照各自法律的有关规定处理申请和执行对方仲裁裁决问题。不过，中国法律和中国香港地区法律毕竟与 1958 年《纽约公约》有所不同，而且中国内地和香港地区司法机关对本地法的解释具有更多的酌量权，而易使当事人产生顾虑。因此，由两地拟定有关承认和执行仲裁裁决的协议，协议完全采纳 1958 年《纽约公约》的实体内容，不失为一种处理两地承认和执行仲裁裁决的较好方式。

二、我国内地与澳门地区之间仲裁裁决的承认和执行

澳门尚无正式生效的仲裁法规，也未设立专门的仲裁机构。由于 1961 年《葡萄牙民事诉讼法典》延伸适用于澳门，所以该民事诉讼法典中的有关仲裁的条款支配澳门地区的仲裁。

在国际上，葡萄牙还没有加入 1958 年《纽约公约》。葡萄牙所加入的另

几项关于仲裁的公约，如1923年日内瓦《仲裁条款协议书》和1927年日内瓦《仲裁条款议定书》，均没有在澳门生效，因为葡萄牙在加入这些公约时作过不延伸适用于葡萄牙所属殖民地的决定，当时，葡萄牙宪法中将澳门列为其殖民地。中国与葡萄牙之间现在没有签订司法协助协定。

鉴于以上状况，在澳门地区作出的仲裁裁决如需在中国内地申请承认和执行，必须依循中国的法律。反之，中国内地涉外仲裁机构作出的仲裁裁决如需在澳门地区申请承认和执行，则必须依循在澳门地区生效的有效法律。